AF628529

KRÖNERS TASCHENAUSGABE BAND 466

BERNHARD MAIER

LEXIKON DER KELTISCHEN RELIGION UND KULTUR

ALFRED KRÖNER VERLAG STUTTGART

Bernhard Maier
Lexikon der keltischen Religion und Kultur
Stuttgart: Kröner 1994
(Kröners Taschenausgabe; Bd. 466)
ISBN 3-520-46601-5

© 1994 by Alfred Kröner Verlag Stuttgart
Printed in Germany · Alle Rechte vorbehalten
Gesamtherstellung: Friedrich Pustet Regensburg

Für Doris
zum 30. August

Llyna uy attep i iti, pei caffwn dewis ar holl wraged a morynnyon y byt, y mae ti a dewisswn.

INHALT

EINLEITUNG

Die Kelten und wir

Lange Zeit galt die keltische Zivilisation gerade im deutschen Sprachraum als eine Randkultur, deren Leistungen und Eigenart von den Errungenschaften der griechisch-römischen Antike und des christlichen Abendlandes überschattet wurden. In den vergangenen Jahren jedoch hat das Interesse an ihr beständig zugenommen, und seit den politischen Umwälzungen der Jahre 1989/90 findet die keltische Kultur als ein gemeinsames Erbe der meisten west- und osteuropäischen Staaten in zunehmendem Maße Beachtung. Dies bezeugt neben mehreren internationalen Ausstellungen auch eine kaum mehr überschaubare Fülle wissenschaftlicher und populärwissenschaftlicher Veröffentlichungen. Archäologische Funde aus vorrömischer und römischer Zeit, irische und kymrische Literaturwerke des Mittelalters und die Rezeption keltischer Stoffe und Motive in der Literatur der Neuzeit sind dabei in gleicher Weise in den Mittelpunkt des Interesses gerückt. Das Ziel des vorliegenden Lexikons ist es, dem Leser alle diese Bereiche durch ein handliches, in sich geschlossenes und zuverlässiges Nachschlagewerk zu erschließen.

Inhalt des Lexikons

Das Lexikon der keltischen Religion und Kultur eröffnet den Zugang zu einer Vielzahl von Informationen, die bisher nur durch die Konsultation verschiedener, teilweise an entlegener Stelle veröffentlichter Werke zugänglich waren. Es berücksichtigt in gleicher Weise die antike und die mittelalterliche keltische Zivilisation, erfaßt alle Aspekte der geistigen und materiellen Kultur und erschließt sowohl die archäologische als auch die literarische Überlieferung der Kelten. Ein besonderer Schwerpunkt liegt auf der Rezeption keltischer Stoffe in Kunst und Literatur sowie auf den zumeist vernachlässigten Bereichen der Forschungsgeschichte und Keltenideologie.

Erstmals in einem deutschsprachigen Werk dieser Art ist allen irischen und kymrischen Namen und Begriffen eine genaue Aussprachebezeichnung beigegeben. Die verwendeten Symbole werden in der Einleitung ausführlich erläutert.

Ein wesentlicher Bestandteil des Buchs ist die umfangreiche, nach Sachgebieten geordnete Auswahlbibliographie. Sie soll vor allem Studierenden und wissenschaftlich Interessierten den Zugang zum gegenwärtigen Stand der Forschung erleichtern und ist in dieser Ausführlichkeit und Aktualität in keinem anderen Werk zu finden.

Der besseren Anschaulichkeit halber sind zahlreichen archäologischen Artikeln Strichzeichnungen beigegeben. Ein Anhang mit Angaben über die wichtigsten Museen erhöht außerdem die Brauchbarkeit des Lexikons als eines handlichen Reiseführers vor Ort.

Aufbau und Inhalt der Artikel

Nach dem jeweiligen Stichwort findet man zunächst, sofern es sich um irische oder kymrische Namen und Begriffe handelt, in runden Klammern einen Hinweis auf die Sprache (ir. = irisch, wal. = walisisch, d. h. kymrisch) sowie eine Aussprachebezeichnung. Darauf folgt die Information über die Bedeutung des betreffenden Stichworts für die keltische Religion und Kultur. Hinweise auf das Nachleben oder die Rezeption befinden sich am Ende des Artikels, gefolgt von den Angaben über weiterführende Literatur.

Hinweise zur Benutzung

Allen wichtigen Teilbereichen des Gesamtgebiets sind umfänglichere Sammelartikel gewidmet. Weitere meist kürzere Artikel werden durch zahlreiche Querverweise erschlossen.

Lesern ohne nähere Kenntnisse oder spezielles Interesse sei zum Einstieg die Lektüre der Artikel »Kelten«, »Geschichte« und »Sprachen, keltische« empfohlen.

Einen ersten Zugang zur Religion der Kelten eröffnen die Artikel »Religion« und »Mythologie«, ferner »Druiden«, »Götter und Göttinnen«, »Jenseitsvorstellungen«, »Kultstätten«, »Opfer«, »Weissagung« und »Zauber«.

Über die Sachkultur informieren die Artikel »Ackerbau«, »Essen und Trinken«, »Handel«, »Handwerk«, »Jagd«, »Kriegswesen«, »Kunst«, »Medizin«, »Siedlungen«, »Tod und Bestattung« und »Viehzucht«.

Erste Informationen über das Nachleben, die Rezeption und die Erforschung der keltischen Kultur findet man in den Artikeln »Artus-Literatur«, »Irische Renaissance«, »Keltologie« und »Keltenideologie«.

Die zahlreichen anonym überlieferten irischen und kymrischen Literaturwerke des Mittelalters sind unter ihrem jeweiligen Titel verzeichnet. Entsprechende Verweise findet man unter dem Stichwort »Literatur«, unter den Namen bedeutender literarischer Gestalten wie z. B. »Arthur« und in Sammelartikeln wie »Finn-Zyklus«, »Historischer Zyklus«, »Mabinogion«, »Mythologischer Zyklus« und »Ulster-Zyklus«.

Den wichtigsten archäologischen Stätten sind eigene Artikel gewidmet, in denen auch der aktuelle Aufbewahrungsort der betreffenden Funde verzeichnet ist. Verweise auf diese Fundstätten findet man in einem Anhang (S. 344), der die wichtigsten Museen mit Sammlungen keltischer und/oder gallo-römischer Funde nach Ländern und Städten geordnet auflistet.

Schreibung irischer und kymrischer Wörter

Viele irische und kymrische Wörter begegnen in den Handschriften wie auch in der neueren wissenschaftlichen Literatur in unterschiedlichen Schreibungen. Diese Unterschiede beruhen teilweise auf der geschichtlichen Entwicklung der betreffenden Sprachen (oder auch nur der Schreibgewohnheiten), teilweise auf der fremdsprachlichen Umsetzung keltischer Namen und Begriffe. Im vorliegenden Lexikon erscheinen die betreffenden Wörter im allgemeinen in der jeweils ältesten uns bekannten Schreibweise. Querverweise findet man vor allem bei den englischen, französischen und deutschen Formen irischer und kymrischer Namen. Bei den weniger augenfälligen Varianten innerhalb des Irischen und Kymrischen wird dagegen nur dort weiterverwiesen, wo es für das Auffinden eines Stichworts unbedingt erforderlich schien.

Aussprache

Allen irischen und kymrischen Wörtern ist eine Aussprachebezeichnung beigegeben, die sich im allgemeinen an der jeweils ältesten uns erreichbaren Lautgestalt orientiert. Die dabei verwendeten Symbole werden wie folgt ausgesprochen:

/a/, /e/, /i/, /o/, /u/	wie in *kalt, gern, mich, Rost, uns*
/aː/, /eː/, /iː/, /oː/, /uː/	wie in *lahm, geht, ihm, Tor, Hut*
/ə/	wie *e* in *habe*
/j/	wie in *Jahr*
/w/	wie in engl. *water*
/v/	wie in *Violine*
/p/, /b/, /t/, /d/, /k/, /g/	wie in *Paul, Bett, Tür, Dom, Kahn, gut*
/l/, /m/, /n/	wie in *Luft, Mut, neu*
/h/	wie in *Hast*
/x/	wie in *Dach*
/ɣ/	ist die stimmhafte Variante des /x/ und klingt ähnlich wie süddeutsches Zäpfchen-r.
/ç/	wie in *ich*
/θ/	wie in engl. *thick*
/ð/	wie in engl. *then*
/ʃ/	wie in *Scheibe*
/s/	wie in *Kasse*

/ŋ/ wie in *Ring*

/r/ ist ein »gerolltes« Zungenspitzen-r

/r̥/ ist ein dem Kymrischen eigentümlicher Laut. Er klingt wie eine Verschmelzung von /h/ + /r/.

/ɬ/ ist ein dem Kymrischen eigentümlicher Laut. Er wird gebildet, indem man die Sprechwerkzeuge in die Position für den Laut /l/ bringt, dann aber stattdessen ein /h/ spricht. Die Zunge bewegt sich dabei nicht.

/N/, /R/, /L/ sind dem Irischen eigentümliche Laute. Sie klingen wie nachdrücklich artikulierte oder gelängte /n/, /r/, /l/.

ˈ zeigt an, daß die folgende Silbe den Ton trägt.

ʹ nach einem Konsonanten zeigt an, daß dieser Konsonant palatalisiert ist. Dies bedeutet, daß sich die Sprechwerkzeuge bei seiner Aussprache der Position annähern, die sie bei der Aussprache eines /i/ annehmen. Üblicherweise spricht man palatalisiertes /s/ wie *sch* in *Schale* und palatalisiertes /x/ wie *ch* in *ich,* weshalb das Symbol ʹ in der hier verwendeten Umschrift in diesen beiden Fällen nicht vorkommt (/sʹ/ = /ʃ/ und /xʹ/ = /ç/). Bei den übrigen Konsonanten kann man die Palatalisierung dadurch wiedergeben, daß man nach (am Wortende: vor) dem betreffenden Konsonanten ein flüchtig gesprochenes /j/ einschiebt.

ABKÜRZUNGSVERZEICHNIS

A. In den Artikeln zitierte Inschriftensammlungen

AE	L'Année épigraphique. Revue des publications épigraphiques relatives à l'antiquité romaine (Paris 1948–)
CIL	Corpus Inscriptionum Latinarum (II Hispania, III Oriens et Illyricum, V Gallia Cisalpina, VI Urbs Roma, XII Gallia Narbonensis, XIII Tres Galliae et Germania)
Fi	H. Finke, Neue Inschriften, BRGK 17 (1927) 1–107 und 198–231
ILTG	P. Wuilleumier, Inscriptions latines des trois Gaules (France), Paris 1963 (17. supplément à Gallia)
Ne	H. Nesselhauf, Neue Inschriften aus dem römischen Germanien und den angrenzenden Gebieten, BRGK 27 (1937) 51–134
NeLi	H. Nesselhauf und H. Lieb, Dritter Nachtrag zu CIL XIII, BRGK 40 (1959) 120–229
RIB	R. G. Collingwood und R. P. Wright, The Roman Inscriptions of Britain I. Inscriptions on Stone, Oxford 1965
RIG	Recueil des inscriptions gauloises I Textes gallo-grecs, Paris 1985 II,1 Textes gallo-etrusques; textes gallo-latins sur pierre, Paris 1988 III Les calendriers, Paris 1986
Schi	U. Schillinger-Häfele, Vierter Nachtrag zu CIL XIII und zweiter Nachtrag zu Fr. Vollmer, Inscriptiones Bavariae Romanae, BRGK 58 (1977) 447–603
Wa	F. Wagner, Neue Inschriften aus Raetien, BRGK 37/38 (1956/57) 215–264

B. In den Literaturangaben zitierte Zeitschriften, Reihen und Sammelwerke

AKorrBl	Archäologisches Korrespondenzblatt (Mainz 1971–)
AL	Arthurian Literature (Woodbridge, Suffolk 1981–)
ANRW	Aufstieg und Niedergang der römischen Welt (Berlin 1971–)
ArSt	Arthurian Studies (Cambridge 1981–)
ASchw	Archäologie der Schweiz (Basel 1978–)
BBCS	The Bulletin of the Board of Celtic Studies (Cardiff 1921–)
BJb	Bonner Jahrbücher (Bonn 1895–)

BRGK	Bericht der Römisch-Germanischen Kommission (Frankfurt a. M. 1904–)
Caes	Caesarodunum (Orléans 1967–)
Celtica	Celtica (Dublin 1946–)
Celticum	Celticum (Rennes 1961–)
CMCSt	Cambridge Mediaeval Celtic Studies (Cambridge 1981–)
CRAI	Comptes-rendus de l'Académie des inscriptions et belles-lettres (Paris 1857–)
EC	Etudes celtiques (Paris 1936–)
Éigse	Éigse: A Journal of Irish Studies (Dublin 1939–)
Ériu	Ériu (Dublin 1904–)
FBW	Fundberichte aus Baden-Württemberg (Stuttgart 1974–)
Gallia	Gallia: fouilles et monuments archéologiques en France métropolitaine (Paris 1943–)
Germania	Germania: Anzeiger der Römisch-Germanischen Kommission des Deutschen Archäologischen Instituts (Berlin 1917–)
HBA	Hamburger Beiträge zur Archäologie (Hamburg 1971–)
ITS	Publications of the Irish Texts Society
JRGZM	Jahrbuch des Römisch-Germanischen Zentralmuseums Mainz (Mainz 1954–)
JRSAI	The Journal of the Royal Society of Antiquaries of Ireland (Dublin 1849–)
Latomus	Latomus. Revue d'études latines (Bruxelles 1937–)
Lochlann	Lochlann. A Review of Celtic Studies (Oslo 1958–)
MMIS	Mediaeval and Modern Irish Series
MMWS	Mediaeval and Modern Welsh Series
Ogam	Ogam. Tradition celtique (Rennes 1948–)
PBA	Proceedings of the British Academy (London 1903–)
Peritia	Peritia. Journal of the Medieval Academy of Ireland (Cork 1982–)
PHCC	Proceedings of the Harvard Celtic Colloquium (Cambridge, Mass. 1981–)
PRIA	Proceedings of the Royal Irish Academy (Dublin 1936–)
RAE	Revue archéologique de l'Est et du Centre-Est (Dijon 1950–)
RC	Revue celtique (Paris 1870–1934)
RHR	Revue de l'histoire des religions (Paris 1880–)
SGS	Scottish Gaelic Studies (Aberdeen 1926–)
Sp	Speculum: A Journal of Mediaeval Studies (Cambridge, Mass. 1926–)
StC	Studia Celtica (Cardiff 1966–)

StHib	Studia Hibernica (Dublin 1961–)
Studies	Studies: an Irish quarterly review of letters, philosophy and science (Dublin 1912–)
ZCP	Zeitschrift für celtische Philologie (Halle/Saale 1897–1943; Tübingen 1954–)

C. Abkürzungen der Verlagsorte

A.	Amsterdam	L.	Leipzig
B.	Berlin	Lei.	Leiden
Bas.	Basel	Lo.	London
Be.	Berkeley/California	Ly.	Lyon
Bo.	Bonn	Lz.	Luzern
Bol.	Bologna	Ma.	Madrid
Bru.	Brüssel	May.	Maynooth
C.	Cambridge	Mi.	Mailand
Car.	Cardiff	Mn.	München
Ch.	Chicago	Mz.	Mainz
Du.	Dublin	NY.	New York
E.	Edinburgh	O.	Oxford
F.	Frankfurt/Main	P.	Paris
Fi.	Florenz	R.	Rom
Fr.	Freiburg i. Br.	Sa.	Salzburg
G.	Genf	Sal.	Salamanca
Gö.	Göttingen	St.	Stuttgart
H.	Hamburg	T.	Tübingen
Harm.	Harmondsworth	Up.	Uppsala
He.	Helsinki	W.	Wien
Hei.	Heidelberg	Wi.	Wiesbaden
Hl.	Halle	Wo.	Woodbridge/Suffolk
I.	Innsbruck	Wü.	Würzburg
Kö.	Köln	Z.	Zürich

ab → ap/ab.

Aberffraw (wal. /a'berfrau/) ist ein Ort an der Südwestküste der Insel Anglesey. Im frühen Mittelalter residierten dort die Herrscher des nordwalisischen Königreichs → Gwynedd. In der Erzählung → *Branwen ferch Lŷr* findet in A. die Hochzeit zwischen der Titelheldin Branwen und dem irischen König Matholwch statt.

Abnoba heißt in der antiken → Ethnographie das Waldgebirge, auf dessen Höhen die Donau entspringt. Es entspricht im wesentlichen dem heutigen Schwarzwald. Die Etymologie des Namens ist unklar. Als geographische Bezeichnung erscheint A. u. a. bei → Plinius dem Älteren (Hist. Nat. 4,79) und → Tacitus (Germania 1).
In römischer Zeit wurde am Rand des Schwarzwalds eine gleichnamige Göttin A. verehrt. Weihinschriften für sie fand man in der Nähe von Karlsruhe-Mühlburg (CIL XIII 6326), Pforzheim (CIL XIII 6332 und 11721), Waldmössingen (CIL XIII 6356), Rötenberg (CIL XIII 6357), Stuttgart-Bad Cannstatt (CIL XIII 11746 und vielleicht 11747) und Mühlenbach bei Haslach (CIL XIII 6283). Eine weitere Inschrift aus Badenweiler (CIL XIII 5334) konnte 1980 um neugefundene Bruchstücke ergänzt werden. In den beiden zuletzt genannten Weihungen wird A. nach der → Interpretatio Romana mit → Diana gleichgesetzt. Diese Identifikation liegt auch der einzigen mit einer Inschrift versehenen bildlichen Darstellung der A. zugrunde. Dabei handelt es sich um eine Sandsteinstatuette aus Karlsruhe-Mühlburg, die jetzt im Badischen Landesmuseum in Karlsruhe aufbewahrt wird. Sie zeigt die Göttin als stehende weibliche Gestalt in einem kurzen Chiton. Begleitet wird sie von einem Hund, der offenbar gerade einen Hasen gefangen hat. Bruchstücke einer ähnlichen Statue wurden zwischen 1970 und 1980 in einem römischen Tempel bei Friesenheim südlich von Offenburg gefunden. Sie sind jetzt im Museum für Ur- und Frühgeschichte in Freiburg ausgestellt.
Bereits 1889/90 hatte man an der Brigachquelle bei St. Georgen im Hochschwarzwald einen Bildstein gefunden, der mehrfach mit dem Kult der Diana A. in Zusammenhang gebracht wurde. Das 0,56 × 0,27 m große Relief aus Buntsandstein zeigt zwischen drei menschlichen Köpfen einen schreitenden Hirsch, einen springenden Hasen und einen Vogel, möglicherweise eine Taube. Das Original ist im Heimatmuseum in St. Georgen, eine Kopie im

Franziskaner-Museum in Villingen-Schwenningen zu sehen. Der Stein trägt jedoch keine Inschrift, so daß jede Zuweisung der Bildmotive an namentlich bekannte Gottheiten unsicher bleibt.

Lit.: F. Focke, Das Dreigötterrelief von der Brigachquelle, Bad. Fundber. (Karlsruhe) 20 (1956) 123–126; W. Heinz, Der Diana A.-Altar in Badenweiler, Antike Welt 13,4 (1982) 37–41; R. Wiegels, Die Inschrift auf dem Diana A.-Altar aus Badenweiler, ebda. 41–43; Ph. Filtzinger u. a. (Hrsg.), Die Römer in Baden-Württemberg, St. [3]1986.

Abstammungssagen kannten vermutlich bereits die Kelten des Altertums. Da sie diese jedoch nicht aufzeichneten, sind uns entsprechende Überlieferungen bis auf wenige Hinweise bei antiken Autoren verlorengegangen. Nach → Caesar (Bell. Gall. 6,18) bezeichneten sich alle Gallier einer Lehre der → Druiden zufolge als Nachkommen des Unterweltsgottes → Dis Pater. Weitere antike Berichte zeigen die Tendenz, die Ur- und Frühgeschichte der Kelten mit der griechisch-römischen Mythologie zu verknüpfen. Dabei sah man nach der Methode des → Euhemerismus in den Gestalten des Mythos berühmte Sterbliche, denen die Menschen nach ihrem Tod göttliche Ehren erwiesen. Der Historiker Appian (2. Jh. n. Chr.) versucht den Namen der Kelten und Galater zu erklären, indem er zwei Könige »Keltos« und »Galas« annimmt, die er als Söhne des Kyklopen Polyphem und seiner Frau Galatea betrachtet (Hist. Romana 10,1). Dionysios von Halikarnassos (1. Jh. v. / 1. Jh. n. Chr.) kennt daneben auch die Überlieferung, daß Keltos ein Sohn des Herakles und der Asterope, einer Tochter des Atlas, gewesen sei (Archaeologia Romana 14,1). Dem Historiker → Diodoros von Sizilien zufolge (5,24) hatten die Kelten oder Galater ihren Namen von »Galates«, dessen Eltern Herakles und die Tochter eines einheimischen Herrschers gewesen sein sollen.

Die Zurückführung von einzelnen Dynastien oder ganzen Völkerschaften auf einen mehr oder weniger schattenhaften namengebenden Heros blieb in Mitteleuropa bis weit ins Mittelalter gebräuchlich. Dabei vermischte man Stoffe und Motive aus der einheimischen mit der griechisch-römischen und christlichen Überlieferung und deutete in euhemeristischer Weise mythologische Gestalten als geschichtliche Persönlichkeiten. Viele irische und walisische Herrscher leiteten ihre Legitimation von Königen einer mythischen oder sagenumwobenen Vorzeit ab. Dies war für die Entwicklung der keltischen Literaturen von großer Bedeutung, da etliche Sagen ihre Aufzeichnung in erster Linie dem Bedürfnis verdankten, solche Ansprüche mit (pseudo-)historischen Erzählungen zu untermauern.

Lit.: D. Ó Corráin, Ir. Origin Legends and Genealogy, in: History and Heroic Tale (Odense 1985) 51–96; P. Sims-Williams, Some Functions of Origin Stories in Early Med. Wales, ebda. 97–131;

K. McCone, Pagan Past and Christian Present in Early Ir. Lit., May. 1990.

Abstraktion → Ornamentik.

Acallam na Senórach (ir. /ˈagaLav na ˈʃenoːrax/ »Die Unterredung mit den Alten«) heißt die umfangreichste Erzählung des → Finn-Zyklus. Sie ist in zwei bruchstückhaft erhaltenen Fassungen aus der Zeit um 1200 und in einer jüngeren Bearbeitung aus dem 13./14. Jh. überliefert. Die Hauptfiguren des teils in Prosa, teils in Versen abgefaßten Werks sind → Oisín, der Sohn des → Finn mac Cumaill, und sein Neffe → Caílte. Zusammen mit einigen weiteren Überlebenden der Kriegerschar Finns begegnen sie in hohem Alter dem heiligen → Patrick und seinem Gefolge. Auf einer gemeinsamen Wanderung durch Irland erfahren die heiligen Männer von den sagenhaften und mythischen Überlieferungen, die sich an die einzelnen Orte und markanten Punkte der Landschaft knüpfen. Die in die Rahmenhandlung eingebetteten Erzählungen entstammen unterschiedlichen Sagenkreisen. Das Werk weist daher Berührungspunkte mit verschiedenen Gattungen der irischen Literatur auf. Als Ganzes betrachtet läßt es sich am ehesten mit den → Dindsenchas genannten Sammlungen örtlicher Sagen vergleichen.

Ausg. u. Übers.: S. H. O'Grady, Silva Gadelica, Lo. 1892 (ir.-engl.); W. Stokes u. E. Windisch, Ir. Texte IV.1, L. 1900 (ir. Text m. Übers. der von O'Grady ausgelassenen Passagen); N. Ní Shéaghdha, Agallamh na Seanórach, 3 Bde., Du. 1942–45 (ir. Text d. jüngeren Fassung ohne Übers.); M. Dillon, Stories from the A., Du. 1970 (MMIS 23; Auswahl m. Glossar).
Lit.: J. Falaky Nagy, Compositional Concerns in the A. na S., in: D. Ó Corráin u. a. (Hrsg.), Sages, Saints, and Storytellers (May. 1989) 149–158.

Ackerbau bildete neben der → Viehzucht die wichtigste materielle Grundlage der keltischen Kultur. Dabei stehen die Kelten in einer Kontinuität, die sich anhand archäologischer Funde vom Mittelalter bis in die Bronzezeit zurückverfolgen läßt. Als wichtigste Neuerung im alteuropäischen A. hatte man im 3. Jahrtausend v. Chr. den Pflug eingeführt. In keltischer Zeit verwendete man Pflüge mit eiserner Pflugschar und einem ei-

Rekonstruktion einer keltischen Getreidemühle

sernen Pflugmesser. Im römischen Gallien kannte man bereits den Räderpflug. Vielerorts wurden die Felder gedüngt, um trotz intensiver Nutzung der landwirtschaftlichen Fläche eine

Auszehrung des Bodens zu vermeiden. Von römischen Autoren bezeugt ist die Düngung keltischer Felder mit Kalk und Mergel. Zu den angebauten Pflanzen zählten verschiedene Getreidesorten wie Gerste, Roggen, Hafer, Weizen und Hirse sowie Faserpflanzen wie Hanf und Flachs. Daneben kannte man verschiedene Rübenarten und Hülsenfrüchte wie Bohnen, Erbsen und Linsen. Für die Getreideernte war neben der Sichel auch bereits die langstielige Sense im Gebrauch. Zerkleinert wurden die Körner durch kreisrunde Mahlsteine, die mit der Hand gedreht wurden. Als Getreidespeicher dienten vielerorts in den Boden eingelassene Vorratsgruben, die in späterer Zeit häufig als Abfallgruben genutzt wurden. Wie die Felder angelegt waren, ist wegen der intensiven Nutzung des Bodens in nachkeltischer Zeit oft nicht mehr auszumachen. Nach dem Zeugnis altirischer Rechtstexte gehörte das Ackerland in aller Regel der Sippe (→ fine) und nicht etwa dem Stammesverband (→ tuath).

Lit.: G. Barker, Prehist. Farming in Europe, C. 1985; K. Spindler, Die frühen Kelten, St. [2]1991.

Adamnán (ir. /'aðavnaːn/) war der neunte Abt des Klosters Iona in Schottland. Er wurde um 624 geboren und leitete das Kloster von 679 bis zu seinem Tod im Jahre 704. In dieser Zeit verfaßte er in lateinischer Sprache eine literarisch und historisch bedeutende Biographie des Klostergründers Columba (→ Colum Cille). Sein eigenes Leben ist Gegenstand einer weitgehend legendarischen irischen Biographie, die vermutlich in der 2. Hälfte des 10. Jhs. entstand (*Betha Adamnáin*). Sie schildert A. vor allem als Wundertäter und streitbaren Gegner weltlicher Herrscher. Aus dem 9./10. Jh. stammt die Erzählung *Fís Adamnáin* (»Die Vision des A.«). Sie schildert, wie am Fest Johannes des Täufers ein Engel die Seele des Abts durch die verschiedenen Regionen des Jenseits geleitet. Der Text gilt als die gelungenste literarische Gestaltung einer Jenseitsvision in irischer Sprache. Der altirische Rechtstext *Cáin Adamnáin* (»Das Gesetz des A.«) wurde in der uns vorliegenden Form erst nach dem Tod des A zusammengestellt. Er befaßt sich vor allem mit den Strafen für Vergehen gegen Frauen, Kinder und Kleriker.

Lit.: M. Herbert, Iona, Kells, and Derry, O. 1988; P. Ó Riain u. M. Herbert, Betha Adamnáin, Lo. 1988 (ITS 54); M. O. Anderson, Adomnán's Life of Columba, rev. ed. O. 1991.

Aeduer (lat. Aedui und Haedui, griech. Aiduoi) nennt die antike → Ethnographie einen keltischen Stamm im Gebiet zwischen der Saône und der Loire. Sein wichtigster befestigter Ort war → Bibracte. Nach → Caesar (Bell. Gall. 6,12) hatten die A. bei seiner Ankunft in Gallien ihre einstmals bedeutende Stellung unter den gallischen

Stämmen eingebüßt und waren unter die Vorherrschaft der → Sequaner geraten. Im Verlauf seiner gallischen Feldzüge stellte Caesar den alten Einfluß der romfreundlichen A. wieder her und räumte ihnen trotz ihrer Teilnahme am Aufstand des → Vercingetorix eine bevorzugte Stellung ein.

áer (ir. /air/) ist ein Schmähgedicht oder eine rituelle Verwünschung. Verwandte Wörter in anderen Sprachen lassen vermuten, daß der Begriff ursprünglich den scharfen, verletzenden Spruch oder das Wort als scharfe Waffe bezeichnete. Sehr wahrscheinlich kannten bereits die Kelten der Antike solche Verwünschungen. Dafür spricht ein Hinweis des → Poseidonios, der bei → Diodoros von Sizilien (5,31) überliefert ist: »Bei ihnen (den Kelten) gibt es auch Liederdichter, die man Barden nennt. Diese tragen zur Begleitung von Instrumenten, die Lyren ähneln, sowohl Preisgesänge als auch Schmählieder vor.« In Irland war die Abfassung von Schmähgedichten eine der Hauptaufgaben des → fili. Zahlreiche alte Quellen bezeugen den Glauben, daß solche Verwünschungen bei denen, gegen die sie sich richteten, körperliche Entstellungen oder sogar den Tod herbeiführen konnten. Im irischen Recht galt das Schmähgedicht als anerkanntes Mittel, Ansprüche gegen gesellschaftlich Höherstehende durchzusetzen. Auf ungerechtfertigte Verwünschungen standen Strafen, deren Höhe sich nach dem gesellschaftlichen Rang des Geschädigten richtete. Die Erzählung → *Cath Maige Tuired* berichtet, wie in der mythischen Vorzeit Irlands der Dichter Cairbre mac Étaíne die erste rituelle Verwünschung aussprach.

Lit.: N. F. Robinson, Satirists and Enchanters in Early Ir. Lit., in: Studies in the Hist. of Religions pres. to C. H. Toy (NY. 1912) 95–130; V. E. Orel, OIr. áer, BBCS 32 (1985) 164–166; F. Kelly, A Guide to Early Ir. Law, Du. 1988.

Aeracura oder Herecura heißt eine Göttin, die in verschiedenen Teilen des Römischen Reichs teils allein, teils als Begleiterin des Unterweltsgottes → Dis Pater verehrt wurde. Näheres über sie ist nicht bekannt, da literarische Belege für ihre Verehrung fehlen und eine befriedigende Etymologie ihres Namens bislang nicht gefunden wurde.

Afallach (wal. /a'vaɬax/) heißt in walisischen Genealogien ein Nachkomme des Königs → Beli Mawr. In einem Teil der Überlieferung gilt er als Vater der → Modron. Bekannt ist der Eigenname vor allem aus der geographischen Bezeichnung Ynys A. (mögliche Übersetzung: die Insel des A.). Sie dient in den walisischen Bearbeitungen der *Historia Regum Britanniae* des → Geoffrey von Monmouth als Übersetzung des lateinischen Namens Insula Avallonis (die Insel → Avalon). Es ist aber fraglich, ob diese Bezeichnung vom Namen des A., wie ihn die Genealogien kennen, abgeleitet ist. Da Geoffrey in seinem Werk *Vita Merlini* von einer Insula Pomorum (Insel der Apfelbäume) spricht, hat man vielmehr einen Zusammenhang zwischen dem Namen Ynys A. und dem keltischen Wort für »Apfel« (wal. afall) vermutet. Gestützt wird diese Annahme durch irische Seefahrergeschichten von einer mit Apfelbäumen bestandenen paradiesischen Insel (→ Emain Ablach).

Lit.: Th. M. Th. Chotzen, Emain Ablach – Ynys A. – Insula Avallonis – Ile d'Avalon, EC 4 (1948) 255–274.

Agandecca (aus schottisch-gälisch aghaidh shneachda »Schnee(-weißes) Antlitz«) heißt in den von James → Macpherson verfaßten »Werken Ossians« die Tochter des heimtükkischen Königs → Starno von Lochlin (Skandinavien). Um den mit ihm verfeindeten schottischen König → Fingal nach Skandinavien zu locken, verspricht Starno sie seinem Gegner zum Schein zur Ehe. Als A. sich in Fingal verliebt und ihn vor einem Mordanschlag ihres Vaters warnt, wird sie von diesem erschlagen.

Agris ist ein Ort im Dép. Charente in Westfrankreich. 1981–1986 entdeckte man dort in einer Höhle mehrere Teile eines aus → Eisen, → Bronze, → Gold und → Silber gefertigten und mit Koralle verzierten keltischen Prunkhelms aus dem 4. Jh. v. Chr. Da keine Hinweise auf eine Bestattung ge-

Die Glocke des Helms von Agris

funden wurden, ist zu vermuten, daß der Helm als Weihegabe für eine Gottheit in der Höhle niedergelegt wurde. Er ist jetzt im Musée municipal in Angoulême zu sehen.

Lit.: C. Eluère u. a., Le casque d'A., Bull. Soc. Préhist. Franç. 84 (1987) 8–21.

aided (ir. /'að'eð/) bezeichnet den gewaltsamen Tod von Menschen und Tieren. Das Wort dient in den → Sagenlisten zur Klassifikation von Geschichten, die vom Ende berühmter Helden erzählen.

Lit.: D. F. Melia, Remarks on the structure and composition of the Ulster death tales, StHib 17/18 (1978) 36–57.

Aided Cheit maic Mágach (ir. /'að'eð çet' vik' 'vaːɣax/ »Der Tod des Cet mac Mágach«) ist der Titel einer Erzählung aus dem → Ulster-Zyklus, die in einer einzigen Handschrift aus dem 16. Jh. überliefert ist. Die Geschichte beginnt damit, daß der Krieger → Conall Cernach seinen Widersacher → Cet mac Mágach im Zweikampf erschlägt, dabei aber selbst schwer verwundet wird. Wenig später kommt ein Mann namens Bélchú des Wegs und nimmt Conall mit sich nach Hause. Zuerst erklärt er dem Verwundeten, daß er nach seiner Genesung mit ihm kämpfen wolle. Dann aber bekommt er es mit der Angst zu tun und fordert seine drei Söhne auf, Conall des Nachts im Bett zu ermorden. Conall zwingt Bélchú jedoch, sich selbst in das Bett zu legen, so daß er von seinen eigenen Söhnen mit Speeren durchbohrt wird. Daraufhin erschlägt Conall die drei, nimmt ihre Köpfe und den ihres Vaters als Trophäe und kehrt damit nach Hause zurück.

Ausg. u. Übers.: K. Meyer, Death-Tales of the Ulster Heroes, Du. 1906.

Aided Cheltchair maic Uthechair (ir. /'að'eð 'çeLtxir' vik' 'uθexir'/ »Der Tod Celtchars, des Sohnes Uthechars«) ist der Titel einer Erzählung aus dem → Ulster-Zyklus. Sie ist unvollständig im »Buch von Leinster« (→ Lebor Laignech) und vollständig in einer Handschrift aus dem 16. Jh. überliefert. Die Geschichte beginnt damit, daß der Krieger Celtchar den → briugu Blaí erschlägt. Zur Sühne muß er sich verpflichten, die Bewohner Ulsters dreimal von einer schlimmen Plage zu befreien. Als erstes fordert man von ihm den Tod des Kriegers Conganchnes (»Hornhaut«), der plündernd durch Ulster zieht. Durch eine List gelingt es Celtchar, ihn zu überwältigen und zu erschlagen. Als nächstes soll Celtchar einen gefürchteten Hund erlegen, der in Ulster jede Nacht Menschen und Tiere überfällt. Auch dies gelingt ihm. Ein Jahr später finden Hirten am Grab des Conganchnes drei Welpen. Den ersten gibt man Mac Dathó aus Leinster, den zweiten dem Schmied Culann, den dritten schenkt man Celtchar. Als dieser Hund verwildert und auf den Weiden Rinder und Schafe reißt, fordern die Bewohner von Ulster – als dritte Aufgabe – seinen Tod.

Celtchar durchbohrt ihn mit seinem Speer, doch ein Tropfen vom Blut des Hundes rinnt von dem Speer auf ihn herab und tötet ihn.

Ausg.: K. Meyer, Death-Tales of the Ulster Heroes, Du. 1906 (m. engl. Übers.). *Übers.:* Ch.-J. Guyonvarc'h, La Mort violente de Celtchar fils d'Uthechar, Ogam 10 (1958) 371–380. *Lit.:* K. McCone, Hounds, Heroes and Hospitallers in Early Ir. Myth and Story, Ériu 35 (1984) 1–30.

Aided Chlainne Tuirenn (ir. /'að'eð 'xlaN'e 'tur'eN/ »Der Tod der Kinder Tuirenns«) ist der Titel einer Erzählung aus dem → Mythologischen Zyklus, die in frühneuirischer Sprache in mehreren Handschriften aus dem 18. Jh. überliefert ist. Sie berichtet, wie die drei Brüder Brian, Iuchair und Iucharba aus dem Volk der → Tuatha Dé Danann gemeinsam ihren Blutsverwandten Cian ermorden und als Sühne dafür von Cians Sohn → Lug zur Erfüllung von acht unlösbar scheinenden Aufgaben verpflichtet werden. Unter anderem sollen sie für Lug drei Äpfel aus dem Garten der Hesperiden, die wunderwirkende Schweinehaut des Königs von Griechenland, die giftige Lanze des Königs von Persien und die pfeilschnellen Rosse des Königs von Sizilien herbeischaffen. Nachdem die Brüder ihre Buße fast vollständig geleistet haben, werden sie bei der Lösung der letzten Aufgabe schwer verwundet. Sie sterben, weil Lug ihnen seine Hilfe aus Rache für den Tod seines Vaters verweigert.

Ausg.: E. O'Curry, The Fate of the Children of Tuireann, Atlantis 4 (Lo. 1863) 157–227; R. O'Duffy, Oidhe Chloinne Tuireann, Soc. for the Preservation of the Ir. Language, Vol. 8 (Du. 1901) 1–64. *Übers.:* Ch.-J. Guyonvarc'h, La Mort tragique des enfants de Tuireann, Ogam 16 (1964) 231–256 und 17 (1965) 189–192; F. Lautenbach, D. kelt. Kessel, St. 1991.

Aided Chonchobuir (ir. /'að'eð 'xonxovur'/ »Conchobars Tod«) ist der Titel einer Erzählung aus dem → Ulster-Zyklus. Sie ist in drei voneinander abweichenden Versionen in insgesamt fünf Handschriften überliefert. Die am besten erhaltene Fassung im »Buch von Leinster« (→ Lebor Laignech) ist die Fortsetzung der Geschichte → *Cath Étair*. Sie erzählt, wie der Connachter → Cet mac Mágach das in Ulster als Trophäe aufbewahrte Gehirn des Königs Mes Gegra entwendet. Während einer Schlacht zwischen den Kriegern von Connacht und Ulster legt er das steinhart gewordene Gehirn als Geschoß in seine Schleuder und verwundet König Conchobar von Ulster damit schwer. Der Arzt sagt dem König voraus, daß er sterben müsse, sobald das Geschoß aus der Wunde an seinem Kopf entfernt werde. Sieben Jahre siecht Conchobar mit dem Gehirn Mes Gegras in seinem Kopf dahin. Da hört er eines Tages von der Kreuzigung Christi. Voller Zorn über diese Ungerechtigkeit – so erzählt eine andere Handschrift die Geschichte zu Ende – greift Conchobar da zu seinen Waffen, um den Tod Christi zu rächen. Durch die Anstrengung öffnet sich jedoch die

Wunde an seinem Kopf, das Gehirn Mes Gegras fällt heraus, und Conchobar stirbt. In der irischen Überlieferung gilt Conchobar wegen seiner Bereitschaft zum Kampf für Christus als einer der wenigen Männer, die bereits vor der Verbreitung des Evangeliums in Irland das Heil erlangten.

Ausg.: K. Meyer, Death-Tales of the Ulster Heroes, Du. 1906 (m. engl. Übers.). *Übers.:* R. Thurneysen, Sagen aus dem alten Irland, B. 1901; Ch.-J. Guyonvarc'h, Le Meurtre de Conchobar, Ogam 10 (1958) 129–138.
Lit.: J. Corthals, The Retoiric in A. C., Ériu 40 (1989) 41–59.

Aided Chon Culainn (ir. /'að'eð xon 'kuliN'/ »Der Tod Cú Chulainns«) ist der Titel einer Erzählung aus dem → Ulster-Zyklus. Sie ist in einer unvollständig erhaltenen älteren Fassung im »Buch von Leinster« (→ Lebor Laignech) und in einer jüngeren Bearbeitung in mehreren Handschriften des 17.–19. Jhs. vollständig überliefert. In der jüngeren Fassung zerfällt die Geschichte gewöhnlich in die beiden Teile *Brislech Mór Maige Muirtheimne* (»Das große Fällen von Mag Muirtheimne«) und *Dergruathar Chonaill Chernaig* (»Der rote, d. h. blutige, Ansturm Conall Cernachs«). Erzählt wird, wie der bis dahin unbesiegte Cú Chulainn durch Zauber sein Leben verliert und von seinem Ziehbruder Conall Cernach gerächt wird. – Eine englische Nacherzählung der Geschichte verfaßte Lady Augusta → Gregory in den Kapiteln 19–20 ihres Buches *Cuchulain of Muirtheimne*. Eine von der Erzählung inspirierte Bronzeskulptur des sterbenden Cú Chulainn befindet sich in der Schalterhalle des Hauptpostamts in Dublin. Sie stammt von dem Bildhauer Oliver Sheppard und erinnert an die Toten des 1916 gewaltsam niedergeschlagenen Aufstands der Iren gegen die britische Herrschaft.

Ausg.: A. G. van Hamel, Compert Con Culainn and other Stories, Du. 1933 (MMIS 3).
Übers.: Ch.-J. Guyonvarc'h u. F. Le Roux, La Mort de Cúchulainn. Version A, Ogam 18 (1966) 343–399.

Aided Loegairi Buadaig (ir. /'að'eð 'loiɣar'i 'vuaðiɣ'/ »Der Tod Loegaires des Siegreichen«) ist der Titel einer Erzählung aus dem → Ulster-Zyklus, die in einer einzigen Handschrift aus dem 16. Jh. überliefert ist. Sie berichtet, wie der Krieger Loegaire auf tragische Weise ums Leben kommt, während er den Dichter (→ fili) Aed mac Ainninne vor der Hinrichtung zu bewahren versucht. Aed hatte nämlich mit der Frau des Königs Conchobar von Ulster Ehebruch begangen und sollte deswegen in einem See ertränkt werden. Durch Zaubersprüche kann Aed jedoch jeden See, zu dem man ihn führt, bis auf den letzten Tropfen austrocknen. Erst bei dem See vor Loegaires Haus versagen seine Zauberkünste. Loegaire will es jedoch nicht dulden, daß man einen fili ausgerechnet bei ihm zu Tode bringt, und stürzt mit gezückter Waffe aus dem Haus. Dabei stößt er sich den Kopf mit solcher Wucht am Türsturz, daß er wenig später seinen Verletzungen erliegt. Aed aber gelingt es, im allgemeinen Getümmel zu entkommen.

Ausg.: K. Meyer, Death-Tales of the Ulster Heroes, Du. 1906 (m. engl. Übers.).
Übers.: Ch.-J. Guyonvarc'h, La Mort violente de Loegaire Victorieux, Ogam 11 (1959) 423–424.

Aided Muirchertaig meic Erca (ir. /'að'eð 'vur'çeRtiγ' vik' 'eRka/ »Der Tod Muirchertachs, des Sohnes Ercs«) ist der Titel einer Erzählung aus dem → Historischen Zyklus. Sie stammt in der uns vorliegenden Form vermutlich aus dem 11. Jh. und ist im → »Gelben Buch von Lecan« und einer weiteren Handschrift aus dem 15. Jh. überliefert. Die Geschichte beginnt damit, daß der irische König Muirchertach mac Erca (6. Jh. n. Chr.) eines Tages auf der Jagd einer wunderschönen und zauberkundigen Frau namens Sín begegnet. Ihretwegen verstößt er seine Gattin und seine Kinder, worauf ihn der Geistliche Cairnech verflucht. Durch die zauberischen Machenschaften Síns verwirren sich die Sinne des Königs immer mehr, bis er schließlich bei einem Brand seiner Burg ums Leben kommt. – Von der Erzählung inspiriert ist das Drama *The Plot is Ready* (1943) von Austin → Clarke.

Ausg.: L. Nic Dhonnchadha, A. M. m. E., Du. 1964 (MMIS 19).
Lit.: K. McCone, Pagan Past and Christian Present in Early Ir. Lit., May. 1990.

Aided Oenfir Aífe (ir. /'að'eð 'oinir' 'aif'e/ »Der Tod von Aífes einzigem Sohn«) ist der Titel einer Geschichte aus dem →Ulster-Zyklus, deren älteste erhaltene Fassung im →»Gelben Buch von Lecan« überliefert ist. Sie erzählt, wie → Cú Chulainn im Zweikampf seinen Sohn erschlägt, nachdem dieser sich geweigert hat, ihm seinen Namen zu nennen oder sich kampflos zu ergeben. Bekannt ist dieses Motiv des Vater-Sohn-Kampfs aus dem althochdeutschen Hildebrandslied und dem persischen Schahnameh. Man vermutet deshalb, daß die keltische Gestaltung dieses Motivs eine Weiterbildung ererbten Erzählgutes darstellt. Es könnte sich dabei aber auch um eine späte Entlehnung aus dem Germanischen ins Irische handeln. – Eine englische Nacherzählung der Geschichte schrieb Lady Augusta → Gregory im 18. Kapitel ihres Buchs *Cuchulain of Muirtheimne*. Neu gestaltet hat sie William Butler → Yeats in dem Gedicht *Cuchulain's Fight with the Sea* und dem Drama *On Baile's Strand*.

Ausg.: A. G. van Hamel, Compert Con Culainn and other Stories, Du. 1933 (MMIS 3).
Übers.: Ch.-J. Guyonvarc'h, La Mort du fils unique d'Aife, Ogam 9 (1957) 115–121; J. Gantz, Early Ir. Myths and Sagas, Harm. 1981.
Lit.: J. de Vries, Le conte irl. A. o. A. et le thème du combat du père et du fils dans quelques traditions indo-européennes, Ogam 9 (1957) 122–138.

Aífe (ir. /'aif'e/) heißt in der Erzählung → *Tochmarc Emire* eine gefürchtete Kriegerin. Von

Cú Chulainn im Zweikampf besiegt, wird sie später die Mutter seines Sohnes. Die Erzählung → *Aided Oenfir Aífe* berichtet, wie Cú Chulainn diesen Sohn im Zweikampf erschlägt.

Ailill Áine (ir. /'al'iL' 'aːn'e/) heißt in der Erzählung → *Orgain Denna Ríg* ein König, der im 4. Jh. n. Chr. über die Provinz Leinster geherrscht haben soll. Die Erzählung berichtet, wie er durch einen Anschlag seines Onkels Cobthach Coel Thron und Leben verloren habe. Seinem Sohn Labraid sei es jedoch gelungen, den Tod des Vaters an dessen Mördern zu rächen.

Ailill Anguba (ir. /'al'iL' 'anγuva/) heißt in der Geschichte →*Tochmarc Étaíne* ein Bruder des Königs Eochaid Airem. Um dessen Frau Étaín zu entehren, bewirkt der Elfenfürst Midir durch einen Zauber, daß A. sich unsterblich in Étaín verliebt. Vor Sehnsucht nach Étaín erkrankt A. schwer. Midirs Plan schlägt jedoch fehl, da Étaín ihrem Gatten treu bleibt. Als Midir seinen Zauber löst, wird A. wieder gesund.

Ailill Aulom (ir. /'al'iL' 'aulom/ »A. ohne Ohren«) heißt in den Erzählungen des → Historischen Zyklus ein Sohn des Königs Eogan Mór, der im 3. Jh. n. Chr. als Schwiegersohn des Königs Conn Cétchathach über die südirische Provinz Munster geherrscht haben soll (vgl. → Áine, → *Cath Maige Mucrama*).

Ailill mac Mágach (ir. /'al'iL' mak 'maːγax/) heißt in den Erzählungen des → Ulster-Zyklus der Gatte der Königin → Medb von Connacht und Bruder der Könige von Tara (→ Temair) und Leinster. In der jüngeren Fassung der Geschichte des Rinderraubs von Cuailnge (→ *Táin Bó Cuailnge*) löst eine häusliche Meinungsverschiedenheit zwischen A. und Medb den großen Kriegszug der Connachter gegen die Provinz Ulster aus. Im weiteren Verlauf der Geschichte spielt A. jedoch nur noch eine untergeordnete Rolle.

Aillén (ir. /'aL'eːn/) heißt in den Erzählungen des → Finn-Zyklus ein feuerspeiender Unhold. Der Überlieferung zufolge soll er zur Zeit des Königs Conn Cétchathach alljährlich am Fest von → Samain die Bewohner von Tara (→ Temair) durch Zaubermusik in Schlaf versetzt und danach die Königsburg in Brand gesteckt haben. Dem jugendlichen → Finn mac Cumaill sei es gelungen, trotz der Zaubermusik wachzubleiben, den Unhold aus der Burg zu verjagen und ihn schließlich mit seinem Speer zu töten.

Áine (ir. /'aːn'e/) heißen in der irischen Literatur und Folklore mehrere Feengestalten. Die bekannteste von ihnen war mit dem nach ihr benannten Hügel Cnoc Áine (heute Knockainey Hill bei Limerick) in Munster assoziiert. In der Geschichte der Schlacht von Mag Mucrama (→

Cath Maige Mucrama) begegnen A. und ihr Vater dem König Ailill Aulom, als dieser sich eines Nachts auf dem Hügel schlafen legt. Nach der Sage vergewaltigte der König damals die Fee, die sich wehrte, indem sie ihm die Ohren abbiß. Währenddessen ermordete Ailills Begleiter ihren Vater. Aufgrund zahlreicher Parallelen ist anzunehmen, daß die Gestalt der Á. aus der vorchristlichen irischen Mythologie stammt, der zufolge der König des Landes mit einer weiblichen Schutzgottheit eine → Heilige Hochzeit vollzog.

Airne Fíngein (ir. /ˈar′n′e ˈf′iːnγ′in′/ »Fíngeins Nachtwache«) ist der Titel einer Erzählung aus dem → Historischen Zyklus. Sie entstand vermutlich im 9. Jh. und ist uns in vier Handschriften aus dem 14.–15. Jh. überliefert. Der Titelheld der Geschichte, die im 2. Jh. n. Chr. spielt, ist ein Mann namens Fíngein mac Luchta. Ihm erscheint jedes Jahr in der Nacht zum 1. November (→ Samain) eine Fee namens Rothniam, um ihm die bedeutenden Ereignisse des kommenden Jahres vorauszusagen. Die Geschichte erzählt, wie Rothniam bei einer dieser Gelegenheiten prophezeit, daß König Feidlimid noch in derselben Nacht ein Sohn geboren werde, dem es bestimmt sei, die fünf Provinzen Irlands zu einigen und Ahnherr weiterer 53 Könige zu werden. Wunderbare Zeichen wie das Entspringen von Flüssen, das Entstehen von Seen und die Enthüllung eines seit der Sintflut verborgenen Baumes sollten seine Geburt begleiten. Tatsächlich wird noch in derselben Nacht der berühmte König → Conn Cétchathach geboren. Fíngein dient ihm fünfzig Jahre lang und findet schließlich im Kampf für ihn den Tod.

Ausg.: J. Vendryes, A. F., Du. 1953 (MMIS 15).
Übers.: T. P. Cross und A. C. L. Brown, Fingen's Night-watch, Romanic Review 9 (1918) 29–47.

Aislinge Meic Chon Glinne (ir. /ˈaʃl′iŋ′e vik′ xon ˈg′l′iN′e/ »Der Traum des Mac Con Glinne«) ist der Titel einer schwankhaften irischen Erzählung, die vermutlich im 11. Jh. entstand und uns in zwei Fassungen unterschiedlicher Länge aus dem 12. Jh. überliefert ist. Sie schildert, wie der wandernde Gelehrte Aniar Mac Con Glinne in der ersten Hälfte des 8. Jhs. auf einer Rundreise durch Irland mit dem Abt des Klosters Cork in Konflikt gerät und wegen angeblicher Verspottung der Kirche zum Tode verurteilt wird. Durch seine Geistesgegenwart und Phantasie gelingt es ihm, der Hinrichtung zweimal zu entkommen und schließlich zum Hof des Königs von Munster zu gelangen. Als er dort durch eine List den Herrscher von einem Dämon der Freßsucht befreit, wird das Todesurteil aufgehoben und der wandernde Gelehrte reich belohnt. Die mit Witz und Sprachartistik erzählte Geschichte ist eine boshafte Satire auf das mittelalterliche irische Klosterwesen und parodiert zugleich die populären literarischen Gattungen der Jenseitsvision (aisling, fís) und wunderbaren Seereise (→ immram). – Von der Erzählung inspiriert ist die Komödie *The Son of Learning* (1926) von Austin → Clarke.

Ausg.: K. H. Jackson, A. M. C. G., Du. 1990.
Übers.: R. Thurneysen, Sagen aus dem alten Irland, B. 1901.
Lit.: S. Gwara, Gluttony, lust and penance in the B-text of A. M. C. G., Celtica 20 (1988) 53–72.

Aislinge Oenguso (ir. /ˈaʃlʹiŋʹe ˈoinɣuso/ »Oengus' Traumgesicht«) heißt eine der »Vorerzählungen« (→ remscéla) der Geschichte des Rinderraubs von Cuailnge (→ *Táin Bó Cuailnge*). Sie ist in einer einzigen Handschrift aus dem 15. Jh. überliefert. Erzählt wird, wie Oengus, der Sohn des → Dagda und der → Boand, sich vor Liebe zu einer nur im Traum geschauten wunderschönen jungen Frau verzehrt. Mit Hilfe des Elfenfürsten Bodb und des Königspaares → Ailill mac Mágach und → Medb von Connacht gelingt es ihm, sie in Südirland aufzuspüren. Dort nämlich besucht das Urbild seines Traums an einem bestimmten Tag des Jahres zusammen mit 150 Begleiterinnen in Vogelgestalt einen See. In der Gestalt von Schwänen vereinigen sich die beiden, umkreisen dreimal im Fluge den See und bleiben dann für immer zusammen. Aus Dankbarkeit gegenüber Ailill und Medb findet sich Oengus später dazu bereit, für den großen Zug der Connachter nach Cuailnge 300 Krieger bereitzustellen. – Neu gestaltet haben die Erzählung Lady Augusta → Gregory im achten Kapitel ihres Buchs *Cuchulain of Muirtheimne* und James → Stephens in seinem Buch *In the Land of Youth*.

Ausg.: F. Shaw, The Dream of Oengus, Du. 1934.
Übers.: Ch.-J. Guyonvarc'h u. F. Le Roux, Le Rêve d'Óengus, Ogam 18 (1966) 117–150; J. Gantz, Early Ir. Myths and Sagas, Harm. 1981.

aithech (ir. /ˈaθʹex/) bezeichnet in Rechtstexten den nichtadligen freien Bauern oder Lehnsmann. Als a. fortha bezeichnete man einen nichtadligen Freien, der im Falle einer juristischen Klage gegen den König (→ rí) dessen Stelle einnahm und gegebenenfalls für die Entschädigung des Klägers sorgte. Auf diese Weise sollte der Gerechtigkeit Genüge geschehen, ohne daß der König seiner »Ehre« (→ enech) verlustig ging.

Lit.: F. Kelly, A Guide to Early Ir. Law, Du. 1988.

aithed (ir. /ˈaθʹeð/) bezeichnet die Flucht eines Mädchens oder einer Frau mit ihrem Liebhaber. Das Wort dient in den → Sagenlisten zur Klassifikation von Geschichten, die von einer solchen Flucht erzählen.

Lit.: B. K. Martin, Med. Ir. aitheda and Todorov's ›Narratologie‹, StC 10/11 (1975/76) 138–151.

Aithirne (ir. /'aθ'ir'n'e/) heißt in den Erzählungen des → Ulster-Zyklus ein Dichter aus der Provinz Ulster. Er soll wegen seiner Habgier und Schmähsucht allgemein gefürchtet gewesen sein und trägt deshalb in den Geschichten den stehenden Beinamen Ailgesach, der ihn als aufdringlichen Bittsteller kennzeichnet. A. gilt als Sohn des Dichters Ferchertne und Lehrer des Dichters Amairgin mac Ecit Salaig. Die Erzählung → *Cath Étair* schildert, wie A. auf einer Wanderung durch Irland mit seinen unverschämten Forderungen der Reihe nach die Feindschaft der Bewohner von Connacht, Munster und Leinster auf sich und die Provinz Ulster zieht.

Alator heißt ein keltischer Gott, der nach der → Interpretatio Romana mit → Mars identifiziert wurde. Seine Verehrung bezeugen ein Altar aus South Shields in Nordengland (RIB 1055) und ein silbernes Votivplättchen mit einer Darstellung des Gottes als Krieger mit Schild, Speer und Helm und der Inschrift D(EO) MARTI ALATORI aus Barkway in Hertfordshire (RIB 218, jetzt im Britischen Museum in London).

Albion ist in der antiken → Ethnographie eine Bezeichnung der Insel Britannien. Der Name hängt vermutlich ebenso wie der des keltischen Gottes → Albiorix mit dem mittelkymrischen Wort elfydd »Welt, Land« zusammen. Belegt ist der Name A. u. a. bei → Plinius dem Älteren (Hist. Nat. 4,102). Auf keltischer Seite entspricht ihm die Bezeichnung Albu oder Alba, womit irische Quellen in älterer Zeit ganz Britannien und später Schottland bezeichnen.

Albiorix heißt ein keltischer Gott. Der Name hängt vermutlich ebenso wie die geographische Bezeichnung → Albion mit dem mittelkymrischen Wort elfydd »Welt, Land« zusammen. Seine ursprüngliche Bedeutung wäre dementsprechend »König des Landes« oder »König der Welt«. Die Verehrung des A. bezeugt eine Inschrift aus Sablet in der Provinz Gallia Narbonensis (CIL XII 1300). In ihr wird der keltische Gott nach der → Interpretatio Romana mit → Mars identifiziert.

Lit.: W. Meid, Aspekte d. germ. u. kelt. Rel. im Zeugnis d. Sprache, I. 1991.

Alesia heißt eine der bedeutendsten keltischen Siedlungen (→ Oppida) in der Nähe von Alise-Sainte-Reine im Dép. Côte-d'Or. Der Ort war zwischen zwei Flüssen auf dem steil abfallenden Mont Auxois angelegt und durch Wall und Graben zusätzlich befestigt. Die gesamte Anlage nahm eine Fläche von nahezu 100 ha ein. Beim letzten großen Aufstand gegen → Caesar wurden die Gallier unter ihrem Anführer → Vercingetorix 52 v. Chr. in A. eingeschlossen und ausgehungert. Im Unterschied zu vielen anderen

Oppida blieb der Ort auch unter römischer Herrschaft besiedelt und wurde erst im frühen Mittelalter aufgegeben. Die ersten systematischen Ausgrabungen fanden 1861–1865 auf Veranlassung Napoleons III. statt. Inschriftlich belegt ist der Name A. in einer gallisch abgefaßten Weihinschrift für den keltischen Gott → Ucuetis, die bereits 1839 auf dem Mont Auxois gefunden wurde.

Lit.: J. Le Gall, A., P. 1985 (Guides arch. de la France 4); ders., Fouilles d'Alise-Sainte-Reine 1861–1865, 2 Bde., P. 1989; ders., A.: Arch. et Hist., nouv. éd. P. 1990.

Alisanus heißt ein keltischer Gott. Die Etymologie des Namens ist unklar: Neben einer Ableitung vom Namen der Stadt → Alesia hat man auch einen Zusammenhang mit dem keltischen Wort für »Fels«, einem Flußnamen *Alisos und der keltischen Bezeichnung der Erle oder Eberesche in Betracht gezogen. Die Verehrung des A. bezeugen zwei Weihinschriften auf Bronzeschalen (CIL XIII 2843 und 5468), die in der Nähe von Dijon und Arnay-le-Duc gefunden wurden.

Lit.: G. Drioux, Cultes indigènes des Lingons, P. 1934.

Allobrogen (lat. Allobroges) nennt die antike → Ethnographie einen keltischen Stamm in dem Gebiet zwischen den Westalpen, dem Genfer See und der Rhône. Der Name kennzeichnet seine Träger als Leute, »die in fremden Gebieten wohnen«. Er ist die gallische Entsprechung des kymrischen Wortes allfro »Fremder, Ausländer« (vgl. → Nitiobrogen). 218 v. Chr. überquerte Hannibal vom Gebiet der A. aus die Alpen. 121 v. Chr. wurde der Stamm von den Römern besiegt und in die neugeschaffene Provinz Gallia Narbonensis eingegliedert. Der Hauptort der A. war Vienna (Vienne), ihre nördlichste Grenzstadt Genava (Genf).

Altburg ist der heutige Name einer befestigten keltischen Höhensiedlung östlich des Ortes Bundenbach im Hunsrück. Eine umfassende archäologische Untersuchung in den Jahren 1971–75 ergab, daß sie spätestens vom 3. Jh. an bis mindestens zur Mitte des 1. Jhs. v. Chr. bewohnt war. Die aus Holz und Flechtwerk errichteten Bauten im Innern der Mauern waren zwar vollständig vergangen, doch konnten ihre Lage und Größe aufgrund der erhalten gebliebenen Fundamentgruben zumindest teilweise bestimmt werden. Mehrere Wohn- und Speichergebäude sowie ein Palisadenzaun wurden 1985–88 rekonstruiert und sind jetzt als Freilichtmuseum zugänglich.

Lit.: R. Schindler, Die A. bei Bundenbach, Mz. 1977; H. Nortmann, Die A. bei Bundenbach: ein Führer zur keltischen Burg, Bundenbach 1990.

Altstetten ist ein Vorort von Zürich. 1906 entdeckte man dort bei Gleisarbeiten eine halbkugelförmige goldene Schale

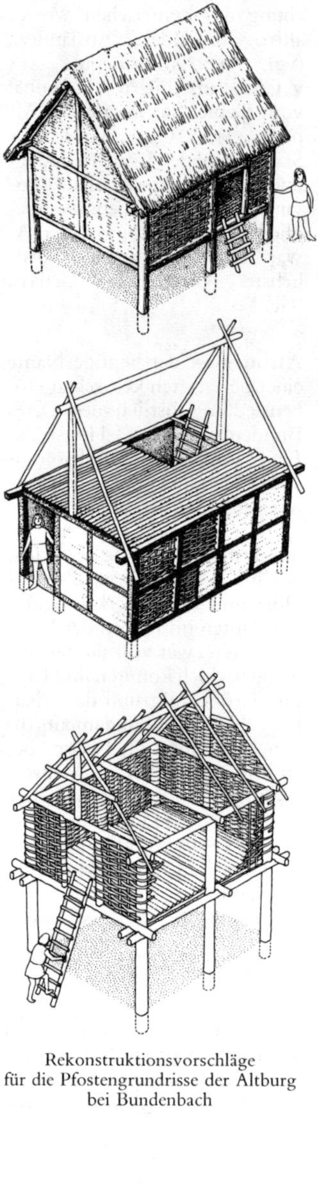

Rekonstruktionsvorschläge
für die Pfostengrundrisse der Altburg
bei Bundenbach

von 25 cm Durchmesser und 10 cm Höhe. Unter einem glatten Rand ist sie überall mit von innen herausgetriebenen Bukkelchen verziert, wobei lediglich drei Bildmotive – Sonnen, Monde, Hirsche und Hirschkühe – ausgespart sind. Mit einem Gewicht von 910 g ist die Schale von A. fast ebenso schwer wie alle Goldgegenstände aus den Gräbern von → Hochdorf und → Vix zusammen. Man vermutet, daß sie keine einheimische Arbeit ist, sondern von der Iberischen Halbinsel importiert wurde. Ob sie zur Ausstattung eines Grabes gehörte oder als Weihegabe Verwendung fand, ist wegen der unsicheren Fundumstände unbekannt. Die Schale befindet sich jetzt im Schweizerischen Landesmuseum in Zürich.

Lit.: W. Kimmig, Die Goldschale von Zürich-A., in: Homenaje a Martin Almagro (Ma. 1983) 101–118.

Amaethon fab Dôn (wal. /a'maiθon vaːb doːn/) heißt eine Gestalt in der Erzählung → *Culhwch ac Olwen.* Dort stellt der Riese Ysbaddaden Bencawr dem Titelhelden Culhwch die Aufgabe, A. zur Bestellung eines neu gerodeten Ackers zu veranlassen. Man vermutet, daß sich hinter der Gestalt des A. ein keltischer Gott des Ackerbaus (wal. amaeth) verbirgt. Dies bleibt aber spekulativ, da A. in der Erzählung nur kurz erwähnt wird und nicht selbst handelnd auftritt.

Amairgin Glúngel (ir. /'avar'ɣ'in' 'glu:nɣ'el/) heißt im »Buch der Einnahme Irlands« (→ *Lebor Gabála Érenn*) einer der Söhne Míls, der sich vor seinen Brüdern als zauberkundiger Dichter und weiser Schiedsrichter auszeichnet. Bei seiner Ankunft in Irland identifiziert er sich in mystischen Versen mit der gesamten Natur. Als die Söhne Míls mit ihren Schiffen in Irland landen wollen, versuchen die Tuatha Dé Danann, sie durch einen herbeigezauberten Sturm aufzuhalten. A. jedoch beschwichtigt mit einem Gedicht Wind und Wogen und ermöglicht seinen Brüdern so die Eroberung der Insel.

Amairgin mac Ecit Salaig (ir. /'avar'ɣ'in' mak 'eg'id' 'saliɣ'/) heißt in den Erzählungen des → Ulster-Zyklus ein Dichter (→ fili) des Königs → Conchobar mac Nesa. Er gilt als Sohn des Schmieds Ecet Salach (»des Schmutzigen«) und Vater des Kriegers → Conall Cernach. Seine Frau ist Finnchaem, eine Schwester Conchobars. Eine Erzählung im »Buch von Leinster« (→ Lebor Laignech) schildert, wie der Dichter → Aithirne den jugendlichen A. aus Eifersucht auf seine Begabung umzubringen versucht und ihn schließlich zur Strafe dafür als Ziehsohn und Schüler aufnehmen muß. Die jüngere Fassung der Geschichte von der Empfängnis Cú Chulainns (→ *Compert Chon Culainn*) erzählt, wie A. und seine Frau von Conchobar mit der Erziehung des Knaben Sétanta betraut werden, der später unter dem Namen Cú Chulainn zum berühmtesten Helden von Ulster werden sollte.

Amarcolitanus heißt ein keltischer Gott, der nach der → Interpretatio Romana mit → Apollo identifiziert wurde. Sein Name bedeutet vermutlich »dessen Blick weit ist«. Die Verehrung des A. bezeugt eine Weihinschrift aus Branges im Dép. Seine-et-Loire (CIL XIII 2600).

ambactus ist bei dem römischen Dichter Ennius und bei → Caesar (Bell. Gall. 6,15) die keltische Bezeichnung eines Dienst- oder Gefolgsmannes. Der Grammatiker Festus erklärte das Wort etymologisch richtig als »der (um den Herrn) Herumbewegte« (ambactus id est circumactus). Als Lehnwort im Germanischen ist kelt. *ambaktos im Althochdeutschen durch das Wort ambaht »Diener« vertreten. Aus der Ableitung ambahti »Dienst« hat sich das neuhochdeutsche Wort »Amt« entwickelt. Auf eine Entlehnung ins Romanische gehen ital. ambasciata, franz. ambassade und engl. embassy »Gesandtschaft« zurück.

Ambarrer (lat. Ambarri) nennt die antike → Ethnographie einen keltischen Stamm, dessen Siedlungsgebiet zwischen dem Land der → Aeduer und dem der → Allobrogen lag. Der Name ist aus *Ambi-arari entstanden und kennzeichnet seine Träger als »die zu beiden Seiten des Arar (der Saône) Wohnenden«.

Ambianer (lat. Ambiani) nennt die antike → Ethnographie einen keltischen Stamm im Mündungsgebiet der Somme. Der Name lebt fort in dem der Stadt Amiens, die zuvor Samarobriva hieß.

Ambigatus heißt bei dem römischen Historiker → Livius (Ab urbe condita 5,34) ein keltischer König aus dem Stamm der → Biturigen. Zur Zeit des römischen Königs Tarquinius Priscus (6. Jh. v. Chr.) soll er seine beiden Neffen Bellovesus und Segovesus mit einem Teil des Volkes ausgeschickt haben, um neue Wohngebiete zu erobern. Nach dem Schiedsspruch der Götter sei daraufhin Segovesus in die Gegend des Hercynischen Gebirges (des deutschen Mittelgebirges), Bellovesus aber nach Italien gezogen. Wahrscheinlich geht diese Überlieferung auf eine Sage der keltischen Bewohner Oberitaliens zurück. Ihr historischer Hintergrund ist für uns aber nicht mehr faßbar.

Ambiorix war ein gallischer Fürst aus dem Stamm der → Eburonen (vgl. → Caesar, Bell. Gall. 5,24 ff., 6,5 ff., 6,29 ff. und 6,43). Zusammen mit dem Fürsten Catuvolcus führte er 54 v. Chr. eine Erhebung seines Stammes gegen die römische Besatzungsmacht an. Nach der Vernichtung einer römischen Legion bei Aduatuca (Tongern) wurde der Aufstand blutig niedergeschlagen und das Land der Eburonen verwüstet. Daraufhin verübte Catuvolcus Selbstmord durch Gift. A. dagegen gelang es, mit nur wenigen Begleitern der Verfolgung durch die Truppen Caesars zu entkommen. – Eine Bronzestatue des A. schuf der Bildhauer Jules Bertin (1826–1892) für die Stadt Tongern.

Amfreville ist ein Ort im Dép. Eure südwestlich von Rouen. Dort fand man in einem alten Flußbett der Seine den goldverzierten Prunkhelm eines keltischen Kriegers aus dem 4. Jh. v. Chr. Er ist jetzt im Musée des Antiquités Nationales in Saint-Germain-en-Laye zu sehen.

Lit.: V. Kruta, Le casque d'A.-sous-les-Monts (Eure) et quelques problèmes de l'art celtique du IVe siècle avant notre ère, EC 15 (1978) 405–424.

Amra Choluim Chille (ir. /'avra 'xolum' 'çiL'e/ »Lobpreis Columbas«) ist der Titel eines um 600 entstandenen Gedichts auf den irischen Missionar und Klostergründer Columba (ir. → Colum Cille). Der Überlieferung nach wurde es von einem Dichter namens Dallán (mac) Forgaill verfaßt. Das Werk stellt eines der ältesten Zeugnisse der irischen Literatur dar und bietet zahlreiche Schwierigkeiten sprachlicher und metrischer Art.

Ausg. u. Übers.: W. Stokes, The Bodleian A. C. C., RC 20 (1899) 30–55, 132–183, 248–289, 400–437 und RC 21 (1900) 133–136.
Lit.: V. Hull, On A. C. C., ZCP 28 (1961)

242–252; P. L. Henry, Saoithiúlacht na Sean-Ghaeilge, Du. 1978; M. Herbert, The Preface to A. C. C., in: D. Ó Corráin u. a. (Hrsg.), Sages, Saints, and Storytellers (May. 1989) 67–75.

Amulette sind Anhänger, die ihren Träger vor Gefahren schützen sollen. Diese apotropäische (»abwehrende«) Funktion unterscheidet sie von den Talismanen, die im positiven Sinn als Glücksbringer getragen werden.

Im Bereich der keltischen Kultur kennt man A. vor allem durch archäologische Funde, da schriftliche Belege fast völlig fehlen. Die meisten dieser Funde stammen aus den Gräbern von Kindern und Frauen. Eine zutreffende Einschätzung des Gesamtbefundes ist schwierig, da man nur sehr sorgfältig dokumentierte Grabungen auswerten kann und viele Funde aus dem vorigen Jh. deswegen außer Betracht bleiben müssen. Darüber hinaus sind A. aus organischen Stoffen nur selten erhalten geblieben, während man andererseits solche aus → Glas, → Bernstein oder Metall häufig nicht von → Schmuck unterscheiden kann.

Im allgemeinen erkennt man A. an ihrer ungewöhnlichen äußeren Form (z. B. Rädchen, Schuhe, Füße oder Beile), an ihrer ungewöhnlichen Gestaltung (z. B. unfertige oder nach ihrer Herstellung unbrauchbar gemachte Ringe) oder an ihrer Nutz- bzw. Schmucklosigkeit (z. B. verschieden geformte Eisenstückchen oder Versteinerungen). Vermutlich stammen nur manche dieser Gegenstände aus dem persönlichen Besitz der Toten, während andere ihnen erst bei der Bestattung mitgegeben wurden. In solchen Fällen sollten die A. vielleicht weniger den Toten als vielmehr die Hinterbliebenen vor diesem schützen. Häufig fand man nämlich A. bei Toten, die in abweichender Lage bestattet worden waren oder deren Skelette ungewöhnliche Manipulationen aufwiesen.

Lit.: L. Pauli, Keltischer Volksglaube: A. und Sonderbestattungen am Dürrnberg bei Hallein und im eisenzeitlichen Mitteleuropa, Mn. 1976.

Ancamna heißt eine keltische Göttin. Sie erscheint in Inschriften als Partnerin der Götter → Lenus und → Smertrius.

Andarta heißt eine keltische Göttin. Ihr Name ist vermutlich von der keltischen Bezeichnung des Bären (ir. art, wal. arth) abgeleitet und bedeutet vielleicht »große/mächtige Bärin«. Die Verehrung der A. bezeugen sieben Weihinschriften (CIL XII 1554–1560), die in oder bei der Stadt Die im Dép. Drôme in Südfrankreich gefunden wurden.

Andekaver (lat. Andecavi) nennt die antike → Ethnographie einen Stamm an der unteren Loire. Der Name lebt fort in dem der Stadt Angers, die zuvor Iuliomagus hieß.

Anderswelt dient vor allem in populären Büchern über die Kelten zur Beschreibung keltischer Vorstellungen einer Welt der Elfen und Feen. Das Wort ist eine Lehnübersetzung des englischen Ausdrucks otherworld, der auf der christlichen Vorstellung eines Gegensatzes zwischen »dieser« sichtbaren und einer jenseitigen »anderen« Welt beruht. Auf keltischer Seite spiegeln Begriffspaare wie ir. cenntar = Diesseits / alltar = Jenseits oder ir. í-siu = hienieden / í-thall = drüben diesen Gegensatz. Sie werden jedoch nur im christlichen Kontext gebraucht, während die Welt der Geister im Irischen als → síd, im Kymrischen als → Annwfn bezeichnet wird. Nach einer Angabe des römischen Dichters → Lucan glaubten die → Druiden, daß die Geister der Verstorbenen »orbe alio« (Pharsalia 1,457) weiterlebten. In diesem Fall bezeichnet der lateinische Ausdruck orbis alius jedoch nicht eine »andere Welt«, sondern vielmehr eine »andere Gegend« (der uns bekannten Welt).

Lit.: P. Sims-Williams, Some Celtic Otherworld Terms, in: A. T. E. Matonis u. F. Melia (Hrsg.), Celtic Languages, Celtic Culture (Van Nuys, Calif. 1990) 57–81.

Andrasta heißt eine keltische Göttin. Das einzige Zeugnis für ihre Verehrung ist eine Nachricht des römischen Historikers Cassius Dio (Historia Romana 62,6). Ihr zufolge wurde A. während eines Aufstands britannischer Stämme im Jahr 61 n. Chr. von der Ikenerkönigin → Boudicca um Hilfe angefleht. Einige Autoren haben in der Bezeichnung A. eine Verballhornung des Namens → Andarta gesehen. Diese Vermutung entbehrt jedoch einer soliden Grundlage.

Aneirin → Neirin.

Anextlomarus heißt ein keltischer Gott. Der erste Bestandteil des Namens ist verwandt mit altir. anacul »Schutz«, so daß A. soviel wie »großer Beschützer« bedeutet. Auf der Inschrift einer bronzenen Schale aus South Shields in Nordengland (jetzt im Archäologischen Museum in Newcastle) wird der Gott mit → Apollo gleichgesetzt. Unvollständig erhalten begegnet sein Name vermutlich in einer Inschrift aus der Nähe von Le Mans (CIL XIII 3190). Die Form Anextlomara findet sich in einer Inschrift aus Aventicum (Fi 94), dem heutigen Avenches in der Schweiz.

Anglesey → Mona.

Annales Cambriae nennt man eine Sammlung walisischer Annalen, die in ihrer ältesten Fassung über den Zeitraum von der Mitte des 5. bis zur Mitte des 10. Jhs. berichten. Der uns vorliegende Text dieser Sammlung wurde in der Zeit um 1100 aufgezeichnet und ist in der Handschrift Harleian 3859 in der Bibliothek des Britischen Museums in London enthalten. Berühmt sind die Hinweise der A.

C. auf die Schlachten von → Baddon und → Camlan.

Lit.: L. Alcock, Arthur's Britain, Harm. 1971.

Annwfn (wal. /'annuvn/) ist die Bezeichnung einer der sichtbaren Welt entgegengesetzten → Anderswelt. Die Etymologie des Wortes ist schwierig, da die zweite Worthälfte sowohl auf dwfn »tief« als auch auf dwfn »Welt« zurückgehen kann. Überdies ist unklar, ob An- die Bedeutung »sehr«, »nicht« oder »Innen-« hat. Der ganze Ausdruck könnte deshalb sowohl »große Tiefe« als auch »Nicht-Welt« oder »Innen-/Unterwelt« bedeuten. In den ältesten Texten erscheint A. teils als eine Insel jenseits der von Menschen bewohnten Gegenden, teils als ein Land unter der Erde. Jüngere Texte gebrauchen das Wort auch zur Bezeichnung der (christlichen) Hölle. Die Abenteuer sterblicher Menschen in A. schildern das Gedicht → *Preiddeu Annwfn* und die Erzählung → *Pwyll Pendefig Dyfed.*

Kopf einer Statue des Gottes Antenociticus aus Benwell in Nordengland

Antenociticus heißt ein keltischer Gott, der in einem Tempel in der Nähe des heutigen Benwell am Hadrianswall in Nordengland verehrt wurde. Dort fand man neben drei ihm geweihten Altären (RIB 1327–1329) auch den Kopf und weitere Reste einer lebensgroßen Statue des Gottes. Sie werden jetzt im Archäologischen Museum in Newcastle aufbewahrt.

Anu (ir. /'anu/) oder Ana gilt in mittelalterlichen Quellen als Name einer vorchristlichen irischen Göttin. Das Glossar des Bischofs Cormac (→ *Sanas Chormaic*) bezeichnet A. als »Mutter der irischen Götter« (mater deorum Hibernensium). Nach dem etymologischen Verzeichnis → *Cóir Anmann* war A. eine Göttin der Fruchtbarkeit (bandía in tsónusa), der die Provinz Munster ihren Wohlstand verdankte. Íath nAnann »Land der A.« begegnet in der Dichtung häufig als Name Irlands, und zwei sanft abfallende Hügel südlich von Killarney in der Grafschaft Kerry nannte man Dá chích nAnann »die beiden Brüste der A.«. Eine Variante des Namens, die ursprünglich vielleicht eine selbständige mythologische Gestalt bezeichnete, ist Danu oder (jünger) Danann.

Anwyl, Edward (1866–1914), Keltologe, wurde in Chester geboren. Nach Studien in Oxford lehrte er von 1892 bis kurz vor seinem Tod am University College of Wales in Aberystwyth

Kymrische Philologie und – seit 1905 – Vergleichende Sprachwissenschaft. Er verfaßte mehrere Studien zur walisischen Literatur und schrieb für die *Encyclopaedia of Religion and Ethics* (1908–1926) zahlreiche Artikel zur keltischen Religion und Kultur. Darüber hinaus veröffentlichte er 1906 eine zusammenfassende Darstellung *Celtic Religion in Pre-Christian Times.*

ap (vor Konsonant) bzw. ab (vor Vokal) bedeutet »Sohn des ...« (vgl. ir. → mac) und ist ein häufiger Bestandteil walisischer Namen. Bei der Umsetzung ins Englische wird der anlautende Vokal oft fortgelassen und der auslautende Konsonant mit dem folgenden Namen des Vaters zusammengeschrieben (z. B. Price aus ap Rhŷs oder Bithel aus ab Ithel).

Apollo heißt ein römischer Gott, der zu Beginn des 5. Jhs. v. Chr. aus Griechenland in Rom eingeführt wurde. Sein Name dient in lateinischen Inschriften und Literaturwerken auch zur Bezeichnung mehrerer keltischer Götter, die nur zum Teil zusätzlich ihren keltischen Namen tragen (sog. → Interpretatio Romana). Bereits → Caesar berichtet, daß die Gallier neben dem Gott → Mercurius auch A., → Mars, → Iupiter und → Minerva verehrten. Dabei seien sie ähnlich wie andere Völker der Auffassung, daß A. Krankheiten vertreibe (Bell. Gall. 6,17). Tatsächlich scheint A. im römischen Gallien vor allem an Heilquellen verehrt worden zu sein. Inschriftlich bezeugt ist die Gleichsetzung des A. mit den keltischen Göttern → Amarcolitanus, → Anextlomarus, → Atepomarus, → Belenus, → Borvo, → Grannus, → Maponus, → Moritasgus, → Toutiorix und → Vindonnus. Als seine Partnerin begegnet auf Inschriften vor allem die Göttin → Sirona.

Lit.: J. de Vries, Kelt. Rel., St. 1961; P.-M. Duval, Les Dieux de la Gaule, P. 1976; J.-J. Hatt, Apollon Guérisseur en Gaule, in: C. Pelletier (Hrsg.), La Médecine en Gaule (P. 1985) 205–238; ders., Mythes et dieux de la Gaule I, P. 1989.

Aquitanien (lat. Aquitania) nennt die antike → Ethnographie das südwestliche → Gallien zwischen den Pyrenäen, der Garonne und dem Atlantik (vgl. → Caesar, Bell. Gall. 1,1). Nach → Plinius dem Älteren (Hist. Nat. 4,105) hieß dieses Gebiet (wie die Bretagne) in alter Zeit → Aremorica.

Arawn (wal. /'araun/) heißt in der Erzählung → *Pwyll Pendefig Dyfed* der König von → Annwfn. Er tauscht mit dem Fürsten Pwyll von Dyfed die Gestalt und herrscht ein Jahr lang über dessen Reich, während Pwyll an seiner Statt in Annwfn seinen Widersacher Hafgan besiegt. In dieser Zeit rührt Pwyll die Gattin des A. nicht an und erringt so dessen Freundschaft.

Arberth (wal. /'arberθ/) ist ein Ort in Südwestwales. In den Erzählungen → *Pwyll Pendefig Dyfed* und → *Manawydan fab Llŷr* befindet sich dort der Hauptsitz des Fürsten von → Dyfed.

d'Arbois de Jubainville, Henri (1827–1910), Historiker und Keltologe, wurde in Nancy geboren. Nach juristischen und historischen Studien in Paris war er von 1852 bis 1880 als Archivar in Troyes tätig. Während dieser Zeit verfaßte er eine sieben Bände umfassende Geschichte der Herzöge und Grafen von Champagne sowie zahlreiche kleinere Arbeiten zur Regionalgeschichte. Historische und archäologische Fragen lenkten seine Aufmerksamkeit auf das Gebiet der → Keltologie. Mit der Lektüre der von Johann Kaspar → Zeuss verfaßten *Grammatica Celtica* und dem Erlernen des Bretonischen begann d'A. sein Studium dieser Disziplin. 1882 wurde er auf den neu eingerichteten Lehrstuhl für Keltische Sprach-und Literaturwissenschaft am Collège de France in Paris berufen. Dort verfaßte er zahlreiche Werke zur keltischen Sprach-, Rechts-, Literatur- und Religionsgeschichte, darunter den zwölfbändigen *Cours de littérature celtique* (1883–1902). Seit 1885 gab d'A. auch die von Henri → Gaidoz gegründete Zeitschrift *Revue celtique* heraus und übte damit auf die Entwicklung der keltischen Studien in Frankreich einen weitreichenden Einfluß aus.

Arduinna heißt in der antiken → Ethnographie ein ausgedehntes Waldgebirge zwischen Maas und Rhein. Der Name hängt möglicherweise mit ir. ard »hoch« und wal. ardd »hoch; Hochland« zusammen. Er lebt fort in der Bezeichnung der Ardennen.
Inschriftlich belegt ist der Kult einer gleichnamigen Göttin. Sie stand vermutlich ebenso wie → Abnoba in einem engen Zusammenhang mit dem Gebirge, das als ihre Heimat galt. Man kennt sie durch eine Weihinschrift aus der Nähe von Düren (CIL XIII 7848) und durch eine Darstellung als → Diana mit beigefügter Inschrift ARDVINNE aus Rom (CIL VI 46). Die letztgenannte Inschrift wurde im 3. Jh. n. Chr. von dem Remer M. Quartinius Sabinus, einem Soldaten der kaiserlichen Garde, der Göttin seiner Heimat geweiht. Bild und Inschrift sind heute teilweise zerstört und wurden in irreführender Weise wieder ergänzt. Das ursprüngliche Aussehen kann jedoch anhand alter Abbildungen rekonstruiert werden.
Als eine Darstellung der A. gilt meist auch die Bronzestatuette einer Göttin, die auf einem Wildschwein reitet (jetzt im Musée des Antiquités Nationales in Saint-Germain-en-Laye). Ihr genauer Fundort ist jedoch unbekannt, und der Sockel der Figur trägt keine Inschrift. Die Identifizierung der Reiterin mit A. bleibt daher fraglich.

Lit.: P.-M. Duval, Les Dieux de la Gaule, P. 1976; S. Boucher, Recherches sur les bronzes figurés de Gaule préromaine et romaine, R. 1976.

Aremorica heißt in der antiken → Ethnographie das gallische Küstengebiet von der Mündung der Loire bis zur Mündung der Seine. Es entspricht im wesentlichen der heutigen Bretagne. Der Name Are-morici kennzeichnet die dort lebenden Stämme als »die östlich des Meeres Wohnenden«. Er ist damit in seiner Bedeutung dem Landschaftsnamen Pommern (aus slawisch Po-morjane »Meeranwohner«) vergleichbar.

Arfderydd (wal. /arv'derið/) ist der keltische Name eines Ortes wenige Kilometer nördlich von Carlisle. Nach dem Zeugnis der → *Annales Cambriae* fand dort um 573 n. Chr. eine Schlacht zwischen verfeindeten keltischen Fürsten statt. In ihrem Verlauf soll → Gwenddoleu fab Ceidiaw gefallen sein und sein Dichter → Myrddin den Verstand verloren haben. Mehrere Erwähnungen der Schlacht in den → *Trioedd Ynys Prydein* und bei mittelalterlichen Dichtern lassen vermuten, daß A. in der walisischen Überlieferung eine bedeutende Rolle spielte. Die entsprechenden Erzählungen sind jedoch bis auf wenige Anspielungen verlorengegangen.

Arianrhod (wal. /ar'jan̥rod/) heißt in der Erzählung → *Math fab Mathonwy* die Mutter der Zwillinge Dylan Eil Ton und Lleu Llaw Gyffes. Sie gilt als Tochter der Dôn und Nichte des Königs Math. Einige Erwähnungen ihres Namens bei mittelalterlichen Dichtern lassen vermuten, daß A. auch in anderen Sagen eine Rolle spielte.

Armagh → Buch von Armagh.

Armes Prydein (wal. /'armes 'prədein/) »Die Prophezeiung von Britannien«) ist der Titel einer politischen Weissagung in Versform, die im »Buch Taliesins« (→ Llyfr Taliesin) überliefert ist. In ihr prophezeit ein unbekannter Verfasser, daß sich die Kelten Britanniens, Irlands, Schottlands und der Bretagne mit den Wikingern von Dublin verbünden und gemeinsam die verhaßten Angelsachsen verjagen würden. Man vermutet, daß das Gedicht in der Zeit um 930 entstand und sich insbesondere gegen die Machtansprüche des englischen Königs Aethelstan richtete.

Ausg. u. Übers.: I. Williams, A. P.: The Prophecy of Britain, Du. 1972 (Engl. version by R. Bromwich, MMWS 6).
Lit.: D. N. Dumville, Brittany and »Armes Prydein Vawr«, EC 20 (1983) 145–159.

Arnemetia heißt eine keltische Göttin (vgl. → nemeton). Ihr Name begegnet in dem lateinischen Ortsnamen Aquae Arnemetiae »die Wasser der A.«, der antiken Bezeichnung eines Quellheiligtums bei Buxton in Derbyshire. Inschriftlich erscheint der Name in der Form DEAE ARNOMECTE auf einem Altar aus der römischen Festung von Brough-on-Noe in Derbyshire (RIB 281).

Arnold, Matthew (1822–1888), Dichter und Literaturkritiker, wurde in Laleham (Südengland) geboren. Nach Studien in Oxford war er von 1851 bis 1886 überwiegend als Schulinspektor tätig. Er verfaßte literatur- und kulturkritische Schriften und schuf mit dem Gedicht *Tristram and Iseult* (1852) die erste moderne Gestaltung des Tristan-Stoffs in englischer Sprache.
Von 1857 bis 1867 hatte A. den Lehrstuhl für Dichtung an der Universität Oxford inne. Dort hielt er 1865/66 vier Vorlesungen über das Studium der keltischen Literaturen. Sie erschienen 1866 in der Zeitschrift *The Cornhill Magazine* und 1867 unter dem Titel *The Study of Celtic Literature* als Buch. In den Vorlesungen unterstrich A. die Bedeutung der von Johann Kaspar → Zeuss begründeten → Keltologie und forderte den Ausbau der keltischen Studien in Großbritannien, weil er das keltische Wesen neben dem angelsächsischen und normannischen als eine der drei Komponenten des englischen Nationalcharakters betrachtete. Aufgrund dieser historischen Sichtweise schenkte A. seine Aufmerksamkeit auch weniger den noch lebenden als vielmehr den mittelalterlichen keltischen Literaturen. Da er selbst keine Kenntnis der keltischen Sprachen besaß, stützte er sich dabei auf englische und französische Übersetzungen. Stark beeinflußt war A. von dem Aufsatz *Essai sur la poésie des races celtiques* seines Freundes Ernest → Renan.
Die charakteristische Begabung der Kelten sah A. in der formalen und inhaltlichen Vervollkommnung kleiner literarischer Einheiten, in der literarischen Gestaltung des Zaubers der Natur und in der Wiedergabe von Stimmungen der Resignation und Melancholie. Allerdings blieb diese Charakterisierung in ihrer Gesamttendenz und in vielen Einzelheiten nicht unwidersprochen. Aus heutiger Sicht erscheinen insbesondere die Ansichten des Autors über die Verschiedenheit der Rassen und ihren Ausdruck in der Literatur als wissenschaftlich unhaltbar. Als erste vergleichende Betrachtung der keltischen Literaturen hatten die Vorlesungen jedoch großen Einfluß und führten 1877 zur Einrichtung eines Lehrstuhls für Keltologie an der Universität Oxford.

Lit.: F. E. Faverty, M. A. the Ethnologist, Evanston (Ill.) 1951; R. Bromwich, M. A. and Celtic Literature: a Retrospect 1865–1965, O. 1965; L. Orr, The mid-nineteenth-century Irish context of A.'s Essay on Celtic Literature, in: C. Machann u. F. D. Burt (Hrsg.), M. A. in His Time and Ours (Charlottesville, Virg. 1988) 135–155.

Art (ir. /aRt/) heißt in den Erzählungen des → Historischen Zyklus ein Sohn des Königs → Conn Cétchathach. Sein Beiname Oenfer (»der Einzige«) wird in der Erzählung → *Echtrae Chonnlai* damit erklärt, daß er als einziger Sohn Conns zurückblieb, nachdem sein Bruder Connla aus Liebe zu einer Fee die Welt der Menschen verlassen hatte. A. spielt in der erhaltenen Literatur keine herausragende Rolle, gilt aber als rechtschaffener und vorbildlicher Herrscher. Die Geschichte der Schlacht von Mag Mucrama (→ *Cath Maige Mucrama*) erzählt, wie A. im Konflikt seines Schwager Ailill Aulom mit seinem Neffen Lugaid mac Con für Ailill Partei ergreift und im Kampf fällt.

Artaius heißt ein keltischer Gott, der nach der → Interpretatio Romana mit → Mercurius gleichgesetzt wurde. Sein Name ist vermutlich ebenso wie der des Gottes → Matunus und die Namen der Göttinnen → Andarta und → Artio von einem keltischen Wort für »Bär« abgeleitet (vgl. ir. art und wal. arth »Bär«). Die Verehrung des A. bezeugt eine Weihinschrift aus Beaucroissant im Dép. Isère (CIL XII 2199).

Arthur (wal. /'arθir/) heißt eine der bedeutendsten Sagengestalten der britannischen Kelten. Sein Name geht vermutlich auf den lateinischen Namen Artorius zurück und erscheint in lateinischen Texten als Arturus, in französischen und deutschen als Artus.
Vielleicht die ältesten Nachrichten über den historischen A. bewahren die → *Annales Cambriae*. Sie erwähnen für das Jahr 72 – d. i. vermutlich 518 n. Chr. – seinen Sieg über germanische Eroberer in der Schlacht von → Baddon und für das Jahr 93 – d. i. vermutlich 539 n. Chr. – seinen Tod in der Schlacht von → Camlan. Als siegreicher Heerführer (dux bellorum) in zwölf Schlachten erscheint A. im 9. Jh. in der → *Historia Brittonum*. Ob seine Erwähnung in dem Gedicht *Y* → *Gododdin* ebenso alt oder noch älter ist, läßt sich nicht mit Sicherheit feststellen.
In der walisischen Überlieferung sind diese wenigen historischen Konturen mit sagen- und märchenhaften Zügen weitgehend übermalt. So erscheint A. in den → *Englynion Gereint* als Zeitgenosse des Königs Gereint fab Erbin, der tatsächlich einige Generationen nach ihm gelebt haben dürfte. Als Anführer einer Schar kühner Krieger mit allerlei wunderbaren Fähigkeiten und Eigenschaften schildern ihn die Gedichte → *Pa ŵr yw'r Porthor?* und → *Preiddeu Annwfn*. Zu seinen bedeutendsten Gefolgsleuten zählen dort die Helden → Bedwyr fab Bedrawg und → Cei fab Cynyr. Sie begleiten A. auch in → *Culhwch ac Olwen*, der ältesten Prosaerzählung des arthurischen Sagenkreises. Ebenso alt wie die letztgenannte Erzählung ist vermutlich die Vorstellung, daß A. vor seinem Tode entrückt worden ist und am Ende der Zeiten wiederkommen wird.
Ein völlig neues Bild zeichnet um 1137 → Geoffrey von Monmouth. In seiner *Historia Regum Britanniae* (Geschichte der Könige Britanniens) schildert er A. als einen mächtigen Feudalherrscher, der sich ganz Britannien unterwirft und selbst in Skandinavien und auf dem europäi-

schen Festland siegreiche Feldzüge führt. Als Inbegriff des höfischen Gesellschaftsideals werden A. und sein Gefolge daraufhin in ganz Europa begeistert gefeiert (→ Artus-Literatur). Viele Züge, die erstmals bei Geoffrey belegt sind, fanden durch volkssprachige Bearbeitungen seines Werks Eingang in die walisische Überlieferung. Dies bezeugen vor allem die mittelkymrischen Prosaerzählungen → *Gereint fab Erbin*, → *Iarlles y Ffynnawn* und → *Peredur fab Efrawg*. In ihnen tritt A. freilich zugunsten einzelner Ritter aus seinem Gefolge weitgehend in den Hintergrund. Eine zentrale Rolle spielt er in der satirischen Erzählung → *Breuddwyd Rhonabwy*. Auch sie läßt jedoch ungeachtet der Bewahrung altertümlicher Züge den Einfluß Geoffreys und seiner Nachahmer erkennen.

Lit.: Th. Jones, The Early Evolution of the Legend of A., Nottingham Medieval Studies 8 (1964) 3–21; L. Alcock, A.'s Britain, Harm. 1971; R. Bromwich, Concepts of A., StC 10/11 (1975/76) 163–181; A. O. H. Jarman, The Delineation of A. in Early Welsh Verse, in: K. Varty (Hrsg.), An Arthurian Tapestry (Glasgow 1981) 1–21; D. Edel, The A. of ›Culhwch ac Olwen‹ as a Figure of Epic-Heroic Tradition, Reading Medieval Studies 9 (1983) 3–15; R. Barber, King A.: Hero and Legend, Wo. 1986; T. Charles-Edwards, The A. of History, in: R. Bromwich u. a. (Hrsg.), The A. of the Welsh (Car. 1991) 15–32.

Artio heißt eine keltische Göttin. Ihr Name ist von einem keltischen Wort für den Bären (*artos) abgeleitet. Ihre Verehrung bezeugen eine Inschrift aus der Nähe von Trier (CIL XIII 4113) und die Weihinschrift einer figürlichen Darstellung aus Muri bei Bern (CIL XIII 5160). Die ca. 20 cm hohe Bronzeplastik zeigt die Göttin in sitzender Haltung, wie sie einem Bären

Darstellung der Göttin Artio aus Muri bei Bern

eine Schale mit Früchten darbietet. Sie ist jetzt im Historischen Museum in Bern zu sehen.

Artus ist die französische und deutsche Form des kymrischen Namens → Arthur.

Artus-Literatur nennt man die schriftlichen Fassungen der ursprünglich mündlichen Erzählungen um den britannischen Volkshelden →Arthur (altfranzösisch und mittelhochdeutsch: Artus). Ihre Anfänge sind in walisischen und bretonischen Überlieferungen des 6.–11. Jhs. zu suchen, in denen sich die Erinnerung an historische Personen des 6. Jhs. mit Märchenmotiven und Namen aus der vorchristlichen keltischen Mythologie verbindet. Die meisten Erzählungen dieser frühen Zeit wurden mündlich tradiert und sind deswegen nicht erhalten geblieben. Zu den wenigen handschriftlich überlieferten Texten zählen die beiden Gedichte → *Pa ŵr yw'r Porthor?* und → *Preiddeu Annwfn* sowie die Prosaerzählung → *Culhwch ac Olwen*. In ihnen wird Arthur als Anführer einer Schar abenteuerlustiger Krieger mit magischen Eigenschaften und Fähigkeiten geschildert. Daß ursprünglich noch sehr viel mehr Erzählungen dieser Art im Umlauf waren, bezeugen Anspielungen und Hinweise auf verlorenes Sagengut in Werken wie den → *Englynion y Beddeu* oder den → *Trioedd Ynys Prydein*.
Mit dem Aufschwung der höfischen Literatur zu Beginn des 12. Jhs. wurden die Sagen um Arthur und sein Gefolge erstmals über die Grenzen der keltischen Länder hinaus bekannt. Als → »Matière de Bretagne« bildeten sie neben der nationalen Geschichte und den literarischen Werken der römischen Antike bald die beliebteste Quelle für die Verfasser volkssprachiger Vers- und Prosaromane. Diese ungewöhnliche Popularität ist vermutlich zu einem guten Teil auf den märchenhaften Charakter der keltischen Überlieferungen zurückzuführen, bot er doch den französischen, englischen und deutschen Dichtern in idealer Weise die Möglichkeit, Wunschvorstellungen der höfischen Gesellschaft ihrer Zeit in eine unbestimmte Vergangenheit zu projizieren. Im Gegensatz zu den ältesten keltischen Erzählungen tritt Arthur / Artus nun allerdings als christlicher Feudalherrscher mittelalterlichen Zuschnitts auf, und seine Gefolgsleute haben sich von einer Schar übermütiger Krieger zu einer Gemeinschaft vorbildlicher Ritter gewandelt. Maßgeblich beteiligt an dieser Umgestaltung der Überlieferung waren einerseits die pseudohistorischen Werke des → Geoffrey von Monmouth und seiner volkssprachigen Nachahmer → Wace und → Layamon, andererseits die eher märchenhaften Versromane des französischen Dichters → Chrétien de Troyes. Ihnen folgten alsbald die deutschen Dichter → Eilhart von Oberge, → Ulrich von Zatzik-

hoven, → Hartmann von Aue und → Wolfram von Eschenbach. Dabei entstand um das Motiv des → Grals eine Literatur eigener Art, die stark von zeitgenössischen theologischen Strömungen geprägt war. Zu den bedeutendsten keltischen Werken dieser zweiten Phase der A. zählen die mittelkymrische Prosaerzählung → *Breuddwyd Rhonabwy* und die sog. → Tair Rhamant (→ *Iarlles y Ffynnawn*, → *Peredur fab Efrawg* und → *Gereint fab Erbin*). Die letzte bedeutende spätmittelalterliche Gestaltung des Sagenkreises schuf im ausgehenden 15. Jh. Sir Thomas → Malory.

Eine bis heute andauernde Renaissance erlebt die A. seit dem frühen 19. Jh. Im Gefolge der romantischen Rückbesinnung auf das Mittelalter entstanden insbesondere im angelsächsischen Sprachraum zahlreiche Nacherzählungen, Tondichtungen, Bilder und schließlich Filme. Gleichzeitig setzte mit dem Aufschwung der germanischen, romanischen und keltischen Philologien die wissenschaftliche Beschäftigung mit der A. ein. Die heutige Forschung geht davon aus, daß die englischen, französischen und deutschen Dichter zahlreiche Namen und Motive (nicht aber ganze Erzählungen) aus der keltischen Überlieferung entlehnt haben. Als Quelle kommen dabei in erster Linie walisische und bretonische Erzählungen in Betracht, die den französischen und anglonormannischen Autoren durch zweisprachige Vermittler bekannt geworden sein dürften. Da die walisische und bretonische Überlieferung jedoch zu einem großen Teil verlorenging, findet man dort oft nur die Namen von Sagengestalten wieder. Viele charakteristische Erzählmotive haben sich allein in der reicheren irischen Überlieferung erhalten. Entgegen älteren Tendenzen der Forschung ist hervorzuheben, daß die keltischen Namen und Motive der A. nur teilweise der Mythologie entnommen sind. Viele von ihnen stammen nachweislich aus Erzählungen sagen- und märchenhaften Charakters.

Bibl.: Bulletin Bibliographique de la Société Internationale Arthurienne, P. 1949ff.; C. E. Pickford u. R. Last, The Arthurian Bibliography, 2 Bde., C. 1981–1983; E. Reiss, u. a., Arthurian Legend and Literature: Annotated Bibliography I The Middle Ages, Lo. 1984.

Zusammenfassende Darstellungen: R. S. Loomis (Hrsg.), Arthurian Literature in the Middle Ages, O. 1959; J. D. Merriman, The Flower of Kings: A Study of the Arthurian Legend in England between 1485 and 1835, Lawrence 1973; B. Taylor u. E. Brewer, The Return of King Arthur: British and American Arthurian Literature since 1800, Wo. 1983; R. H. Thompson, The Return from Avalon: A Study of the Arthurian Legend in Modern Fiction, Westport (Conn.) 1985; C. L. Gottzmann, Artus-Dichtung, St. 1989 (Slg. Metzler); M. Whitaker, The Legends of King Arthur in Art, Wo. 1990; N. J. Lacy (Hrsg.), The New Arthurian Encyclopaedia, Lo. 1991.

Zum kelt. Hintergrund: K. H. Jackson, Les sources celtiques du Roman du Graal, in: Les Romans du Graal au XIIe et XIIIe siècles (P. 1956) 213–227; W.-D. Lange, Keltisch-romanische Literaturbeziehungen im MA., in: Grundriß der romanischen Literaturen des Mittelalters I (Hei. 1972) 163–205; J. Frappier, La Matière de Bretagne, in: Grundriß ... IV (Hei. 1978) 183–211; R. Bromwich, Celtic Elements in Arthurian Romance: A General Survey, in: The Legend of Arthur in the Middle Ages (Wo. 1983) 41–55 und 230–233; R. Bromwich u. a. (Hrsg.), The Arthur of the Welsh: The Arthurian Legend in Medieval Welsh Literature, Car. 1991.

Arverner (lat. Arverni) nennt die antike → Ethnographie einen keltischen Stamm im Gebiet der nach ihm so genannten Auvergne. Seine wichtigste befestigte Siedlung war → Gergovia. 121 v. Chr. wurden die A. von den Römern besiegt und ihr König Bituitus gefangengenommen. Sie stellten aber noch zur Zeit der Eroberung Galliens durch → Caesar eine wichtige politische Kraft dar (vgl. Bell. Gall. 1,31). 52 v. Chr. entfachte der A. → Vercingetorix den letzten allgemeinen Aufstand der Gallier gegen die römische Herrschaft.

Arvernorix heißt ein keltischer Gott, der nach der → Interpretatio Romana mit → Mercurius gleichgesetzt wurde. Sein Name bedeutet »König der → Arverner« und ist möglicherweise eine Variante des Namens → Arvernus. Die Verehrung des A. bezeugt eine einzige Inschrift aus der Nähe von Miltenberg in Unterfranken (CIL XIII 6603).

Arvernus heißt ein keltischer Gott, der nach der → Interpretatio Romana mit → Mercurius identifiziert wurde. Der Name hängt vermutlich mit dem des Stammes der → Arverner zusammen, doch stammen alle gesicherten Zeugnisse für die Verehrung des Gottes aus dem links- und rechtsrheinischen Germanien (CIL XIII 7845, 8164, 8235, 8579, 8580 und 8709). Die Lesung einer weiteren Inschrift vom Gipfel des Puy-de-Dôme im Siedlungsgebiet der Arverner (CIL XIII 1522) ist unsicher.

Asterix heißt der Titelheld einer französischen Comic-Serie, die von den Abenteuern eines gallischen Dorfes in seinem Kleinkrieg gegen die Legionen des Eroberers Caesar handelt. Die Helden der Geschichten sind der unscheinbare, aber listige A. und sein bärenstarker, aber geistig etwas schwerfälliger Freund Obelix. Als Nebenfiguren erscheinen der Stammeshäuptling Abraracourcix (à bras raccourcis: aus Leibeskräften), der Barde Assurancetourix (assurance tous risques: Vollkaskoversicherung) und der Druide Panoramix (panoramique: mit schöner Aussicht). Die drei zuletzt genannten Figuren tragen in der deutschen Übersetzung die Namen Majestix, Troubadix und Miraculix. Die ersten Episoden der Serie erschienen von 1959 bis 1974 in der Jugendzeitschrift *Pilote*. Der Entwurf der Handlung und die Texte stammten von René Goscinny (1926–1977), die Zeichnungen von Albert Uderzo (*1927), der seit dem Tod Goscinnys auch für Texte und Handlungen verantwortlich zeichnet. Seit 1961 erscheinen die einzelnen Geschichten auch als Album.

In ihrer Schilderung der keltischen und römischen Zivilisation bestechen die Comics durch eine Fülle realistischer Einzelheiten, die von sorgfältigen und ausgebreiteten Quellenstudien zeugen. Auf der anderen Seite stößt der Leser beständig auf witzige Anachronismen aus der Gegenwart, mit denen die Autoren den Nationalcharakter der Gallier (Franzosen), Goten (Deutschen), Helvetier (Schweizer) und anderer Völker karikieren. Die Gallier erscheinen dabei zumeist als ungestüme, doch im Grunde ihres Wesens gutmütige und kindliche Raufbolde. Hier zeigt sich deutlich der Einfluß der modernen → Keltenideologie, welche die Autoren freilich durch den humoristischen Grundton ihrer Erzählungen auch schon wieder parodieren. Mit steigender Beliebtheit wurden die Geschichten um A. in mehrere Dutzend Sprachen übersetzt und weltweit in über 200 Millionen Exemplaren verkauft. Sie bestimmten damit wie kein anderes Werk dieses Jahrhunderts das populäre Bild der keltischen Kultur.

Lit.: A. Stoll, A.: das Trivialepos Frankreichs, Kö. 1974.

Atepomarus heißt ein keltischer Gott, der nach der → Interpretatio Romana mit → Apollo identifiziert wurde. Seine Verehrung bezeugt eine Weihinschrift aus der Nähe von Mauvières im Dép. Indre (CIL XIII 1318).

Atesmerius heißt ein keltischer Gott. Seine Verehrung bezeugt eine Weihinschrift aus Meaux (CIL XIII 3023), dem Hauptort des Stammes der → Melder. In einer weiteren Inschrift aus Poitiers (CIL XIII 1125) trägt der Gott den Namen Adsmerius und wird nach der → Interpretatio Romana mit → Mercurius identifiziert. Eine Weihinschrift für eine Göttin namens Atesmerta fand man 1918 im Wald von Corgebin im Dép. Haute-Marne (ILTG 414).

Athenaios aus Naukratis (Ägypten) war ein griechischer Schriftsteller um 200 n. Chr. Sein einziges erhaltenes Werk mit dem Titel *Deipnosophistai* (Gastmahl der Gelehrten) bietet in dem fiktiven Rahmen eines mehrtägigen Tischgesprächs eine Fülle von Informationen zu den verschiedensten Wissensgebieten. Berühmt sind die Zitate des A. aus der verlorenen keltischen Ethnographie des stoischen Philosophen → Poseidonios (Deipnosophistai 4,36; 4,37; 4,40 und 6,49). Von ihnen enthält das längste (4,36) eine farbige Schilderung keltischer Eß- und Trinksitten (→ Essen und Trinken).

Atrebaten (lat. Atrebates) nennt die antike → Ethnographie einen keltischen Stamm im Gebiet des nach ihm so genannten Artois. Der Name bedeutet wahrscheinlich soviel wie »Anwohner« (aus *Ad-trebates). 57 v. Chr. wurden die A. von → Caesar unterworfen. Ihr Name lebt fort in dem der Stadt Arras, die zuvor Nemetacum hieß.

Aubrey, John (1626–1697), Altertums- und Naturforscher, wurde in North Wiltshire geboren. Nach Studien in Oxford lebte er als Privatgelehrter an verschiedenen Orten in England und Wales. Er verfaßte zahlreiche Schriften, von denen jedoch die meisten unveröffentlicht blieben. Auf A. geht die falsche Annahme zurück, bei den neolithischen und bronzezeitlichen Steinsetzungen der Britischen Inseln handle es sich um Heiligtümer der → Druiden. Populär wurde der Gedanke besonders durch die Schriften von William → Stukeley. Tatsächlich entstanden die Steindenkmäler jedoch vor dem Auftreten der Kelten in Mitteleuropa. Auch gibt es keine archäologischen Hinweise für eine Funktion dieser Stätten innerhalb der keltischen Religion.

Lit.: M. Hunter, J. A. and the Realm of Learning, Lo. 1975.

Audacht Morainn (ir. /'auðaxt 'moriN'/ »Moranns Vermächtnis«) ist der Titel einer Sammlung von Lehrsprüchen, die vermutlich im 8. Jh. aufgezeichnet wurden. Der Überlieferung nach stammen sie von dem sagenumwobenen Richter Morann und waren ursprünglich für dessen Ziehsohn, den irischen König Feradach Find Fechtnach, bestimmt. Im Mittelpunkt des Textes steht die »Gerechtigkeit des Herrschers« (→ fír flathemon), deren segensreiche Auswirkungen in zahlreichen Sentenzen ausführlich geschildert werden.

Ausg. u. Übers.: F. Kelly, A. M., Du. 1976; A. Ahlqvist, Le Testament de Morann, EC 21 (1984) 151–170 und EC 24 (1987) 325.

Lit.: P. L. Henry, The Cruces of A. M., ZCP 39 (1982) 33–53; A. Ahlqvist, Two Notes on A. M., Celtica 21 (1990) 1–2.

Aulerker nennt die antike → Ethnographie einen keltischen Stammesverband im Gebiet zwischen der Loire und der Seine. Er bestand aus den vier Stämmen der → Kenomaner, → Diablinten, → Eburoviken und → Brannoviken.

Auraicept na nÉces (ir. /'aurik'ept na 'n'eːg'es/ »Leitfaden für gelehrte Dichter«) ist der Titel einer Sammlung von zwölf Abhandlungen zur irischen Sprache. Sie ist in zwei unterschiedlichen Fassungen in Handschriften des 14.–16. Jhs. überliefert. Nach einer Einleitung über die Entstehung der irischen Sprache als Folge der babylonischen Sprachverwirrung enthält sie eine Darstellung der irischen Schrift (→ Ogam) sowie ausführliche Erörterungen grammatischer und metrischer Fragen. Das Werk ist geprägt von dem Bemühen der irischen Mönche, die Begrifflichkeit der lateinischen Grammatik auf die Betrachtung und Beschreibung ihrer Muttersprache anzuwenden. Dabei orientierten sie sich vor allem an den Schriften der Grammatiker Donatus (4. Jh.) und Priscianus (5./6. Jh.) sowie an den *Etymologien* des Isidor von Sevilla (um 560–636).

Ausg. u. Übers.: G. Calder, The Scholar's

Primer, E. 1917; A. Ahlqvist, The Early Ir. Linguist, He. 1983.

Avalon ist die im Englischen, Französischen und Deutschen übliche Form des lateinischen Namens Insula Avallonis. Damit bezeichnet → Geoffrey von Monmouth in seiner *Historia Regum Britanniae* die Insel, auf die → Arthur nach seiner Verwundung in der Schlacht von → Camlan gebracht wurde. In seinem Werk *Vita Merlini* schildert Geoffrey diese Insel als eine Insula Pomorum (Insel der Apfelbäume), auf der neun zauberkundige Frauen sich des verwundeten Königs annehmen.
Möglicherweise spiegeln Geoffreys Schilderungen neben antiken Vorstellungen von den Inseln der Seligen auch mündliche keltische Überlieferungen wider. Für diese Annahme spricht zunächst eine Stelle in dem mittelkymrischen Gedicht → *Preiddeu Annwfn*. Dort heißt es, daß der König von → Annwfn einen Kessel besaß, dessen Feuer durch den Atem von neun Jungfrauen entfacht wurde. Eine weitere Parallele sieht man in einer Nachricht des römischen Geographen → Pomponius Mela, derzufolge auf der Île de Sein vor der Westküste der Bretagne neun zauberkundige Priesterinnen lebten. Für die keltische Herkunft des Namens A. spricht seine mittelkymrische Entsprechung Ynys → Afallach. Die lateinische Form Insula Avallonis ist sehr wahrscheinlich vom Namen der burgundischen Stadt Avallon beeinflußt, der – wie Afallach – von einem keltischen Wort für »Apfel« (wal. afall) abgeleitet ist.
Über die geographische Lage der Insel A. macht Geoffrey von Monmouth ebenso wie die meisten späteren Autoren keine näheren Angaben. Erst seit dem ausgehenden 12. Jh. identifizierten verschiedene Autoren A. mit der südwestenglischen Benediktinerabtei Glastonbury. Dort wollten Mönche im Jahr 1191 das Grab Arthurs mit einer entsprechenden lateinischen Inschrift entdeckt haben. Allerdings handelt es sich bei den inzwischen verschollenen Fundgegenständen wahrscheinlich um mittelalterliche Fälschungen.

Avienus (Rufus Festus A.) war ein römischer Dichter des 4. Jhs. n. Chr. Er verfaßte unter dem Titel *Ora maritima* eine Schilderung der Meeresküste von Britannien bis zum Schwarzen Meer. Erhalten ist davon allerdings nur der Anfang (ca. 700 Verse) mit der Beschreibung der spanischen und gallischen Küste bis Marseille. Verschiedene Anhaltspunkte lassen darauf schließen, daß der Dichter eine sehr viel ältere Vorlage benutzte, deren Angaben sich zumindest teilweise auf Verhältnisse des 6. Jhs. v. Chr. beziehen. Das Werk bewahrt daher einige der ältesten geographischen Angaben über den Nordwesten Europas, darunter auch die Namen einiger keltischer Völkerschaften.

Eimer von Aylesford, Detail des Bronzebeschlags

Aylesford ist ein Ort südöstlich von London. 1886 entdeckte man dort ein keltisches Gräberfeld aus dem 1. Jh. v. Chr. Zu den bedeutendsten Funden gehört ein aus Holz und Bronzeblech gefertigter Eimer von 26,5 cm Durchmesser, der mit Darstellungen stilisierter Tiere und menschlicher Köpfe verziert ist. Man hatte ihn in einem der Gräber als Urne benutzt. Im vorigen Jh. wurden die nicht erhaltenen hölzernen Teile des Eimers erneuert. Die Rekonstruktion ist jetzt im Britischen Museum in London zu sehen.

Lit.: J. Brailsford, Early Celtic Masterpieces from Britain in the British Museum, Lo. 1978.

Badb → Bodb.

Baddon (wal. /'baðon/) heißt ein Ort, an dem zu Beginn des 6. Jhs. die britannischen Kelten einen bedeutenden Sieg über die von Osten vordringenden germanischen Eroberer errungen haben sollen. Die älteste Nachricht darüber bewahrt → Gildas, der allerdings nur kurz von der »Belagerung des Bergs B.« (obsessio Badonici montis) spricht. In den → *Annales Cambriae* nennt ein Vermerk zum Jahr 72 – d. i. vermutlich 518 n. Chr. – → Arthur als Führer der keltischen Krieger und berichtet, er habe in der Schlacht drei Tage und drei Nächte lang das Kreuz Jesu Christi auf seinen Schultern getragen. Als Schauplatz der letzten von zwölf siegreichen Schlachten Arthurs erscheint B. schließlich in der → *Historia Brittonum*. Ganz im Gegensatz zur Schlacht von → Camlan spielt die Schlacht von B. jedoch in der walisischen Überlieferung ansonsten kaum eine Rolle.

Lit.: L. Alcock, Arthur's Britain, Harm. 1971.

Bad Dürkheim ist ein Ort zwischen Ludwigshafen und Kaiserslautern. 1864 entdeckte man dort beim Eisenbahnbau ein keltisches → Fürstengrab aus dem 5./4. Jh. v. Chr. An Grabbeigaben enthielt es u. a. einen goldenen Halsring, zwei goldene Armringe, einen etruskischen Bronzedreifuß und zwei Bronzegefäße. Daneben fand man Stoffreste und die metallenen Überreste eines zweirädrigen → Wagens. Die Funde sind jetzt im Historischen Museum der Pfalz in Speyer und im Ungarischen Nationalmuseum in Budapest zu sehen.

Lit.: R. Echt, Technolog. Unters. an frühlatènezeitlichem Goldschmuck aus Bad D., AKorrBl 18 (1988) 183–195.

Bär. Wie man aus Knochenfunden weiß, gehörte der B. von jeher zum Jagdwild der Kelten. Welche Rolle er in ihrer → Religion spielte, ist jedoch wegen des Fehlens entsprechender Hinweise in der antiken → Ethnographie unbekannt. Zweifellos galt er als Inbegriff physischer Stärke, weshalb das irische Wort für B. häufig als Metapher für »Krieger« begegnet. Die altkeltischen Bezeichnungen für B. waren *artos (= ir. art, wal. arth) und *matus (= ir. math). Von ihnen sind die Götternamen → Andarta, → Artaius, → Artio und → Matunus abgeleitet. Darüber hinaus begegnen *artos und *matus häufig in Personennamen wie z. B. Matugenus (= ir. Mathgen) »Bären-Abkömmling«.

Bäume spielten nach dem einhelligen Zeugnis aller Quellen eine wichtige Rolle innerhalb der keltischen → Religion. Dies bezeugen vor allem die zahlreichen Hinweise auf heilige Haine (→ nemeton). Aus gallo-römischer Zeit kennt man auch Weihinschriften für Baumgötter wie z. B. Fagus »Buche« (CIL XIII 33 und 223–225) oder Robur »Eiche« (CIL XIII 1112). Drei Inschriften (CIL XIII 129, 132 und 175) richten sich an sechs nicht näher bezeichnete Bäume (sex arboribus). Antike Autoren heben insbesondere die religiöse Bedeutung der → Eiche hervor. Ob die Kelten ebenso wie die Germanen die Vorstellung des Weltenbaums kannten, ist den antiken Quellen nicht zu entnehmen. Daß B. in den keltischen Mythen eine Rolle gespielt haben müssen, bezeugt u. a. die Darstellung des Gottes → Esus auf dem Monument der → Nautae Parisiaci. In Irland war bile (aus altkeltisch *bilios) die Bezeichnung heiliger B. Besonders häufig erwähnt werden die Esche von → Uisnech, die Esche von Tortu, die Eibe von Ross, die Eiche von Mugna und die Esche von Dathí. Daneben kannten aber auch die einzelnen Stammesverbände besonders heilige B., in deren Schatten Versammlungen abgehalten wurden und die zu fällen als schwerer Frevel galt.

baile (ir. /ˈbal′e/) oder buile bezeichnet die (ekstatische) Vision, die Weissagung (in Ekstase) oder den Wahnsinn. Das Wort dient in einer der beiden → Sagenlisten zur Klassifikation von Erzählungen, in denen solche psychischen Zustände eine Rolle spielen. Teilweise synonym gebrauchte Wörter sind aisling »Traum« und fís »Vision«.

Baile Binnbérlach mac Buain (ir. /'bal'e 'b'iN'b'e:rlax mak 'bu:in'/ »Baile mit der schönen Stimme, der Sohn Buans«) ist der Titel einer Erzählung aus dem → Historischen Zyklus. Sie entstand vermutlich im 11. Jh. und ist in drei Handschriften aus dem 16. Jh. überliefert. Den Gegenstand der Geschichte bildet die unglückliche Liebe zwischen dem Titelhelden Baile aus der Provinz Ulster und dem Mädchen Ailinn aus der Provinz Leinster. Beide sterben, ohne zueinander gefunden zu haben. Aus ihren Gräbern jedoch wachsen eine Eibe und ein Apfelbaum, deren Kronen den Köpfen der beiden Liebenden ähneln. Nach sieben Jahren werden die Bäume gefällt, und die Dichter von Ulster und Leinster zeichnen auf den daraus gefertigten Holztafeln ihr traditionelles Erzählgut auf. Als Dichter aus beiden Provinzen anläßlich eines Festes an den Hof des Hochkönigs nach Tara (→ Temair) kommen und der König beide Tafeln nebeneinander hält, vereinigen sich die beiden Hölzer und sind nicht mehr voneinander zu trennen. – Neu gestaltet hat diese Erzählung William Butler → Yeats in seinem Gedicht *Baile and Ailinn*.

Ausg. u. Übers.: K. Meyer, Scél Baili Binnbérlaig, RC 13 (1892) 220–228 (ir.-engl.).

Baile in Scáil (ir. /'bal'e in ska:l'/ »Die Weissagung des Phantoms«) ist der Titel einer Erzählung aus dem → Historischen Zyklus. Sie entstand in der uns vorliegenden Form vermutlich im 11. Jh. und ist in zwei Handschriften aus dem 15. und 16. Jh. überliefert. Ihre Hauptfigur ist der sagenumwobene König → Conn Cétchathach, der nach irischer Überlieferung im 2. Jh. n. Chr. gelebt haben soll. Die Geschichte beginnt damit, daß Conn eines Tages bei einem Gang über den Wall der Königsburg Tara (→ Temair) den Fuß auf den magischen Stein → Fál setzt, der sogleich laut aufschreit. Conns Dichter (→ fili) erklärt dem König, daß die Anzahl der Schreie des Steins für die Anzahl der Könige stehe, die als seine Nachkommen dereinst über Irland herrschen würden. Mit einem Mal fällt ein Zaubernebel, und der König und sein Dichter finden sich auf einer Ebene mit einem goldenen Baum wieder. Ein geheimnisvoller Reiter führt sie in sein Haus, wo auf einem kristallenen Thron in der Gestalt einer jungen Frau die personifizierte »Herrschaft« (flathius) über Irland sitzt. Der Reiter gibt sich als → Lug mac Ethnenn zu erkennen und sagt dem König die Namen der künftigen Könige Irlands voraus, während die »Herrschaft« (als Symbol der Herrschaftsübergabe?) in einem goldenen Becher Bier ausschenkt. Nachdem Conns Dichter die Namen in → Ogam-Schrift auf vier Eibenstäbe aufgezeichnet hat, ist die Erscheinung plötzlich wieder verschwunden.

Ausg.: K. Meyer, B. in S., ZCP 3 (1901) 457–466, ZCP 12 (1918) 232–238 und ZCP 13 (1921) 371–382; R. Thurneysen, B. in S., ZCP 20 (1936) 213–227.
Lit.: M. Dillon, The Cycles of the Kings, Lo. 1946.

Balar (ir. /'balar/) oder Balor heißt in der Geschichte der Schlacht von Mag Tuired (→ *Cath Maige Tuired*) ein Anführer der → Fomoire. Seine am meisten gefürchtete Waffe ist ein Auge, dessen Anblick jedem Angreifer zum Verderben wird. Im Verlauf der Schlacht von Mag Tuired erschlägt B. Nuadu Argatlám, den König der → Tuatha Dé Danann. Schließlich aber gelingt es seinem eigenen Enkel → Lug mac Ethnenn, der auf der Seite der Tuatha Dé Danann kämpft, das todbringende Auge mit dem Stein aus einer Schleuder auszuschlagen und B. zu enthaupten. Seit dem frühen 19. Jh. wurden in verschiedenen Gegenden Irlands mündliche Varianten dieser Erzählung aufgezeichnet. Der Zusammenhang mit dem Kampf zwischen den Tuatha Dé Danann und den Fomoire ist in diesen jüngeren Überlieferungen aber verlorengegangen.

Ballymote → Buch von Ballymote.

Banba (ir. /'banva/) heißt im »Buch der Einnahme Irlands« (→ *Lebor Gabála Érenn*) eine Königin der → Tuatha Dé Danann. Während der Eroberung Irlands durch die Söhne des → Míl sollen sie und ihre beiden Schwestern → Fótla und → Ériu von dem Dichter → Amairgin Glúngel das Versprechen erwirkt haben, daß die Insel dereinst ihren Namen tragen werde. In dichterischer Sprache steht der Name daher häufig für Irland. In der Schlacht bei → Tailtiu soll B. im Kampf gegen die Söhne des Míl gefallen sein.

Bansenchas (ir. /'banhenxas/) heißt ein mittelirisches Verzeichnis bedeutender Frauen der Geschichte. Es beginnt mit den weiblichen Gestalten der Bibel und führt über die Heldinnen der griechisch-römischen Mythologie zu den berühmten Frauen Irlands. Als Quelle für diesen letzten Abschnitt benutzte der unbekannte Verfasser das »Buch der Einnahme Irlands« (→ *Lebor Gabála Érenn*), die Erzählungen des → Historischen, → Mythologischen und → Ulster-Zyklus sowie verschiedene Annalen.

Ausg. u. Übers.: M. Dobbs, The B., RC 47 (1930) 283–339, RC 48 (1931) 163–234 und RC 49 (1932) 437–489.

banshee (anglo-ir. /bæn'ʃiː/) nennt der irische Volksglaube eine geheimnisvolle Frau, die durch laute Klagerufe in der Nähe eines Hauses den baldigen Tod eines Familienmitglieds ankündigt. Dieses Rufen oder Schreien bleibt in der Mehrzahl der Fälle das einzige Zeichen ihrer Anwesenheit. Wo ein Mitglied der Familie die b. gesehen haben will, wird sie zumeist als alte Frau mit langen weißen Haaren geschildert. Der Name b. ist die anglisierte Form der neuirischen Bezeichnung bean sí. Deren ältere Form ban síde dient in der mittelirischen Literatur zur Bezeichnung von Feengestalten, deren Wohnungen man in den natürlichen und künstlich aufgeschütteten (Grab-)Hügeln des Landes vermutete. Zahlreiche mittelalterliche Texte bezeugen den Glauben, daß solche Feen in besonderer Weise über den König (→ rí) eines Gemeinwesens wachten und ihn bei seinem Tod ebenso wie seine Untertanen beklagten. Man nimmt an, daß die Vorstellung von einer Fee als Todeskünderin im Gefolge der englischen Eroberung Irlands von den adligen Familien auf die gesamte irische Bevölkerung übertragen wurde.

Lit.: P. Lysaght, The B., Du. 1986; É. Sorlin, Les fées du destin dans les pays celtiques, He. 1991 (FFC 248).

Barde ist ein keltisches Wort für den Dichter. Es bezeichnete ursprünglich den, »der die Stimme erhebt«, bezog sich also auf den mündlichen Vortrag der Dichtung. In antiken griechischen Texten begegnet die Bezeichnung in der altkeltischen Form bardos (latinisiert: bardus). In Irland und Wales findet man die Formen bard bzw. bardd. In Irland unterschied sich der B. vom → fili durch seinen geringeren sozialen Status und das Fehlen einer umfassenden dichterischen Ausbildung.

The Bard (Der B.) ist der Titel eines 1757 erschienenen Gedichts von Thomas Gray (1716–1771). Das Wort wurde in der Folgezeit vor allem durch die von James → Macpherson verfaßten »Werke Ossians« populär und fälschlich auch zur Bezeichnung der germanischen Dichter und Sänger gebraucht (so z. B. bei Klopstock und Kleist).

Barrex heißt ein keltischer Gott. Seine Verehrung bezeugt eine einzige Weihinschrift aus Carlisle in Nordengland (RIB 947), in der er nach der → Interpretatio Romana mit → Mars identifiziert wird.

Basse-Yutz ist ein Ort nördlich von Metz. 1927 fand man dort bei Bauarbeiten zwei Bronzegefäße etruskischer Herkunft und ein Paar reich ziselierter und mit Koralle und Email verzierter keltischer Bronzeschnabelkannen. Sie stammen vermutlich aus dem 5.–4. Jh. v. Chr. und sind heute im Britischen Museum in London zu sehen.

Lit.: J. V. S. Megaw u. R. Megaw, The Basse-Yutz find, Lo. 1990.

Battersea ist ein Stadtteil im Südwesten Londons. 1857 wurde dort der ca. 80 cm lange Bronzebeschlag eines aus Leder oder Holz gefertigten keltischen Schildes aus der Themse geborgen. Er entstand vermutlich im 1. Jh. n. Chr., vielleicht auch schon früher, und ist heute im Britischen Museum in London zu sehen.

Lit.: I. M. Stead, The B. Shield, Lo. 1985.

Der Schild von Battersea

Beare, Alte von → Caillech Bérri.

Bé Chuma (ir. /b'e: 'xuma/) heißt in der Überlieferung um den irischen König → Conn Cétchathach eine Frau aus dem Volk der → Tuatha Dé Danann. Weil sie mit einem Sohn des Meeresgottes → Manannán mac Lir Ehebruch begangen hat, wird sie von ihren Angehörigen verstoßen. In Irland wird sie die Geliebte Conns, der auf ihren Wunsch hin seinen Sohn Art in die Verbannung schickt. Dieses ungerechte Verhalten des Königs bringt jedoch Unglück über sein Land, so daß Conn sich schließlich wieder von seiner Geliebten trennt.

Bedivere ist die englische Form des kymrischen Namens → Bedwyr.

Bedwyr fab Bedrawg (wal. /'bedwir va:b 'bedraug/) heißt in dem Gedicht → *Pa ŵr yw'r Porthor?* einer der Gefolgsleute → Arthurs. In der Erzählung → *Culhwch ac Olwen* wird berichtet, daß er nie ein Abenteuer gescheut habe, auf das sein Freund → Cei fab Cynyr ausgegangen sei. Niemand in Britannien außer Arthur und Drych Eil Cibddar sei ihm an Schönheit gleichgekommen. Obwohl er einhändig gewesen sei, hätten drei Krieger auf demselben Schlachtfeld nicht schneller als er dem Gegner eine Wunde beibringen können. Als bedeutender Gefolgsmann Arthurs erscheint B. auch noch bei → Geoffrey von Monmouth. Nach seinem Bericht wurde B. von Arthur mit der Normandie belehnt und fiel später zusammen mit Cei im Kampf gegen die Truppen des römischen Kaisers. In den Versromanen des → Chrétien de Troyes und seiner unmittelbaren Nachfolger tritt B. demgegenüber weitgehend zugunsten anderer Gestalten des arthurischen Sagenkreises in den Hintergrund. Um 1400 erwähnt die mittelenglische Dichtung *Le Morte Arthur* B. erstmals als letzten Begleiter des sterbenden Königs Arthur. Bekannt ist die Schilderung dieser Szene durch Sir Thomas → Malory in seinem Werk *Le Morte Darthur*: B. erfüllt den letzten Wunsch Arthurs, indem er dessen Schwert ins Meer wirft, damit kein anderer es ergreife. Dann legt er den sterbenden König selbst in ein Boot, das ihn nach → Avalon bringen soll. Mehrere moderne Nacherzählungen der Sage haben das Verhältnis zwischen B. und Arthur dahingehend problematisiert, daß B. gleichzeitig als treuer Gefolgsmann des Königs und Liebhaber der Königin → Gwenhwyfar auftritt. Er übernimmt damit die Rolle, die bei Chrétien de Troyes → Lancelot spielt.

Bé Find (ir. /b'e: v'ind/) heißt in der Erzählung → *Táin Bó Froích* die Mutter des Titelhelden Froech. Sie stammt aus dem Volk der → Tuatha Dé Danann und ist eine Schwester der → Boand.

Begräbnis → Tod und Bestattung.

Belatucadrus heißt ein keltischer Gott. Sein Name erscheint in unterschiedlichen Schreibungen in etwa 25 Inschriften aus Nordengland. In fünf Weihungen (RIB 918, 948, 970, 1784 und 2044) wird er mit → Mars identifiziert.

Belenus (andere Schreibung: Belinus) heißt ein keltischer Gott. In seinem Namen vermutet man ein keltisches Wort für »leuchten, glänzen«.
Die Verehrung des B. ist durch Inschriften und literarische Zeugnisse vor allem für Oberitalien, den Ostalpenraum und Südgallien bezeugt. Bereits Tertullian erwähnt B. als Gott der römischen Provinz Noricum in den Ostalpen (Apologeticum 24 und Ad Nationes 2,8). Aus diesem Gebiet ist bislang eine Weihung (CIL III 4774) für B. zutage gekommen. Die meisten Inschriften (CIL V 732–755 und 8212) fand man in oder bei dem römischen Ort Aquileia in Oberitalien. In einigen dieser Weihungen wird B. nach der → Interpretatio Romana mit → Apollo gleichgesetzt. Bestätigt wird diese Identifikation durch das Zeugnis des Historikers Herodianos (Ab Excessu Divi Marci 8,3,8). Ihm zufolge waren im Jahr 238 n. Chr. während der Belagerung Aquileias durch Kaiser Maximinus Orakel im Umlauf, die der Stadt den Beistand ihrer Schutzgottheit Belenus / Apollo in Aussicht stellten. Später sollen Soldaten des Maximinus behauptet haben, sie hätten am Himmel über der Stadt das Bild des Gottes in den Kampf eingreifen sehen. Von diesem Ereignis berichtet auch die als Historia Augusta bekannte römische Kaisergeschichte (Maximini duo 22,1).

Die Verehrung des B. in Oberitalien bezeugen ferner insgesamt sechs Weihungen aus den antiken Orten Iulium Carnicum (CIL V 1829), Concordia (CIL V 1866) und Altinum (CIL V 2143–2146). Außerdem fand man je eine Weihung für B. in Rom (CIL VI 2800) und Rimini (CIL XI 353).
Aus Burdigala (Bordeaux) in Gallien berichtet der spätantike Dichter Ausonius von einem Heiligtum des B. (Commemoratio Professorum Burdigalensium 4,7ff. und 10,22ff.). Da jedoch inschriftliche Belege dafür bislang fehlen, hat man vermutet, daß der Name B. in diesem Fall nur eine gelehrte Umschreibung für Apollo ist. Mehrere Weihinschriften für B. sind dagegen in Südfrankreich zutage gekommen. Sein Name erscheint dort in griechischen Buchstaben geschrieben auf einer Gemme (CIL XII 5693,12) und in einer lateinisch geschriebenen Steininschrift (CIL XII 5958). Eine mit griechischen Buchstaben geschriebene gallische Inschrift für B. stammt aus Saint-Chamas (RIG I G–28). Darüber hinaus vermutet man den Namen des Gottes in zwei teilweise zerstörten Inschriften aus Marseille (RIG I *G–24) und Saint-Rémy-de-Provence (RIG I G-63).

Lit.: J. de Vries, Kelt. Rel., St. 1961; P.-M. Duval, Les Dieux de la Gaule, P. 1976; J.-J. Hatt, Mythes et dieux de la Gaule I, P. 1989.

Belger (lat. Belgae) nennt die antike → Ethnographie die teils keltischen, teils germanischen Völkerschaften im Gebiet zwischen der Marne, der Seine, dem Rhein und der Nordseeküste. Bei → Caesar (Bell. Gall. 2,3–4) umfaßt die Bezeichnung die Stämme der Ambiani (→ Ambianer), Atrebates (→ Atrebaten), Atuatuci, Bellovaci (→ Bellovaker), Caerosi, Caemani, Caleti, Condrusi, Eburones (→ Eburonen), Menapii, Morini, Nervii, Remi (→ Remer), Suessiones (→ Suessionen), Veliocasses und Viromandui. Nach der Unterwerfung der B. durch Caesar wurde aus ihrem Siedlungsgebiet unter Kaiser Augustus die römische Provinz Gallia Belgica geschaffen. Der Sitz des Statthalters war Durocortorum, das heutige Reims.

Beli Mawr fab Mynogan (wal. /'beli maur vaːb mə'nogan/) heißt in walisischen Genealogien der mythische Ahnherr mehrerer führender Adelsgeschlechter. Die Erzählungen → *Breuddwyd Macsen* und → *Cyfranc Lludd a Llefelys* erwähnen ihn als König Britanniens und Vater der Könige Lludd, Llefelys und Caswallawn. Als Gegner → Caesars tritt B. in der → *Historia Brittonum* auf. Dort erscheint sein Name latinisiert als Bellinus filius Minocanni.

Belisama heißt eine keltische Göttin. Das Wort bedeutet »die sehr Leuchtende, Glänzende« und enthält vermutlich dieselbe

Wurzel wie der Name des Gottes → Belenus. Die Verehrung der B. bezeugt eine mit griechischen Buchstaben geschriebene gallische Inschrift aus Vaison-la-Romaine ca. 25 km nordöstlich von Orange (RIG I G-153).

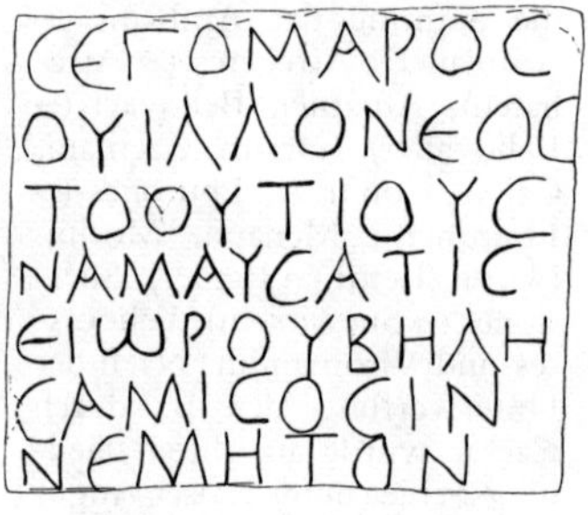

Mit griechischen Buchstaben geschriebene gallische Weihinschrift für die Göttin Belisama: »Segomaros Villoneos, Bürger der Stadt Nîmes, weihte der Belisama dieses Heiligtum« (RIG I G-153)

In ihr erklärt der Gallier Segomaros aus der Stadt Nîmes, er habe der B. ein Heiligtum (→ nemeton) geweiht. Eine lateinische Inschrift aus Saint-Lizier im Dép. Ariège (CIL XIII 8) identifiziert B. nach der → Interpretatio Romana mit → Minerva. Bei dem Geographen Ptolemaios (2, 3,2) begegnet der Name in der Form Belísama eíschysis als Bezeichnung einer Flußmündung in England. In Frankreich lebt der Name der Göttin fort in den Ortsnamen Belesmes, Beleymas, Bellême, Blesmes und Blismes.

Lit.: Ch.-J. Guyonvarc'h, Le théonyme gaulois B. ›la très brillante‹, Ogam 14 (1962) 161–173.

Bellovaker (lat. Bellovaci) heißt bei → Caesar (Bell. Gall. 2, 4 und öfter) der nach Zahl und Einfluß bedeutendste Stamm der → Belger. Der Name lebt fort in dem der Stadt Beauvais, die zuvor Caesaromagus hieß.

Beltaine (ir. /'b'eltan'e/) bezeichnet im irischen Kalender den Sommeranfang (1. Mai). Die Etymologie des Wortes ist unklar. Nach einer Angabe im Glossar des Bischofs Cormac (→ *Sanas Chormaic*) trieb man an B. in Anwesenheit von → Druiden das Vieh zwischen zwei Feuern hindurch, um Krankheiten vorzubeugen.

Lit.: K. Danaher, The Year in Ireland, Du. 1972.

Bendigeidfran → Brân Fendigeid.

Bergin, Osborn (1873–1950), Keltologe, wurde in Cork geboren. Seit 1897 lehrte er am Queen's College in seiner Heimatstadt Keltische Philologie. Nach Studienaufenthalten in Berlin und Freiburg lehrte er von 1909 bis 1940 am University College in Dublin Alt- und Mittelirisch. Danach wurde er als Direktor an die neu gegründete → School of Celtic Studies in Dublin berufen. Maßgeblich beteiligt am Aufbau der irischen → Keltologie, veröffentlichte er neben sprachlichen Hilfsmitteln für das Studium des Irischen philologische Studien und Ausgaben mittelirischer Texte.

Bergusia heißt eine keltische Göttin. Sie erscheint in einer Weihinschrift aus → Alesia (CIL XIII 11247) als Partnerin des Gottes → Ucuetis.

Berner Scholien nennt man eine Sammlung erklärender Zusätze zum Werk des römischen Dichters → Lucan. Sie stammen teils aus dem 4., teils aus dem 8.–9. Jh. und sind in einer einzigen Handschrift aus dem 10. Jh. (heute in der Burgerbibliothek in Bern) überliefert. Religionsgeschichtlich bedeutsam ist die Erklärung einer Stelle, wo Lucan von Menschenopfern für die gallischen Götter → Teutates, → Esus und → Taranis spricht (Pharsalia 1, 444–446). Unter Berufung auf untereinander abweichende Quellen identifiziert der anonyme Autor der Scholien Teutates mit → Mercurius bzw. → Mars, Esus mit Mars bzw. Mercurius und Taranis mit → Dis Pater bzw. → Iupiter. Darüber hinaus nennt er drei verschiedene Arten des Menschenopfers: Das Opfer für Teutates wird mit dem Kopf voran in einen gefüllten Bottich gelassen, bis es dort erstickt. Das Opfer für Esus wird an einem Baum aufgehängt, »bis sich seine Glieder vom Körper lösen« (die genaue Bedeutung des Wortlauts ist unklar). Das Opfer für Taranis wird in einer hölzernen Wanne verbrannt. Eine Darstellung des Opfers für Teutates glauben einige Autoren in einer Abbildung auf dem Kessel von → Gundestrup zu erkennen. Das Opfer für Esus ist mit dem germanischen Odinsopfer durch Hängen und Verwunden mit dem Speer verglichen worden. Ob die Gleichsetzung der gallischen und römischen Götter auf einer alten und zuverlässigen Überlieferung beruht, ist fraglich. Durch Inschriften gestützt werden nur die Gleichsetzungen Teutates-Mars und Taranis-Iupiter.

Lit.: F. Le Roux, Lucain et les Scholies Bernoises, Ogam 7 (1955) 33–58; P.-M. Duval, Teutates – Esus – Taranis, EC 8 (1958–59) 41–58 (= ders., Travaux sur la Gaule, R. 1989, I 275–287); F. Graf, Anmerkungen zum Götterkatalog der »Commenta Bernensia« zu Lucan 1, 445, ASchw 14 (1991) 136–143.

Bernstein wurde schon im Altertum vor allem an den Küsten Westjütlands und Ostpreußens (Samland) gefunden. Als Fernhandelsgut ist er seit der Bronzezeit von Südengland bis Griechenland verbreitet. Die Kelten verwendeten B. vor allem in der späten Hallstatt- und frühen Latènezeit zur Herstellung von Perlen, Ringen, Anhängern und verschiedenen Einlegearbeiten. Entsprechende Funde stammen zumeist aus Gräbern, während B. bei der archäologischen Untersuchung von Siedlungen nur selten zutage kommt. Kolliers mit mehreren hundert B.perlen fand man in Grab 67 vom Dürrnberg bei → Hallein, in Grab 6 vom → Hohmichele und in Grab 97 vom → Magdalenenberg. Im geplünderten Grab von → Grafenbühl lagen neben einer beinernen Sphinx mit einem aufgesetzten Gesichtchen aus B. mehrere B.plättchen, die ursprünglich wohl in Möbelstücke eingelassen waren. Bei der archäologischen Untersuchung des Grabes von → Hochdorf entdeckte man neben fünf B.perlen am Hals des Toten auch Abfälle der B.verarbeitung. Man vermutet deswegen, daß die Perlen eigens für die Bestattung hergestellt und dem Toten nicht als → Schmuck, sondern als → Amulett mitgegeben wurden. Auf welchen Wegen der B. zu den Kelten gelangte, wissen wir nicht. Da sie keine direkten Kontakte zu den Bewohnern der Nord- und Ostseeküste unterhielten, muß es Zwischenhändler gegeben haben.

Lit.: K. Spindler, Die frühen Kelten, St. [2]1991; C. Beck u. S. Shennan, Amber in Prehistoric Britain, O. 1991.

Best, Richard Irvine (1872–1959), Keltologe und Paläograph, wurde in Derry geboren. Von 1904 bis 1940 war er zunächst als Bibliothekar und später als Direktor der Irischen Nationalbibliothek in Dublin tätig. Von 1940 bis 1947 war er Professor an der → School of Celtic Studies in Dublin. Neben grundlegenden Bibliographien zur irischen Philologie veröffentlichte er zahlreiche paläographische Studien und Ausgaben irischer Texte. Bis heute maßgeblich sind seine Ausgaben des »Buchs der Dunklen Kuh« (→ Lebor na hUidre; 1929 zusammen mit Osborn → Bergin) und des »Buchs von Leinster« (→ Lebor Laignech; 1954–1983 zusammen mit Osborn Bergin und M. A. O'Brien).

Bestattungsformen → Tod und Bestattung.

Bewaffnung → Kriegswesen.

Bibracte ist der Name einer befestigten keltischen Siedlung ca. 20 km westlich von Autun im Dép. Saône-et-Loire. Der Ort erstreckte sich auf einer Fläche von über 130 ha über vier Hügel, darunter den 822 m hohen Mont Beuvray. In seiner Nähe schlug → Caesar 58 v. Chr. den keltischen Stamm der → Helvetier (Bell. Gall. 1,23 ff.). Gegen Ende des 1. Jhs. v. Chr. veranlaßte Kaiser Augustus die Umsiedlung der Bevölkerung in die Neugründung Augustodunum, das heutige Autun. Seit 1865 von Archäologen untersucht, ist B. eines der am besten erforschten keltischen → Oppida. Drei Weihinschriften (CIL XIII 2651–2653) bezeugen die Verehrung einer gleichnamigen Göttin.

Lit.: D. Bertin u. J.-P. Guillaumont, B.: Une ville gauloise sur le Mont Beuvray, P. 1987; O. Büchsenschütz, Neue Ausgrabungen im Oppidum B., Germania 67 (1989) 541–550; M. Lejeune, Les premiers pas de la déesse B., Journal des savants (1990) 69–96; M. Almagro-Gorbea u. a., Les fouilles du Mont Beuvray: Rapport biennal 1988–1989, RAE 42 (1991) 271–298; C. Goudineau u. C. Peyre, B. et les Eduens, P. 1993.

Bier → Essen und Trinken.

Binchy, Daniel Anthony (1899–1989), Keltologe und Rechtshistoriker, wurde in Charleville (Südirland) geboren. Er studierte zunächst in Dublin Rechtswissenschaften, Politologie und Geschichte. Nach mediävistischen und keltologischen Studien in München, Paris und Bonn widmete er sich ganz der Erforschung des frühen irischen Rechts. Als sein Lebenswerk erschien 1978 bei der → School of Celtic Studies in Dublin die sechsbändige Ausgabe irischer Rechtstexte *Corpus Iuris Hibernici.*

Bith (ir. /b′iθ′/) heißt im »Buch der Einnahme Irlands« (→ *Lebor Gabála Érenn*) ein Sohn Noahs. Er gilt als einer der Kolonisten, die unter der Führung seiner Tochter → Cesair vierzig Tage vor der Sintflut Irland in Besitz genommen haben sollen.

Biturigen (lat. Bituriges) nennt die antike → Ethnographie einen keltischen Stamm. Der Name bedeutet wörtlich soviel wie »Weltkönige«, doch ist unklar, welche Vorstellungen man mit dieser Bezeichnung verband. Nach dem Bericht des römischen Historikers Livius (Ab urbe condita 5,34) waren die B. zur Zeit des Königs Tarquinius Priscus (6. Jh. v. Chr.) der mächtigste keltische Stamm Galliens. Auf die Initiative ihres Königs → Ambigatus hin sollen damals die Kelten in Oberitalien eingewandert sein. Im allgemeinen unterscheiden antike Autoren bei den B. zwei Stammesteile: Die Vivisker (lat. Vivisci) siedelten an der Mündung der Garumna (Garonne) im Gebiet um die Stadt Burdigala (Bordeaux). Die Kuber (lat. Cubi) dagegen bewohnten das Gebiet um die nach den B. so genannte Stadt Bourges, deren alter Name Avaricum war.

Blathmac mac Con Brettan (ir. /'blaθvak mak kon 'b′r′etan/) war ein geistlicher Dichter des 8. Jhs. Von seinem Werk haben sich in einer Handschrift des 17. Jhs. zwei Gedichte über das Leben Christi erhalten, durch die B. seinem Publikum das Geschehen der Passion mit den Vorstellungen und Begriffen der zeitgenössischen irischen Gesellschaft zu veranschaulichen suchte. Für unser Verständnis der irischen Kultur des frühen Mittelalters sind diese Gedichte daher von hohem Wert.

Ausg. u. Übers.: J. Carney, The Poems of B., Du. 1964 (ITS 47).
Lit.: B. Lambkin, The Structure of the B. Poems, StC 20/21 (1985/86) 67–77.

Bláthnat (ir. /'bla:θnad/) heißt in den Erzählungen des → Ulster-Zyklus die Frau des Königs → Cú Roí. Aus Liebe zu → Cú Chulainn verrät sie ihren Gatten an seine Feinde und wird dafür von dem Dichter → Ferchertne getötet.

Blodeuwedd (wal. /blo'deiweð/) heißt in der Erzählung → *Math fab Mathonwy* die aus Blüten (wal. blodeu) künstlich geschaffene Frau von → Lleu Llaw Gyffes.

Boadicea → Boudicca.

Bóand (ir. /'boand/) oder (jünger) Bóann, Bóinn ist der Name des Boyne-Flusses. Er erscheint in der ursprünglichen Form Bouinda bereits bei dem Geographen Ptolemaios (2. Jh. n. Chr.) und bedeutete vermutlich soviel wie »weiße Kuh«.
In den Erzählungen des → Mythologischen Zyklus erscheint B. als namengebende Gottheit des Boyne-Flusses. Sie gilt als Gattin → Nechtans oder → Elcmars und Geliebte des → Dagda. Die Gegend um den vorkeltischen Grabhügel von Newgrange im Tal der Boyne trägt nach ihr den Namen → Brug na Bóinne.

Board of Celtic Studies, The ist der Name einer 1919 gegründeten Einrichtung zur Förderung der keltischen Studien in Wales. Sie umfaßt die Bereiche Sprache und Literatur, Geschichte und Recht, Archäologie und Kunst sowie – seit 1969 – Gesellschaftswissenschaften. Zu ihren laufenden Veröffentlichungen gehören neben dem *Bulletin of the Board of Celtic Studies* (1921 ff.) die Zeitschriften *Llên Cymru* (1950 ff.), *The Welsh History Review* (1960 ff.) und *Studia Celtica* (1966 ff.). Seit 1950 erscheint in einzelnen Lieferungen das großangelegte kymrische Wörterbuch *Geiriadur Prifysgol Cymru. A Dictionary of the Welsh Language.*

Bodb (1) (ir. /boðv/) heißt in den Erzählungen des → Mythologischen Zyklus ein Sohn des Dagda und König der → Tuatha Dé Danann. Als seine Residenz gilt der Elfenhügel Síd ar Femin in der Provinz Munster. In der Erzählung → *Cath Finntrága* unterstützt B. die Kriegerschar des Finn mac Cumaill in ihrem Kampf gegen das Heer des »Königs der Welt« (rí an domhain).

Bodb (2) (ir. /boðv/) oder (jünger) Badb ist der Name einer Schlachtendämonin. Sie erscheint zumeist in der Gestalt einer Krähe, hetzt die Krieger zum Kampf gegeneinander auf und frohlockt über den Leichen der Gefallenen.

Lit.: F. Le Roux u. Ch.-J. Guyonvarc'h, Mórrígan – B. – Macha: La Souveraineté guerrière de l'Irlande, Rennes 1983.

Bodiokassen (lat. Bodiocasses und Baiocasses, griech. Uadikasioi) nennt die antike → Ethnographie einen keltischen Stamm im Gebiet um die nach ihm benannte Stadt Bayeux. Nach einer Vermutung des Keltologen → Thurneysen soll es sich bei der Bezeichnung B. um die gallische Entsprechung des mittelirischen Wortes buidechas »blondgelockt« handeln. Dies ist jedoch wegen der oben angegebenen Varianten des Namens fraglich.

Boier (lat. Boii) nennt die antike → Ethnographie einen ursprünglich in Gallien ansässigen keltischen Stamm. Im 4. Jh. v. Chr. wanderten die B. in Oberitalien ein und siedelten in der Po-Ebene. Ihr Hauptort war Bononia (Bologna), das zuvor Felsina geheißen hatte. 193 v. Chr. von den Römern besiegt, zogen sich die B. über die Alpen zurück und besiedelten das nach ihnen benannte Böhmen (lat. Boiohaemum). Von dort aus wanderte ein Teil der B. um die Mitte des 1. Jhs. v. Chr. nach Westen und verbündete sich mit dem Stamm der → Helvetier. Ein anderer Teil zog nach Südosten und ließ sich im Gebiet des Kleinen Ungarischen Tieflands nieder.

Bolvinnus heißt ein keltischer Gott. Seine Verehrung bezeugen zwei Weihinschriften aus Bouhy im Dép. Nièvre (CIL XIII 2899 und 2900), in denen er nach der → Interpretatio Romana mit → Mars identifiziert wird.

Bórama (ir. /'bo:rava/) nennen mittelalterliche Quellen einen Tribut, den die Provinz Leinster über viele Generationen hinweg an verschiedene Könige aus der Dynastie der Uí Néill gezahlt haben soll. Von der Geschichte dieser Tributzahlungen berichtet eine teils in Prosa, teils in Versen gehaltene Erzählung, die ebenfalls B. genannt wird. Sie entstand in der uns vorliegenden Fassung vermutlich im 10./11. Jh. und ist in zwei Fassungen unterschiedlicher Länge im »Buch von Leinster« (→ Lebor Laignech) und im sog. Buch von Lecan überliefert. Dieser Erzählung zufolge erhob der König → Tuathal Techtmar im 1. Jh. n. Chr. die B. als Wergeld (éraic), weil der König von Leinster den Tod seiner beiden Töchter verschuldet hatte. Wegen der Höhe der Forderung kam es zu zahllosen Kämpfen, in denen sich bald die Könige von Leinster, bald die in Tara (→ Temair) residierenden Könige der Uí Néill behaupteten. Erst im 7. Jh. soll es dem heiligen Mo Ling gelungen sein, auf Veranlassung des Königs von Leinster durch eine List die Aufhebung des Tributs zu erwirken.

Ausg. u. Übers.: W. Stokes, The B., RC 13 (1892) 32–124; S. H. O'Grady, Silva Gadelica, Lo. 1892.
Lit.: M. Dillon, The Cycles of the Kings, Lo. 1946.

Borvo oder Bormo heißt ein keltischer Gott. Sein Name ist wahrscheinlich von einem keltischen Wort für »kochen« abgeleitet und steht vermutlich im Zusammenhang mit der Verehrung des Gottes an heißen Quellen. Er lebt fort im Namen der Badeorte Bourbonne-les-Bains im Dép. Haute-Marne und Bourbon-Lancy im Dép. Saône-et-Loire. Weihinschriften für B. fand man in diesen beiden Städten (CIL XIII 2805–2808 bzw. 5911–5920) sowie in Entrains im Dép. Nièvre (CIL XIII 2901) und Aix-les-Bains in Savoyen (CIL XII 2443 und 2444). Eine der Inschriften aus Bourbon-Lancy (CIL XIII 5911) identifiziert B. nach der → Interpretatio Romana mit → Apollo. Als Partnerin des Gottes erscheint in mehreren Weihungen die Göttin → Damona. Inschriftlich bezeugt sind in Gallien ferner die Gottheiten Bormanus (CIL XII 494 und 1561) und Bormana (CIL XII 1561 und CIL XIII 2452). Darüber hinaus kennt man aus Portugal zwei Weihungen für einen Gott namens Bormanicus (CIL II 2402 und 2403).

Lit.: H. Troisgros, B. et Damona, Bourbonne-les-Bains 1975; P.-M. Duval, Les Dieux de la Gaule, P. 1976; J.-J. Hatt, Mythes et dieux de la Gaule I, P. 1989.

Botorrita ist ein Ort ca. 20 km südlich von Zaragoza. Im Frühjahr 1970 wurde wegen geplanter Bauarbeiten eine archäologische Untersuchung der antiken Stätte Contrebia Belaisca ca. 1 km nördlich von B. eingeleitet. Dabei fand man u. a. eine 40,5 × 10 cm große Bronzetafel, die in einer Variante der iberischen Schrift beschrieben war. Wie die nähere Untersuchung ergab, wurde die Inschrift in keltiberischer Sprache vermutlich gegen Ende des 2. oder zu Beginn des 1. Jhs. v. Chr. abgefaßt. Trotz mehrerer Interpretationsversuche ist über die genaue Bedeutung des Wortlauts bisher keine Einigung erzielt worden. Der erste Teil enthält allem Anschein nach das Verbot, bestimmte Bauten zu zerstören. Der zweite Teil nennt möglicherweise die Personen, in deren Namen dieses Verbot ausgesprochen wurde. Die Inschrift befindet sich jetzt im Archäologischen Museum in Zaragoza.

Lit.: J. F. Eska, Towards an Interpretation of the Hispano-Celtic Inscription of B., I. 1989; F. Villar Liébana, La linea inicial del bronze de B., in: F. Villar (Hrsg.), Studia indogermanica et palaeohispanica in honorem A. Tovar et L. Michelena (Sal. 1990) 375–392.

Boudicca heißt bei → Tacitus (Ann. 14,31–37 und Agricola 15f.) und Cassius Dio (Hist. Rom. 42) die Frau eines britannischen Fürsten aus dem Stamm der → Ikener. Übergriffe der römischen Besatzungsmacht gegen sie lösten 60 n. Chr. einen Aufstand mehrerer britannischer Stämme aus. Nach der Eroberung der römischen Städte Camulodunum (Colchester), Verulamium (St. Albans) und Londinium (London) wurden die Britannier von dem römischen Statthalter Suetonius Paulinus vernichtend geschlagen. Bald darauf beging B. Selbstmord durch Gift (so Tacitus) oder starb an einer Krankheit (so Cassius Dio).

Einen Altar für eine Göttin namens B. fand man 1921 in Bordeaux. Wie aus der Inschrift (ILTG 141) hervorgeht, war er 237 n. Chr. von einem Händler aus Britannien gestiftet worden. Die geologische Untersuchung des Steins ergab, daß der Altar aus Nordengland stammt. Vielleicht kam er als Schiffsballast nach Bordeaux. Die Beziehung zwischen der historischen B. und der Göttin gleichen Namens ist unklar. Möglicher-

weise war die Fürstin nach der Gottheit benannt, vielleicht erwies man aber auch ihr selbst nach dem Tod göttliche Verehrung.
Die historische B. ist die Hauptfigur zweier Dramen von John Fletcher (1579–1625) und Richard Glover (1712–1785). Balladen über B. verfaßten William Cowper (1731–1800) und Alfred Lord Tennyson (1809–1892). Eine monumentale Bronzestatue der Fürstin in ihrem Streitwagen schuf Thomas Thornycroft (1815–1885). Sie wurde 1902 am Südufer der Themse nahe der Westminster-Brücke in London aufgestellt.

Lit.: G. Webster, B., Lo. 1978.

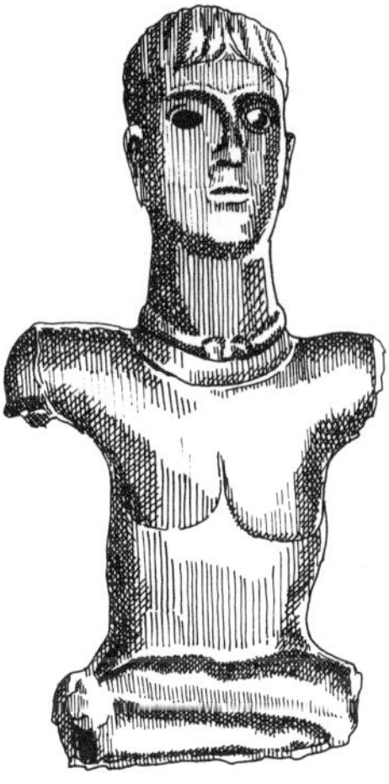

Bronzene Statue eines gallischen Gottes aus Bouray

Bouray ist ein Ort ca. 35 km südlich von Paris. 1845 wurde dort die 42 cm große, aus Bronzeblech gefertigte Statue eines keltischen Gottes aus dem Fluß Juine geborgen. Die keltische Herkunft der Arbeit verraten die Art der Darstellung mit untergeschlagenen Beinen (sog. → »Buddha-Haltung«), die in Hirschhufen endenden Beine und der eng anliegende Halsring (→ Torques) der Gottheit. Andererseits läßt der Realismus der Ausführung bereits deutlich römischen Einfluß erkennen. Die Statue entstand vermutlich gegen Ende des 1. Jhs. v. Chr., vielleicht auch etwas später, und ist heute im Musée des Antiquités Nationales in Saint-Germain-en-Laye zu sehen.

Lit.: R. Lantier, Le dieu celtique de B., Monuments et Mémoires de la Fondation Eugène Piot 34 (1934) 35–58.

Braciaca heißt ein keltischer Gott. Seine Verehrung bezeugt eine einzige Weihinschrift aus Bakewell in Derbyshire (RIB 278), in der er nach der → Interpretatio Romana mit → Mars identifiziert wird.

Brân Fendigeid (wal. /braːn ven'digeid/) oder Bendigeidfran heißt in der Erzählung → *Branwen ferch Lŷr* der König Britanniens. Sein Vater ist Llŷr, seine Geschwister sind Branwen und Manawydan. Seine Mutter ist Penarddun, die in *Branwen* als Tochter des Königs Beli Mawr bezeichnet wird. Dem widerspricht jedoch, daß Belis Sohn Caswallawn in der

Erzählung → *Manawydan fab Llŷr* nicht als Onkel, sondern als Cousin der drei Geschwister B., Branwen und Manawydan auftritt. Man vermutet deswegen, daß Penarddun ursprünglich als Schwester Belis galt. B. selbst trägt in der Erzählung deutlich mythische Züge: Wegen seiner ungeheuren Körpergröße findet er weder in einem Haus noch in einem Schiff Platz und watet bei dem Feldzug gegen den irischen König Matholwch neben der Flotte durch die Irische See. In der Schlacht wird er von einem vergifteten Speer am Fuß verwundet. Daraufhin befiehlt er den überlebenden Kriegern seines Heeres, ihm den Kopf abzuschlagen und ihn zum Schutz des Landes in seiner Hauptstadt London mit dem Gesicht zum Festland gewendet beizusetzen. Mehrere Gelehrte haben vermutet, daß die Sage vom → Gral einzelne Züge der Überlieferung um B. bewahrt. Wie weit dieser Einfluß im einzelnen reicht, ist jedoch umstritten.

Bran mac Febail (ir. /bran mak 'f'evil'/ »Bran, Sohn des Febal«) heißt der Titelheld der Erzählung → *Immram Brain*.

Brannoviken (lat. Brannovices) nennt die antike → Ethnographie ein Teilvolk des Stammesverbands der → Aulerker im Gebiet zwischen der Loire und der Seine. Der Name bedeutet wörtlich soviel wie »Rabenkämpfer«.

Branwen ferch Lŷr (wal. /'branwen verx liːr/ »Branwen, die Tochter Llŷrs«) ist der Titel des zweiten der »Vier Zweige des Mabinogi« (→ Pedeir Ceinc y Mabinogi). Die Erzählung beginnt mit der Werbung Matholwchs, des Königs von Irland, um die Hand Branwens, der Schwester des britannischen Königs Brân Fendigeid. Nachdem Brân bereits seine Zustimmung zu der Verbindung gegeben hat, stellt sein Halbbruder Efnysien das gute Einvernehmen zwischen Iren und Britanniern durch eine mutwillige Verstümmelung der Pferde Matholwchs wieder in Frage. Der irische König wird jedoch in letzter Minute durch das Geschenk neuer Pferde und eines magischen Kessels, der Erschlagene wieder zum Leben zu erwecken vermag, versöhnt. Nach der Geburt eines Sohnes muß Branwen jedoch auf das Betreiben der Untertanen Matholwchs in Irland niedrigste Arbeiten verrichten. Als Brân davon erfährt, rüstet er zum Feldzug gegen Matholwch. Ein letzter Versuch der Aussöhnung wird durch Efnysien vereitelt, und in dem darauffolgenden Kampf finden alle britannischen Krieger bis auf sieben den Tod. Branwen stirbt nach ihrer Rückkehr in Wales an gebrochenem Herzen. – Eine moderne Gestaltung der Erzählung schuf der walisische Autor Saunders Lewis (1893–1985) mit seinem Drama *Branwen* (1975).

Ausg.: I. Williams, Pedeir Keinc y Mabi-

nogi, Car. 1930; D. S. Thomson, B. uerch Lyr, Du. 1961 (MMWS 2).
Übers.: G. Jones u. T. Jones, The Mabinogion, rev. ed. Lo. 1974; J. Gantz, The Mabinogion, Harm. 1976.
Lit.: P. MacCana, B. Daughter of Llŷr, Car. 1958; P. K. Ford, B.: A Study of the Celtic Affinities, StC 22/23 (1987/88) 29–41.

Brehon Laws nennt man nach der anglisierten Form des irischen Wortes brithemain »Richter« (Pl.) das traditionelle irische Recht im Gegensatz zur angelsächsischen Gesetzgebung (vgl. → brithem).

Breisach. Wie Einzelfunde belegen, war der Münsterberg von Breisach bereits gegen Ende der Jungsteinzeit besiedelt. 1966–1975 durchgeführte Ausgrabungen erbrachten den Nachweis, daß der Berg am Übergang von der Hallstatt- zur Latènezeit um die Mitte des 1. Jt. v. Chr. einen frühkeltischen → Fürstensitz trug. Zu jener Zeit wurde eine bis zu 15 m tiefe Senke auf der Bergkuppe aufgefüllt und der Platz zusätzlich befestigt. Im Zusammenhang mit dieser Anlage sind vermutlich mehrere Grabhügel zu sehen, die im 19. Jh. in der näheren Umgebung von B. ausgegraben wurden.
Lit.: K. Bittel u. a. (Hrsg.), Die Kelten in Baden-Württemberg, St. 1981.

Brendan (lat. Brendanus, ir. Brénaind) war ein irischer Heiliger und Klostergründer des 6. Jhs. Vermutlich im 9. Jh. entstand in der Verbindung keltischen Erzählguts mit christlichen Vorstellungen die Sage von seiner wunderbaren Seereise (→ immram) ins Land der Verheißung. Ihre lateinische Fassung *Navigatio Sancti Brendani* war im Mittelalter in ganz Europa verbreitet und wurde vom 12. Jh. an in mehrere Volkssprachen übersetzt.
Lit.: K. A. Zaenker, Sankt Brandans Meerfahrt. Ein lateinischer Text und seine drei deutschen Übertragungen aus dem 15. Jh., St. 1987.

brenin ist das kymrische Wort für »König«. Die gleichbedeutende Bezeichnung rhi (= ir. → rí) ist nur in besonders frühen Sprachzeugnissen sowie als Bestandteil zusammengesetzter Wörter bezeugt. Die Vergleichende Sprachwissenschaft führt b. auf eine hypothetisch erschlossene Form *brigantīnos zurück. Man vermutet, daß diese Bezeichnung ursprünglich soviel wie »Gemahl der Göttin Briganti« bedeutete. Gestützt wird diese Annahme durch die vor allem in irischen Quellen belegte Vorstellung einer → Heiligen Hochzeit zwischen dem König und einer Göttin der Königsherrschaft. Die Verehrung einer Göttin → Brigantia ist in Nordengland und Südschottland auch inschriftlich bezeugt.
Lit.: D. A. Binchy, Celtic and Anglo-Saxon Kingship, O. 1970; T. M. Charles-Edwards, Native Political Organization in Roman Britain and the Origin of MW b., in: M. Mayrhofer u. a. (Hrsg.), Antiquitates Indogermanicae: Gedenkschrift für H. Güntert (I. 1974) 35–45.

Brennos heißt in der griechischen Geschichtsschreibung der Führer eines keltischen Heeres, das 279 v. Chr. plündernd durch Makedonien und Thessalien zog. Er soll bei einem mißlungenen Angriff der Kelten auf Delphi verwundet worden sein und auf dem Rückzug Selbstmord verübt haben. In der römischen Überlieferung ist B. (lat. Brennus) der Name des keltischen Fürsten, dessen Heer um 387 v. Chr. Rom einnahm und die letzten Verteidiger der Stadt auf dem Kapitol einschloß. Es wird berichtet, daß die Belagerten sich durch die Zahlung eines gewaltigen Lösegelds freikauften. Dabei soll B. beim Abwiegen der Summe falsche Gewichte gebraucht haben. Als die Römer sich darüber beschwerten, habe er mit den Worten »Vae victis« (Wehe den Besiegten) auch noch sein Schwert in die Waagschale geworfen. – Ein Ölgemälde *Camillus und B.* (Musée Fesch, Ajaccio) schuf der Maler Sebastiano Ricci (1659–1734). Eine Versdichtung mit dem Titel *B.* schrieb Friedrich August von Grevenitz (1730–1809).

Bres (ir. /b′r′es/) heißt in der Geschichte der Schlacht von Mag Tuired (→ *Cath Maige Tuired*) ein König der → Tuatha Dé Danann. Sein eigentlicher Name ist Eochu. Den Beinamen B. »der Schöne« erklärt die Geschichte mit einer Weissagung seines Vaters Elatha, daß alles Schöne in Irland an B. gemessen werden würde.

Bretagne → Aremorica.

Bretha Nemed (ir. /'b′r′eθa 'N′ev′eð/) heißt eine Sammlung juristischer Abhandlungen, die sich mit den Rechten und Pflichten bestimmter privilegierter Berufsgruppen, vor allem der Dichter, befassen. Ihre Ursprünge liegen vermutlich in Munster im Süden Irlands und lassen sich zumindest teilweise bis ins 7. Jh. n. Chr. zurückverfolgen.

Lit.: L. Breatnach, Canon Law and Secular Law in Early Ireland: The Significance of B. N., Peritia 3 (1984) 439–459; F. Kelly, A Guide to Early Ir. Law, Du. 1988.

Bretonisch nennt man die keltische Sprache der Bretagne. Sie wurde im 4.–6. Jh. n. Chr. durch Einwanderer aus dem südwestlichen Britannien eingeführt und zählt daher ungeachtet ihres Verbreitungsgebietes nicht zu den festlandkeltischen Sprachen. Vielmehr bildet B. zusammen mit → Kornisch, → Kumbrisch und → Kymrisch den britannischen Zweig der inselkeltischen Sprachgruppe. Die ältesten Sprachzeugnisse sind Glossen sowie Personen- und Ortsnamen in lateinischen Handschriften des 9.–12. Jhs. Die ältesten zusammenhängenden Texte stammen erst aus dem 14.–15. Jh. Als Sprache des Alltags findet man B. heute nur noch vereinzelt in den Départements Léon, Tréguier, Cornouaille und Vannes.

Lit.: F. Gourvil, Langue et littérature bretonnes, P. 1952; K. H. Jackson, A Historical Phonology of Breton, Du. 1967; R. Hemon, A Historical Morphology and Syntax of Breton, Du. 1975; H. Lewis u. J. R. F. Piette, Handbuch des Mittelbretonischen, I. 1990.

Breuddwyd Macsen (wal. /'breiðuid 'maksen/ »Macsens Traum«) heißt eine der unter dem Namen → Mabinogion bekannten Erzählungen. Sie beginnt damit, daß der römische Kaiser Macsen sich aufgrund eines Traumgesichts in eine ihm unbekannte wunderschöne Frau verliebt. Boten, die er ausschickt, finden heraus, daß das Urbild seines Traums die britannische Prinzessin Elen Luyddawg ist. Daraufhin erobert Macsen Britannien, macht Elen zu seiner Kaiserin und belehnt ihren Vater mit der Herrschaft über die Insel. Als die Römer während seiner Abwesenheit von der Hauptstadt einen neuen Kaiser wählen, gelingt es Macsen dank der tatkräftigen Hilfe der Brüder Elens, die Herrschaft über sein Reich zurückzugewinnen. Der Name des Titelhelden dieser Sage geht auf den des römischen Kaisers Maxentius (306–312) zurück. Das historische Vorbild für die Figur des Macsen ist jedoch der römische Feldherr Magnus Maximus, der 383 n. Chr. von den ihm unterstellten Truppen in Britannien zum Kaiser ausgerufen wurde und bis zu seinem gewaltsamen Ende fünf Jahre lang über Britannien, Gallien und Spanien herrschte.

Übers.: G. Jones u. T. Jones, The Mabinogion, rev. ed. Lo. 1974; J. Gantz, The Mabinogion, Harm. 1976.
Lit.: M. Rockel, Fiktion und Wirklichkeit im B. M., in: H. L. C. Tristram (Hrsg.), Medialität u. mittelalterl. insulare Lit. (T. 1992) 170–182.

Breuddwyd Rhonabwy (wal. /'breiðuid r̥o'nabui/ »Rhonabwys Traum«) ist der Titel einer satirischen Erzählung, die vermutlich im 13. Jh. entstand und im »Roten Buch von Hergest« (→ Llyfr Coch Hergest) überliefert ist (→ Mabinogion). Die Geschichte beginnt damit, daß König Madawg fab Maredudd von Powys (1132–1160) den Titelhelden Rhonabwy auf die Suche nach seinem aufrührerischen Bruder ausschickt. Während dieser Suche verschlägt es Rhonabwy zusammen mit zwei seiner Gefährten in eine ebenso ärmliche wie schmutzige Herberge. Dort wird Rhonabwy des Nachts im Traum in das Zeitalter → Arthurs versetzt. Zwei prächtig gekleidete Reiter geleiten ihn und seine Gefährten zu dem berühmten Herrscher, der am Ufer des Flusses Severn sein Zeltlager aufgeschlagen hat. In einer rasch wechselnden Folge von Szenen begegnet Rhonabwy dort → Caradawg Freichfras, → Cei fab Cynyr, → Owein fab Urien und anderen Gestalten der walisischen Sage. Als das Gefolge Arthurs sich schließlich anschickt, nach Cornwall aufzubrechen, erhebt sich im Heerlager ein solcher Lärm, daß Rhonabwy davon erwacht.

Ausg.: M. Richards, B. R. allan o'r Llyfr Coch o Hergest, Car. 1948.
Übers.: G. Jones u. T. Jones, The Mabinogion, rev. ed. Lo. 1974; J. Gantz, The

Mabinogion, Harm. 1976; H. Birkhan, Kelt. Erzählungen vom Kaiser Arthur, Kettwig 1989.
Lit.: J. A. Carson, The Structure and Meaning of »The Dream of Rhonabwy«, Philological Quarterly 53 (1974) 289–303; E. M. Slotkin, The Fabula, Story, and Text of B. Rh., CMCSt 18 (1989) 89–111; C. Lloyd-Morgan, B. Rh. and later Arthurian literature, in: R. Bromwich u. a. (Hrsg.), The Arthur of the Welsh (Car. 1991) 183–208.

Bricriu (ir. /'b'r'ik'r'u/) heißt in den Erzählungen des → Ulster-Zyklus ein Gefolgsmann des Königs Conchobar mac Nesa. Wegen seiner allseits gefürchteten Eigenschaft, durch boshafte Bemerkungen Unfrieden zu stiften, trägt er den Beinamen Nemthenga »Giftzunge«. Eine Hauptrolle spielt er in der Erzählung → *Fled Bricrenn.*

Briganten (lat. Brigantes) nennt die antike → Ethnographie einen keltischen Stamm in Nordengland. Nach der Invasion Britanniens durch die Römer im Jahr 43 n. Chr. kollaborierte seine Königin → Cartimandua zunächst mit der Besatzungsmacht. In den Jahren 48–69 n. Chr. unternahmen die Römer jedoch mehrere Feldzüge gegen die B. Um 140 n. Chr. gerieten sie durch die Errichtung des Antoninus-Walles zwischen den Mündungen des Forth und des Clyde endgültig unter römische Oberhoheit.

Brigantia heißt eine keltische Göttin, die unter römischer Herrschaft vor allem im Gebiet des Stammes der → Briganten verehrt wurde. Ihr Name erscheint in insgesamt sieben Weihinschriften. Zwei davon (RIB 627 und 628) setzen sie mit der römischen Victoria gleich.

Altar für die Göttin Caelestis Brigantia aus Corbridge in Nordengland (RIB 1131)

Eine andere (RIB 1131) identifiziert sie mit der aus Afrika stammenden Göttin Caelestis. Ein Relief aus Birrens in Südschottland (RIB 2091, jetzt im National Museum of Antiquities in Edinburgh) zeigt die Göttin als → Minerva mit einer Mauerkrone und den Schwingen der Victoria.
Lit.: N. Jolliffe, Dea B., Archaeological Journal 98 (1942) 36–61.

Brigit (1) (ir. /'b′r′iγ′id′/) heißt nach einer Angabe im Glossar des Bischofs Cormac (→ *Sanas Chormaic*) eine vorchristliche irische Göttin, die besonders von den Dichtern verehrt wurde. Cormac zufolge galt sie als eine Tochter des → Dagda und hatte zwei Schwestern, die ebenfalls B. hießen und in besonderer Weise mit der Heilkunst und dem Schmiedehandwerk befaßt waren. Der Name B. geht auf eine ältere Form *Brigantī zurück, die wahrscheinlich soviel wie »die Erhabene« bedeutete. Diese ältere Form begegnet in Britannien in der latinisierten Form → Brigantia als Bezeichnung einer Göttin und lebt fort in den Namen der Flüsse Braint (Anglesey) und Brent (Middlesex). Man vermutet daher, daß *Brigantī ein Beiname verschiedener keltischer Göttinnen war.

Lit.: → Brigit (2).

Brigit (2) (ir. /'b′r′iγ′id′/) heißt die berühmteste Heilige der irischen Kirche. Sie soll in der Zeit um 600 gelebt haben und gilt als Gründerin des Klosters von Kildare (ir. Cill Dara). Vom 7. Jh. an breitete sich ihr Kult über die gesamte Insel aus und gelangte mit der irischen Mission auch auf das europäische Festland.

Um 650 verfaßte ein Hagiograph namens Cogitosus für das Kloster Kildare in lateinischer Sprache eine Biographie der Heiligen. Diese *Vita Brigitae* ist allerdings stark legendarisch gefärbt und enthält nur wenige Angaben über die Klostergründerin, die als historisch gelten können. Man nimmt daher an, daß in Kildare bereits damals keine genaue Erinnerung mehr an sie lebendig war. Stattdessen scheint ihre Gestalt in der Überlieferung manche Züge einer gleichnamigen keltischen Göttin (→ Brigit (1)) angenommen zu haben. Dafür spricht vielleicht bereits der Umstand, daß ihr Festtag am 1. Februar, dem traditionellen Frühlingsbeginn (→ Imbolc), begangen wurde. Auch ihre Verehrung als Schutzheilige des Viehs und Ackerbaus sowie die besondere Bedeutung von Licht und Feuer in ihrem Kult sind als Überbleibsel vorchristlicher Vorstellungen gedeutet worden. Bis in unser Jh. hinein war besonders in den ländlichen Gegenden Irlands mit ihrem Fest eine große Vielfalt volkstümlicher Bräuche verbunden, die mit Ackerbau und Viehzucht im Zusammenhang standen. Bekannt ist das aus Binsen oder Stroh geflochtene Brigittenkreuz (Cros Bhríde), das traditionellerweise an den Dachbalken des Wohnhauses angebracht wird und der Familie im kommenden Jahr Glück und Segen bringen soll.

Lit.: D. Ó hAodha, Bethu Brigte, Du. 1978; R. Sharpe, Vitae S. Brigitae: The oldest texts, Peritia 1 (1982) 81–106; K. McCone, B. in the seventh century: a saint with three lives?, Peritia 1 (1982) 107–145; S. Connolly u. J.-M. Picard, Cogitosus: Life of Saint B., JRSAI 117 (1987) 5–27 (m. engl. Übers.).

Britannien → Prydein.

Britannisch nennt man die keltische Sprache von Schottland, England, Wales und Cornwall, bevor sich daraus im 5./6. Jh. die Einzelsprachen → Bretonisch, → Kornisch, → Kumbrisch und → Kymrisch entwikkelten. B. ist inschriftlich nicht bezeugt und nur durch einzelne Wörter und Namen in der griechischen, lateinischen und angelsächsischen Überlieferung bekannt. Man vermutet, daß es eine große Ähnlichkeit mit → Gallisch hatte, weshalb man für beide Sprachen zusammen auch die Bezeichnung »Gallo-Britannisch« gebraucht.

Lit.: K. H. Jackson, Language and History in Early Britain, E. 1953; A. Bammesberger u. A. Wollmann (Hrsg.), Britain 400–600: Language and History, Hei. 1990.

brithem (ir. /'b'r'iθ'ev/) bezeichnet im mittelalterlichen Irland den Richter oder – im erweiterten Sinn – den Rechtsgelehrten. Die Bezeichnung ist von dem irischen Wort breth »Urteil« abgeleitet und bedeutet wörtlich soviel wie »Urteilsmacher«. Vermutlich besaß jeder Stammesverband (→ tuath) einen vom König (→ rí) eingesetzten b. Diese Richter bildeten innerhalb der irischen Gesellschaft einen fest etablierten Stand, der seine Funktion erst mit der englischen Eroberung im 16. und frühen 17. Jh. verlor. Vor dieser Zeit entstanden in Schulen zur Ausbildung der Richter zahlreiche juristische Abhandlungen, von denen die ältesten bis ins 7./8. Jh. zurückreichen. Nach der anglisierten Form des Plurals brithemain bezeichnet man im Englischen das traditionelle irische Recht als → »Brehon Laws«.

Lit.: F. Kelly, A Guide to Early Ir. Law, Du. 1988.

Britovius heißt ein keltischer Gott. Seine Verehrung bezeugen zwei Inschriften aus Nîmes (CIL XII 3082 und 3083), in denen er nach der → Interpretatio Romana mit → Mars identifiziert wird.

briugu (ir. /'b'r'iuγu/) heißt im mittelalterlichen Irland ein Mann, der allein aufgrund seines Reichtums und seiner grenzenlosen Gastfreundschaft eine hohe gesellschaftliche Stellung einnimmt. Im Englischen wird das Wort zumeist mit »hospitaller« wiedergegeben. Nach dem Zeugnis der Annalen hatten die Bezeichnung und die Institution des b. bis ins 16. Jh. hinein Bestand. In vielen Sagen trägt der b. mythische Züge, und sein Haus (→ bruiden) ist häufig der Schauplatz unheilvoller Geschehnisse.

Lit.: K. McCone, Hounds, Heroes and Hospitallers in Early Ir. Myth and Story, Ériu 35 (1984) 1–30; F. Kelly, A Guide to Early Ir. Law, Du. 1988.

Broighter ist ein Ort in Londonderry (Nordirland). In seiner Nähe entdeckte man 1896 am Ufer des Lough Foyle mehrere Gegenstände aus → Gold, darunter einen röhrenförmigen → Torques und das Modell eines Bootes mit Ruderbänken, Mast

Verzierte Rückseite eines bronzenen Spiegels

und beweglichen Rudern. Vermutlich wurden diese Gegenstände im 1. Jh. v. Chr. als Weihegabe für eine Gottheit am Ufer des Sees niedergelegt. Sie gelangten nach ihrer Auffindung vorübergehend ins Britische Museum nach London und befinden sich heute im National Museum of Ireland in Dublin.

Lit.: R. B. Warner, The B. Hoard, in: B. G. Scott (Hrsg.), Studies in Early Ireland (Belfast 1982) 29–38.

Bronze verwendeten die Kelten vor allem für → Schmuck und einzelne Bestandteile der → Kleidung sowie zur Herstellung von Metallgeschirr und verschiedenen Blechbeschlägen. Die betreffenden Gegenstände wurden gegossen und/oder geschmiedet und nicht selten mit Ziselierungen und farbigen Einlagen aus → Bernstein, Koralle oder Emaille verziert. Aus Grab- und Siedlungsfunden kennt man bronzene Schild- und Wagenbeschläge, Gürtelbleche, Hals-, Arm- und Fußringe, → Fibeln und verschiedene Anhänger, Kleingerät wie Nagelschneider, Ohrlöffel und Pinzetten, Näh- und Haarnadeln, Pferdegeschirre sowie Becher, Kessel, Schalen und Kännchen. Ein Meisterwerk der B. verarbeitung ist die 2,75 m lange, mit eingepunzten Bildern verzierte Totenliege aus dem Grab von → Hochdorf.

Lit.: K. Spindler, Die frühen Kelten, St. ²1991; D. van Endert, Die B. funde aus dem Oppidum von Manching, St. 1991.

Brug na Bóinne (ir. /bruɣ na 'bo:N'e/) heißt in den Erzählungen des → Mythologischen Zyklus die Gegend um das vorkeltische Hügelgrab von Newgrange. Sie gilt als Wohnsitz des Elfen → Oengus.

bruiden (ir. /'bruð'en/) ist die Bezeichnung eines Bankett- oder Festsaals. Der Geschichte vom Schwein des Mac Dathó zufolge (→ *Scéla mucce Meic Dathó*) gab es einst sechs solcher Säle in Irland. Ihre Besitzer (→ briugu) sollen → Mac Dathó, → Da Derga, → Forgall Manach, Mac Da-Reo, Da-Choca und der briugu Blaí gewesen sein.

Brutus heißt in der *Historia Regum Britanniae* des → Geoffrey von Monmouth ein Urenkel des Trojaners Aeneas. Weil er auf der Jagd versehentlich seinen Vater Silvius getötet hat, wird er aus Italien verbannt und gelangt nach einer abenteuerlichen Irrfahrt durch die Länder des Mittelmeerraums mit seinen Anhängern auf die nach ihm benannte Insel Britannien (zur richtigen Etymologie des Namens vgl. → Prydein). Dort wird er der erste König der Britannier. Der Name B. lebt fort im Titel der altfranzösischen, mittelenglischen und mittelkymrischen Bearbeitungen von Geoffreys Werk (→ Brut y Brenhinedd, → Layamon, → Wace).

Brut y Brenhinedd (wal. /brit ə bren'hineð/ »Chronik der Könige«) nennt man die mittel- und frühneukymrischen Bearbeitungen der *Historia Regum Britanniae* des → Geoffrey von Monmouth. Sie entstanden im 13.–15. Jh. und sind in unterschiedlicher Länge in über 60 Handschriften überliefert.

Lit.: B. F. Roberts, Geoffrey of Monmouth, Historia Regum Britanniae and B. y B., in : R. Bromwich u. a. (Hrsg.), The Arthur of the Welsh (Car. 1991) 97–116.

Brythonisch → Britannisch.

Buch des Dekans von Lismore (engl. Book of the Dean of Lismore) nennt man eine handschriftliche Sammlung von Balladen und bardischen Gedichten in schottisch-gälischer und irischer Sprache. Sie wurde in der Zeit zwischen 1512 und 1526 von dem schottischen Geistlichen James Macgregor und seinem Bruder Duncan zusammengestellt und enthält die ältesten uns bekannten Werke der schottisch-gälischen Literatur.

Lit.: E. C. Quiggin, Poems from the Book of the Dean of L., C. 1937; W. J. Watson, Scottish Verse from the Book of the Dean of L., E. 1937; N. Ross, Heroic Poetry from the Book of the Dean of L., E. 1939.

Buch von Armagh (lat. Liber Ardmachanus) nennt man nach ihrem Entstehungsort eine irische Handschrift aus dem Jahr 807. Sie enthält neben Schriften über den heiligen → Patrick den vollständigen Text des Neuen Testaments sowie die Biographie des heiligen Martin von Tours von Sulpicius Severus. Die Handschrift gelangte gegen Ende des 17. Jhs. vorübergehend in Familienbesitz und befindet sich heute im Trinity College in Dublin.

Ausg.: J. Gwynn, Liber Ardmachanus: The Book of A., Du. 1913 (Faks.).

Buch von Ballymote nennt man eine irische Sammelhandschrift, die um 1400 in Ballymote bei Sligo in Nordwestirland zusammengestellt wurde. Von besonderem Wert sind die in ihr überlieferten Abhandlungen zur irischen Dichtkunst. Daneben enthält die Handschrift zahlreiche Texte sagenhaften, historischen, genealogischen und juristischen Inhalts. Seit 1785 befindet sie sich in der Bibliothek der Royal Irish Academy in Dublin.

Ausg.: R. Atkinson, The Book of B., Du. 1887 (Faks.).

Buch von Deer nennt man ein Evangelienbuch, das vermutlich im 9. Jh. in Irland entstand. Seinen Namen hat es von dem Kloster Deer in Nordostschottland, wo es eine Zeitlang aufbewahrt wurde. Bekannt ist das B. v. D. vor allem wegen einiger Vermerke in gälischer Sprache, die verschiedene Schreiber im 12. Jh. in die Handschrift eintrugen. Sie betreffen Belange des Klosters und sind bereits deswegen von hohem kulturgeschichtlichen Wert. Darüber hinaus stellen sie die ältesten Zeugnisse der gälischen Sprache in Schottland dar. Seit 1715 befindet sich das B. v. D. in der Universitätsbibliothek von Cambridge.

Lit.: K. H. Jackson, The Gaelic Notes in the Book of Deer, C. 1972.

Buch von Durrow (lat. Codex Durmachensis) nennt man ein reich verziertes und illustriertes Evangelienbuch aus der zweiten Hälfte des 7. Jhs. Als Entstehungsort betrachtete man lange Zeit das irische Kloster Durrow, das 553 vom heiligen Columba (→ Colum Cille) gegründet worden war. Daneben halten manche Forscher aber auch eine Entstehung in Nordengland oder auf der Insel Iona vor der Westküste Schottlands für möglich. Die Handschrift gelangte nach der Auflösung des Klosters Durrow vorübergehend in Familienbesitz und befindet sich heute im Trinity College in Dublin.

Lit.: G. Henderson, From Durrow to Kells: the Insular Gospel-Books 650–800, Lo. 1987.

Buch von Kells (lat. Codex Cenannensis) nennt man ein reich verziertes und illustriertes Evangelienbuch aus der Zeit um 800. Seine erste Erwähnung datiert in das Jahr 1007, als es aus der Kirche von Kells (ca. 65 km nordwestlich von Dublin) gestohlen und wenig später in einem Versteck wiedergefunden wurde. Wo die Handschrift entstand, ist unbekannt: Neben Kells hat man auch Nordengland und die Insel Iona vor der Westküste Schottlands in Betracht gezogen. Für die letztgenannte Möglichkeit spricht, daß ein Großteil der Mönche von Iona nach einem Angriff der Wikinger im Jahre 806 die Insel verließ und in Kells Zuflucht suchte. Die Handschrift verblieb auch nach der Auflösung des Klosters im 12. Jh. in der Gemeindekirche von Kells. Seit 1661 befindet sie sich als kostbarster Besitz der Bibliothek im Trinity College in Dublin.

Lit.: F. Henry, The Book of Kells, Lo. 1974; G. Henderson, From Durrow to Kells: the Insular Gospel-Books 650–800, Lo. 1987.

Verzierungen im Buch von Kells

Darstellung eines Gottes mit Hirschgeweih und Torques in der sog. Buddha-Haltung auf dem Kessel von Gundestrup

Buddha-Haltung. Unter den keltischen Götterdarstellungen zeigen etwa 30 die Gottheit in sitzender Stellung mit untergeschlagenen Beinen. Zu den bekanntesten Beispielen gehören die Bronzestatue von → Bouray und die Darstellung eines Gottes mit Hirschgeweih auf dem Kessel von → Gundestrup. Da in der indischen Kunst der Buddha oft in meditierender Haltung mit untergeschlagenen Beinen dargestellt wird, bezeichnen einige Autoren auch die sitzende Stellung der keltischen Gottheiten als »Buddha-Haltung«. Ein historischer Zusammenhang zwischen der indischen und der keltischen Art der Darstellung ist jedoch unwahrscheinlich. Vermutlich erklären sich die keltischen Bildwerke aus der u. a. bei → Strabon (Geogr. 4,4,3) bezeugten keltischen Sitte, bei Mahlzeiten ohne Tische und Stühle mit untergeschlagenen Beinen auf dem Boden zu sitzen.

Lit.: P. Lambrechts, Contributions à l'étude des divinités celtiques, Brugge 1942; J. de Vries, Kelt. Rel., St. 1961.

Budenicus heißt ein keltischer Gott, der nach der → Interpretatio Romana mit → Mars identifiziert wurde. Seine Verehrung bezeugt eine einzige Weihinschrift aus der Nähe von Uzès im Dép. Grand (CIL XII 2973).

buile → baile.

Buile Suibne (ir. /'bul'e 'huv'n'e/ »Suibnes Wahnsinn«) ist der Titel einer Erzählung aus dem → Historischen Zyklus. Sie stammt in der uns vorliegenden Fassung vermutlich aus dem 12. Jh. und ist in drei Handschriften aus dem 17./18. Jh. überliefert. Die Handlung der Geschichte schließt sich zeitlich und inhaltlich an die beiden Sagen → *Fled Dúin na nGéd* und → *Cath Maige Rátha* an. Ihr Titelheld ist Suibne mac Colmáin, der König von Dál nAraide im Nordosten Irlands. Nachdem er im Streit einen Gefährten des heiligen Rónán erschlagen hat, wird er von dem Heiligen verflucht. Daraufhin verliert er im Lärm der Schlacht von Mag Rátha den Verstand und irrt viele Jahre lang durch die Wälder Irlands. In einem Kloster, wo ihm die Köchin auf Geheiß des Abts allabendlich zu essen gibt, wird er schließlich aus Eifersucht von einem Hirten erschlagen. – Neu gestaltet hat diesen Stoff Austin → Clarke in seinem Gedicht *The Frenzy of Suibhne*.

Ausg.: J. G. O'Keeffe, B. S., Du. 1932 (MMIS 1).
Übers.: R. O'Mara, König der Bäume, Mn. 1985.
Lit.: R. P. Lehmann, A Study of the B. S., EC 6 (1953/54) 289–311 und EC 7 (1955/56) 115–138; B. Beneš, Spuren von Schamanismus in der Sage B. S., ZCP 28 (1960/61) 309–334; P. Ó Riain, A Study of the Irish Legend of the Wild Man, Éigse 14 (1971/72) 179–206; D. J. Cohen, S. Geilt, Celtica 12 (1977) 113–24.

Buxenus heißt ein keltischer Gott, der nach der → Interpretatio Romana mit → Mars identifiziert wurde. Seine Verehrung bezeugt eine einzige Weihinschrift aus der Nähe von Velleron im Dép. Vaucluse (CIL XII 5832).

Cadbury Castle ist der heutige Name einer Hügelfestung in Somerset (Südwestengland). Wie die archäologische Untersuchung des Ortes ergab, reichen die Spuren menschlicher Anwesenheit von der frühen Jungsteinzeit bis ins Mittelalter. Die keltische Festung wurde in der Zeit um 70 n. Chr. von den Römern erobert und teilweise zerstört, jedoch im 5./6. Jh. noch einmal vorübergehend genutzt. Seit dem 16. Jh. bezeugt ist die Identifikation des Hügels mit der Festung → Camelot aus den Erzählungen um König → Arthur. Sie beruht jedoch sehr wahrscheinlich nicht auf einer alten Überlieferung, sondern auf einer zeitgenössischen gelehrten Spekulation.

Lit.: L. Alcock, Camelot: Die Festung des Königs Artus? Ausgrabungen in C. C. 1966–1970, Bergisch-Gladbach 1974.

Cadwaladr fab Cadwallawn (wal. /kad'waladr vaːb kad'waɬaun/) und → Cynan heißen in dem prophetischen Gedicht → *Armes Prydein* die beiden Herrscher, unter deren Führung die britannischen Kelten dereinst das Joch der angelsächsischen Eroberer abschütteln sollen. Der historische C. herrschte nach dem Zeugnis der → *Annales Cambriae* und der → *Historia Brittonum* in der zweiten Hälfte des 7. Jhs. als Nachfolger seines Vaters → Cadwallawn fab Cadfan über das nordwalisische Königreich → Gwynedd. In der *Historia Regum Britanniae* des → Geoffrey von Monmouth erscheint er als letzter der keltischen Könige Britanniens.

Cadwallawn fab Cadfan (wal. /kad'waɬaun vaːb 'kadvan/) herrschte um 625–635 über das nordwalisische Königreich → Gwynedd. 634 brachte er den Angeln unter ihrem König Edwin von Northumbria eine vernichtende Niederlage bei, fiel jedoch bereits ein Jahr später im Kampf gegen Oswald von Mercia. Vielleicht noch zu seinen Lebzeiten verfaßte ein Dichter auf seine Siege das Preisgedicht *Moliant C.* (»Lobpreis des C.«). Die handschriftliche Überlieferung dieses Gedichts läßt sich allerdings nur bis ins 18. Jh. zurückverfolgen. Ein weiteres Gedicht auf C., *Marwnad C.* (»Totenklage für C.«), findet man dagegen bereits im »Roten Buch von Hergest« (→ Llyfr Coch Hergest). Diese Verse entstanden jedoch aller Wahrscheinlichkeit nach erst lange nach dem Tod des Herrschers. Hinsichtlich ihres Stils und Inhalts erinnern sie an die Strophen auf → Llywarch Hen und → Urien von Rheged.

Lit.: R. G. Gruffydd, Canu Cadwallon ap Cadfan, in: R. Bromwich u. R. B. Jones (Hrsg.), Astudiaethau ar yr Hengerdd (Car. 1978) 25–43 (m. Ausg. d. Texte u. neukymr. Übers.).

Caer Ibormeith (ir. /kair 'ivorm'eθ'/) heißt in der Erzählung → *Aislinge Oenguso* die Tochter des Elfen Ethal Anbuail und Geliebte des Titelhelden Oengus.

Caerllion-ar-Wysg (engl. Caerleon-on-Usk) ist ein Ort in Südwales. Nach dem Zeugnis der → Tair Rhamant befindet sich dort – wie schon bei → Geoffrey von Monmouth belegt – der Hof → Arthurs. Den Anlaß zur Entstehung dieser Überlieferung gaben möglicherweise die zahlreichen Ruinen, darunter ein Amphitheater, die in C. aus römischer Zeit erhalten geblieben sind.

Caesar (Gaius Iulius C.), römischer Staatsmann, Feldherr und Schriftsteller, wurde um 100 v. Chr. geboren. In den Jahren 58–51 v. Chr. eroberte er ganz Gallien von den Pyrenäen bis zum Rhein. Als offiziellen Bericht über seine Feldzüge schrieb er das Werk *Commentarii de Bello Gallico* (Berichte über den Krieg in Gallien). Es ist dem Kriegszeitraum entsprechend in sieben Bücher gegliedert und enthält in den Kapiteln 11–28 des sechsten Buchs einen kulturgeschichtlich wertvollen Exkurs über die Sitten der Gallier und Germanen. Vergleichsweise ausführlich schildert C. dort die gallischen → Druiden (6,13–14), → Opfer (6,16) und → Götter (6,17–18). Nach dem Vorbild älterer Autoren identifiziert er dabei die keltischen Gottheiten mit Gestalten der griechisch-römischen Mythologie, die ihnen nach römischem Verständnis in wesentlichen Zügen entsprechen (→ Interpretatio Romana). Im einzelnen erwähnt C. → Mercurius, → Apollo, → Mars, → Iupiter, → Minerva und → Dis Pater. Viele seiner Angaben werden durch das Zeugnis der Archäologie und der inselkeltischen Überlieferung bestätigt. Man muß jedoch die propagandistische Absicht des Werks und die Möglichkeit der Abhängigkeit seines Autors von den Schriften des stoischen Philosophen → Poseidonios beständig im Auge behalten.

Lit.: M. Rambaud, L'Art de la déformation historique dans les Commentaires de César, P. ²1966; J. Harmand, Le portrait de la Gaule dans le ›De Bello Gallico‹ I–VII, ANRW I,3 (1973) 523–595; C. F. C. Hawkes, Britain and Julius Caesar, PBA 63 (1977) 125–192; G. Dobesch, C. als Ethnograph, Wiener humanistische Blätter 31 (1989) 18–51; C. Goudineau, César et la Gaule, P. 1990.

Caesarius von Arles (470–542) wurde in Cabillonum, dem heutigen Chalon-sur-Saône, geboren. Er war zunächst Mönch im Kloster Lerinum und von 502 bis zu seinem Tod Bischof von Arelate, dem heutigen Arles. Neben Briefen, einer Mönchsregel und weiteren theologischen Schriften hinterließ C. über 200 Predigten. Sie sind als Spiegel der Auseinandersetzung des Bischofs mit noch lebendigen Resten der vorchristlichen Religion von besonderem Interesse.

Lit.: P. Audin, Césaire d'Arles et le maintien de pratiques païennes dans la Provence du 6e siècle, in: La patrie gauloise d'Agrippa au 6e siècle (Ly. 1983) 327–338.

Cai → Cei.

Caillech Bérri (ir. /'kaL'ex 'v'eːR'i/) oder Sentainne Bérri »die Alte von Beare« heißt eine Gestalt der irischen Sage und Dichtung. Sie war ursprünglich auf der Halbinsel Beare in Südwestirland beheimatet und galt als Ahnherrin eines der herrschenden Adelsgeschlechter jener Gegend. Ein Gedicht aus der Zeit um 900 schildert sie als gebrechliche alte Frau, die sich in ein Kloster zurückgezogen hat. Dort blickt sie voller Wehmut auf ihre entschwundene Jugend zurück, in der sie die Geliebte von Königen war. Aufgrund zahlreicher Parallelen in der irischen Überlieferung vermutet man, daß dieses Gedicht die christliche Umformung eines vorchristlichen Mythos ist, demzufolge die C. B. als Schutzgöttin des Landes mit dem jeweiligen König eine → Heilige Hochzeit vollzog. – Eine moderne Gestaltung des Stoffs schuf Austin → Clarke mit seinem Gedicht *The young woman of Beare* (1929).

Lit.: B. K. Martin, The Old Woman of Beare, Medium Ævum 38 (1969) 245–261; G. Ó Crualaoich, Continuity and Adaptation in Legends of Cailleach Bhéarra, Béaloideas (Dublin) 56 (1988) 153–178; D. Ó hAodha, The Lament of the Old Woman of Beare, in: D. Ó Corráin u. a. (Hrsg.), Sages, Saints, and Storytellers (May. 1989) 308–331 (m. Ausg. u. Übers. d. mittelir. Gedichts); B. Murdoch, In pursuit of the C. B., ZCP 44 (1991) 80–127.

Caílte mac Rónáin (ir. /'kail't'e mak 'Roːnaːn'/) heißt in den Erzählungen des → Finn-Zyklus einer der bedeutendsten Helden der → Fianna. Er galt als Neffe ihres Anführers → Finn mac Cumaill und war als schneller Läufer berühmt. Die Erzählung → *Acallam na Senórach* schildert, wie C. und sein Vetter → Oisín in hohem Alter dem heiligen → Patrick begegnen und ihn auf einer Wanderung durch Irland mit den sagenhaften und mythischen Überlieferungen der Insel bekannt machen.

cáin (ir. /ka:n′/) ist ein Fachbegriff aus dem irischen Recht, der im Deutschen je nach dem Zusammenhang mit verschiedenen Wörtern wiedergegeben werden muß. Im allgemeinen bezeichnet c. das von einem Geistlichen oder einem Herrscher erlassene Gesetz, die Dienstleistung oder Verpflichtung gegenüber einem gesellschaftlich Höherstehenden oder aber eine Geldstrafe.

Lit.: F. Kelly, A Guide to Early Ir. Law, Du. 1988.

Cairbre Lifechar (ir. /'kar′b′r′e 'L′if′exar/) heißt in den Erzählungen des → Historischen Zyklus ein Sohn des Königs → Cormac mac Airt. Er soll in einer Schlacht gegen die → Fianna Finns Enkel → Oscar durch einen Speerwurf tödlich verwundet haben, dabei aber selbst von dem sterbenden Oscar erschlagen worden sein. Abweichend von der irischen Überlieferung tritt C. (unter dem Namen Cairbar) in dem von James → Macpherson verfaßten Epos *Temora* nicht als Sohn Cormacs, sondern als Thronräuber und Mörder des Königs auf. Der für beide Seiten tödlich endende Zweikampf zwischen Oscar und C. fand nach Macphersons Darstellung während eines Festmahls statt, zu dem C. den Enkel des mit ihm verfeindeten Schottenkönigs → Fingal geladen hatte.

Cairbre mac Étaíne (ir. /'kar′b′r′e mak 'e:dain′e/) heißt in der Geschichte der Schlacht von Mag Tuired (→ *Cath Maige Tuired*) ein Dichter (→ fili) der → Tuatha Dé Danann. Von ihm stammt der Sage nach die erste rituelle Verwünschung (→ áer), die jemals in Irland ausgesprochen wurde.

Cairbre Nia-Fer (ir. /'kar′b′r′e N′ia f′er/) heißt in der Geschichte des Rinderraubs von Cuailnge (→ *Táin Bó Cuailnge*) der König von Tara (→ Temair). Er ist ein älterer Bruder des Königs → Ailill von Connacht und durch seine Heirat mit Fedelm Noíchride ein Schwiegersohn des Königs → Conchobar von Ulster. Die Erzählung *Cath Ruis na Ríg* berichtet, wie C. im Kampf gegen → Cú Chulainn den Tod findet. Sein Sohn Erc galt deshalb als einer der Verschwörer, die durch Zauberei den Tod Cú Chulainns bewerkstelligten (→ *Aided Chon Culainn*).

Caithréim Cellaig (ir. /'kaθ′r′e:m′ 'k′eLiγ′/ »Die Laufbahn Cellachs«) ist der Titel einer Erzählung aus dem → Historischen Zyklus. Man kennt zwei Fassungen, von denen die ältere in einer Handschrift aus dem 15. Jh., die jüngere im → »Gelben Buch von Lecan« und einer weiteren Handschrift aus dem 15. Jh. überliefert ist. Die Handlung der Erzählung spielt um die Mitte des 6. Jhs., doch entstanden beide Fassungen vermutlich erst in der Zeit zwischen 1200 und 1400. Der Titelheld der Geschichte ist Cellach, ein Sohn des Königs Eogan Bél von Connacht und Mönch im Kloster Clonmacnoise. Als sein Vater im Kampf gegen eine Streitmacht aus der Provinz Ulster fällt, läßt Cellach sich dazu überreden, ohne die Erlaubnis des Abts das Kloster zu verlassen und die Nachfolge seines Vaters anzutreten. Der Abt verflucht ihn deswegen, doch als Cellach von einem Rivalen namens → Guaire schwer bedrängt wird, überläßt er die Herrschaft seinem jüngeren Bruder Muiredach und kehrt reumütig ins Kloster zurück. Wegen seiner vorbildlichen Lebensführung wird er schließlich zum Bischof geweiht und ist seinem jüngeren Bruder ein wertvoller Ratgeber. Guaire ist dies aber ein Dorn im Auge, und so läßt er Cellach von vier seiner treuesten Gefährten ermorden. Nachdem Muiredach den Tod seines Bruders an den vieren gerächt hat, wird auch er selbst von Guaire erschlagen.

Ausg.: S. H. O'Grady, Silva Gadelica, Du. 1892 (m. engl. Übers.); K. Mulchrone, C. C., Du. 1971 (MMIS 24).
Lit.: M. Dillon, The Cycles of the Kings, Lo. 1946.

Calatín (ir. /'kalad'iːn/) heißt in den Erzählungen des → Ulster-Zyklus ein Krieger, der von → Cú Chulainn im Verlauf des Rinderraubs von Cuailnge (→ *Táin Bó Cuailnge*) im Zweikampf erschlagen wird. Die Erzählung → *Aided Chon Culainn* berichtet, wie seine Söhne aus Rache dafür Cú Chulainn durch Zauberei ums Leben bringen.

Caledfwlch (wal. /ka'ledvulx/) heißt in der Erzählung → *Culhwch ac Olwen* das Schwert → Arthurs. Die Bezeichnung entspricht dem irischen Namen Calad-Colc oder Calad-Bolg. So heißt in der Geschichte des Rinderraubs von Cuailnge (→ *Táin Bo Cuailnge*) das Schwert des Kriegers → Fergus mac Roich. Bei → Geoffrey von Monmouth heißt das Schwert Arthurs Caliburnus (aus. griech.-lat. chalybs »Stahl«) und in späteren Gestaltungen des arthurischen Sagenkreises Excalibur.

Caledonia oder Calidonia heißt in der antiken → Ethnographie Schottland. Die Bezeichnung ist von einem vermutlich keltischen Stammesnamen abgeleitet, der bei antiken Autoren als Caledonii oder Calidonii überliefert ist. In welchem Teil Schottlands dieser Stamm ansässig war, ist unbekannt.

Caliburnus → Caledfwlch.

Camelot heißt in den spätmittelalterlichen Gestaltungen der Sagen um → Arthur der Ort, an dem sich die Tafelrunde versammelt. Über seine geographische Lage machen die meisten Autoren keine näheren Angaben. Lediglich Sir Thomas → Malory identifizierte C. mit dem südenglischen Winchester, der alten Hauptstadt des angelsächsischen Königreichs Wessex. Seit dem 16. Jh. bezeugt ist die Identifikation des Ortes mit der Hügelfestung → Cadbury Castle.

Camlan (wal. /'kamlan/) heißt der Ort, an dem → Arthur seine letzte Schlacht geschlagen haben soll. Der älteste Beleg dafür ist ein möglicherweise zeitgenössischer Eintrag in den → *Annales Cambriae.* Dort besagt ein Vermerk zum Jahr 93 – d. i. vermutlich 539 n. Chr. –: »Gueith Camlann in qua Arthur et Medraut corruerunt«, d. h. »Schlacht von C., in der Arthur und Medraut umkamen«. Als Ursache der Schlacht nennen zwei der → *Trioedd Ynys Prydein* einen Streit zwischen Arthurs Königin → Gwenhwyfar und ihrer Schwester → Gwenhwyfach. Bekannter ist die erstmals bei → Geoffrey von Monmouth bezeugte Überlieferung, nach der Arthur durch den Verrat seines Neffen → Medrawd zur Schlacht gezwungen wurde, in der beide fielen. In Wales wurde dieser Kampf so bekannt, daß der Name C. sprichwörtlich für ein Getümmel wurde.

Campbell, John Francis (1822–1886), einer der frühesten und zugleich produktivsten schottischen Volkskundler, wurde auf der Insel Islay geboren. Nach Studien in Edinburgh war er in verschiedenen Stellungen in Schottland für die britische Regierung tätig. Von dem Skandinavisten George Webbe Dasent (1817–1896) wurde er dazu angeregt, nach dem Vorbild der Brüder Grimm die mündlichen Überlieferungen des Schottischen Hochlands und der Hebriden zu sammeln. Einen Teil des umfangreichen Materials veröffentlichte er gälisch und englisch in den beiden Werken *Popular Tales of the West Highlands* (4 Bde. 1860–1862) und *Leabhar na Féinne* (1872). Zahlreiche weitere mündliche Erzählungen aus seiner Sammlung wurden 1940 und 1960 unter dem Titel *More West Highland Tales* I–II im Auftrag der Scottish Anthropological and Folklore Society aus dem handschriftlichen Nachlaß herausgegeben.

Campbell, John Gregorson (1836–1891), Volkskundler, wurde in Kingairloch im Schottischen Hochland geboren. Nach Studien in Glasgow wirkte er von 1860 bis zu seinem Tod als Geistlicher für die Gemeinden Tiree und Coll auf den Inneren Hebriden. Eine Auswahl seiner umfangreichen Aufzeichnungen mündlicher gälischer Überlieferungen erschien – teilweise erst nach seinem Tod – in den Werken *The Fians* (1891), *Clan Traditions and Popular Tales of the Western Highlands and Islands* (1895), *Superstitions of the Highlands and Islands of Scotland* (1900) und *Witchcraft and Second Sight in the West Highlands* (1901).

Camp-de-Château heißt eine Anhöhe im Tal der Furieuse unmittelbar westlich von Salins-les-Bains im französischen Jura. Archäologische Funde auf dem Höhenrücken und das Vorkommen von Wagengräbern in der näheren Umgebung lassen vermuten, daß der Hügel in der Zeit um 500 v. Chr. einen frühkeltischen → Fürstensitz trug.

Lit.: M. Dayet, Recherches archéologiques au »Camp du Château« (1955–1959), RAE 18 (1967) 52–106.

Camulus ist der (etymologisch ungeklärte) Name eines keltischen Gottes. Die Verehrung des C. bezeugen Weihinschriften aus Rom (CIL VI 32574), Reims (ILTG 351), Arlon (CIL XIII 3980), Rindern (CIL XIII 8701), Mainz (CIL XIII 11818) und Bar Hill in Schottland (RIB 2166). In allen diesen Weihungen außer der zuerst genannten wird C. nach der → Interpretatio Romana mit → Mars gleichgesetzt.

Caoilte → Caílte.

Caradawg fab Brân (wal. /ka'radaug vaːb braːn/) heißt in der Erzählung → *Branwen ferch Lŷr* der Sohn des Königs → Brân Fendigeid. Zusammen mit sechs weiteren Männern bleibt er während Brâns irischem Feldzug als Statthalter in Britannien zurück. Brâns Vetter → Caswallawn nutzt jedoch die Abwesenheit des Königs, um sich des Thrones zu bemächtigen. Mit Hilfe einer Tarnkappe erschlägt er alle Statthalter bis auf C. Der aber stirbt aus Gram über den Tod seiner Gefährten an gebrochenem Herzen.

Caradawg Freichfras (wal. /ka'radaug 'vreixvras/) heißt in der Erzählung → *Breuddwyd Rhonabwy* der oberste Ratgeber → Arthurs. Sein Beiname kennzeichnet ihn als den »mit dem starken Arm« (aus wal. breich »Arm« und bras »stark«). Mehrere Erwähnungen in Heiligenlegenden und in den → *Trioedd Ynys Prydein* bezeugen, daß C. in der walisischen Literatur eine bedeutende Rolle spielte. Einige Überlieferungen um ihn sind außerdem in der höfischen Literatur Frankreichs erhalten geblieben. Dort wurde sein Beiname zu »Kurzarm« (aus franz. bref »kurz« und bras »Arm«) umgedeutet. Als Karadues Briebras begegnet C. bereits bei → Chrétien de Troyes. Eine Hauptrolle spielt er in dem anonymen *Livre de Carados* aus dem 13. Jh.

Caradog von Llancarfan war ein hagiographischer Autor des 12. Jhs. In seiner legendarischen Biographie des → Gildas aus der Zeit um 1130 berichtet er von der Entführung der Königin → Gwenhwyfar durch einen Rivalen ihres Gatten → Arthur namens Melwas.

Carmarthen, Schwarzes Buch von → Llyfr Du Caerfyrddin.

Carmichael, Alexander (1832–1912), schottischer Volkskundler, wurde in Lismore im Schottischen Hochland geboren und war als Steuereinnehmer in verschiedenen Gegenden Schottlands tätig. Von 1855 bis 1899 stellte er eine umfangreiche Sammlung gälischer Gebete, Segenswünsche, Beschwörungen, Zauberformeln und Lieder zusammen. Einen Teil dieser Aufzeichnungen gab er 1900 gälisch und englisch unter dem Titel *Carmina Gadelica* selbst heraus. Die vollständige Sammlung erschien nach seinem Tod in fünf Bänden und einem Registerband von 1928 bis 1971.

Lit.: F. G. Thompson, The Folklore Elements in Carmina Gadelica, Transactions of the Gaelic Society of Inverness 44 (1966) 226–255; H. Robertson, Studies in Carmichael's Carmina Gadelica, SGS 12 (1976) 220–265; J. L. Campbell, Notes on H. Robertson's ›Studies ...‹, SGS 13 (1978) 1–17; ders., Carmina Gadelica: G. Henderson's Corrections and Suggestions, SGS 13 (1978) 183–218; A. Bruford, ›Deirdre‹ and A. C.'s Treatment of Oral Sources, SGS 14 (1983) 1–24; L. Patton, A. C., Carmina Gadelica, and the Nature of Ethnographical Representation, PHCC 8 (1988) 58–84.

Carney, James (1914–1989), Keltologe, wurde in Port Laoise (Irland) geboren. Er studierte am University College in Dublin bei Osborn → Bergin und an der Universität Bonn bei Rudolf → Thurneysen. Von 1941 bis 1985 war er, zunächst als Assistent und später als Professor, an der → School of Celtic Studies in Dublin tätig. Einen Schwerpunkt seiner Forschungen bildeten die älteste irische Dichtung und die Überlieferungen um den heiligen → Patrick. Auf dem Gebiet der Sagengeschichte galt sein besonderes Interesse dem Einfluß antiker und biblischer Erzählungen auf die Gestaltung einheimischer irischer Stoffe.

Cartimandua herrschte um die Mitte des 1. Jhs. n. Chr. über den Stamm der → Briganten in Nordengland. Nach → Tacitus (Ann. 12) lieferte sie im Jahr 51 den aufständischen britannischen Fürsten Caratacus, der bei ihr Zuflucht gesucht hatte, an die römischen Truppen aus. Gegen den Widerstand ihres Gatten Venutius arbeitete sie auch weiterhin mit den Römern zusammen. Nach dem Ende ihrer Herrschaft wurde das Gebiet der Briganten der römischen Provinz Britannien einverleibt.

Caswallawn fab Beli Mawr (wal. /kasˈwaɬaun vaːb ˈbeli maur/) heißt in den Erzählungen → *Branwen ferch Lŷr* und → *Manawydan fab Llŷr* ein Vetter des Königs → Brân Fendigeid. In Abwesenheit des Königs reißt er die Herrschaft an sich und ermordet mit Hilfe einer Tarnkappe die von Brân eingesetzten Statthalter. Bereits im Mittelalter identifizierte man C. mit dem britannischen Fürsten Cassivellaunus, der 54 v. Chr. ein aus mehreren Stämmen gebildetes Heer gegen den Eroberer → Caesar anführte (vgl. Bell. Gall. 5,11 und 18–22). Diese Tradition findet man in den walisischen Bearbeitungen der *Hi-*

storia Regum Britanniae des → Geoffrey von Monmouth und in einer der → *Trioedd Ynys Prydein.* Zwei weitere Merksprüche aus dieser Sammlung beziehen sich auf eine romantische Geschichte, die nicht erhalten geblieben ist. Allem Anschein nach erzählte sie, wie C. sich auf der Suche nach seiner Geliebten Fflur (»Blume«) als Flickschuster verkleidet nach Rom begab.

cath (ir. /kaθ/) bezeichnet den Kampf oder die Schlacht. Das Wort dient in den → Sagenlisten zur Klassifikation von Erzählungen, die von berühmten Schlachten handeln. Verwandte Typenbezeichnungen sind die → orgain und die → togail.

Cathbad (ir. /'kaθvað/) heißt in den Erzählungen des → Ulster-Zyklus ein Krieger und Druide. Er tritt als Ratgeber des Königs → Conchobar von Ulster auf und gilt manchmal auch als dessen Vater. Verschiedentlich wird ihm die Gabe der Weissagung zugesprochen. So prophezeit er zu Beginn der Erzählung → *Longas mac nUislenn* den Kriegern von Ulster das Leid, das die noch ungeborene Deirdriu dereinst über sie bringen werde. Eine ähnliche Rolle spielt C. in der Geschichte des Rinderraubs von Cuailnge (→ *Táin Bó Cuailnge*) im Bericht der Krieger Conall Cernach und Fiachru mac Fir Febe über die Jugendtaten Cú Chulainns (→ *Macgnímrada Con Culainn*). Nach dieser Schilderung gab C. Cú Chulainn seinen Namen und prophezeite ihm einen frühen Tod, aber ewigen Ruhm.

Cath Étair (ir. /kaθ 'eːdir'/ »Die Schlacht von Étar«) ist der Titel einer Erzählung aus dem → Ulster-Zyklus. Sie entstand vermutlich im 11. Jh. und ist im »Buch von Leinster« (→ Lebor Laignech) und einer Handschrift aus dem 16. Jh. überliefert. Die Hauptfigur der Geschichte ist der wegen seiner Habgier gefürchtete Dichter (→ fili) Aithirne. Auf einem Rundgang durch Irland macht er sich durch seine unverschämten Forderungen der Reihe nach die Bewohner von Connacht, Munster und Leinster zu Feinden. Als er versucht, die Frauen von 150 Edelleuten aus Leinster zu entführen, kommt es unweit der Grenze zum Kampf. Dabei werden die mit Aithirne verbündeten Krieger aus Ulster geschlagen und in der Festung von Étar eingeschlossen. Erst nach verlustreichen Kämpfen treten die Belagerer den Rückzug an, wobei ihr König → Mes Gegra im Zweikampf gegen den Krieger → Conall Cernach den Tod findet. Auf das Geheiß Conalls formt sein Wagenlenker das Gehirn Mes Gegras mit Kalk vermischt zu einem Ball. Mit dieser Trophäe kehren die Krieger aus Ulster im Triumph in ihre Heimat zurück.

Lit.: R. Thurneysen, Die ir. Helden- und Königsage, Hl. 1921.

Cath Finntrága (ir. /kaθ 'f'iNtraːγa/ »Die Schlacht von Ventry«) ist der Titel einer Erzählung aus dem → Finn-Zyklus. Ihre älteste erhaltene Fassung stammt aus dem 15. Jh. und ist uns in einer zeitgenössischen Pergamenthandschrift sowie zahlreichen Papierhandschriften aus dem 18.–19. Jh. überliefert. Den Gegenstand der Geschichte bildet eine große Schlacht bei Ventry in der Grafschaft Kerry. In ihr bewahrt die Kriegerschar des → Finn mac Cumaill mit Unterstützung des Elfenfürsten → Bodb Irland vor der drohenden Eroberung durch ein gewaltiges Heer, das an der Südwestküste der Insel gelandet ist und von einem fiktiven »König der Welt« (rí an domhain) angeführt wird.

Ausg.: K. Meyer, The C. F., O. 1885 (m. engl. Übers.); C. O'Rahilly, C. F., Du. 1962 (MMIS 20).

Cath Maige Mucrama (ir. /kaθ 'maγ'e 'mukrama/ »Die Schlacht von Mag Mucrama«) ist der Titel einer Geschichte aus dem → Historischen Zyklus, die im »Buch von Leinster« (→ Lebor Laignech) überliefert ist. Sie spielt im 3. Jh. n. Chr. und erzählt vom Konflikt des Königs Lugaid mac Con mit seinem Ziehbruder Eogan, dem Sohn des Königs → Ailill Aulom. Nachdem Eogan seinen Kontrahenten in offener Feldschlacht besiegt hat, flieht Lugaid nach Schottland. Mit Hilfe des Königs von Schottland rüstet er ein neues Heer aus und besiegt Eogan und den mit ihm verbündeten König → Art mac Cuinn in der Schlacht von Mag Mucrama. Nach dem Tod seiner Gegner herrscht Lugaid unangefochten über ganz Irland. Eines Tages jedoch fällt er in einem Rechtsstreit ein ungerechtes Urteil und verletzt dadurch das Gebot der »Wahrhaftigkeit des Herrschers« (→ fír flathemon). Als das Land deswegen unfruchtbar wird, erzwingt das Volk seine Abdankung. Daraufhin flieht Lugaid zu seinem Ziehvater Ailill Aulom, der ihn jedoch aus Rache für den Tod seines Sohnes ermordet.

Ausg. u. Übers.: M. O'Daly, C. M. M.: The Battle of M. Mucraime, Du. 1975 (ITS 50).
Lit.: T. Ó Cathasaigh, The Theme of Lommrad in C. M. M., Éigse 18 (1980/81) 211–224.

Cath Maige Rátha (ir. /kaθ 'maγ'e 'Ra:θa/ »Die Schlacht von Mag Ráth«) ist der Titel einer Erzählung aus dem → Historischen Zyklus. Ihre älteste erhaltene Fassung wird aus sprachlichen Gründen ins frühe 10. Jh. datiert und ist im → »Gelben Buch von Lecan« überliefert. Die Geschichte erzählt vom Konflikt des irischen Hochkönigs Domnall mac Aeda mit seinem Ziehsohn Congal Claen, dem König von Ulster. Nachdem die beiden Männer bei einem Fest aus nichtigem Anlaß miteinander in Streit geraten sind, verbündet sich Congal mit dem König von Schottland und erklärt seinem Ziehvater den Krieg. Bei Mag Ráth kommt es zu einer dreitägigen Schlacht, in deren Verlauf die vereinigten Truppen von Ulster und Schottland vernichtend geschlagen werden und Congal selbst das Leben verliert.

Ausg. u. Übers.: C. Marstrander, A new version of the Battle of Mag Rath, Ériu 6 (1911) 226–247.

Lit.: M. Dillon, The Cycles of the Kings, O. 1946.

Cath Maige Tuired (ir. /kaθ 'maγ'e 'tur'eð/ »Die Schlacht von Mag Tuired«) heißt die bedeutendste Erzählung des → Mythologischen Zyklus. Anspielungen und Hinweise auf die in ihr geschilderten Ereignisse begegnen in zahlreichen Literaturwerken der mittel- und frühneuirischen Zeit. Sie lassen vermuten, daß mehrere Fassungen der Geschichte im Umlauf waren. Erhalten haben sich davon jedoch nur zwei. Die ältere Fassung in mittelirischer Sprache wurde vielleicht im 11. Jh. aufgezeichnet und ist in einer Handschrift aus dem 16. Jh. überliefert. Die jüngere Fassung stammt in der uns vorliegenden Gestalt aus frühneuirischer Zeit und ist in einer Handschrift aus der Zeit um 1650 enthalten.

Das Thema der Geschichte ist der Kampf der zauberkundigen → Tuatha Dé Danann gegen die dämonischen → Fomoire. Während die jüngere Fassung sich dabei ganz auf die Schilderung der entscheidenden Schlacht konzentriert, erzählt die ältere Fassung auch die Vorgeschichte des Konflikts. Sie beginnt damit, daß → Nuadu, der König der Tuatha Dé Danann, bald nach der Ankunft in Irland in einer Schlacht gegen die → Fir Bolg eine Hand verliert. Der Arzt → Dian Cécht setzt ihm daraufhin eine bewegliche Hand aus Silber an. Als Invalide darf Nuadu jedoch nicht länger König bleiben. An seiner Statt wählen die Tuatha Dé Danann → Bres mac Elathan, den Sohn eines Königs der Fomoire und einer Frau aus dem Volk der Tuatha Dé Danann, zu ihrem König. Bres verletzt jedoch in grober Weise seine Pflichten als Herrscher und legt den Anführern der Tuatha Dé Danann harte Fronarbeiten auf. Da verfaßt der Dichter Cairbre ein Schmähgedicht (→ áer) gegen den König, und das Volk fordert seine Abdankung. Als Bres seine Verwandten aus dem Volk der Fomoire zu Hilfe ruft, rüsten sich beide Seiten zum Kampf. Die Führung der Tuatha Dé Danann übernimmt → Lug mac Ethnenn. In der entscheidenden Schlacht bei Mag Tuired erschlägt er → Balar, den einäugigen Anführer der Fomoire. Dadurch verhilft er den Tuatha Dé Danann zum Sieg über ihre Feinde, die nun für immer aus Irland vertrieben werden. In der älteren Fassung erwirkt Bres Schonung für sich, indem er die Tuatha Dé Danann Pflügen, Säen und Ernten lehrt. In der jüngeren Fassung der Geschichte wird er dagegen ebenfalls von Lug erschlagen.

Ausg.: B. Ó Cuív, C. M. T.: The Second Battle of Magh Tuireadh, Du. 1945 (jüngere Fassung); E. A. Gray, C. M. T.: The Second Battle of Mag Tuired, Du. 1982 (ältere Fassung m. engl. Übers.; ITS 52).

Übers.: F. Lautenbach, D. kelt. Kessel, St. 1991.

Lit.: E. A. Gray, C. M. T.: Myth and

Structure, Éigse 18 (1980/81) 183–209 und Éigse 19 (1982/83) 1–35 und 230–262; T. Ó Cathasaigh, C. M. T. as Exemplary Myth, in: P. de Brún u. a. (Hrsg.), Folia Gadelica (Cork 1983) 1–19; W. Sayers, Bargaining for the Life of Bres in C. M. T., BBCS 34 (1987) 26–40; K. McCone, Poet and satirist in C. M. T., in: D. Ó Corráin u. a. (Hrsg.), Sages, Saints, and Storytellers (May. 1989) 122–143; J. Carey, Myth and Mythography in C. M. T., StC 24/25 (1989/90) 53–69.

Caturix heißt ein keltischer Gott, der nach der → Interpretatio Romana mit → Mars identifiziert wurde. Sein Name bedeutet »Schlachtenkönig« (vgl. ir. cath »Schlacht« und rí »König«). Weihinschriften für C. fand man an verschiedenen Orten der römischen Schweiz (CIL XIII 5035, 5046, 5054, 11473; NeLi 40) sowie in Bökkingen bei Heilbronn (CIL XIII 6474).

Cei fab Cynyr (wal. /kei vaːb 'kənir/) heißt in der Erzählung → *Culhwch ac Olwen* der bedeutendste Gefährte → Arthurs. Er tritt meist zusammen mit → Bedwyr fab Bedrawg in Erscheinung. Der Erzähler schreibt ihm eine Reihe magischer Eigenschaften zu: Neun Tage und neun Nächte kann er unter Wasser den Atem anhalten oder ohne Schlaf auskommen. Eine Wunde, die sein Schwert schlägt, vermag kein Arzt zu heilen. Wenn er es will, wird er so groß wie der größte Baum in einem Wald. Auch strahlt er eine Hitze aus, die Umstehende noch in der größten Kälte zu wärmen vermag. An einer anderen Stelle der Erzählung heißt es, sein Herz und seine Hände seien stets kalt, und jede Last, die er trage, werde unsichtbar. Auch könne niemand Feuer und Wasser so gut aushalten wie er. In dem Gedicht → *Pa ŵr yw'r Porthor?* heißt es: Wenn C. aus dem Horn eines Ochsen trank, dann trank er für vier; wenn er in die Schlacht zog, dann tötete er für hundert. Seine stehenden Beinamen in der walisischen Überlieferung sind »der Schöne« (gwyn) und »der Lange« (hir). Eine wichtige Rolle spielt C. noch in der *Historia Regum Britanniae* des → Geoffrey von Monmouth. In der späteren → Artus-Literatur tritt er jedoch in aller Regel zugunsten anderer Personen in den Hintergrund. Als prahlerischer und feiger Truchseß des Artushofs erscheint er bereits bei → Chrétien de Troyes. In neuzeitlichen Gestaltungen des arthurischen Sagenkreises spielt er keine herausragende Rolle.

Lit.: L. Gowans, C. and the Arthurian Legend, C. 1988; P. Noble, The heroic tradition of C., Reading Mediaeval Studies 14 (1988) 125–137.

Céli Dé (ir. /'k'eːl'i d'eː/ »Diener Gottes«) nannten sich die Träger einer mönchischen Reformbewegung, die im 8./9. Jh. weite Teile Irlands erfaßte. Die Bezeichnung C. D. (anglisiert: Culdees) ist der Sprache des irischen Rechts entnommen. Dort war das Verhältnis zwischen céle »Klient« und flaith »Herr« durch wechselseitige Rechte und Pflichten genau geregelt. Charakteristisch für die Reform der C. D. war neben ihrer asketischen Tendenz vor allem die Pflege der klösterlichen Gelehrsamkeit. Für die Entwicklung des irischen geistlichen Schrifttums war sie deshalb von großer Bedeutung.

Lit.: P. O'Dwyer, C. D.: Spiritual Reform in Ireland 750–900, Du. 1981.

Celli Wig (wal. /ˈkeɬi wiːg/) heißt in der Erzählung → *Culhwch ac Olwen* der Ort in Cornwall, von dem aus → Arthur und seine Krieger zu ihren Abenteuern aufbrechen. Über seine genaue Lage macht der Text keine Angaben. Spätere walisische Erzählungen um Arthur folgen → Geoffrey von Monmouth, indem sie die südwalisische Stadt → Caerllion-ar-Wysg zum Sitz des Artushofs machen.

Celtchar mac Uthechair (ir. /ˈk′eltxar mak ˈuθ′exir′/) oder C. mac Uthidir heißt in den Erzählungen des → Ulster-Zyklus einer der bedeutendsten Helden von Ulster. Die Geschichte vom Schwein des Mac Dathó (→ *Scéla mucce Meic Dathó*) nennt ihn einen »großen, grauen und überaus schrecklichen Krieger«. In der Erzählung von Cú Chulainns Krankenlager (→ *Serglige Con Culainn*) heißt er »der Listenreiche«. Von seinem Ende erzählt die Geschichte → *Aided Cheltchair maic Uthechair*.

Ceridwen (wal. /keˈridwen/) heißt eine Zauberin, die in einem Kessel magische Tränke bereitet. Dem, der davon trinkt, wird die Gabe der Dichtkunst verliehen. Anspielungen auf diese Überlieferung begegnen bereits bei Dichtern des 12.–14. Jhs. Zum Märchen ausgestaltet findet man sie in der Erzählung → *Hanes Taliesin*. – In der »Pfahldorfgeschichte« des Romans *Auch Einer* von Friedrich Theodor Vischer (1807–1887) begegnet dieser Stoff im »Märchenlied von Coridwen«.

Cernunnos heißt ein keltischer Gott. Die Etymologie des Namens ist unklar, doch hängt er vermutlich nicht (wie manchmal zu lesen) mit einem keltischen Wort für »Horn« zusammen. In diesem Fall würde man nämlich aus sprachgeschichtlichen Gründen statt des e ein a erwarten. Name und Bild des C. sind auf dem Monument der → Nautae Parisiaci aus der Zeit des Kaisers Tiberius (14–37 n. Chr.) bezeugt. Das unvollständig erhaltene Relief zeigt Kopf und Schultern eines bärtigen Mannes, der die Ohren und das Geweih eines Hirsches hat. Beide Enden des Geweihs sind mit je einem → Torques behängt. Die untere Hälfte des Reliefs ist verloren, doch lassen die Proportionen vermuten, daß der Gott in sitzender Stellung in der sog. → Buddha-Haltung abgebildet war. Der Name C. ist inschriftlich oder literarisch sonst nirgends belegt. Er dient jedoch in keltologischen Werken häufig zur Bezeichnung von Gottheiten, die in ähnlicher Weise dargestellt sind. Zu den

Bruchstückhaft erhaltene Darstellung des Gottes Cernunnos aus Paris

bekanntesten Beispielen zählen die Felszeichnung einer aufrecht stehenden Gestalt mit Hirschgeweih und Torques aus der → Val Camonica und die Abbildung eines Gottes mit Hirschgeweih auf dem Kessel von → Gundestrup. Man hat auch plastische Darstellungen von Göttern gefunden, deren Kopf zwei Öffnungen für das Einsetzen bzw. Entfernen eines Geweihs aufweist.

Lit.: Ph. P. Bober, C., American Journal of Archaeology 55 (1951) 13–51; H. Vertet, Observations sur le dieu C. de l'autel de Paris, Bulletin des Antiquaires de France (1985) 163–175.

Cesair (ir. /'k'esir'/) heißt im »Buch der Einnahme Irlands« (→ *Lebor Gabála Érenn*) eine Enkelin Noahs. Sie soll zusammen mit drei Männern und fünfzig Frauen vierzig Tage vor der Sintflut Irland in Besitz genommen haben. Nach der Überlieferung kamen alle diese Einwanderer bis auf → Fintan mac Bóchra durch die Sintflut ums Leben.

Lit.: J. Carey, Origin and Development of the C. Legend, Éigse 22 (1987) 37–48.

Ces Ulad → Noínden Ulad.

Cet mac Mágach (ir. /k'et mak 'maːɣax/) heißt in den Erzählungen des → Ulster-Zyklus einer der bedeutendsten Krieger der Provinz Connacht. In der Erzählung → *Scéla mucce Meic Dathó* beschämt er durch seine herausfordernden Reden die versammelten Krieger von Ulster und wird erst von dem ihm überlegenen Neuankömmling → Conall Cernach in die Schranken gewiesen. In einer Fassung der Geburtsgeschichte Cú Chulainns (→ *Compert Chon Culainn*) ist er es, der dem späteren Cú Chulainn seinen ursprünglichen Namen Sétanta gibt. Vom Tod des Helden erzählt die Geschichte → *Aided Cheit maic Mágach.*

Chamalières ist ein Ort westlich von Clermont-Ferrand im Dép. Puy-de-Dôme. 1968–1971 wurde dort ein gallo-römisches Quellheiligtum archäologisch untersucht. Dabei fand man neben mehreren tausend hölzernen → Votivgaben im Januar 1971 eine in gallischer Sprache beschriebene bleierne Fluchtafel aus der ersten Hälfte des ersten Jhs. n. Chr. Mit 336 Buchstaben ist dies (nach der Fluchtafel von → Larzac) der zweitlängste gallische Text und einer der längsten altkeltischen Texte überhaupt. Seine Deutung ist im einzelnen umstritten, doch handelt es sich offenbar um eine Anrufung des Gottes → Maponus zum Schutz gegen → Zauber. Die Tafel befindet sich jetzt im Musée Bargoin in Clermont-Ferrand.

Lit.: M. Lejeune u. R. Marichal, Textes gaulois et gallo-romains en cursive latine II Ch., EC 15 (1976/77) 156–168; L. Fleuriot, Le vocabulaire de l'inscription gauloise de Ch., EC 15 (1976/77) 173–190; P.-Y. Lambert, La tablette gauloise de Ch., EC 16 (1979) 141–169; K. H. Schmidt, The Gaulish Inscription of Ch., BBCS 29 (1980/82) 256–268; P. L. Henry, Interpreting the Gaulish Inscription of Ch., EC 21 (1984) 141–150; P.-Y. Lambert, A restatement on the Gaulish tablet from Ch., BBCS 34 (1987) 10–17.

Châtillon-sur-Glâne ist der heutige Name einer frühkeltischen Siedlung an der Mündung der Glâne in die Saane südlich von Fribourg. Im 6.–5. Jh. v. Chr. befand sich dort ein befestigter Platz, der seit 1974 archäologisch untersucht wird. Bereits in den Jahren von 1865 bis 1903 wurden in einem Umkreis von 15 km zahlreiche Grabbeigaben aus Eisen, Bronze und Gold gefunden. Man vermutet daher, daß es sich bei Ch. um einen frühkeltischen → Fürstensitz handelt.

Lit.: D. Ramseyer, Ch. (FR): un habitat de hauteur du Hallstatt final, Jahrb. d. Schweiz. Ges. f. Ur- und Frühgesch. 66 (1983) 161–188.

Chrétien de Troyes war ein altfranzösischer Dichter des 12. Jhs. Was wir von ihm wissen, beruht ausschließlich auf Angaben in seinen Werken. Die genauen Daten und näheren Umstände seines Lebens lassen sich daraus allerdings nicht erschließen. Zweifellos besaß C. eine umfassende literarische und philosophische Bildung und eine genaue Kenntnis der verschiedensten Gesellschaftsschichten. Manches spricht dafür, daß er neben Nordfrankreich auch Südengland kannte.

Bleibenden Ruhm als Dichter erwarb er sich durch fünf große Versromane, mit denen er zum eigentlichen Begründer der → Artus-Literatur wurde. Die Gestalten um König → Arthur / Artus waren bereits durch → Geoffrey von Monmouth und seinen Übersetzer → Wace aus der keltischen Überlieferung in die lateinische bzw. altfranzösische Literatur eingeführt worden. Im Unterschied zu seinen Vorgängern löste C. jedoch die Figuren der Sage weitgehend von ihren historischen und geographischen Bezügen. Auch steht bei ihm nicht mehr Arthur selbst, sondern jeweils ein einzelner Ritter aus seinem Gefolge im Mittelpunkt der Handlung. Die Darstellung der Prüfung und Bewährung dieser Ritter ist das eigentliche Anliegen des Dichters; der Artushof gibt dafür nur noch den glanzvollen Hintergrund ab. Dabei aktualisiert C. geschickt das keltische Erzählgut durch die Verarbeitung politischer, gesellschaftlicher und philosophischer Ideen seiner Zeit.

Zwischen 1160 und 1190 entstehen die Romane *Erec et Enide, Cligès, Lancelot ou Le chevalier de la charette, Yvain ou Le chevalier au lion* und der unvollendet gebliebene *Perceval ou Le conte del graal.* Nach dem Zeugnis der Widmungen entstanden die ersten vier dieser Werke am Hof der Marie de Champagne, das letzte am Hof des Grafen Philipp von Flandern. Keltische Namen, Stoffe und Motive sind in allen genannten Romanen nachweisbar. Darüber hinaus finden jedoch *Erec, Yvain* und *Perceval* in den mittelkymrischen Prosaerzählungen → *Geraint fab Erbin,* → *Iarlles y Ffynnawn* und → *Peredur fab Efrawg* eine genaue Entsprechung. Man vermutet, daß die walisischen und französischen Werke unabhängig voneinander auf französische Bearbeitungen keltischen Erzählgutes zurückgehen.

Lit.: N. J. Lacy, The Craft of C., Lei. 1980; L. T. Topsfield, C.: A Study of the Arthurian Romances, C. 1981; D. Kelly (Hrsg.), The Romances of C., Lexington (Kentucky) 1985; D. Maddox, The Arthurian Romances of C., C. 1991.

Christianisierung. Die ältesten Nachrichten über die Christianisierung der Kelten stammen aus dem römischen Gallien, wo es bereits im 2. Jh. bedeutende christliche Gemeinden gab. Am schnellsten gewann die neue Religion in den Städten im Süden des Landes an Boden. Bis zum Ende des 4. Jhs. hatte das Christentum jedoch auch in den ländlichen Gegenden des Nordens Fuß gefaßt und war landesweit nach dem Vorbild der römischen Zivilverwaltung in Diözesen organisiert.

Bereits um das Jahr 200 erwähnt der Kirchenschriftsteller Tertullian christliche Gemeinden in Britannien. Urkundlich bezeugt ist die Anwesenheit dreier britannischer Bischöfe auf der Synode von Arles im Jahr 314. Auch nach dem Abzug der römischen Truppen aus Britannien zu Beginn des 5. Jhs. spielte das Christentum unter den romanisierten Kelten des Landes eine wichtige Rolle und verbreitete sich von dort aus über die Grenzen des Römischen Reiches hinaus. Die bedeutendste zeitgenössische Schriftquelle für die »dunklen Jahrhunderte« der angelsächsischen Eroberung Britanniens ist das Werk des → Gildas.

In Irland erfolgte die C. im Lauf des 5. Jhs., doch gab es vermutlich bereits früher vereinzelte christliche Gemeinden vor allem im Süden der Insel. Spätere irische Quellen führen den Religionswechsel vor allem auf das Wirken des hl. → Patrick zurück. Im 7.–12. Jh. entwickelte sich in Irland eine blühende Klosterkultur, deren Mission dem geistigen Leben auch in Britannien und auf dem europäischen Festland entscheidende Impulse verlieh.

Wie sich die C. der keltischen Länder im einzelnen gestaltete, bleibt wegen der Spärlichkeit zeitgenössischer Schriftquellen weitgehend dunkel. Die irische Hagiographie kennt im Gegensatz zum germanischen Norden keine christlichen Märtyrer. Allerdings gab es sehr wohl Konflikte zwischen der alten und der neuen Religion, denn die keltischen Priester (→ Druiden) werden in der frühen irischen Literatur durchweg als unversöhnliche Gegner des Christentums geschildert. Die neuere Forschung geht davon aus, daß die mittelalterlichen Mönche vorchristliche Traditionen nicht aus einem literarischen oder kulturgeschichtlichen Interesse heraus aufzeichneten, sondern daß sie zumeist ganz bestimmte didaktische, moralische oder auch politische Ziele damit verfolgten (vgl. → Abstammungssagen).

Lit.: N. Gauthier, L'évangelisation des pays de la Moselle, P. 1980; C. Thomas, Christianity in Roman Britain to AD 500, Lo. 1981; R. Chevallier, Recherches sur la christianisation des cultes de la Gaule, in: La patrie gauloise d'Agrippa au 6e siècle (Ly. 1983) 283–326; P. Ní Chatháin u. M. Richter (Hrsg.), Irland u. die Christenheit, St. 1987; E. R. Henken, Traditions of the Welsh Saints, C. 1987; J. P. Mackey (Hrsg.), An Introduction to Celtic Christianity, E. 1989; K. McCone, Pagan Past and Christian Present in Early Ir. Lit., May. 1990; R. Sharpe, Medieval Irish Saints' Lives, O. 1991; H. Mytum, The Origins of Early Christian Ireland, Lo. 1992.

Cian (ir. /k'ian/) heißt in den Erzählungen des → Mythologischen Zyklus ein Sohn des Arztes → Dian Cécht aus dem Volk der → Tuatha Dé Danann. Nach der Geschichte der Schlacht von Mag Tuired (→ *Cath Maige Tuired*) war er mit Ethne, einer Tochter des einäugigen → Balar aus dem Volk der → Fomoire, verheiratet. Ihr gemeinsamer Sohn war → Lug mac Ethnenn, der seinen Großvater in der Schlacht von Mag Tuired mit dem Stein aus einer Schleuder blendete und ihm dann den Kopf abschlug. Die Geschichte vom Tod der Kinder Tuirenns (→ *Aided Chlainne Tuirenn*) erzählt, wie C. von den drei Brüdern Brian, Iuchar und Iucharba aus persönlicher Feindschaft ermordet wird.

Cicollus heißt ein keltischer Gott, der nach der → Interpretatio Romana mit → Mars identifiziert wurde. Sein Name bedeutet vielleicht »dessen Leib mächtig ist« (vgl. wal. cig »Fleisch« und altir. oll »groß, mächtig«). Die Verehrung des Gottes bezeugen Altarinschriften aus Dijon (CIL XIII 5479), Aignay-le-Duc (CIL XIII 2887) und Mâlain (CIL XIII 5597–5599, 5601) sowie eine Inschrift auf einem Blechreif aus Windisch im Kanton Aargau (NeLi 54). Als Partnerin des Gottes begegnet in mehreren Weihungen die Göttin → Litavis.

Cín Dromma Snechta (ir. /k'iːn' 'droma 'ʃn'exta/ »Das Heft von Druim Snechta«) ist der Name eines verschollenen irischen Manuskripts, das vermutlich in der ersten Hälfte des 8. Jhs. entstand. Nach dem Zeugnis jüngerer Handschriften, die es als Quelle erwähnen, enthielt es zahlreiche Sagentexte.

Lit.: T. Ó Concheanainn, Texts Derived from C. D. S. through Leabhar na hUidhre, CMCSt 16 (1988) 1–40.

Cissonius heißt ein keltischer Gott. Nach dem Zeugnis der insgesamt zehn erhaltenen Weihinschriften (CIL XIII 3659, 4500, 5373, 6085, 6119, 6345, 7359, 8237, 11476 und 11607) wurde er mit → Mercurius gleichgesetzt.

Ciumeşti ist ein Ort im nordwestlichen Rumänien unweit der Grenze zu Ungarn. Beim Einebnen einer Sanddüne südlich von C. stieß man im August 1961 auf das Grab eines keltischen Kriegers aus dem 3. Jh. v. Chr. Neben einer eisernen Lanzenspitze, einem zusammengefalteten eisernen Panzerhemd und zwei bronzenen Beinschienen fand man einen glockenförmigen eisernen Helm, der als Helmzier einen Raubvogel mit ausgebreiteten Schwingen aus Bronzeblech trägt. Er ist jetzt im Historischen Museum in Bukarest zu sehen.

Lit.: M. Rusu, Das keltische Fürstengrab von C. in Rumänien, BRGK 50 (1969) 267–300.

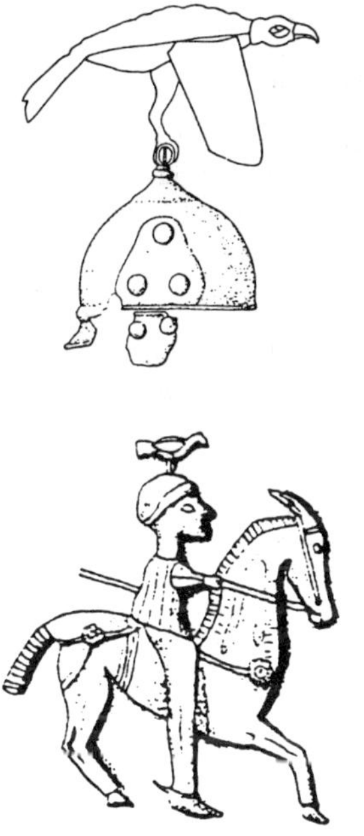

Der Helm von Ciumeşti (oben) und die Darstellung eines Reiters mit einem ähnlichen Helm auf dem Kessel von Gundestrup (unten)

clan ist die englische Form des irischen Wortes clann (ältere Form: cland). Im Kymrischen entspricht ihm die Pluralform plant (Sg.: plentyn). Beide Wörter sind aus dem Lateinischen entlehnt, wo das Wort planta neben »Setzling« vermutlich auch soviel wie »Sprößling« oder »Nachwuchs« bedeuten konnte. In den ältesten irischen Rechtstexten bezeichnet clann diejenigen Angehörigen eines Familienverbandes, die Anspruch auf die Erbfolge in geistlichen Ämtern erheben konnten. In der mittelirischen Literatur bezeichnet clann ebenso wie der Begriff cenél ganz allgemein eine Gruppe von Personen, die ihre Herkunft auf einen gemeinsamen Ahnherrn zurückführen. In dieser Bedeutung ist der Begriff auch im Schottischen Hochland bezeugt. Im heutigen Irischen, Schottisch-Gälischen und Kymrischen bezeichnet clann bzw. plant die Kinder einer Familie.

Clarke, Austin (1896–1974), anglo-irischer Schriftsteller, wurde in Dublin geboren. Nach Studien am dortigen University College war er vorübergehend als Dozent für Anglistik und als Literaturkritiker tätig. Danach lebte er als freiberuflicher Schriftsteller. Zu den Werken, in denen C. Stoffe aus der alt- und mittelirischen Literatur neu gestaltete, gehören die Gedichte *The Vengeance of Fionn* (→ *Tóruigheacht Dhiarmada agus Ghráinne*), *The Wooing of Becfola* (→ *Tochmarc Becfola*), *The Sword of the West* und *The Cattle Drive in Connaught* (→ Ulster-Zyklus), die beiden Schauspiele *The Plot is Ready* (→ *Aided Muirchertaig meic Erca*) und *The Plot Succeeds* (→ *Compert Mongáin*) sowie die Komödie *The Son of Learning* (→ *Aislinge meic Chon Glinne*).

Lit.: M. Harmon, A. C., Du. 1989.

Clothru (ir. /'kloθru/) heißt in den Erzählungen des → Ulster-Zyklus eine Tochter des Königs → Eochaid Fedlech und Schwester der Königin → Medb. Ihre Burg soll sich auf Inis Clothrann (»Insel der C.«) im Loch Rí (heute Lough Ree nördlich von Athlone) befunden haben.

Cnabetius heißt ein keltischer Gott, der nach der → Interpretatio Romana mit → Mars identifiziert wurde. Sein Name ist etymologisch als »der Verstümmelte« gedeutet worden. Dies bleibt zwar hypothetisch, doch könnte eine solche Bezeichnung in Zusammenhang mit der Einarmigkeit des irischen → Nuadu Argatlám oder auch des germanischen Kriegsgottes Týr stehen. Weihinschriften für C. fand man in Tholey (CIL XIII 4258), Wahlscheid und Hüttigweiler bei Saarbrücken (CIL XIII 4507 und 4508), Erbstetten im Kreis Backnang (CIL XIII 6455) und Osterburken (CIL XIII 6572).

Lit.: S. Gutenbrunner, Mars C., ZCP 20 (1936) 278–283.

Cobthach Coel (ir. /'kofθax koil/) heißt in der Erzählung → *Orgain Denna Ríg* ein König, der im 4. Jh. v. Chr. über Irland geherrscht haben soll. Der Überlieferung nach ermordete er seinen Bruder Loegaire Lorc und dessen Sohn Ailill Áine, weshalb er von Ailills Sohn Labraid mit all seinem Gefolge getötet wurde.

Cocidius heißt ein keltischer Gott, der in Nordengland vor allem von Angehörigen des römischen Heeres verehrt wurde. Von ca. 20 ihm geweihten Inschriften identifizieren ihn fünf (RIB 602, 933, 1017, 2015 und 2024) mit → Mars, eine (RIB 1578) mit dem römischen Waldgott Silvanus und eine (RIB 1102) mit einem keltischen Gott namens Vernostonus. Auf dem Relief eines Altars (RIB 1207) ist C. als Jäger mit einem Hund und einem Hirsch dargestellt. Zwei Votivtäfelchen aus getriebenem Silber (RIB 986 und 987, jetzt im Museum in Carlisle) zeigen den Gott als Krieger mit Schild und Speer.

Altar für den Gott Silvanus Cocidius aus Housesteads in Nordengland (RIB 1578)

Cogitosus → Brigit (2).

cóiced (ir. /ˈkoːgʹeð/) bezeichnet die einzelnen Herrschaftsbereiche oder »Provinzen« Irlands. Die ursprüngliche Bedeutung des Wortes ist »Fünftel«. Allen Quellen gemeinsam ist die Unterscheidung der Provinzen Ulster, Leinster, Munster und Connacht. Als letztes »Fünftel« gilt in manchen Texten Meath, während andere die Fünfzahl durch eine Zweiteilung der Provinz Munster erreichen. Nach dem »Buch der Einnahme Irlands« (→ *Lebor Gabála Érenn*) geht diese Aufteilung des Landes auf die → Fir Bolg zurück.

Lit.: A. und B. Rees, Celtic Heritage, Lo. 1961; P. MacCana, Early Irish Ideology and the Concept of Unity, in: R. Kearney (Hrsg.), The Irish Mind (Du. 1985) 56–78.

Cóir Anmann (ir. /koːrʹ ˈanmaN/ »Eignung von Namen«) heißt ein etymologisches Verzeichnis irischer Personen- und Stammesnamen, das in zwei Fassungen unterschiedlicher Länge überliefert ist. Die ältere kurze Fassung ist in alphabetischer Anordnung in vier Handschriften des 14.–15. Jhs. enthalten. Die jüngere erweiterte Fassung findet man nach chronologischen Gesichtspunkten geordnet in einer einzigen Handschrift aus der Zeit um 1500. Insgesamt enthält die Sammlung etwa 300 Namen, deren Entstehung und Bedeutung die Verfasser mit Hilfe z. T. bekannter Sagen zu erklären versuchen.

Ausg. u. Übers.: W. Stokes u. E. Windisch, Ir. Texte, L. 1880–1905, Bd. 3.2.

Coirbre → Cairbre.

Coligny ist ein Ort im Dép. Ain in Südostfrankreich. In seiner Nähe entdeckte man im November 1897 die Überreste einer gallo-römischen Bronzestatue des Gottes → Mars sowie ca. 150 Bruchstücke einer Bronzetafel, die eine mit lateinischen Buchstaben geschriebene gallische Inschrift trug. Wie die nähere Untersuchung ergab, handelte es sich bei der Bronzetafel um einen gallischen Kalender, der einen Zeitraum von fünf Sonnenjahren darstellte.

Die Grundlage der Zeiteinteilung bildete ein Mondjahr aus 12 Monaten mit (7 × 30 + 5 × 29 =) 355 Tagen. Die Abweichung gegenüber dem Sonnenjahr glich man dadurch aus, daß man alle zweieinhalb Jahre, d. h. nach jeweils 30 Monaten, einen 30tägigen Schaltmonat einschob. Der auf dem Kalender dargestellte Fünfjahreszyklus umfaßt dementsprechend 62 Monate, von denen jeder in zwei Hälften aus 15 + 15 oder 15 + 14 Tage unterteilt war. Die einzelnen Monate sind namentlich genannt und in der Aufstellung je nach ihrer Länge (30 oder 29 Tage) mit den Zusätzen M(AT) bzw. ANMAT versehen. Möglicherweise haben diese Zusätze dieselbe Bedeutung wie die sprachgeschichtlich verwandten mittelkymrischen Wörter mad »glückbringend« und anfad »unheilvoll«. Denkbar ist aber auch, daß sie sich lediglich auf die »Vollständigkeit« bzw. »Unvollständigkeit« der betreffenden Monate beziehen.

Man nimmt an, daß der Kalender ebenso wie die Statue des Gottes ursprünglich in einem Heiligtum aufgestellt war und unter anderem auch kultischen Zwecken diente. Man datierte ihn lange Zeit ins 1. Jh. n. Chr., nimmt heute aber eine Entstehung nicht vor dem Ende des 2. Jhs. n. Chr. an. Bis zur Auffindung der Inschriften von → Chamalières und → Larzac war er das umfangreichste Zeugnis der gallischen Sprache. Er befindet sich jetzt im Musée de la civilisation gallo-romaine in Lyon.

Lit.: Recueil des inscriptions gauloises III: Les calendriers, P. 1986; G. Olmsted, The Gaulish Calendar, Bo. 1992.

Coll fab Collfrewi (wal. /koːɬ vaːb koɬ'vrewi/) heißt in den → *Trioedd Ynys Prydein* einer der »drei mächtigen Schweinehirten Britanniens«. (Die beiden anderen sind → Pryderi fab Pwyll Pen Annwfn und → Drystan fab Tallwch.) In seiner Obhut befindet sich die Sau → Henwen.

Colum Cille (ir. /'kolum 'k′iL′e/) heißt einer der bedeutendsten Heiligen, Klostergründer und Missionare der irischen Kirche. Sein Name bedeutet »Taube der Kirche« und entspricht der in lateinischen Quellen üblichen Bezeichnung Columba. Über Leben und Werk des Heiligen unterrichten uns die *Vita Columbae* des → Adamnán, die englische Kirchengeschichte des Beda sowie ein bald nach dem Tod des C. entstandenes Preisgedicht (→ *Amra Choluim Chille*). Daneben ist auch eine stark legendarisch gefärbte Biographie in mittelirischer Sprache auf uns gekommen. Nach dem Zeugnis der historischen Quellen wurde C. um 520 als Nachkomme des Adelsgeschlechts der Uí Néill im Norden Irlands geboren. Sein Vater Fedlimid war ein Urenkel des

Dynastiegründers Niall Noigiallach, und der Knabe erhielt bei seiner Geburt den Namen Crimthann. 546 gründete C. das Kloster Derry und in späteren Jahren die Klöster Durrow und Kells. Um 565 begab er sich mit einigen Begleitern nach Schottland und missionierte dort unter den nördlichen → Pikten. Als eine seiner bedeutendsten Gründungen entstand auf einer Insel der Hebriden das Kloster Iona, wo C. nach seinem Tod 597 bestattet und als Patron Schottlands verehrt wurde.

Lit.: M. Herbert, Iona, Kells, and Derry, O. 1988.

Commenta Bernensia → Berner Scholien.

Commius war ein Gallier aus dem Stamm der → Atrebaten. Er wurde 57 v. Chr. nach der Unterwerfung seines Volkes von → Caesar als König eingesetzt. Zwei Jahre später warb er im Auftrag Caesars bei den keltischen Stämmen Britanniens für die Anerkennung der römischen Herrschaft. Trotz der bevorzugten Behandlung, die ihm und seinem Stamm dafür zuteil wurde, schloß C. sich 52 v. Chr. dem Aufstand des → Vercingetorix an. Bei der Belagerung von → Alesia führte er das Heer, das die eingeschlossenen gallischen Streitkräfte vergeblich zu entsetzen versuchte. Nach der Niederschlagung des Aufstands zog C. sich zunächst zu den Germanen und später nach Britannien zurück. – Von den antiken Nachrichten über C. inspiriert ist die Erzählung *Komm l'Atrébate* (1897) von Anatole France (1844–1924).

compert (ir. /'komb'eRt/) bezeichnet die Zeugung. Das Wort dient in einer der beiden → Sagenlisten zur Klassifikation von Erzählungen, die von der Zeugung und Geburt berühmter Helden handeln.

Compert Chonchobuir (ir. /'komb'eRt 'xonxovur'/ »Conchobars Empfängnis«) ist der Titel einer Geschichte aus dem → Ulster-Zyklus. Ihre älteste Fassung ist im → »Gelben Buch von Lecan« und im → »Buch von Ballymote« überliefert. Sie beginnt damit, daß der Druide und Krieger → Cathbad bei einem Überfall die zwölf Ziehväter des Mädchens Asa, einer Tochter des Königs Eochu Sálbuide von Ulster, erschlägt. Aus Rachedurst setzt Asa (»die Sanfte«) sich daraufhin an die Spitze einer Bande von Kriegern. Sie wird deswegen Ni-Asa (»nicht-sanft«) oder Nesa genannt. Eines Tages gelingt es Cathbad, Nesa in seine Gewalt zu bringen. Sie erkauft sich ihr Leben dadurch, daß sie Cathbads Frau wird. Später schenkt sie ihrem Gatten einen Sohn: → Conchobar mac Nesa, der nach dem Tod seines Großvaters die Herrschaft über die Provinz Ulster antritt.

Ausg.: K. Meyer, C. C., RC 6 (1884) 173–182 (m. engl. Übers.).

Übers.: R. Thurneysen, Sagen aus dem alten Irland, B. 1901; Ch.-J. Guyonvarc'h, La Naissance de Conchobar, Ogam 11 (1959) 56–65 und 335–336 sowie 12 (1960) 235–240.

Compert Chon Culainn (ir. /'komb'eRt xon 'kuliN'/ »Cú Chulainns Empfängnis«) heißt eine der »Vorerzählungen« (→ remscéla) der Geschichte des Rinderraubs von Cuailnge (→ *Táin Bó Cuailnge*). Sie ist in zwei abweichenden Fassungen im »Buch der dunklen Kuh« (→ Lebor na hUidre) und mehreren jüngeren Handschriften überliefert. Erzählt wird, wie die Schwester (nach anderen Handschriften: Tochter) des Königs → Conchobar mac Nesa auf geheimnisvolle Weise schwanger wird und den Knaben Sétanta zur Welt bringt. Er wird später unter dem Namen → Cú Chulainn zum berühmtesten Helden von Ulster. Der Name der Mutter Cú Chulainns wird in den Handschriften als Deichtir(e) oder Deichtine angegeben. Als Vater gilt in der älteren Fassung der Sage der Elf → Lug mac Ethnenn. Ansonsten heißt Cú Chulainn nach dem menschlichen Gatten seiner Mutter mac Sualtaim (»Sohn des S.«). – Neu erzählt hat die Geschichte Lady Augusta → Gregory im ersten Kapitel ihres Buchs *Cuchulain of Muirthemne*.

Ausg.: A. G. van Hamel, C. C. C. and Other Stories, Du. 1933 (MMIS 3).
Übers.: R. Thurneysen, Sagen aus dem alten Irland, B. 1901; Ch.-J. Guyonvarc'h und F. Le Roux, La Conception de Cúchulainn, Ogam 17 (1965) 363–410; J. Gantz, Early Irish Myths and Sagas, Harm. 1981.
Lit.: T. Ó Concheanainn, The textual tradition of C. C. C., Celtica 21 (1990) 441–455.

Compert Mongáin ocus serc Duibe Lacha do Mongán (ir. /'komb'eRt 'voŋgaːn' ogus ʃerg 'duv'e 'Laxa do 'voŋgaːn/ »Mongáns Zeugung und Mongáns Liebe zu Dub Lacha«) ist der Titel einer Erzählung aus dem → Historischen Zyklus. Sie ist in frühneuirischer Sprache in einer Handschrift aus dem 15. Jh. überliefert. Erzählt wird, wie → Manannán mac Lir dem irischen König Fiachna im Kampf beisteht und als Gegenleistung in der Gestalt Fiachnas eine Nacht mit dessen Frau verbringen darf. Die Frucht dieser Verbindung, Mongán, wächst bei seinem Vater auf und lernt dessen magische Künste. Später heiratet er Dub Lacha, die in derselben Nacht wie er geboren wurde. Der Rest der Geschichte handelt davon, wie Mongán durch ein voreiliges Versprechen seine Frau an den König von Leinster verliert, sich vor Liebe nach ihr verzehrt und sie schließlich mit Hilfe seiner magischen Fähigkeiten zurückgewinnt. – Neu gestaltet haben diese Geschichte James → Stephens in seinem Buch *Irish Fairy Tales* (1920) und Austin → Clarke in seinem Schauspiel *The Plot Succeeds* (1950).

Ausg. u. Übers.: K. Meyer, The Voyage of Bran, Lo. 1895–1897.
Lit.: M. Dillon, The Cycles of the Kings, Lo. 1946.

Conaire mac Moga Láma (ir. /'konar'e mak 'moγa 'Laːva/) heißt in den Erzählungen des → Historischen Zyklus der Sohn und Nachfolger des Königs →

Conn Cétchathach. Nach seiner Ermordung durch einen Rivalen namens Nemed soll Conns Sohn → Art König von Irland geworden sein.

Conaire Mór (ir. /'konar'e mo:r/ »C. der Große«) heißt die Hauptfigur der Erzählung → *Togail Bruidne Da Derga*.

Conall Cernach (ir. /'konaL 'k'ernax/) heißt in den Erzählungen des →Ulster-Zyklus ein Ziehbruder des Helden → Cú Chulainn. Er gilt als Sohn des Dichters → Amairgin mac Ecit Salaig und seiner Frau → Finnchaem. In der Erzählung → *Táin Bó Froích* hilft C. dem Titelhelden Froech mac Idaith bei der Suche nach seiner Frau, seinen Söhnen und seinem Vieh, die von feindlichen Kriegern geraubt worden sind. In der Geschichte vom Schwein des Mac Dathó (→ *Scéla mucce Meic Dathó*) kann er aufgrund seines unbestrittenen Ansehens als einziger der anwesenden Krieger von Ulster den Connachter → Cet mac Mágach in die Schranken weisen. Von einem weiteren Zusammenstoß mit Cet, der für den Connachter tödlich endet, erzählt die Geschichte → *Aided Cheit maic Mágach*. In der Geschichte vom Tod Cú Chulainns (→ *Aided Chon Culainn*) rächt C. den Tod seines Ziehbruders an dessen Mördern. Wie C. aus Rache für den Tod seiner beiden Brüder im Zweikampf den König von Leinster erschlägt, erzählt die Geschichte → *Cath Étair*.

Conchobar mac Nesa (ir. /'konxovar mak 'N'esa/) heißt in den Erzählungen des → Ulster-Zyklus der König der Provinz Ulster. Er gilt als Sohn des Druiden Cathbad und seiner Gattin Nesa, einer Tochter des Königs Eochu Sálbuide von Ulster (→ *Compert Chonchobuir*). Seine Schwester ist Deichtine, die Mutter des Helden → Cú Chulainn. Ausgesprochen negative Züge trägt C. lediglich in der Geschichte von der Verbannung der Söhne Uislius (→ *Longas mac nUislenn*). Ansonsten schildern ihn die Erzählungen durchweg als einen fähigen und gerechten Herrscher. In der Geschichte des Rinderraubs von Cuailnge (→ *Táin Bó Cuailnge*) führt er sein Heer zum Sieg über die Truppen des Königspaares Ailill und Medb und erweist sich so als erfolgreicher Kriegsherr. Vom tragischen Ende des Königs erzählt die Geschichte → *Aided Chonchobuir*.

Condatis heißt ein keltischer Gott. Sein Name steht vermutlich im Zusammenhang mit dem Ortsnamen Condate »Zusammenfluß (zweier Ströme)«, der vor allem in Gallien zur Bezeichnung entsprechend gelegener Siedlungen weit verbreitet war. Die Verehrung des C. bezeugen drei Weihinschriften aus Bowes in Yorkshire (RIB 731), Piercebridge bei Darlington (RIB 1024) und Chester-le-Street bei Durham (RIB 1045). In allen drei Fällen wird C.

nach der → Interpretatio Romana mit → Mars identifiziert.

Conn Cétchathach (ir. /koN 'k'eːdxaθax/ »Conn mit den hundert Schlachten«) heißt in den Erzählungen des → Historischen Zyklus ein König, der im 2. Jh. n. Chr. gelebt haben soll. Der Überlieferung nach war bereits seine Geburt von wunderbaren Zeichen begleitet (→ *Airne Fíngein*). Nachdem er König geworden war, erschien ihm die personifizierte Herrschaft (flathius), und der Elf → Lug mac Ethnenn sagte ihm die Länge seiner Regierungszeit und die der künftigen Könige Irlands voraus (→ *Baile in Scáil*). Wie es heißt, herrschte C. zunächst in Tara über die nördliche Hälfte Irlands, während Eogan Mór König über die südliche Hälfte der Insel war. Erst nachdem Eogan in der Schlacht von Mag Léna den Tod gefunden hatte, fiel C. die Herrschaft über beide Landesteile zu. Die Geschichte → *Echtrae Chonnlai* erzählt, wie Connla, einer der beiden Söhne des Königs, aus Liebe zu einer Fee (→ síd) für immer die Welt der Menschen verläßt. Der andere Sohn namens Art gilt als Vater des berühmten Herrschers → Cormac mac Airt.

Connla (ir. /'koNla/) heißt in den Erzählungen des → Historischen Zyklus ein Sohn des Königs → Conn Cétchathach. Von seinem Schicksal erzählt die Geschichte → *Echtrae Chonnlai*.

Cormac Conn Longas (ir. /'kormak koN 'Loŋgas/) heißt in den Erzählungen des → Ulster-Zyklus ein Sohn des Königs → Conchobar mac Nesa. Als seine Mutter gilt Clothru, eine Tochter des Königs Eochaid Fedlech und Schwester der Königin → Medb. Der Erzählung → *Longas mac nUislenn* zufolge hatte sich C. zusammen mit → Fergus mac Roich und → Dubthach Dael Ulad für die Sicherheit der Söhne Uislius verbürgt und war nach ihrer heimtückischen Ermordung durch Conchobar zusammen mit den beiden anderen Bürgen und zahlreichen weiteren Kriegern zu König → Ailill von Connacht übergegangen. Seinen Beinamen deutete man als »Haupt (conn) der Verbannten (longas)«. Die Geschichte des Rinderraubs von Cuailnge (→ *Táin Bó Cuailnge*) schildert, wie C. und seine Begleiter am großen Kriegszug der Connachter gegen die Bewohner von Ulster teilnehmen, ohne ihre Sympathie für die einstigen Landsleute und Freunde verbergen zu können.

Cormac mac Airt (ir. /'kormak mak aR't'/) heißt in den Erzählungen des → Historischen Zyklus ein König, der im 3. Jh. n. Chr. gelebt haben soll. Die mittelalterliche Überlieferung feiert ihn als idealen Herrscher, dessen Regierungszeit durch Gerechtigkeit, Wohlstand und Frieden gekennzeichnet gewesen sei. Aus dem 5.–8. Jh.

stammt eine fiktive Biographie des Königs, die von der Verwendung international verbreiteter Märchenmotive, spezifisch irischen Vorstellungen über das Wesen des Königtums und aktuellen politischen Tendenzen der damaligen Zeit geprägt ist. Von den erhaltenen Geschichten, die aus dieser Biographie schöpfen, erzählt *Scéla Eogain agus Cormaic* das Leben des Königs von seiner Geburt bis zum Herrschaftsantritt, während die jüngere Erzählung *Geneamuin Cormaic* das gesamte Leben des Herrschers bis zu seinem Tod und Begräbnis umspannt. Eine einzelne Episode, nämlich die Erlangung einer Braut, erzählt die Geschichte *Esnada Tige Buchet.* Von einem Besuch des Königs im Lande der Elfen und Feen (→ síd) handelt die Erzählung *Echtra Chormaic.*

Lit.: T. Ó Cathasaigh, The Heroic Biography of C. m. A., Du. 1977.

Cormac mac Cuilennáin (ir. /'kormak mak 'kul'eNaːn'/) war Bischof von Cashel und von 902 bis 908 König der süd-irischen Provinz Munster. Er ist der Verfasser des etymologischen Glossars → *Sanas Chormaic.*

Corotiacus heißt ein keltischer Gott, der nach der → Interpretatio Romana mit → Mars identifiziert wurde. Seine Verehrung bezeugt eine einzige Weihinschrift aus Martlesham in Suffolk (RIB 213).

Cososus heißt ein keltischer Gott. Seine Verehrung bezeugt eine Weihinschrift aus der Nähe von Bourges (CIL XIII 1353), in der er nach der → Interpretatio Romana mit → Mars identifiziert wird.

Coventina heißt eine keltische Göttin. Sie wurde unter römischer Herrschaft in einem Heiligtum in der Nähe des heutigen Carrawburgh am Hadrianswall in Nordengland verehrt. Dieses

Darstellung der Göttin Coventina auf einer Weihung aus ihrem Heiligtum bei Carrawburgh in Nordengland (RIB 1534)

Heiligtum wurde bereits 1876 ausgegraben. Dabei fand man in seinem Brunnen zahlreiche → Votiv- und Opfergaben. Darunter waren figürliche Tierdarstellungen aus Bronze, Gefäße und über 13 000 Münzen. Darüber hinaus fand man 14 Inschriften mit dem Namen C. (RIB 1522–1535) sowie bildliche Darstellungen der Gottheit als Quellnymphe.

Lit.: L. Allason-Jones u. B. McKay, C.'s Well, Chesters 1985.

crannóg (ir. /ˈkraNoːg/) ist die Bezeichnung eines Pfahlbaus in einem See. Die meisten Anlagen dieser Art stammen aus frühchristlicher Zeit, doch sind einige von ihnen bereits in der Jungsteinzeit nachweisbar.

Crédne (ir. /ˈk'r'eːð'n'e/) heißt in der Geschichte der Schlacht von Mag Tuired (→ *Cath Maige Tuired*) der Bronzeschmied der → Tuatha Dé Danann. Im Verlauf des Kampfes gegen die → Fomoire versorgt er die Krieger mit Nietnägeln für ihre Speere, Schwerter, Schildbuckel und Schildränder.

Creiddylad (wal. /kreiˈðəlad/) heißt in der Erzählung → *Culhwch ac Olwen* die Tochter von → Lludd Llawereint. Sie ist einem Krieger namens Gwythyr fab Greidiawl versprochen, wird aber kurz vor der Hochzeit von → Gwyn fab Nudd entführt. Der daraus entstehende Streit zwischen Gwythyr und Gwyn wird durch einen Schiedsspruch → Arthurs geschlichtet: Fortan bis zum Jüngsten Gericht sollen beide Männer am 1. Mai eines jeden Jahres um C. einen Zweikampf ausfechten. Wer am Ende der Zeiten in diesem Kampf Sieger bleibt, wird C. zur Frau erhalten.

Cridenbél (ir. /ˈk'r'ið'env'eːl/) heißt in der Geschichte der Schlacht von Mag Tuired (→ *Cath Maige Tuired*) ein Dichter aus dem Volk der → Tuatha Dé Danann. Durch die Androhung eines Schmähgedichts (→ áer) zwingt er den → Dagda dazu, ihm jeden Tag die drei besten Bissen seines Abendessens zu überlassen. Auf den Rat seines Sohnes → Oengus hin versteckt der Dagda drei Goldstücke in seinem Essen, an deren Verzehr C. stirbt. Vom Vorwurf des Mordes wird der Dagda deswegen freigesprochen, weil er C. ja tatsächlich nur »das Beste«, was vor ihm lag, überlassen hatte.

Críth Gablach (ir. /k'r'iːθ ˈgavlax/ »der gegabelte Kauf«) ist der Titel eines altirischen Rechtstextes aus dem Anfang des 8. Jhs. Er gibt in der Form von Frage und Antwort Auskunft über die einzelnen Stände der irischen Gesellschaft und die mit ihnen verbundenen Rechte und Pflichten. Der Titel wird zu Beginn der Abhandlung damit erklärt, daß der einzelne sich die Zugehörigkeit zu einem bestimmten Stand mit seinem Besitz erkaufe, die einzelnen Stände jedoch in zahlreiche Unterabteilungen gegabelt seien.

Ausg.: D. A. Binchy, C. G., Du. 1941 (MMIS 11).

Übers.: E. MacNeill, The Law of Status or Franchise, PRIA 36 (1923) 265–316.

Lit.: P. L. Henry, Interpreting C. G., ZCP 36 (1978) 54–62; T. Charles-Edwards, C. G. and the Law of Status, Peritia 5 (1986) 53–73.

Croker, Thomas Crofton (1798–1854), irischer Volkskundler, wurde in Cork geboren. Nach Lehrjahren in einem Handelskontor war er von 1818 bis 1850 für die britische Admiralität in London tätig. In seiner freien Zeit befaßte er sich mit der Geschichte und den mündlichen Überlieferungen seiner irischen Heimat. Sie bildeten den Gegenstand seines ersten Buchs *Researches in the South of Ireland* (1824). Kommerziell erfolgreich war seine zunächst anonym erschienene Sammlung südirischer Märchen *Fairy Legends and Traditions of the South of Ireland* (1825). Sie wurde noch im Jahr ihres Erscheinens von den Brüdern Grimm ins Deutsche übersetzt und zusammen mit einer gelehrten Einleitung über den Elfenglauben unter dem Titel *Irische Elfenmärchen* veröffentlicht. Weitere Übersetzungen von Geschichten aus dem 1828 erschienenen zweiten Band der *Fairy Legends* wurden erst 1986 aus dem Nachlaß von Wilhelm Grimm herausgegeben. C. wurde gelegentlich heftig kritisiert, weil er die von ihm gesammelten Überlieferungen zu sehr dem Publikumsgeschmack angepaßt habe. Als Pionierleistung auf dem Gebiet der irischen Volkskunde ist sein Werk jedoch von bleibender Bedeutung.

Lit.: B. G. MacCarthy, Th. C. C. 1798–1854, Studies 32 (1943) 539–556; J. Hennig, The Brothers Grimm and Th. C. C., Modern Language Review 41 (1946) 44–54; W. Moritz u. a. (Hrsg.), Ir. Land- und Seemärchen, Marburg 1986.

cromlech (wal. /'kromlex/) ist die Bezeichnung eines vorgeschichtlichen Kammergrabs (→ Dolmen).

Cruachain (ir. /'kruaxin'/) oder (jünger) Cruachu heißt in den Erzählungen des → Ulster-Zyklus der Sitz der Könige von Connacht. Er ist identisch mit der archäologischen Stätte Rathcroghan in der Grafschaft Roscommon.

Cruithin → Pikten, → Prydein.

Crunnchu (ir. /'kruNxu/) heißt in der Erzählung → *Noínden Ulad* der Gatte der → Macha.

Cuailnge (ir. /'kual'n'g'e/) heißt in den Erzählungen des → Ulster-Zyklus eine gebirgige Landschaft im Nordosten der heutigen Grafschaft Louth an der irischen Ostküste. Sie gehört zum Herrschaftsbereich des Königs → Conchobar mac Nesa und ist die Heimat eines berühmten Stiers namens Donn C. (»Brauner von C.«). Die Geschichte des Rinderraubs von C. (→ Táin Bó Cuailnge) erzählt, wie die Bewohner der Provinz Connacht unter der Führung des Herrscherpaares Ailill und Medb einen gewaltigen Feldzug unternehmen, um diesen Stier zu erbeuten.

Cú Chulainn (ir. /ku: 'xuliN'/) heißt der Hauptheld der Erzählungen des → Ulster-Zyklus. Als seine Mutter gilt Deichtine, eine Schwester (nach anderer

Überlieferung: Tochter) des Königs → Conchobar mac Nesa von Ulster, als sein Vater der Elf → Lug mac Ethnenn. Nach seinem Ziehvater Sualtaim mac Roich, dem Gatten seiner Mutter, wird C. gelegentlich auch mac Sualtaim »Sohn des Sualtaim« genannt. Als seine Heimat gilt die Ebene → Mag Muirthemne.
Die älteste Schicht der Überlieferungen um C. bewahrt die Geschichte des Rinderraubs von Cuailnge (→ *Táin Bó Cuailnge*). In ihr kämpft der noch nicht erwachsene C., begleitet von seinem Wagenlenker Loeg mac Riangabra, ohne fremde Unterstützung gegen das Heer des Königspaares → Ailill und → Medb von Connacht. Eingebettet in die Schilderung dieser Kämpfe sind mehrere Erzählungen von den Jugendtaten des C., die auch eine Erklärung seines Namens »Hund des Culann« enthalten (→ *Macgnímrada Con Culainn*). Erhalten haben sich darüber hinaus Erzählungen von seiner Geburt (→ *Compert Chon Culainn*), seiner Brautwerbung (→ *Tochmarc Emire*), seiner Fahrt ins Land der Feen und Elfen (→ *Serglige Con Culainn*), seinem Zweikampf mit seinem eigenen Sohn (→ *Aided Oenfir Aífe*) und schließlich seinem Tod (→ *Aided Chon Culainn*). – In den von James → Macpherson verfaßten »Werken Ossians« erscheint C. unter dem Namen → Cuthullin. Die Geschichten um ihn waren für die Autoren der → Irischen Renaissance eine wichtige Quelle und inspirierten insbesondere den Dramatiker William Butler → Yeats.

Culann (ir. /'kulaN/) heißt in den Erzählungen des → Ulster-Zyklus der Schmied, durch den → Cú Chulainn (»Hund des C.«) zu seinem Namen kommt (vgl. → *Macgnímrada Con Culainn*).

Culdees → Céli Dé.

Culhwch ac Olwen (wal. /'kilhux ak 'olwen/) heißt die älteste kymrische Erzählung aus dem Sagenkreis um → Arthur. Sie handelt von der Werbung des Titelhelden Culhwch um Olwen, die Tochter des Riesen → Ysbaddaden Bencawr. Weil seine Stiefmutter ihm das Schicksal bestimmt hat, niemand anderen zur Frau zu nehmen als Olwen, bittet Culhwch auf den Rat seines Vaters hin seinen Vetter Arthur um Hilfe. Gemeinsam mit Arthur und dessen Gefolgsleuten zieht er dann zur Festung Ysbaddadens, um sein Anliegen vorzutragen. Ysbaddaden gibt daraufhin zwar seine Zustimmung zu der Verbindung, verlangt aber von Culhwch als Gegenleistung die Erfüllung von vierzig schwierigen Aufgaben. Ausführlich geschildert werden nur einige der damit verbundenen Abenteuer, darunter die Suche nach → Mabon fab Modron und die Jagd auf das Wildschwein → Twrch Trwyth. Am Ende der Geschichte verliert Ysbaddaden sein Leben, und Culhwch heiratet Olwen.

Ausg.: R. Bromwich und D. S. Evans, C. ac O., Car. 1992.
Übers.: G. Jones u. T. Jones, The Mabinogion, rev. ed. Lo. 1974; J. Gantz, The Mabinogion, Harm. 1976; H. Birkhan, Kelt. Erzählungen vom Kaiser Arthur, Kettwig 1989.
Lit.: D. Edel, Helden auf Freiersfüßen: »Tochmarc Emire« und »Mal y Kavas Kulhwch Olwen«, A. 1980; P. Sims-Williams, The Significance of the Irish Personal Names in C. ac O., BBCS 29 (1980–82) 600–620; J. N. Radner, Interpreting Irony in Medieval Celtic Narrative: The Case of C. ac O., CMCSt 16 (1988) 41–59.

cumal (ir. /'kuval/) ist das Wort für »Sklavin«. Es erscheint in juristischen Texten häufig als Werteinheit und bezeichnet gelegentlich im erweiterten Sinn einen Kaufpreis oder eine Geldstrafe in beliebiger Höhe. Der Rechtstext → *Críth Gablach* beziffert den »Ehrenpreis« (vgl. → enech) des ranghöchsten Königs (vgl. → rí) mit 14 c. oder 42 Milchkühen.
Lit.: F. Kelly, A Guide to Early Ir. Law, Du. 1988.

Cunedda (wal. /ki'neða/) heißt in der → *Historia Brittonum* ein Fürst aus dem Stamm der Gododdin in Südschottland. Er soll sich mit seinen acht Söhnen in Nordwales angesiedelt und dort erfolgreich die einfallenden Iren abgewehrt haben. Falls diese Nachricht einen historischen Kern hat, dürfte sie sich auf Ereignisse gegen Ende des 4. oder um die Mitte des 5. Jhs. beziehen. In der mittelalterlichen Überlieferung galt C. als Ahnherr bedeutender Adelsgeschlechter und zahlreicher Heiliger.

Lit.: R. G. Gruffydd, Reflections on the story of C., StC 24/25 (1989/90) 1–14.

Cunobellinus war ein britannischer König. Er herrschte in der ersten Hälfte des ersten Jhs. n. Chr. über den Stamm der Katuvellauner (lat. Catuvellauni) in Südostengland. Sein Name lebt fort im Titel des Dramas *Cymbeline* von Shakespeare. Die Handlung um Cymbeline beruht allerdings nicht auf keltischer Überlieferung, sondern schöpft aus Angaben des englischen Chronisten Holinshed.

curad-mír (ir. /'kurað m'i:r'/ »Heldenbissen«) heißt das beste Stück Fleisch eines geschlachteten Tieres, weil es nach dem Zeugnis der Sage dem tapfersten Krieger zustand. Von Streitigkeiten, die sich aus dem Anspruch auf den Heldenbissen entspannen, erzählen die Geschichten → *Fled Bricrenn* und → *Scéla mucce Meic Dathó.*

Cú Roí mac Dáiri (ir. /ku: Roi mak 'da:r'i/ »Cú Roí, Sohn des Dáire«) heißt in den Erzählungen des → Ulster-Zyklus ein König der Provinz Munster. Als seine Residenz gilt Cathair Con Roí, das heutige Caherconree in den Bergen von Slemish westlich von Tralee. Eine Hauptrolle spielt er in den Geschichten → *Fled Bricrenn* und → *Mesca Ulad*. Der Überlieferung zufolge wurde er von seiner Gattin Bláthnat an seinen Todfeind → Cú Chulainn verraten und von diesem ermordet.

Curtin, Jeremiah (um 1840–1906), amerikanischer Volkskundler, wurde in Greenfield (Wisconsin) geboren. Nach Studien in Harvard war er in verschiedenen Stellungen für die amerikanische und russische Regierung tätig. Auf ausgedehnten Reisen durch Europa, Asien und Nordamerika erstellte er eine umfangreiche Sammlung mündlicher Überlieferungen der verschiedensten Völker und Kulturen. Seine Aufzeichnungen aus Irland veröffentlichte er in den Werken *Myths and Folk-Lore of Ireland* (1890), *Hero-Tales of Ireland* (1894) und *Tales of the Fairies and of the Ghost World* (1895). Weitere Märchen, die C. nicht in Buchform veröffentlicht hatte, wurden 1942 von dem irischen Volkskundler Séamus Ó Duilearga (James Delargy) unter dem Titel *Irish Folk-Tales* herausgegeben.

Lit.: U. Clemen (Hrsg.), Ir. Märchen, Mn. 1971 (Komm. Auswahl in dt. Übers.); J. u. G. Dunleavy, J. C.'s Working Methods, Éigse 18 (1981/82) 67–86.

Cúscraid Menn Macha (ir. /'kuːskrið'm'eN 'maxa/) heißt in den Erzählungen des → Ulster-Zyklus ein Sohn des Königs → Conchobar mac Nesa und Ziehsohn des Kriegers → Conall Cernach. Seinen Beinamen Menn Macha (»der Stammler von Macha«) erklärt die Erzählung → *Scéla mucce Meic Dathó* damit, daß der Connachter → Cet mac Mágach ihm im Zweikampf den Hals durchbohrte und dabei an den Stimmbändern verletzte.

Cuthullin heißt in den von James → Macpherson verfaßten »Werken Ossians« der Vormund und Heerführer des jungen Königs Cormac von Irland. Das Epos *Fingal* erzählt, wie er vergeblich eine Invasion des Königs Swaran von Lochlin (Skandinavien) abzuwehren versucht. Erst dem mit Cormac verbündeten schottischen König Fingal gelingt es, Swaran im Zweikampf zu besiegen und dadurch zu einem Friedensschluß und zur Rückkehr in seine Heimat zu bewegen. In der Geschichte *The Death of C.* findet C. im Kampf gegen einen Rebellen namens Torlath den Tod. Das Vorbild für die Gestalt des C. ist der irische Sagenheld → Cú Chulainn. Dieser soll jedoch der Überlieferung zufolge nicht im 3. Jh. n. Chr. am Hof des Königs Cormac, sondern vielmehr in der Zeit um Christi Geburt am Hof des Königs → Conchobar mac Nesa von Ulster gelebt haben.

Cyfranc Lludd a Llefelys (wal. /'kəvraŋk ɬiːð a ɬe'velis/ »Die Geschichte von Ll. und Ll.«) heißt die kürzeste der unter dem Namen → Mabinogion bekannten Erzählungen. Sie handelt davon, wie der britannische König Lludd mit Hilfe seines Bruders Llefelys sein Land von drei Plagen befreit: von dem Volk der Coranieid, vor deren Ohren kein gesprochenes Wort verborgen bleiben kann, von einem Drachen, dessen markerschütternder Schrei alljährlich Menschen und Tiere unfruchtbar macht, und von einem Zauberer, der am Hof des Königs jede Nacht alle Vorräte stiehlt. Eine Deutung der Erzählung als Reflex indogermanischer Mythologie gab Georges → Dumézil im ersten Band seines Werks *Mythe et Epopée* (1968).

Ausg.: B. F. Roberts, C. Ll. a Ll., Du. 1976 (MMWS 7).
Übers.: G. Jones u. T. Jones, The Mabinogion, rev. ed. Lo. 1974; J. Gantz, The Mabinogion, Harm. 1976; P. K. Ford, The Mabinogi and other Medieval Welsh Tales, Be. 1977.

Cynan (wal. /'kənan/) heißt in der Erzählung → *Breuddwyd Macsen* ein Bruder der britannischen Prinzessin Elen Luyddawg. Der Geschichte zufolge half er seinem Schwager Macsen, von Britannien aus den römischen Kaiserthron zurückzugewinnen, kehrte danach aber nicht mehr in seine Heimat zurück. Wie es heißt, nahm er mit seinem Gefolge die Bretagne in Besitz. Dort sollen er und seine Männer den einheimischen Frauen die Zunge herausgeschnitten haben, um ihre eigene Sprache rein zu erhalten. (Der kymrische Name der Bretagne ist Llydaw; er wird hier volksetymologisch als lled-taw »halb stumm« gedeutet. Zur richtigen Etymologie vgl. → Litavis.) In dem prophetischen Gedicht → *Armes Prydein* erscheint C. als einer der beiden Herrscher, unter deren Führung die Kelten Britanniens das Joch der angelsächsischen Herrschaft abschütteln sollen.

Cynddylan (wal. /kən'ðəlan/) heißt ein König, der im 7. Jh. n. Chr. über das walisische Königreich → Powys geherrscht haben soll. Vom tragischen Schicksal seiner Familie erzählt ein Gedichtzyklus aus dem 9./10. Jh., dessen zentrale Gestalt seine Schwester → Heledd ist.

Cynfeirdd (wal. /'kənveirð/ »frühe Dichter«) nennt man die ersten namentlich bekannten Dichter der britannischen Kelten. Nach einer Angabe in der → *Historia Brittonum* hießen sie → Neirin, → Taliesin, Talhaearn, Blwchfardd und Cian. Sie alle sollen in der zweiten Hälfte des 6. Jhs. in Nordengland und Südschottland gelebt haben. Ihre Sprache war demnach das nur unzureichend bekannte → Kumbrisch. Von den drei zuletzt genannten Dichtern ist nur der Name auf uns gekommen, während ihre Werke ausnahmslos verloren gingen. Neirin und Taliesin dagegen galten bereits im Mittelalter als Verfasser von Gedichten, die uns in mittelkymrischer Sprache erhalten sind (→ Kymrisch). Nach heutiger Auffassung stammen viele dieser Verse eindeutig aus späterer Zeit und wurden den genannten Dichtern erst nach ihrem Tod zugeschrieben. Ob einige andere tatsächlich auf das 6. Jh. zurückgehen, ist umstritten. Da zeitgenössische Schriftquellen für den betreffenden Zeitraum kaum vorhanden sind, liegt die historische Situation der Dichter und ihrer

Werke weitgehend im dunkeln. Entscheidend für die Frage nach dem Alter der betreffenden Gedichte sind deswegen vor allem innere Kriterien wie Stil, Sprache und Metrik. Diese Aspekte werden aber ebenso wie die Überlieferungsgeschichte der Verse sehr unterschiedlich beurteilt.

Lit.: R. Bromwich und R. B. Jones (Hrsg.), Astudiaethau ar yr Hengerdd: Studies in Old Welsh Poetry, Car. 1978; A. O. H. Jarman, The C., Car. 1981; B. F. Roberts, Early Welsh Poetry, Aberystwyth 1988.

Cynon fab Clydno (wal. /'kənon vaːb 'klədno/) heißt in dem Gedicht *Y* → *Gododdin* einer der Teilnehmer am Zug gegen Catraeth. Nach seinem Tod wurde C. gleich anderen Fürsten Nordenglands und Südschottlands zu einer Gestalt der walisischen Sage. In der Erzählung → *Iarlles y Ffynnawn* tritt er als Ritter am Hof → Arthurs auf und setzt mit seiner Erzählung von der wunderbaren Quelle die Handlung der Geschichte in Gang. Eine der → *Trioedd Ynys Prydein* erwähnt seine Liebe zu Morfudd, einer Tochter des Königs → Urien von Rheged. Eine diesbezügliche Sage ist aber nicht überliefert.

Lit.: R. Bromwich, C. fab C., in: R. Bromwich u. R. B. Jones (Hrsg.), Astudiaethau ar yr Hengerdd (Car. 1978) 150–164 (in kymr. Sprache).

Da Derga (ir. /da 'd'erga/) heißt in der Erzählung → *Togail Bruidne Da Derga* ein Freund des Königs Conaire Mór. Er ist der Besitzer (→ briugu) der Festhalle (→ bruiden), in der Conaire von seinen Ziehbrüdern erschlagen wird.

Dagda (ir. /'daγða/) heißt in den Erzählungen des → Mythologischen Zyklus ein Anführer der → Tuatha Dé Danann. Sein Name bedeutet etymologisch »der gute Gott« (<*Dago-dēvos), was für seine Herkunft aus der vorchristlichen keltischen Mythologie spricht. Andere Namen des D. sind Eochaid Ollathair (»E., der große Vater«) und Ruad Rofesa (»der Mächtige mit dem großen Wissen«). Die Attribute des D. sind ein Kessel, der unerschöpfliche Mengen an Speisen enthält, und eine Keule, mit der er nicht nur Lebende zu Tode bringen, sondern auch Tote wieder zum Leben erwecken kann. Besonders wegen dieses letzten Kennzeichens hat man ihn mit dem inschriftlich bezeugten keltischen Gott → Sucellus verglichen. Eine Hauptrolle spielt der D. in der Geschichte der Schlacht von Mag Tuired (→ *Cath Maige Tuired*).

dál (ir. /daːl/) bezeichnet in einer frühen Schicht irischer Stammesnamen das Geschlecht oder die Familie. Insgesamt ist der Begriff über hundertmal bezeugt, meist gefolgt vom Namen eines mythischen oder sagenhaften Stammvaters. In historischer Zeit scheint diese Art der Namengebung allerdings nicht mehr lebendig gewesen zu sein. Viele der so bezeichneten Stämme kannte man nur mehr dem Namen nach.

Dallán (mac) Forgaill (ir. /'daLaːn mak 'forgiL'/) war ein irischer Dichter des ausgehenden 6. Jhs. n. Chr. Der Überlieferung nach verfaßte er das Gedicht → *Amra Choluim Chille.*

Damona heißt eine keltische Göttin. Ihr Name ist wahrscheinlich von einem keltischen Wort für »Kuh« abgeleitet (vgl. altir. dam »Ochse; Kuh«). D. erscheint als Partnerin des Gottes → Borvo / Bormo auf mehreren Weihungen aus Bourbon-Lancy im Dép. Saône-et-Loire (CIL XIII 2805–2808) und Bourbonne-les-Bains im Dép. Haute-Marne (CIL XIII 5914–5920). Zwei weitere Weihungen aus Bourbonne-les-Bains (CIL XIII 5921) und Rivières im Dép. Charente (ILTG 155) erwähnen nur D. Darüber hinaus begegnet D. als Partnerin eines Gottes namens Albius auf einer Gefäßinschrift aus Chasseray im Dép. Côte-d'Or (CIL XIII 2840–11 233). Reste einer Statue der Göttin fand man in → Alesia. Auf der zugehörigen Inschrift (AE 1965, 181) erscheint D. als Partnerin des Gottes → Moritasgus.

Danu → Anu.

De chophur in da muccida (ir. /d'e 'xofur in da 'vuk'iða/ »Vom ... der beiden Schweinehirten«) heißt eine der »Vorerzählungen« (→ remscéla) der Geschichte des Rinderraubs von Cuailnge (→ *Táin Bó Cuailnge*). Sie ist in zwei voneinander abweichenden Fassungen im »Buch von Leinster« (→ Lebor Laignech) und einer Handschrift aus dem 16. Jh. überliefert. Daß ursprünglich noch mehr Versionen im Umlauf waren, schließt man aus dem kompilatorischen Charakter einer der beiden erhaltenen Fassungen sowie aus Anspielungen auf die Geschichte in der Erzählung → *Togail Bruidne Da Derga.*

Die Titelhelden der Geschichte sind die beiden zauberkundigen Schweinehirten der Elfenkönige von Connacht und Munster. Um ihre Zauberkraft unter Beweis zu stellen, nehmen sie der Reihe nach die Gestalt zweier Vögel, Wassertiere, Hirsche, Krieger, Geister, Drachen und Wasserwürmer an. Als zwei Kühe beim Wassertrinken die Würmer verschlucken, werden sie davon trächtig und werfen zwei Stierkälber. Diese wachsen zu den beiden Stieren heran, deren Schicksal die Geschichte des Rinderraubs von Cuailnge erzählt.

Die Geschichte ist verschiedentlich als Beleg für einen Glauben der Kelten an die → Wiedergeburt angeführt worden. Davon ausgehend suchte die letzte Herausgeberin des Textes das ansonsten nicht belegte Wort cophur etymologisch als irische Entsprechung des Sanskritwortes saṃsāra zu erklären. Mit diesem Begriff bezeichnet die indische Philosophie den leidvollen Kreislauf der Wiedergeburten, dem der Mensch unterworfen ist. Es ist jedoch fraglich, ob man aus der Geschichte von den beiden Schweinehirten tatsächlich auf einen Glauben an Seelenwanderung oder Wiedergeburt bei den Kelten schließen kann.

Ausg.: U. Roider, Wie die beiden Schweinehirten den Kreislauf der Existenzen durchwanderten, I. 1979 (m. dt. Übers.).

Übers.: Ch.-J. Guyonvarc'h, La conception des deux porchers, Ogam 12 (1960) 73–90; F. Lautenbach, D. kelt. Kessel, St. 1991.

Lit.: C. Dröge, Betrachtungen zur Frage der ›keltischen Seelenwanderungslehre‹, ZCP 39 (1982) 261–268.

De duodecim abusivis saeculi (»Über die zwölf Mißstände der Welt«) ist der Titel einer lateinischen Abhandlung zur Gesellschaftsmoral, die im Mittelalter weit verbreitet war. Als ihr Verfasser galten damals der heilige → Patrick, Augustinus von Hippo und Cyprianus von Karthago. Tatsächlich entstand das Werk jedoch im 7. Jh. in Südirland. Bei seiner Abfassung benutzte der unbekannte Autor vor allem das siebte Kapitel der Benediktsregel, die *Etymologien* des Isidor von Sevilla und den Kommentar des Hieronymus über das Evangelium nach Matthäus. Darüber hinaus sind möglicherweise auch Vorstellungen des traditionellen irischen Rechts in die Schrift eingeflossen. So sieht man insbesondere im Abschnitt über den ungerechten König (rex iniquus) eine Abhängigkeit des Autors von dem bis in die vorchristliche Zeit zurückreichenden Begriff der »Gerechtigkeit des Herrschers« (→ fír flathemon).

Lit.: H. H. Anton, Pseudo Cyprian D. d. a. s. und sein Einfluß auf den Kontinent, in: H. Löwe (Hrsg.), Die Iren und Europa im früheren MA (St. 1982) 568–617; A. Breen, The Evidence of Antique Ir. Exegesis in Pseudo-Cyprian's D. d. a. s., PRIA 87 (1987) 71–101.

Deer → Buch von Deer.

Defixio (lat. »Bannung«) nennt man eine im Altertum weit verbreitete Art von → Zauber, durch den man seine Gegner der Verfolgung durch göttliche oder dämonische Mächte preiszugeben suchte. Die D. erfolgte durch eine mündliche oder schriftliche Verfluchung, die gelegentlich auch von magischen Handlungen begleitet war. Schriftliche Verfluchungen wurden häufig auf Bleitäfelchen geritzt, die sich in großer Zahl erhalten haben. Vereinzelt ist uns auf solchen Täfelchen auch der Name einer keltischen Gottheit überliefert (vgl. → Moltinus, → Ogmios, → Sulis).

Lit.: J. G. Gager, Curse tablets and binding spells from the ancient world, NY. 1992.

Deichtine (ir. /'d'eçt'in'e/) oder Deichtir(e) heißt in den Erzählungen des → Ulster-Zyklus die Mutter des → Cú Chulainn. Sie gilt in einigen Texten als Tochter, meist aber als Schwester des Königs → Conchobar mac Nesa.

Deirdre (ir. /ˈd′er′d′r′e/) oder (älter) Deirdriu heißt die weibliche Hauptfigur einer der berühmtesten irischen Liebesgeschichten. Ihre älteste erhaltene Fassung stellt die Erzählung → *Longas mac nUislenn* dar. In Irland und Schottland war sie bis in die jüngste Vergangenheit in zahlreichen volkstümlichen Bearbeitungen weit verbreitet. In englischer Sprache neu gestaltet haben sie u. a. James → Macpherson in seinem Gedicht *Darthula*, Lady Augusta →Gregory im siebten Kapitel ihres Buchs *Cuchulain of Muirthemne*, William Butler → Yeats in seinem Drama *D.* und James → Stephens in seinem gleichnamigen Roman.

Lit.: H. V. Fackler, The D. Legend in Anglo-Irish Lit., Sa. 1978.

deisel (ir. /ˈd′eʃel/) bezeichnet die Richtung des Sonnenumlaufs oder den Uhrzeigersinn. Eine entsprechende Bewegung galt als glückverheißend, während man die umgekehrte Richtung (ir. tuaithbel) für unheilvoll hielt.

derbfine → fine.

Diablinten (lat. Diablintes) nennt die antike → Ethnographie ein Teilvolk des Stammesverbands der → Aulerker im Gebiet zwischen der Loire und der Seine. Der Name lebt fort in dem der Stadt Jublains, die zuvor Noviodunum hieß.

Diana heißt in der römischen Religion eine Göttin, die ursprünglich vor allem als Mondgottheit und Schützerin des weiblichen Lebens galt. Bereits früh identifizierte man sie mit der griechischen Artemis und betrachtete sie als Göttin der Jagd und Schützerin des Wildes.

Darstellung der Diana (?)Arduinna

In den Provinzen des Römischen Reichs bezeichnete man mit dem Namen D. eine Vielzahl einheimischer Gottheiten. Durch Inschriften und bildliche Darstellungen bezeugt ist die Identifikation der D. mit den keltischen Göttinnen → Abnoba und → Arduinna.

Dian Cécht (ir. /d′ian k′eːxt/) heißt in den Erzählungen des → Mythologischen Zyklus ein Arzt der → Tuatha Dé Danann. In der Geschichte der Schlacht von Mag Tuired (→ *Cath Maige Tuired*) setzt er dem ehemaligen König → Nuadu, der im Kampf seine Hand verloren hat, eine künstliche Hand aus Silber an. Im Verlauf des Kampfs mit den → Fomoire wirft er die schwerverwundeten und gefallenen

Krieger der Tuatha Dé Danann in eine »Quelle der Gesundheit« (Tipra Sláine), worin die Verletzten genesen und die Toten zu neuem Leben erwachen.

Diarmait mac Aeda Sláine (ir. /'d'iarmid' mak 'aiða 'sla:n'e/) war ein irischer König des 7. Jhs., der von 642–664 zusammen mit seinem Bruder Bláthmac die Herrschaft ausübte. Eine Hauptrolle spielt er in der Erzählung → *Tochmarc Becfola.*

Diarmait mac Cerbaill (ir. /'d'iarmid' mak 'k'erviL'/) war ein König des 6. Jhs. Nach dem Zeugnis der Annalen soll er im Jahre 560 als letzter Herrscher die vorchristliche Kultfeier des »Fests von Tara« (feis Temro) begangen haben. In der *Vita Columbae* des → Adamnán wird D. jedoch als »durch Gottes Ratschluß eingesetzter Herrscher über ganz Irland« bezeichnet. In der Überlieferung des Klosters Clonmacnoise galt er als Gönner des Klostergründers Ciarán.

Diarmait ua Duibne (ir. /'d'iarmid' ua 'duv'n'e/) heißt der Titelheld der Erzählung → *Tóruigheacht Dhiarmada agus Ghráinne.* Er ist ein Ziehsohn des Elfenfürsten → Oengus und berühmt wegen seiner Schönheit.

díchetal di chennaib (ir. /'d'i:çedal d'i 'çeNiv/) heißt eine bestimmte Art der Weissagung, die der Dichter (→ fili) ausgeübt haben soll. Nach einer Angabe im Glossar des Bischofs Cormac (→ *Sanas Chormaic*) wurde sie im Gegensatz zu ähnlichen Praktiken vom heiligen → Patrick nicht verboten, da keine Götzenopfer mit ihr verbunden gewesen seien.

Dillon, Myles (1900–1972), Keltologe, wurde in Dublin geboren. Er studierte bei Osborn → Bergin, Julius → Pokorny, Rudolf → Thurneysen und Joseph → Vendryès. Danach lehrte er in Dublin, Madison (Wisconsin), Chicago und Edinburgh Keltische Philologie und Vergleichende Sprachwissenschaft. Er veröffentlichte zahlreiche Textausgaben, Studien zur irischen Sprach- und Literaturgeschichte sowie die populär gehaltenen Darstellungen *The Cycles of the Kings* (1946) und *Early Irish Literature* (1948). Zusammen mit Nora Chadwick (1891–1972) schrieb er *The Celtic Realms* (1967; dt. *Die Kelten von der Vorgeschichte bis zum Normanneneinfall*). Eine Zusammenfassung seiner langjährigen Forschungen auf dem Gebiet keltisch-indischer Gemeinsamkeiten erschien 1975 unter dem Titel *Celts and Aryans: Survivals of Indo-European Speech and Society.*

Dindsenchas (ir. /'d'indhenxas/) ist der Titel einer Sammlung von Sagen, die der Erklärung von Ortsnamen dienten. Die Bezeichnung ist aus dind »Hügel, Anhöhe« und senchas

»überliefertes Wissen« gebildet. Sie bezieht sich jedoch nicht nur auf die mit dind bezeichneten Bodenerhebungen, sondern auf jeden Ort, von dem eine Geschichte überliefert ist. Die Sagen des D. wurden in der uns vorliegenden Form im 9. bis 12. Jh. aufgezeichnet, wobei einzelne Züge auf älterer Überlieferung beruhen können. Man unterscheidet drei verschiedene Fassungen, die mehr oder weniger vollständig in über 40 Handschriften überliefert sind.

Die älteste Fassung (A) findet man im »Buch von Leinster« (→ Lebor Laignech). Sie besteht aus über 100 Gedichten mit nur wenigen eingestreuten Prosaabschnitten. Einige dieser Gedichte werden namentlich bekannten Autoren des 9.–11. Jhs. zugeschrieben, die meisten sind jedoch anonym überliefert. Auf der Grundlage dieser ersten Sammlung entstand eine zweite Fassung (B), die aus kurzen Prosaabschnitten mit einigen Versen am Ende jedes Abschnitts besteht. Beide Sammlungen bildeten die Grundlage für die am weitesten verbreitete dritte Fassung (C). Sie enthält für jeden Ortsnamen eine oder mehrere Erklärungen in Prosa, denen Gedichte folgen. Die einzelnen Abschnitte sind nach geographischen Gesichtspunkten in der Weise geordnet, daß der Leser von Tara (→ Temair) aus im Uhrzeigersinn (→ deisel) durch die Provinzen Meath, Leinster, Munster, Connacht und Ulster geführt wird.

Es ist charakteristisch für alle drei Fassungen des D., daß die Etymologie vieler Ortsnamen aus sprachlichen oder sachlichen Gründen ausgesprochen unwahrscheinlich anmutet. Davon abgesehen ist anzunehmen, daß die angeführten Sagen nur zum Teil auf lokale mündliche Überlieferung zurückgehen und in vielen Fällen auf mittelalterlicher gelehrter Spekulation beruhen.

Ausg. u. Übers.: W. Stokes, The Bodleian D., Folk-Lore 3 (1892) 467–516; ders., The Edinburgh D., Folk-Lore 4 (1893) 471–497; ders., The Prose Tales of the Rennes D., RC 15 (1894) 272–336 u. 418–484 sowie RC 16 (1895) 31–83, 135–167 u. 269–313; E. Gwynn, The Metrical D., 5 Bde., Du. 1903–1935.
Lit.: C. Bowen, A Historical Inventory of the D., StC 10/11 (1975/76) 113–137; B. Ó Cuív, D.: the literary exploitation of Irish placenames, Ériu 41 (1990) 90–107.

Dinomogetimarus heißt ein keltischer Gott. Seine Verehrung bezeugt eine einzige Weihinschrift aus Saint-Pons im Dép. Hérault (CIL XII 4218), in der er nach der → Interpretatio Romana mit → Mars identifiziert wird.

Diodoros von Sizilien (lat. Diodorus Siculus) war ein griechischer Historiker des 1. Jhs. v. Chr. Er schrieb eine 40 Bände zählende Universalgeschichte, die den Zeitraum von der Entstehung der Welt bis zu Caesars Expedition nach Britannien im Jahr 54 v. Chr. umfaßte. Von ihr sind die Bücher 1–5 und 11–20 vollständig, die übrigen in Auszügen und Fragmenten auf uns gekommen.

Das fünfte Buch enthält in den Kapiteln 25–32 eine ausführliche Schilderung Galliens und seiner Bewohner, die D. dem Werk des stoischen Philosophen → Poseidonios entnahm. Den ersten Teil dieses Abschnitts bilden einige einleitende Bemerkungen zur Geographie, zum Klima und zur Wirtschaft. Im weiteren beschreibt D. das Aussehen der Kelten, ihre Nahrung (→ Essen und Trinken) und ihre → Kleidung. Darauf folgt eine Darstellung ihres → Kriegswesens mit einer Beschreibung der Waffen und der Funktion des Streitwagens (→ Wagen). Ausführlich äußert sich D. zu dem keltischen Brauch, die abgeschlagenen Köpfe gefallener Gegner als Trophäen zu sammeln. Einige weitere Bemerkungen gelten den → Barden und → Druiden, der → Weissagung und dem → Opfer.

Lit.: → Ethnographie, antike.

Dioskuren (»Zeussöhne«) heißen in der griechisch-römischen Mythologie die beiden Zwillingsbrüder Kastor und Polydeukes (lat. Castor und Pollux). Sie wurden besonders als Helfer in der Schlacht und Retter in Seenot verehrt. Bildliche Darstellungen zeigen sie zumeist als Jünglingspaar zusammen mit ihren Pferden. Nach → Diodoros von Sizilien (4,56,4) sollen die keltischen Bewohner der Atlantikküste die D. mehr als alle anderen Götter verehrt haben, da sie einer alten Überlieferung zufolge einst aus dem Meer zu ihnen gekommen seien. Diese Bemerkung könnte sich auf zwei einheimische keltische Götter beziehen, da die Verehrung göttlicher Zwillingsbrüder auch bei anderen Völkern indogermanischer Sprache wie z. B. den Germanen (Alken) oder Indern (Aśvins) begegnet. Für diese Annahme spricht auch die Häufigkeit, mit der die D. im römischen Gallien bildlich dargestellt wurden. Ihre keltischen Namen kennen wir allerdings nicht. Die Vermutung, es handle sich bei den gallischen Göttern → Divanno und → Dinomogetimarus um die keltischen D., entbehrt einer sicheren Grundlage.

Lit.: E. Krüger, Die gallischen und die germanischen D., Trierer Zeitschrift (1940) 8–27 und (1941/42) 1–66.

Dis Pater heißt in der römischen Religion der Gott des Reichtums und der Unterwelt. Nach → Caesar (Bell. Gall. 6,18) glaubten alle Gallier, daß sie von D. abstammten. Sie sollen dies als eine Lehre der Druiden bezeichnet haben. Welchen keltischen Gott Caesar meint, ist unbekannt. Unter den inschriftlich bezeugten Gottheiten könnte am ehesten → Sucellus der obigen Charakterisierung entsprechen. Möglicherweise wurde auch der Gott → Smertrius mit D. gleichgesetzt. Eine vergleichbare Gestalt der irischen Überlieferung ist → Donn.

Divanno heißt ein keltischer Gott. Seine Verehrung bezeugt eine einzige Weihinschrift aus

Saint-Pons im Dép. Hérault (CIL XII 4218), in der er nach der → Interpretatio Romana mit → Mars identifiziert wird.

Divico heißt bei → Caesar (Bell. Gall. 1,13–14) ein Fürst aus dem Stamm der → Helvetier. Unter seiner Führung besiegte 107 v. Chr. das helvetische Teilvolk der Tiguriner ein römisches Heer und schickte als eine Geste der Demütigung die gefangenen Soldaten unter das Joch. 58 v. Chr. trat D. selbstbewußt als Führer einer helvetischen Gesandtschaft gegenüber Caesar auf. – Den Triumph des D. über die Römer gestaltete Charles Gleyre (1806–1874) in seinem Gemälde *Die Helvetier schicken die besiegten Römer unter das Joch* (1858, jetzt im Musée cantonal des beaux-arts, Lausanne). Von Gleyres Bild inspiriert ist das Gedicht *Das Joch am Leman* von Conrad Ferdinand Meyer (1825–1898).

Dolmen nennt man einen bestimmten Typus vorgeschichtlicher Grabstätten. Sie bestehen meist aus mehreren senkrecht aufgestellten Trag- und ein oder zwei darübergelegten Decksteinen. Ursprünglich waren sie mit einem Hügel aus aufgeschütteter Erde überdeckt. Der Name stammt aus dem Keltischen (aus bretonisch taol »Tisch« und maen »Stein«), doch wurden die damit bezeichneten Anlagen bereits vor dem Auftreten der Kelten errichtet.

Domnall mac Aeda (ir. /'dovnaL mak 'aiða/) war ein irischer König des 7. Jhs., der bereits in der *Vita Columbae* des → Adamnán erwähnt wird. In seiner Regierungszeit (628–642) spielen die Erzählungen → *Fled Dúin na nGéd*, → *Cath Maige Rátha* und → *Buile Suibne*.

Dôn (wal. /doːn/) heißt in der Erzählung → *Math fab Mathonwy* die Schwester des Titelhelden Math und Mutter der Geschwister → Gwydion, → Gilfaethwy, → Arianrhod und → Gofannon. Die Erzählung → *Culhwch ac Olwen* nennt als einen weiteren Sohn → Amaethon. Die Annahme eines Zusammenhangs mit dem keltischen Namen der Donau (lat. Danuvius) und dem der vorchristlichen irischen Göttin Danu (→ Anu) ist aus sprachgeschichtlichen Gründen problematisch.

Donn (ir. /doN/ »der Braune« oder »der Dunkle«) heißt im »Buch der Einnahme Irlands« (→ *Lebor Gabála Érenn*) einer der Söhne des → Míl. Er soll noch vor der Landung seiner Brüder in Irland in der Bucht Inber Scene (heute Kenmare Bay in Kerry) ertrunken sein. Als sein Grab galt die kleine Felseninsel Tech Duinn »das Haus des D.« (heute Bull Rock vor der Insel Dursey). Einem Gedicht aus der zweiten Hälfte des 9. Jhs. zufolge war es der letzte Wunsch des D., daß sich alle seine Nachkommen nach ihrem Tod in seinem Haus versammeln sollten.

In Übereinstimmung damit nennt die Erzählung → *Airne Fíngein* Tech Duinn den Ort, »wo sich die Toten ein Stelldichein geben«. Aufgrund dieser Hinweise vermutet man, daß D. in vorchristlicher Zeit als Stammvater der Iren galt, zu dem alle Menschen nach ihrem Ableben versammelt wurden. Eine vergleichbare Gestalt der festlandkeltischen Mythologie ist der von → Caesar erwähnte Unterweltsgott → Dis Pater.

Lit.: K. Meyer, D. ir. Totengott und die Toteninsel, Sitzungsber. d. Kgl. Preuss. Ak. d. Wiss., Phil.-hist. Kl. (1919) 537–546; K. Müller-Lisowski, Traditions about D., Béaloideas (Dublin) 18 (1948) 142–199.

Donn Cuailnge (ir. /doN 'kual'n'g'e/ »der Braune von C.«) heißt in der Geschichte des Rinderraubs von Cuailnge (→ *Táin Bó Cuailnge*) der berühmteste Stier der Provinz Ulster (→ *De chophur in da muccida*).

Dottin, Georges (1863–1928), Keltologe, wurde in Liancourt im Dép. Oise geboren. Nach Studien in Rennes und Paris war er zunächst Professor für Griechische Sprache und Literatur in Rennes. Von 1910 bis zu seinem Tod lehrte er dort als Nachfolger des Keltologen Joseph Loth Keltische Sprach- und Literaturwissenschaft. Er verfaßte mehrere kultur- und literaturgeschichtliche Werke, doch lag der Schwerpunkt seiner Forschungen auf dem Gebiet der älteren keltischen → Sprachen. Grundlegend ist insbesondere seine Behandlung des →Gallischen in dem Werk *La langue gauloise* (1920).

Drei-Funktionen-Theorie →Dumézil, Georges.

Druiden (lat. Pl. druidae und druides; griech. Pl. druidai) nennt die antike → Ethnographie die Priester der Kelten. Die Bezeichnung geht zurück auf die keltische Form *dru-vid-es mit der mutmaßlichen Bedeutung »Eichenkundige« (vgl. → Eiche).

Archäologisch kann man nur die Funktion der D. im Kult nachweisen, während sie selbst als Personen nicht in Erscheinung treten. So kennt man zwar die Lage keltischer → Kultstätten und die Überreste der dort vollzogenen → Opfer, nicht aber die einzelnen rituellen Handlungen oder die Gebete, die sie begleiteten. Eindeutige bildliche Darstellungen oder Gräber von D. sind bislang noch nicht gefunden worden. Hinweise auf D. in der mittelalterlichen → Literatur Irlands haben nur geringen Quellenwert, da infolge der → Christianisierung gerade hier mit tendenziösen Entstellungen der Überlieferung sowie einer zunehmenden Unkenntnis der vorchristlichen Kultpraxis zu rechnen ist. Die wichtigste Quelle für unsere Kenntnis der D. sind daher die Nachrichten griechischer und römischer Autoren. Sie stammen aus der Zeit vom 2. Jh. v. Chr. bis zum 4. Jh. n. Chr. und beziehen sich ausnahmslos auf Gallien und Britannien.

Die ausführlichste Notiz über die D. stammt von → Caesar. Seiner Schilderung zufolge waren die D. neben dem Adel die einzige angesehene und privilegierte Klasse in Gallien. In ihrer Obhut – so der römische Feldherr – lagen der Kult, die öffentlichen und privaten Opfer (auch Menschenopfer), die Auslegung der religiösen Vorschriften und die Rechtsprechung. Die D. seien landesweit hierarchisch organisiert gewesen und hätten sich alljährlich an einem geweihten Ort im Land der → Karnuten versammelt. Ihre Ausbildung habe in manchen Fällen zwanzig Jahre gedauert und sei ausschließlich mündlich erfolgt. Es habe zur Lehre der D. gehört, daß die menschliche Seele unsterblich sei und nach dem Tod in einen anderen Körper übergehe (vgl. → Wiedergeburt). Darüber hinaus hätten sie der Jugend astronomische, naturwissenschaftliche und theologische Kenntnisse vermittelt (Bell. Gall. 6,13–14). Einzelne Züge dieses Bildes, die vermutlich dem verlorenen Geschichtswerk des → Poseidonios entlehnt sind, findet man auch in den Schilderungen der Autoren → Diodoros von Sizilien (5,31), → Strabon (4,4) und → Pomponius Mela (3,2,18). Darüber hinaus berichtet → Plinius der Ältere in einer berühmt gewordenen Passage seiner Naturgeschichte über den Gebrauch der → Mistel im Kult der D. (Hist. Nat. 16, 249–251).

Im Zuge der römischen Eroberung Galliens und Britanniens verloren die D. zunehmend an Bedeutung. 54 n. Chr. wurde das Amt der D. von Kaiser Claudius endgültig verboten. Die Spärlichkeit der schriftlichen Zeugnisse führte im 18. Jh. zu zahlreichen Spekulationen über die D., die das populäre Bild der keltischen Priester bis heute beeinflussen (vgl. → Kelteniedeologie).

Lit.: A. L. Owen, The Famous Druids, O. 1962; N. K. Chadwick, The Druids, Car. 1966; G. Zecchini, I Druidi e l'opposizione dei Celti a Roma, Mi. 1984; S. Piggott, The Druids, rev. ed. 1985; F. Le Roux u. Ch.-J. Guyonvarc'h, Les Druides, 4ème éd. Rennes 1986.

Drystan fab Tallwch (wal. /ˈdrəstan vaːb ˈtaɬux/) heißt eine Gestalt aus dem Sagenkreis um → Arthur. Die → *Trioedd Ynys Prydein* erwähnen ihn teils wegen seiner Berühmtheit als Krieger, teils wegen seiner Liebe zu → Essyllt. Sein Name ist vermutlich ebenso wie der seines Vaters Tallwch aus der Sprache der → Pikten ins Keltische entlehnt worden. Möglicherweise stammt auch ein Teil der Erzählungen um D. aus der piktischen Überlieferung, doch brachte man diese Geschichten später mit Örtlichkeiten und Personen aus Wales, Cornwall und der Bretagne in Verbindung. Von den keltischen Erzählungen sind allerdings nur ein inhaltlich unklares Gedicht im »Schwarzen Buch von Carmarthen« (→ *Llyfr Du Caerfyrddin*) und die fragmentarisch erhaltene *Ystorya Trystan* auf uns gekommen. Reicher fließen die Quellen in der höfischen Literatur Frankreichs und Deutschlands. Dort entstanden zwischen 1150 und 1210 die bruchstückhaft überlieferten Versromane der Dichter Thomas und Béroul, der vollständig erhaltene *Tristrant* des → Eilhart von Oberge und die unvollendet gebliebene Dichtung des → Gottfried von Straßburg. Das Problem der Abhängigkeit dieser Werke voneinander und von uns unbekannten älteren Vorlagen ist vielschichtig und in vielen Einzelheiten umstritten. Die geschilderte Sachkultur und die psychologische Motivierung der Figuren sind in jedem Fall vor dem Hintergrund des zeitgenössischen höfischen Gesellschaftsideals zu sehen. Wichtig ist aber auch der Einfluß international verbreiteter Märchenmotive und das Vorbild der antiken Literatur. Denkbar ist ferner eine Abhängigkeit von orientalischen Werken wie etwa der iranischen Dichtung von Wis und Ramin. Innerhalb der keltischen Kultur findet man Parallelen vor allem in der irischen Überlieferung.

Lit.: S. Eisner, The Tristan Legend: A Study in Sources, Evanston (Ill.) 1969; J. Hill (Hrsg.), The Tristan Legend, Leeds 1977; R. Bromwich, The ›Tristan‹ Poem in the Black Book of Carmarthen, StC 14/15 (1979/80) 54–65 (m. Text u. engl. Übers.); O. J. Padel, The Cornish Background of the Tristan Stories, CMCSt 1 (1981) 53–81; W. A. Trindade, The Celtic Connections of the Tristan Story, Reading Mediaeval Studies 12 (1986) 93–107 und 13 (1987) 71–80; R. Bromwich, The Tristan of the Welsh, in: R. Bromwich u. a. (Hrsg.), The Arthur of the Welsh (Car. 1991) 209–228.

Duanaire Finn (ir. /'duanir'e f'iN'/ »Finns Liederbuch«) ist der Titel einer Sammlung von 69 Gedichten und Balladen aus dem Sagenkreis um → Finn mac Cumaill. Die einzelnen Werke entstanden in der Zeit zwischen dem 12. und dem frühen 17. Jh. und sind uns in einer Handschrift aus der Zeit um 1627 überliefert. Die Balladen handeln zumeist von Jagden, Kriegszügen und verschiedenen anderen Abenteuern der → Fianna und sind häufig einem der Überlebenden dieser Kriegerschar in den Mund gelegt.

Ausg. u. Übers.: E. MacNeill u. G. Murphy, D. F., Lo. u. Du. 1908–1953 (ITS 7, 28 u. 43).

Dub Lacha (ir. /duv 'Laxa/) heißt in der Erzählung → *Compert Mongáin* die Frau des Titelhelden Mongán.

Dub Sainglenn (ir. /duv 'san-'γ'l'eN/) heißt in den Erzählungen des → Ulster-Zyklus eins der beiden windschnellen Pferde des Helden → Cú Chulainn. Nach der älteren Fassung der Geburtsgeschichte Cú Chulainns (→ *Compert Chon Culainn*) wurde es in derselben Nacht wie sein Herr geboren.

Dubthach (ir. /'dufθax/) heißt in den Erzählungen des → Ulster-Zyklus ein gefürchteter Krieger aus Ulster. Wegen seiner boshaften Reden trägt er den Beinamen Dael Ulad »Mistkäfer von Ulster« oder Daeltenga »Mistkäfer-Zunge«. Als Waffe hat er von dem Helden → Celtchar mac Uthechair die Lanze Lúin erhalten. Sie verfehlt niemals ihr Ziel, doch muß man ihre Spitze vor dem Kampf in Gift tauchen, damit sie nicht den Schaft samt seinem Träger verbrennt. Die Erzählung → *Longas mac nUislenn* schildert, wie D. nach der heimtückischen Ermordung Noisius und seiner beiden Brüder durch König → Conchobar mac Nesa nach Connacht ins Exil geht. In der Geschichte des Rinderraubs von Cuailnge (→ *Táin Bó Cuailnge*) nimmt D. an der Seite des Königspaares → Ailill und → Medb am Zug der Connachter gegen Ulster teil.

Duchcov (deutsche Form: Dux) ist eine Stadt in Böhmen am Südrand des Erzgebirges. 1882 fand man dort bei Regulierungsarbeiten an einer Quelle einen bronzenen Kessel und ca. 2000 Fibeln, Ringe und andere Metallgegenstände aus der frühen Latènezeit.

Dürrnberg → Hallein.

Dumézil, Georges (1898–1986), Sprach- und Religionswissenschaftler, wurde in Paris geboren. Er lehrte zunächst an der École pratique des hautes études und war von 1949 bis 1968 Professor für Indogermanische Sprachwissenschaft am Collège de France. Sein wissenschaftliches Hauptinteresse galt der Mythologie der Indogermanen, deren Struktur er vor allem mit Hilfe römischer und indoiranischer Quellen zu rekonstruieren suchte. In einer langen Reihe von Schriften entfaltete D. die These einer indogermanischen »Ideologie der drei Funktionen«. Ihr zufolge beruhte das Weltbild der Indogermanen ebenso wie ihre Gesellschaftsordnung auf einer hierarchischen Dreigliederung, welche die grundlegenden Funktionen der Herrschaft (souveraineté), des Kriegswesens (force) und der Fruchtbarkeit (fécondité) unterschied. D. erfuhr mit seinen Arbeiten in sprach- und religionswissenschaftlichen Kreisen breite Zustimmung, aber auch grundsätzliche Ablehnung. Die Frage, inwieweit keltische Quellen seine Theorien bestätigen, ist in der Forschung umstritten.

Lit.: C. S. Littleton, The New Comparative Mythology: An Anthropological Assessment of the Theories of G. D., Be. [3]1982; W. Belier, Decayed Gods: Origin and Development of G. D.'s ›Idéologie tripartite‹, Lei. 1991.

Dumiatis heißt ein keltischer Gott, der nach der → Interpretatio Romana mit → Mercurius identifiziert wurde. Seine Verehrung bezeugt eine Bronzetafel (CIL XIII 1523), die 1874 in einem gallo-römischen Tempelbezirk auf dem Gipfel des Puy-de-Dôme bei Clermont-Ferrand gefunden wurde.

Dumnonier (lat. Dumnonii) nennt die antike → Ethnographie einen keltischen Stamm in Südwestengland und Cornwall. Sein Hauptort war in römischer Zeit Isca Dumnoniorum, das heutige Exeter. Nach dem Abzug der Römer entstand im 5. Jh. n. Chr. im Siedlungsgebiet der D. das keltische Königreich Dumnonia, von dem aus auch Teile der Bretagne besiedelt wurden. Der Name der D. lebt fort in dem der englischen Grafschaft Devon und der nach ihr benannten geologischen Formation.

Durrow → Buch von Durrow.

Dyfed (wal. /ˈdəved/) ist eine Region im südlichen Wales. Ihr Name geht zurück auf den Stamm der Demeter (lat. Demetae), der bereits von dem griechischen Geographen Ptolemaios (2. Jh. n. Chr.) erwähnt wird. Im frühen Mittelalter bildete D. ein selbständiges Königreich, dessen Herrscher irische Abkunft beanspruchten. Nach dem Tod des letzten Königs von D. zu Beginn des 10. Jhs. wurde die Region dem neugeschaffenen Königreich Deheubarth einverleibt. Die heutige County D. wurde 1974 aus den Grafschaften Pembroke-, Carmarthen- und Cardiganshire neu geschaffen und erstreckt sich damit sehr viel weiter nach Norden und Osten als das alte Königreich D.

Dylan Eil Ton (wal. /ˈdəlan eil ton/) heißt eine Gestalt der walisischen Sage, über die nur wenig bekannt ist. In der Erzählung → *Math fab Mathonwy* wird geschildert, wie D. zusammen mit seinem Zwillingsbruder → Lleu Llaw Gyffes geboren wird. Es heißt, daß er sich gleich nach seiner Taufe ins Meer begab und alsbald wie der wendigste Fisch zu schwimmen vermochte. Deshalb habe man ihn Eil Ton (»Sohn der Woge«) genannt. Durch einen Schlag seines Onkels → Gofannon sei er ums Leben gekommen. Abgesehen von dieser kurzen Erzählung wird D. noch in einigen Gedichten im »Buch Taliesins« (→ Llyfr Taliesin) erwähnt. Nach einer Angabe in den → *Englynion y Beddeu* befindet sich sein Grab unweit der Kirche des heiligen Beuno bei Clynnog Fawr in Nordwestwales.

Lit.: S. L. Keefer, The Lost Tale of D. in the Fourth Branch of the Mabinogi, StC 24/25 (1989/90) 26–37.

Eadaoin → Étaín.

Eber → Schwein.

Éber (ir. /ˈeːvʹer/) heißt im »Buch der Einnahme Irlands« (→ *Lebor Gabála Érenn*) einer der Söhne des → Míl. Er soll nach der Eroberung Irlands zunächst über die südliche Hälfte der Insel geherrscht haben, aber bereits nach einem Jahr im Kampf gegen seinen Bruder Éremón gefallen sein.

Eburonen (lat. Eburones) nennt die antike → Ethnographie einen keltischen Stamm im Gebiet zwischen Rhein und Maas. Während der Eroberung Galliens durch → Caesar leistete er unter seinen Anführern → Ambiorix und Catuvolcus erbitterten Widerstand und wurde deshalb nahezu ausgerottet. Das Land der E. besiedelten später die germanischen Tungrer, von denen die Stadt Tongern ihren Namen hat.

Eburoviken (lat. Eburovices) nennt die antike → Ethnographie ein Teilvolk des Stammesverbands der → Aulerker im Gebiet zwischen der Loire und der Seine. Der Name bedeutet soviel wie »Eibenkämpfer«, doch ist unklar, welche Vorstellungen man mit dieser Bezeichnung verband. Er lebt fort in dem der Stadt Évreux, die zuvor Mediolanium hieß.

éces (ir. /'eːg'es/) bezeichnet den gelehrten Dichter. Möglicherweise ist der Begriff von einem Wort für »sehen« abgeleitet und bezeichnete ursprünglich – ähnlich wie → fili – den inspirierten Seher. Eine Fibel für angehende gelehrte Dichter ist → *Auraicept na n-éces*.

echtrae (ir. /'extre/) bezeichnet die (abenteuerliche) Reise oder das Abenteuer. Das Wort dient in den → Sagenlisten zur Bezeichnung von Erzählungen, die von Erlebnissen in wunderbaren Regionen jenseits der von Menschen bewohnten Welt handeln. Der Schauplatz der e. liegt zumeist jenseits des Meeres, im Innern der Erde oder im Bannkreis eines magischen Nebels. Eine verwandte Typenbezeichnung ist der → immram.

Lit.: D. N. Dumville, E. and Immram: Some problems of definition, Ériu 27 (1976) 73–94.

Echtrae Chonnlai (ir. /'extre 'xoNli/ »Connlas Abenteuer«) ist der Titel einer Erzählung aus dem → Historischen Zyklus. Sie schildert, wie Connla, ein Sohn des irischen Königs → Conn Cétchathach, sich vor Liebe zu einer Fee (vgl. → síd) verzehrt und schließlich gegen den Willen seines Vaters von ihr in einem gläsernen Schiff aus der Welt der Menschen entrückt wird.

Ausg.: J. Pokorny, Conle's abenteuerliche Fahrt, ZCP 17 (1927) 193–205; H. P. A. Oskamp, E. C., EC 14 (1974) 207–228 (m. engl. Übers.).
Übers.: R. Thurneysen, Sagen aus dem alten Irland, B. 1901.
Lit.: K. McCone, Pagan Past and Christian Present in Early Ir. Lit., May. 1990.

Echtrae Nerai (ir. /'extre 'n'eri/ »Neras Abenteuer«) heißt eine der »Vorerzählungen« (→ remscéla) zur Geschichte des Rinderraubs von Cuailnge (→ *Táin Bó Cuailnge*). Sie entstand vermutlich im 10./11. Jh. und ist im → »Gelben Buch von Lecan« und einer Handschrift aus dem 15. Jh. überliefert. Die Handlung der Geschichte spielt in Cruachain, der Residenz des Königspaares → Ailill und → Medb. Sie beginnt am Vorabend des Festes von → Samain, an dem nach irischer Vorstellung die Elfenhügel (→ síd) des Landes geöffnet sind und der Mensch Kontakt zu übernatürlichen Wesen aufnehmen kann. In dieser Nacht findet der Titelheld Nera auf dem Rückweg von einer Mutprobe völlig unerwartet die Burg von Cruachain in hellen Flammen und ihre Bewohner erschlagen vor. Heimlich folgt er dem feindlichen Heer, das gerade die Stätte der Zerstörung verläßt, in einen nahegelegenen Elfenhügel. Dort klärt ihn eine Fee darüber auf, daß er das Opfer einer Täuschung geworden ist: Was er gesehen habe, werde sich in Wirklichkeit erst am nächsten Fest von Samain ereignen. Daraufhin kehrt Nera in die Burg von Cruachain zurück, um ihre Bewohner zu warnen. So gelingt es Ailill und Medb, am nächsten Fest von Samain den Bewohnern des síd zuvorzukommen. Sie zerstören und plündern den Elfenhügel, verschonen aber Nera und die Fee, die dort alleine zurückbleiben. – Neu erzählt haben diese Geschichte Lady Augusta → Gregory im neunten Kapitel ihres Buchs *Cuchulain of Muirthemne* und James → Stephens in seinem Buch *In the Land of Youth* (dt. *Maeves Fest*).

Ausg. u. Übers.: K. Meyer, The Adventures of Nera, RC 10 (1889) 212–228.
Lit.: A. Watson, A structural analysis of E. N., EC 23 (1986) 129–142; J. Carey, Sequence and Causation in E. N., Ériu 39 (1988) 67–74; S. Ó Coileáin, E. N. and its analogues, Celtica 21 (1990) 427–440; M. Ó Flaithearta, E. N., Táin Bó Regamna und ihr Verhältnis zu Táin Bó Cuailnge, in: H. L. C. Tristram (Hrsg.), Deutsche, Kelten und Iren (H. 1990) 155–176.

Efnisyen → Nisyen und Efnisyen.

Eichen besaßen nach dem Zeugnis der antiken → Ethnographie eine große Bedeutung innerhalb der keltischen Religion. Bereits → Strabon (Geogr. 12,5,1) erwähnt einen drynémeton (»Eichenhain«) als Versammlungsort der kleinasiatischen → Galater. Nach → Plinius dem Älteren (Hist. Nat. 16,249) war den → Druiden nichts heiliger als die → Mistel und der Baum, auf dem sie wuchs. Plinius zufolge bevorzugten die Druiden E.haine für ihren Kult und vollzogen keine Opferhandlungen ohne E.laub. Plinius vermutet daher, daß die Druiden von der griechischen Bezeichnung der Eiche ihren Namen erhalten haben könnten (vgl. gr. drŷs »E.« und dryídēs »Druide«). Nach den → Berner Scholien zum Werk des römischen Dichters → Lucan haben die Druiden ihren Namen von der E., weil sie abgelegene Haine bewohnten, oder aber weil sie nach dem Genuß von Eicheln Weissagungen auszusprechen pflegten. Der griechische Philosoph Maximos von Tyros (2. Jh. n. Chr.) weiß zu berichten, die Kelten verehrten den Gott Zeus, und das keltische Symbol des Z. sei eine hohe E. Von einer besonderen Bedeutung der E. bei Gerichtsverhandlungen im Gebiet der Loire ist in der lateinischen Komödie *Aulularia* aus dem 4. Jh. n. Chr. die Rede. In der inselkeltischen Überlieferung spielt die E. demgegenüber im Vergleich zu anderen Bäumen keine herausgehobene Rolle. Auch ist ein besonderer Bezug der Druiden zur E. in der irischen und walisischen Literatur nicht ersichtlich.

Eigr (wal. /eigr/) heißt in den walisischen Bearbeitungen der *Historia Regum Britanniae* des → Geoffrey von Monmouth die Tochter des Fürsten Anlawdd Wledig und Gattin des Herzogs Gwrlais von Cornwall. Während eines Festes verliebt sich König → Uthyr Bendragon in sie. Mit Hilfe des zauberkundigen → Myrddin nähert er sich ihr in der Gestalt ihres Gatten, während dieser sich auf einem Kriegszug befindet. In der ersten gemeinsam verbrachten Nacht empfängt E. → Arthur, der nach dem Tod seines Vaters mit 15 Jahren die Herrschaft über Britannien antritt.

Eilhart von Oberge war ein mittelhochdeutscher Dichter des 12. Jhs. Zwischen 1170 und 1190 schuf er mit seinem Versroman *Tristrant* die älteste Gestaltung der Sage um Tristan (→ Drystan), die uns vollständig erhalten ist.

Éire → Ériu.

Eisen war im Europa des 1. Jahrtausends v. Chr. von so grundlegender Bedeutung, daß man diesen Abschnitt der Geschichte bis heute als »E.zeit« bezeichnet. Die Kenntnis der E.verarbeitung stammt aus dem Orient und gelangte vermutlich über den Balkan, den Ostalpenraum und Oberitalien nach Mittel- und Westeuropa. Vereinzelte Objekte aus E. sind bereits im 10./9. Jh. v. Chr. in der → Urnenfelder-Kultur nachweisbar. Das neue Metall setzte sich jedoch erst am Übergang zur Hallstattzeit allgemein durch. Die Kelten verwendeten E. für Waffen (Speer- und Lanzenspitzen, Schwerter, Schildbeschläge), Werkzeuge (Äxte, Sägen, Hämmer, Bohrer, Zangen), Hausrat (Messer, Scheren, Fleischgabeln, Bratspieße, Feuerböcke), landwirtschaftliche Geräte (Schaufeln, Hacken, Sicheln, Sensen, Pflugscharen) sowie für einzelne Bestandteile der → Kleidung und → Schmuck (Nadeln, → Fibeln, Gürtelbleche und -haken.

Im Gegensatz zur → Bronze wurde E. nicht gegossen, sondern nur geschmiedet. Das Schmiedehandwerk war so hoch entwickelt, daß → Schmiede geachtete Spezialisten gewesen sein dürften. Dafür spricht auch die Rolle, die sie in den inselkeltischen Literaturen spielen. Die Verhüttung und Verarbeitung von E. war ein wichtiger Zweig der Wirtschaft. In einigen Fällen war die Entdeckung ergiebiger Erzvorkommen offenbar ausschlaggebend für die Anlage großflächiger Siedlungen (→ Oppida). In den Handel gelangte E. in Form von 2–10 kg schweren, doppelpyramiden- oder stabförmigen Barren. Von ihnen fand man bisher über 700 Exemplare, die meisten in Lothringen, Südwestdeutschland und der Schweiz.

Eisteddfod (wal. /ei'steðvod/) ist die Bezeichnung eines Treffens oder einer Versammlung von Dichtern. Diese Treffen lassen sich erstmals im 15./16. Jh. nachweisen, als die Dichter (wal. Beirdd) noch einen eigenen Stand mit mündlich tradierten Regeln und Normen bildeten. Mit dem Niedergang des Dichterstands verlor die Tradition des E. im 17./18. Jh. einen Großteil ihrer ursprünglichen Bedeutung, wurde jedoch im 19. Jh. wiederbelebt. Prägenden Einfluß auf die Gestaltung dieser Veranstaltungen nahm dabei die von Edward → Williams (Iolo Morganwg) gegründete »Versammlung der Barden der Insel Britannien«. In der zweiten Hälfte des 19. Jhs. entstand die Tradition des nationalen E. (E. Genedlaethol). Dabei handelt es sich um Literatur- und Musikfestspiele, die bis heute alljährlich in der ersten Augustwoche an wechselnden Orten in Wales gefeiert werden.

Elatha (ir. /'elaθa/) heißt in der Geschichte der Schlacht von Mag Tuired (→ *Cath Maige Tuired*) ein König der → Fomoire. Sein Sohn → Bres wird nach der Abdankung von → Nuadu Argatlám zum König der → Tuatha Dé Danann gewählt. In der Schlacht von Mag Tuired wird E. von Nuadu im Kampf verwundet und schließlich von → Lug mac Ethnenn erschlagen.

Elcmar (ir. /'elkvar/) heißt in den Erzählungen des → Mythologischen Zyklus der Gatte der → Bóand und ursprüngliche Besitzer des Elfenhügels → Brug na Bóinne. Die Geschichte der Werbung um Étaín (→ *Tochmarc Étaíne*) erzählt, wie der → Dagda mit seiner Gattin den Elfen → Oengus zeugt, und wie dieser sich durch eine List in den Besitz von Brug na Bóinne setzt.

Elen Luyddawg (wal. /'elen 'lijðaug/) heißt in der Erzählung → *Breuddwyd Macsen* die britannische Prinzessin, in die sich der römische Kaiser Macsen aufgrund eines Traumgesichts verliebt und die er nach der Eroberung Britanniens heiratet.

Elfen → síd.

Emain Ablach (ir. /'evin' 'avlax/) heißt in den Erzählungen des → Mythologischen Zyklus der Wohnsitz des Meergottes → Manannán mac Lir. Von einer Seefahrt sterblicher Menschen nach E. erzählt die Geschichte von Brans Seefahrt (→ *Immram Brain*).

Lit.: Th. M. Th. Chotzen, E. A. – Ynys Avallach – Insula Avallonis – Ile d'Avalon, EC 4 (1948) 255–274; P. MacCana, The Sinless Otherworld of Immram Brain, Ériu 27 (1976) 95–115.

Emain Macha (ir. /'evin' 'vaxa/) heißt in den Erzählungen des → Ulster-Zyklus der Sitz der Könige von Ulster. Er ist identisch mit der archäologischen Stätte Navan Fort ca. 5 km westlich der Stadt Armagh. Wie archäologische Untersuchungen ergaben, reichen die ältesten Spuren menschlicher Anwesenheit in E. bis in die Jungsteinzeit zurück. Es ist jedoch unklar, ob und inwieweit der Ort noch im 1. Jahrtausend n. Chr. genutzt wurde.

Lit.: B. Wailes, The Irish Royal Sites in History and Archaeology, CMCSt 3 (1982) 1–29.

Emer (ir. /'ev'er/) heißt in den Erzählungen des → Ulster-Zyklus die Gattin des → Cú Chulainn. Eine Hauptrolle spielt sie in den Geschichten → *Tochmarc Emire* und → *Serglige Con Culainn.*

Emrys Wledig (wal. /'emris 'wledig/) heißt in der walisischen Überlieferung ein Heerführer der britannischen Kelten in ihrem Kampf gegen sächsische Eroberer. Bei → Gildas erscheint er unter dem Namen Ambrosius (= Emrys) Aurelianus als Angehöriger der romanisierten Aristokratie des Landes. Deutlich märchenhafte Züge trägt seine Gestalt dagegen gut 300 Jahre später in der → *Historia Brittonum.* Dort wird erzählt, wie der britannische König → Gwrtheyrn im Norden von Wales die Vorbereitungen für den Bau einer Festung trifft. Als ihre Fundamente immer wieder einstürzen, geben die weisen Männer des Königs den Rat, einen Waisenknaben als Bauopfer darzubringen. Die Wahl fällt auf E., der sich als Sohn eines römischen Konsuls zu erkennen gibt. Durch seine überlegene Weisheit beschämt er die Berater des Königs und nennt den wahren Grund für den Einsturz der Fundamente: Im Innern der Erde unterhalb der Fundamente halten sich nämlich ein roter und ein weißer Drache verborgen. Der rote symbolisiere die britannischen Kelten, der weiße die germanischen Eindringlinge. Bei ihrer Entdeckung liefern sich die beiden Drachen einen Zweikampf, der mit dem Sieg des roten Drachen endet. Neu gestaltet hat diese Geschichte → Geoffrey von Monmouth, in dessen *Historia Regum Britanniae* allerdings nicht E., sondern der Zauberer Merlin (→ Myrddin) die Hauptrolle in dieser Episode spielt. Dagegen tritt E. in Geoffreys Werk unter dem Namen Aurelius Ambrosius als bedeutender Heerführer im Kampf gegen die Sachsen auf. Er gilt als Sohn des britannischen Königs Constantin und älterer Bruder von → Uthyr Bendragon.

enech (ir. /'en'ex/) bezeichnet das Gesicht sowie – im übertragenen Sinn – die Ehre eines Menschen. Diese zweite Bedeutung hat e. auch in dem Rechtsbegriff lóg n-enech »Ehrenpreis«. Damit bezeichnete man die gesellschaftliche und rechtliche Stellung einer Person, die z. B. über den Wert ihres Eides oder – im Falle einer Verletzung ihrer Rechte – über die Höhe der ihr zustehenden Entschädigung entschied. Einen solchen Ehrenpreis hatten allerdings nur freie Männer: Bei Vergehen gegen

Frauen zahlte man die Entschädigung an den Ehemann und bei solchen gegen Unfreie an deren Herrn. Ein Freier verlor seine Ehre, wenn er des Meineids überführt wurde oder wenn ein Dichter (→ fili) sein Fehlverhalten durch ein Schmähgedicht (→ áer) öffentlich anprangerte. Im walisischen Recht entsprach dem lóg n-enech der gleichbedeutende Begriff wynebwerth (aus wyneb »Gesicht« und gwerth »Wert«).

Lit.: F. Kelly, A Guide to Early Ir. Law, Du. 1988.

englyn (wal. /'eŋlin/) heißt die älteste bekannte Strophenform der kymrischen Literatur. Ihre Ursprünge liegen im dunkeln, doch war sie vermutlich schon im 8./9. Jh. ausgebildet und ist auch heute noch verbreitet. Jeder e. besteht aus drei oder vier Versen, die nach genau festgelegten Regeln durch Endreim und Alliteration miteinander verbunden werden. Dabei besteht ein Gedicht häufig nur aus einer einzigen Strophe.

Englynion Gereint (wal. /eŋ'lənjon 'gereint/ »Die Strophen Gereints«) nennt man eine Gruppe von 27 Strophen auf den Sagenhelden → Gereint fab Erbin. Er soll um 600 n. Chr. über das keltische Königreich Devon in Südwestengland geherrscht haben. Die Strophen entstanden vermutlich im 9.–11. Jh. und sind im »Roten Buch von Hergest« (→ Llyfr Coch Hergest) und im »Schwarzen Buch von Carmarthen« (→ Llyfr Du Caerfyrddin) überliefert. Möglicherweise bildeten sie die dramatischen Höhepunkte einer Sage, deren Handlung in Prosa erzählt oder als bekannt vorausgesetzt wurde. Breiten Raum nimmt die Schilderung einer Schlacht ein, an der neben Gereint auch → Arthur teilgenommen haben soll. Hier zeigt sich die charakteristische Tendenz der walisischen Überlieferung, historische und mythische Gestalten unterschiedlicher Herkunft dem arthurischen Sagenkreis einzuverleiben.

Lit.: J. Rowland, Early Welsh Saga Poetry, C. 1990.

Englynion y Beddeu (wal. /eŋ'lənjon ə 'beðei/ »Die Strophen der Gräber«) nennt man eine Gruppe von Gedichten, die von den Grabstätten berühmter Helden erzählen. Aufgrund inhaltlicher und sprachlicher Anhaltspunkte vermutet man, daß sie im 9./10. Jh. entstanden. Die handschriftliche Überlieferung beginnt allerdings erst im 13. Jh. mit einer Sammlung von 73 solcher E. im »Schwarzen Buch von Carmarthen« (→ Llyfr Du Caerfyrddin). Nur wenige Orte, die in den Versen genannt werden, lassen sich mit Sicherheit identifizieren. Die Sammlung ist jedoch wegen der zahlreichen Anspielungen auf verlorenes Erzählgut der britannischen Kelten von besonderer Bedeutung.

Lit.: Th. Jones, The Black Book of Carmarthen »Stanzas of the Graves«, PBA 53 (1967) 97–137 (m. Ausg. u. Übers.).

Enid (wal. /'enid/) heißt die weibliche Hauptfigur der mittelkymrischen Prosaerzählung → *Gereint fab Erbin*. In dem Versroman *Erec* von → Chrétien de Troyes findet man stattdessen die Schreibung Enide. Möglicherweise entstand der Name aus der keltischen Bezeichnung des Königreichs Vannes (bretonisch: Gwened), das im 6. Jh. von einem Herrscher namens Weroc (= Erec) regiert wurde. Falls diese Erklärung zutrifft, könnte die Erzählung von Erec und Enide auf eine Sage von der Vermählung des Herrschers Weroc mit seinem weiblich personifizierten Land zurückgehen. Vergleichbare Erzählungen sind besonders in Irland weit verbreitet und beruhen wahrscheinlich auf vorchristlichen Vorstellungen von der Herrschaftsübernahme als einer → Heiligen Hochzeit zwischen dem König und einer Göttin.

Lit.: R. Bromwich, Celtic Dynastic Themes and the Breton Lays, EC 9 (1961) 439–474.

Steinerne Stele aus dem Heiligtum von Entremont

Entremont ist der heutige Name einer keltischen Siedlung, die auf einem steil abfallenden Plateau ca. 2 km nördlich von Aix-en-Provence lag. 122 v. Chr. wurde sie von den Römern zerstört und durch die Neugründung Aquae Sextiae, das heutige Aix, ersetzt. In seiner Blütezeit im 3./2. Jh. v. Chr. erstreckte sich E. über eine Fläche von ca. 4 ha und war auf allen Seiten durch Mauern gesichert. Diese Mauern waren auf der Nordseite zusätzlich mit Türmen befestigt und sind teilweise bis zu einer Höhe von 4 m erhalten. Im nordwestlichen Teil der Siedlung fand man in den Ruinen eines Heiligtums mehrere Steinpfeiler mit eingemeißelten Kopfdarstellungen und zahlreiche Fragmente lebensgroßer Figuren, darunter fünf Köpfe mit geschlossenen

Augen, die von einer Hand am Haarschopf gepackt werden. Auch entdeckte man 15 menschliche Schädel, die ursprünglich mit – teilweise erhaltenen – Eisennägeln an Teilen der Architektur befestigt waren. Die Funde sind jetzt im Musée Granet in Aix-en-Provence zu sehen.

Lit.: F. Benoit, E., P. 1969; F. Salviat, E. antique, Aix-en-Prov. 1973; Archéologie d'E. au Musée Granet, Aix-en-Prov. 1987 (Ausstellungskat.).

Eochaid Airem (ir. /'eoxið' 'ar'ev/) heißt in den Erzählungen des → Ulster-Zyklus der Bruder und Nachfolger des Königs → Eochaid Fedlech. Eine Hauptrolle spielt er in der Geschichte der Werbung um Étaín (→ *Tochmarc Étaíne*).

Eochaid Fedlech (ir. /'eoxið' 'f'eð'l'ex/) heißt in den Erzählungen des → Ulster-Zyklus ein König, der in der Zeit um Christi Geburt über Irland geherrscht haben soll. Er gilt als Bruder des Königs → Eochaid Airem und Vater der Königin → Medb.

Eochaid mac Eirc (ir. /'eoxið' mak er'k'/) heißt im »Buch der Einnahme Irlands« (→ *Lebor Gabála Érenn*) der letzte König der → Fir Bolg. Er soll im Kampf gegen die → Tuatha Dé Danann gefallen sein.

Eochaid Ollathair (ir. /'eoxið' 'oLaθir'/) ist ein Beiname des → Dagda. Er bedeutet »großer/mächtiger Vater«.

Eogan mac Durthacht (ir. /'eoγan mak 'durθaxt/) heißt in den Erzählungen des → Ulster-Zyklus der König von Fernmag (heute Farney in der Grafschaft Monaghan). Er gilt als Vasall des Königs → Conchobar mac Nesa von Ulster. In der Erzählung → *Longas mac nUislenn* ermordet E. mit Conchobars Zustimmung die Söhne Uislius.

Eogan Már (ir. /'eoγan maːr/) heißt in den Erzählungen des → Historischen Zyklus ein König, der im 2. Jh. n. Chr. über Südirland geherrscht haben soll. Der Sage nach erhielt er wegen der Hilfe, die er in seiner Jugend einem Baumeister namens Nuadu beim Bau einer Festung leistete, den Beinamen Mug Nuadat »Diener des Nuadu«. Leth Moga »Hälfte des Mug« nannte man deshalb in späterer Zeit die südliche Hälfte Irlands.

Epona heißt eine ursprünglich keltische Göttin, die während der römischen Kaiserzeit in weiten Teilen des Römischen Reichs verehrt wurde. Ihr Name ist von dem keltischen Wort für »Pferd« (altkelt. *epos, ir. ech) abgeleitet und kennzeichnet sie als eine Schutzgottheit der Pferde. Die älteste Erwähnung ihres Kults in der Literatur verdanken wir dem römischen Dichter Juvenal (1./2. Jh. n. Chr.). Er verspottet in einer seiner Satiren (8,155–157) einen Angehörigen der römischen Oberschicht, weil dieser wie ein Stallknecht bei E.

schwöre. Im 2. Jh. erwähnt der Dichter Apuleius in seinen *Metamorphosen* (3,27,2) ein Kultbild der Göttin, das an einem Balken im Innern eines Pferdestalls angebracht und mit Rosen geschmückt war. Weitere Hin-

Darstellung der Epona
aus Kastel bei Mainz

weise auf die Verehrung der E. im Zusammenhang mit der Haltung von Reit- und Zugtieren geben die christlichen Autoren Tertullian (Apologeticum 16, 5 und Ad nationes 1,11) und Minucius Felix (Octavius 28,7). Inschriftlich ist der Name E. in ca. 60 Weihungen bezeugt. Ihr Verbreitungsgebiet erstreckt sich von der Iberischen Halbinsel über Britannien, Gallien und Italien bis zum Balkanraum. Neben diesen Inschriften sind über 250 bildliche Darstellungen auf uns gekommen. Sie zeigen die Göttin zumeist als Reiterin oder als thronende weibliche Gestalt zwischen zwei oder mehreren Pferden. In ihren Händen trägt sie häufig eine Schale mit Früchten oder ein Füllhorn. Von den Gestalten der inselkeltischen Überlieferung hat man insbesondere → Macha und →Rhiannon mit E. verglichen.

Lit.: R. Magnen u. E. Thevenot, E., Bordeaux 1953; K. M. Linduff, E.: A Celt among the Romans, Latomus 38 (1979) 817–837; M. T. Hanoteau, E., déesse des chevaux: Figurations découvertes en Suisse, Helvetia archaeologica 11 (1980) 2–20; G. Fellendorf-Boerner, Die bildlichen Darstellungen der E. auf den Denkmälern Baden-Württembergs, FBW 10 (1985) 77–141; C. Sterckx, Elements de cosmogonie celtique, Bru. 1986.

Erc mac Cairbri Niad-Fer (ir. /eRk mak 'kar'b'r'i n'iað f'er/) heißt in der Geschichte des Rinderraubs von Cuailnge (→ *Táin Bó Cuailnge*) der Sohn des Königs Cairbre Nia-Fer von Tara und seiner Gattin Fedelm Noíchride. Sein Großvater mütterlicherseits ist König → Conchobar mac Nesa von Ulster, dem E. ohne das Wissen und gegen den Willen seines Vaters im Kampf gegen das Heer der Connachter zu Hilfe kommt. Als jedoch Cairbre im Kampf gegen Conchobars Neffen → Cú Chulainn fällt, rächt E. den Tod seines Vaters an dessen Mörder (vgl. → *Aided Chon Culainn*).

Erec ist der Titelheld eines altfranzösischen Versromans von → Chrétien de Troyes und seiner mittelhochdeutschen Bearbeitung von → Hartmann von Aue. Auf keltischer Seite entspricht diesen beiden Werken die mittelkymrische Prosaerzählung → *Gereint fab Erbin*.

Éremón (ir. /'eːr'evoːn/) heißt im »Buch der Einnahme Irlands« (→ *Lebor Gabála Érenn*) einer der Söhne des → Míl. Er soll nach der Eroberung Irlands zunächst über die nördliche Hälfte der Insel geherrscht haben, aber bereits ein Jahr später durch einen Sieg über seinen Bruder Éber zum Herrscher über ganz Irland aufgestiegen sein.

Ériu (ir. /'eːr'u/) heißt im »Buch der Einnahme Irlands« (→ *Lebor Gabála Érenn*) eine Königin der → Tuatha Dé Danann. Während der Eroberung Irlands durch die Söhne des → Míl sollen sie und ihre beiden Schwestern → Banba und → Fótla von dem Dichter → Amairgin Glúngel das Versprechen erwirkt haben, daß die Insel dereinst ihren Namen tragen werde. Tatsächlich ist der Name in der neuirischen Form Éire (ursprünglich Dativ) bis heute die Selbstbezeichnung Irlands und des irischen Staates. Im Englischen dient die Form Erin (ursprünglich Genitiv) als poetischer Name für Irland. In der Schlacht bei → Tailtiu soll É. im Kampf gegen die Söhne des Míl gefallen sein.

Ernährung → Essen und Trinken.

Ernmas (ir. /'ernvas/) heißt in den Erzählungen des → Mythologischen Zyklus die Mutter der Kriegsgöttinnen → Bodb, → Macha und → Morrígain. Ihr Name ist identisch mit dem irischen Wort ernbas, das den Tod durch Waffengewalt bezeichnet (aus íarn »Eisen« und bás »Tod«).

Erstfeld ist ein Ort nördlich des Sankt-Gotthard-Passes im Schweizer Kanton Uri. In seiner Nähe fand man 1962 bei Erdarbeiten für eine Lawinenverbauung vier goldene Arm- und drei Halsringe aus der Zeit um 300 v. Chr. Sie waren unter einem großen Felsblock an einem unwegsamen Steilhang verborgen. Es ist unklar, ob man sie dort versteckt oder als Weihegabe für eine Gottheit niedergelegt hatte.

Lit.: R. Wyss, Der Schatzfund von E., Z. 1975; F. Müller, Zur Datierung des Goldschatzes von E., Jahrb. d. Schweizer. Ges. für Ur- und Frühgesch. 73 (1990) 83–94; Gold der Helvetier, Z. 1991 (Ausstellungskat.).

Eschatologie (»Lehre von den letzten Dingen«) nennt man die Vorstellungen vom Ende der Welt. Wie diese bei den Kelten aussahen, ist uns nur unzureichend bekannt. Nach → Strabon lehrten die → Druiden, die Seele und das Universum seien unzerstörbar. Eines Tages jedoch würden Feuer und Wasser die Oberhand gewinnen (Geogr. 4,4,4). Darüber hinaus kennt man nur noch eine bei dem griechischen Historiker Arrian überlieferte Notiz, derzufolge keltische Krieger gegenüber Alexander dem Großen geäußert haben sollen, sie fürchteten nichts auf der Welt – außer daß ihnen der Himmel auf den Kopf fallen könnte (Anabasis 1,4,7).

Die Vorstellung, daß der Himmel einstürzen könnte, ist auch in der irischen Überlieferung bezeugt. Möglicherweise glaubten die Kelten, daß das Himmelsgewölbe von einer Säule getragen werde, die eines Tages einstürzen könnte. Eine »Säule der Sonne« (Solis columna) an den Quellen der Rhône erwähnt der römische Dichter → Avienus.

Lit.: W. Sayers, ›Mani maidi an nem ...‹, Ériu 37 (1986) 99–116.

Essen und Trinken findet bereits in den Berichten antiker Autoren über die Kelten besondere Beachtung. Berühmt ist die Schilderung des → Poseidonios, die sich bei → Athenaios (4,36) erhalten hat. Ihr zufolge hielten die Kelten ihre Mahlzeiten auf einem Lager aus Heu an niedrigen hölzernen Tischen ab. Das Hauptnahrungsmittel sei Fleisch gewesen, das man entweder in einem Kessel gekocht oder am Spieß gebraten und so auch aufgetragen habe. Nach Löwenart – so der griechische Autor – ergriff man dabei große Stücke und trennte das Fleisch entweder mit den Zähnen oder einem kleinen Messer vom Knochen. Bei gemeinschaftlichen Mahlzeiten habe man im Kreis gesessen, wobei der bedeutendsten Person der Platz in der Mitte gebührte. Gegessen habe man von Platten aus Bronze, Holz oder Weidengeflecht, getrunken aus Ton- oder Silbergefäßen. Das Getränk der Wohlhabenden sei aus Italien oder Südfrankreich eingeführter Wein gewesen, während weniger Begüterte sich mit einer Art Met oder mit Bier begnügt haben sollen.

Keltisches Eß-, Trink-, Koch- und Vorratsgeschirr kennt man vor allem durch Grabungen in → Siedlungen. Besonders zahlreich sind Scherben verschieden geformter Tongefäße sowie metallene Kessel, Fleischgabeln, Bratspieße und Feuerböcke. Gefäße oder Löffel aus Holz sind meist nur durch ihre metallenen Griffe oder Henkel nachweisbar. Aus den sog. → Fürstengräbern kennt man auch Trinkhörner (bzw. deren metallene Beschläge) sowie Keramik und Metallgeschirr (z. B. Bronzeschnabelkannen), das aus dem Mittelmeerraum importiert wurde. Über die bevorzugten Nahrungsmittel geben zoologische und botanische Untersuchungen vor allem der Siedlungsabfälle Auskunft. Hauptnahrungsmittel waren Getreide, Rind- und Schweinefleisch. Wild oder Geflügel spielte demgegenüber eine untergeordnete Rolle.

In den inselkeltischen Literaturen des Mittelalters, die für ein adliges Publikum bestimmt waren, spielen glanzvolle Gastmähler eine wichtige Rolle und bilden in den Sagen nicht selten einen Höhepunkt des Geschehens (vgl. → *Fled Bricrenn* oder → *Scéla mucce Meic Dathó*).

Lit.: K. Simms, Guesting and Feasting in Gaelic Ireland, JRSAI 108 (1978) 67–100; P. O'Leary, Contention at Feasts in Early Ir. Lit., Éigse 20 (1984) 115–127; H. L. C. Tristram, Feis u. fled, in: dies. (Hrsg.), Medialität u. mittelalt. insulare Lit. (T. 1992) 183–220.

Essyllt (wal. /'essiɬt/) heißt in der walisischen Überlieferung die Frau des Königs → March und Geliebte seines Neffen → Drystan. Der Name geht vermutlich auf eine ältere Form *Adsiltia zurück und kennzeichnet seine Trägerin als »die, welche man betrachtet« (vgl. wal. syllu »betrachten«). In der altfranzösischen und mittelhochdeutschen Literatur findet man stattdessen die Schreibungen Iseut und Isolt. Diese gehen aber sehr wahrscheinlich nicht auf die oben genannte keltische Form zurück, sondern geben vermutlich einen ähnlich klingenden germanischen Namen wieder.

Esus heißt ein keltischer Gott. Sein Name erscheint in mehreren zusammengesetzten Personennamen wie Esunertus (vielleicht »kraftvoll durch E.«) und Esugenus (vielleicht »von E. abstammend«). Eine überzeugende Etymologie des Namens ist bislang nicht gefunden worden. Nimmt man eine Aussprache mit langem ē an, könnte man einen Zusammenhang mit venetisch aisu »Gott« vermuten. Hatte das Wort ursprünglich ein kurzes e, ließe es sich mit lat. erus »Herr, Gebieter« verbinden.

In der Literatur erscheint E. bei den römischen Autoren → Lucan (Pharsalia 1, 444–446) und Laktanz (Divinae Institutiones 1,21,3). Nach dem Zeugnis Lucans brachten die Gallier ihm Menschenopfer dar. Die → Berner Scholien zu Lucan teilen dazu mit, man habe diese Opfer durch Hängen zu Tode gebracht, »bis sich die Glieder

Mutmaßliche Darstellung des Gottes Esus aus Trier

vom Körper lösten« (die genaue Bedeutung des Wortlauts ist unklar).

Inschriftlich belegt ist der Name E. bislang nur auf dem Monument der → Nautae Parisiaci aus Paris. (Eine weitere, unvollständig erhaltene Inschrift auf einer Statue des Gottes → Mercurius aus Lezoux wird heute anders interpretiert.) Unterhalb der Inschrift aus Paris zeigt eine Darstellung den Gott als bärtigen Mann in der Kleidung eines Handwerkers neben einem Laubbaum. Mit der linken Hand hält er den Baum am Stamm fest und holt mit der rechten Hand aus, um mit einer Hippe die Äste des Baums abzuhauen. Unmittelbar neben der Darstellung des E. befindet sich die eines Stiers mit drei Kranichen und der Überschrift → Tarvos Trigaranus.

Die Bedeutung beider Bilder ist unbekannt, doch vergleicht man sie zumeist mit einer Darstellung aus Trier. Dabei handelt es sich um das Relief auf einer Stele, die dem Gott Mercurius geweiht war (CIL XIII 3656, jetzt im Rheinischen Landesmuseum in Trier). Es zeigt einen bartlosen Mann in der Kleidung eines Handwerkers, der mit einer Axt darangeht, einen Baum zu fällen. Im dichten Laub der Baumkrone erkennt man drei Vögel und den Kopf eines Stiers. Vermutlich bezieht sich das Relief aus Trier ebenso wie die beiden Darstellungen aus Paris auf einen uns unbekannten Mythos um E.

Lit.: A. Ross, E. et les trois »grues«, EC 9 (1960) 405–438; P.-M. Duval, E. und seine Werkzeuge auf Denkmälern in Trier und Paris, Trierer Zeitschrift 36 (1973) 81–88 (= ders., Travaux sur la Gaule, P 1989, I 463–470).

Étaín (ir. /'e:dain'/) heißt die Titelheldin der Erzählung → *Tochmarc Étaíne*.

Etarscél (ir. /'edarʃk'e:l/) oder Eterscél(e) heißt in den Erzählungen des → Ulster-Zyklus ein Schwiegersohn des Königs → Eochaid Airem. Nach der Erzählung → *Togail Bruidne Da Derga* zeugte E. mit der zauberkundigen → Mes Buachalla den König → Conaire Mór, der nach E.'s Tod sein Nachfolger wurde.

Ethal Anbuail (ir. /'eθal 'anvu:il'/) heißt in der Erzählung → *Aislinge Oenguso* ein Elfenfürst aus der Provinz Connacht. Seine Tochter ist Caer Ibormeith, die Geliebte des Titelhelden → Oengus.

Ethnographie, antike. Die Nachrichten griechischer und römischer Autoren über die Kelten sind neben den archäologischen Funden eine Hauptquelle unserer Kenntnis der keltischen Geschichte und Kultur. Dabei gehen Ethnologie (Völkerkunde), Geographie (Erdkunde) und Geschichte vielfach ineinander über, da sie nach antikem Verständnis nicht voneinander zu trennen sind.

Die ältesten Nachrichten über die Kelten stammen aus dem 6./5. Jh. v. Chr. Im Wortlaut erhalten ist das Zeugnis des Historikers → Herodot, während die Angaben des Geographen → Hekataios nur aus Hinweisen späterer Autoren bekannt sind. Vermutlich ebenfalls aus dem 6. Jh. v. Chr. stammt die Quelle des spätrömischen Dichters → Avienus. Neben vereinzelten

Bemerkungen bei Autoren wie Xenophon, Platon und Aristoteles besitzen wir aus hellenistischer Zeit wertvolle Angaben im Geschichtswerk des → Polybios. Zu den eindrucksvollsten Zeugnissen der antiken E. zählen die Schilderungen des → Poseidonios, die in Auszügen bei → Athenaios, → Diodoros von Sizilien und → Strabon erhalten sind. Bei → Caesar begegnet erstmals die begriffliche Trennung von Kelten und Germanen, die sich allerdings nur in der lateinischen Literatur durchsetzte. Von den Autoren der augusteischen und nachaugusteischen Zeit sind insbesondere → Livius, → Pomponius Mela, → Lucan, → Plinius und → Tacitus von Bedeutung.

Im Hinblick auf die Interpretation dieser Zeugnisse sind vor allem drei Fehlerquellen im Auge zu behalten. Die erste besteht in der Möglichkeit von Irrtümern, Versehen oder Fehlinformationen der Autoren. Zu einer Fehleinschätzung führt zweitens die Vernachlässigung der weltanschaulichen Gebundenheit der antiken E., die sich sowohl in der Idealisierung als auch in der pauschalen Abqualifizierung ihres Gegenstands äußern kann. Da Griechen und Römer häufig in militärische Auseinandersetzungen mit den Kelten verwickelt waren, wird überdies das keltische Kriegswesen gerne besonders hervorgehoben. Die dritte Fehlerquelle schließlich liegt in der Verkennung antiker literarischer Konventionen. Dazu gehört z. B. die Verwendung sog. Wandermotive, d. h. die willkürliche Übertragung ethnographischer Beobachtungen von einem fremden Volk auf ein anderes. Alle Zeugnisse der antiken E. bedürfen daher sorgfältiger Quellenkritik und sind nach Möglichkeit anhand des archäologischen Fundmaterials zu überprüfen.

Quellen: J. Zwicker, Fontes historiae religionis Celticae, B. 1934–1936; P.-M. Duval, Sources écrites de l'histoire de la Gaule, 2 Bde., P. 1971; J. Herrmann (Hrsg.), Griech. und lat. Quellen zur Frühgesch. Mitteleuropas, 4 Bde., B. 1988–1992.

Lit.: K. E. Müller, Geschichte der antiken E. und ethnologischen Theoriebildung, 2 Bde., Wi. 1972–80; T. C. Champion, Written sources and the study of the European Iron Age, in: T. C. Champion u. J. V. S. Megaw (Hrsg.), Settlement and Society (Leicester 1985) 9–22; G. Dobesch, Ancient Literary Sources, in: The Celts (Mi. 1991) 35–41.

Euffigneix ist ein Ort im Dép. Haute-Marne ca. 55 km östlich von Troyes. Von dort stammt die unvollständig erhaltene Sandsteinplastik einer keltischen Gottheit aus der Zeit zwischen 100 v. Chr. und 100 n. Chr. Ihr Körper ist unterhalb des Halsreifs (→ Torques) als annähernd quadratische Stele ohne Wiedergabe anatomischer Einzelheiten gearbeitet. Der Rumpf ist auf der Vorderseite mit dem Flachrelief eines vertikal stehenden Wildschweins und auf der linken Seite mit einem ebenfalls vertikal stehenden großen Auge verziert. Die etwa 30 cm hohe Statue, über deren Fundumstände nichts näheres bekannt ist, befindet sich jetzt im Musée

Darstellung eines Gottes mit einem Eber aus Euffigneix

des antiquités nationales in Saint-Germain-en-Laye.

Euhemerismus nennt man die Theorie, daß der Glaube an Götter aus der Verehrung vergöttlichter Menschen entstanden sei. Der Begriff geht zurück auf den hellenistischen Autor Euhemeros von Messene (Sizilien), der um 300 v. Chr. erstmals den Glauben an die griechischen Götter auf diese Weise erklärte. Durch die Schriften der Kirchenväter blieb diese Deutung der antiken Göttergestalten das gesamte Mittelalter hindurch lebendig. Nach ihrem Vorbild behandelten mittelalterliche Gelehrte insbesondere in Skandinavien und Irland auch die Gestalten der germanischen bzw. keltischen Mythologie als zauberkundige Menschen aus einer fernen Vergangenheit. Ein typisches irisches Beispiel für dieses Verfahren ist das »Buch der Einnahme Irlands« (→ *Lebor Gabála Érenn*).

Lit.: J. D. Cooke, Euhemerism: A Mediaeval Interpretation of Classical Paganism, Speculum 2 (1927) 396–410; P. Alphandéry, L'Evhémerisme et les debuts de l'histoire des religions au moyen âge, RHR 109 (1934) 5–27; K. W. Bolle, In Defense of Euhemerism, in: J. Puhvel (Hrsg.), Myth and Law among the Indo-Europeans (Be. 1970) 19–38.

Evans, John Gwenogvryn (1852–1930), wurde in Südwales geboren und wirkte nach theologischen Studien von 1876 bis 1880 als Geistlicher der Unitarian Church in England und Wales. Dieses Amt hatte er aus Gesundheitsgründen bereits aufgegeben, als er 1882 in Oxford die Vorlesungen des Keltologen Sir John → Rhŷs besuchte. Unter seinem Einfluß widmete er sich fortan ganz der Paläographie. Von 1887 bis 1911 gab er eine Reihe diplomatischer Ausgaben walisischer Handschriften heraus, die alle bisherigen Ausgaben an Genauigkeit und Zuverlässigkeit übertrafen.

Darüber hinaus erstellte er von 1898 bis 1910 einen umfassenden Katalog der noch vorhandenen walisischen Manuskripte, in dem er den Inhalt von nahezu 900 Handschriften beschrieb. Für seine Editionen, die teilweise noch heute als Arbeitsgrundlage dienen, erhielt E. 1903 und 1905 die Ehrendoktorwürden der Universitäten von Oxford und Wales.

Excalibur → Caledfwlch.

Fál (ir. /faːl/) oder Lia Fáil heißt ein Stein, der sich in der Königsburg von Tara (→ Temair) befunden haben soll. Das »Buch der Einnahme Irlands« (→ *Lebor Gabála Érenn*) berichtet, daß er von den → Tuatha Dé Danann nach Irland gebracht worden sei. Man glaubte, daß er in alter Zeit den Ausgang der Königswahl entschieden habe, indem er laut aufschrie, wenn der rechtmäßige König auf ihn trat. Einigen jüngeren Quellen zufolge hatte der Stein die Gestalt eines Phallus. Die meisten alten Zeugnisse schildern ihn jedoch als einen flachen Trittstein. In dichterischer Sprache begegnet F. oder Inis Fáil »Insel des F.« auch als Bezeichnung Irlands. Diese Bedeutung hat F. im Namen der 1926 gegründeten irischen Partei Fianna Fáil (→ Fianna).

Lit.: T. Ó Broin, Lia Fáil: fact and fiction in the tradition, Celtica 21 (1990) 393–401.

Familie → clan, → fine, → Frau, → Inzest, → Kinder, → Matrilinearität, → Ziehkinder.

Fann (ir. /faN/) heißt in der Erzählung von Cú Chulainns Krankenlager (→ *Serglige Con Culainn*) die Frau des Meergottes → Manannán mac Lir und zeitweilige Geliebte Cú Chulainns.

Fedelm (ir. /'f'eð' elm/) heißt in der Geschichte des Rinderraubs von Cuailnge (→ *Táin Bó Cuailnge*) eine Seherin. Sie tritt dem Heer des Königspaares → Ailill und → Medb bei seinem Auszug aus Connacht entgegen und prophezeit ihm seinen Untergang. Dabei schildert sie in einem zehnstrophigen Gedicht das Aussehen des Helden → Cú Chulainn und die Taten, die er vollbringen wird.

Fedelm Noíchride (ir. /'f'eð'elm 'noiçr'ið'e/) heißt in der Geschichte des Rinderraubs von Cuailnge (→ *Táin Bó Cuailnge*) eine Tochter des Königs → Conchobar mac Nesa von Ulster. Sie ist verheiratet mit König Cairbre Nia-Fer und hat mit ihm einen Sohn namens Erc. In der Erzählung → *Fled Bricrenn* tritt F. demgegenüber als Gattin des Kriegers → Loegaire Buadach auf.

Feen → síd.

Fellbach-Schmieden ist ein Ort bei Stuttgart. In seiner Nähe wurde von 1977 bis 1980 eine bis dahin unbekannte keltische → Viereckschanze aus dem 2. Jh. v. Chr. archäologisch untersucht. Dabei entdeckte man in einem 20 m tiefen, ursprünglich mit Holz verschalten Schacht Reste eines hölzernen Eimers sowie Knochen von Pferden und Rindern. Außerdem fand man drei aus Eichenholz geschnitzte Tierfiguren (zwei Böcke und einen Hirsch), die als herausragende Zeugnisse keltischer Schnitzkunst von besonderer Bedeutung sind. Sie werden heute im Württembergischen Landesmuseum in Stuttgart aufbewahrt.

Lit.: D. Planck u. a., Eine neuentdeckte kelt. Viereckschanze in F., Germania 60 (1982) 105–172; D. Planck, Die Viereckschanze von F., in: Der Keltenfürst von Hochdorf (St. 1985) 341–354.

Ferchertne (ir. /ˈfʹerʹçerʹtʹnʹe/) heißt in der frühen irischen Literatur ein berühmter Dichter (→ fili). In der Erzählung → *Orgain Denna Ríg* erscheint er als Begleiter des Königs → Labraid Loingsech. In den Geschichten des → Ulster-Zyklus tritt er demgegenüber als Dichter entweder des Königs → Conchobar mac Nesa von Ulster oder des Königs → Cú Roí von Munster auf. Eine Hauptrolle spielt er in der Erzählung → *Immacallam in dá thuarad*.

Fer Diad (ir. /fʹer ˈdʹiað/) heißt in der Geschichte des Rinderraubs von Cuailnge (→ *Táin Bó Cuailnge*) ein Krieger, der wegen seiner Hornhaut als unverwundbar gilt. Weil er ebenso wie → Cú Chulainn bei der Kriegerin → Scáthach den Gebrauch der Waffen erlernte, hält ihn das Königspaar → Ailill und → Medb für einen ebenbürtigen Gegner des Helden aus Ulster. Durch eine List gelingt es den beiden, den zunächst widerstrebenden F. zu einem Zweikampf gegen seinen ehemaligen Waffenbruder zu überreden. An der später nach ihm benannten Furt Áth Fir Diad (heute Ardee in der Grafschaft Louth) findet F. schließlich durch Cú Chulainns Speer → gae bolga den Tod.

Fergus mac Roich (ir. /ˈfʹerγus mak Roiç/) oder F. mac Rosa Ruaid heißt eine der Hauptfiguren des → Ulster-Zyklus. Die Geschichte vom Exil der Söhne Uislius (→ *Longas mac nUislenn*) erzählt, daß er aus Empörung über einen Treuebruch des Königs → Conchobar mac Nesa von Ulster seine Heimat verließ und zu dem Königspaar → Ailill und → Medb nach Connacht ins Exil ging. In der Geschichte des Rinderraubs von Cuailnge (→ *Táin Bó Cuailnge*) nimmt F. auf der Seite Ailills und Medbs am großen Kriegszug der Connachter gegen Ulster teil. Auch als Verbannter fühlt er sich jedoch seiner früheren Heimat immer noch verbunden. Deshalb versucht er wiederholt, seine Landsleute und besonders seinen Waffenbruder → Cú Chulainn vor Unheil zu bewahren. Der Überlieferung nach war F. der Geliebte Medbs und wurde deshalb auf Veranlassung Ailills ermordet.

Ferguson, Samuel (1810–1886), anglo-irischer Dichter und Altertumsforscher, wurde in Belfast geboren. Er verfaßte zahlreiche Nachdichtungen irischer bardischer Gedichte und metrische Nacherzählungen irischer Sagen (1865 *Lays of the Western Gael*, 1872 *Congal*, 1880 *Deirdre* und *Poems*). Seine Sammlung der damals bekannten → Ogam-Inschriften (*Ogham Inscriptions in Ireland, Wales, and Scotland*) wurde ein Jahr nach seinem Tod von seiner Witwe herausgegeben.

Lit.: M. Brown, Sir S. F., Lewisburg (Penns.) 1973; T. Brown u. B. Hayley, S. F.: a centenary tribute, Du. 1987; P. Denman, S. F.: the literary achievement, Gerrards Cross 1990.

Feste. Über die jahreszeitlich gebundenen F. der vorchristlichen Kelten ist kaum etwas bekannt. Auch der sog. Kalender von → Coligny gibt darüber keine Auskunft. Lediglich der Vermerk TRINOX SAMONI SINDIU »Heute (ist) Trinox Samoni« am zweiten Tag der zweiten Hälfte des ersten Monats im Jahr läßt vermuten, daß dieses Datum für die Gallier eine besondere Bedeutung besaß. Aus dem mittelalterlichen Irland kennt man vier bedeutende F., die jeweils zu Beginn der Jahreszeiten begangen wurden. Die beiden wichtigsten waren → Samain zu Beginn des Winters am 1. November und → Beltaine zu Beginn des Sommers am 1. Mai. Die beiden F. → Imbolc am 1. Februar und → Lugnasad am 1. August markierten den Beginn des Frühlings bzw. Herbstes. Alle diese F. begannen jeweils am Abend des Vortages, da sich die Kelten bei der Einteilung der → Zeit nicht an Tagen, sondern an Nächten orientierten. Beachtung verdient, daß keines der großen F. mit dem Zeitpunkt der Sonnenwende oder Tagundnachtgleiche zusammenfiel. Sie wurden also nicht im Zusammenhang mit astronomischen Beobachtungen festgelegt, sondern nach dem Rhythmus der Natur bestimmt.

Lit.: F. Le Roux, Études sur le festiaire celtique, Ogam 13 (1961) 481–506 und 14 (1962) 174–184 und 343–372; K. Danaher, The Year in Ireland, Du. 1972.

Festlandkeltisch → Sprachen, keltische.

féth fíada (ir. /f'eːθ 'f'iaða/) heißt der Zaubernebel, der das Volk der → Tuatha Dé Danann vor den Augen sterblicher Menschen zu verbergen vermochte. Er soll eine der drei zauberischen Gaben gewesen sein, die → Manannán mac Lir den Fürsten der Tuatha Dé Danann verlieh.

Fianna (ir. /'f'iaNa/) heißen in den Erzählungen des → Finn-Zyklus die Gefolgsleute des → Finn mac Cumaill. Der Name ist der Plural des irischen Wortes fian, das ganz allgemein eine Schar von Kriegern bezeichnet. Die Bezeichnung lebt fort im Namen der 1926 gegründeten irischen Partei F. Fáil (→ Fál).

Fibeln nennt man Gewandspangen, die nach dem Prinzip der modernen Sicherheitsnadel konstruiert sind. Sie fanden bei den Kelten in großer Zahl anstelle der heute üblichen Knöpfe und Reißverschlüsse Verwendung. Keltische F. sind meist aus → Eisen oder → Bronze gefertigt und nicht selten mit Ornamenten, figürlichen Darstellungen oder eingelegter Emaille verziert. Im einzelnen unterscheidet man zahlreiche verschiedene Typen wie Schlangen-, Bogen-, Kahn-, Pauken-, Fußzier-, Masken- und Tierkopf-F. Form und Größe wechselten ständig, so daß F. für die Datierung archäologischer Funde wichtige Anhaltspunkte liefern.

Lit.: G. Mansfeld, Die F. der Heuneburg 1950–1970, B. 1973; V. Kruta, Remarques sur les fibules de la trouvaille de Duchcov (Dux), Bohème, in: P.-M. Duval u. a. (Hrsg.), Recherches d'archéologie celtique et gallo-romaine (P. 1973) 1–33; S. Kurz, Figürliche F. der Frühlatènezeit in Mitteleuropa, FBW 9 (1984) 249–278; R. Gebhard, Die F. aus dem Oppidum von Manching, St. 1991.

fidchell → gwyddbwyll.

fili (ir. /'f'il'i/) oder (jünger) file ist die Bezeichnung des gelehrten Dichters, der im mittelalterlichen Irland eine hohe gesellschaftliche Stellung einnahm. Es gehörte zu seinen Pflichten, Preis- und Schmähgedichte (→ áer) zu verfassen und das überlieferte Wissen weiterzugeben. Verschiedene Hinweise sprechen dafür, daß er auch an der Pflege und Kodifikation des Rechts beteiligt war. Darüber hinaus schreiben manche Texte dem f. die Gabe der Weissagung zu. Sein Amt war erblich, und er galt als Respektsperson, dessen Rechte auch außerhalb des eigenen Stammesverbands (→ tuath) geachtet wurden. Je nach Kenntnissen und Ausbildung unterschied man sieben Rangstufen des f. Die höchste von ihnen war der → ollam. Manches spricht dafür, daß die filid im mittelalterlichen Irland die Stellung einnahmen, die vor der Christianisierung des Landes die →Druiden innegehabt hatten. Die Frage einer Kontinuität zwischen dem Amt des Druiden und dem des f. wird in der neueren Forschung jedoch sehr unterschiedlich beurteilt.

Lit.: J. E. C. Williams, The Court Poet in Medieval Ireland, PBA 57 (1971) 1–51; K. McCone, Pagan Past and Christian Present in Early Ir. Lit., May. 1990.

Findabair (ir. /'f'indavir'/) heißt in den Erzählungen des → Ulster-Zyklus die Tochter des Königspaares → Ailill und → Medb von Connacht. Ihr Name ist aus find »weiß« und siabair »Gespenst, Erscheinung« zusammengesetzt und entspricht etymologisch dem kymrischen Namen → Gwenhwyfar. In der Geschichte des Rinderraubs von Cuailnge (→ *Táin Bó Cuailnge*) gebrauchen Ailill und Medb F. als Lockmittel, um möglichst viele Krieger zum Kampf gegen → Cú Chulainn zu bewegen.

Findbennach (ir. /'f'ind-veNax/ »der weiße Gehörnte«) heißt in der Geschichte des Rin-

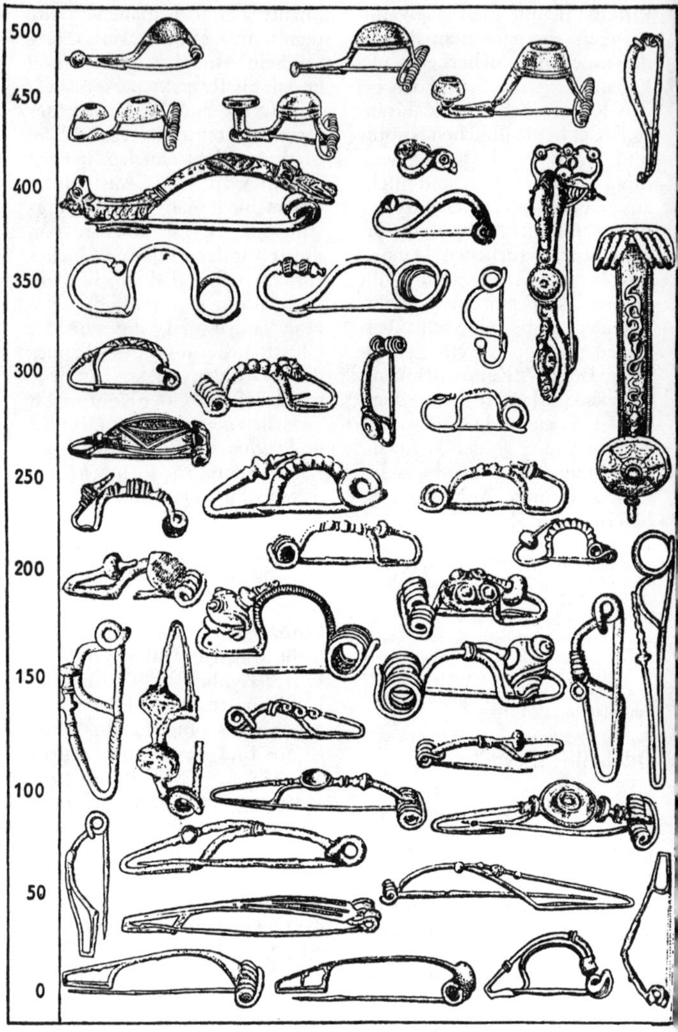

Die Entwicklung der keltischen Fibeln während der Latène-Zeit

derraubs von Cuailnge (→ *Táin Bó Cuailnge*) der berühmteste Stier der Provinz Connacht (→ *De chophur in da muccida*).

fine (ir. /ˈfʼinʼe/) ist das Wort für »Sippe«, das in Rechtstexten weiter differenziert wird. Als gel-f. bezeichnete man eine Gruppe von Verwandten, die in männlicher Linie von ein und demselben Großvater abstammten. Die íar-f. dagegen umfaßte alle Verwandten, die in männlicher Linie von ein und demselben Ur-Ur-Großvater abstammten. Am wichtigsten war die derb-f., deren Mitglieder ihre Abkunft in männlicher Linie auf ein und denselben Urgroßvater zurückführten. Eine solche Sippe besaß gemeinschaftlich Land (fintiu) und haftete unter bestimmten Umständen für die Vergehen oder Schulden der einzelnen Mitglieder. Das Oberhaupt der f. nannte man agae f. oder cenn/conn f. Es wurde aufgrund seines Vermögens, seiner gesellschaftlichen Stellung und seiner charakterlichen Vorzüge gewählt und vertrat die Belange der f. in der Öffentlichkeit.

Lit.: F. Kelly, A Guide to Early Ir. Law, Du. 1988.

Fingal heißt in den von James → Macpherson verfaßten »Werken Ossians« der Herrscher des (fiktiven) schottischen Königreichs Morven. In der gälischen Fassung der Gedichte lautet sein Name Fionnghal oder Fionn. Er geht zurück auf den Namen des ursprünglich irischen Sagenhelden → Finn mac Cumaill, über den auch in Schottland zahlreiche Balladen und Erzählungen im Umlauf waren. – Zur Erinnerung an einen Besuch der nach F. benannten Fingal's Cave, einer Felsenformation auf der Hebrideninsel Staffa, gab Felix Mendelssohn-Bartholdy (1809–1847) der Ouvertüre op. 26 den Titel »Fingalshöhle«. »Fingal's Cave« nannte auch William Turner (1775–1851) sein 1831 begonnenes und erstmals 1832 ausgestelltes Staffa-Bild.

Fingal Rónáin (ir. /ˈfʼinɣal ˈRoːnaːnʼ/ »Rónáns Verwandtenmord«) ist der Titel einer Erzählung aus dem → Historischen Zyklus. Überliefert ist sie im »Buch von Leinster« (→ Lebor Laignech) und einer Handschrift aus der Zeit um 1500. Die Geschichte erzählt, wie die zweite Frau des Königs Rónán von Leinster sich in ihren Stiefsohn verliebt und ihn, als ihre Liebe unerwidert bleibt, bei seinem Vater verleumdet. Voller Zorn läßt Rónán seinen Sohn von einem seiner Krieger mit dem Speer durchbohren, erfährt vor dessen Tod aber noch den wahren Hergang. Als ein Ziehbruder des Toten daraufhin aus Rache den Vater der Königin und dessen Familie erschlägt, nimmt Rónáns Frau sich das Leben. Rónán stirbt aus Gram über die Schuld, die er aus Unbesonnenheit auf sich geladen hat.

Ausg.: D. Greene, F. R. and other stories, Du. 1955 (MMIS 16).

Übers.: R. Thurneysen, Sagen aus dem alten Irland, B. 1901.
Lit.: T. Ó Cathasaigh, The Rhetoric of F. R., Celtica 17 (1985) 123–144.

Finnchaem (ir. /'f'iNxaiv/) heißt in den Erzählungen des → Ulster-Zyklus die Frau des Dichters → Amairgin mac Ecit Salaig und Mutter des Kriegers → Conall Cernach. Sie gilt als Schwester des Königs → Conchobar mac Nesa.

Finn mac Cumaill (ir. /f'iN mak 'kuviL'/) heißt die Hauptfigur der Erzählungen des → Finn-Zyklus. Er ist der Anführer einer verschworenen Gemeinschaft herausragender Krieger (→ Fianna), die in Friedenszeiten vor allem der Jagd nachgehen und im Kriegsfall auf der Seite ihres Oberherrn, des Königs → Cormac mac Airt, kämpfen. F. selbst trägt in den ältesten Erzählungen die Züge sowohl eines Kriegers als auch eines Sehers und Dichters. Die Gabe der Weissagung soll er durch Lutschen am Daumen erlangt haben – ein Motiv, das in verschiedenen Erzählungen unterschiedlich ausgestaltet wurde und in ähnlicher Form auch im Zusammenhang mit dem walisischen Dichter → Taliesin und dem nordgermanischen Sagenhelden Sigurd begegnet. – F. gehört seit dem Mittelalter zu den beliebtesten und volkstümlichsten Sagenhelden Irlands und Schottlands und ist das Vorbild für den schottischen König Fingal in den von James → Macpherson verfaßten »Werken Ossians«.

Lit.: → Finn-Zyklus.

Finn-Zyklus oder Ossianischer Zyklus heißen die Prosaerzählungen und Balladen um den Sagenhelden → Finn mac Cumaill und seine Gefolgsleute, die → Fianna. Ihre Handlung spielt zur Zeit des Königs → Cormac mac Airt zu Beginn des 3. Jhs. n. Chr., ihre Helden sind neben Finn als dem Anführer der Fianna sein Sohn → Oisín, sein Enkel → Oscar sowie die Krieger → Caílte mac Rónáin, → Goll mac Morna und → Lugaid Lága. Die meisten Geschichten des F. drehen sich um Jagdabenteuer, Liebeshändel (vgl. → *Tóraigheacht Dhiarmada agus Ghráinne*) und kriegerische Auseinandersetzungen (vgl. → *Cath Finntrága*). Das umfangreichste Werk dieser Art, das verschiedene Episoden in einer Rahmenerzählung vereint, ist → *Acallam na Senórach.* Die Balladen des F. gewannen seit dem späten Mittelalter zunehmend an Popularität und waren die wichtigste Quelle für die von James → Macpherson verfaßten »Werke Ossians«.

Lit.: G. Murphy, The Ossianic Lore and Romantic Tales of Medieval Ireland, Du. 1955; J. Falaky Nagy, The Wisdom of the Outlaw: The Boyhood Deeds of Finn in Gaelic Narrative Tradition, Be. 1985; J. MacKillop, Fionn mac Cumhaill: Celtic Myth in English Literature, Syracuse, NY. 1986; D. Ó hÓgáin, Fionn mac Cumhaill: Images of the Gaelic Hero, Du. 1988.

Fintan mac Bóchra (ir. /'f'intan mak 'boːxra/) heißt im »Buch der Einnahme Irlands« (→ *Lebor Gabála Érenn*) der einzige Überlebende der Sintflut in Irland. Er soll zusammen mit

Noahs Enkelin → Cesair vierzig Tage vor der Sintflut auf die Insel gelangt sein und in der Gestalt eines Lachses, eines Adlers und eines Habichts Zeuge der gesamten irischen Geschichte geworden sein.

Fir Bolg (ir. /f'ir' volg/) heißt im »Buch der Einnahme Irlands« (→ *Lebor Gabála Érenn*) die dritte Gruppe von Siedlern, die nach der Sintflut Irland in Besitz nahm. Auf sie führte man die Einteilung der Insel in fünf »Provinzen« (→ cóiced) und die Einrichtung des Königtums (→ rí) zurück. Nach der Überlieferung waren die F. Nachkommen der Anhänger des → Nemed, die unter der Zwangsherrschaft der → Fomoire vorübergehend Irland verlassen hatten. Sie sollen von den → Tuatha Dé Danann im Kampf besiegt worden sein.

Lit.: J. Carey, F. B.: A Native Etymology Revisited, CMCSt 16 (1988) 77–83.

fír flathemon (ir. /f'iːr 'flaθ'evon/) bezeichnet in Rechtstexten und Sagen die »Gerechtigkeit (fír) des Herrschers (flathem)«. Ihre Verwirklichung war eine der Hauptaufgaben des Königs (→ rí), der dadurch sein eigenes Wohlergehen und das seiner Untertanen gewährleistete. Die »Ungerechtigkeit des Herrschers« (gáu flathemon) galt dementsprechend als Ursache allen Unglucks, das den König oder sein Volk treffen konnte. Eine wichtige Rolle spielt der Begriff f. f. in den Lehrsprüchen, die unter dem Titel → *Audacht Morainn* überliefert sind. Man vermutet, daß er bereits in vorchristlicher Zeit für die keltische Auffassung des Königtums charakteristisch war. Ähnliche Vorstellungen und Begriffe kennt man aus Indien (r̥ta, dharma), Griechenland (dikē) und Ägypten (maat).

Lit.: H. Wagner, Old Ir. fír ›truth, oath‹, ZCP 31 (1970) 1–45, 57–58 u. 146; C. Watkins, Is tre f. f.: Marginalia to Audacht Morainn, Ériu 30 (1979) 181–198; B. Ó Cuív, Is tre f. f.: an addendum, Celtica 13 (1980) 146–149.

Fís Adamnáin → Adamnán.

Fled Bricrenn (ir. /f'l'eð 'v'r'ik'r'eN/ »Bricrius Fest«) ist der Titel einer Erzählung aus dem → Ulster-Zyklus. Sie ist mit unterschiedlichen Auslassungen, Zusätzen und Lücken im »Buch der dunklen Kuh« (→ Lebor na hUidre) und jüngeren Handschriften aus dem 15./16. Jh. überliefert. Die Geschichte beginnt mit den Vorbereitungen zu einem Gastmahl, zu dem der als Unruhestifter gefürchtete → Bricriu die Helden von Ulster einlädt. Weil Bricriu sowohl → Loegaire Buadach als auch → Conall Cernach und → Cú Chulainn den Ehrenplatz an der Tafel (→ curad-mír) versprochen hat, kommt es auf dem Fest denn auch sogleich zum Kampf. Auf den Rat des weisen → Sencha hin einigen sich die Helden darauf, die Entscheidung über die Rangfolge einem unabhängigen Schiedsrichter zu überlassen. Die drei Krieger akzeptieren jedoch weder den Schiedsspruch des Königs → Ailill von Connacht noch den des Königs → Cú Roí von Munster. So bleibt der Streit zunächst unentschieden. Eines Tages betritt dann ein riesenhafter Fremder die Königshalle in Ulster. Er fragt die anwesenden Helden, ob einer von ihnen es sich zutraue, ihm mit dem Beil den Kopf abzuschlagen – vorausgesetzt, daß er ihm dies am folgenden Tag mit Gleichem vergelten dürfe. An zwei aufeinanderfolgenden Tagen erklären sich erst Loegaire und dann Conall Cernach dazu bereit. Doch beide packt die Angst, als der Fremde ihren Schlag wider Erwarten überlebt und von ihnen die Einlösung ihres Versprechens fordert. Erst Cú Chulainn, der als dritter auf den Handel eingeht, hält sein Wort und erscheint tatsächlich am darauffolgenden Morgen, um sich den Kopf abschlagen zu lassen. Da berührt der Fremde, der in Wahrheit Cú Roí ist, mit dem Beil nur leicht seinen Nacken und erklärt ihn zum ersten der Helden Irlands. – Neu erzählt hat diese Geschichte Lady Augusta → Gregory im vierten und fünften Kapitel ihres Buchs *Cuchulain of Muirthemne*. Das Motiv der Enthauptungsprobe wurde vor allem durch seine Verwendung in der mittelenglischen Verserzählung *Sir Gawain and the Green Knight* aus dem späten 14. Jh. weithin bekannt.

Ausg.: G. Henderson, F. B., Lo. 1899 (m. engl. Übers., ITS 2); L. C. Stern, F. B. nach dem Codex Vossianus, ZCP 4 (1903) 143–177.
Übers.: R. Thurneysen, Sagen aus dem alten Irland, B. 1901; J. Gantz, Early Irish Myths and Sagas, Harm. 1981.
Lit.: E. M. Slotkin, The Structure of F. B. before and after the Lebor na hUidre Interpolations, Ériu 29 (1978) 64–77.

Fled Dúin na nGéd (ir. /f'l'eð du:n'na ŋ'e:ð/ »Das Fest von Dún na nGéd«) ist der Titel einer Erzählung aus dem → Historischen Zyklus. Sie stammt in der uns vorliegenden Fassung vermutlich aus dem 11. Jh. und ist im → »Gelben Buch von Lecan« und einigen anderen Handschriften überliefert. Die Geschichte erzählt vom Konflikt des irischen Hochkönigs Domnall mac Aeda mit seinem Ziehsohn Congal Claen, dem König von Ulster. Einst hatte Congal seinem Ziehvater Domnall zur Würde des Hochkönigs verholfen, doch die erhoffte reiche Belohnung dafür war ausgeblieben. Bei Domnalls Einsetzungsfest in seiner Residenz Dún na nGéd kommt es zum Bruch zwischen den beiden Männern. Congal gelingt es, ausländische Könige als Verbündete zu gewinnen, doch fällt er in der entscheidenden Schlacht von Mag Ráth (→ *Cath Maige Rátha*).

Ausg.: R. Lehmann, F. D., Du. 1964 (MMIS 21).
Übers.: R. Lehmann, The Banquet of the Fort of the Geese, Lochlann 4 (1969) 131–159.
Lit.: M. Herbert, F. D.: A Reappraisal, CMCSt 18 (1989) 75–87.

Flidais (ir. /'f'l'iðiʃ/) heißt in den Erzählungen des → Ulster-Zyklus die Gattin des Kriegers → Fergus mac Roich. Das »Buch der Einnahme Irlands« (→ *Lebor*

Gabála Érenn) zählt sie demgegenüber zum Volk der → Tuatha Dé Danann. Im Stammbaum des südirischen Adelsgeschlechts der Eoganacht Caisil trägt F. den Beinamen Foltchain »Schönhaar« und gilt als Mutter eines Königs namens Nia Segamain. Buar F. »Vieh der F.« begegnet in mehreren Texten als dichterischer Ausdruck für »Wild« oder »Hirsche«. Man vermutet deswegen, daß die Gestalt der F. auf eine vorchristliche Göttin des Waldes und Schützerin des Wildes zurückgeht.

Fomoire (ir. /ˈfovorʹe/) heißt in den Erzählungen des → Mythologischen Zyklus eine Gruppe vorzeitlicher Dämonen. Ihr ursprüngliches Wesen ist ebenso wie die Bedeutung ihres Namens unklar. Von den bislang vorgeschlagenen Etymologien erscheint eine Ableitung vom keltischen Wort für »Meer« oder aber von einer keltischen Entsprechung des deutschen Wortes Mahr »Gespenst« am wahrscheinlichsten. Nach dem »Buch der Einnahme Irlands« (→ *Lebor Gabála Érenn*) befanden sich die F. bereits in Irland, als 300 Jahre nach der Sintflut → Partholón und seine Anhänger auf die Insel gelangten. Sie schlugen gegen die F. die erste Schlacht auf irischem Boden. Die später eingewanderten Anhänger des → Nemed wurden von den F.n unterdrückt und zur Zahlung eines Tributs gezwungen. Erst den → Tuatha Dé Danann gelang es, die F. im Kampf zu besiegen und aus Irland zu vertreiben.

Forgall Manach (ir. /ˈforgaL ˈmanax/) heißt in der Erzählung von der Werbung Cú Chulainns um Emer (→ *Tochmarc Emire*) der Vater der Titelheldin Emer. Sein Onkel mütterlicherseits ist → Tethra, ein König der → Fomoire. Die Geschichte vom Schwein des Mac Dathó (→ *Scéla mucce Meic Dathó*) berichtet, daß F. eine der sechs großen Festhallen (→ bruiden) Irlands besessen habe.

Forschungsgeschichte → Keltologie.

Fótla (ir. /ˈfoːdla/) heißt im »Buch der Einnahme Irlands« (→ *Lebor Gabála Érenn*) eine Königin der → Tuatha Dé Danann. Während der Eroberung Irlands durch die Söhne des → Míl sollen sie und ihre beiden Schwestern → Ériu und → Banba von dem Dichter → Amairgin Glúngel das Versprechen erwirkt haben, daß die Insel dereinst ihren Namen tragen werde. In dichterischer Sprache steht der Name F. daher häufig für Irland. In der Schlacht bei → Tailtiu soll F. im Kampf gegen die Söhne des Míl gefallen sein.

Four Ancient Books of Wales ist der Titel einer zweibändigen Ausgabe mittelkymrischer Dichtung mit englischen Übersetzungen. Sie wurde 1868 von dem schottischen Juristen William Forbes → Skene veröffentlicht. Der Inhalt entstammt vier mittelalterlichen Handschriften: dem »Buch Taliesins« (→ Llyfr Taliesin), dem »Buch Aneirins« (Llyfr Aneirin; → Gododdin), dem »Schwarzen Buch von Carmarthen« (→ Llyfr Du Caerfyrddin) und dem »Roten Buch von Hergest« (→ Llyfr Coch Hergest). Obschon die Ausgaben und besonders die Übersetzungen der Texte seit langem überholt sind, kommt ihnen als Pionierleistung auf dem Gebiet der kymrischen Philologie besondere Bedeutung zu.

Frau. Über die Stellung der F. bei den Kelten kann man nur wenige allgemein gültige Aussagen treffen. Ihr sozialer Status variierte vermutlich in den verschiedenen Siedlungsgebieten und Gesellschaftsschichten und dürfte im Lauf der Zeit erhebliche Veränderungen erfahren haben. Darüber hinaus gestatten die Quellen in vielen Fällen keine objektiven Aussagen.

Für die vorrömische Zeit ist man ausschließlich auf Grabfunde angewiesen, da archäologische Funde aus Siedlungen in dieser Hinsicht wenig ergiebig sind und schriftliche Quellen weitgehend fehlen. Die Gräber etwa von → Bad Dürkheim, → Reinheim, → Vix oder → Waldalgesheim zeigen, daß Frauen eine hohe gesellschaftliche Stellung einnehmen konnten. Wir wissen aber nicht, worauf diese Stellung sich gründete und bis zu welchem Grad sie vom Status der Familie oder des Ehegatten abhing. Bemerkungen antiker Autoren wiederum beziehen sich häufig auf Einzelfälle und sind nicht ohne weiteres zu verallgemeinern. Dies gilt z. B. für die antiken Nachrichten über die Herrscherinnen → Boudicca und → Cartimandua. Davon abgesehen muß man stets damit rechnen, daß objektive Beobachtungen in moralisierender oder propagandistischer Absicht entstellt worden sein könnten. Dies gilt z. B. für die Bemerkung Plutarchs (Mulierum virtutes 6) über die positive Rolle der F. als Schlichterin bei Streitigkeiten, aber auch umgekehrt für die Bemerkung des Historikers → Diodoros von Sizilien (5,32) über ihre Beteiligung an handgreiflichen Auseinandersetzungen. Im Hinblick auf die rechtliche Stellung der F. besitzen wir die Bemerkung → Caesars (Bell. Gall. 6,19), die Männer hätten gegenüber ihren Frauen und Kindern Gewalt über Leben und Tod. Auch hier kann man aber die Richtigkeit und Allgemeingültigkeit dieser Feststellung kaum überprüfen.

Ausführliche Angaben über die Stellung der F. finden wir erst im irischen und walisischen → Recht, das im frühen und hohen Mittelalter aufgezeichnet wurde. Diesen Quellen zufolge war die F. in rechtlicher und politischer Hinsicht dem Mann untergeordnet, und zwar zuerst dem Vater und später dem Ehegatten. Sie konnte zwar Güter besitzen, diese aber nicht ohne weiteres vererben, und sie war weder als Zeugin vor Gericht zugelassen, noch konnte sie

selbständig Verträge schließen. Ehen wurden dementsprechend von den männlichen Verwandten der Braut arrangiert. Auch Fragen der Ehescheidung und der Zulässigkeit der Polygynie (des ehelichen Zusammenlebens eines Mannes mit mehreren Frauen) werden in den Texten angesprochen. → Sklavinnen waren vermutlich mindestens ebenso häufig wie Sklaven, wenn man den Gebrauch des Wortes für »Sklavin« (ir. → cumal) als Währungseinheit in Betracht zieht.
Die Vorstellung von einer starken Stellung der F. bei den Kelten oder gar von einem keltischen Matriarchat kam erst im 19. Jh. auf und beruht z. T. auf einer Projektion von Erzählungen über mythische Gestalten wie → Macha, → Medb, → Rhiannon oder → Scáthach auf die gesellschaftliche Wirklichkeit (vgl. → Keltenideologie). Die große Bedeutung von → Göttinnen innerhalb der keltischen Religion bleibt davon unberührt (vgl. → Matronae/Matres). Dabei darf man nicht vergessen, daß die uns bekannten Geschichten über dominierende, eigenwillige oder kriegerische Frauen durchweg von Männern für Männer erzählt wurden (vgl. noch → Bansenchas).

Lit.: A. Lehmann, Le rôle de la femme dans l'histoire de la Gaule, P. 1944, D. Ó Corráin, Women in Early Irish Society, in: M. MacCurtain u. D. Ó Corráin (Hrsg.), Women in Irish Society (Du. 1978) 1–13; P. O'Leary, The honour of women in early Ir. lit., Ériu 37 (1986) 27–44; P. K. Ford, Celtic Women, Viator. Medieval and Renaissance Studies 19 (1988) 417–438; L. Allason-Jones, Women in Roman Britain, Lo. 1989; W. Davies, Celtic Women in the Early Middle Ages, in: A. Cameron u. A. Kuhrt (Hrsg.), Images of Women in Antiquity (rev. ed. Lo. 1993) 145–166 u. 307.

Froech mac Idaith (ir. /froiç mak 'iðiθ'/) heißt der Titelheld der Erzählung → *Táin Bó Froích*. Er gilt als Sohn der Fee Bé Find und schönster Mann Irlands und Schottlands. In der älteren Fassung der Geschichte des Rinderraubs von Cuailnge (→ *Táin Bó Cuailnge*) ist F. der erste, der im Zweikampf gegen → Cú Chulainn fällt.

Fuamnach (ir. /'fuamnax/) heißt in der Erzählung → *Tochmarc Étaíne* die zauberkundige Gattin des Elfenfürsten Midir.

Fürstengräber nennt man besonders aufwendig gestaltete und mit reichen Beigaben versehene Grabanlagen der vor- und frühgeschichtlichen Zeit.
Die keltischen F. der vorrömischen Eisenzeit gelten – neben den sog. → Fürstensitzen – als die ältesten archäologischen Zeugnisse der keltischen Kultur in Mitteleuropa. Sehr wahrscheinlich gehörten die hier beigesetzten Personen zu politisch und wirtschaftlich führenden Stammesaristokratien. Für eine herausgehobene gesellschaftliche und politische Rolle der Toten spricht bereits der äußere Aufwand beim Bau der Gräber. Er erforderte ein hohes Maß an gemeinschaftlicher Arbeitsleistung und Organisation. Die

wirtschaftliche Macht dieser Gesellschaftsschicht dokumentieren am eindrucksvollsten die Grabbeigaben. Zu ihnen zählen häufig aus dem Mittelmeerraum importierte Güter und Gegenstände aus Edelmetall, vor allem → Gold. Wie diese gesellschaftliche Stellung religiös und rechtlich fundiert war, bleibt jedoch wegen des Fehlens schriftlicher Quellen weitgehend dunkel.

Die ältesten F. (bis ca. 400 v. Chr.) sind als monumentale Grabhügel teilweise noch heute in der Landschaft weithin sichtbar. Erst später setzte sich die Anlage von Flachgräbern durch. Deutliche Unterschiede bestehen zwischen den älteren Fürstengräbern der Hallstatt- und den jüngeren der Latènezeit. So z. B. wurde in hallstattzeitlichen Gräbern den Toten meist ein vierrädriger → Wagen und an Waffen allenfalls ein Dolch mitgegeben. In Gräbern der Latènezeit dagegen findet man in der Regel einen zweirädrigen Wagen und nicht selten Schwert, Helm oder andere Waffen. Auch in der geographischen Lage der Gräber zeichnet sich von der einen Kulturperiode zur anderen eine Veränderung ab. Hallstattzeitliche F. begegnen vor allem in der unmittelbaren Nähe von Fürstensitzen in Burgund, der Schweiz und Baden-Württemberg (→Grafenbühl, → Hirschlanden, → Hochdorf, → Hohmichele, → Magdalenenberg, → Vix). Latènezeitliche F. findet man dagegen vor allem in der Champagne, im Rhein- und Saarland, in Böhmen und in Österreich (→ Bad Dürkheim, → Rodenbach, → Schwarzenbach, → Waldalgesheim, → Weiskirchen). Nur in Einzelfällen läßt sich eine Kontinuität von der Hallstatt- zur Latènezeit nachweisen. Das bekannteste Beispiel ist der latènezeitliche Grabhügel → Kleinaspergle, der dem hallstattzeitlichen Fürstensitz auf dem → Hohenasperg zugeordnet wird.

Lit.: F. Fischer u. J. Biel, Frühkeltische F. in Mitteleuropa, Antike Welt 13 (1982) Sondernr.; Trésors des princes celtes, P. 1987 (Ausstellungskat.); K. Spindler, Die frühen Kelten, St. [2]1991; Hundert Meisterwerke keltischer Kunst, Trier 1992 (Ausstellungskat.).

Fürstensitze nennt die moderne Archäologie einen bestimmten Siedlungstyp der späten → Hallstattzeit (6.–5. Jh. v. Chr.). Zu seinen charakteristischen Merkmalen gehören eine markante Höhenlage, aufwendige Befestigungen, das Vorkommen importierter Güter aus dem Mittelmeerraum und die unmittelbare Nähe reich ausgestatteter → Fürstengräber. Wahrscheinlich handelt es sich bei diesen Anlagen um die Wohnsitze vermögender Stammesaristokratien, die weitreichende Handelsbeziehungen pflegten. Zu den bedeutendsten Beispielen zählen → Mont Lassois bei Châtillon-sur-Seine, → Camp-de-Château bei Salins-les-Bains im französischen Jura, → Châtillon-sur-Glâne bei Fribourg in der Schweiz, der → Üetliberg bei Zürich, der Münsterberg von → Breisach, der →

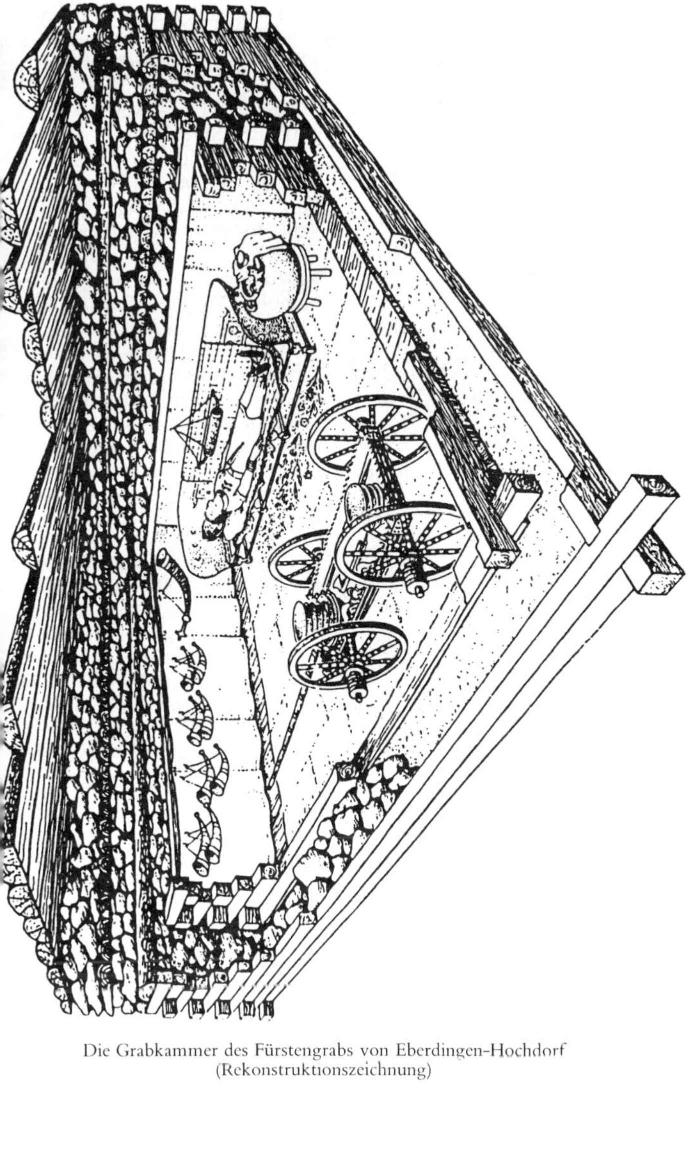

Die Grabkammer des Fürstengrabs von Eberdingen-Hochdorf
(Rekonstruktionszeichnung)

Hohenasperg bei Ludwigsburg und die → Heuneburg an der oberen Donau. Diese Anlagen stellen neben den dazugehörigen Gräbern die frühesten archäologischen Zeugnisse für die Anwesenheit der Kelten in Mitteleuropa dar. Ihre Erforschung ist noch keineswegs abgeschlossen, da wegen der Größe der besiedelten Flächen, z. T. auch wegen späterer Überbauung, die Möglichkeiten der Archäologen stark eingeschränkt sind.

Lit.: M. K. H. Eggert, Die »F.« der Späthallstattzeit, Hammaburg N. F. 9 (1989) 53–66; K. Spindler, Die frühen Kelten, St. [2]1991; C. F. E. Pare, F.: Celts and the Mediterranean World, Procs. of the Prehistoric Society 57 (1991) 183–202.

gae bolga (ir. /gai 'bolga/) heißt in den Erzählungen des → Ulster-Zyklus der Speer des Helden → Cú Chulainn. Mit ihm tötet er in der Geschichte des Rinderraubs von Cuailnge (→ *Táin Bó Cuailnge*) seinen Gegner Fer Diad und in der Erzählung → *Aided Oenfir Aífe* seinen eigenen Sohn. Beiden Erzählungen zufolge konnte der g. b. nur im Wasser gebraucht werden und riß durch seine zahlreichen Widerhaken besonders tiefe und gefährliche Wunden.

Gälisch nennt man die keltischen Sprachen Irlands, Schottlands und der Insel Man. Um Verwechslungen zu vermeiden, spricht man im Deutschen allerdings meist von → Irisch (Gaeilge), → Schottisch-Gälisch (Gàidhlig) und → Manx (Gaelg). Alle drei Sprachen sind eng verwandt und dürften sich bis zum 10. Jh. nur wenig voneinander unterschieden haben. Mit Bezug auf diese frühe Phase ihrer Geschichte spricht man daher auch von »Gemeingälisch« (engl.: Common Gaelic). Eine ältere Form des Wortes G. ist Goidelisch. Damit bezeichnet man die Sprache, aus der sich G. in historischer Zeit entwickelt hat. Goidelisch ist – ebenso wie Indogermanisch – nicht belegt, sondern kann nur auf dem Weg des Sprachvergleichs rekonstruiert werden.

Lit.: K. H. Jackson, »Common Gaelic«: The Evolution of the Goedelic Languages, PBA 37 (1951) 71–97.

Gaidoz, Henri (1842–1932), war ein französischer Volkskundler und Keltologe. 1870 gründete er als erste keltologische Fachzeitschrift die *Revue celtique* (seit 1936: *Études celtiques*), die international hohes Ansehen genoß. Mit der keltischen Religion und Mythologie beschäftigte sich G. in den beiden Werken *Esquisse de la religion des Gaulois* (1879–1881) und *Études de mythologie gauloise* (1886).

Galater nennt man die Kelten, die 278 v. Chr. über den Balkan nach Kleinasien einwanderten. Die antike → Ethnographie unterscheidet bei ihnen die drei Stämme der Tolisto(b)agier,

Trokmer und Tektosagen, die in je vier Abteilungen (Tetrarchien) gegliedert waren. Alle zwölf Tetrarchien hatten gemeinsam einen Rat der 300, der in einem heiligen Hain (→ nemeton) seine Versammlungen abhielt. Ursprünglich waren die G. von dem bithynischen König Nikomedes I. als Hilfstruppen ins Land gerufen worden. Nach der Beendigung ihres Söldnerdienstes unternahmen sie auf eigene Faust Raubzüge, bis sie schließlich seßhaft wurden. Lang anhaltende Kämpfe lieferten sich die G. mit den Königen von Pergamon, die ihre Siege in einer Reihe von Kunstwerken zu verherrlichen suchten. Aus der Zeit Attalos' I. und Eumenes' II. sind uns mehrere Plastiken in römischen Marmorkopien erhalten geblieben, darunter als berühmtestes Beispiel der »Sterbende Gallier« (jetzt im Museo Capitolino in Rom). Nach einer entscheidenden Niederlage gegen die Römer 189 v. Chr. konnten sich die G. ihre Unabhängigkeit bis zum Jahr 25 v. Chr. bewahren, als Augustus ihr Siedlungsgebiet in eine römische Provinz umwandelte. Der Brief des Apostels Paulus an die G. richtete sich vermutlich an christliche Gemeinden in einer ländlichen Gegend dieser Provinz. Dort sprach die Bevölkerung wahrscheinlich noch im 3./4. Jh. n. Chr. ihre ererbte keltische Sprache (→ Galatisch).

Lit.: F. Stähelin, Geschichte der kleinasiatischen G., Bas. 1907; K. Strobel, Die G. im hellenistischen Kleinasien, in: Hellenistische Studien (Mn. 1991) 101–134.

Galatisch nennt man die Sprache der Kelten in Kleinasien (→ Galater). Man kennt sie vor allem durch Namen und einzelne Wörter, die bei antiken Autoren überliefert sind. Soweit man daraus ersehen kann, bestand eine große Ähnlichkeit zwischen G. und → Gallisch. Wann G. ausstarb, ist unklar, doch war es allem Anschein nach noch im 3./4. Jh. n. Chr. lebendig. Dafür spricht auch die berühmte Bemerkung des Kirchenhistorikers Hieronymus, die Galater sprächen fast dieselbe Sprache wie die Bewohner von Trier (Galatas ... propriam linguam eandem habere quam Treviros). Allerdings beruht dieser Hinweis sehr wahrscheinlich nicht auf eigener Beobachtung, sondern auf einer Notiz des Kirchenschriftstellers Laktanz.

Lit.: L. Weisgerber, Galat. Sprachreste, in: Natalicium. Johannes Geffcken zum 70. Geburtstag (Hei. 1931) 151–175; F. Müller, Der zwanzigste Brief des Gregor von Nyssa, Hermes 74 (1939) 66–91; W. Dressler, Galatisches, in: W. Meid (Hrsg.), Beiträge zur Indogermanistik und Keltologie, J. Pokorny zum 80. Geburtstag gewidmet (I. 1967) 147–154.

Gallien (lat. Gallia) nennt die antike → Ethnographie das Siedlungsgebiet der Gallier (→ Kelten). Als Gallia Cisalpina oder Gallia Citerior (»G. diesseits der Alpen«) bezeichnete man das Siedlungsgebiet der keltischen Stämme in Oberitalien. Gallia Transalpina oder Gallia Ulterior (»G. jenseits der Alpen«) nannte man demgegenüber das Gebiet zwischen dem Rhein, den Pyre-

näen, den Alpen, dem Mittelmeer und dem Atlantik.
Die Kelten Oberitaliens wurden von den Römern bereits im 3./2. Jh. v. Chr. unterworfen. 89 und 49 v. Chr. erhielten sie das römische Bürgerrecht. 125–118 v. Chr. eroberten die Römer einen Teil Südfrankreichs und gründeten dort die römische Provinz Gallia Narbonensis. 58–51 v. Chr. unterwarf → Caesar auch das übrige Gallien, das 27 v. Chr. von Augustus in die drei Provinzen Aquitanien (im Südwesten), Gallia Lugdunensis (das zentrale G.) und Gallia Belgica (im Nordosten) aufgeteilt wurde. Mittelpunkt dieser »drei G.« (Tres Galliae) war die 43 v. Chr. gegründete Kolonie Lugdunum (heute Lyon). Dort tagte auch der gallische Landtag (Concilium Galliarum).
Seit der Mitte des 1. Jhs. v. Chr. entwickelte sich in G. eine eigenständige gallo-römische Kultur, die einheimische und fremde Elemente zu einem neuen Ganzen verschmolz. Seit dem 2. Jh. breitete sich das Christentum in G. aus. Nach wiederholten Einfällen germanischer Stämme im 3. Jh. wurde G. nach dem Abzug der römischen Truppen im 5. Jh. völlig von den Germanen erobert und unter die Stämme der Franken, Alemannen, Burgunder und Westgoten aufgeteilt.

Lit.: C. Ebel, Transalpine Gaul: the emergence of a Roman province, Lei. 1976; R. Chevallier, La romanisation de la Celtique du Pô, R. 1983; J. F. Drinkwater, Roman Gaul, Ithaca (NY) 1983; E. M. Wightman, Gallia Belgica, Lo. 1985; P.-M. Duval, La vie quotidienne en Gaule pendant la paix romaine, P. [3]1988; A. L. F. Rivet, Gallia Narbonensis: Southern Gaul in Roman Times, Lo. 1988; A. King, Roman Gaul and Germany, Lo. 1990; G. Coulon, Les Gallo-Romains: Au carrefour de deux civilisations, 2 Bde., P. 1990.

Gallisch nennt man die Sprache der keltischen Bewohner Mitteleuropas. Sie besaß vermutlich eine große Ähnlichkeit mit → Britannisch und → Galatisch. Man kennt G. vor allem durch Namen und Wörter bei antiken Autoren sowie durch zahlreiche Inschriften, die in drei verschiedenen Alphabeten aufgezeichnet wurden: Aus Oberitalien stammen einige wenige Inschriften im etruskischen Alphabet aus dem 2. Jh. v. Chr. Aus Südfrankreich sind etwa 60 Steininschriften in ionisch-griechischer Schrift vor allem aus dem 1. Jh. n. Chr. überliefert. In verschiedenen Gegenden Galliens fand man schließlich weit über 100 Texte in lateinischer Schrift aus dem 1.–4. Jh. n. Chr. Zu den bedeutendsten dieser Inschriften gehören der Kalender von → Coligny, die Graffiti aus den Töpfereien von → La Graufesenque sowie die Bleitafeln von → Chamalières und → Larzac.

Lit.: G. Dottin, La langue gauloise, P. 1920; L. Weisgerber, Die Sprache der Festlandkelten, BRGK 20 (1930) 147–226; J. Whatmough, The Dialects of Ancient Gaul, Cambridge (Mass.) 1970; W. Meid, Zur Lesung und Deutung gallischer Inschriften, I. 1989.

Gauvain ist die französische Entsprechung des kymrischen Namens → Gwalchmei.

Gawain ist die englische und deutsche Entsprechung des kymrischen Namens → Gwalchmei.

Gebrinius heißt ein Gott, der nach der → Interpretatio Romana mit → Mercurius gleichgesetzt wurde. Man kennt ihn durch mehrere Weihinschriften, die in den zwanziger Jahren bei archäologischen Untersuchungen unter dem Bonner Münster zutage kamen. Wegen der unsicheren Etymologie des Namens ist es unklar, ob der Gott germanischen oder keltischen Ursprungs ist.

Lit.: S. Gutenbrunner, Mercurius G., ZCP 20 (1936) 391–394.

geis (ir. /g'eʃ/) bezeichnet ein absolutes Verbot oder Tabu, bei dessen Übertretung bzw. Verletzung man verheerende Folgen fürchtete. In der mittelalterlichen Literatur sind einige dieser Verbote an bestimmte Ämter wie z. B. das des Königs gebunden, während andere nur für einzelne Personen gelten. In frühen Texten ist ein g. in aller Regel wie vom Schicksal vorherbestimmt und unabänderlich. Häufig findet ein Held dadurch den Tod, daß außergewöhnliche Umstände ihn dazu zwingen, sein g. zu verletzen. So übertritt z. B. → Cú Chulainn vor seinem Tod das Gebot, unter keinen Umständen vom Fleisch eines Hundes (cú) zu kosten. In neuzeitlichen Texten (z. B. → Märchen) ist ein g demgegenüber häufig eine Art magisches Ge- oder Verbot, das zauberkundige Personen anderen Menschen nach Belieben auferlegen können.

Lit.: D. Greene, Tabu in early Irish narrative, in: H. Bekker-Nielsen u. a., Medieval Narrative: A Symposium (Odense 1979) 9–19; R. Power, Geasa and Álög: Magic Formulae and Perilous Quests in Gaelic and Norse, Scottish Studies 28 (1987) 69–89; P. O'Leary, Honour-bound: the Social Context of Early Irish Heroic G., Celtica 20 (1988) 85–107.

Gelbes Buch von Lecan (engl. Yellow Book of Lecan) nennt man eine irische Sammelhandschrift, die in ihren Hauptteilen aus dem ausgehenden 14. Jh. stammt. Sie enthält zahlreiche Erzählungen des → Historischen, → Mythologischen und → Ulster-Zyklus und wird heute in der Bibliothek des Trinity College in Dublin aufbewahrt. Nicht mit ihr zu verwechseln ist das »Buch von Lecan«, eine Handschrift aus dem frühen 15. Jh., die sich heute in der Bibliothek der Royal Irish Academy (ebenfalls in Dublin) befindet.

Lit.: R. Atkinson, The Yellow Book of L., Du. 1896 (Faks.); H. P. A. Oskamp, The Yellow Book of L. Proper, Ériu 26 (1975) 102–119.

genii cucullati (Pl., lat.) nennt man anonyme keltische Gottheiten, die mit einem Kapuzenmantel (cucullus) bekleidet dargestellt wurden. Sie begegnen sowohl einzeln als auch in Dreiergruppen und werden gelegentlich auch zusammen mit einer sitzenden Göttin abgebildet. In der Hand halten sie des öfteren ein Ei oder eine Schriftrolle. Über die Bedeutung der g. kann man wegen des Fehlens schriftlicher Quellen nur Vermutungen anstellen.

Lit.: R. Egger, Genius cucullatus, Wiener Praehist. Zeitschrift 19 (1932) 311–323; F. M. Heichelheim, G. c., Archaeologia Aeliana (4) 12 (1935) 187–194; J. M. C. Toynbee, G. c. in Roman Britain, in: Hommages à Waldemar Deonna (Bru. 1957) 456–469; W. Deonna, Télesphore et le ›genius cucullatus‹ celtique, Latomus 14 (1959) 43–74; H. Kenner, Genius cucullatus, Röm. Österreich 4 (1976) 147–161.

Geoffrey von Monmouth (lat. Galfridus Monemutensis) war ein lateinisch schreibender Autor aus der 1. Hälfte des 12. Jhs. Sein Ruhm beruht ausschließlich auf seinen literarischen Werken, während sein Leben fast völlig im dunkeln liegt. Vermutlich wurde G. um 1100 als Nachkomme einer Familie bretonischer Herkunft in Südwales geboren. Urkundlich bezeugt ist seine Anwesenheit in Oxford in der Zeit von 1129 bis 1151. 1152 wurde G. zum Bischof von St. Asaph in Nordostwales geweiht. Nach dem Zeugnis walisischer Chroniken starb er bereits 1155.

In den 30er Jahren des 12. Jhs. schrieb G. als sein Hauptwerk die *Historia Regum Britanniae*. In ihr erzählt er die Geschichte der Könige Britanniens von ihren Anfängen bis zur Eroberung der Insel durch die Angelsachsen. Als mythischer Ahnherr der Könige Britanniens gilt ihm → Brutus, ein Urenkel des Troianers Aeneas. Der eigentliche Held des Werks ist jedoch → Arthur, den G. als glanzvollen Herrscher und ebenbürtigen Gegner des Römischen Reiches schildert. Als Quellen für seine Darstellung benutzte G. das Werk des → Gildas, die Kirchengeschichte des Beda, die → *Historia Brittonum* sowie mündliche Überlieferungen aus Wales und der Bretagne. Die Absicht des Werks bestand vermutlich nicht zuletzt darin, dem Machtanspruch der anglo-normannischen Könige des 12. Jhs. eine quasi-historische Grundlage zu verleihen. Obwohl G. bereits von den Historikern der unmittelbar folgenden Generationen wegen seiner phantasievollen Ausgestaltung der Überlieferung verurteilt wurde, fand sein Werk eine weite Verbreitung und übte auf die höfische Literatur des 12./13. Jhs. einen nachhaltigen Einfluß aus (→ Artus-Literatur).

Das Leben des aus der *Historia* bekannten Propheten Merlin (→ Myrddin) behandelte G. in seinem Versepos *Vita Merlini* (um 1150). Dieses Werk fand jedoch nur geringe Verbreitung und ist nur in einer Handschrift vollständig überliefert.

Ausg.: B. Clarke, G. of M.: Vita Merlini, Car. 1973 (m. engl. Übers.); N. Wright, The Historia Regum Britanniae of G. of M. I Bern, Burgerbibliothek MS. 568, C. 1985; ders., The Historia Regum Britanniae of G. of M. II The First Variant Version, C. 1988; W. u. J. MacQueen, Vita Merlini Silvestris, Scottish Studies 29 (1989) 77–93 (m. engl. Übers.).

Übers.: I. Vielhauer, G. of M.: Vita Merlini – Das Leben des Zauberers Merlin, A. 1964; L. Thorpe, G. of M.: The History of the Kings of Britain, Harm. 1966.

Lit.: W. F. Schirmer, Die frühen Darstellungen des Arthurstoffs, Kö. 1958; N. Wright, G. of M. and Gildas, AL 2 (1982) 1–40; O. Padel, G. of M. and Cornwall, CMCSt 8 (1984) 1–27; J. C. Crick, The Historia Regum Britanniae of G. of

M. III A Summary Catalogue of the Manuscripts, C. 1989; dies., The Historia Regum Britanniae of G. of M. IV Dissemination and reception in the later Middle Ages, C. 1991.

Gereint fab Erbin (wal. /'gereint vaːb 'erbin/) ist der Titel einer der »drei Romanzen« (→ Tair Rhamant). Der Held der Geschichte ist der junge Ritter G. Er gewinnt im Verlauf eines Abenteuers fernab vom Artushof eine Braut und feiert nach seiner Rückkehr eine glanzvolle Hochzeit. Als die anderen Ritter ihm später vorwerfen, daß er seiner Frau zuliebe das ritterliche Leben vernachlässige, kommt es jedoch zum Zerwürfnis zwischen den Ehegatten, die sich erst nach vielen Abenteuern wieder aussöhnen. Der Titelheld G. war vermutlich eine historische Gestalt des ausgehenden 6. Jhs., der auch in einigen Gedichten im »Schwarzen Buch von Carmarthen« (→ Llyfr Du Caerfyrddin) und im »Roten Buch von Hergest« (→ Llyfr Coch Hergest) eine Rolle spielt (vgl. → *Englynion Gereint*).

Ausg.: B. Jones, Y Tair Rhamant, Aberystwyth 1960.
Übers.: G. Jones u. T. Jones, The Mabinogion, rev. ed. Lo. 1974; J. Gantz, The Mabinogion, Harm. 1976; H. Birkhan, Kelt. Erzählungen vom Kaiser Arthur, Kettwig 1989.
Lit.: N. Thomas, ›Geraint‹ and ›Erec‹, Trivium 22 (1987) 37–48; J. Rowland, Early Welsh Saga Poetry, C. 1990; R. Middleton, Chwedl G., in: R. Bromwich u. a. (Hrsg.), The Arthur of the Welsh (Car. 1991) 147–157 (in engl. Sprache).

Gergovia war der befestigte Hauptort des gallischen Stammes der → Arverner. Er lag auf einem schwer zugänglichen Hochplateau südöstlich der heutigen Stadt Clermont-Ferrand und umfaßte eine Fläche von ca. 75 ha. G. war die Heimatstadt des → Vercingetorix und wurde während des von ihm geführten Aufstands der gallischen Stämme 52 v. Chr. von → Caesar erfolglos belagert.

Germanen (lat. Germani) nennt die antike → Ethnographie seit → Poseidonios und → Caesar die östlichen Nachbarn der Kelten. Nach → Tacitus (Germania 2) soll der Name von dem Stamm, der zuerst den Rhein überschritt, auf alle rechtsrheinischen Völkerschaften übertragen worden sein. Mit den Kelten entwickelten die G. im Laufe ihrer Geschichte zahlreiche Gemeinsamkeiten (→ keltisch-germanische Kulturbeziehungen).

Geschichte. Die G. der keltischen Völker umspannt einen Zeitraum von über 1000 Jahren. Ihr Schauplatz sind weite Teile Mittel- und Westeuropas, die Britischen Inseln und Irland sowie Teile Südosteuropas und Kleinasiens.

Den Anfang der keltischen G. bildet der nach dem Fundort → Hallstatt benannte Zeitraum von 600–450/400 v. Chr. Aus dieser Zeit stammen die frühesten archäologischen Zeugnisse (→ Fürstengräber, → Fürstensitze) sowie die ältesten Nachrichten der antiken → Ethnographie. Darauf folgt der nach dem Fundort → La Tène benannte Zeitraum, der sich von der Mitte des 5. Jhs. v. Chr. bis zur römischen Eroberung der keltisch besiedelten Gebiete im 2./1. Jh. v. Chr. erstreckt. Dabei unterscheidet man eine Zeit der Expansion (4.–3. Jh. v. Chr.), in der keltische Völker Teile Oberitaliens, des Balkanraums und Kleinasiens in Besitz nehmen, und die Zeit der → Oppida (2.–1. Jh. v. Chr.), die um die Mitte des 1. Jhs. v. Chr. mit der römischen Eroberung Galliens durch → Caesar ihr Ende findet. Im Verlauf des 1. Jhs. n. Chr. wird auch der größte Teil Britanniens von den Römern erobert, während Irland außerhalb der Grenzen des Römischen Reichs verbleibt.

Bereits im 2. Jh. beginnt – ausgehend vom südlichen Gallien – die → Christianisierung der Kelten, die im 3.–4. Jh. auch das römische Britannien erfaßt und von dort auf Teile der keltisch besiedelten Gebiete außerhalb der Grenzen des Römischen Reichs übergreift. Unter dem Ansturm der Germanen werden zu Beginn des 5. Jhs. die letzten römischen Truppen aus Britannien abgezogen. Germanische Völkerschaften überschreiten die Rheingrenze, erobern Rom und errichten auf dem Siedlungsgebiet der romanisierten Kelten ihre Königreiche. Im 5./6. Jh. erobern die Angelsachsen weite Teile Britanniens. Keltische Iren besiedeln Teile Schottlands und der vorgelagerten Inseln, während gleichzeitig Kelten aus dem Südwesten Britanniens unter dem Druck der vordringenden Angelsachsen in die Bretagne auswandern.

Vom 6. Jh. an entwickelt sich in Irland eine blühende Klosterkultur, die auch auf das geistige Leben in den angelsächsischen Königreichen und im Frankenreich Einfluß nimmt. Die Bewohner der keltischen Königreiche im Norden Britanniens werden im Lauf des 7. Jhs. durch die Eroberungen der Angelsachsen von ihren Landsleuten in Wales getrennt und allmählich assimiliert. Keltische → Sprachen werden von nun an nur noch in Irland, Schottland, Wales, Cornwall und der Bretagne gesprochen. Alle diese Gebiete geraten seit dem Mittelalter in den Machtbereich der englischen und französischen Könige und verlieren nach und nach ihre staatlich-politische Eigenständigkeit. Die Nachfahren der Kelten, die im Altertum als das bedeutendste Volk nördlich der Alpen galten, sind heute nur noch am äußersten Rand Westeuropas anzutreffen.

Allg. Übersichten: J. Moreau, Die Welt der Kelten, St. 1958; T. G. E. Powell, Die Kelten, Kö. 1959; M. Dillon u. N. K. Chadwick, Die Kelten von der Vorgesch. bis zum Normanneneinfall, Z. 1966; E. Lessing, Die Kelten, Fr. 1979; Die Kelten in Mitteleuropa, Hallein 1980 (Ausstellungskat.); V. Kruta, Die Kelten, Lz. 1986; A. Ross, The Pagan Celts, Lo. 1986; K. H. Schmidt (Hrsg.), Gesch. u. Kultur d. Kelten, Hei. 1986; H. D. Rankin, Celts and the Classical World, Lo. 1987; B. Cunliffe, Die Kelten und ihre Geschichte, Bergisch Gladbach 1988; The Celts/I Celti, Mi. 1991 (Ausstellungskat.); H. Dannheimer u. R. Gebhard

(Hrsg.), Das keltische Jahrtausend, Mz. 1993 (Ausstellungskat.).
Regionale Übersichten: M. Szabó, Auf den Spuren der Kelten in Ungarn, Budapest ²1979; G. Dobesch, Die Kelten in Österreich nach den ältesten Berichten der Antike, W. 1980; E. Campanile (Hrsg.), I Celti d'Italia, Pisa 1981; K. Bittel u. a. (Hrsg.), Die Kelten in Baden-Württemberg, St. 1981; S. de Laet, La Belgique d'avant les Romains, Wetteren 1982; A. Cahen-Delhaye u. a. (Hrsg.), Les Celtes en Belgique et dans le Nord de la France, Lille 1984; C. Thomas, Celtic Britain, Lo. 1986; D. Vitali (Hrsg.), Celti ed Etruschi nell'Italia centro-settentrionale, Bol. 1987; J. G. Rozoy u. a., Les Celtes en Champagne, Charleville-Mézières 1987; M. Szabó u. a., Les Celtes en Pannonie, P. 1988; Ll. u. J. Laing, Celtic Britain and Ireland, Du. 1990; I. Wernicke, Die Kelten in Italien, St. 1991; Les Celtes en Champagne, Epernay 1991 (Ausstellungskat.).
S. a. → Gallien, → Galater, → Keltiberer.

Gesellschaft. Über die G.sordnung der Kelten kann man – ebenso wie über die Stellung der → Frau – nur wenige allgemeingültige Aussagen treffen. Dies gilt insbesondere für die sehr unterschiedlich entwickelte politische Organisation der keltischen Völkerschaften. Im allgemeinen besaß die keltische G. einen ausgeprägt ländlichen und agrarischen Charakter. Dies ergab sich aus der großen wirtschaftlichen Bedeutung des → Ackerbaus und der → Viehzucht und dem weitgehenden Fehlen städtischer Zentren (vgl. jedoch → Oppida). Konstituierendes Element der keltischen G. war weniger der einzelne als vielmehr die Sippe (ir. → fine), deren Mitglieder eine Vielzahl gemeinsamer Rechte und Pflichten hatten. Auf höherer Ebene bestand die Einheit der Stammesgemeinschaft (ir. → tuath), die nicht selten auch in politischer Hinsicht die höchste Organisationsform darstellte. Im übrigen war die keltische G. keineswegs egalitär, sondern vielmehr streng hierarchisch gegliedert. An der Spitze stand ein König (ir. → rí) oder die Stammesaristokratie, während → Sklaven die unterste Schicht bildeten. Die übrigen Mitglieder der G. waren durch verschiedene Abhängigkeiten miteinander verbunden (vgl. → ambactus), wobei Priester (→ Druiden) und Krieger eine bevorzugte Stellung einnahmen.
Lit. → Geschichte, → Recht.

Gesetze → Recht.

Gildas war ein lateinisch schreibender britannischer Mönch des 6. Jhs. In seiner theologisch-politischen Kampfschrift *De excidio Britanniae* (»Über die Verwüstung Britanniens«) prangert er das ethische Fehlverhalten des keltischen Adels seiner Zeit an und deutet die Eroberungen der Angelsachsen als göttliches Strafgericht. Das Werk ist wegen des Fehlens vergleichbarer schriftlicher Zeugnisse eine Hauptquelle für unsere Kenntnis der zeitgenössischen britannischen Geschichte.
Ausg. u. Übers.: M. Winterbottom, G.: The Ruin of Britain and Other Works, Lo. 1978.
Lit.: P. Sims-Williams, G. and the Anglo-Saxons, CMCSt 6 (1983) 1–30; M. Lapidge u. D. Dumville (Hrsg.), G.: New Approaches, Wo. 1984; F. Kerlouégan, Le De Excidio Britanniae de G.: Les destinées de la culture latine dans l'île de Bretagne au VIe siècle, P. 1987; N. Wright, G.'s

Reading: A Survey, Sacris Erudiri 32 (1991) 121–162.

Gilfaethwy (wal. /gil'vaiθui/) heißt in der Erzählung → *Math fab Mathonwy* einer der beiden Neffen des Königs Math von Gwynedd.

Ginevra ist die deutsche Form des kymrischen Namens → Gwenhwyfar.

Giraldus Cambrensis (Gerald de Barri; wal. Gerallt Gymro) war ein lateinisch schreibender geistlicher Autor des 12./13. Jhs. Er wurde um 1146 als jüngster Sohn eines anglonormannischen Adligen und einer Mutter walisischer Abstammung in Südwestwales geboren. In Gloucester und Paris erhielt er seine theologische Ausbildung. Von 1176 bis 1179 lehrte er an der Universität von Paris, und von 1184 bis 1194 war er Kaplan am Hof Heinrichs II. von England. Während dieser Zeit begleitete er Prinz John bei seiner Expedition nach Irland (1185/86) und Erzbischof Baldwin von Canterbury auf seiner Reise nach Wales (1188). Nach dem zweimaligen Scheitern seines Versuchs, Bischof von St. David's zu werden, zog G. sich 1203 von allen Ämtern zurück und widmete sich bis zu seinem Tod 1223 ganz der Schriftstellerei. Zu seinen kulturgeschichtlich wertvollsten Werken zählen eine Beschreibung Irlands (*Topographia Hiberniae*), eine Darstellung der normannischen Eroberung Irlands (*Expugnatio Hibernica*) sowie zwei Bücher über seine Reisen in Wales (*Itinerarium Kambriae* und *Descriptio Kambriae*).

Lit.: R. Bartlett, Gerald of Wales, O. 1982; B. F. Roberts, Gerald of Wales, Car. 1982; J. G. Griffiths, G. C.: Descriptio Kambriae, BBCS 31 (1984) 1–16; J. Stewart, Topographia Hiberniae, Celtica 21 (1990) 642–657.

glám dícenn (ir. /gla:v 'ð'i:g'eN/) ist die Bezeichnung einer rituellen Verwünschung. Man glaubte, daß sie im Gesicht desjenigen, gegen den sie ausgesprochen wurde, Eiterbeulen hervorrufen könnte (vgl. → áer).

Glanum ist der römische Name einer antiken Stätte unweit der heutigen Stadt Saint-Rémy-de-Provence bei Marseille. Bereits im 6./5. Jh. v. Chr. entwickelte sich dort bei einem Quellheiligtum eine Siedlung, deren Bewohner Verbindung zur griechischen Kolonie Massalia (Marseille) hatten. Gegen Ende des 3. Jhs. v. Chr. entstand in der Nähe des Quellheiligtums die griechische Siedlung Glanón, die gegen Ende des 2. Jhs. v. Chr. von den Römern erobert und erst um 270 n. Chr. aufgegeben wurde. Die Ruinen dieser Siedlung sind vor Ort, zahlreiche archäologische Funde aus vorrömischer und römischer Zeit im Hôtel de Sade in St.-Rémy-de-Provence zu besichtigen.

Lit.: F. Salviat, G., P. 1979.

Glas begegnet bei den Kelten des 6./5. Jhs. v. Chr. fast ausschließlich in Form (importierter) farbiger Perlen. Die meisten Funde stammen aus den Gräbern von Frauen und Kindern, während G. bei der archäologischen Untersuchung von Siedlungen jener Zeit nur selten zutage kommt. Im 4. Jh. v. Chr. entstanden die ersten keltischen Glasmacherwerkstätten, die ausschließlich der Herstellung von → Schmuck (Perlen und Ringen) dienten. Die Verwendung von G. zur Herstellung von Geschirr, Spiegeln oder gar Fenstern war demgegenüber unbekannt.

Lit.: M. Feugère (Hrsg.), Le verre préromain en Europe occidentale, Montagnac 1989; R. Gebhard, Der G.schmuck aus dem Oppidum von Manching, St. 1989; K. Spindler, Die frühen Kelten, St. [2]1991.

Glastonbury → Avalon.

Glewlwyd Gafaelfawr (wal. /'gleuluid ga'vailvaur/) heißt in den Erzählungen → *Iarlles y Ffynnawn*, → *Gereint fab Erbin* und → *Culhwch ac Olwen* der Wächter am Hof → Arthurs. Die beiden zuletzt genannten Geschichten wissen zu berichten, daß er dieses Amt nur an besonderen Festtagen versah, während er ansonsten von verschiedenen Untergebenen vertreten wurde. Das bruchstückhaft erhaltene Gedicht → *Pa ŵr yw'r porthor?* beruht allem Anschein nach auf einer anderen Überlieferung. Dort tritt G. nämlich als Torwächter einer Festung auf, zu der Arthur und sein Gefolge Zutritt begehren.

Glossen nennt man seit dem Mittelalter die erklärenden Zusätze zwischen den Zeilen und am Rand handschriftlich überlieferter Texte. Von besonderem Interesse für den Keltologen sind bretonische, kymrische und irische G. in mittelalterlichen lateinischen Handschriften. Die größte Bedeutung kommt dabei den altirischen G. zu, da das Altirische die älteste keltische Sprache ist, deren Formenbestand man annähernd vollständig rekonstruieren kann. Die wichtigsten altirischen G. sind die Würzburger G. zu den Paulusbriefen (überwiegend 8. Jh.), die Mailänder G. zu einem lateinischen Psalmenkommentar (9. Jh.) und die St. Gallener G. zum Werk des lateinischen Grammatikers Priscian (9. Jh.).

Ausg. u. Übers.: W. Stokes u. J. Strachan, Thesaurus palaeohibernicus, 2 Bde., C. 1901–1903.

Lit.: K. H. Schmidt, Die Würzburger G., ZCP 39 (1982) 54–77; E. G. Quin, The Irish glosses, in: P. Ní Chatháin u. M. Richter (Hrsg.), Irland und Europa (St. 1984) 210–217; K. McCone, The Würzburg and Milan Glosses: Our Earliest Sources of ›Middle Irish‹, Ériu 36 (1985) 85–106.

Gododdin, Y (wal. /ə go'doðin/ »Die Gododdin«) ist der Titel eines Gedichts, das der Überlieferung zufolge von dem Dichter → Neirin verfaßt wurde. Es handelt vom Untergang einer ausgewählten Schar keltischer Krieger aus dem Stamm der Gododdin in Südschottland. Bei ihrem Zug gegen den Ort Catraeth, das heutige Catterick in Yorkshire, sollen sie im Kampf gegen germanische Invasoren gefallen sein. Erhalten ist das Werk im »Buch Aneirins« (Llyfr Aneirin). Dabei handelt es sich um eine unvollständig erhaltene Pergamenthandschrift aus der Zeit um 1250, die heute in der South Glamorgan County Library in Cardiff aufbewahrt wird. Sie enthält Strophen zweier verschiedener Versionen des Gedichts sowie vier weitere Gedichte, die man ebenfalls Neirin zuschrieb. Vermutlich wurden alle diese Gedichte nach einer längeren mündlichen Überlieferung aufgezeichnet. Die Umstände ihrer Entstehung und die Überlieferungsgeschichte sind jedoch in der Forschung umstritten.

Ausg.: I. Williams, Canu Aneirin, Car. 1938; A. O. H. Jarman, Aneirin: Y G., Llandysul 1988 (m. engl. Übers.).
Übers.: K. H. Jackson, The G.: The Oldest Scottish Poem, E. 1970.
Lit.: T. M. Charles-Edwards, The Authenticity of the G.: An Historian's View, in: R. Bromwich u. R. B. Jones (Hrsg.), Astudiaethau ar yr Hengerdd (Car. 1978) 44–71; K. Klar u. a., Welsh poetics in the Indo-European tradition: the case of the Book of Aneirin, StC 18/19 (1983/84) 30–51; B. F. Roberts, Early Welsh Poetry: Studies in the Book of Aneirin, Aberystwyth 1988.

Götter und Göttinnen spielten in der keltischen Religion von Anfang an eine wichtige Rolle. Dies ist bereits daraus zu ersehen, daß das indogermanische Wort für »Gott/Göttin« (*deivos/*deivā, woraus lat. deus, dea) in allen keltischen Sprachen gut bezeugt ist. Im Gallischen und Britannischen erscheint der Stamm *devo- bzw. seine Variante *divo- in zahlreichen → Orts- und → Personennamen. Die häufige Form Deva »Göttin« lebt fort im Namen Dee, der heutigen Bezeichnung mehrerer Flüsse in England und Schottland. Im Irischen dient día (Pl. dé) »Gott« zur Bezeichnung sowohl des einen christlichen als auch der vielen vorchristlichen Götter. Die kymrische Entsprechung des Wortes ist duw (ältere Form dwyw).

Wie sich die Kelten ihre G. vorstellten und welche Mythen sie von ihnen erzählten, ist weitgehend unbekannt. Für die älteste Zeit besteht ein Mangel an Schriftquellen und eindeutigen bildlichen Darstellungen. Der französische Religionswissenschaftler Georges → Dumézil hat versucht, die keltische Götterwelt durch Heranziehung eines umfangreichen Vergleichsmaterials aus anderen indogermanischen Kulturen annäherungsweise zu rekonstruieren. Ausgehend von den Theorien Dumézils hat der französische Archäologe Jean-Jacques Hatt (*1913) sich bemüht, in der Kunst der Hallstatt- und Latènezeit symbolische Darstellungen von Gottheiten zu erkennen, die dem Namen nach erst aus späteren Quellen bekannt sind. Beide Ansätze beruhen jedoch zu einem guten Teil auf Spekulation und haben in der Fachwelt keine allgemeine Zustimmung gefunden. Namen keltischer G. und Nachrichten über ihren Kult sind uns in größerem Umfang erstmals aus römischer Zeit überliefert. Als Quellen kommen dabei sowohl die Nachrichten der antiken → Ethnographie als auch gallisch und lateinisch abgefaßte Weihinschriften in Betracht.

Aus antiken Literaturwerken kennen wir → Andrasta, → Belenus, → Epona, → Esus, → Grannus, → Ogmios, → Taranis und → Teutates. Eine sehr viel größere Zahl von Namen ist nur aus Inschriften bekannt, wobei die keltischen G. und Göttinnen häufig mit römischen Gottheiten identifiziert werden (sog. → Interpretatio Romana). Viele Gottheiten kennen wir überhaupt nur durch die Gleichsetzung ihrer Namen mit den römischen Göttern → Apollo, → Mars und → Mercurius. Weitere inschriftlich bezeugte Namen, die nur gelegentlich oder gar nicht zusammen mit dem einer römischen Gottheit erscheinen, sind → Abnoba, → Andarta, → Antenociticus, → Arduinna, → Artio, → Atesmerius, → Belatucadrus, → Belisama, → Bergusia, → Borvo, → Brigantia, → Cernunnos, → Cocidius, → Coventina, → Damona, → Icauna, → Intarabus, → Iovantucarus, → Latobius, → Litavis, → Matrona, → Matunus, → Moltinus, → Nantosuelta, → Nemetona, → Noreia, → Rosmerta, → Rudianus, → Rudiobus, → Sequana, → Sirona, → Smertrius, → Souconna, → Sucellus, → Tarvos Trigaranus, → Ucuetis, → Veteris, → Visucius und → Vosegus.

Einige G. sind nach der Christianisierung der Kelten zu sterblichen Menschen umgedeutet worden (sog. →Euhemerismus). Sie begegnen in den mittelalterlichen Literaturen von Irland und Wales zumeist als Sagengestalten aus einer fernen Vergangenheit, deren Ursprung in der vorchristlichen Mythologie nur noch in einzelnen Zügen der Überlieferung zu erkennen ist.

Lit. → Religion.

Götterpaare sind uns aus gallo-römischer Zeit durch zahlreiche Inschriften und bildliche Darstellungen bekannt. In einigen Fällen tragen beide Partner nach der → Interpretatio Romana einen römischen Namen, begegnen aber in einer durchaus unrömischen Verbindung, z. B. → Mars und → Diana. In anderen Fällen trägt der Gott einen ganz oder teilweise römischen, die Göttin aber einen rein keltischen Namen, z. B. → Mercurius und → Rosmerta, Apollo → Grannus und → Sirona oder Mars → Leucetius und → Nemetona. Daneben kennt man auch Inschriften, in denen beide Partner einen keltischen Namen tragen, z. B. → Sucellus und → Nantosuelta, → Borvo und → Damona oder → Ucuetis und → Bergusia. Manche dieser Verbindungen sind inschriftlich nur ein einziges Mal bezeugt. In anderen Fällen werden ein und derselben Gottheit in verschiedenen Inschriften jeweils unterschiedliche Partner zugeordnet. So erscheint z. B. die Göttin Damona an der Seite der Götter Apollo → Moritasgus, Borvo und Albius.

Über die religiöse Bedeutung der G. lassen uns die erhaltenen Zeugnisse weitgehend im dunkeln. Unbekannt ist z. B., ob beide Partner als gleich wichtig galten. Auch ist fraglich, ob sich der Gläubige den Gott und die Göttin in jedem Fall als Gatten vorstellte. Denkbar ist auch, daß zwei Gottheiten lediglich wegen ähnlicher Funktionen oder Zuständigkeitsbereiche einander zugeordnet wurden.

Lit.: C. Bémont, A propos des couples mixtes gallo-romains, in: L. Kahil u. a. (Hrsg.), Iconographie classique et identité regionale (P. 1986) 131–153; M. Green, Symbol and Image in Celtic Religious Art, Lo. 1989.

Gofannon fab Dôn (wal. /go-'vannon vaːb doːn/) heißt eine Gestalt, die in der Erzählung → *Culhwch ac Olwen* erwähnt wird. Dort stellt der Riese Ysbaddaden Bencawr dem Titelhelden Culhwch die Aufgabe, einen neu gerodeten Acker zu pflügen. Gleichzeitig verrät er ihm, daß ihm dies nur mit der Hilfe des G. gelingen könne. Der Name G. ist von einem keltischen Wort für »Schmied« abgeleitet. Man vermutet deswegen, daß die Gestalt des G. auf einen keltischen Gott der Schmiedekunst zurückgehen könnte (vgl. → Goibniu, → Volcanus).

Goibniu (ir. /'gov'n'u/) heißt in den Erzählungen des → Mythologischen Zyklus der Schmied der → Tuatha Dé Danann. In der Geschichte der Schlacht von Mag Tuired (→ *Cath Maige Tuired*) schmiedet er Lanzenspitzen und Schwerter für die Krieger.

Goidelisch → Gälisch.

Golasecca-Kultur nennt man nach einem Fundort unweit der Südspitze des Lago Maggiore eine regionale Kultur der frühen Eisenzeit (7.–4. Jh. v. Chr.), die in der westlichen Lombardei beheimatet war. Ihre Träger dürften teilweise keltischer Herkunft gewesen sein.

Lit.: R. C. de Marinis, Golasecca Culture and Its Links with Celts beyond the Alps, in: The Celts (Mi. 1991) 93–102.

Gold wurde in vorgeschichtlicher Zeit sowohl aus Flüssen als auch im Tage- und Untertagebau aus Minen gewonnen. Antike Autoren wie → Diodoros von Sizilien, → Plinius der Ältere und → Strabon rühmen vor allem den G.reichtum der Iberischen Halbinsel, Südgalliens und des Alpenraums. Die Kelten verwendeten G. vor allem für → Schmuck und → Münzen. Was wir über die Fertigungsmethoden wissen, beruht mangels schriftlicher Quellen ausschließlich auf der Untersuchung von Fundgegenständen. Diese stammen in aller Regel entweder aus Gräbern (→ Fürstengräber) oder aus Hort- und Opferfunden. Es hat sich gezeigt, daß G. vor allem gehämmert und getrieben wurde. Die Techniken des Gießens, Schweißens, Lötens und Granulierens waren teilweise ebenfalls bekannt, spielten jedoch eine untergeordnete Rolle.

Lit.: C. Eluère, Das G. der Kelten, Mn. 1987; G. der Helvetier, Z. 1991 (Ausstellungskat.), Hundert Meisterwerke keltischer Kunst, Trier 1992 (Ausstellungskat.).

Goll mac Morna (ir. /goL mak 'morna/) heißt in den Erzählungen des → Finn-Zyklus der bedeutendste Gegenspieler des → Finn mac Cumaill. Verschiedentlich gilt Aed (»Feuer«) als sein eigentlicher Name und Goll (»der Einäugige«) nur als Beiname. Der Überlieferung zufolge wurde G. deshalb so genannt, weil er in der Schlacht von Cnucha, in der er Finns Vater erschlug, ein Auge verlor.

Goloring ist der heutige Name einer frühkeltischen → Kultstätte in der Nähe von Koblenz. Die Anlage bestand aus einer kreisrunden Einfriedung von ca. 200 m Durchmesser mit einem hölzernen Kultpfosten in der Mitte und wurde vermutlich im 6. Jh. v. Chr. errichtet.

Goreu fab Custennin (wal. /'gorei vaːb ki'stennin/) heißt in der Erzählung → *Culhwch ac Olwen* der Sohn des Schäfers Custennin. Seine Mutter hält ihn bis zur Ankunft Arthurs und seiner Gefährten in einer Truhe verborgen, da der Riese → Ysbaddaden bereits 23 ihrer Söhne umgebracht hat. G. schließt sich dem Gefolge Arthurs an und rächt am Ende seine Brüder, indem er Ysbaddaden den Kopf abschlägt.

Gorsedd Beirdd Ynys Prydein → Williams, Edward.

Gottfried von Straßburg gilt neben → Hartmann von Aue und → Wolfram von Eschenbach als der bedeutendste höfische Epiker der Stauferzeit. Er verfaßte im ersten Jahrzehnt des 13. Jhs. die berühmteste mittelhochdeutsche Gestaltung der Sage um Tristan (→ Drystan).

Gournay-sur-Aronde ist ein Ort im nordfranzösischen Dép. Oise. In der Zeit vom 3.–1. Jh. v. Chr. befand sich dort eine keltische Kultstätte, die seit 1975 archäologisch untersucht wird. In einem viereckigen Areal von ca. 40 m Seitenlänge entdeckte man die Überreste zahlloser → Opfer. Neben Bruchstücken von Schwertern, Schwertscheiden, Schildbukkeln, Lanzenspitzen und vielen anderen eisernen Werkzeugen und Gerätschaften fand man die Knochen von mindestens 200 Tieren (vor allem Schafen, Rindern und Schweinen) und mindestens 12 Menschen. Die Funde sind jetzt im Musée Vivenel in Compiègne zu sehen.

Lit.: J.-L. Brunaux u. P. Meniel, Das Oppidum von G., Antike Welt 14,1 (1983) 41–45; J. L. Brunaux u. a., G. I. Les fouilles sur le sanctuaire et l'oppidum (1975–1984), Amiens 1985; J.-L. Brunaux u. A. Rapin, G. II. Boucliers et lances; dépôts et trophées, P. 1988.

Grab → Tod und Bestattung.

Grafenbühl ist der heutige Name eines im Ostteil der Stadt Asperg im Kreis Ludwigsburg gelegenen keltischen → Fürstengrabs. Es stand vermutlich ebenso wie einige weitere Grabhügel in seiner Nähe im Zusammenhang mit einem frühkeltischen → Fürstensitz auf dem → Hohenasperg. Bei der 1964–1965 durchgeführten archäologischen Untersuchung des Hügels fand man in der zentralen Grabkammer das Skelett eines etwa 30jährigen Mannes sowie Reste eines Wagens, eines Trinkgeschirrs und mehrerer aus dem Mittelmeerraum importierter Möbelstücke. Sie werden jetzt im Württembergischen Landesmuseum in Stuttgart aufbewahrt. Das Grab wurde offenbar bereits in antiker Zeit geplündert und ist heute durch Überbauung völlig zerstört.

Lit.: K. Bittel u. a. (Hrsg.), Die Kelten in Baden-Württemberg, St. 1981.

Gráinne (ir. /ˈgraːNʹe/) heißt die Titelheldin der Erzählung → *Tóraigheacht Dhiarmada agus Ghráinne.* Sie ist die Tochter des Königs → Cormac mac Airt, Gattin des alternden → Finn mac Cumaill und Geliebte des jungen Kriegers → Diarmait ua Duibne. Der Erzähler hebt ihre ungewöhnliche Schönheit hervor, doch bedeutet ihr Name eigentlich »die Häßliche«. Man hat deswegen in Erwägung gezogen, daß die Gestalt der G. Züge der personifizierten »Herrschaft« (flathius) bewahrt, die in anderen irischen Erzählungen vor ihrer Vermählung mit dem rechtmäßigen Herrscher als häßliche Alte, danach aber als wunderschöne junge Frau geschildert wird (→ Heilige Hochzeit).

Gral heißt in einem Teil der → Artus-Literatur ein geheimnisvoller Gegenstand, der seinem Besitzer irdisches und himmlisches Glück verleiht, den aber nur der dazu Auserwählte erlangen kann. Das Wort G. (altfranz. graal/greal, provenzalisch grazal) stammt vermutlich aus dem Mittellateinischen und dürfte ursprünglich eine bestimmte Art von Gefäß bezeichnet haben. Die Sage vom G. ist in der uns bekannten Form eine Schöpfung des christlichen Mittelalters und nicht etwa der keltischen Überlieferung entlehnt.

Lit.: K. H. Jackson, Les sources celtiques du Roman du Graal, in: Les Romans du Graal au XIIe et XIIIe siècles (P. 1956) 213–227.

Grannus heißt ein keltischer Gott. Er wurde in römischer Zeit mit → Apollo gleichgesetzt und in weiten Teilen des Römischen Reichs bei Krankheiten um Hilfe angerufen. An ihn wandte sich nach dem Zeugnis des Historikers Cassius Dio (77,15,5 ff.) im Jahr 213 auch Kaiser Caracalla. In einer metrischen Inschrift aus Bonn (CIL XIII 8007) heißt der Gott G., während er ansonsten stets Apollo G. genannt wird. Weihinschriften fand man in bzw. bei Arnheim (CIL XIII 8712), Erp bei Euskirchen (CIL XIII 7975), Trier (CIL XIII 3635), Alzey (Ne 88), Speyer (Ne 71), Horbourg im Elsaß (CIL XIII 5315),

Neuenstadt an der Linde (CIL XIII 6462), Ennetach im Saulgau (CIL III 5861), Faimingen an der oberen Donau (CIL III 5870, 5871, 5873, 5874, 5876, 5881), Branges bei Chalon-sur-Saône (CIL XIII 2600), Musselburgh in Schottland (RIB 2132), dem römischen Brigetio in Ungarn (CIL III 10972), Grand im Dép. Vosges (CIL XIII 5942 und ILTG 416) und Astorga in Spanien. Ein römischer Bronzeeimer mit einer Weihung für Apollo G. wurde 1818 in einem Grabhügel in Schweden gefunden. 1905 fand man in einer Mauer östlich der Bibliothek von Ephesus in der Türkei eine griechische Inschrift aus dem Jahr 217/218 n. Chr. Ihr zufolge war ein verdienter Bürger der Stadt durch das ganze Römische Reich »bis zu Apollo G.« gereist. Möglicherweise ist damit das Heiligtum des Gottes in Faimingen oder das in Grand gemeint. Daß auch in Aachen ein Heiligtum des G. bestand, schließt man aus dem lateinischen Namen der Stadt Aquae Granni (die Wasser des G.). Dieser Name ist allerdings erstmals 765 n. Chr. bezeugt, und Weihinschriften für G. sind in Aachen bislang nicht gefunden worden. Als Begleiterin des Gottes erscheint in mehreren Inschriften die Göttin → Sirona. Weihungen für das Götterpaar fand man in bzw. bei Kloster Baumburg in Bayern (CIL III 5588), Rom (CIL VI 36) und Bretea Romîna in Rumänien (CIL III 74*; die Echtheit dieser Inschrift ist umstritten). Auf Apollo G. beziehen sich vermutlich auch mehrere Inschriften, in denen nur von Apollo oder Apollo und Sirona die Rede ist.

Lit. → Apollo, → Religion.

Gregory, Lady Augusta (1852–1932), anglo-irische Schriftstellerin, wurde als Isabella Augusta Persse in Westirland geboren. 1880 heiratete sie den ehemaligen Gouverneur von Ceylon Sir William Gregory. Nach dem Tod ihres Mannes 1892 schloß sie sich der irischen Unabhängigkeitsbewegung an und bemühte sich zusammen mit William Butler → Yeats um die Schaffung eines irischen Theaters. 1902 erschien ihr Buch *Cuchulain of Muirthemne*. Darin versuchte sie, verschiedene alt- und mittelirische Sagen zu einem künstlerischen Ganzen zu verbinden und sie für ein englischsprachiges Publikum neu zu erzählen. Da sie selbst keine philologische Ausbildung besaß, griff sie dabei auf bereits vorhandene Übertragungen von Keltologen wie → Arbois de Jubainville, → Meyer, → O'Curry, → Stokes, → Windisch und → Zimmer zurück. In ihrer Sprache suchte sie sich dem Idiom der Landbevölkerung ihrer westirischen Heimat anzunähern. Als Vorlage für ihr Werk dienten ihr in erster Linie die Geschichten des → Ulster Zyklus. Erzählungen aus dem → Mythologischen und → Finn-Zyklus gestaltete sie in ihrem 1904 erschienenen Buch *Gods and Fighting Men*. Für dieses

Werk benutzte sie neben Übertragungen mittelirischer Texte in größerem Umfang auch die volkskundlichen Sammlungen von J. F. → Campbell, Jeremiah → Curtin und Douglas → Hyde. Darüber hinaus veröffentlichte sie unter dem Einfluß von Hyde auch selbst mehrere Bände mündlicher irischer Überlieferungen: *A Book of Saints and Wonders* (1906), *The Kiltartan History Book* (1909), *The Kiltartan Wonder Book* (1910) und *Visions and Beliefs in the West of Ireland* (1920).

Lit.: M. L. Kohlfeldt, Lady G., NY. 1985; A. Saddlemyer u. C. Smythe (Hrsg.), Lady G.: Fifty Years After, Gerards Cross 1987.

Gronwy Pybyr (wal. /'gronui 'pəbir/ »G. der Starke«) heißt in der Erzählung → *Math fab Mathonwy* der Geliebte der Blodeuwedd.

Gruffydd, William John (1881–1954), Keltologe, wurde in Südwales geboren. Nach philologischen Studien u. a. bei Sir John → Rhŷs lehrte er von 1906 bis 1946 in Cardiff Keltische und Kymrische Philologie. Neben Gedichten und einem Band Kindheitserinnerungen (*Hen Atgofion*, 1936) verfaßte er zahlreiche Studien auf dem Gebiet der kymrischen Literaturgeschichte. Seine teilweise recht spekulativen Forschungen zum mythologischen Hintergrund der »Vier Zweige des Mabinogi« (→ *Pedeir Ceinc y Mabinogi*) veröffentlichte er in den drei Bänden *Math Uab Mathonwy* (1928), *Rhiannon* (1953) und *Folklore and Myth in the Mabinogion* (1958).

Guaire Aidne (ir. /'guar'e 'að'n'e/) war ein historischer König des 7. Jhs., der von 655 bis 666 über die Provinz Connacht herrschte. Eine Hauptrolle spielt er in den Erzählungen → *Scéla Cano meic Gartnáin* und → *Caithréim Cellaig*.

Gúbretha Caratniad (ir. /'guːv'r'eθa 'karadn'iað/ »Die falschen Urteilssprüche Caratnias«) ist der Titel einer Sammlung juristischer Urteile, die von den allgemein üblichen Grundsätzen des irischen Rechts abweichen. Sie entstand vermutlich in der Zeit um 800 und ist uns in einer Sammelhandschrift des 12. Jhs. überliefert. In der uns vorliegenden Form enthält die Sammlung 51 Urteile aus allen Gebieten des irischen Rechts. Sie sollen der Überlieferung zufolge im 2. Jh. n. Chr. von Caratnia, einem Richter des Königs → Conn Cétchathach, ausgesprochen worden sein.

Lit.: F. Kelly, A Guide to Early Ir. Law, Du. 1988.

Guenièvre ist die französische Form des kymrischen Namens → Gwenhwyfar.

Guest, Lady Charlotte Elizabeth (1812–1895), wurde als Tochter des Earl of Lindsey in Uffington (Nordengland) geboren. 1835 heiratete sie den walisischen Industriellen Sir Josiah John Guest (1785–1852). Von 1838 bis 1849 gab sie mit Unterstützung mehrerer sprachkundiger Helfer eine englische Übersetzung von zwölf mittelalterlichen kymrischen Prosaerzählungen heraus. Sie wurden unter der von ihr gewählten Sammelbezeichnung → *Mabinogion* weithin bekannt und übten auf die Rezeption der keltischen Literaturen im 19. Jh. einen weitreichenden Einfluß aus.

Lit.: D. Rh. Phillips, Lady C. G. and the Mabinogion, Swansea 1921; R. Bromwich, The Mabinogion and Lady C. G., Transactions of the Honourable Society of Cymmrodorion (1986) 127–141.

Guinevere ist die englische Form des kymrischen Namens → Gwenhwyfar.

Gundestrup ist ein Ort in Nordjütland. In einem Torfmoor bei G. entdeckte man im Mai 1891 einen sorgfältig in seine Einzelteile zerlegten silbernen Kessel mit figürlichen Darstellungen in Hochrelieftechnik. Wie die nähere Untersuchung ergab, hatte man diese Teile nicht im Moor versenkt, sondern vielmehr an einer trokkenen Stelle versteckt oder als Opfergabe niedergelegt. In einer unverzierten runden Silberschale, dem ursprünglichen Boden des Kessels, befanden sich eine runde Platte, zwei röhrenförmige Fragmente vom Rand des Kessels und zwölf rechteckige gewölbte Platten, welche die innere und äußere Wand des Kessels gebildet hatten. Herstellungsort und Alter des Kessels sind unbekannt, doch wurde er vermutlich im letzten Drittel des ersten Jahrtausends v. Chr. von Kelten oder unter keltischem Einfluß angefertigt. Dafür sprechen insbesondere die Darstellungen der Helmzier, Schilde und Kriegstrompete (→ Karnyx) einer Schar von Kriegern sowie die Abbildung einer Gottheit mit Halsring (→ Torques) und Hirschgeweih (vgl. → Cernunnos). Manche stilistischen Einzelheiten und die Darstellung einer Reihe von Tieren (u. a. Löwen, Greifen und Elefanten) sind jedoch unbestreitbar orientalisch beeinflußt und erinnern an hellenistisch geprägte thrakische Kunstwerke. Aus all diesen Gründen neigt man heute zu der Ansicht, daß der Kessel im 2./1. Jh. v. Chr. auf dem Balkan angefertigt und als Kriegsbeute nach Dänemark verschleppt wurde. Er ist jetzt im Nationalmuseum in Kopenhagen zu sehen.

Lit.: G. S. Olmsted, The G. Cauldron, Bru. 1979; A. Bergquist u. T. Taylor, The Origin of the G. Cauldron, Antiquity 61 (1987) 10–24; R. Hachmann, G.-Studien, BRGK 71 (1990) 565–904.

Gutuater heißt bei dem römischen Historiker Aulus Hirtius ein Gallier aus dem Stamm der → Karnuten, den → Caesar 51 v. Chr. als Kriegstreiber (concitator belli) hinrichten ließ (vgl. Bell. Gall. 8,38). Im Unterschied dazu erscheint G. in vier Inschriften aus dem römischen Gallien als Bezeichnung eines Priesters oder religiösen Wür-

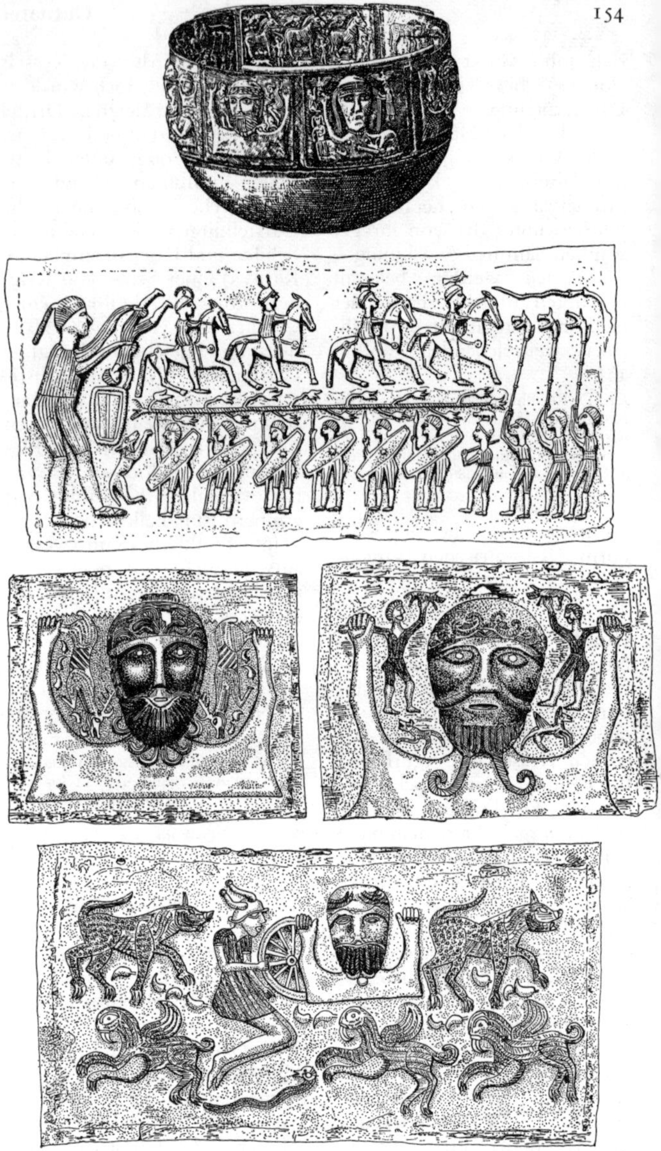

Darstellung mythologischer Szenen auf dem Kessel von Gundestrup

denträgers (vgl. CIL XIII 1577, 2585, 11 225 und 11 226). Es ist daher anzunehmen, daß der Gebrauch des Wortes G. als Eigenname auf einem Mißverständnis beruht und daß es sich dabei in Wirklichkeit um einen Titel handelte. Die genaue Bedeutung dieses Titels ist jedoch ebenso wie die religiöse Funktion des G. unbekannt. Im Hinblick auf das irische Wort guth »Stimme« ist zu vermuten, daß G. den Priester in seiner Funktion als »Anrufer« (der Gottheit) bezeichnete.

Lit.: D. E. Evans, Gaulish Personal Names, O. 1967.

Gwalchmei fab Gwyar (wal. /'gwalxmei vaːb 'guiar/) heißt in der Erzählung → *Culhwch ac Olwen* ein Neffe → Arthurs. Der Erzähler rühmt ihn als einen überaus schnellen Läufer und Reiter, der nie eine einmal begonnene Unternehmung erfolglos abgebrochen habe. In der Geschichte → *Breuddwyd Rhonabwy* wird er zusammen mit zahlreichen anderen Helden der walisischen Sage als einer der Ratgeber Arthurs erwähnt. In den → Tair Rhamant spielt G. die Rolle, die in den altfranzösischen Entsprechungen dieser Geschichten dem Ritter Gauvain zufällt: Er führt den lange verschollenen Ritter → Owein wieder mit seinen Gefährten zusammen, gewinnt die Freundschaft des Neuankömmlings → Peredur und gilt allgemein als vorbildlichster Ritter aus dem Gefolge Arthurs.

Lit. → Artus-Literatur.

Gwenddoleu fab Ceidiaw (wal. /gwen'ðolei vaːb 'keidjau/) heißt der königliche Gönner des Dichters → Myrddin. Er soll um 573 n. Chr. in der Schlacht von → Arfderydd gefallen sein.

Gwenhwyfach (wal. /gwen'huivax/) heißt in der Erzählung → *Culhwch ac Olwen* eine Schwester der → Gwenhwyfar. Zwei der → *Trioedd Ynys Prydein* nennen einen Streit zwischen ihr und Gwenhwyfar als Ursache der Schlacht von → Camlan. Abgesehen von diesen drei Stellen ist der Name G. in der walisischen Überlieferung unbekannt.

Gwenhwyfar (wal. /gwen'huivar/) heißt in der walisischen Überlieferung die Gattin → Arthurs. Erwähnt wird sie bereits in der Erzählung → *Culhwch ac Olwen*, doch tritt sie erst in den »drei Romanzen« (→ Tair Rhamant) selbst handelnd in Erscheinung. Der *Vita Gildae* des → Caradog von Llancarfan zufolge wurde G. von einem Rivalen Arthurs namens Melwas entführt und ein Jahr lang gefangengehalten. Bei → Chrétien de Troyes ist dieses Motiv der Entführung verknüpft mit der Gestalt des → Lancelot, die der walisischen Überlieferung fremd ist. Nach → Geoffrey von Monmouth beging G. mit Arthurs Neffen → Medrawd Ehebruch und beschloß nach dem Tod ihres Liebhabers ihre Tage in einem Kloster.

Lit.: K. G. T. Webster, Guinevere: A Study of her Abductions, Milton, Mass.

1951; P. Korrel, An Arthurian Triangle, Lei. 1984.

Gwerthefyr (wal. /gwer'θevir/) heißt der Sohn des britannischen Königs → Gwrtheyrn (Vortigern). Die → *Historia Brittonum* berichtet, daß er mehrere siegreiche Schlachten gegen sächsische Eindringlinge schlug. Vor seinem Ende habe er seinen Angehörigen befohlen, ihn zur Abschreckung der Sachsen am Ufer des Meeres zu bestatten. Seine Familie habe dieses Gebot jedoch mißachtet und ihn an anderer Stelle beigesetzt. Ähnliches erzählt → Geoffrey von Monmouth in seiner *Historia Regum Britanniae*. Ihm zufolge wurde Vortimer (= G.) anstelle seines Vaters von den Britanniern zum König eingesetzt und nach seinen Siegen über die Sachsen von seiner Stiefmutter vergiftet. Im Unterschied zu dieser Überlieferung berichtet eine der → *Trioedd Ynys Prydein*, daß man die Gebeine des toten Königs tatsächlich in den wichtigsten Häfen des Landes beigesetzt habe. So lange sie dort gelegen hätten, sollen sich keine sächsischen Eroberer ins Land gewagt haben.

Lit.: R. Bromwich, Trioedd Ynys Prydein, Car. ²1978.

Gwion Bach (wal. /gwion baːx/ »Kleiner Gwion«) ist der ursprüngliche Name des Dichters Taliesin (vgl. → *Hanes Taliesin*).

Gwrtheyrn Gwrtheneu (wal. /'gurθeirn gur'θenei/) heißt der britannische König, der sich um die Mitte des 5. Jhs. als erster mit den heidnischen Sachsen verbündet haben soll. In den → *Trioedd Ynys Prydein* gilt er deshalb als einer der »drei schändlichen Männer der Insel Britannien«. Die ältesten Nachrichten über ihn bewahren die englische Kirchengeschichte des Beda (um 730) und die → *Historia Brittonum* (um 830). Am ausführlichsten berichtet über ihn → Geoffrey von Monmouth. In seiner Erzählung wird Vortigern (= G.) nach der Ermordung des rechtmäßigen Herrschers Constans König von Britannien. Er verbündet sich mit den Sachsen gegen das Volk der → Pikten und heiratet eine sächsische Prinzessin. Wegen seiner Bevorzugung der Sachsen wird G. jedoch von den Britanniern zugunsten seines Sohnes Vortimer (→ Gwerthefyr) abgesetzt, reißt nach dessen Tod jedoch erneut die Herrschaft an sich. Nach der Ermordung zahlreicher britannischer Adliger durch die Sachsen flieht G. nach Nordwales. Dort trifft er auf den weisen Merlin (→ Myrddin), der ihm sein nahes Ende voraussagt. Bald darauf kommt G. bei der Belagerung seiner Festung durch Ambrosius Aurelianus (→ Emrys Wledyg) ums Leben.

Lit.: R. Bromwich, Trioedd Ynys Prydein, Car. ²1978.

gwyddbwyll (wal. /'gwiðbuiɬ/) heißt ein Brettspiel, das in mehreren mittelkymrischen Erzählungen erwähnt wird. In → *Breuddwyd Macsen* schaut der römische Kaiser Macsen im Traum zwei junge Männer, die das Spiel mit einem silbernen Brett und goldenen Figuren spielen. In ihrer Nähe sitzt auf einem Thron aus Elfenbein ein weißhaariger Alter und schnitzt Spielfiguren. In → *Peredur fab Efrawg* sieht der Titelheld Peredur in einem scheinbar menschenleeren Schloß zwei Sätze von Figuren gegeneinander spielen, als seien sie lebendig. In → *Breuddwyd Rhonabwy* sieht Rhonabwy im Traum die Helden → Arthur und → Owein gegeneinander spielen. Aus all diesen Schilderungen geht hervor, daß g. von zwei Spielern mit je einem Satz Figuren gespielt wurde. Der Anschaulichkeit halber wird g. daher gelegentlich mit »Schach« übersetzt. In irischen Erzählungen trägt das Spiel den (etymologisch identischen) Namen fidchell (aus gwydd bzw. fid »Holz« und pwyll bzw. cíall »Verstand«).

Gwyddno Garanhir (wal. /'gwiðno ga'ranhir/) heißt in der Erzählung → *Culhwch ac Olwen* der Besitzer eines Korbs mit unerschöpflichen Speisevorräten. Der Raub dieses Korbs ist eine der Aufgaben, die der Riese Ysbaddaden dem Titelhelden Culhwch stellt. In der jüngeren Überlieferung begegnet G. als Herrscher eines heute überfluteten Landstrichs an der Küste von Nordwestwales. In der Erzählung → *Hanes Taliesin* findet sein Sohn Elffin in einem Wehr an der Küste den Knaben Taliesin.

Gwydion (wal. /'gwidjon/) heißt in der Erzählung → *Math fab Mathonwy* einer der beiden Neffen des Königs Math von Gwynedd.

Gwynedd (wal. /'gwineð/) ist eine Region im nordwestlichen Wales. Dort entstand nach dem Abzug der römischen Truppen zu Beginn des 5. Jhs. eines der ersten selbständigen Königreiche, das in unterschiedlicher Ausdehnung bis zur englischen Eroberung gegen Ende des 13. Jhs. Bestand hatte. Die heutige County G. wurde 1974 aus den Grafschaften Anglesey, Caernarfon und Merioneth neu geschaffen.

Gwyn fab Nudd (wal. /gwin vaːb niːð/) heißt eine Gestalt der walisischen Überlieferung, über die nur wenige Nachrichten auf uns gekommen sind. In der Erzählung → *Culhwch ac Olwen* erscheint sein Name zuerst in einer Aufzählung der Gefolgsleute → Arthurs. An einer anderen Stelle der Erzählung heißt es, daß G. einem Schiedsspruch Arthurs zufolge bis zum Jüngsten Tag an jedem ersten Mai mit einem Rivalen um die Hand der Jungfrau → Creiddylad kämpfen müsse. An einer dritten Stelle erklärt der Riese Ysbaddaden dem Titelhelden Culhwch, G. müsse unbedingt an der Jagd auf den Eber → Twrch Trwyth teilnehmen, denn ihm habe Gott die Kraft der Dämonen verliehen, welche → Annwfn bevölkern. Als Herrscher über Annwfn erscheint G. in der Legende des heiligen Collen (6. Jh.), deren handschriftliche Überlieferung allerdings nur bis ins 16. Jh. zurückreicht. Darüber hinaus besitzen wir aus mittelalterlicher Zeit einige Strophen im »Schwarzen Buch von Carmarthen« (→ Llyfr Du Caerfyrddin). Sie geben ein Zwiegespräch zwischen G. und → Gwyddno Garanhir wieder, in dessen Verlauf G. als gefürchteter Krieger charakterisiert wird. Jüngere volkskundliche Aufzeichnungen über G. gehen möglicherweise nicht auf alte mündliche Überlieferungen, sondern auf gelehrte Spekulationen des 19. Jhs. zurück.

Lit.: J. Rowland, Early Welsh Saga Poetry, C. 1990.

Haeduer → Aeduer.

Hafgan (wal. /'havgan/) heißt in der Erzählung → *Pwyll Pendefig Dyfed* der Widersacher Arawns, des Königs von → Annwfn. Er wird vom Titelhelden Pwyll im Zweikampf erschlagen.

Hahn. Wie Knochenfunde und bildliche Darstellungen belegen, wurde das Haushuhn in der späten Hallstattzeit aus dem Mittelmeerraum in die Gebiete nördlich der Alpen eingeführt. Für eine besondere Bedeutung des Tieres innerhalb der keltischen Religion spricht in erster Linie die Bemerkung → Caesars (Bell. Gall. 5,12), die Britannier hielten den Genuß von Hühnerfleisch für unerlaubt. Ein Talisman oder unheilabwehrendes → Amulett war vielleicht die bronzene → Fibel in Gestalt eines Hahns, die man im Grab der Fürstin von → Reinheim fand. – Die Verwendung des H.s als Symbol der französischen Nation begegnet erst in der Neuzeit und beruht auf dem Doppelsinn des lateinischen Wortes gallus (»H.« und »Gallier«).

Lit.: P. Meniel, Chasse et élevage chez les Gaulois, P. 1987.

Haine, heilige → nemeton.

Hallein ist eine österreichische Bezirkshauptstadt am Westufer der Salzach ca. 15 km südlich von Salzburg.

Auf dem Dürrnberg, einer von Gräben durchzogenen Hochfläche südwestlich von H., lassen sich Spuren menschlicher Anwesenheit bereits für den Beginn der Jüngeren Steinzeit um 4000 v. Chr. nachweisen. Zu Beginn der jüngeren Hallstattzeit um 600 v. Chr. entwickelte sich der Dürrnberg zu einem der bedeutendsten Zentren des Salzbergbaus in Mitteleuropa. Bereits um 500 v. Chr. errichtete man auf dem Ramsauerkopf, einem steil abfallenden langgestreckten Bergrücken, eine befestigte Höhensiedlung. Im Ramsautal entstanden um dieselbe Zeit zahlreiche Handwerksbetriebe, während man gleichzeitig weniger vorteilhaftes Gelände für die Anlage von Gräberfeldern nutzte. Die Mehrzahl der Gräber stammt aus der Zeit zwischen 470 und 250 v. Chr., als die Besiedlung des Dürrnbergs ihre größte Ausdehnung erreichte. Sie sind

Rekonstruktion eines Tragekorbs aus Fell, wie er im Salzbergbau auf dem Dürrnberg bei Hallein Verwendung fand

dank ihrer reichen Ausstattung eine wichtige Quelle für unsere Kenntnis der materiellen und geistigen Kultur jener Zeit. Besondere Beachtung verdient eine bronzene Schnabelkanne aus dem frühen 4. Jh. v. Chr. (jetzt im Museum Carolino Augusteum in Salzburg), die zu den bedeutendsten Zeugnissen des keltischen Kunsthandwerks zählt. Um 100 v. Chr. scheint der Salzbergbau auf dem Dürrnberg stark an Bedeutung verloren zu haben. Dies ist wahrscheinlich auf den Aufschwung der Salzindustrie im nahegelegenen Reichenhall zurückzuführen. Nach der römischen Eroberung 15 v. Chr. wurde der Salzbergbau auf dem Dürrnberg vermutlich ganz eingestellt oder nur noch für den örtlichen Bedarf weitergeführt.

Seit 1980 unterrichtet in H. ein Keltenmuseum über die Geschichte des Dürrnbergs. Vor Ort wurden für eine Freilichtschau das Innere eines Fürstengrabs und ein Wirtschaftshof mit Wohnhaus, Stall und Scheune anhand archäologischer Funde und zeitgenössischer Abbildungen rekonstruiert.

Lit.: F. Moosleitner, L. Pauli und E. Penninger, Der Dürrnberg bei H., 3 Bde., Mn. 1972–1978; Die Kelten in Mitteleuropa, Hallein 1980; F. Moosleitner, Die Schnabelkanne vom Dürrnberg, Sa. 1985; T. Stöllner, Neue Grabungen in der latènezeitlichen Gewerbesiedlung im Ramsautal am Dürrnberg bei H., AKorrBl 21 (1991) 255–269.

Hallstatt ist ein Ort am Westufer des Hallstätter Sees im oberösterreichischen Salzkammergut. Vom 9. bis zum 5. Jh. v. Chr. bestand dort eines der ersten und bedeutendsten Zentren des europäischen Salzbergbaus. Nach den Funden aus einem 1846 entdeckten vorgeschichtlichen Gräberfeld bei H. bezeichnet man die ältere Phase der vorrömischen Eisenzeit in Mitteleuropa als H.zeit. Die ältere H.zeit (archäologisches Kürzel: HaC) umfaßt den Zeitraum von 750 bis 600, die jüngere (HaD) den Zeitraum von 650 bis 450/400. Räumlich unterscheidet man einen Westkreis

(Ostfrankreich, Schweiz, Süddeutschland und westliches Österreich) und einen Ostkreis (östliches Österreich und Balkanraum), wobei H. selbst im Grenzbereich beider Kulturkreise liegt. Von archäologischer Seite werden üblicherweise erst die Träger der jüngeren H.kultur des Westkreises mit den aus der antiken → Ethnographie bekannten Kelten identifiziert. Die bedeutendsten archäologischen Zeugnisse dieser Zeit stammen aus den befestigten Wohnsitzen der gesellschaftlichen Oberschicht (vgl. → Fürstensitze) und den dazugehörigen Grabstätten (vgl. → Fürstengräber). Die archäologischen Funde aus H. selbst sind teils vor Ort im Prähistorischen Museum, teils in der Prähistorischen Abteilung des Naturhistorischen Museums in Wien zu sehen.

Lit.: R. Kromer, Das Gräberfeld von H., Fi. 1959; L. Pauli, Die Gräber vom Salzberg zu H., Mz. 1975; E. Lessing, H.: Bilder aus d. Frühzeit Europas, W. 1980; Die H.kultur. Bericht über das Symposium in Steyr 1980, Linz 1981; P. Brun, Princes et princesses de la Celtique. Le premier âge du fer en Europe, P. 1987; K. Peschel, Kelten u. nordwestalpine H.kultur, Ethnogr.-archäolog. Zeitschr. 29 (1988) 259–300; La civilisation de H.: Bilan d'une rencontre, Liège 1989; K. Spindler, Die frühen Kelten, St. [2]1991.

Handel und Verkehr spielten für die keltische Wirtschaft eine bedeutende Rolle. Dabei wurden sowohl Rohstoffe als auch Fertigprodukte z. T. über Hunderte von Kilometern hinweg transportiert. Bereits im 6. und 5. Jh. v. Chr. bestand ein reger Warenaustausch zwischen den Kelten des Westhallstattkreises auf der einen Seite und den griechischen Kolonien Südfrankreichs, den Venetern an der oberen Adria und den Etruskern Mittel- und Oberitaliens auf der anderen Seite. Belegt ist dies vor allem durch archäologische Funde in → Fürstengräbern und → Fürstensitzen sowie durch stilistische Einflüsse der mediterranen auf die keltische → Kunst. Im Zuge der Keltenwanderungen des 4.–3. Jhs. v. Chr. (vgl. → Geschichte) tritt der H. mit dem Süden vorübergehend in den Hintergrund, lebt aber in der Zeit der → Oppida im 2.–1. Jh. wieder auf. Dabei importierten die Kelten sowohl Erzeugnisse des Kunsthandwerks wie z. B. Bronzegefäße oder Keramik als auch Rohstoffe wie z. B. Koralle oder Genußmittel wie z. B. Wein. Womit die Kelten diese Güter bezahlten, ist im einzelnen unklar, doch wird man in erster Linie an → Gold, → Eisen, Felle und auch → Sklaven denken müssen. Innerhalb der keltischen Gebiete selbst spielte neben dem Eisen vor allem → Salz eine wichtige Rolle als Tauschobjekt. Der Transport der Waren erfolgte zumeist auf dem Wasserweg. Dabei dürften in einzelnen Fällen nicht nur Waren, sondern auch Händler aus dem Mittelmeerraum ihren Weg in die Zentren der keltischen Kultur nördlich der Alpen gefunden haben.

Lit.: F. Fischer, ΚΕΙΜΗΛΙΑ, Germania 51 (1973) 436–459; C. Doherty, Exchange and Trade in Early Medieval Ireland, JRSAI 110 (1980) 67–89; S. Macready u. F. H. Thompson (Hrsg.), Cross-Channel Trade between Gaul and Britain in the pre-Roman Iron Age, Lo. 1984; W. Kimmig, Der H. der Hallstattzeit, in: Untersuchungen zu H. und Verkehr der vor- und frühgesch. Zeit in Mittel- u. Nordeuropa I (Gö. 1985) 214–230; O. H. Frey, Zum H. und Verkehr während der Frühlatènezeit in Mitteleuropa, in: ebda. 231–257; D. Timpe, Der kelt. H. nach hist. Quellen, in: ebda. 258–284; F. Fischer, Der H. der Mittel- u. Spätlatènezeit in Mitteleuropa aufgrund archäologischer Zeugnisse, in: ebda. 285–298.

Handwerk. Was wir über das keltische H. der vorchristlichen Zeit wissen, beruht auf archäologischen Funden, Nachrichten der antiken → Ethnographie und bildlichen Darstellungen aus dem Bereich der gallo-römischen Kultur. Obwohl diese Quellen sich teilweise gegenseitig ergänzen, ist ihre Aussagekraft insgesamt begrenzt und unsere Kenntnis dementsprechend lückenhaft. So sind z. B. aus den → Fürstengräbern des 6./5. Jhs. v. Chr. hochwertige Erzeugnisse des Kunsth.s ans Licht gekommen, während uns Werkzeuge und Produktionsstätten jener Zeit weitgehend unbekannt sind. Umgekehrt fand man in den stadtähnlichen Siedlungen (→ Oppida) des 2./1. Jhs. v. Chr. zahlreiche Arbeitsgeräte spezialisierter H.sbetriebe, aber keine ähnlich wertvollen Grabbeigaben. Auch haben sich natürlich Erzeugnisse des Metallh.s insgesamt sehr viel besser erhalten als Produkte aus organischen Stoffen wie etwa Holz, Leder oder → Textilien. Die keltischen Namen einzelner H.szweige, Grundstoffe, Werkzeuge und Erzeugnisse sind uns für die vorrömische und römische Zeit nur unzureichend bekannt. Sie begegnen zumeist erst in mittelalterlichen Schriftquellen aus Irland und Wales. Für den davorliegenden Zeitraum kann man sie mit wenigen Ausnahmen nur durch Sprachvergleichung hypothetisch erschließen.
Ungeachtet dieser Einschränkungen geben uns die Quellenzeugnisse Einblick in eine Vielzahl von Fertigungsmethoden. Hochentwickelt war die Holzverarbeitung, denn man benötigte sie seit jeher für den Haus- und Festungsbau (→ Murus Gallicus), zur Herstellung von Fässern, Bottichen und Eimern und für den Bau von Booten und Schiffen. Im Zusammenhang mit der Holzverarbeitung steht der Bau leichter und beweglicher → Wagen mit zwei oder vier Speichenrädern, die auch als Grabbeigaben Verwendung fanden. Das Töpferh. ist in Mitteleuropa schon im fünften Jahrtausend v. Chr. nachweisbar. Bereits vor dem Auftreten der Kelten hatte sich die Massenherstellung und serienmäßige Fertigung bestimmter Gefäßtypen durchgesetzt (vgl. → Keramik). Seit dem letzten Drittel des ersten Jahrtausends verarbeiteten die Kelten → Glas in eigens dafür eingerichteten Werkstätten. Hochentwickelt und spezialisiert war die Verarbeitung von → Eisen, → Bronze und → Gold, während → Silber nur selten und vor allem in den

Randzonen der keltischen Welt Verwendung fand. Bronze wurde sowohl gegossen als auch zu Blech geschlagen. Eisen wurde stets geschmiedet und besaß insbesondere für → Akkerbau und → Kriegswesen große Bedeutung, so daß → Schmiede gesuchte Spezialisten gewesen sein dürften. Die gesellschaftliche Stellung der übrigen Handwerker ist uns weitgehend unbekannt. In den inselkeltischen Literaturen spielen sie vor dem Beginn der Neuzeit keine herausragende Rolle, da die Tradenten der Überlieferung sich in erster Linie an ein aristokratisches Publikum wandten.

Lit.: M. Reddé, Les scènes de métier dans la sculpture funéraire gallo-romaine, Gallia 36 (1978) 43–63; D. Timpe, Das kelt. H. im Lichte der antiken Lit., in: Das H. in vor- und frühgesch. Zeit I–II (Gö. 1981–1983) I 36–62; W. Kimmig, Zum H. d. späten Hallstattzeit, ebda. II 13–33; F. Fischer, Das H. bei den Kelten z. Zeit d. Oppida, ebda. II 34–49; K. H. Schmidt, H. u. Handwerker in altkelt. Sprachdenkmälern, ebda. II 751–763.

Hanes Taliesin (wal. /'hanes tal'jesin/ »Die Geschichte Taliesins«) ist der Titel einer Erzählung um den Dichter → Taliesin. Ihre älteste Fassung findet man in der Weltchronik des Walisers Elis Gruffydd (um 1490–1552). Die Geschichte erzählt, wie Gwion Bach, ein Diener der Zauberin Ceridwen, gegen das Verbot seiner Herrin von ihrem Zaubertrank kostet und dadurch die Gabe der Dichtung und Weissagung erlangt. Auf der Flucht vor Ceridwen wechselt Gwion mehrfach seine Gestalt und wird schließlich als kleines Kind von der erbosten Zauberin auf dem Meer ausgesetzt. An der Küste von Nordwales findet ihn Elffin, der Sohn des Königs → Gwyddno Garanhir. Er nimmt den Knaben bei sich auf und nennt ihn Taliesin. Am Hof des Königs → Maelgwn von Gwynedd beschämt Taliesin die Dichter des Herrschers durch seine überlegene Weisheit und steht Elffin bei, als er durch prahlerische Reden die Gunst des Königs zu verlieren droht.

Ausg.: P. K. Ford, Ystoria Taliesin, Car. 1992.

Übers.: P. K. Ford, The Mabinogi and other Medieval Welsh Tales, Be. 1977; F. Lautenbach, D. kelt. Kessel, St. 1991.

Lit.: J. Wood, The Folklore Background of the Gwion Bach Section of H. T., BBCS 29 (1980–82) 621–634; dies., The Elphin Section of H. T., EC 18 (1981) 229–244.

Hartmann von Aue war ein mittelhochdeutscher Dichter des 12./13. Jhs. Zwischen 1180 und 1205 verfaßte er mit seinen Übertragungen der beiden Versromane *Erec et Enide* und *Yvain* von → Chrétien de Troyes die ersten mittelhochdeutschen Artus-Romane. Dabei folgt der *Iwein* des deutschen Dichters eng seiner altfranzösischen Vorlage, während *Erec* den gleichnamigen Roman Chrétiens in der Anzahl der Verse erheblich übertrifft und in vielen Einzelheiten von ihm abweicht. Auf keltischer Seite entsprechen den Versromanen um Erec und Yvain/Iwein die mittelkymrischen Prosaerzählungen → *Gereint fab Erbin* und → *Iarlles y Ffynnawn.*

Hase. Nach → Caesar (Bell. Gall. 5,12) galt der H. bei den Britanniern als unerlaubte Speise, wurde aber aus Liebhaberei gehalten. Den Grund für dieses Verbot kennen wir allerdings nicht. Daß der H. als Opfertier Verwendung fand, bezeugen Überreste, die bei Ausgrabungen in verschiedenen vorrömischen und römerzeitlichen Kultstätten zutage kamen. Dem Historiker Dio Cassius zufolge (Hist. Rom. 62,6) ließ die britannische Königin → Boudicca einen H.n frei, als sie die Göttin → Andrasta im Kampf gegen die Römer um Hilfe anrief. Auf Götterbildern erscheint der H. gelegentlich als Attribut keltischer Gottheiten, die mit der Jagd in Verbindung gebracht wurden, wie z. B. → Abnoba.

Heidelberg ist der Fundort einer der bedeutendsten frühkeltischen Skulpturen. Das 31 cm hohe Bruchstück eines Kopfes aus rotem Buntsandstein wurde 1893 in der Bergheimer Straße entdeckt und wird heute ins 5./4. Jh. v. Chr. datiert. Es bildete ursprünglich wohl die Bekrönung einer Grabstele und ist jetzt im Badischen Landesmuseum in Karlsruhe zu sehen.

Sandsteinkopf aus Heidelberg

Lit.: K. Bittel u. a. (Hrsg.), Die Kelten in Baden-Württemberg, St. 1981.

Heidengraben ist der heutige Name einer befestigten keltischen Siedlung auf der Schwäbischen Alb nordöstlich von Urach. Die gesamte Anlage erstreckte sich über eine Fläche von ca. 1660 ha und war durch Mauern und Tore gesichert. Eine 153 ha große Fläche im Süden des ummauerten Areals war durch Wall und Graben zusätzlich geschützt und beherbergte vermutlich die eigentliche Siedlung. Vereinzelte Funde von Keramik, Münzen und anderen Metallgegenständen lassen vermuten, daß dieser Bezirk zumindest im 2./1. Jh. v. Chr. besiedelt war. Eine umfassende archäologische Untersuchung steht noch aus.

Lit.: F. Fischer, Der H. bei Grabenstetten, St. [2]1979; ders. u. a., Neue Beobachtungen am H. bei Grabenstetten, FBW 6 (1981) 333–349.

Heilige Hochzeit (griech. Hieròs Gámos) nennt die Vergleichende Religionswissenschaft eine Reihe von Riten und Mythen, in deren Mittelpunkt jeweils die Vereinigung zweier Menschen, eines Gottes und einer Göttin oder aber eines göttlichen und eines menschlichen Partners steht. Im Bereich der keltischen Religion begegnet der Begriff H. H. meist zur Bezeichnung der Vorstellung, daß der König (ir. → rí) der Gemahl einer Göttin oder des weiblich personifizierten Landes sei. Dieses Motiv ist besonders in der irischen Literatur des Mittelalters und der frühen Neuzeit weit verbreitet, doch bleibt seine Rolle im Rahmen der vorchristlichen Kultpraxis unklar. Die Vorstellung, daß der König anläßlich seines Herrschaftsantritts eine H. H. mit einer Göttin vollziehe, begegnet bereits bei den Sumerern, doch sind historische Zusammenhänge mit entsprechenden Vorstellungen in späteren Kulturen nicht nachweisbar.

Lit.: J. Weisweiler, Heimat u. Herrschaft, Hl. 1943; R. A. Breatnach, The Lady and the King, Studies 42 (1953) 321–336; P. MacCana, Aspects of the Theme of King and Goddess in Ir. lit., EC 7 (1955) 76–114, 356–413 und EC 8 (1959) 59–65; R. Bromwich, Celtic Dynastic Themes and the Breton Lays, EC 9 (1961) 439–474; J. K. Bollard, Sovereignty and the Loathly Lady in English, Welsh and Irish, Leeds Studies in English 17 (1986) 41–59; B. Maier, D. kelt. Auffassung des Königtums u. ihre oriental. Parallelen, Phil. Diss. Bonn 1991.

Heiligtümer → Kultstätten.

Hekataios aus Milet (Kleinasien) war ein griechischer Geograph des 6./5. Jhs. v. Chr. Nach ausgedehnten Reisen verfaßte er eine Erdbeschreibung, die allerdings nicht im Wortlaut, sondern nur aus Erwähnungen späterer Autoren bekannt ist. Vermutlich beschrieb H. die Kelten als Nachbarn der Ligurer und Bewohner des Hinterlands von Massalia (Marseille). Man weiß jedoch nicht, wie gut er diese Gegenden wirklich kannte.

Lit. → Ethnographie.

Heledd (wal. /'heleð/) heißt eine Schwester des Königs Cynddylan, der im 7. Jh. n. Chr. über das walisische Königreich → Powys geherrscht haben soll. Ihr Schicksal bildet den Gegenstand eines Gedichtzyklus, der vermutlich im 9./10. Jh. entstand und im »Roten Buch von Hergest« (→ Llyfr Coch Hergest) und einigen weiteren Handschriften überliefert ist. Möglicherweise bildeten diese Gedichte die dramatischen Höhepunkte einer Sage, deren eigentliche Handlung in Prosa erzählt oder als bekannt vorausgesetzt wurde. In dem zentralen Gedicht *Stafell Gynddylan* (»Die Halle Cynddylans«) schildert H. den trostlosen Zustand der königlichen Burg, die nach dem Tod des Herrschers von den Feinden zerstört wurde. Wo einst Feuer und Kerzen brannten, herrscht nun Finsternis, und wo Lieder erklangen, Schweigen. In anderen Strophen beklagt H. den Tod ihrer Brüder, die Verwüstung ihres Landes und ein Schicksal, das sie schutzlos den Feinden preisgab. An drei Stellen in den Gedichten klagt sie sich an, den Untergang des Königshauses selbst verschuldet zu haben. Worauf sich diese Verse beziehen, ist den erhaltenen Strophen jedoch nicht zu entnehmen.

Lit.: J. Rowland, Early Welsh Saga Poetry, C. 1990.

Helico heißt bei → Plinius dem Älteren (Hist. Nat. 12,2) ein keltischer Handwerker aus dem Volk der → Helvetier. Er soll nach einem Aufenthalt in Rom als erster die Kelten mit Feigen, Trauben, Öl und Wein bekannt gemacht und so die keltische Wanderung nach Oberitalien ausgelöst haben. Da andere antike Autoren diese Darstellung nicht kennen, erscheint es möglich, daß Plinius sie einheimischer keltischer Überlieferung entnommen hat. Über seine Quellen kann man jedoch nur Vermutungen anstellen.

Lit.: T. Köves-Zulauf, H., Führer der gallischen Wanderung, Latomus 36 (1977) 40–92.

Helvetier (lat. Helvetii) nennt die antike → Ethnographie die keltischen Bewohner der heutigen Schweiz. Nach dem Zeugnis des → Tacitus (Germania 28) siedelten die H. ursprünglich in dem Gebiet zwischen Rhein, Main und Mittelgebirge, d. h. im heutigen Südwestdeutschland. Im Verlauf des 1. Jhs. v. Chr. wanderten sie von dort ins Schweizer Mittelland ein. Nach dem Zeugnis → Caesars (Bell. Gall. 1,2) trennte sie der Rhein von den Germanen, der Jura von den keltischen Sequanern und der Genfer See und die Rhône von der 121 v. Chr. geschaffenen römischen Provinz Gallia Narbonensis. Ein Teil der H. schloß sich dem Zug der germanischen Kimbern an und besiegte 107 v. Chr. bei Agen in Südfrankreich ein römisches Heer. 58 v. Chr. verließ der gesamte Stammesverband nach einem Plan des Fürsten → Orgetorix seine Wohngebiete, um sich in Südwestfrankreich anzusiedeln. Er wurde jedoch bei → Bibracte von Caesar besiegt und zur Rückkehr gezwungen. Unter Kaiser Augustus wurde das Siedlungsgebiet der H. dem Römischen Reich einverleibt. Nach dem Rückzug der römischen Truppen zu Beginn des 5. Jhs. wurde ihr Land von den germanischen Burgundern und Alemannen besiedelt.

Lit.: D. van Berchem, Études sur les Helvètes et leurs voisins, G. 1982; A. Furger-Gunti, Die H., Z. 1984; F. Fischer, Caesar und die H. BJb 185 (1985) 1–26; Gold der H., Z. 1991 (Ausstellungskat.).

Henwen (wal. /'henwen/) heißt in den → *Trioedd Ynys Prydein* eine mit Zauberkräften begabte Sau. Sie befindet sich in der Obhut des Schweinehirten → Coll fab Collfrewi, der ihr von Cornwall durch Gwent und Dyfed bis nach Gwynedd folgt. Auf dieser Wanderung bringt H. im Süden von Wales Weizen, Gersten und Bienen hervor. Im Norden dagegen gebiert sie einen Wolf, einen Adler und ein katzenähnliches Ungeheuer.

Hercules ist der lateinische Name des griechischen Heroen Herakles. Dieser galt als Sohn des Zeus und der Alkmene und war als Held zahlloser Abenteuer eine der beliebtesten Gestalten der Mythologie und Sage. Aus dem römischen Gallien kennt man über 100 dem H. geweihte Inschriften, von denen die meisten aus dem Nordosten der Provinz stammen. Auch hat man ca. 350 bildliche Darstellungen gefunden, die H. nach klassischem Vorbild mit Keule und Löwenhaut zeigen. Nur vereinzelt trägt H. auf den Inschriften einheimische Beinamen wie z. B. Andossus (CIL XII 4316 und CIL XIII 226), Graius (CIL XII 5710) oder Ilunnus (CIL XII 4316). Nur literarisch bezeugt ist die Gleichsetzung des H. mit → Ogmios.

Lit.: P. Lambrechts, Contributions à l'étude des divinités celtiques, Brugge 1942; J. de Vries, Kelt. Rel., St. 1961.

Herecura → Aeracura.

Hergest, Rotes Buch von → Llyfr Coch Hergest.

Herodot (griech. Herodotos) heißt einer der ersten griechischen Historiker. Er wurde um 484 v. Chr. in Halikarnassos (Kleinasien) geboren und schrieb nach ausgedehnten Reisen eine auch völkerkundlich wertvolle Geschichte der Auseinandersetzungen zwischen Griechen und Barbaren. An zwei Stellen (2,33 und 4,49) erwähnt er dort als einer der ersten antiken Autoren die Kelten. Sie siedelten ihm zufolge im Quellgebiet des Istros (der Donau) und jenseits der Säulen des Herakles, d. h. auf der Iberischen Halbinsel. Als Quelle für diese Angaben vermutet man griechische Seefahrerberichte des 6. Jhs. v. Chr.

Lit.: F. Fischer, Die Kelten bei H., Madrider Mitteilungen 13 (1972) 109–124.

Heuneburg ist der heutige Name eines von der Bronzezeit bis ins frühe Mittelalter genutzten befestigten Platzes am Westufer der Donau im Kreis Sigmaringen. Im 6.–5. Jh. befand sich dort einer der am besten erforschten frühkeltischen → Fürstensitze. Er erstreckte sich über eine Grundfläche von 3 ha und war auf allen Seiten durch Mauern befestigt. Nach dem archäologischen Befund wurden diese Mauern in unterschiedlichen Abständen erneuert. Dabei errichtete man sie fast immer aus einer Verbindung von Holz, Steinen und Erde. Nur in einem Fall erbaute man nach mediterranem Vorbild auf einem aus Kalksteinblöcken gefügten Unterbau eine 3–4 m hohe Mauer aus luftgetrockneten Lehmziegeln. Mehrere tausend Kubikmeter Quadergestein wurden dafür aus einem 6 km entfernten Kalksteinbruch herbeigeschafft. Im Innern der ehemaligen Burg fand man die Reste von Wohn-, Speicher- und Werkstattgebäuden. Sie waren aus Holz und Lehm errichtet und durch kleine Gassen voneinander getrennt. Bei den Ausgrabungen kamen große Mengen zerbrochenen Tongeschirrs ans Licht, während Gegenstände aus Bronze, Eisen oder Edelmetall nur selten gefunden wurden. Dies spricht dafür, daß die H. gegen Ende ihrer Besiedelung völlig ausgeplündert oder aber von ihren Bewohnern unter Mitnahme aller beweglichen Habe verlassen wurde.
Mehrere Grabhügel in der Nähe

Rekonstruktionszeichnung der Heuneburg in der Phase der Lehmziegelmauer

der H., darunter der → Hohmichele, bezeugen noch heute die bedeutende Stellung dieser frühkeltischen Ansiedlung. Im nahegelegenen Ort Herbertingen-Hundersingen veranschaulicht seit 1985 das H.-Museum in der ehemaligen Zehntscheuer des Klosters Heiligkreuztal durch schriftliche Dokumentationstafeln, eine Tonbildschau, Originalfunde und ein Diorama die Geschichte der H. und ihrer Erforschung. Vom Museum führt ein Rundwanderweg von ca. 8 km Länge zu den nahegelegenen Grabhügeln und zu einer spätkeltischen → Viereckschanze.

Lit.: H.-Studien, B. 1962ff.; K. Bittel u. a. (Hrsg.), Die Kelten in Baden-Württemberg, St. 1981; W. Kimmig, Die H. an der oberen Donau, St. [2]1983.

Hieros Gamos → Heilige Hochzeit.

Hirsch. Wie aus bildlichen Darstellungen hervorgeht, kam dem H. bereits in den Religionen der Stein- und Bronzezeit weit über die Grenzen Europas hinaus eine besondere Bedeutung zu. In der keltischen → Kunst erscheint der H. teils allein, teils als Begleiter oder Attribut einer Gottheit. Daneben finden sich auch Darstellungen eines menschengestaltigen Gottes mit Hirschgeweih. Dieser wird in der modernen Literatur häufig auch da, wo keine inschriftliche Benennung vorliegt, als → Cernunnos bezeichnet. In der inselkeltischen Überlieferung tritt die Bedeutung des H.es vor allem im → Finn-Zyklus hervor. Eine wichtige Rolle spielen H.e, die den Jäger in unbekannte Gegenden fernab der von Menschen bewohnten Gebiete locken, und solche, die menschliche Gestalt annehmen können. Viele inselkeltische Sagen dieser Art finden auch außerhalb der keltischen Länder Entsprechungen.

Hirschlanden ist ein Ort bei Ludwigsburg. In seiner Nähe wurden 1963–1964 zwei keltische → Fürstengräber der späten Hallstattzeit archäologisch untersucht. Sie standen vermutlich im Zusammenhang mit einem frühkeltischen Fürstensitz auf dem → Hohenasperg. Den bedeutendsten Fund stellt die lebensgroße Stele eines hallstattzeitlichen Kriegers dar, die heute im Württembergischen Landesmuseum in Stuttgart zu sehen ist. Sie ist aus Stubensandstein vollplastisch gearbeitet und stand ursprünglich wohl auf einem der beiden Hügel. Der dargestellte Krieger ist nackt, ithyphallisch, und er trägt außer einem Halsring einen Leibriemen, in dem ein schmaler Dolch steckt. Bei seiner Kopfbedeckung handelt es sich wahrscheinlich um die Darstellung eines Huts aus Birkenrinde, wie er im Grab von → Hochdorf gefunden wurde. Das Gesicht scheint leicht nach unten verrutscht. Man hat deshalb vermutet, daß die Statue den Verstorbenen mit einer Totenmaske darstellen könnte. Von den Gräbern ist heute im Gelände nichts mehr zu sehen.

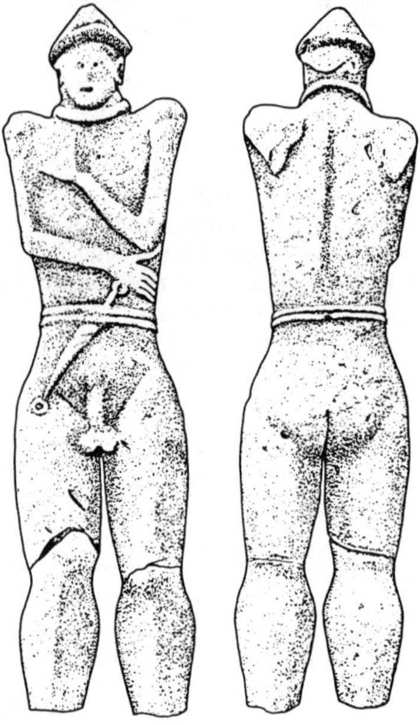

Steinerne Grabstele von Hirschlanden

Lit.: H. Zürn, Eine hallstattzeitliche Stele von H., Kr. Leonberg, Germania 42 (1964) 27–36; J. Beeser, Der Kouro-Keltos von H., FBW 8 (1983) 21–46; W. Kimmig, Eisenzeitliche Grabstelen in Mitteleuropa, FBW 12 (1987) 251–297.

Historia Brittonum ist der Titel einer lateinisch geschriebenen Geschichte Britanniens und seiner Bewohner von der ersten Besiedelung der Insel bis zum 7. Jh. n. Chr. Das Werk wurde vermutlich um 830 aus schriftlichen und mündlichen Quellen unterschiedlicher Herkunft zusammengestellt und ist uns in sechs verschiedenen Fassungen in über 40 Handschriften überliefert. Ein Teil der handschriftlichen Überlieferung nennt als Verfasser einen walisischen Kleriker namens Nennius, doch wurde diese Angabe erst nachträglich dem zuerst anonym überlieferten Werk hinzugefügt. Die H. B. ist eine der wichtigsten Quellen für unsere Kenntnis der frühmittelalterlichen walisischen Geschichte. Berühmt sind ihre Bemerkungen zu fünf britannischen Dichtern des ausgehenden 6. Jhs. (→ Cynfeirdd) und die Erwähnung von zwölf siegreichen Schlachten des Heerführers → Arthur gegen sächsische Eroberer.

Lit.: D. N. Dumville, The Historical Value of the H. B., AL 6 (1986) 1–26.

Historischer Zyklus ist die von Eugene → O'Curry eingeführte Bezeichnung einer Reihe irischer Erzählungen, deren Handlung in der Zeit vom 3. Jh. v. Chr. bis zum 11. Jh. n. Chr. spielt. Sie wurden in den uns vorliegenden Fassungen zum überwiegenden Teil in der Zeit vom 8. bis zum 14. Jh. aufgezeichnet und verarbeiten neben genuin historischen auch mythische sowie sagen- und märchenhafte Überlieferungen. Häufig steht ein berühmter König im Mittelpunkt einer oder auch mehrerer Geschichten, weshalb man statt H. Z. auch die Bezeichnung Königszyklus findet. Zu den bedeutendsten Herrschergestalten, die in diesen Erzählungen eine Rolle spielen, zählen → Labraid Loingsech, → Conn Cétchathach, → Lugaid mac Con, → Cormac mac Airt, Rónán mac Colmáin (vgl. → *Fingal Rónáin*), → Mongán mac Fiachna, → Domnall mac Aeda, → Diarmait mac Aeda Sláine und → Guaire Aidne. Über mehrere Jahrhunderte erstreckt sich die Handlung der unter dem Titel → *Bórama* bekannten Erzählung.

Lit.: M. Dillon, The Cycles of the Kings, Lo. 1946.

Hochdorf ist ein Ort im Kreis Ludwigsburg. In seiner Nähe entdeckte man 1968 eines der bedeutendsten keltischen → Fürstengräber aus der 2. Hälfte des 6. Jhs. v. Chr. 1978/79 wurde der in einem Acker gelegene und fast vollständig eingeebnete Grabhügel archäologisch untersucht. Dabei stießen die Ausgräber auf eine reich ausgestattete und noch unversehrte Grabkammer. Sie enthielt das gut erhaltene Skelett eines etwa 40jährigen Mannes, der auf einer Liege (Kline) aus gepunztem Bronzeblech aufgebahrt war. Zahlreiche persönliche Gegenstände, darunter einen Hut aus Birkenrinde, drei Angelhaken und einen Köcher mit Pfeilen, hatte man dem Toten mitgegeben. Darüber hinaus war seine Kleidung für die Bestattung mit eigens dafür angefertigtem Goldschmuck verziert worden. An Grabbeigaben fand man ferner einen vierrädrigen → Wagen mit Zaumzeug und ein umfangreiches Speise- und Trinkgeschirr. Zu ihm gehörte ein aus dem Mittelmeerraum importierter 500 l fassender → Kessel aus Bronze.

Aufgrund günstiger Umweltbedingungen waren die organischen Stoffe ungewöhnlich gut erhalten und gestatteten Rückschlüsse auf die Lebens- und Umweltbedingungen der da-

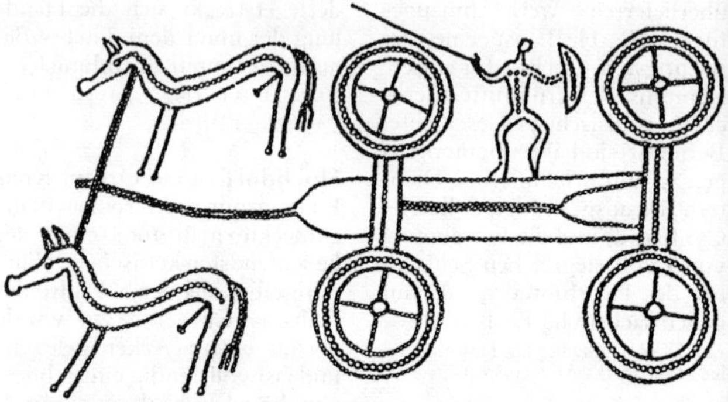

Darstellung eines vierrädrigen Wagens auf der bronzenen Sitzbank aus dem Grab von Eberdingen-Hochdorf

maligen Zeit. So gab z. B. die Untersuchung des Köchers und der Pfeile Auskunft über die mit großer Sachkenntnis ausgewählten Holzarten. Der Kessel enthielt noch den Bodensatz eines Honigmets, dessen Analyse Hinweise auf die Herstellung des Getränks und die Pflanzenwelt in der Umgebung des Grabes ergab. Die Untersuchung der Reste von → Textilien ermöglichte wertvolle Einsichten in das Material, die Herstellung und die Färbung der verwendeten Tuche.

1985 wurde der Grabhügel von H. mit 7000 m³ Erde und 280 Tonnen Steinen in der ursprünglichen Größe (6 m Höhe und 60 m Durchmesser) wieder aufgeschüttet. Die Funde aus dem Grab sind nach der aufwendigen Konservierung und Restaurierung jetzt im Württembergischen Landesmuseum in Stuttgart zu sehen. Vor Ort unterrichtet seit 1991 das Keltenmuseum Hochdorf/Enz mit originalgetreuen Rekonstruktionen über den Grabungsbefund. In seiner Nähe sollen in den nächsten Jahren auch mehrere keltische Häuser rekonstruiert und als Freilichtschau zugänglich gemacht werden.

Lit.: J. Biel, Der Keltenfürst von H., St. 1985; Der Keltenfürst von H.: Methoden u. Ergebnisse d. Landesarchäologie, St. 1985 (Ausstellungskat.).

Hochkreuze nennt man eine Gruppe figürlich und/oder ornamental verzierter monumentaler Steinskulpturen, die im Bereich von Klosteranlagen vor allem in der Mitte und im Norden Irlands anzutreffen sind. Die typische Form besteht aus einem würfel- oder pyramidenförmigen Sockel mit Kreuzaufsatz, wobei Längs- und Querbalken des Kreuzes durch einen Ring miteinander verbunden sind, und einem Deckstein in der Gestalt eines Kegels oder eines kleinen rechteckigen Hauses. Manche H. sind aus einem

Das sog. Kreuz des Muiredach (Ost- und Westseite) aus Monasterboice/Louth (10. Jh.)

einzigen Block gehauen, während andere aus mehreren miteinander verzapften Teilen gefertigt sind. Die Verwendung verschiedenfarbiger Gesteine (Kalk-, Sandstein oder Granit) läßt darauf schließen, daß die heute sichtbare natürliche Oberfläche ursprünglich durch eine Bemalung verdeckt war. Die meisten H. stammen aus dem 8.–10. Jh. und dienten allem Anschein nach dem Schmuck der Klöster und der Erbauung der Betrachter. Die Ikonographie der H. ist dementsprechend vor allem von biblischen und apokryphen christlichen Schriften inspiriert.

Lit.: F. Henry, Irish High Crosses, Du. 1964; P. Harbison, The High Crosses of Ireland, 3 Bde., Bo. 1992.

Hochscheid ist ein Ort im Kreis Bernkastel-Wittlich im Hunsrück. In einem Hochmoor ca. 3 km südöstlich von H. entdeckte man 1939 bei Arbeiten zur Wassergewinnung ein gallo-römisches Quellheiligtum. Bei der im selben Jahr durchgeführten archäologischen Untersuchung fand man einen gallo-römischen Umgangstempel, mehrere Steinskulpturen, Münzen und Keramik. Zahlreiche Fragmente von Bechern bezeugen, daß das Wasser der Quelle zu Heilzwekken getrunken wurde. Bei weiteren Ausgrabungen in den Jahren 1962 bis 1966 und 1972 wurden eine nahegelegene Herberge, ein Badehaus und ein weiteres Gebäude archäologisch untersucht. Einer 1940 gefundenen Inschrift zufolge war der Tempel einem keltischen Götterpaar geweiht. Als Name der Göttin erscheint → Sirona, während ihr männlicher Partner nach der → Interpretatio Romana mit → Apollo gleichgesetzt wurde. Wie die archäologische Auswertung der Funde ergab, wurde die Anlage zwischen 50 und 150 n. Chr. errichtet. Gegen Ende des 3. Jhs. wurde sie aufgegeben und der Tempel – vielleicht von Christen – zerstört.

Lit.: G. Weisgerber, Das Pilgerheiligtum des Apollo und der Sirona von H. im Hunsrück, Bo. 1975.

Hohenasperg heißt eine Anhöhe westlich von Ludwigsburg. Obwohl auf dem Berg selbst wegen umfangreicher Überbauungen keine archäologischen Grabungen stattfanden, gilt der H. allgemein als Standort eines der bedeutendsten frühkeltischen → Fürstensitze. Dies schließt man zum einen aus der beherrschenden Lage des Bergs, zum anderen aus der geographischen Nähe zahlreicher → Fürstengräber aus der späten Hallstatt- und frühen Latènezeit. Ähnlich wie bei der → Heuneburg lagen dabei die jüngeren Gräber näher an der Siedlung als die älteren. Zu den bedeutendsten dieser Denkmäler gehören der → Grafenbühl und das → Kleinaspergle sowie die Gräber von → Hochdorf und → Hirschlanden.

Lit.: K. Bittel u. a. (Hrsg.), Die Kelten in Baden-Württemberg, St. 1981.

Hohmichele ist der Name eines 2 km westlich der → Heuneburg gelegenen keltischen → Fürstengrabs. Es stellt mit fast 80 m Durchmesser und 14 m Höhe einen der größten Grabhügel Mitteleuropas dar. 1937–38 wurde ein Teil des Hügels archäologisch untersucht. Dabei stieß man in der Mitte der Anlage auf die aus Bohlen gezimmerte zentrale Grabkammer, deren Inhalt jedoch von Grabräubern fast völlig ausgeplündert worden war. Am Rande des Hügels fanden die Ausgräber mehrere Nebengräber, darunter das unversehrte Grab eines Mannes und einer Frau (Nebenkammer 6). Es enthielt einen vierrädrigen → Wagen mit Zaumzeug sowie zahlreiche Gebrauchs- und Schmuckgegenstände.

Lit.: G. Riek und H.-J. Hundt, Der H., B. 1962.

Rekonstruktionszeichnung des Wagengrabs vom Hohmichele

Holder, Alfred (1840–1916), Paläograph und Philologe, wurde in Wien geboren. Nach Studien in Heidelberg und Bonn war er von 1870 bis zu seinem Tod als Bibliothekar an der Großherzoglich Badischen Hof- und Landesbibliothek in Karlsruhe tätig. In dieser Zeit veröffentlichte er zahlreiche Handschriftenbeschreibungen sowie Studien und Ausgaben hauptsächlich lateinischer Texte. Von 1891 bis 1913 erschien in drei Bänden sein Hauptwerk *Alt-celtischer Sprachschatz*, eine auf Vollständigkeit zielende alphabetische Zusammenstellung des in antiken Inschriften und Literaturwerken enthaltenen keltischen Sprachguts. Die Sammlung ist bis heute durch kein ähnlich vollständiges Werk ersetzt, doch ist sie durch die Fortschritte der keltischen Philologie und zahlreiche archäologische Neufunde in vielen Einzelheiten ergänzungs- und korrekturbedürftig.

Stele von Holzgerlingen

Holzgerlingen ist ein Ort im Kreis Böblingen. Um die Mitte des vorigen Jhs. fand man dort ein 2,3 m hohes, aus Stubensandstein gefertigtes doppelgesichtiges Götterbild. Es stammt vermutlich aus dem 5. Jh. v. Chr. und ist heute im Württembergischen Landesmuseum in Stuttgart zu sehen.

Lit.: K. Bittel u. a. (Hrsg.), Die Kelten in Baden-Württemberg, St. 1981.

Holzhausen ist ein Ort bei München. 1957 bis 1963 wurde dort eine der bekanntesten keltischen → Viereckschanzen archäologisch untersucht. Dabei gelang es, insgesamt fünf verschiedene Ausbauphasen der Kultstätte zu unterscheiden. Neben Spuren eines hölzernen Gebäudes in einer Ecke der Einfriedung entdeckte man drei 35, 12 und 6,5 m tiefe Schächte, die vermutlich zur Aufnahme von Opferresten dienten.

Hunde waren nach dem Zeugnis archäologischer Funde bei den Kelten als Haustiere weit verbreitet. Berichten der antiken → Ethnographie zufolge fanden sie auch bei der → Jagd und im Krieg Verwendung. Auf Götterbildern erscheinen H. häufig als Attribut von Heilgöttern, Muttergöttinnen (→ Matronae/Matres) und Gottheiten, die man mit der Jagd in Verbindung brachte, wie z. B. → Abnoba. Aus einem Heiligtum bei Nettleton Shrub in Wiltshire kennt man einen keltischen Gott mit dem Beinamen Cunomaglus »Herr der H.«, der nach der → Interpretatio Romana mit → Apollo identifiziert wurde. In irischen Sagen ist »Hund« (cú) ein häufig gebrauchtes Synonym für »Krieger« (vgl. → Cú Chulainn).

Lit.: K. McCone, Hounds, Heroes and Hospitallers in Early Ir. Myth and Story, Ériu 35 (1984) 1–30.

Hyde, Douglas (1860–1949), Sprachwissenschaftler und Volkskundler, wuchs als Sohn eines protestantischen Geistlichen in Westirland auf. Von seiner Umgebung lernte er bereits als Kind die irische Sprache und die mündlichen Überlieferungen der alteingesessenen Bewohner seiner Heimat. Um die Erhaltung und Verbreitung des Irischen zu sichern, gründete H. 1893 zusammen mit einigen Gleichgesinnten die Gaelic League (Conradh na Gaeilge), die zu einer Keimzelle der nationalen Bewegung wurde. Inzwischen klassische Sammlungen irischer mündlicher Überlieferungen veröffentlichte er mit den Bänden *Leabhar Sgeulaighe-achta* (1889), *Beside the Fire* (1890) und *Love Songs of Connacht* (1893). 1899 verfaßte er mit dem Band *A Literary History of Ireland* eine der ersten Gesamtdarstellungen der irischen Literatur. Nach Studien am Trinity College in Dublin wurde H. 1909 auf den ersten Lehrstuhl für Neuirisch am University College in Dublin berufen. 1937 wurde er zum ersten Präsidenten der Republik Irland gewählt.

Lit.: S. Ó Tuama (Hrsg.), The Gaelic League Idea, Cork 1972; D. Daly, The Young D. H., Du. 1974; J. E. und G. W. Dunleavy, D. H.: A Maker of Modern Ireland, Be. 1991; R. Ó Glaisne, Dúbhglas de h-Íde (1860–1949), Du. 1991.

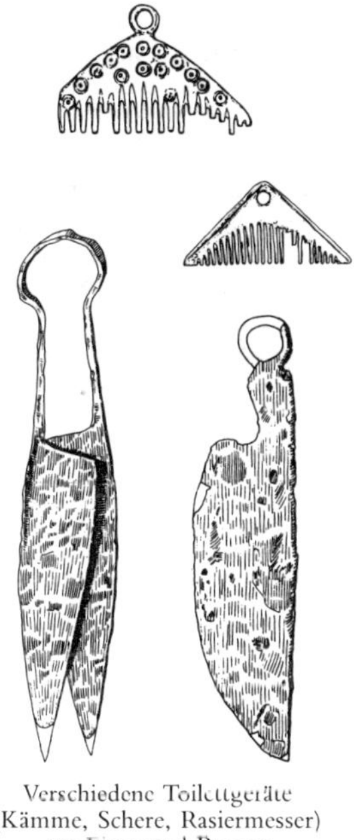

Verschiedene Toilettgeräte (Kämme, Schere, Rasiermesser) aus Eisen und Bronze

Hygiene wurde nach dem Zeugnis des spätantiken Historikers Ammianus Marcellinus (15,12,2) bei den Kelten großgeschrieben. Bestätigt wird dies durch die zahlreichen Funde von Gegenständen, die im Zusammenhang mit der Körperpflege stehen. Neben Scheren zum Schneiden der Haare kannte man Rasiermesser, Pinzetten, Schaber, Nagelschneider, Ohrlöffelchen, Kämme und Spiegel. Mehrteilige Toilettenbestecke sind bereits in Gräbern der Hallstattzeit gut bezeugt. Für den verwandten Bereich der Kosmetik besitzen wir das Zeugnis des → Plinius (Hist. Nat. 28,51), daß »Seife« eine Erfindung der Kelten sei. Sie werde aus Talg und Asche hergestellt und diene zum Rotfärben des Haars. Von den Keltinnen weiß Plinius zu berichten, daß sie die Frische ihres

Teints durch Waschungen mit Bierschaum zu erhalten suchten (Hist. Nat. 22,25). Nur für die → Keltiberer bezeugt ist die Sitte, sich die Zähne mit Urin zu reinigen (vgl. → Diodoros von Sizilien 5,33 und Catull 37 und 39).

Lit.: T. Hunt, The Art of I. y Ff. and the European Volksmärchen, StC 8/9 (1973/74) 107–120; ders., Some Observations on the Textual Relationship of Li Chevaliers au Lion and I. y Ff., ZCP 33 (1974) 93–113; A. H. Diverres, I. y Ff. and Le Chevalier au lion: Adaptation or Common Source?, StC 16/17 (1981/82) 144–162; B. F. Roberts, The Welsh Romance of the Lady of the Fountain (Owein). In: P. B. Grout u. a. (Hrsg.), The Legend of Arthur in the Middle Ages (C. 1983) 170–182; R. L. Thomson, Owain: Chwedl I. y Ff., in: R. Bromwich u. a. (Hrsg.), The Arthur of the Welsh (Car. 1991) 159–169 (in engl. Sprache).

Iarlles y Ffynnawn (wal. /'jarɬes ə 'fənnaun/ »Die Herrin der Quelle«) ist der Titel einer der »drei Romanzen« (→ Tair Rhamant). Sie erzählt, wie der Ritter Owein fab Urien aus Abenteuerlust den Hof Arthurs verläßt und im Zweikampf einen geheimnisvollen Schwarzen Ritter, den Hüter einer ebenso geheimnisvollen Quelle, erschlägt. Später heiratet Owein die Witwe des Erschlagenen und bewacht sodann drei Jahre lang an seiner Statt die Quelle. Eines Tages jedoch spüren Arthur und sein Gefolge ihn auf und holen ihn wieder zu sich. Owein verspricht aber seiner Gattin, nach einer gewissen Zeit wieder zu ihr zurückzukehren. Als er dies versäumt, kommt es zum Zerwürfnis zwischen den beiden, die erst nach mancherlei Abenteuern wieder miteinander versöhnt werden.

Ausg.: B. Jones, Y Tair Rhamant, Aberystwyth 1960; R. L. Thomson, Owein, Du. 1968 (MMWS 4).

Übers.: G. Jones u. T. Jones, The Mabinogion, rev. ed. Lo. 1974; J. Gantz, The Mabinogion, Harm. 1976; H. Birkhan, Kelt. Erzählungen vom Kaiser Arthur, Kettwig 1989.

Icauna ist der keltische Name der Yonne, eines linken Nebenflusses der Seine (→ Sequana). Die Verehrung einer gleichnamigen Göttin bezeugt eine Weihinschrift aus römischer Zeit (CIL XIII 2921), die zu Beginn des 18. Jhs. in Auxerre gefunden wurde und heute verschollen ist.

Ikener (lat. Iceni) nennt die antike → Ethnographie einen keltischen Stamm im Gebiet der heutigen Grafschaft Norfolk in Ostengland. Durch seine romfreundliche Haltung gelang es ihm, sich auch nach der Invasion Britanniens durch die Römer im Jahr 43 n. Chr. eine weitgehende Unabhängigkeit zu bewahren. Der Aufstand der I. unter ihrer Königin → Boudicca im Jahr 61 n. Chr. endete jedoch mit der Unterwerfung des Stammes.

imbas forosna (ir. /'imbas for'osna/) heißt eine bestimmte Art der Weissagung, deren Beherrschung man dem Dichter (→ fili) zuschrieb. Nach einer

Angabe im Glossar des Bischofs Cormac (→ *Sanas Chormaic*) besteht i. f. darin, daß der Dichter das rohe Fleisch eines Schweins, eines Hundes oder einer Katze kaut, einen Spruch darüber aufsagt und es mit einem Gebet den Göttern darbringt. Danach legt er sich schlafen, indem er die Flächen beider Hände auf die Wangen legt. Im Traum wird ihm dann offenbart, was immer er zu sehen wünscht. Das Wort i. erklärt Cormac damit, daß der Dichter bei dem Vorgang beide Handflächen (bas) auf (im) die Wangen lege. Allerdings soll i. f. bereits durch den heiligen → Patrick verboten worden sein. Es ist daher fraglich, ob man zu Cormacs Zeiten noch eine zutreffende Beschreibung dieser Art der Weissagung geben konnte.

Lit.: N. K. Chadwick, I. f., SGS 4 (1935) 97–135.

Imbolc (ir. /ˈimbolg/) bezeichnet im irischen Kalender den Frühlingsbeginn (1. Februar). Der Tag wird als Fest der heiligen → Brigit vor allem in den ländlichen Gegenden Irlands bis heute festlich begangen.

Lit.: K. Danaher, The Year in Ireland, Du. 1972; E. Hamp, i., óimelc, StC 14/15 (1979/80) 106–113.

Immacallam in dá Thuarad (ir. /ˈimagaLav in daː ˈθuarað/ »Die Unterredung der beiden Weisen«) ist der Titel einer Erzählung aus dem → Ulster-Zyklus. Sie entstand vermutlich in der Zeit um 800 und ist uns teils vollständig, teils bruchstückhaft in 11 Handschriften aus dem 12.–16. Jh. überliefert. Den Gegenstand der Erzählung bildet ein Wettstreit zwischen den beiden Dichtern Néde und Ferchertne, die nach dem Tod des obersten Dichters (→ ollam) von Irland beide dessen Nachfolge beanspruchen. In dunkler, schwer verständlicher Dichtersprache geben die beiden Dichter einander Antwort auf verschiedene Fragen, die ihre Person und Herkunft betreffen. Auf die Frage nach der Zukunft entwirft Néde das Bild eines Goldenen Zeitalters, in dem allgemeiner Wohlstand herrschen werde. Auf Nédes Gegenfrage schildert Ferchertne eine Zeit des Schreckens, die erst mit dem Jüngsten Gericht enden werde. Da kniet Néde vor Ferchertne nieder und erkennt seine Überlegenheit an.

Ausg. u. Übers.: W. Stokes, The Colloquy of the Two Sages, RC 26 (1905) 4–64.
Lit.: R. Thurneysen, Die ir. Helden- und Königsage, Hl. 1921.

immram (ir. /ˈimrav/) bezeichnet das Rudern und – im erweiterten Sinne – die Seefahrt oder Seereise. Das Wort dient in einer der beiden → Sagenlisten zur Klassifikation von Erzählungen, die von Fahrten zu wunderbaren Inseln jenseits der von Menschen bewohnten Welt berichten. Eine verwandte Typenbezeichnung ist die → echtrae. Zum Genre des i. gehört auch die in lateinischer Sprache überlieferte *Navigatio Sancti Brendani* (→ Brendan).

Lit.: C. M. Löffler, The Voyage to the

Otherworld Island in Early Ir. Lit., 2 Bde., Sa. 1983.

Immram Brain (ir. /ˈimrav branʹ/ »Brans Seefahrt«) ist der Titel einer teils in Prosa, teils in Versen gehaltenen Seefahrererzählung (→ immram) aus dem frühen 8. Jh. Sie ist das älteste erhaltene Beispiel dieser literarischen Gattung und verbindet christliches Gedankengut mit Vorstellungen der vorchristlichen irischen Religion. Die Handlung der Erzählung beginnt damit, daß in der Burg des Titelhelden Bran mac Febail eine geheimnisvolle Frau erscheint. Sie hat einen silbernen Zweig bei sich, der eine wunderbare Musik ertönen läßt und nach ihren Worten von einem Apfelbaum der paradiesischen Insel → Emain Ablach stammt. Als die Besucherin mitsamt dem Zweig wieder verschwindet, macht sich Bran mit dreimal neun (→ Zahlen) Begleitern in einem Boot auf die Suche nach dieser Insel. Nach zwei Tagen auf See begegnen sie → Manannán mac Lir, der ihnen den Weg zu einer Insel voll lachender Menschen weist. Danach gelangen sie zu einer anderen Insel, die nur von Frauen bewohnt wird. Dort verbringen Bran und seine Begleiter in Herrlichkeit und Freuden viele Jahre, die ihnen freilich wie ein einziges vorkommen. Als Brans Kamerad Nechtan jedoch Heimweh nach Irland bekommt, treten die Seefahrer schließlich doch die Rückreise an. Die Herrscherin der Insel warnt sie vor der Rückkehr und schärft Bran ein, keinesfalls seinen Fuß auf irischen Boden zu setzen. Als Nechtan bei der Ankunft in Irland dieses Verbot übertritt, zerfällt er sogleich zu Staub, als sei er bereits vor langer Zeit gestorben. Bran aber fährt erneut aus, nachdem er einigen am Strand versammelten Iren vom Schiff aus von seinen Abenteuern erzählt hat.

Ausg. u. Übers.: S. MacMathúna, I. B.: Bran's Journey to the Land of the Women, T. 1985.
Lit.: K. McCone, Pagan Past and Christian Present in Early Ir. Lit., May. 1990.

Immram Curaig Maíle Dúin (ir. /ˈimrav ˈkuriɣʹ ˈvailʹe ðuːnʹ/ »Die Fahrt des Bootes von Máel Dúin«) ist der Titel einer teils in Prosa, teils in Versen gehaltenen Seefahrererzählung (→ immram) aus dem 10. Jh. Sie ist vollständig im → Gelben Buch von Lecan und bruchstückhaft im »Buch der dunklen Kuh« (→ Lebor na hUidre) und zwei weiteren Handschriften überliefert. Der Titelheld der Geschichte ist Máel Dúin, der Sohn eines Kriegers und einer Nonne aus dem Kloster von Kildare. Nach der Ermordung seines Vaters wächst er am Königshof auf und erfährt erst als junger Mann von seiner wahren Abstammung. Als man ihm vom Tod seines Vaters erzählt, rüstet er zusammen mit einigen Gefährten ein Boot aus und macht sich auf, um seinen Vater zu rächen. Auf ihrer Fahrt über das offene Meer erleben die Insassen des Boots eine Reihe wunderbarer Abenteuer. So begegnen ihnen auf einer Insel menschenfressende Riesenameisen und auf einer anderen Vögel, die sich von großen goldenen Äpfeln ernähren. Auf einer dritten Insel werden sie von einer vornehm gekleideten Frau gastlich aufgenommen und drei Tage lang bewirtet. Doch als einer der Männer die Gastgeberin fragt, ob sie mit Máel Dúin das Lager teilen wolle, finden sich die Seefahrer am folgenden Morgen in ihrem Boot auf dem offenen Meer wieder. Nach vielen weiteren Abenteuern kehren sie schließlich wohlbehalten nach Irland zurück.

Ausg. u. Übers.: H. P. A. Oskamp, The Voyage of Máel Dúin, Groningen 1970.
Lit.: M. Aguirre, The Hero's Voyage in I. C. M. D., EC 27 (1990) 203–220.

Indech mac Dé Domnann (ir. /'ind'ex mak d'eː 'dovnaN/) heißt in der Geschichte der Schlacht von Mag Tuired (→ *Cath Maige Tuired*) ein König der → Fomoire. Er erschlägt → Ogma aus dem Volk der → Tuatha Dé Danann, fällt dann aber im Kampf gegen → Lug.

Inselkeltisch → Sprachen, keltische.

Insubren (lat. Insubres) nennt die antike → Ethnographie einen keltischen Stamm in Oberitalien. Er siedelte westlich des Gebiets der → Kenomaner und hatte als Hauptort Mediolanium, das heutige Mailand. 231 v. Chr. verbündeten sich die I. mit den → Boiern gegen Rom, wurden aber 225 v. Chr. bei Telamon von den Römern vernichtend geschlagen. Im Zweiten Punischen Krieg (218–201 v. Chr.) schlossen sie sich Hannibal an und wurden nach der Niederlage der Karthager 197 und 196 v. Chr. endgültig von den Römern unterworfen.

Intarabus ist der (etymologisch ungeklärte) Name eines keltischen Gottes. Seine Verehrung bezeugen Weihinschriften aus Foy in Belgien (CIL XIII 3632) und aus dem Stammesgebiet der Treverer in der Nähe des heutigen Trier (CIL XIII 3653, 4128, 11313; Fi 11; Schi 21). Die Inschrift CIL XIII 3653 identifiziert I. nach der → Interpretatio Romana mit → Mars.

Interpretatio Romana nennt man das in der Antike weit verbreitete Verfahren, fremde Gottheiten mit dem Namen einer römischen Gottheit zu bezeichnen. Der Ausdruck geht auf eine Stelle im 43. Kapitel der *Germania* des → Tacitus zurück. Dort identifiziert der römische Historiker zwei als Brüder und Jünglinge verehrte germanische Götter »nach römischer Ausdeutung« (interpretatione Romana) mit den römischen Zwillingsgöttern Castor und Pollux. Allgemein üblich war die I. R. jedoch nicht nur in der Literatur, sondern auch im Kult. In Weihinschriften setzte man deshalb häufig den einheimischen und den römischen Namen der Gottheit nebeneinander. Wo man nur die römische Bezeichnung gebrauchte, verrät häufig der (bei römischen Gottheiten unübliche) Zusatz DEO bzw. DEAE »Dem Gott ... / Der Göttin ...«, daß der Stifter dabei an eine einheimische Gottheit dachte. Ausschlaggebend für die Gleichsetzung zweier Gottheiten war ihre Übereinstimmung in einer ganz bestimmten Hinsicht, die nicht immer offensichtlich ist. Das Wesen einer einheimischen Gottheit kann man deshalb höchstens annäherungsweise anhand der I. R. bestimmen. Viele keltische Gottheiten, die wir nur dem Namen nach kennen, werden in Inschriften und Literaturwerken mit vergleichsweise wenigen römischen Namen bezeichnet. Am häufigsten begegnen → Apollo, → Mars und → Mercurius. Keltische Götter, deren Name mehrfach bezeugt ist, werden im allgemeinen mit ein und derselben römischen Gottheit identifiziert. Die Gleichsetzung einer einzigen keltischen mit zwei verschiedenen römischen Gottheiten bleibt demgegenüber die Ausnahme.

Lit.: G. Wissowa, I. R., Arch. f. Religionswiss. 19 (1918) 1–49; J. de Vries, Die I. R. der gall. Götter, in: Indogermanica. FS W. Krause (Hei. 1960) 204–213; P.-M. Duval, Problèmes des rapports entre la rel. gauloise et la rel. romaine, in: P. MacCana u. M. Meslin (Hrsg.), Rencontres de religions (P. 1986) 39–56.

Inzest begegnet gelegentlich als Motiv in Sagen, um die Abkunft eines Helden mythisch zu überhöhen. So zeugt z. B. König Eochaid Airem mit seiner eigenen Tochter den berühmten Herrscher Conaire Mór (vgl. → *Tochmarc Étaíne*). Daß I. in der gesellschaftlichen Wirklichkeit eine nennenswerte Rolle gespielt hat, läßt sich aus den Texten aber nicht belegen.

Iovantucarus heißt ein keltischer Gott. Sein Name ist vermutlich aus einer älteren Form *Iovantutokaros entstanden und bedeutet soviel wie »der die Jugend (= die Kinder) liebt«. Dies könnte ihn als einen besonderen Schutzgott der Heranwachsenden kennzeichnen. Eine inzwischen verschollene Inschrift aus der Nähe von Tholey (CIL XIII 4525) identifizierte I. nach der → Interpretatio Romana mit → Mercurius. Dagegen setzen ihn fünf Inschriften aus Trier (Fi 15–19) mit → Mars gleich. Ohne einen weiteren Zusatz begegnet sein Name auf einem Silberring aus Heidenburg bei Kreinbach (CIL XIII 10024,6).

Ipswich ist ein Ort in Suffolk (Südostengland). In seiner Nähe fand man 1968 und 1970 bei Bau- bzw. Gartenarbeiten insgesamt sechs aus Gold gefertigte keltische → Torques aus dem 1. Jh. v. Chr. Sie sind jetzt im Britischen Museum in London zu sehen.

Lit.: J. W. Brailsford u. J. E. Stapley, The I. Torcs, Procs. of the Prehistoric Soc. 38 (1972) 219–234.

Irisch nennt man die keltische Sprache Irlands. Sie bildet zusammen mit → Manx und → Schottisch-Gälisch den gälischen Zweig der inselkeltischen Sprachgruppe. Die früheste bekannte Phase in ihrer Entwicklung bezeugen die sog. → Ogam-Inschriften. Darauf folgt das Altirische, das man vor allem aus → Glossen in lateinischen Handschriften aus dem 8.–9. Jh. kennt. Mittelirisch nennt man die Sprache des 10.–13. Jhs. Man kennt sie durch zahlreiche Literaturwerke, deren handschriftliche Überlieferung in der Zeit um 1100 einsetzt. Die darauffolgenden Sprachstufen nennt man Frühneuirisch (14.–16. Jh.) und Neuirisch (seit dem 17. Jh.). I. wurde im Verlauf seiner Geschichte durch das Englische immer mehr zurückgedrängt und begegnet als Sprache des Alltags heute nur noch in wenigen Gegenden im Westen des Landes.

Lit.: B. Ó Cuív (Hrsg.), A View of the Irish Language, Du. 1969; R. Thurneysen, A Grammar of Old Irish, rev. ed. Du. 1975.

Irische Renaissance nennt man eine literarische Bewegung im Irland des späten 19. und frühen 20. Jhs., in der sich das Streben nach politischer Unabhängigkeit von Großbritannien mit einem ausgeprägten Nationalismus verband, der zu einem neuen Interesse für die irische Sprache und die mittelalterliche irische Literatur führte. Zu den Begründern der I.n R. gehörten Standish James → O'Grady, Sir Samuel → Ferguson und Douglas → Hyde. Ihre bedeutendsten Wortführer waren William Butler → Yeats und Lady → Gregory. Neubearbeitungen irischer literarischer Stoffe verfaßten insbesondere Austin → Clarke und James → Stephens.

Lit.: R. Fallis, The Irish Renaissance, Syracuse, NY. 1977; J. Sheehy, The Rediscovery of Ireland's Past, Lo. 1980; J. W. Foster, Fictions of the Irish Literary Revival, Du. 1987; B. Freitag, Keltische Identität als Fiktion, Hei. 1989; H. Kosok, Gesch. d. anglo-irischen Literatur, B. 1990.

Isolde ist die deutsche Entsprechung des kymrischen Namens → Essyllt.

Iupiter heißt der oberste Gott der römischen Religion, der die Züge eines vorgeschichtlichen Licht- und Himmelsgottes trägt. Als Bezeichnung einer keltischen Gottheit erscheint der Name I. bei → Caesar. Ihm zufolge sahen die Gallier in I. den Herrscher der Himmelsregion (Bell. Gall. 6,17). An welchen keltischen Gott Caesar dabei dachte, wissen wir allerdings nicht. Der obigen Charakterisierung entspricht unter den namentlich bekannten Gottheiten am ehesten → Taranis, dessen Name vom keltischen Wort für »Donner« abgeleitet ist. In den → Berner Scholien zum Werk des römischen Dichters → Lucan wird Taranis ebenfalls mit I. gleichgesetzt. Aus Scardona in Dalmatien kennt man eine Weihung für I. Taranucus (CIL III 2804). In einer Inschrift aus Chester in England (RIB 452) trägt I. den Beinamen Tanarus. Dies ist möglicherweise eine Verschreibung für Taranus. In bildlichen Darstellungen aus gallorömischer Zeit erscheint I. nach dem Vorbild klassischer Darstellungen als bärtiger Mann mit Zepter, Blitz und Adler. Gelegentlich begegnet jedoch außerdem oder stattdessen ein Rad als Attribut des I.

Lit.: P. Lambrechts, Contributions à l'étude des divinités celtiques, Brugge 1942; J. de Vries, Kelt. Rel., St. 1961.

Iupitergigantensäulen nennt man eine Gruppe von Kultdenkmälern, die im 2./3. Jh. n. Chr. in den nördlichen Teilen Obergermaniens und im Osten der römischen Provinz Gallia Belgica weit verbreitet waren. Sie bestehen aus einer meist mit Schuppen dekorierten Säule von mehreren Metern Höhe und zeigen als Bekrönung eine figürliche Darstellung des Gottes → Iupiter, der über einen schlangenfüßigen Giganten hinwegreitet. Den Sockel bildet zumeist ein sog. Viergötterstein von quadratischem Grundriß, der mit Reliefs verschiedener römischer Gottheiten (meist Iuno, Minerva, Mercurius und Hercules) geschmückt ist. Über dem Viergötterstein befindet sich oft noch ein Zwischensokkel, der am häufigsten Darstellungen der Wochengötter, aber auch Abbildungen anderer Gottheiten aufweist. Dem Verbreitungsgebiet und dem Zeugnis der Weihinschriften zufolge waren die Stifter der I. in aller Regel romanisierte Kelten. Man vermutet deswegen in der Iupitergestalt eine Darstellung des keltischen Himmelsgottes (vgl. → Taranis) und sieht in der Säulenform eine Fortsetzung der Verehrung heiliger Bäume (vgl. → Eiche).

Lit.: G. Bauchhenss, I., St. 1976; ders. u. P. Noelke, Die I. in den germanischen Provinzen, Kö. 1981.

Bekrönung einer Iupitergigantensäule aus Neschers, Auvergne

Iwein ist die deutsche Entsprechung des kymrischen Namens → Owein. Dem gleichnamigen Versroman von → Hartmann von Aue entspricht auf keltischer Seite die mittelkymrische Prosaerzählung → *Iarlles y Ffynnawn.*

Jackson, Kenneth Hurlstone (1909–1991), war einer der vielseitigsten Keltologen der jüngsten Vergangenheit. Nach Studien in Cambridge, Bangor (Wales) und Dublin war er von 1934 bis 1940 Dozent für keltische Sprachen und Literaturen in Cambridge. Von 1940 bis 1950 lehrte er an der Universität Harvard und von 1950 bis 1979 war er Professor für Keltologie an der Universität Edinburgh. Bis heute maßgeblich ist sein großes Werk *Language and History in Early Britain* (1953), eine Untersuchung über das → Britannische und die frühe Geschichte seiner Tochtersprachen → Bretonisch, → Kornisch, → Kumbrisch und → Kymrisch. Es wird ergänzt durch die sprachgeschichtliche Studie *A Historical Phonology of Breton* (1967). 1951 veröffentlichte J. die Anthologie *A Celtic Miscellany*, eine thematisch geordnete Sammlung ausgewählter Passagen aus allen keltischen Literaturen in englischer Übersetzung. Den Einfluß weit verbreiteter Märchenmotive auf einige der ältesten kymrischen Prosaerzählungen untersuchte er in der Studie *The International Popular Tale and Early Welsh Tradition* (1961). Überaus einflußreich war sein Buch *The Oldest Irish Tradition: A Window on the Iron Age* (1964). Darin vertrat J. die Auffassung, daß die irische Heldensage wesentliche Züge der keltischen Kultur vor der Christianisierung widerspiegele. Diese These wurde in zahlreichen populären Darstellungen aufgegriffen, ist jedoch in neuerer Zeit wieder zunehmend in Frage gestellt worden (vgl. → Ulster-Zyklus).

Jacobsthal, Paul (1880–1957), Archäologe, wurde in Berlin geboren. Nach Studien in Berlin, Göttingen und Bonn lehrte er seit 1912 als Professor für Archäologie in Marburg. Eines seiner Hauptforschungsgebiete waren die Beziehungen zwischen der griechisch-römischen Antike und den gleichzeitigen Kulturen Mitteleuropas. Auf seine Veranlassung hin entstand in Marburg die erste ordentliche Professur für Vor- und Frühgeschichte in Deutschland. 1935 wurde J. wegen seiner jüdischen Herkunft vom Dienst suspendiert und emigrierte nach England. Seit 1937 lehrte er in Oxford, wo er auch seinen Lebensabend verbrachte. Sein Hauptwerk auf dem Gebiet der keltischen Archäologie ist die bis heute grundlegende Darstellung *Early Celtic Art* (1944).

Jagd und Fischfang spielten für die keltische Wirtschaft im Vergleich zu → Ackerbau und → Viehzucht nur eine untergeordnete Rolle. Wegen des großen Zeitaufwands und des vergleichsweise geringen praktischen Nutzens dürften sich vor allem Angehörige der gesellschaftlichen Oberschicht auf diesem Feld betätigt haben.
Den archäologischen und literarischen Quellen zufolge jagte man zu Fuß oder zu Pferd und gebrauchte Spieße und Schleudern sowie Pfeil und Bogen.

Nach dem Zeugnis des → Plinius (25,5,25) fand dabei auch Pfeilgift Verwendung. Zum Hetzen des Wildes wurden Hunde eingesetzt. Man jagte Großwild wie Auerochsen, Elche, Bären, Hirsche und Wildschweine, Niederwild wie Rehe, Dachse, Biber und Hasen, Raubwild wie Wölfe, Füchse und Marder sowie Vögel wie Gänse, Enten, Kraniche und verschiedene Waldhühner.

Darstellung einer Jagdszene auf einem irischen Hochkreuz

Wie der griechische Autor Arrian (2. Jh. n. Chr.) berichtet, war die J. bei den Kelten stets mit religiösen Riten verbunden (Kynegetika 34). Zu den inschriftlich und/oder bildlich bezeugten Gottheiten, die vermutlich einen besonderen Bezug zur Jagd hatten, zählen → Abnoba, → Arduinna, → Artio, → Cocidius, → Nodons und → Vosegus.

In den inselkeltischen Literaturen des Mittelalters spielt die J. vor allem in den Erzählungen des → Finn-Zyklus eine große Rolle. Häufig nimmt eine Geschichte dadurch ihren Anfang, daß ein Jäger bei der Verfolgung des Wildes von seinen Gefährten getrennt und in einen Bereich gelockt wird, in dem die Gesetze der uns bekannten Welt keine Geltung mehr besitzen.

Lit.: P. Meniel, Chasse et élevage chez les Gaulois, P. 1987.

Jenseitsvorstellungen sind uns für den Zeitraum vor der → Christianisierung nur unzureichend bekannt. Ein indirektes Zeugnis für ihr Vorhandensein ist das archäologisch nachweisbare Totenbrauchtum, das auf die Vorstellung einer Fortsetzung des irdischen Lebens im Jenseits hinweist (vgl. → Tod und Bestattung). Berichte aus der antiken → Ethnographie erwähnen mehrfach den Glauben an eine → Wiedergeburt, wobei jedoch die Terminologie von der griechisch-römischen Weltsicht geprägt und schwierig zu deuten ist. Vereinzelte Hinweise auf die Vorstellung eines Totenreichs jenseits des Meeres sind vor dem Hintergrund der antiken Märchenliteratur zu sehen und haben möglicherweise keinen religionsgeschichtlichen Quellenwert. Ähnliches gilt auch für mittelalterliche irische und walisische Erzählungen, die ebenfalls Märchenmotive verarbeiten und überdies durchweg auf einem christlichen Weltbild beruhen.

Von den J. im eigentlichen Sinn zu unterscheiden sind die inselkeltischen Vorstellungen von einem Land der Elfen und Feen (ir. → síd, wal. → Annwfn), das nicht als Totenreich gedacht wird (vgl. → Anderswelt).
Lit. → Religion.

Jullian, Camille (1859–1933), wurde in Marseille geboren. Nach Studien in Paris, Rom, Wien und Berlin lehrte er zunächst in Bordeaux Alte Geschichte und Regionalgeschichte. Seit 1905 hatte er am Collège de France in Paris den Lehrstuhl für Histoire et antiquités nationales inne. Sein Hauptwerk ist die achtbändige *Histoire de la Gaule* (1907–1926), in der er die Geschichte Galliens von der Besiedelung des Landes durch die Kelten bis zum Ausgang der Antike behandelt. J. betrachtete Gallien als Teil der keltischen wie auch der römischen Zivilisation und suchte allen Seiten der materiellen und geistigen Kultur des Landes gerecht zu werden. Dabei verwendete er für seine Darstellung eine bis dahin unerreichte Fülle literarischer, epigraphischer und archäologischer Quellen. Als Klassiker der französischen Geschichtsschreibung ist sein Werk von bleibender Bedeutung.
Lit.: O. Motte, C. J.: Les années de formation, R. 1990; C. J., L'histoire de la Gaule et le nationalisme français: Colloque Lyon 1988, Ly. 1991.

Jupiter → Iupiter.

Kadurker (lat. Cadurci) nennt die antike → Ethnographie einen keltischen Stamm in dem Gebiet zwischen Dordogne und Aveyron. Seine Nachbarn waren im Westen die → Nitiobrogen, im Osten die → Rutener. Ein Hauptort der K. war das nicht sicher lokalisierbare Uxellodunum, das 51 v. Chr. als letzte Bastion des gallischen Widerstands gegen die Römer von → Caesar erobert wurde. Der Name der K. lebt fort in dem der Stadt Cahors, die zuvor Divona hieß.

Kalender → Zeit.

Karnuten (lat. Carnutes) nennt die antike → Ethnographie einen keltischen Stamm im Gebiet zwischen der Seine und der Loire. Sein Hauptort war Cenabum, das heutige Orléans. Nach dem Zeugnis → Caesars (Bell. Gall. 6,13) hielt man das Land der K. für die Mitte Galliens. An einer geweihten Stätte sollen sich dort jedes Jahr die → Druiden zu einer Gerichtssitzung versammelt haben. Der Name der K. lebt fort in dem der Stadt Chartres, die zuvor nach dem Fluß Autura (heute Eure) Autricum hieß.

Karnyx nennt man die keltische Kriegstrompete, deren Schalltrichter in einen aus Metall gefertigten Tierkopf ausläuft. Erwähnt wird sie von antiken Autoren wie → Polybios (2,29) und → Diodoros von Sizilien (5,30). Darüber hinaus kennt man sie durch bildliche Darstellungen (z. B. auf dem Kessel von → Gundestrup) und archäologische Funde.

Lit.: S. Piggott, The Carnyx in Early Iron Age Britain, The Antiquaries Journal 39 (1959) 19–32.

Darstellung von Karnyx-Bläsern auf dem Kessel von Gundestrup

Katurigen (lat. Caturiges) nennt die antike → Ethnographie einen keltischen Stamm im Tal der Durance in den Westalpen. Der Name bedeutet wörtlich soviel wie »Schlachtenkönige«, doch ist unklar, welche Vorstellungen man mit dieser Bezeichnung verband. Der Hauptort der K. war Eburodunum, das heutige Embrun. Ihr Name lebt fort in dem der Stadt Chorges.

Keating, Geoffrey (ir. Seathrún Céitinn, um 1570–1650), wurde in Tipperary geboren. Nach theologischen Studien in Bordeaux und Salamanca wirkte er seit 1610 als Geistlicher in seiner südirischen Heimat. Nach eigener Aussage wurde er durch einige allzu negative Darstellungen der irischen Geschichte aus englischer Feder dazu veranlaßt, selbst eine Geschichte Irlands zu schreiben. In ihr wollte er sowohl den alteingesessenen Iren als auch den anglonormannischen Eroberern des 12. Jhs. Gerechtigkeit widerfahren lassen. Um 1633/34 vollendet, behandelt seine *Foras Feasa ar Éirinn* (»Grundlage der Kenntnis Irlands«) die Zeit von der sagenumwobenen ersten Besiedelung des Landes bis zur normannischen Invasion gegen Ende des 12. Jhs. Das Werk berücksichtigt zahlreiche Quellen, die heute verloren sind, und enthält eine Fülle mythologischer, sagenhafter und volkstümlicher Überlieferungen. Als Muster der klassischen neuirischen Prosa war es bis ins 19. Jh. in zahlreichen Handschriften weit verbreitet, wurde jedoch erst zu Beginn dieses Jhs. in einer vollständigen Ausgabe gedruckt.

Ausg. u. Übers.: D. S. Comyn u. P. S.

Dinneen, Foras Feasa ar Éirinn: Elements of the Hist. of Ireland, 4 Bde., Lo. 1902–1914 (ITS 4, 8, 9, 15).
Lit.: A. Cronin, Sources of K.'s Forus Feasa ar Éirinn, Celtica 4 (1943/44) 235–279 und 5 (1945–1947) 122–135; B. Cunningham, 17th cent. interpretations of the past: the case of G. K., Ir. Historical Studies 25 (1986) 116–128.

Keie ist die deutsche Form des kymrischen Namens → Cei.

Kells → Buch von Kells.

Kelten (griech. Keltoi oder Galatai, lat. Celtae oder Galli) nennt die antike → Ethnographie eine Reihe von Völkerschaften des westlichen Mitteleuropa. Als ihr eigentliches Siedlungsgebiet galt in römischer Zeit das zentrale → Gallien. Nach → Caesar (Bell. Gall. 1,1) wurden die K. durch den Rhein von den Germanen, durch die Garonne von den Aquitaniern und durch die Seine und die Marne von den Belgern geschieden.
Nach heutigem Sprachgebrauch bezeichnet der Begriff K. alle Sprecher einer dem Germanischen und Lateinischen verwandten indogermanischen Sprache, die durch das Auftreten bestimmter Merkmale genau definiert ist (vgl. → Sprachen, keltische). Als K. gelten daher auch die Bewohner Großbritanniens und Irlands vor der englischen Eroberung, obwohl sie von den antiken Autoren nie so genannt werden. Von archäologischer Seite werden in erster Linie die Träger der späten Westhallstatt- und Latènekultur als K. angesprochen (vgl. → Geschichte, → Hallstatt, → La Tène).
Als → Galater bezeichnet man heute nur die K. Kleinasiens, während der Begriff Galatai in der Antike weitgehend gleichbedeutend mit Keltoi war und sich nicht auf eine bestimmte Landschaft bezog.
Lit. → Galater, → Gallien, → Geschichte, → Keltiberer.

Keltendarstellungen sind uns aus dem Altertum vor allem in der etruskischen, griechischen und römischen Kunst überliefert. Dargestellt wurden zumeist Krieger, die durch ihre strähnig aus der Stirn zurückgekämmten Haare, lang herabhängenden Schnurrbärte und gedrehten Halsringe (→ Torques) als Kelten gekennzeichnet sind. Zu den berühmtesten Beispielen zählen die K., mit denen die Herrscher des hellenistischen Königreichs Pergamon im 3. und 2. Jh. v. Chr. ihre Siege über die kleinasiatischen → Galater feierten. Einige von ihnen, darunter der sog. sterbende Gallier, sind uns in römischen Marmorkopien erhalten geblieben. Einheimische Selbstdarstellungen der Kelten – wie z. B. der Krieger von → Hirschlanden – sind dagegen überaus selten.
Neuzeitliche K. begegnen bereits im 16. Jh. Sie orientieren sich anfangs an den Beschreibungen antiker Autoren, seit dem 18./19. Jh. in zunehmendem Maße auch an archäologischen Funden. Dabei dienten

vor allem die nationalistisch ausgerichteten K. des 19. Jhs. zur Heroisierung und romantischen Verklärung (vgl. → Keltenideologie). Die neuesten K. – etwa in Museen oder in populärwissenschaftlichen archäologischen Büchern – profitieren von unserer vertieften Kenntnis der keltischen Kultur, zeigen aber auch nicht selten eine starke Abhängigkeit von den klassisch gewordenen Beschreibungen der antiken → Ethnographie.

Lit.: P. Bieńkowski, Die Darst. d. Gallier in d. hellenist. Kunst, W. 1908; ders., Les Celtes dans les arts mineurs gréco-romains, Kraków 1928; E. Künzl, Die Kelten des Epigonos von Pergamon, Wü. 1971; P. Viallaneix u. J. Ehrard (Hrsg.), Nos ancêtres les Gaulois, Clermont-Ferrand 1982; S. Piggott, Ancient Britons and the Antiquarian Imagination, Lo. 1989.

Keltenideologie bezeichnet (entsprechend dem Begriff Germanenideologie) die mißbräuchliche Vereinnahmung keltischen Kulturguts für weltanschauliche oder politische Zwecke. Die Ursprünge der neuzeitlichen K. gehen auf Berichte der antiken → Ethnographie zurück. Darin werden die Kelten teilweise in moralisierender Absicht idealisiert, teilweise aber auch aus politisch-militärischen Gründen negativ dargestellt oder gar karikiert. In ähnlicher Weise begegnet Irland in der Geschichtsschreibung des Mittelalters entsprechend der kirchlichen oder politischen Tendenz des Verfassers teils als moralisch vorbildliche »Insel der Heiligen«, teils als kolonisierungs- und zivilisierungsbedürftiges Rückzugsgebiet. Die keltische Kultur ist in jedem Fall »anders« (gemessen an den Maßstäben der eigenen Kultur) und gilt seit dem Erstarken der englischen und französischen Königreiche in zunehmendem Maße als eine Randkultur.

Vom 16. Jh. an begegnet in Frankreich die Vorstellung von den Galliern als Vorfahren der Franzosen, wobei beliebige politische, philosophische und religiöse Wunschvorstellungen in die nur unzureichend bekannte vorrömische Vergangenheit zurückprojiziert werden. Gleichzeitig nehmen allerdings auch die Erforschung der keltischen → Sprachen und der vorgeschichtlichen Steindenkmäler ihren Anfang. Von weitreichendem Einfluß erwies sich dabei die irrtümliche Zuweisung stein- und bronzezeitlicher Grabanlagen und Kultstätten (→ Dolmen, → Menhire, → Stonehenge) an die keltischen → Druiden, wie sie im 17./18. Jh. vor allem von John → Aubrey, Henry → Rowlands and William → Stukeley vertreten wurde. Maßgeblich für das populäre Bild der keltischen → Literatur und Mentalität wurden in der 2. Hälfte des 18. Jhs. die von James → Macpherson verfaßten »Werke Ossians«, die mit authentischer keltischer Dichtung nur wenig gemein haben.

Eine genauere Kenntnis der keltischen Kultur ermöglichte erst der Aufschwung der ar-

chäologischen Forschung und der modernen → Keltologie in der 2. Hälfte des 19. Jhs. Gleichzeitig trieb allerdings auch die K. im Gefolge der Napoleonischen Kriege, des Deutsch-Französischen Kriegs von 1870/71 und der aufkommenden irischen Unabhängigkeitsbewegung üppige nationalistische Blüten. So idealisierten die Autoren der → Irischen Renaissance ausgehend von den Schriften Ernest → Renans und Matthew → Arnolds in einseitiger Weise die keltische Vergangenheit, während Deutsche und Franzosen im vermeintlich germanischen bzw. keltischen Ursprung ihrer Völker die tieferen Ursachen gegenwärtiger politischer Verhältnisse suchten.
Zu den jüngsten Entwicklungen der K. zählen die Rezeption vermeintlich keltischer Religiosität von seiten des New Age und die Vereinnahmung der Kelten für die Idee der europäischen Einheit. – Eine glänzende Parodie nationalistischer K. liefert seit 1959 die Comic-Serie → Asterix.

Lit.: L. P. Curtis, Anglo-Saxons and Celts, Bridgeport (Conn.) 1968; P. Genty, Études sur le Celtisme, P. 1968; C.-G. Dubois, Celtes et Gaulois au XVIe siècle, P. 1972; M. Chapman, The Gaelic Vision in Scottish Culture, Lo. 1978; P. Viallaneix u. J. Ehrard (Hrsg.), Nos ancêtres les Gaulois, Clermont-Ferrand 1982; P. Sims-Williams, The Visionary Celt: The Construction of an Ethnic Preconception, CMCSt 11 (1986) 71–96; S. Piggott, Ancient Britons and the Antiquarian Imagination, Lo. 1989; M. Chapman, The Celts: The Construction of a Myth, Lo. 1992.

Keltiberer (lat. Celtiberi) nennt die antike → Ethnographie eine Gruppe von Völkerschaften, die im Nordosten des spanischen Hochlands ansässig waren. Sie leisteten dem Vordringen der Römer in jahrzehntelangen Kriegen erbitterten Widerstand und wurden erst nach dem Fall ihres Hauptortes → Numantia 133 v. Chr. endgültig unterworfen. Die Sprache der K. war nach dem Zeugnis der wenigen erhalten gebliebenen Inschriften eine besonders altertümliche Form des Keltischen (→ Keltiberisch). Unsere Kenntnis ihrer materiellen und geistigen Kultur ist lückenhaft, da viele archäologische Funde sich nicht mit letzter Sicherheit ethnisch, sprachlich und kulturell einordnen lassen.

Lit.: A. Tovar, The Celts in the Iberian Peninsula, in: K. H. Schmidt (Hrsg.), Gesch. u. Kultur d. Kelten (Hei. 1986) 68–101; Celtíberos, Zaragoza 1988 (Ausstellungskat.); J. de Hoz, The Celts of the Iberian Peninsula, ZCP 45 (1990) 1–37; M. Lenerz-de Wilde, Iberia Celtica: Archäologische Zeugnisse keltischer Kultur auf der Pyrenäenhalbinsel, 2 Bde., Wi. 1991.

Keltiberisch nennt man die ausgestorbene Sprache der Kelten auf der Iberischen Halbinsel. Man kennt sie durch Inschriften in iberischer Schrift aus dem 3.–1. Jh. v. Chr. sowie durch einige Inschriften im lateinischen Alphabet. Zu den bedeutendsten Sprachzeugnissen zählen die Bronze von → Botorrita und die Felsinschrift von → Peñalba de Villastar.

Lit.: J. de Hoz, La epigrafía celtibérica, in: Reunión sobre epigrafía hispánica de época romana-republicana (Zaragoza 1986) 43–102; ders., Hispano-Celtic and Celtiberian, in: G. W. MacLennan (Hrsg.), Procs. of the First North American Congress of Celtic Studies (Ottawa 1988) 191–207.

Keltische Renaissance → Irische Renaissance.

Keltisch-germanische Kulturbeziehungen sind ein häufig erörtertes Problem der Forschung, das sowohl die Archäologie als auch die Vergleichende Sprach- und Religionswissenschaft beschäftigt.
Eine bis ins 2. Jt. v. Chr. zurückreichende Schicht sprachlicher, religiöser und kultureller Gemeinsamkeiten teilen Kelten und Germanen mit anderen Völkern indogermanischer Sprache wie z. B. den Italikern, den Griechen und den Indo-Iraniern. Zu dieser Schicht gehört z. B. das keltische Wort für »Gott« (*dēvos; vgl. → Götter und Göttinnen), das zusammen mit lateinisch deus, altindisch deva, dem germanischen Götternamen Týr und dem griechischen Götternamen Zeus auf eine gemeinsame indogermanische Wurzel zurückgeht.
Zu einer jüngeren Schicht von Übereinstimmungen gehören demgegenüber Gemeinsamkeiten, welche Kelten und Germanen nur mit anderen Völkern Alteuropas teilen.
Noch jünger sind Parallelen, die sich während des unmittelbaren Kontakts von Kelten und Germanen in der vorrömischen Eisenzeit ausbildeten. Dabei läßt sich von seiten der Archäologie eine starke Beeinflussung der germanischen durch die keltische Späthallstatt- und Latènekultur nachweisen. Auf sprachgeschichtlicher Seite spiegeln gemeinsame Bezeichnungen z. B. für »Eisen« (altir. iarn) oder »Eid« (altir. oeth) den engen Kontakt beider Kulturen wider. Wörter wie got. reiks »König« und andbahts »Diener« stellen demgegenüber Entlehnungen aus dem Keltischen dar (vgl. → rí, → ambactus), während umgekehrt Wörter wie z. B. »Hose« (gall. brāca) oder »Hemd« (gallo-lat. camisia) aus dem Germanischen ins Keltische entlehnt wurden.
Eine breite Kontaktzone zwischen Germanen und romanisierten Kelten entwickelte sich in den ersten Jahrhunderten n. Chr. entlang der Grenze des Römischen Reichs vor allem im Rheinland, wo auch zahlreiche Übereinstimmungen auf religiösem Gebiet nachweisbar sind (vgl. → Matronae / Matres).
Vom 5. Jh. an entwickelte sich auf den Britischen Inseln und in Irland ein lebhafter kultureller Austausch zwischen den Kelten auf der einen und Angelsachsen, Nordgermanen (seit etwa 800) und Anglonormannen (seit etwa 1100) auf der anderen Seite. Diese Kontakte fanden auch in der inselkeltischen → Literatur und → Kunst ihren Widerhall.

Lit.: H. Birkhan, Germanen u. Kelten bis zum Ausgang d. Römerzeit, W. 1970; D. E. Evans, Celts and Germans, BBCS 29 (1980/82) 230–255; O. H. Frey, Einige Überlegungen zu den Beziehungen zwischen Kelten und Germanen in der Spätlatènezeit, in: Gedenkschrift für G. v. Merhart (Marburg 1986) 45–79; K. H. Schmidt, Keltisch-germanische Isoglossen und ihre sprachgeschichtlichen Implikationen, in: H. Beck (Hrsg.), Germanenprobleme in heutiger Sicht (B. 1986) 231–247; H. E. Davidson, Myths and Symbols in Pagan Europe, Manchester 1988; G. Sigurðsson, Gaelic Influence in Iceland, Reykjavík 1988.

Keltologie nennt man die Erforschung der keltischen Kultur mit den Methoden der Sprachwissenschaft und Philologie. Ihren Gegenstand bilden dementsprechend alle sprachlichen Äußerungen der keltischen Völker von der Antike bis zur Gegenwart.

Die Ursprünge der modernen K. reichen bis ins 16. Jh. zurück. Damals erkannte der schottische Humanist George Buchanan (1506–1582) als einer der ersten die Zusammengehörigkeit von Insel- und Festlandkeltisch (→ Sprachen, keltische). Einen umfassenden Vergleich der noch lebenden inselkeltischen Sprachen unternahm erstmals um 1700 der walisische Gelehrte Edward → Lhuyd. Durch die Ossian-Dichtung des Schotten James → Macpherson wurden im letzten Drittel des 18. Jhs. erstmals breitere Kreise außerhalb der keltischen Länder auf die Existenz keltischer Sprachen und Literaturen aufmerksam. Nahrung fand das neu geweckte Interesse in der ersten Hälfte des 19. Jhs. mit dem Aufschwung der historisch-philologischen Forschung im Gefolge der Romantik. Die Grundlagen für eine historische Betrachtung der keltischen Sprachen schuf der Indogermanist Franz Bopp (1791–1867). Er bewies erstmals die Zugehörigkeit des Keltischen zur indogermanischen Sprachfamilie und damit seine Verwandtschaft mit dem Germanischen, dem Sanskrit und den Sprachen des klassischen Altertums.

Zum eigentlichen Begründer der K. wurde Johann Kaspar → Zeuss, dessen *Grammatica Celtica* (1851) die Grundlage aller weiteren Forschung bildete. Die ersten Fachorgane der K. waren in Frankreich die *Revue celtique* (1870–1934, seit 1936 *Études celtiques*) und in Deutschland die *Zeitschrift für celtische Philologie* (seit 1897). Die ersten Lehrstühle für K. hatten in England John → Rhŷs, in Frankreich Henri → d'Arbois de Jubainville und in Deutschland Heinrich → Zimmer inne.

Charakteristisch für die K. des europäischen Festlands war – und ist – ihre Nähe zur Vergleichenden indogermanischen Sprachwissenschaft. Bedeutende Vertreter dieser Ausrichtung des Fachs waren in Frankreich Georges → Dottin und Joseph → Vendryes, im deutschsprachigen Raum Ernst → Windisch, Rudolf → Thurneysen, Leo → Weisgerber, Julius → Pokorny und Heinrich → Wagner. In Großbritannien und Irland bildete demgegenüber die irische und kymrische Philologie einen Hauptschwerpunkt der Forschung. Zahlreiche Ausgaben, Übersetzungen und Studien alt- und mittelirischer Texte erstellten neben dem

Deutschen Kuno → Meyer vor allem die Iren Whitley → Stokes, Richard I. → Best, Osborn → Bergin, Daniel A. → Binchy, Gerard → Murphy, Myles → Dillon und James → Carney. Führende Kenner auf dem Gebiet der kymrischen Sprache und Literatur waren die Waliser John → Morris-Jones, Ifor → Williams und Henry → Lewis. Der Engländer Kenneth H. → Jackson gehört zu den bedeutendsten Erforschern beider inselkeltischen Traditionen.

Bereits 1903 war als eine der ersten Forschungs- und Ausbildungsstätten für irische Keltologen in Dublin die → School of Irish Learning ins Leben gerufen worden. Als weitere Forschungseinrichtungen entstanden 1921 in Wales The → Board of Celtic Studies und 1940 in Irland The → School of Celtic Studies. Als akademisches Fach ist die K. heute außerhalb der bereits genannten Länder vor allem in den Vereinigten Staaten vertreten.

Lit.: V. Tourneur, Esquisse d'une histoire des études celtiques, Liège 1905; J. Pokorny, K., in: K. Hönn (Hrsg.), Wissenschaftl. Forschungsberichte, Geisteswiss. Reihe Bd. 2 (Bern 1953) 95–186; G. Bonfante, Some Renaissance Texts on the Celtic Languages and their Kinship, EC 7 (1955/56) 414–427; ders., A Contribution to the History of Celtology, Celtica 3 (1956) 17–34; G. J. Williams, The History of Welsh Scholarship, StC 8/9 (1973/74) 195–219.

Keltomanie → Keltenideologie.

Kenomaner (lat. Cenomani) nennt die antike → Ethnographie ein Teilvolk des Stammesverbands der → Aulerker im Gebiet zwischen Loire und Seine. Dort lebt der Name fort in dem der Landschaft Maine und ihrer Hauptstadt Le Mans. Ein Teil der K. schloß sich dem Zug der Kelten nach Oberitalien an und besiedelte dort das Gebiet zwischen Oglio, Po und Etsch. Der Hauptort dieses Teils der K. war Brixia, das heutige Brescia.

Keramik ist uns aus dem Bereich der keltischen Kultur in großer Menge und Vielfalt erhalten. Dabei steht das keltische Töpferhandwerk in einer Tradition, die in Mitteleuropa bis ins 5. Jt. v. Chr. zurückreicht. Zur Herstellung der Gefäße verwendete man bereits in der Hallstattzeit die sog. langsamdrehende Scheibe. Die heute übliche schnelldrehende Töpferscheibe wurde gegen Ende der Hallstattzeit aus dem Mittelmeerraum übernommen und setzte sich erst im Lauf der Latènezeit allgemein durch. Im Gefolge dieser technischen Neuerung kam auch die serienmäßige Fertigung von Gefäßen in spezialisierten Werkstätten auf, die nach der römischen Eroberung Galliens fortbestand (vgl. → La Graufesenque). Die Formen der Gefäße unterlagen im Lauf der Zeit einem starken Wandel und waren außerdem regional sehr verschieden. Typisch für die östliche Frühlatènezeit ist z. B. die sog. Linsenflasche mit flachem, linsenförmigem Körper und langem, engem Hals (vgl. → Matzhausen). Die Gefäße wurden häufig durch eingeritzte und gestempelte Ornamente verziert oder bemalt.

Lit.: I. Kappel, Die Graphittonk. von Manching, Wi. 1969; F. Maier, Die bemalte Spätlatène-K. von Manching, St. 1970; V. Pingel, Die glatte Drehscheiben-K. von Manching, St. 1971; W. Stöckli, Die Grob- u. Importk. von Manching, St. 1979.

Kessel spielen als Kult- und Zeremonialgerät bereits in der Bronzezeit eine wichtige Rolle. Bei den Kelten begegnen sie im Totenbrauchtum (vgl. → Hochdorf) und als Opfer- oder Weihegabe (vgl. → Duchcov). Das berühmteste und meistdiskutierte Beispiel ist der K. von → Gundestrup. In den inselkeltischen Literaturen begegnen mehrfach K. mit unerschöpflichen Mengen an Speisen (vgl. → Dagda) und solche, die Tote wieder zum Leben erwecken können (vgl. → *Branwen ferch Lŷr*).

Lit.: F. Lautenbach, D. kelt. K., St. 1991.

Kilchberg ist ein Ort bei Tübingen. 1968 fand man dort bei der archäologischen Untersuchung eines Grabhügels der späten Hallstattzeit drei aus Stubensandstein gefertigte Grabstelen. Davon war eine vollständig, die beiden anderen bruchstuckhaft erhalten. Wegen der Bedeutung der Funde wurde der in einem Neubaugebiet gelegene Grabhügel nach der Untersuchung nicht eingeebnet, sondern wieder aufgeschüttet und von einer kleinen Grünanlage umgeben. Dort sind auch Abgüsse der drei Stelen zu sehen. Die Originale befinden sich im Württembergischen Landesmuseum in Stuttgart.

Lit.: A. Beck, Der hallstattzeitliche Grabhügel von Tübingen-K., FBW 1 (1974) 251–281; W. Kimmig, Eisenzeitliche Grabstelen in Mitteleuropa, FBW 12 (1987) 251–297.

Kinder unterlagen bei den Kelten in aller Regel der Obhut des Vaters. Dies geht bereits aus einer Bemerkung → Caesars hervor (Bell. Gall. 6,19) und wird durch die Bestimmungen des irischen → Rechts bestätigt. An anderer Stelle berichtet Caesar, daß der germanische König Ariovist die K. des Adels der → Sequaner als Geiseln in seine Obhut nahm (Bell. Gall. 1,31). Dies erinnert an die in Irland weit verbreitete Sitte, K. in mehr oder weniger befreundeten Adelsfamilien aufwachsen zu lassen (vgl. → Ziehkinder).

Bei den archäologischen Funden fällt die geringe Zahl der K.gräber auf, die in keinem Verhältnis zur zweifellos hohen K.sterblichkeit steht. Man kann daher vermuten, daß viele tote K. und Säuglinge aus religiösen Gründen außerhalb gewöhnlicher Begräbnisplätze ohne besondere Formalitäten verscharrt wurden. Die uns bekannten Kindergräber zeichnen sich zumeist durch reiche Beigaben von → Amuletten aus. Offenbar glaubte man diese Frühverstorbenen besonders schützen zu müssen.

Aus römischer Zeit kennt man

einen keltischen Gott → Iovantucarus (»der die Jugend liebt«), der möglicherweise ein Schutzgott der Kinder war.

Kleidung gehörte ebenso wie → Schmuck zu den sichtbaren Kennzeichen, durch welche die Kelten ihrer Zugehörigkeit zu einer bestimmten Gruppe und ihrer gesellschaftlichen Stellung Ausdruck verliehen. Sie unterlag daher nicht nur einem beständigen zeitlichen Wandel, sondern wies auch ausgeprägte regionale und soziale Differenzierungen auf.

Die Quellen für unsere Kenntnis der keltischen K. sind überaus spärlich, da organische Stoffe wie Leder oder → Textilien sich nur in Ausnahmefällen erhalten haben, einheimische Abbildungen weitgehend fehlen und Beschreibungen aus der antiken → Ethnographie zumeist sehr allgemein gehalten sind. Am ausführlichsten ist die Notiz über die keltische K. bei → Diodoros von Sizilien (5,30). Demnach bevorzugten die Kelten auffällige, bunte Stoffe und trugen Hosen, die sie in ihrer Sprache »Braken« nannten (vgl. → Keltisch-germanische Kulturbeziehungen). Zur Oberbekleidung hätten ferner gestreifte oder buntfarbig gewürfelte Mäntel gehört, die man mit Spangen (→ Fibeln) befestigt habe. Dem Zeugnis des Geographen → Strabon zufolge trugen Angehörige der gesellschaftlichen Oberschicht auch goldbestickte K.

Eine bemerkenswerte Darstellung keltischer K. (hemdartiges Untergewand, weite Hosen und enganliegender, frackartiger Mantel) zeigt eine bronzene Fibel aus dem 5. Jh. v. Chr. vom Dürrnberg bei → Hallein (jetzt im dortigen Keltenmuseum; vgl. die Rekonstruktion der keltischen Grabkammer in der Freilichtschau auf dem Dürrnberg).

Kleinaspergle ist der Name eines südlich der Stadt Asperg im Kreis Ludwigsburg gelegenen keltischen → Fürstengrabs. Es stand vermutlich ebenso wie einige weitere Grabhügel in seiner Nähe im Zusammenhang mit einem frühkeltischen → Fürstensitz auf dem → Hohenasperg. Bei der Ausgrabung des Hügels im Jahr 1879 erwies sich die zentrale Grabkammer als völlig ausgeraubt. In einer Nebenkammer stieß man jedoch auf ein reich ausgestattetes Grab aus der frühen Latènezeit, das mehrere Schmuckgegenstände und ein umfangreiches Trinkgeschirr enthielt. An importierter Keramik fand man zwei attische Schalen aus der Zeit um 450 v. Chr., die nachträglich mit verziertem Goldblech geschmückt worden waren. Alle Funde werden heute im Württembergischen Landesmuseum in Stuttgart aufbewahrt. Mit einer Höhe von 6 m und einem Durchmesser von 60 m vermittelt das K. auch heute noch einen guten Eindruck von seinem ursprünglichen Aussehen.

Lit.: W. Kimmig u. a., Das K., St. 1988.

Mit Goldblech verzierte rotfigurige attische Schale aus dem Fürstengrab vom Kleinaspergle

Könige werden in den Berichten der antiken → Ethnographie über die Kelten häufig erwähnt. Zu ihrer Bezeichnung gebrauchen griechische Autoren in aller Regel die Wörter basileus »König« oder basiliskos »Kleinkönig«, während lateinisch schreibende Autoren die K. der Kelten zumeist als reges (Sg. rex) bezeichnen. Das keltische Wort für den König war *rīg-s (vgl. → rix, → rí und → brenin). Vereinzelte Hinweise bei → Caesar (Bell. Gall. 2,4; 5,24; 5,26 und 5,54) lassen darauf schließen, daß einige Stämme der → Belger eine Art Doppelkönigtum kannten. Bei den Völkern des südlichen und mittleren Gallien war das Königtum zur Zeit Caesars weitgehend außer Gebrauch gekommen und durch andere Herrschaftsformen ersetzt worden (vgl. Bell. Gall. 1,16 und 7,33). Hinweise auf ein Sakralkönigtum findet man vor allem in der irischen Überlieferung (vgl. → Heilige Hochzeit).

Königszyklus → Historischer Zyklus.

Kopf. Nach dem Zeugnis archäologischer und literarischer Quellen spielte der menschliche K. eine überragende Rolle in der → Mythologie, im Kult und daher auch in der → Kunst der Kelten. Weit verbreitet war nach den Berichten der antiken → Ethnographie die Sitte, gefallenen Feinden den K. abzuschlagen und als Trophäe aufzubewahren. Dem Historiker → Diodoros von Sizilien zufolge (5,29) hängten die Kelten die abgeschlagenen Köpfe ihrer Feinde an den Hals ihrer Pferde, balsamierten die Häupter ihrer vornehmsten Gegner ein und verwahrten sie sehr sorgfältig in einer Kiste. Nach → Strabon

Münze mit der Darstellung eines keltischen Kriegers, der den abgeschlagenen Kopf eines Feindes in der Hand hält

(4,4,5) wurden solche Köpfe auch an die Hauspfosten genagelt. In Irland hielt sich die Kopfjagd vermutlich bis in die Zeit nach der → Christianisierung, wie die Erzählungen der irischen Heldensage berichten (vgl. → Ulster-Zyklus). Von archäologischer Seite wird die kultische Bedeutung des Kopfes durch die Funde von Schädeln und Schädelfragmenten bei der Untersuchung von → Siedlungen und → Kultstätten bestätigt (vgl. → Entremont, → Roquepertuse). Überaus häufig ist die Darstellung eines menschlichen Kopfes oder Gesichts ohne den dazugehörigen Körper in der keltischen Kunst (vgl. → tête coupée). Dort begegnen auch Skulpturen von Köpfen mit zwei oder drei Gesichtern, deren Symbolik uns aber verborgen ist.

Lit.: P. Lambrechts, L'Exaltation de la tête dans la pensée et dans l'art des Celtes, Brugge 1954.

Kornisch nennt man die keltische Sprache von Cornwall. Sie entwickelte sich zusammen mit → Bretonisch, → Kumbrisch und → Kymrisch im 5./6. Jh. aus dem → Britannischen. Ihre Verbreitung scheint sich bereits im Mittelalter auf den westlichen Teil der Halbinsel beschränkt zu haben und ging in der Folgezeit durch den Zuzug englischsprachiger Bevölkerungsteile und die zunehmende Bedeutung des Englischen für den Handel immer mehr zurück. Als Edward → Lhuyd um 1700 Cornwall bereiste, war die Bevölkerung bereits durchweg zweisprachig, und in der zweiten Hälfte des 18. Jhs. starb die Sprache aus. Von ihrer Literatur ist bis auf einige Werke religiöser Dichtung kaum etwas erhalten geblieben.

Lit.: M. F. Wakelin, Language and History in Cornwall, Leicester 1975; G. Price, The Languages of Britain, Lo. 1984; H. Lewis, Handbuch des Mittelkornischen, übers. v. S. Zimmer, I. 1990.

Kosmogonie nennt die Vergleichende Religionswissenschaft die Vorstellungen von der Entstehung der Welt. Daß die Kelten Schöpfungsmythen kannten, schließt man aus einem Hinweis → Caesars, demzufolge sich die → Druiden u. a. mit dem Lauf der Gestirne und der Größe von Universum und Erde befaßten (Bell. Gall. 6,14). Nach ihrer Christianisierung haben die Kelten jedoch – ganz im Gegensatz zu den Germanen

– keine dieser Vorstellungen schriftlich festgehalten, so daß dieser Teil ihrer Mythologie für uns völlig im dunkeln liegt.

Kriegswesen. Das K. der Kelten kennen wir aus Nachrichten antiker Autoren, Darstellungen der griechischen und römischen Kunst, einheimischen keltischen Abbildungen und archäologischen Funden. Nach dem Gesamtbefund dieser Quellen zu urteilen, zog die Masse der keltischen Krieger zu Fuß in die Schlacht. Nur gesellschaftlich Höherstehende kämpften zu Pferde oder von einem leichten zweirädrigen Wagen aus, der außer dem bewaffneten Krieger auch noch den Wagenlenker trug. Der Einsatz des Streitwagens ist auf dem europäischen Festland zuletzt für die Schlacht von Telamon 225 v. Chr. bezeugt. In Gallien begegnet er um die Mitte des 1. Jhs. v. Chr. schon nicht mehr, doch war er nach einer Schilderung → Caesars (Bell. Gall. 4,33) bei den britannischen Kelten noch im Gebrauch. Auch in den irischen Erzählungen des → Ulster-Zyklus werden Streitwagen häufig erwähnt.

Die wichtigste Waffe des keltischen Kriegers war das eiserne Schwert. Es hatte eine bis zu 1 m lange gerade Klinge und wurde in einer metallenen Scheide an der rechten Hüfte getragen. Nach dem Zeugnis des → Polybios (2,30) eignete es sich nur als Hieb-, nicht aber als Stichwaffe. Daneben waren Wurfspeere und Stoßlanzen mit eiserner Spitze im Gebrauch. An leichten Waffen kannten die Kelten Pfeil und Bogen sowie Schleudern aus Lederriemen. Mit ihnen verschoß man pflaumen- bis eigroße Kugeln aus Stein oder Ton. Schilde waren aus Holz und Leder und sind in Gräbern deshalb meist nur anhand der metallenen Schildbukkel nachweisbar. Helme und Panzer trug vermutlich nur die Oberschicht. Sie waren nur zum Teil aus Metall, häufig aber aus Leder oder anderem organischen Material gefertigt. Wiederholt berichten antike Autoren wie Polybios (2,28–29) oder → Athenaios (5,29), daß die Kelten auch nackt in die Schlacht

Darstellung keltischer Krieger auf einer Schwertscheide aus Hallstatt

zogen. Entsprechende bildliche Darstellungen zeigen den keltischen Krieger mit dem für ihn typischen metallenen Halsring (→ Torques).
Aus Berichten antiker Autoren kennen wir die keltische Sitte, einzelne Feinde vor dem versammelten Heer durch Schmähungen zum Zweikampf herauszufordern. Außerdem sei es bei ihnen üblich gewesen, den Gefallenen die Köpfe abzuschlagen. Beides spielt noch in mittelalterlichen irischen Erzählungen eine bedeutende Rolle.

Lit.: J. L. Brunaux u. B. Lambot, Guerre et armement chez les Gaulois, P. 1988.

Kultstätten waren vor der römischen Eroberung der keltisch besiedelten Gebiete kaum jemals mit steinernen Bauten versehen. Zu den wenigen Ausnahmen gehören die bekannten Heiligtümer von → Entremont, → Roquepertuse und → Glanum im südlichen Gallien, bei denen sich mediterrane Einflüsse bemerkbar machen (vgl. → Tempel). Außerhalb dieser Randzone wiesen K. ursprünglich entweder gar keine baulichen Strukturen auf (vgl. → nemeton), oder man beschränkte sich auf einfache Einfriedungen des geheiligten Platzes mit Hilfe von Wällen, Gräben und/oder hölzernen Palisaden. Dabei begegnen sowohl Anlagen mit kreisrundem als auch mit rechteckigem oder annähernd quadratischem Grundriß (vgl. → Goloring, → Libenice). Da sich solche Einfriedungen grundsätzlich nicht von denen profaner Anlagen unterscheiden, können K. von archäologischer Seite häufig nur anhand der nachweisbaren Spuren kultischer Handlungen identifiziert werden. Dabei kommen in erster Linie Überreste von Opfern sowie Funde von Weihe- und → Votivgaben in Betracht. Zu den bedeutendsten K. des vorrömischen Gallien gehört das seit 1975 archäologisch untersuchte Heiligtum von → Gournay-sur-Aronde, das auch nach der Eroberung durch → Caesar fortbestand. Bei den als → Viereckschanzen bekannten K. ließ sich eine derartige Kontinuität demgegenüber bislang nicht nachweisen.

Lit.: J. Filip, Keltische Kultplätze u. Heiligtümer in Böhmen, in: H. Jankuhn (Hrsg.), Vorgesch. Heiligtümer u. Opferplätze in Mittel- u. Nordeuropa (Gö. 1970) 55–77; S. Piggott, Nemeton, Temenos, Bothros, in: I Celti e la loro cultura (R. 1978) 37–54 (in engl. Spr.); A. Reichenberger, Temenos – Templum – Nemeton – Viereckschanze, JRGZM 35 (1988) 285–298; L. Pauli, Heilige Plätze u. Opferbräuche bei den Helvetiern u. ihren Nachbarn, ASchw 14 (1991) 124–135; Les sanctuaires celtiques et leurs rapports avec le monde méditerranéen, P. 1991.

Kumbrisch nennt man die Sprache der keltischen Bevölkerung Nordenglands und Südschottlands. Sie entwickelte sich zusammen mit → Bretonisch, → Kornisch und → Kymrisch im 5./6. Jh. aus dem → Britannischen. Durch das Vordringen germanischer Stämme verlor sie rasch an Boden und war allem Anschein nach bereits im 12. Jh. ausgestorben. Was wir von ihr kennen, sind hauptsächlich Ortsnamen sowie einige wenige

Wörter und Namen in lateinischen Quellen. Manche Forscher vermuten, daß einige auf K. verfaßte Werke der Dichter → Neirin und → Taliesin (beide um 550–600) ursprünglich mündlich tradiert und später in Wales aufgezeichnet wurden. Dies ist durchaus möglich, da K. und Kymrisch sich in alter Zeit vermutlich kaum voneinander unterschieden und enge kulturelle Beziehungen zwischen den beiden Sprachgemeinschaften bestanden. Denkbar ist aber auch, daß die betreffenden Verse – ebenso wie viele andere – den genannten Dichtern nur zugeschrieben wurden und in Wirklichkeit erst nach ihrem Tod entstanden.

Lit.: G. Price, The Languages of Britain, Lo. 1984.

Kunst. Von archäologischer Seite wird im allgemeinen bereits die Kultur des späten Westhallstattkreises (600–450 v. Chr.) den aus der antiken → Ethnographie bekannten Kelten zugeschrieben (vgl. → Hallstatt). Eine eigenständige keltische K. entwickelte sich jedoch erst gegen Ende dieser Epoche im Übergang zur Latènezeit (vgl. → La Tène). Wie es scheint, nahmen die damit verbundenen Neuerungen ihren Ausgang in Gebieten, die in keiner unmittelbaren geistigen oder materiellen Abhängigkeit von den alten hallstattzeitlichen → Fürstensitzen wie etwa dem → Hohenasperg oder der → Heuneburg standen. Maßgeblich für die Ausprägung des typisch keltischen Latènestils dürften vielmehr die Rheinpfalz, Lothringen, die Champagne und das Hunsrück-Eifel-Gebiet gewesen sein. Dabei verdankt die keltische K. den noch in der Hallstattzeit angebahnten Kontakten zur griechischen und etruskischen Kultur entscheidende Anregungen, ebenso wie sich auch skythische und thrakische Einflüsse nachweisen lassen.

Charakteristisch für die keltische K. ist das Fehlen einer Reihe von Ausdrucksmitteln, die in der altorientalischen und griechisch-römischen K. selbstverständlich sind. So gibt es z. B. keine monumentale Steinarchitektur, weshalb tempelähnliche Kultstätten sich in der vorrömischen Zeit nur im mediterran beeinflußten südlichen Gallien nachweisen lassen (vgl. → Entremont, → Roquepertuse). Auch kommt praktisch keine menschliche Großplastik vor, wenn man von der ebenfalls mediterran beeinflußten Steinskulptur des Kriegers von → Hirschlanden einmal absieht. Weitgehend ungenutzt bleibt schließlich die Möglichkeit der szenischen Darstellung von Handlungs- und Bewegungsabläufen, wobei die Bildplatten des bekannten Kessels von → Gundestrup als bedeutendste Ausnahme gelten können. Wo außerdem szenische Bildfolgen zu finden sind, lassen sich in aller Regel ostalpine oder oberitalienische Vorbilder nachweisen.

Die Werke der keltischen K. sind zum überwiegenden Teil

Erzeugnisse des K.handwerks, wobei → Schmuck, Waffen und Gebrauchsgegenstände für religiöse oder magische Zwecke mit großer Liebe zum Detail und mit technischer Perfektion in eigenwilliger Weise gestaltet wurden. Dabei bedienten sich die Künstler einer ausgefeilten → Ornamentik, die den Betrachter noch heute durch ihre Rätselhaftigkeit und Vieldeutigkeit in ihren Bann ziehen kann. Dies bezeugen sowohl die Grabbeigaben aus den → Fürstengräbern als auch die Funde aus den → Oppida oder die keltischen → Münzen.

Auf dem europäischen Festland endet die Geschichte der keltischen K. mit der römischen Eroberung Galliens. Auf den Britischen Inseln erlebte sie jedoch nach der Zeitenwende eine späte Blüte und erreichte in Verbindung mit Stilelementen der germanischen K. in der irischen Buchmalerei des Mittelalters einen letzten Höhepunkt (vgl. → Buch von Durrow, → Buch von Kells).

Lit.: P. Jacobsthal, Early Celtic Art, O. 1944; C. Fox, Pattern and Purpose, Car. 1958; I. Finlay, Celtic Art, Lo. 1973; P.-M. Duval, Die Kelten, Mn. 1978 (Univ. d. Kunst); I. M. Stead, Celtic Art, Lo. 1985; C. Eluère, Das Gold d. Kelten, Mn. 1987; L. Zachar, Kelt. Kunst in d. Slowakei, Bratislava 1987; A. Duval, L'art celtique de la Gaule au Musée des antiquités nationales, P. 1989; R. u. V. Megaw, Early Celtic Art, Lo. 1989; C. Nerzic, La Sculpture en Gaule Romaine, P. 1989; B. Raftery (Hrsg.), L'art celtique, P. 1990; Hundert Meisterwerke keltischer K., Trier 1992 (Ausstellungskat.).

Kunsthandwerk → Handwerk, → Kunst.

Kymrisch nennt man die keltische Sprache von Wales. Das Wort entspricht in seiner Bedeutung der deutschen Bezeichnung »Walisisch«, die ebenso wie das englische »Welsh« von einer germanischen Bezeichnung der Kelten abgeleitet ist. Die Waliser selbst nennen ihre Sprache dagegen Cymraeg und sich selbst Cymry (aus *kombrog-es »Landsleute«).

K. bildet zusammen mit → Bretonisch, → Kornisch und → Kumbrisch den britannischen Zweig der inselkeltischen Sprachgruppe. In seiner Geschichte unterscheidet man zumeist Früh-, Alt-, Mittel- und Neuk. Frühk. kennt man lediglich durch einige wenige Inschriften und Namen in lateinischen Texten aus dem 6.–8. Jh. Altk. ist vom ausgehenden 8. bis zum 12. Jh. vor allem durch Eigennamen und → Glossen in lateinischen und angelsächsischen Quellen bezeugt. Fortlaufende Texte sind in dieser Zeit noch selten und meist sehr kurz. Mittelk. kennt man dagegen durch umfangreiche literarische Zeugnisse. Die betreffenden Texte sind in Handschriften des 13./14. Jhs. überliefert, wurden teilweise jedoch bereits früher aufgezeichnet. Die ältesten Zeugnisse des Neuk.en datiert man ins 14./15. Jh.

Im 19./20. Jh. ging die Kenntnis des K.en durch die Bevorzugung des Englischen im Bildungswesen, die Entvölkerung ländlicher Gegenden und den Zuzug englischsprachiger Bevölkerungsteile stark zurück. Als Sprache des Alltags findet man K. heute vor allem im Norden und Westen von Wales.

Lit.: D. S. Evans, A Grammar of Middle Welsh, Du. 1964; G. Price, The Languages of Britain, Lo. 1984; H. Lewis, Die kymrische Sprache: Grundzüge ihrer Entwicklung, übers. von W. Meid, I. 1989; T. A. Watkins, Kurze Beschreibung des K.en, I. 1992.

Labraid (ir. /'Lavrið'/) heißt in den Erzählungen des → Historischen Zyklus ein König, der im 4. oder 3. Jh. v. Chr. über die Provinz Leinster geherrscht haben soll. Seine stehenden Beinamen sind Loingsech »der Verbannte«, Moen »der Stumme« und Lorc »der Grimmige«. Weshalb L. so genannt wurde, erzählt die Geschichte → *Orgain Denna Ríg*, die in der uns vorliegenden Fassung vermutlich im 9. Jh. aufgezeichnet wurde. Nur wenig jünger ist eine volkstümliche Erzählung, derzufolge L. Pferdeohren hatte. Um das Geheimnis zu wahren, ließ er jeden Barbier, der ihm die Haare schnitt, anschließend hinrichten. Als er den Sohn einer Witwe auf die Bitten der Mutter hin verschonte, konnte dieser das Geheimnis nicht für sich behalten und erzählte es in seiner Not auf den Rat eines Druiden hin einer Weide. Als die Weide gefällt und aus ihrem Holz eine Harfe gefertigt wurde, hörte jedermann im Klang der Musik die Worte »L. hat die Ohren eines Pferdes«.
Sehr wahrscheinlich entstand diese Erzählung unter dem Einfluß der antiken Sage von den Eselsohren des Königs Midas (vgl. Ovid, Metamorphosen 11,146–193). Sie fand im 17. Jh. Aufnahme in das Geschichtswerk des Geoffrey → Keating und gelangte vermutlich von dort in das mündlich tradierte Repertoire zahlreicher irischer Geschichtenerzähler.

Lit.: M. Ó Briain, Cluasa Capaill ar an Rí: AT 782 i dTraidisiún na hÉireann, Béaloideas (Dublin) 53 (1985) 11–74.

Ladra (ir. /'Laðra/) heißt im »Buch der Einnahme Irlands« (→ *Lebor Gabála Érenn*) der Steuermann, der vierzig Tage vor der Sintflut → Cesair und ihr Gefolge nach Irland brachte.

Laegaire → Loegaire.

La Graufesenque heißt eine Stelle auf dem linken Ufer der Tarn unweit des Ortes Millau im Dép. Aveyron in Südfrankreich. Im 1.–2. Jh. n. Chr. befand sich dort eines der bedeutendsten Zentren des gallischen Töpferhandwerks. Wichtig für unsere Kenntnis der gallischen Sprache sind die Graffiti, die seit 1901 bei Ausgrabungen in L. G. ans Licht kamen. Dabei handelt es sich um Aufzeichnungen, die vor allem die Namen einzelner Töpfer sowie die verschiedenen Typen, die Größe und die Menge der hergestellten Keramik betreffen. Diese Angaben wurden in kursiver Lateinschrift in Scherben gebrannten Tons geritzt.

Lit.: R. Marichal, Les graffites de La Graufesenque, P. 1988.

Lancelot heißt in einigen Werken der französischen und deutschen → Artus-Literatur der Liebhaber der Königin Guenièvre/Ginevra (→ Gwenhwyfar). Die ältesten erhaltenen Gestaltungen dieses Stoffs schufen im 12. Jh. → Chrétien de Troyes und → Ulrich von Zatzikhoven. Der Name L. begegnet weder bei → Geoffrey von Monmouth noch in der mittelkymrischen Überlieferung. Vermutlich ist er nicht keltischen, sondern französischen Ursprungs.

Landwirtschaft → Ackerbau, → Viehzucht.

Larzac (l'Hospitalet-du-Larzac) ist ein Ort ca. 15 km südlich von → La Graufesenque im Dép. Aveyron. Im August 1983 entdeckte man dort bei der archäologischen Untersuchung eines gallo-römischen Gräberfeldes eine in gallischer Sprache beschriebene bleierne Fluchtafel aus der Zeit um 100 n. Chr. Mit ca. 1000 Buchstaben und über 160 Wörtern handelt es sich dabei um den längsten bislang bekannten fortlaufenden Text in gallischer Sprache. Die Tafel war als Deckel einer Aschenurne benutzt worden und sollte vermutlich der Ausübung eines Schadenzaubers dienen. Die Deutung des Textes ist wegen unserer unzulänglichen Kenntnis des Gallischen in vielen Punkten umstritten.

Lit.: M. Lejeune u. a., Textes gaulois et gallo-romains en cursive latine III Le plomb du L., EC 22 (1985) 95–177; G. Olmsted, The Meter of the Gaulish Inscription from L., Journal of Indo-European Studies 17 (1989) 155–163; K. H. Schmidt, Zum plomb du L., in: A. T. E. Matonis u. F. Melia (Hrsg.), Celtic Languages, Celtic Culture (Van Nuys, Calif. 1990) 16–25.

La Tène ist der heutige Name einer Untiefe bei Marin an der Nordspitze des Neuenburger Sees in der Schweiz. In vorrömischer Zeit befand sich dort eine keltische → Kultstätte, an der zahllose Speere, Schwerter, Schilde, → Fibeln und andere → Votivgaben im See versenkt wurden. Nach den archäologischen Funden bezeichnet man die jüngere Periode der vorrömischen Eisenzeit als Latènezeit. Dieser Zeitraum umfaßt das halbe Jahrtausend vom 5.–1. Jh. v. Chr. Üblicherweise unterscheidet man eine frühe, mittlere und späte Stufe mit regional unterschiedlicher zeitlicher Abgrenzung. Am Beginn der L.zeit steht die Ausbildung neuer wirtschaftlicher und kultureller Zentren an den Randzonen der älteren Hallstattkultur (vgl. → Hallstatt) und die Entwicklung einer eigenständigen keltischen → Kunst, die vermutlich im Zusammenhang mit erheblichen religiösen und weltanschaulichen Veränderungen steht. In deren Gefolge kam es zu intensiven Kontakten und kriegerischen Auseinandersetzungen der Kelten mit den Völkern des Mittelmeerraums. Am Ende dieser Periode steht die Zeit der keltischen → Oppida, die mit der Eroberung Galliens durch → Caesar ihren Abschluß findet.

Lit. → Geschichte.

Latobius heißt ein keltischer Gott. Sein (etymologisch ungeklärter) Name ist in vier Weihinschriften aus dem Gebiet der römischen Provinz Noricum bezeugt. Zwei davon (CIL III 5320 und 5321) fand man in Seggau in der Steiermark, zwei andere (CIL III 5097 und 5098) in St. Paul in Kärnten. In der zuerst genannten Inschrift wird L. nach der → Interpretatio Romana mit → Mars identifiziert. Reste einer Kolossalstatue des Gottes sind jetzt im Stiftsmuseum in St. Paul zu sehen.

Layamon war ein englischer Geistlicher, der um 1200 den *Roman de Brut* des anglonormannischen Dichters → Wace ins Englische übertrug. Sein Werk ist nach dem Vorbild der altenglischen Dichtung in alliterierenden Langzeilen geschrieben und mit 32 241 Versen etwa doppelt so umfangreich wie seine Vorlage.

Lit.: H. Pilch, L.s ›Brut‹, Hei. 1960; F. H. M. Saulx, L.'s ›Brut‹: The Poem and its Sources, C. 1989.

Leborcham (ir. /'L'evorxam/) heißt in den Erzählungen des → Ulster-Zyklus eine alte Frau am Hof des Königs → Conchobar mac Nesa. Von abstoßender Häßlichkeit, wird sie wegen ihrer beißenden Spottgedichte allgemein gefürchtet. Häufig verrichtet sie Botengänge für den König oder andere Mitglieder seines Hofes.

Lebor Dromma Snechta → Cín Dromma Snechta.

Lebor Gabála Érenn (ir. /'L'evor 'gava:la 'e:r'eN/ »Das Buch von der Einnahme Irlands«) ist der Titel einer im 11. Jh. zusammengestellten fiktiven Geschichte Irlands, die in zwei unterschiedlichen Fassungen aus der Zeit um 1100 überliefert ist. Die Erzählung beginnt mit den Ereignissen bei der Weltschöpfung und behandelt das wechselvolle Schicksal Irlands und seiner Bewohner von der ersten Besiedelung durch → Cesair, einer angeblichen Enkelin Noahs, bis zur Abfassungszeit des Werks. Breiten Raum nimmt die Schilderung von sechs aufeinanderfolgenden Einwanderungswellen ein: Nach Cesair und ihren Begleitern kommen → Partholón und → Nemed mit ihrem Gefolge, danach die → Fir Bolg und die → Tuatha Dé Danann und zuletzt die Söhne des → Míl. Dieser gilt als Stammvater aller Iren und soll seinerseits von Noahs Sohn Japhet abstammen.

Das Werk zeugt von dem Bemühen der mittelalterlichen Kleriker, die Geschichte Irlands vor der → Christianisierung mit der biblischen Überlieferung zu verknüpfen bzw. in Einklang zu bringen. Es verarbeitet neben christlicher Literatur auch einheimische Sagen und Mythen, wobei die Gestalten der vorchristlichen Mythologie nach der Methode des → Euhemerismus als historische Personen einer fernen Vergangenheit dargestellt werden.

Ausg. u. Übers.: R. A. S. Macalister, L. G. É. The Book of the Taking of Ireland, Du. 1938–1941 (ITS 34, 35, 39, 41).

Lit.: R. M. Scowcroft, L. G. É., Ériu 38 (1987) 80–142 u. 39 (1988) 1–66.

Lebor Laignech (ir. /'L'evor 'Laγ'n'ex/ »Das Buch von Leinster«) nennt man nach dem Vorbild des Paläographen Eugene → O'Curry die umfangreichste der älteren irischen Sammelhandschriften. Sie entstand in der Zeit um 1160 und zählt heute noch 187 Pergamentblätter. Zu den in ihr enthaltenen Texten zählen das »Buch der Einnahme Irlands« (→ *Lebor Gabála Érenn*), Fassungen des → *Dindsenchas* und der → *Táin Bó Cuailnge* sowie mehrere Erzählungen aus dem → Ulster-Zyklus. Seit 1782 befindet sich die Handschrift in der Bibliothek des Trinity College in Dublin.

Ausg.: R. Atkinson, The Book of Leinster, Du. 1880 (Faks.); R. I. Best, O. Bergin u. a., The Book of Leinster, formerly Lebar na Núachongbála, 6 Bde., Du. 1954–1983 (Dipl.).

Lebor na hUidre (ir. /'L'evor na 'hið'r'e/ »Das Buch der dunklen Kuh«) nennt man die älteste erhaltene der großen irischen Sammelhandschriften. Sie entstand in der Zeit um 1100 im Kloster Clonmacnoise und zählt heute noch 67 teilweise unvollständig erhaltene Pergamentblätter. Ihr Inhalt besteht hauptsächlich aus Erzählungen des → Historischen, → Mythologischen und → Ulster-Zyklus. Seit 1844 befindet sich die Handschrift in der Bibliothek der Royal Irish Academy in Dublin.

Ausg.: R. I. Best u. O. Bergin, L. na hUidre: The Book of the Dun Cow, Du. 1929 (Dipl.).

Lecan → Gelbes Buch von Lecan.

Leherennus heißt ein Gott, der nach dem Zeugnis der Weihinschriften (CIL XIII 96–117) im Gebiet um die heutige Stadt Ardiège im Dép. Hautes-Pyrénées verehrt wurde. Er ist vermutlich vorkeltischen Ursprungs und wurde nach der römischen Eroberung Galliens entsprechend der → Interpretatio Romana mit → Mars gleichgesetzt.

Lit.: E. Thevenot, Sur les traces des Mars celtiques, Bruges 1955; J.-J. Hatt, Mythes et dieux de la Gaule I, P. 1989.

Leinster, Buch von → Lebor Laignech.

Lemoviken (lat. Lemovices) nennt die antike → Ethnographie einen keltischen Stamm im Gebiet um die nach ihm so genannte Stadt Limoges, die zuvor Augustoritum hieß.

Lenus heißt ein keltischer Gott, der nach der → Interpretatio Romana mit → Mars identifiziert wurde. Seine Verehrung bezeugen acht Weihinschriften aus dem westlichen Siedlungsgebiet der → Treverer (CIL XIII 3654, 3970, 4030, 4137, 7661; Fi 20 und 21; Ne 9). Darüber hinaus erscheint der Name des Gottes auf dem Sockel einer (nicht erhaltenen) Statue aus Caerwent in Südostwales (RIB 309) sowie

Darstellung des Gottes Lenus aus Chedworth, Gloucestershire

auf einem Altar aus Chedworth in Gloucestershire (RIB 126). Ein Relief unterhalb der letztgenannten Inschrift (jetzt im Museum von Chedworth) zeigt L. mit einem Speer in der Rechten und einer Axt in der Linken. Außerdem kennt man eine Bronzestatue des L. (jetzt im Rheinischen Landesmuseum in Bonn) und die Bruchstücke eines überlebensgroßen Kultbildes aus Stein (jetzt im Rheinischen Landesmuseum in Trier).

Lit.: E. Gose, Der Tempelbezirk des L. Mars in Trier, B. 1955.

Lepontier (lat. Lepontii) nennt die antike → Ethnographie einen keltischen Stamm in den Zentralalpen. Der Name lebt fort in dem des Livinentals (ital. Valle Leventina) im Tessin.

Lepontisch nennt man die ausgestorbene Sprache der Kelten in Oberitalien. Man kennt sie durch etwa 40 kurze Inschriften aus der Gegend um Lugano, die seit dem 6./5. Jh. v. Chr. in zwei verschiedenen Varianten der etruskischen Schrift aufgezeichnet wurden.

Lit.: M. Lejeune, Lepontica, EC 12 (1968–1971) 337–500; M. G. Tibiletti Bruno, Ligure, leponzio e gallico, in: A. L. Prosdocimi (Hrsg.), Lingue e dialetti dell'Italia antica (R. 1978) 129–208; A. L. Prosdocimi, Note sul celtico in Italia, Studi etruschi 57 (1991) 139–177.

leprechaun nennt der irische Volksglaube einen flinken Zwerg oder Kobold. Er gilt zumeist als Hüter eines verborgenen Schatzes, begegnet in manchen Erzählungen aber auch ähnlich wie die deutschen Heinzelmännchen als helfender Hausgeist. Der englischen Bezeichnung l. entsprechen in den neuirischen Mundarten die Varianten luprachán, loimreachán, lúracan (Leinster), luchramán (Ulster), lúracán (Connacht), luchragán, lurgadán und clúracán (Munster). Die mittelirische Form des Wortes ist luchorpán (wörtl. »kleiner Körper«).

Lit.: D. Ó Giolláin, The Leipreachán and Fairies, Dwarfs and the Household Familiar: A Comparative Study, Béaloideas (Dublin) 52 (1984) 75–150.

Leucetius oder (jünger) Loucetius heißt ein keltischer Gott. Sein Name ist von einem keltischen Wort für »leuchten, glänzen« abgeleitet. Die Verehrung des L. bezeugen Weihinschriften aus Worms (CIL XIII 6221), Marienborn bei Mainz (CIL XIII 7241 und 7242), Ober-Olm (CIL XIII 7249a), Klein-Winternheim (CIL XIII 7252), Großkrotzenburg am Limes (CIL XIII 7412), Wiesbaden-Frauenstein (CIL XIII 7608), Strasbourg (CIL XIII 11605) und Bath in England (RIB 140). Der Gott scheint demzufolge hauptsächlich im Stammesgebiet der → Treverer verehrt worden zu sein, zumal auch die Stifter der beiden zuletzt genannten Weihungen sich in den Inschriften als Mitglieder dieses Stammes zu erkennen geben. L. wurde nach der → Interpretatio Romana mit → Mars identifiziert.

Lewis, Henry (1889–1968), Keltologe, wurde in Ynystawe in Südwales geboren. Nach Studien in Cardiff erhielt er 1921 die erste Professur für Kymrische Sprache und Literatur am University College in Swansea, die er bis 1954 innehatte. 1937 veröffentlichte L. zusammen mit dem dänischen Linguisten Holger Pedersen (1867–1953) *A Concise Comparative Celtic Grammar*, einen überarbeiteten Abriß von Pedersens zweibändigem Werk *Vergleichende Grammatik der keltischen Sprachen* (1909–1913). Außerdem verfaßte L. in kymrischer Sprache zwei grundlegende Handbücher für das Studium des Mittelkornischen (*Llawlyfr Cernyweg Canol* [2]1946) und Mittelbretonischen (*Llawlyfr Llydaweg Canol* [2]1966). Das populär gehaltene Buch *Datblygiad yr Iaith Gymraeg* (1931) erschien 1989 in einer deutschen Bearbeitung unter dem Titel *Die kymrische Sprache. Grundzüge ihrer Entwicklung.*

Lexovier (lat. Lexovii) nennt die antike → Ethnographie einen keltischen Stamm an der unteren Seine. Der Name lebt fort in dem der Stadt Lisieux, die zuvor Noviomagus hieß.

Lhuyd, Edward (um 1660–1709), walisischer Natur- und Sprachforscher, wurde in Südwales geboren. Er war nach Studien am Jesus College von 1684 bis zu seinem Tod für das Ashmolean Museum in Oxford tätig. Dort betrieb er neben naturgeschichtlichen Studien vor allem sprachwissenschaftliche, archäologische und historische Forschungen. Von 1697 bis 1701 unternahm er ausgedehnte Forschungsreisen nach Wales, Schottland, Irland, Cornwall und in die Bretagne. Das umfangreiche sprachwissenschaftliche Material, das er auf diesen Reisen sammelte, veröffentlichte er 1707 im ersten Band seines unvollendeten großen Werks *Archaeologia Britannica.* Mit ihm wurde er zum bedeutendsten Vorläufer der modernen → Keltologie.

Lit.: A. Sommerfelt, E. Lh. and the comparative method in linguistics, Norsk tidsskrift for Sprogvidenskap 16 (1952) 370–374; F. Emery, E. Lh. F. R. S. (1660–1709), Car. 1971; B. F. Roberts, E. Lh.: The Making of a Scientist, Car. 1980; ders., E. Lh. and Celtic Linguistics, in: Procs. of the 7th Int. Congress of Celtic Studies (O. 1986) 1–9.

Lia Fáil → Fál.

Liath Macha (ir. /L'iaθ 'maxa/) heißt in den Erzählungen des → Ulster-Zyklus eines der beiden windschnellen Pferde des Helden → Cú Chulainn. Nach der älteren Fassung der Geburtsgeschichte Cú Chulainns (→ *Compert Chon Culainn*) wurde es in derselben Nacht wie sein Herr geboren.

Lí Ban (ir. /L'iː ban/) heißt in der Erzählung von Cú Chulainns Krankenlager (→ *Serglige Con Culainn*) die Frau des Elfen Labraid Luath-lám-ar-chlaideb und Schwester der Fee Fann.

Libenice ist ein Ort bei Kolín in Mittelböhmen. In seiner Nähe wurde 1959 eine keltische → Kultstätte aus dem 4./3. Jh. v. Chr. archäologisch untersucht. Die Anlage bestand aus einem über 80 × 20 m großen, durch Wall und Graben eingefriedeten Platz. Ungefähr in dessen Mitte entdeckte man das Grab einer Frau, an seinem östlichen Ende mehrere paarweise angeordnete Kultpfähle, Gruben für Speise- und Trankopfer sowie eine steinerne Stele. Zwei Halsringe (→ Torques) aus Bronze dürften ursprünglich hölzerne Götterbilder geschmückt haben. Knochenfunde lassen darauf schließen, daß hier auch Tiere geopfert wurden.

Lindow Moss ist ein Torfmoor in der Nähe von Wilmslow in Cheshire (Mittelengland). Im August 1984 entdeckte man dort die Leiche eines jungen Mannes, der vermutlich im 4. Jh. v. Chr. als → Opfer im Moor versenkt worden war. Der Tote war bis auf ein Armband aus Fuchshaar unbekleidet, doch lassen die sorgfältig gepflegten Fingernägel auf einen Angehörigen der gesellschaftlichen Oberschicht schließen. Wie die nähere Untersuchung ergab, war der Tod durch gleichzeitiges Erschlagen, Erdrosseln und Durchschneiden der Kehle eingetreten. Möglicherweise steht diese dreifache Hinrichtungsart im Zusammenhang mit dem besonders in irischen Sagen häufigen Motiv des dreifachen Todes (vgl. → Zahlen). Spuren von Pollen der → Mistel im Magen des Toten gaben zu der Vermutung Anlaß, das Opfer könnte von → Druiden vollzogen worden sein. Die Moorleiche ist jetzt im Britischen Museum in London zu sehen.

Lit.: I. M. Stead u. a., Lindow Man, Lo. 1986.

Lingonen (lat. Lingones) nennt die antike → Ethnographie einen keltischen Stamm an der oberen Marne. Der Name lebt fort in dem der Stadt Langres, die zuvor Andemantunnum hieß.

Lir → Manannán mac Lir.

Litavis heißt eine keltische Göttin. Ihr Name entspricht (mit keltischem Schwund des anlautenden p-) altind. pṛth(i)vī und altengl. folde »Erde«. Die ursprüngliche Bedeutung des Wortes war vermutlich »die weite/breite«. Im Inselkeltischen lebt der Name fort in der Form Llydaw, der kymrischen Bezeichnung der Bretagne. Weihungen für L. fand man im Dép. Côte-d'Or in den Orten Aignay-le-Duc (CIL XIII 2887) und Mâlain (CIL XIII 5599, 5601 und 5602). Als Partner der Göttin erscheint in den Inschriften der Gott Mars → Cicollus.

Literatur. Die Anfänge der keltischen L. reichen bis in die vorchristliche Zeit zurück. Dies geht aus einem Vergleich der formelhaft geprägten Sprache der ältesten keltischen Dichtung mit vergleichbaren L.denkmälern aus anderen Kulturen indogermanischer Sprache hervor. In der ältesten Zeit wurde diese L. ausschließlich mündlich tradiert, was durch eine Bemerkung → Caesars (Bell. Gall. 6,14) bestätigt wird. Zwar kannten die Kelten verschiedene im Mittelmeerraum entwickelte Schriftsysteme, doch machten sie davon nur in sehr eingeschränktem Umfang Gebrauch. Als Träger der Überlieferung nennt die antike → Ethnographie in erster Linie die → Barden und → Druiden.

Erstmals aufgezeichnet wurde die mündliche Tradition der keltischen Völker nach der → Christianisierung im mittelalterlichen Irland und Wales. Wie → Glossen und kurze Gedichte am Rand lateinischer Manuskripte zeigen, begann die Verschriftlichung bereits im frühen Mittelalter, doch stammen die ältesten erhaltenen Handschriften mit längeren irischen oder kymrischen Texten erst aus dem 12./13. Jh. (vgl. → Lebor na hUidre, → Lebor Laignech, → Buch von Ballymote, → Llyfr Coch Hergest, → Llyfr Du Caerfyddin, → Llyfr Gwyn Rhydderch).

Zur frühesten irischen L. gehören alliterierende reimlose Gedichte, Texte zum irischen → Recht, hagiographische Schriften (vgl. → Brigit, → Patrick, → Oengus mac Oengobann) sowie eine Vielzahl von Prosaerzählungen, die neben Stoffen und Motiven aus Sage und → Märchen auch historische Ereignisse und Überlieferungen der vorchristlichen → Mythologie verarbeiten. Seit dem 19. Jh. hat es sich eingebürgert, diese erzählende L. in Zyklen einzuteilen. Dabei unterscheidet man zumeist einen → Finn-, → Historischen, → Ulster- und → Mythologischen Zyklus. Diese Einteilung ist allerdings nur ein Behelf, da manche Erzählungen mehreren Zyklen zuzuordnen sind und bedeutende Werke wie etwa der → *Dindsenchas* oder das → *Lebor Gabála Érenn* außerhalb dieser Einteilung stehen. Wegweisend für die Entwicklung der modernen irischen Schriftsprache wurde im 17. Jh. die

Gestaltung der einheimischen Sagenstoffe durch Geoffrey → Keating.

Ein mittelalterlicher Mönch illustriert eine Handschrift

Sehr viel weniger umfangreich ist die mittelalterliche walisische L., da durch die Ungunst der Überlieferung vieles verlorenging. Erhalten haben sich neben der frühen Dichtung der → Cynfeirdd prophetische Gedichte wie z. B. → *Armes Prydein*, Merkverse wie die → *Trioedd Ynys Prydein*, Strophenzyklen um Sagenhelden wie → Gereint fab Erbin, → Heledd, → Rhydderch Hael und → Urien Rheged sowie die Prosaerzählungen, die man heute unter dem Namen → Mabinogion kennt. Bedeutsam für die Entwicklung der europäischen L. war die Übernahme keltischer Stoffe und Motive in die lateinische und altfranzösische L. im Gefolge der Eroberung durch die Anglonormannen (vgl. → Artus-L.).

Außerhalb von Irland und Wales ist uns eine eigenständige L. erst seit dem späten Mittelalter und der frühen Neuzeit überliefert (vgl. → Bretonisch, → Kornisch, → Manx und → Schottisch-Gälisch).

Lit.: M. Dillon, Early Ir. Lit., Ch. 1948; T. Parry, A History of Welsh Lit., O. 1955; A. O. H. Jarman u. G. R. Hughes, A Guide to Welsh Lit., 2 Bde., Swansea 1976–1979; M. McKenna, The Breton Literary Tradition, Celtica 16 (1984) 35–51; D. Thomson, An Introduction to Gaelic Poetry, E. ^{2}1989; G. Williams, An Introduction to Welsh Lit., Car. 1992; J. E. C. Williams, The Irish Literary Tradition, Car. 1992; P. MacCana, On the early development of written narrative prose in Irish and Welsh, EC 29 (1992) 51–67.

Livius (Titus L.) war ein römischer Historiker aus der Zeit um Christi Geburt. Sein Hauptwerk ist eine großangelegte Geschichte des römischen Volkes von den Anfängen bis zur Regierungszeit des Kaisers Augustus. Sie trägt in den Handschriften den Titel *Ab urbe condita* »Von der Gründung der Stadt (Rom) an« und bestand ursprünglich aus 142 Büchern, von denen allerdings nur die Bücher 1–10 (753–293 v. Chr.), 21–45 (219–167 v. Chr.) sowie einige kürzere Fragmente erhalten geblieben sind. Berühmt sind die Schilderungen des L. vom Zug der Kelten nach Oberitalien (vgl. → Ambigatus) und von ihrer Plünderung Roms (vgl. → Brennos).

Lit.: H. Homeyer, Zum Keltenexkurs in L.' 5. Buch (33,4–35,3), Historia 9 (1960) 345–361; A. Grilli, La migrazione dei Galli in Livio, in: Studi in onore di F. R. Vonwiller II (Como 1980) 183–192; S. Fasce, Le guerre galliche di Livio e l'epopea mitologica celtica, Maia 37 (1985) 27–43.

Llacheu (wal. /ˈɬaxei/) heißt in der Erzählung → *Breuddwyd Rhonabwy* ein Sohn → Arthurs. Er erscheint in den → *Trioedd Ynys Prydein* als einer der »drei Wohlbegabten« und »drei Furchtlosen« der Insel Britannien. Darüber hinaus begegnet sein Name in dem Gedicht → *Pa ŵr yw'r porthor?* und bei einigen Dichtern des 12.–14. Jhs. Näheres über ihn ist nicht bekannt, da er in den erhaltenen Erzählungen des arthurischen Sagenkreises kaum eine Rolle spielt.

Llefelys (wal. /ɬeˈvelis/) heißt in der Erzählung → *Cyfranc Lludd a Llefelys* ein Sohn des Königs → Beli Mawr. Er wird durch die Heirat mit der Tochter des Königs von Frankreich dessen Nachfolger.

Lleu Llaw Gyffes (wal. /ɬei ɬau ˈgəfes/ »Lleu mit der geschickten Hand«) heißt in der Erzählung → *Math fab Mathonwy* der Sohn der Arianrhod und Neffe des zauberkundigen Gwydion.

Lludd (wal. /ɬiːð/) heißt der älteste Sohn und Nachfolger des Königs → Beli Mawr. Die Erzählung → *Cyfranc Lludd a Llefelys* schildert, wie er zusammen mit seinem Bruder Llefelys Britannien von drei Plagen befreit.

Lludd Llawereint (wal. /ɬiːð ɬauˈereint/) heißt in der Erzählung → *Culhwch ac Olwen* der Vater der → Creiddylad. Sein Beiname Llawereint bedeutet »mit der silbernen Hand« und entspricht damit dem Beinamen des irischen → Nuadu Argatlám. Aufgrund dieser Übereinstimmung ist zu vermuten, daß auch der Name Lludd durch Angleichung an den Anfang des Wortes Llawereint aus Nudd (= Nuadu) entstand. Eine ältere Form der Namen Nudd und Nuadu ist der inschriftlich bezeugte Göttername → Nodons. Vermutlich bewahren hier sowohl die irische als auch die walisische Überlieferung unabhängig voneinander die Erinnerung an eine Gestalt der vorchristlichen keltischen Mythologie. Von den Sagen um Ll. ist jedoch abgesehen von seiner Erwähnung in → *Culhwch ac Olwen* nichts erhalten geblieben. Verschiedentlich hat man einen Zusammenhang zwischen Ll. und der kaum besser bekannten Sagengestalt → Llŷr vermutet. Abgesehen von der gelegentlichen Verwechslung beider Namen in den Handschriften gibt es dafür jedoch keine stichhaltigen Gründe.

Llyfr Coch Hergest (wal. /ɬivr koːx ˈhergest/ »Das Rote Buch von Hergest«) nennt man nach ihrem früheren Aufbewahrungsort eine der bedeutendsten walisischen Sammelhandschriften. Sie entstand vermutlich in der Zeit um 1400 und enthält Beispiele für nahezu alle Gattungen mittelkymrischer Dichtung und Prosa. Auffällig ist lediglich das Fehlen religiöser und juristischer Texte. Einheimische Stoffe verarbeiten die elf Erzählungen, die heute unter dem Sammelbegriff → Mabinogion bekannt sind. Darüber hinaus enthält die Handschrift walisische Bearbeitungen auswärtiger Literaturwerke, medizinische und grammatische Abhandlungen, Sprichwörter und Preisgedichte auf Fürsten des 12.–14. Jhs. Sie befindet sich heute in der Bodleian Library in Oxford.

Ausg.: J. G. Evans u. J. Rhŷs, The Text of the Mabinogion from the Red Book of H., O. 1887 (Dipl.); J. G. Evans u. J. Rhŷs, The Text of the Bruts from the Red Book of H., O. 1890 (Dipl.); J. G. Evans, The Poetry in the Red Book of H., Llanbedrog 1911 (Dipl.).
Lit.: G. Charles-Edwards, The Scribes of the Red Book of H., Journal of the Nat. Library of Wales 21 (1980) 246–256.

Llyfr Du Caerfyrddin (wal. /ɬivr di: kair'vərðin/ »Das Schwarze Buch von Carmarthen«) nennt man nach ihrem mutmaßlichen Entstehungsort eine 108seitige Sammelhandschrift. Lange Zeit vermutete man, daß sie teilweise noch im 12. Jh. geschrieben und damit die älteste walisische Handschrift sei. Aus paläographischen Gründen wird sie heute jedoch in die 2. Hälfte des 13. Jhs. datiert. Ihr Inhalt besteht fast ausschließlich aus anonym überlieferten Gedichten: Neben religiöser Dichtung findet man Preisgedichte auf walisische Fürsten des 11./12. Jhs. und zahlreiche Verse sagenhaften Inhalts. Dazu gehören die → *Englynion Gereint* und → *Englynion y Beddeu*, das Gedicht → *Pa ŵr yw'r porthor?* sowie Strophen um die Sagengestalten → Myrddin und → Llywarch Hen. Die Handschrift befindet sich heute in der Walisischen Nationalbibliothek in Aberystwyth.

Ausg.: J. G. Evans, Facsimile of the Black Book of Carmarthen, O. 1908; ders., The Black Book of Carmarthen, Pwllheli 1906 (Dipl.); A. O. H. Jarman u. E. O. Jones, Ll. Du C. gyda rhagymadrodd, nodiadau testunol a geirfa, Car. 1982 (Ausg. m. Einl., Anmerkungen u. Glossar).
Lit.: A. O. H. Jarman, The Black Book of Carmarthen, PBA 71 (1985) 333–356.

Llyfr Gwyn Rhydderch (wal. /ɬivr gwin 'r̥əðerx/ »Das Weiße Buch von Rhydderch«) nennt man nach ihrem früheren Besitzer eine Sammelhandschrift, die vermutlich in der 1. Hälfte des 14. Jhs. in Südwales entstand. Sie enthält zahlreiche kymrische Übersetzungen ausländischer Literaturwerke, darunter viele religiöse Texte. Als Vorlagen dienten unter anderem die lateinische Weltchronik *Imago Mundi* des Honorius von Autun (12. Jh.), die apokryphen Evangelien des Nicodemus und des Pseudo-Matthäus sowie hagiographische Schriften. Darüber hinaus enthält die Handschrift die unter dem Sammelbegriff → Mabinogion bekannten Erzählungen (mit Ausnahme von → *Breuddwyd Rhonabwy*). Sie befindet sich jetzt in der Walisischen Nationalbibliothek in Aberystwyth.

Ausg.: J. G. Evans, The White Book Mabinogion, Pwllheli 1907 (Dipl.).
Lit.: D. Huws, Ll. G. Rh., CMCSt 21 (1991) 1–37.

Llyfr Taliesin (wal. /ɬivr tal'jesin/ »Das Buch Taliesins«) nennt man eine unvollständig erhaltene Pergamenthandschrift aus dem frühen 14. Jh., die zahlreiche Gedichte enthält. Ifor → Williams zufolge stammen insgesamt zwölf dieser Gedichte von dem historischen Dichter → Taliesin. Dabei handelt es sich um acht Preisgedichte auf König → Urien von Rheged, eine Totenklage für Uriens Sohn → Owein und drei weitere Preisgedichte auf andere Herrscher des ausgehenden 6. Jhs. In neuerer Zeit ist die Zuweisung dieser Verse an T. allerdings wieder in Frage gestellt worden. Weitere 15 Gedichte beruhen auf der späteren sagenhaften Überlieferung um T. Darüber hinaus enthält die Handschrift zehn prophetische Gedichte (darunter → *Armes Prydein*), Verse religiösen und biblischen Inhalts, Gedichte über Alexander den Großen und Herakles, einige Totenklagen für Gestalten der walisischen Sage sowie das Gedicht → *Preiddeu Annwn*. Die Handschrift wird jetzt in der Walisischen Nationalbibliothek in Aberystwyth aufbewahrt.

Ausg.: J. G. Evans, Facsimile and Text of the Book of T., Llanbedrog 1910.

Llyn Cerrig Bach (wal. /ɬin 'kerrig baːx/) heißt ein See an der Westküste der Insel Anglesey. 1942/43 entdeckte man dort bei der Anlage eines Militärflugplatzes größere Mengen von Tierknochen und zahlreiche Metallgegenstände aus der Latènezeit, darunter Schwerter, Speerspitzen und Schildbuckel sowie Teile von Streitwagen und Pferdegeschirren. Vermutlich waren alle diese Gegenstände in der Zeit vom 2. Jh. v. Chr. bis zur römischen Eroberung im 1. Jh. n. Chr. als Opfergaben in den See geworfen worden.

Lit.: C. Fox, A Find of the Early Iron Age from Ll. C. B., Anglesey, Car. 1947.

Llŷr (wal. /ɬiːr/) heißt in den Erzählungen → *Branwen ferch Lŷr* und → *Manawydan fab Llŷr* der Vater der Geschwister Branwen, Brân und Manawydan. Ansonsten bezeichnet Ll. in der walisischen Dichtung häufig das Meer und entspricht damit dem irischen Wort ler (Genitiv: lir). Mac Lir »Sohn des Meeres« begegnet in irischen Quellen als stehender Beiname des sagenumwobenen Herrschers → Manannán. Nach einer Theorie des Keltologen Joseph → Vendryes habe dieser Ausdruck im übertragenen Sinne soviel wie »Seefahrer« bedeutet. Nach der Entlehnung des Beinamens ins Kymrische sei dies jedoch nicht mehr verstanden worden. Vielmehr habe man Lir als Eigennamen aufgefaßt und nachträglich eine Gestalt namens Ll. erfunden. In der Tat tritt Ll. weder in *Branwen* noch in *Manawydan* selbst handelnd auf. Eine größere Rolle spielt er lediglich in den walisischen Bearbeitungen der *Historia Regum Britanniae* des → Geoffrey von Monmouth. Die dort erzählte Geschichte eines Herrschers namens Leir, die später auch Shakespeare in seiner Tragödie *King Lear* gestaltete, geht jedoch nicht auf keltische Überlieferung zurück. Auch sind die beiden Namen Ll. und Leir/Lear nicht ursprünglich identisch, da Leir allem Anschein nach von dem Ortsnamen Leicester (altengl. Laegreceaster) abgeleitet ist.

Lit.: J. Vendryes, Manannán mac Lir, EC 6 (1952) 239–254.

Llywarch Hen (wal. /'ɬəwarx heːn/) heißt in der walisischen Sage ein Vetter des Königs → Urien von Rheged. Er soll im ausgehenden 6. Jh. im Norden des keltischen Britannien gelebt haben. Die spätere Überlieferung verknüpfte sein Andenken jedoch mit Orten und Landschaften in Nordwales. Sein Schicksal und das seiner Söhne bildet den Gegenstand eines Gedichtzyklus, der vermutlich im 9./10. Jh. entstand und im »Roten Buch von Hergest« (→ Llyfr Coch Hergest) und einigen anderen Handschriften überliefert ist. Im sog. *Cân yr Henwr* (»Lied des Greises«) läßt der Dichter Ll. von sich selbst als einem gramgebeugten, einsamen und kranken alten Mann erzählen. In anderen Strophen beklagt Ll. den Tod seiner 24 Söhne, die auf sein Verlangen hin in den Krieg zogen und umkamen. Aller Wahrscheinlichkeit nach bilden die teilweise schwer verständlichen Gedichte die dramatischen Höhepunkte einer Sage, deren Handlung in Prosa erzählt oder als bekannt vorausgesetzt wurde.

Lit.: J. Rowland, Early Welsh Saga Poetry, C. 1990.

Loda heißt in den von James → Macpherson verfaßten »Werken Ossians« ein Geist, der von den germanischen Kriegern aus Lochlin (Skandinavien) verehrt wird. Dem Gedicht *Cath-Loda* zufolge ist das Firmament der Wohnsitz des Geistes und ein Baum die Stätte, an der er durch Orakel seinen Willen kundgibt. In dem Gedicht *Carric-Thura* ist eine Steinsetzung der Ort seines Kults. Dort begegnet der schottische König → Fingal dem Geist und trägt im Kampf mit ihm den Sieg davon. – Von dieser Episode inspiriert sind das Gemälde *Fingals Kampf mit dem Geist von L.* (1796, Statens Museum for Kunst Kopenhagen) von Asmus Jacob Carstens (1754–1798) und das Lied *Lodas Gespenst* (1815) von Franz Schubert (1797–1828).

Loegaire Buadach (ir. /'Loiɣar′e 'buaðax/ »L. der Siegreiche«) heißt in den Erzählungen des → Ulster-Zyklus einer der bedeutendsten Krieger von Ulster. Nach seinem Vater Connad oder Connach heißt er auch mac Connaid bzw. Connaich. Von seinem Ende erzählt die Geschichte → *Aided Loegairi Buadaig*.

Loeg mac Riangabra (ir. /Loiɣ mak 'R′ianɣavra/) heißt in den Erzählungen des → Ulster-Zyklus der Wagenlenker und treue Begleiter des Helden → Cú Chulainn.

Longas mac nUislenn (ir. /'Loŋgas vak 'nuʃl'eN/ »Das Exil der Söhne Uislius«) heißt eine der »Vorerzählungen« (→ remscéla) zur Geschichte des Rinderraubs von Cuailnge (→ *Táin Bó Cuailnge*). Ihre älteste Fassung stammt vermutlich aus dem 9. Jh. und ist im »Buch von Leinster« (→ Lebor Laignech), im →»Gelben Buch von Lecan« und in einer Handschrift aus dem frühen 16. Jh. überliefert.

Die Geschichte erzählt, wie der alternde König Conchobar von Ulster in einem abgelegenen Gehöft das Mädchen Deirdriu aufziehen läßt, um sie dereinst zur Frau zu nehmen. Deirdriu jedoch verliebt sich in den jungen Krieger Noísiu, den Sohn des Uisliu. Von Conchobars Zorn verfolgt, gehen die beiden zusammen mit zwei weiteren Söhnen Uislius außer Landes. Auf das Drängen seiner Untertanen hin bietet Conchobar den Flüchtlingen die Rückkehr nach Ulster an. Als Sicherheit sendet er ihnen seinen Sohn Cormac und die beiden Krieger Fergus und Dubthach als Bürgen. Auf dem Weg zu Conchobars Burg werden die Söhne Uislius jedoch von dem mit Conchobar verbündeten König Eogan mac Durthacht erschlagen. Daraufhin gehen die drei Bürgen aus Empörung über den Treuebruch des Königs zu dem mit Ulster verfeindeten König Ailill von Connacht über. Deirdriu aber wird gefesselt vor Conchobar geführt. Nach einem Jahr der Gefangenschaft, in dem sie weder ißt noch schläft und niemals lächelt, nimmt sie sich schließlich das Leben. – Durch die Verarbeitung dieses Stoffs in der Literatur der → Irischen Renaissance wurde die weibliche Hauptfigur der Erzählung weit über die Grenzen der keltischen Länder hinaus bekannt (vgl. → Deirdre).

Ausg.: V. Hull, L. m. nU.: The Exile of the Sons of Uisliu, Lo. 1949 (m. engl. Übers.).

Übers.: R. Thurneysen, Sagen aus dem alten Irland, B. 1901; J. Gantz, Early Irish Myths and Sagas, Harm. 1981.

Lit.: R. J. Cormier, Remarks on ›The Tale of Deirdriu and Noisiu‹ and the Tristan Legend, EC 15 (1976/77) 303–315; M. Tymoczko, Animal Imagery in L. m. nU., StC 20/21 (1985/86) 145–166.

Lucan (Marcus Annaeus Lucanus) war ein römischer Dichter des 1. Jhs. n. Chr. Von seinen zahlreichen Werken ist lediglich ein unvollendet gebliebenes Epos in 10 Büchern über den Bürgerkrieg zwischen Pompeius und Caesar erhalten geblieben. Es trägt in den Handschriften den Titel *Bellum civile*, wird jedoch heute nach einer Bemerkung des L. auch *Pharsalia* genannt. Das erste Buch des Werks enthält in den Versen 396–465 eine Vielzahl ethnographischer Angaben zu den Volksstämmen Galliens, darunter eine Beschreibung der keltischen → Barden und → Druiden sowie die berühmte Erwähnung der keltischen Götter → Teutates, → Esus und → Taranis. Im dritten Buch beschreibt L. einen gallischen heiligen Hain (→ nemeton), dessen Bäume von Caesar während einer Belagerung gefällt werden. – Von dieser Episode inspiriert ist das Gedicht *Das Heiligtum* von Conrad Ferdinand Meyer (1825–1898).

Lit.: R. Nierhaus, Zu den geogr. Angaben in L.s Gallien-Exkurs, BJb 153 (1953) 46–62.

Luchta (ir. /'Luxta/) heißt in der Geschichte der Schlacht von Mag Tuired (→ *Cath Maige Tuired*) der Zimmermann der → Tuatha Dé Danann. Im Verlauf des Kampfs gegen die → Fomoire versorgt er die Krieger mit Schilden und Speerschäften.

Lugaid Lága (ir. /'Luɣið' 'La:ɣa/) heißt in den Erzählungen des → Historischen Zyklus ein Bruder des Königs → Ailill Aulom. In der Geschichte der Schlacht von Mag Mucrama (→ *Cath Maige Mucrama*) begleitet er → Lugaid mac Con in die Verbannung und kämpft in der Schlacht um die Vorherrschaft an seiner Seite. Er erschlägt im Zweikampf den irischen König → Art mac Cuinn, dient später aber seinem Sohn und Nachfolger → Cormac mac Airt. In den Erzählungen des → Finn-Zyklus gilt L. deshalb als einer der bedeutendsten Krieger der → Fianna.

Lugaid mac Con (ir. /'Luɣið' mak kon/) heißt in den Erzählungen des → Historischen Zyklus ein König, der im 3. Jh. n. Chr. über Irland geherrscht haben soll. Die Geschichte → *Cath Maige Mucrama* erzählt, wie er in den Auseinandersetzungen mit seinem Ziehbruder Eogan und dessen Schwager Art den Sieg davonträgt, jedoch nach einer glücklosen Herrschaft den Thron und das Leben verliert.

Lug mac Ethnenn (ir. /Luɣ mak 'eθ'n'eN/) heißt eine Gestalt des → Mythologischen Zyklus. Sein Vater ist → Cian, ein Sohn des Arztes → Dian Cécht aus dem Volk der → Tuatha Dé Danann, seine Mutter ist Ethne, eine Tochter des Riesen → Balar aus dem Volk der → Fomoire. Eine Hauptrolle spielt L. in der Geschichte der Schlacht von Mag Tuired (→ *Cath Maige Tuired*), in der er die Tuatha Dé Danann zum Sieg über die Fomoire führt. Seine stehenden Beinamen sind Samildánach »aller Künste kundig« und Lámfada »mit dem langen Arm«. In der Erzählung → *Baile in Scáil* erscheint L. dem König → Conn Cétchathach, und in den Geschichten des → Ulster-Zyklus tritt er als Vater des Helden → Cú Chulainn auf. Sehr wahrscheinlich bewahrt L. Züge des keltischen Gottes Lugus, dessen Kult vor allem durch → Ortsnamen wie Luguvalium (Carlisle) und Lug(u)-dunum (Lyon, Laon, Leiden) bezeugt ist. Auf Lugus bezieht man die Bemerkung → Caesars über den obersten gallischen Gott (vgl. → Mercurius).

Lugnasad (ir. /'Luɣnasað/) bezeichnet im irischen Kalender den Herbstanfang (1. August). Der Tag wurde als Beginn der Erntezeit mit gemeinschaftlichen Festen gefeiert. Die damit verbundenen Bräuche wurden nach einer Angabe im Glossar des Bischofs Cormac (→ *Sanas Chormaic*) in vorgeschichtlicher Zeit von → Lug mac Ethnenn gestiftet, von dem das Fest auch seinen Namen haben soll.

Lit.: K. Danaher, The Year in Ireland, Du. 1972; M. MacNéill, The Festival of Lughnasa, Du. [2]1982.

Lugus → Lug mac Ethnenn.

Lunulae (lat. »kleine Monde«) nennt man einen bestimmten Typus mondsichelförmiger flacher Schmuckstücke. Sie wurden aus Goldblech gehämmert und vor allem am Rand und an den Enden mit ziselierten geometrischen Mustern verziert. Insgesamt fand man über 100 L. in Westeuropa, etwa 80 davon in Irland. In Keltendarstellungen des 18. und 19. Jhs. erscheinen L. gelegentlich als Bestandteil des Ornats der → Druiden. Tatsächlich stammen sie aber aus der frühen Bronzezeit und sind somit vorkeltischen Ursprungs.

Lit.: J. J. Taylor, L. reconsidered, Procs. of the Prehistoric Soc. 36 (1970) 38–81; dies., Bronze Age Goldwork of the British Isles, C. 1980.

Luzel, François-Marie (1821–1895), Volkskundler, wurde in Keramborgne in der Bretagne geboren und wirkte in verschiedenen Orten seiner Heimat als Gymnasiallehrer, Journalist und Archivar. Neben Ausgaben bretonischer Mysterienspiele veröffentlichte er zahlreiche Bände einheimischen Erzähl- und Liedguts, darunter die zweisprachigen Sammlungen bretonischer Volkslieder *Gwerziou Breiz-Izel* (1868–1874) und *Soniou Breiz-Izel* (1890) sowie die Sammlung bretonischer Märchen in französischer Übersetzung *Contes populaires de Basse-Bretagne* (1887).

Lit.: P. Batany, L., poète et folkloriste breton, Rennes 1941.

mabinogi (wal. /mabi 'nogi/) ist in einer Handschrift des 14. Jhs. die Übersetzung des lateinischen Wortes infantia »Kindheit«. Man vermutet deshalb, daß m. ursprünglich die Kindheit einer Person und später im erweiterten Sinn die Geschichte einer Kindheit bezeichnete. Umstritten ist die Bedeutung der Bezeichnung → Pedeir Ceinc y M. »Die Vier Zweige des M.«. So nennt die handschriftliche Überlieferung eine Gruppe von vier Erzählungen, die von den wunderbaren Abenteuern einer Vielzahl mythischer und sagenhafter Gestalten berichten. Einer weit verbreiteten Auffassung zufolge soll die im ersten Zweig erzählte Geburt und Kindheit des → Pryderi den ursprünglichen Kern dieser Erzählungen gebildet haben. Dabei bleibt jedoch unklar, weshalb die Bezeichnung m. auch für die uns vorliegende Gestalt dieser Texte beibehalten wurde. Überholt ist die noch von Sir John → Rhŷs, Alfred → Nutt und Joseph → Loth vertretene Erklärung, wonach m. das Erzählrepertoire eines mabinog, d. h. eines angehenden Dichters, bezeichne. Tatsächlich handelt es sich bei dem Wort mabinog um eine Erfindung von Edward → Williams.

Mabinogion (wal. /mabi'nogjon/) ist der Titel, unter dem Lady Charlotte → Guest 1838–1849 eine dreibändige Übersetzung von zwölf walisischen Prosatexten veröffentlichte. Dabei handelt es sich um die Erzählungen → *Pwyll Pendefig Dyfed*, → *Branwen ferch Lŷr*, → *Manawydan fab Llŷr*, → *Math fab Mathonwy*, → *Breuddwyd Macsen*, → *Cyfranc Lludd a Llefelys*, → *Culhwch ac Olwen*, → *Breuddwyd Rhonabwy*, → *Iarlles y Ffynnawn*, → *Peredur fab Efrawg*, → *Gereint fab Erbin* und → *Hanes Taliesin*.
Der Form nach ist M. ein Plural des mittelkymrischen Wortes → mabinogi, doch kommt dieser Plural in der handschriftlichen Überlieferung nur ein einziges Mal vor und beruht allem Anschein nach auf einer Verschreibung. Überdies bezieht sich der Singular nur auf die ersten vier der oben genannten Erzählungen. Die von Lady Guest geprägte Bezeichnung fand dennoch eine weite Verbreitung und wurde auch im Titel der klassischen Übersetzungen von Joseph → Loth (*Les M.* ²1913) und Gwyn Jones und Thomas Jones (*The M.* 1948) beibehalten. Im Unterschied zu Lady Guest bezieht man den Namen M. heute allerdings nur auf die ersten elf der oben genannten Erzählungen. Sie sind in zwei Fassungen u. a. im »Roten Buch von Hergest« (→ Llyfr Coch Hergest) und im »Weißen Buch von Rydderch« (→ Llyfr Gwyn Rhydderch) überliefert. Die zuletzt genannte Erzählung *Hanes Taliesin* ist dagegen in keiner dieser beiden Handschriften enthalten und wird deswegen nicht dazu gezählt.
Alle Texte sind schriftliche Fixierungen von ursprünglich mündlich überliefertem Erzählgut. Vereinzelte Anspielungen in der mittelalterlichen walisischen Dichtung lassen erkennen, daß auch andere Versionen als die uns überlieferten Fassungen im Umlauf waren. Aus einer vergleichenden Betrachtung geht hervor, daß der Inhalt der Geschichten teils dem Mythos, teils der Sage, teils dem Märchen entstammt.

Lit. s. unter den einzelnen Erzählungen.

Mabon fab Modron (wal. /'mabon vaːb 'modron/) heißt in dem Gedicht → *Pa ŵr yw'r porthor?* ein Gefolgsmann von → Uthyr Bendragon. Die Erzählung → *Culhwch ac Olwen* berichtet, daß M. als neugeborenes Kind seiner Mutter → Modron geraubt und in Caer Loyw (Gloucester) gefangen gehalten worden sei. Erst → Arthur und seinem Gefolge sei es gelungen, ihn zu befreien. Eine Anspielung auf diese Überlieferung begegnet in einer der → *Trioedd Ynys Prydein*. Dort wird M. als »einer der drei vornehmen Ge-

fangenen der Insel Britannien« bezeichnet.
Wie es scheint, wurde das Motiv der Gefangenschaft zusammen mit dem Namen M. auch in die höfische → Artus-Literatur übernommen. So schildert → Chrétien de Troyes in seinem Versroman *Erec* einen verwunschenen Garten, der von einem Ritter namens Mabonagrain bewacht wird. Unter dem Namen Mabuz erscheint eine vergleichbare Gestalt in dem Versroman *Lanzelet* von → Ulrich von Zatzikhoven. Welche Bedeutung das Motiv der Gefangenschaft in der keltischen Überlieferung hatte, ist jedoch aus den vorhandenen Quellen nicht mehr ersichtlich. Nach einer Vermutung von W. J. → Gruffydd ist es mythologischen Ursprungs und steht im Zusammenhang mit der Entführung des Knaben → Pryderi in der Erzählung → *Pwyll Pendefig Dyfed*. Einen Hinweis auf mythologische Zusammenhänge sieht man darin, daß eine ältere Form des Namens M. in antiken Inschriften einen keltischen Gott bezeichnet (vgl. → Maponus).

Lit.: R. Bromwich, Trioedd Ynys Prydein, Car. [2]1978.

mac (ir. /mak/) bedeutet »Sohn des . . .« und ist ein häufiger Bestandteil irischer und schottischer Namen (vgl. → ó). Das Wort entspricht etymologisch dem walisischen Namenbestandteil → ap/ab und hat dieselbe Bedeutung wie anglonormannisch Fitz (Fitzgerald = MacGearailt). Die weibliche Form lautet ní »Tochter des . . .« oder nic (aus ní mhic »Tochter des Sohnes des . . .«). Sie entspricht kymr. merch/ferch.

Mac Cuill, Mac Cécht und **Mac Gréine** (ir. /mak kuL', mak k'eːxt, mak 'g'r'eːn'e/) heißen im »Buch der Einnahme Irlands« (→ *Lebor Gabála Érenn*) die drei Könige der → Tuatha Dé Danann, die bei der Ankunft der Söhne des → Míl gemeinsam über Irland geherrscht haben sollen. Als ihre Gattinnen gelten → Banba, → Fótla und → Ériu.

Mac Dathó (ir. /mak 'daθoː/) heißt der Titelheld der Erzählung → *Scéla mucce Meic Dathó*. Sein eigentlicher Name ist Mes Roeda »Eichelernte des großen Waldes«.

Macgnímrada Con Culainn (ir. /'makγ'n'iːvraða kon 'kuliN'/ »Cú Chulainns Knabentaten«) lautet die Überschrift eines Kapitels in der Erzählung des Rinderraubs von Cuailnge (→ *Táin Bó Cuailnge*). Es enthält die Geschichte der Jugend → Cú Chulainns, erzählt von einigen der aus Ulster verbannten Krieger.
Während das Heer der Connachter gegen Ulster vorrückt, schildert zunächst → Fergus mac Roich, wie Cú Chulainn einmal ganz allein gegen dreimal fünfzig Knaben beim Ballspiel die Oberhand behielt. Daraufhin berichtet → Conall Cernach, wie Cú Chulainn zu seinem Namen kam. Als er nämlich noch seinen alten Namen Sétanta trug, tö-

tete er in Notwehr den gefürchteten Hund des Schmieds Culann, der von neun Kriegern an drei Ketten gehalten werden mußte. Weil der Knabe dem Schmied versprach, in Zukunft selbst für ihn sein Vieh zu bewachen, nannte man ihn fortan Cú Chulainn, d. h. »Culanns Hund«. (In der jüngeren Fassung des Werks erzählt → Cormac Conn Longas diese Geschichte.) Zuletzt schildert schließlich ein Krieger namens Fiachu mac Fir Febe, wie Cú Chulainn einst nach einem Abenteuer mit den Köpfen dreier erschlagener Feinde, einem lebendigen Hirsch und einem Schwarm wilder Schwäne, die er an seinen Wagen gebunden hatte, nach Ulster zurückkehrte. Um seinen Kampfesmut zu kühlen, traten ihm auf Geheiß des Königs Frauen mit entblößter Scham entgegen, und Krieger steckten den Rasenden der Reihe nach in drei Fässer mit kaltem Wasser, um seine Glut zu kühlen.

Macha (ir. /'maxa/) heißt eine Figur aus den Erzählungen des → Ulster-Zyklus. Der Geschichte → *Noínden Ulad* zufolge war sie die Frau eines reichen Bauern namens Crunnchu, doch schildern andere Quellen sie als Königstochter oder eine der → Morrígain ähnliche mythische Gestalt. Möglicherweise sah man in M. ursprünglich eine Göttin der Königsherrschaft, mit der man den König von Ulster durch eine → Heilige Hochzeit verbunden glaubte.

Lit.: F. Le Roux u. Ch.-J. Guyonvarc'h, Mórrígan-Bodb-M., Rennes 1983.

Macpherson, James (1736–1796), wurde in Ruthven im Schottischen Hochland geboren. Nach Studien in Aberdeen und Edinburgh war er zunächst als Dorfschullehrer in seinem Heimatort und später als Hauslehrer in Edinburgh tätig. 1759 machte er die Bekanntschaft des Dramatikers John Home (1722–1808) und des Theologen Alexander Carlyle (1722–1805). Als beide ihr Interesse an der gälischen Dichtung des Schottischen Hochlands bekundeten, zeigte ihnen M. 16 kurze Texte, die er nach eigener Aussage selbst aus dem Schottisch-Gälischen übersetzt hatte. Durch Homes Vermittlung gelangten diese Texte in die Hände des Edinburgher Professors für Poetik und Rhetorik Hugh Blair (1718–1800) und wurden auf dessen Initiative hin im Juli 1760 unter dem Titel *Fragments of Ancient Poetry, Collected in the Highlands of Scotland* veröffentlicht. Die positive Aufnahme des Buchs veranlaßte M., nach Reisen im Hochland zwei weitere Bände mit epischen Dichtungen zu veröffentlichen. 1762 erschien *Fingal* und 1763 *Temora*. Als Verfasser bezeichnete ein Zusatz zum Titel der beiden Bücher den gälischen Dichter → Ossian, der nach den Angaben des Herausgebers M. im 3. Jh. n. Chr. gelebt haben sollte. Alle drei Bücher erschienen 1765 zusammen mit einer »kritischen Abhandlung« von Hugh Blair unter dem Titel *The Works of Ossian, the Son of Fingal* in einer zweibändigen Gesamtausgabe. Zu diesem Zeitpunkt hatte in Großbritannien bereits eine erbitterte Auseinandersetzung um die Echtheit der Gedichte eingesetzt.

Wie man heute weiß, hat M. die »Werke Ossians« unter Rückgriff auf Namen, Episoden und Motive verschiedener keltischer Sagenkreise weitgehend selbst verfaßt. Bei der erstmals 1807 veröffentlichten schottisch-gälischen Fassung der Gedichte handelt es sich dementsprechend nicht um das von M. reklamierte Original, sondern vielmehr um eine nachträgliche Übersetzung aus dem Englischen. In der gefühlsbetonten Darstellung des Stoffs folgte M. dem Publikumsgeschmack seiner Zeit, doch galten die »Werke Ossians« bei vielen Zeitgenossen als – wenn auch unzulängliche – Übersetzungen authentischer keltischer Dichtung. Sie waren in ganz Europa in zahlreichen Übersetzungen weit verbreitet und übten auf den Sturm und Drang und die Romantik einen weitreichenden Einfluß aus. Zu den bekanntesten Bewunderern der ossianischen Dichtung in Deutschland zählten Herder (*Auszug aus einem Briefwechsel über Ossian und die Lieder alter Völker* 1773) und der junge Goethe, der einen Teil der »Werke Ossians« ins Deutsche übertrug und in seinem Roman *Die Leiden des jungen Werthers* (1774) verwendete.

Bibl.: G. F. Black, M.'s Ossian and the Ossianic Controversy: a contribution towards a bibliography, Bull. of the NY Public Library 30 (1926) 424–439 u. 508–524; J. J. Dunn, Supplem. Bibliography, ebda. 75 (1971) 465–473.
Autor u. Werk: F. Stafford, J. M. and the Poems of Ossian, E. 1988; P. J. de Gategno, J. M., Boston 1989; H. Gaskill (Hrsg.), Ossian revisited, E. 1991.
Kelt. Hintergrund: L. C. Stern, D. ossian. Heldenlieder, Zeitschr. f. vergl. Literaturgesch. 8 (1895) 51–86 u. 143–174; D. S. Thomson, The Gaelic Sources of M.'s ›Ossian‹, E. 1952; J. Weisweiler, Hintergrund und Herkunft d. ossian. Dichtung, Literaturwiss. Jahrb. d. Görres-Ges. 4 (1963) 21–42; J. Bysveen, Epic Tradition and Innovation in J. M.'s ›Fingal‹, Up. 1982; H. Gaskill, ›Ossian‹ M.: towards a rehabilitation, Comparative Literature 8 (1986) 113–146; D. S. Thomson, M.'s Ossian: ballads to epics, Béaloideas (Dublin) 54/55 (1986/87) 243–264; H. Gaskill, What did J. M. really leave on display at his publisher's shop in 1762?, SGS 16 (1990) 67–89.
Nachleben: R. Tombo, Ossian in Germany, NY. 1901; P. van Tieghem, Ossian en France, 2 Bde., P. 1917; ders., Ossian et l'Ossianisme dans la littérature européenne du XVIIIe siècle, Groningen 1920; H. Okun, Ossian in Painting, Journal of the Warburg and Courtauld Institutes 30 (1967) (327–356; Ossian u. die Kunst um 1800, H. 1974 (Ausstellungskat.); I. D. Levin, Ossian v russkoj literature, Leningrad 1980; A. Grewe, Ossian u. seine europ. Wirkung, in: K. Heitmann (Hrsg.), Europ. Romantik II (Wi. 1982) 171–188; S. M. Gilardino, La tradizione ossianica nella poesia dell'Alfieri, del Foscolo e del Leopardi, Ravenna 1982; S. Manning, Ossian, Scott, and 19th cent. Scottish Literary Nationalism, Studies in Scottish Lit. 17 (1982) 39–54.

Mac Roth (ir. /mak Roθ/) heißt in der Geschichte des Rinderraubs von Cuailnge (→ *Táin Bó Cuailnge*) ein Späher und Bote des Königs → Ailill von Connacht. Wie es heißt, konnte er in einem einzigen Tag ganz Irland durchwandern.

Mael Dúin (ir. /mail duːn'/) heißt der Titelheld der Erzählung → *Immram Curaig Maíle Dúin*.

Maelgwn (wal. /'mailgun/) herrschte in der ersten Hälfte des 6. Jhs. n. Chr. über das nordwalisische Königreich → Gwynedd. Die ältesten Nachrichten über ihn verdanken wir seinem Zeitgenossen → Gildas, der M. in seiner Schrift *De excidio Britanniae* wegen seiner Lebensführung scharf angriff. Als eine Gestalt der Sage erscheint M. in der Erzählung → *Hanes Taliesin*.

Lit.: J. Wood, M. Gwynedd: A Forgotten Welsh Hero, Trivium 19 (1984) 103–117.

Mael-Muire mac Célechair (ir. /mail 'mur'e mak 'k'eːl'exir'/) war einer der beiden ursprünglichen Schreiber des »Buchs der dunklen Kuh« (→ Lebor na hUidre). Er wurde nach einem Eintrag in den sog. Annalen der Vier Meister 1106 von Plünderern in der Steinkirche des Klosters Clonmacnoise ermordet, weshalb man die ältesten Teile der Handschrift in die Zeit um 1100 datieren kann.

Märchen. Sehr wahrscheinlich erzählten sich bereits die Kelten des Altertums Geschichten von wunderbaren Ereignissen, die ohne Anspruch auf Glaubwürdigkeit in erster Linie der Unterhaltung dienen sollten. Nähere Kenntnis haben wir davon jedoch nicht, da die Kelten selbst solche Geschichten nur mündlich überlieferten und die antike → Ethnographie diesem Gegenstand keine Beachtung schenkte.

Besser unterrichtet sind wir erst im Hinblick auf die keltischen Literaturen des Mittelalters, die an vielen Stellen den Einfluß international verbreiteter Märchenmotive erkennen lassen. Dieser Einfluß zeigt sich direkt bereits in den frühesten irischen und walisischen Erzählungen, indirekt in der von keltischer Überlieferung geprägten → Artus-Literatur. Dabei ist es freilich in vielen Fällen schwierig, märchenhafte Züge der Überlieferung von mythischen oder sagenhaften zu unterscheiden. Überdies stehen die uns vorliegenden Texte alle mehr oder weniger unter dem Einfluß literarischer Konventionen und sind keine getreuen Wiedergaben mündlich überlieferten Erzählguts.

Die frühesten Aufzeichnungen von M. stammen erst aus dem 19. Jh. Zu den bedeutendsten Sammlern zählen in Irland Th. C. → Croker, D. → Hyde und J. → Curtin, in Schottland J. F. → Campbell, in Wales J. → Rhŷs und W. J. → Thomas, in der Bretagne F.-M. → Luzel. Die umfangreichsten Aufzeichnungen stammen aus Irland, wo sich die Praxis mündlichen Erzählens vor allem in ländlichen Gegenden bis ins 20. Jh. gehalten hat.

Sammlungen kelt. Märchen in dt. Übers.: L. Mühlhausen, Diarmuid mit dem roten Bart: Irische Zauberm., Kassel 1956; R. Soupault, Bretonische M., Kö. 1959; K. Müller-Lisowski, Irische Volksm., Kö. 1962; H. Aitken u. R. Michaelis-Jena, M. aus Schottland, Kö. 1965; U. Clemen,

Irische M., Mn. 1971; Irische Elfenm., F. 1987; Irische Land- und Seem., F. 1988.
Lit.: T. P. Cross, Motif Index of Early Irish Literature, Bloomington (Ind.) 1952; K. H. Jackson, The International Popular Tale and Early Welsh Tradition, Car. 1961; S. Ó Súilleabháin u. R. Th. Christiansen, The Types of the Irish Folktale, He. 1963; J. H. Delargy, The Gaelic Story-Teller, PBA 31 (1967) 177–221; A. Welsh, The Traditional Narrative Motifs of the Four Branches of the Mabinogi, CMCSt 15 (1988) 51–62.

Maeve ist die englische Form des irischen Namens → Medb.

Magdalenenberg ist der heutige Name eines bei Villingen-Schwenningen gelegenen keltischen → Fürstengrabs. Es stellt mit einem ursprünglichen Durchmesser von 104 m und einer ursprünglichen Höhe von 8–10 m einen der größten eisenzeitlichen Grabhügel Mitteleuropas dar. Zugleich ist es – neben dem → Hohmichele – das älteste dieser Denkmäler. Bereits 1890 wurde der zentrale Teil des Hügels mit der antik geplünderten zentralen Grabkammer ausgegraben. 1970–74 wurde der M. dann vollständig untersucht. Dabei legte man neben der zentralen Grabanlage insgesamt 126 Nebengräber frei. Die Kleinfunde aus diesen Gräbern und die aus Eichenbohlen gefertigte zentrale Grabkammer sind jetzt im Franziskaner-Museum in Villingen-Schwenningen zu sehen. Der Hügel wurde nach Beendigung der Ausgrabungen wieder aufgeschüttet und vermittelt mit einer Höhe von 6,5 m noch einen guten Eindruck von seinem ursprünglichen Aussehen.

Lit.: K. Spindler, M. I–VI, Villingen-Schwenningen 1971–1980; ders., Der M. bei Villingen, St. 1976; H. Parzinger, Zur Belegungsabfolge auf dem M. bei Villingen, Germania 64 (1986) 391–407.

Magie → Defixio, → Amulette, → Religion, → Zauber.

Mag Mell (ir. /maγ m′eL/ »Ebene der Wonnen«) ist der Name einer nicht näher bezeichneten paradiesischen Gegend jenseits der von Menschen bewohnten Welt.

Mag Muirthemne (ir. /maγ 'mur′θ′ev′n′e/) heißt in den Erzählungen des → Ulster-Zyklus die Heimat des Helden → Cú Chulainn. Als seine Residenz gilt vor allem in späten Texten die Burg Dún Delga oder (jünger) Dún Delgá(i)n (engl. Dundalk). Der Name M. M. bezieht sich auf die Ebene südlich von Dundalk.

Mag Tuired (ir. /maγ 'tur′eð/) ist der Name einer Ebene im Nordwesten der Provinz Connacht. Der Überlieferung zufolge war sie in vorgeschichtlicher Zeit der Schauplatz zweier bedeutender Schlachten zwischen den → Fir Bolg und den → Tuatha Dé Danann und zwischen den Tuatha Dé Danann und den → Fomoire. Die Vorgeschichte und den Verlauf der zweiten Schlacht schildert die Erzählung → *Cath Maige Tuired.*

Malory, Sir Thomas, englischer Schriftsteller, wurde zu Beginn des 15. Jhs. in Warwickshire geboren und starb

1471 in London. Zwischen 1450 und 1470 verfaßte er eine umfangreiche Sammlung von Nacherzählungen der höfischen Romane um König → Arthur. Die nur lose miteinander verbundenen Geschichten wurden nach dem Tod des Autors von dem Drucker William Caxton zu einem Buch zusammengefaßt und 1485 unter dem Titel *Le Morte Darthur* veröffentlicht. Das Werk bildet den Abschluß der mittelalterlichen → Artus-Literatur und übte auf die neuzeitliche Rezeption dieses Genres besonders im angelsächsischen Sprachraum einen großen Einfluß aus.

Lit.: T. Takamiya u. D. Brewer (Hrsg.), Aspects of M., Wo. 1981; J. W. Spisak (Hrsg.), Studies in M., Kalamazoo (Mich.) 1985; F. Riddy, Sir Th. M., Lei. 1987.

Malvina (aus schottisch-gälisch mala mhín »schöne Stirn«) heißt in den von James → Macpherson verfaßten »Werken Ossians« die Tochter eines vornehmen Kriegers namens Toscar. Den Gedichten zufolge war sie verlobt mit → Oscar, dem einzigen Sohn des Dichters → Ossian, und nahm sich nach dem frühen Tod ihres Verlobten seines greisen Vaters an. Der Name und die Gestalt der M. sind eine Schöpfung Macphersons und haben in der keltischen Überlieferung keine Entsprechung.

Manannán mac Lir (ir. /'manaNa:n mak L'ir'/) heißt in der irischen Literatur der Herrscher eines geheimnisvollen Reiches jenseits des Meeres, das in den Texten als → Emain Ablach, → Mag Mell oder auch → Tír Tairngiri bezeichnet wird. Der Name mac Lir (»Sohn der See«) weist darauf hin, daß M. im Meer zu Hause ist. Hoch- und spätmittelalterliche Gelehrsamkeit erklärte das Wort »Lir« als den Namen von M.s Vater. Dieser tritt jedoch erst in der Erzählung *Oidheadh Chlainne Lir*, einer irischen Fassung des Märchens vom Schwanenritter aus dem 15. Jh., als handelnde Person in Erscheinung.
Zu den frühesten Erzählungen, in denen M. eine Rolle spielt, zählen → *Compert Mongáin*, → *Immram Brain* und → *Serglige Con Culainn*. In späteren Texten wird M. häufig den → Tuatha Dé Danann zugerechnet und gilt als Spender von Geschenken mit magischen Eigenschaften wie etwa des Zaubernebels → féth fiada.

Lit.: J. Vendryes, M., EC 6 (1952) 239–254; D. B. Spaan, The Place of M. in Irish Mythology, Folklore 76 (1965) 176–195.

Manawydan fab Llŷr (wal. /mana'wədan va:b ɬi:r/) ist der Titel des dritten der »Vier Zweige des Mabinogi« (→ Pedeir Ceinc y Mabinogi).
Die Hauptfigur der Erzählung ist M., der Bruder des britannischen Königs Brân. Er heiratet nach seiner Rückkehr von Brâns Feldzug in Irland Rhiannon, die Witwe des Fürsten Pwyll von Dyfed und Mutter seines Kriegsgefährten Pryderi. Eines Tages verschwinden in Dyfed durch einen geheimnisvollen

Zauber alle Menschen und zahmen Tiere, so daß M., Rhiannon, Pryderi und dessen Ehefrau Cigfa allein zurückbleiben. Zwei Jahre verbringen die vier in vollständiger Einsamkeit, dann gehen sie außer Landes. In England suchen M. und Pryderi der Reihe nach als Sattler, Schildmacher und Schuster ihren Lebensunterhalt zu verdienen. Die feindselige Haltung der einheimischen Handwerker zwingt sie jedoch immer wieder, von einem Ort zum nächsten zu ziehen. Schließlich verlassen sie England wieder und kehren in das noch immer menschenleere Dyfed zurück. Dort werden Rhiannon und Pryderi wiederum durch Zauber in eine Festung eingeschlossen, die sogleich zusammen mit den Gefangenen spurlos verschwindet. Am Ende der Erzählung gelingt es M. jedoch, den Urheber all dieser Machenschaften ausfindig zu machen, Rhiannon und Pryderi zu befreien und den Zauber von Dyfed zu nehmen.

Ausg.: I. Williams, Pedeir Keinc y Mabinogi, Car. 1930.
Übers.: G. Jones u. T. Jones, The Mabinogion, rev. ed. Lo. 1974; J. Gantz, The Mabinogion, Harm. 1976.
Lit.: P. K. Ford, Prolegomena to a Reading of the Mabinogi: ›Pwyll‹ and ›Manawydan‹, StC 16/17 (1981/82) 110–125.

Manching ist ein Ort ca. 8 km südlich von Ingolstadt. Unmittelbar östlich von M. befand sich im 2./1. Jh. v. Chr. eines der größten keltischen → Oppida. Es erstreckte sich über eine Grundfläche von 380 ha und war von einer über 7 km langen und 5 m hohen Mauer umgeben. Nach ersten Grabungen im 19. Jh. und einer 1938 durchgeführten archäologischen Untersuchung ist M. seit 1955 in zahlreichen Grabungskampagnen planmäßig erforscht worden. Es gehört deshalb zu den am besten bekannten Oppida. Die archäologischen Funde sind teils in der Prähistorischen Staatssammlung in München, teils im Stadtmuseum von Ingolstadt zu sehen. Seit 1988 unterrichtet ein kleines Museum vor Ort mit einem dazugehörigen archäologischen Lehrpfad über den Stand der Erforschung von M.

Lit.: H. Dannheimer u. R. Gebhard (Hrsg.), Das kelt. Jahrtausend, Mz. 1993 (Ausstellungskat.).

Manx nennt man die keltische Sprache der Insel Man. Sie bildet zusammen mit → Irisch und → Schottisch-Gälisch den gälischen Zweig der inselkeltischen Sprachgruppe. M. wurde im 4./5. Jh. durch irische Siedler auf der Insel eingeführt, doch sind die ersten tausend Jahre seiner Entwicklung ausschließlich durch Orts- und Personennamen belegt. Die ersten umfangreicheren Sprachdenkmäler sind erst in Handschriften und Büchern des 18./19. Jhs. überliefert. Dabei handelt es sich um Übersetzungen religiöser Schriften, Wörterbücher und Grammatiken sowie einheimische Lieder und Balladen, deren Ursprung teilweise bis ins 16. Jh. zurückreicht. Bereits im frühen 19. Jh. setzte mit der Ausbreitung und dem zunehmenden Einfluß des Englischen der Niedergang der Sprache ein. Ihr letzter Sprecher starb 1974 im Alter von 97 Jahren.

Lit.: R. L. Thomson, The M. traditionary ballad, EC 9 (1960/61) 521–548 und 10 (1962/63) 60–87; ders., The Study of M. Gaelic, PBA 55 (1969) 177–210; G. Price, The Languages of Britain, Lo. 1984; G. Broderick, A Handbook of Late Spoken M., 3 Bde., T. 1984–1986.

Maponus heißt ein keltischer Gott. Sein Name ist von einem keltischen Wort für »Kind« oder »Sohn« abgeleitet (vgl. ir. mac und wal. mab »Sohn, Junge«). Die Verehrung des M. bezeugen mehrere Inschriften aus Nordengland (RIB 583, 1120–1122, 2063; AE 1975, 568) sowie die 1971 entdeckte Bleitafel von → Chamalières. Die vier zuerst genannten Weihungen identifizieren M. nach der → Interpretatio Romana mit → Apollo. Dementsprechend zeigen die beiden einzigen eindeutigen bildlichen Darstellungen ihn nach klassischem Vorbild als stehende nackte Gestalt mit Leier. In der walisischen Überlieferung lebt der Name M. fort in dem der Sagengestalt → Mabon fab Modron.

Lit.: J. MacQueen, M. in Mediaeval Tradition, Transactions of the Dumfriesshire and Galloway Nat. History and Antiquarian Soc. 31 (1954) 43–57.

Altar für den Gott Apollo Maponus aus Hexham Abbey in Nordengland (RIB 1120)

March fab Meirchiawn (wal. /marx vaːb 'meirxjaun/) heißt in den → *Trioedd Ynys Prydein* einer der »drei Seefahrer der Insel Britannien«. In der Erzählung → *Breuddwyd Rhonabwy* führt er eine Schar von Kriegern aus Skandinavien an und wird als Vetter und Ratgeber → Arthurs vorgestellt. Eine andere walisische Triade erwähnt M. als Gatten der → Essyllt und Onkel ihres Liebhabers → Drystan. Er entspricht damit dem König Marke in den höfischen Fassungen des Tristan-Stoffs.

Marne → Matrona.

Mars heißt in der römischen Religion der Gott des Krieges. Sein Name dient in lateinischen Inschriften und Literaturwerken auch zur Bezeichnung nich rerer keltischer Gottheiten, die nur teilweise zusätzlich ihren keltischen Namen tragen (sog. → Interpretatio Romana). Bereits → Caesar berichtet, daß die Gallier M. als Lenker der Kriege auffaßten. »Wenn sie sich entschlossen haben, eine Schlacht zu schlagen, weihen sie ihm meistens die Kriegsbeute. Nach einem Sieg bringen sie die lebende Beute als Opfer dar und tragen alles übrige an einem Ort zusammen. Bei vielen Stämmen kann man an geweihten Orten Hügel sehen, die aus solchen Beutestücken aufgeschichtet wurden« (Bell. Gall. 6,17). Wie die große Zahl der Weihinschriften zeigt, war der Kult des M. in den keltischen Provinzen des Römischen Reichs weit verbreitet. Inschriftlich bezeugt sind die Beinamen → Alator, → Albiorix, → Barrex, → Belatucadrus, → Bolvinnus, → Braciaca, → Britovius, → Budenicus, → Buxenus, → Camulus, → Caturix, → Cicollus, → Cnabetius, → Cocidius, → Condatis, → Corotiacus, → Cososus, → Dinomogetimarus, → Divanno, → Iovantucarus, → Latobius, → Lenus, → Leucetius, → Medocius, → Mogetius, → Mullo, → Nabelcus, → Nodons, → Ocelus, → Randosatis, → Rigisamus, → Rudianus, → Segomo, → Smertrius und → Teutates. Die Gleichsetzung des M. mit Teutates ist durch die → Berner Scholien zum Werk des römischen Dichters → Lucan auch literarisch belegt. Viele der oben genannten Beinamen kommen allerdings nur ein- oder zweimal vor. Man vermutet deshalb, daß es sich um lokale Stammesgötter handelt.

Lit.: E. Thevenot, Sur les traces des M. celtiques, Bruges 1955; P.-M. Duval, Les dieux de la Gaule, P. 1976; H. Merten, Der Kult des M. im Trevererraum, Trierer Zeitschrift 48 (1985) 7–113; J.-J. Hatt, Mythes et dieux de la Gaule I, P. 1989.

Math fab Mathonwy (wal. /maːθ vaːb ma'θonwi/) ist der Titel des vierten der »Vier Zweige des Mabinogi« (→ *Pedeir Ceinc y Mabinogi*). Er erzählt die komplizierte Geschichte des zauberkundigen Königs Math von Gwynedd, seiner beiden Neffen Gwydion und Gilfaethwy und deren Neffen Lleu Llaw Gyffes.

Die Erzählung beginnt damit, daß Gilfaethwy sich in die Jungfrau Goewin, eine Dienerin seines Onkels Math, verliebt. Da Math in Friedenszeiten nur so lange leben kann, wie seine Füße im Schoß einer Jungfrau ruhen, zettelt Gilfaethwys Bruder Gwydion einen Krieg zwischen Math und dem Fürsten Pryderi von Dyfed an, um den König von Goewin zu trennen. Während Math im Feld steht, dringt Gilfaethwy zu Goewin vor und vergewaltigt sie. Als der König davon erfährt, verurteilt er seine Neffen zur Strafe dazu, je ein Jahr lang in der Gestalt eines Hirsch-, Wildschwein- und Wolfspaares zu leben und Nachkommen miteinander zu zeugen. Danach nimmt er sie jedoch wieder in Gnaden an seinem Hof auf. Im folgenden wird erzählt, wie Arianrhod, die Nichte des Königs und Schwester von Gwydion und Gilfaethwy, auf geheimnisvolle Weise die beiden Knaben Dylan Eil Ton und Lleu Llaw Gyffes zur Welt bringt. Weil Arianrhod über Lleu das Schicksal verhängt, daß er kein menschliches Wesen zur Frau haben soll, erschaffen Math und Gwydion für ihn aus Blüten eine Frau namens Blodeuwedd (zu wal. blodeu »Blumen, Blüten« und gwedd »Aussehen, Erscheinung«). Die Geschichte endet damit, daß Blodeuwedd Lleu betrügt und zusammen mit ihrem Geliebten Gronwy einen Mordanschlag auf ihn verübt. Mit Gwydions Hilfe jedoch tötet Lleu seinen Rivalen.

Ausg.: I. Williams, Pedeir Keinc y Mabinogi, Car. 1930.
Übers.: G. Jones u. T. Jones, The Mabinogion, rev. ed. Lo. 1974; J. Gantz, The Mabinogion, Harm. 1976.
Lit.: W. J. Gruffydd, M. fab M.: An Enquiry into the Origins and Development of the Fourth Branch of the Mabinogi, Car. 1928; J. Loth, Le Mabinogi de M. vab M. d'après W. J. Gruffydd, RC 46 (1929) 272–300; G. Dumézil, La quatrième branche du Mabinogi et la théologie des trois fonctions, in: P. MacCana u. M. Meslin (Hrsg.), Rencontres de religions (P. 1986) 25–38.

Matière de Bretagne nennt man den Teil der mittelalterlichen Epik, der überwiegend keltisches Erzählgut verarbeitet (→ Artus-Literatur). Der Begriff geht zurück auf den altfranzösischen Dichter Jean Bodel, der um 1200 in der Einleitung zu seinem »Sachsenlied« (Chanson de Saisnes) die keltischen Stoffe von der antikisierenden »Matière de Rome« und der historisierenden »Matière de France« unterschied. In Übereinstimmung mit dem Urteil seiner Zeit charakterisierte der Dichter dabei die Bearbeitungen antiker Stoffe als »weise und lehrreich«, die nationale Heldenepik als »wahr«, die eher märchenhaften Bearbeitungen keltischer Stoffe jedoch als »eitel und gefällig« (vain et plaisant).

Matriarchat → Frau, → Keltenideologie, → Matrilinearität.

Matrilinearität bezeichnet die Vermittlung der Verwandtschaft ausschließlich über die mütterliche Linie. In matrilinear gegliederten Gesellschaften gelten Kinder dementsprechend als nur mit der Familie ihrer Mutter, nicht aber mit der ihres Vaters verwandt. So wurde z. B. die Königsherrschaft bei den (nichtkeltischen!) → Pikten nach dem Zeugnis früher Quellen tatsächlich nach dem Prinzip der M. weitergegeben. In Irland jedoch konstituierte sich die Sippe (→ fine) stets durch patrilineare Verwandtschaft, wobei die Angehörigen der Mutter lediglich gewisse Rechte und Pflichten gegenüber deren Kindern zurückbehielten.
Mit einem Matriarchat, bei dem Frauen die gesellschaftliche und politische Macht auch selbst ausüben, hat M. nichts zu tun.

Matrona ist der keltische Name der Marne. Sie bildete nach → Caesar (Bell. Gall. 1,1) zusammen mit dem Unterlauf der Seine (→ Sequana) die Grenze zwischen dem eigentlichen →

Gallien und dem Siedlungsgebiet der → Belger. Die Verehrung einer gleichnamigen Göttin bezeugt eine Weihinschrift (CIL XIII 5674), die 1831 im Quellgebiet der Marne unweit der Stadt Langres gefunden wurde.

Matronae / Matres / Matrae (dt. Matronen) heißt ein bestimmter Typus von Muttergottheiten. Ihr Kult ist durch über 1100 Weihinschriften und steinerne Bildwerke vor allem aus der Zeit vom 2. bis zum 4. Jh. n. Chr. in vielen keltisch und germanisch besiedelten Gebieten des Römischen Reichs bezeugt. Die meisten dieser Denkmäler sind keine Einzelfunde, sondern begegnen in größerer Zahl in der Nähe von Kultzentren wie z. B. Bonn oder Pesch und Nettersheim in der Eifel.
Bildliche Darstellungen zeigen die M. zumeist als eine sitzende Dreiergruppe (vgl. → Zahlen) reichgewandeter Frauen, die Blumen, Früchte, Ähren und dergleichen in den Händen halten. Dabei wurden nicht nur verheiratete, sondern auch unverheiratete Frauen (kenntlich am Fehlen der Haube und an den aufgelösten Haaren) als M. dargestellt. In den Inschriften tragen die M. in der Mehrzahl der Fälle Beinamen, die manchmal der lateinischen, meist aber der keltischen oder germanischen Sprache zuzuordnen sind. Vergleichsweise häufig sind diese Beinamen von den Bezeichnungen für Völker, Stämme oder Orte abgeleitet.
Nach den Inschriften und Abbildungen zu urteilen galten die M. als Spenderinnen von Erntesegen und Fruchtbarkeit. Unter ihren Schutz stellten sich Familien, größere Personenverbände oder ganze Orte. Einzelheiten über den Kult der M., in dem sich vermutlich germanische und keltische Glaubensvorstellungen vermischten, sind nicht bekannt.

Lit.: G. Bauchhenss u. G. Neumann (Hrsg.), Matronen u. verwandte Gottheiten, Bo. 1987.

Matronendarstellung aus Vertault, Côte-d'Or

Matunus heißt ein keltischer Gott. Seine Verehrung bezeugt eine einzige Weihinschrift (RIB 1265), die um 1715 in der Nähe von High Rochester in Nordengland gefunden wurde. Der Name des M. ist vermutlich ebenso wie der des Gottes → Artaius und die Namen der Göttinnen → Andarta und → Artio von einem keltischen Wort für den Bären abgeleitet (vgl. altir. math »Bär«).

Matzhausen bei Neumarkt in der Oberpfalz ist der Fundort einer der schönsten sog. Linsenflaschen (vgl. → Keramik). Sie stammt aus dem Grab eines Mannes, einer Frau und eines Kindes und wird aufgrund der im selben Grab gefundenen → Fibeln ins frühe 4. Jh. v. Chr. datiert. Die Oberseite des linsenförmigen Körpers der Flasche ist – einmalig in der keltischen → Kunst – mit einem durch Stempelmuster eingerahmten Tierfries verziert. Eingeritzt sind vier Paare von Tieren (Hirsch und Hindin, Rehbock und Ricke, Eber und Sau, Ganter und Gans) sowie ein Hund oder Wolf, der einen Hasen verfolgt. Die Flasche ist jetzt im Museum für Vor- und Frühgeschichte in Berlin zu sehen.

Relief eines Götterpaares mit Widderkopfschlange aus Mavilly

Mavilly ist ein Ort im Dép. Côte-d'Or, an dem sich in gallo-römischer Zeit ein bedeutendes Quellheiligtum befand. Von dort stammt ein Steinpfeiler, der auf allen vier Seiten mit Darstellungen gallischer Gottheiten geschmückt ist. Am bekanntesten ist die Darstellung eines barhäuptigen stehenden Gottes, der einen Halsring (→ Torques) und ein Panzerhemd trägt und mit Speer und Schild bewaffnet ist. Zu seiner Linken steht eine Göttin, deren Hand auf seiner Schulter ruht, während sich zu seiner Rechten eine → Widderkopfschlange emporringelt. Aus stilistischen Gründen wird der Pfeiler ins frühe 1. Jh. n. Chr. datiert. Über die Identität der dargestellten Gottheiten kann man wegen des Fehlens entsprechender Inschriften nur Vermutungen anstellen.

Lit.: E. Thevenot, Le monument de M., Latomus 14 (1955) 75–99; J.-J. Hatt, Mythes et Dieux de la Gaule I, P. 1989.

Medb (ir. /m'eðv/) heißt in den Erzählungen des → Ulster-Zyklus die Gattin des Königs → Ailill von Connacht. Sie gilt als Tochter des Hochkönigs Eochaid Feidlech und soll vor ihrer Ehe mit Ailill bereits dreimal verheiratet gewesen sein. Eine Hauptrolle spielt sie in der Geschichte des Rinderraubs von Cuailnge (→ *Táin Bó Cuailnge*), dessen Verlauf sie durch ihre unversöhnliche Feindschaft gegenüber den Bewohnern von Ulster wesentlich mitbestimmt. Möglicherweise geht die Gestalt der M. auf eine Göttin der Königsherrschaft zurück, mit der man den König durch eine → Heilige Hochzeit verbunden glaubte.

Mediomatriker (lat. Mediomatrici) nennt die antike → Ethnographie einen keltischen Stamm im Gebiet des heutigen Lothringen. Der Name lebt möglicherweise fort in dem der Stadt Metz, die zuvor Divodurum hieß.

Medizin ist ein Bereich der keltischen Kultur, über den nur wenig bekannt ist. Dies rührt vor allem daher, daß medizinisches Wissen ausschließlich mündlich tradiert wurde und deswegen aus vorrömischer Zeit nicht erhalten blieb. In einzelnen Fällen gestattet zwar die anthropologische Untersuchung von Skeletten Rückschlüsse auf Krankheiten oder Verletzungen, doch lassen uns diese Funde über die Behandlungsmethoden völlig im dunkeln. In mehreren Gräbern des 3.–1. Jhs. v. Chr. hatte man den Toten medizinische Instrumente aus → Bronze und → Eisen mitgegeben; darunter befanden sich auch Schädelsägen. Welche Behandlungserfolge man damit erzielen konnte, bleibt jedoch unklar.

Wichtige Aufschlüsse über die M. im römischen Gallien verdanken wir der archäologischen Untersuchung von Quellheiligtümern wie z. B. in → Chamalières, → Glanum, → Hochscheid oder an den Quellen der Seine (→ Sequana). Besonders interessant sind dabei abgesehen von den Weihinschriften die → Votivgaben, die der Gottheit dargeboten wurden und die uns über die Häufigkeit bestimmter Krankheiten und Gebrechen Auskunft geben, da sie oft die betroffenen Organe oder Gliedmaßen abbildeten.

Lit.: J. M. de Navarro, A Doctor's Grave of the Middle La Tène Period from Bavaria, Procs. of the Prehistoric Soc. 21 (1955) 231–248; W. Meid, Dichtkunst, Rechtspflege und M. im alten Irland, in: M. Mayrhofer u. a. (Hrsg.), Antiquitates Indogermanicae (I. 1974) 21–34; B. Rémy, Les inscriptions de médecins en Gaule, Gallia 42 (1984) 115–152; C. Pelletier (Hrsg.), La médecine en Gaule, P. 1985; W. Davies, The place of healing in early Irish society, in: D. Ó Corráin u. a. (Hrsg.), Sages, Saints, and Storytellers (May. 1989) 43–55; C. Bourgeois, Divona, 2 Bde., P. 1991–1992.

Medocius heißt ein keltischer Gott, der nach der → Interpretatio Romana mit → Mars identifiziert wurde. Seine Verehrung bezeugt eine Weihinschrift, die 1891 in Colchester gefunden wurde (RIB 191).

Medrawd (wal. /'medraud/) heißt ein Krieger aus dem Sagenkreis um → Arthur. Einem Eintrag in den → *Annales Cambriae* zufolge soll er um 539 n. Chr. in der Schlacht von → Camlan gefallen sein. Den walisischen Dichtern des 12. Jhs. galt er noch als ein Vorbild an Tapferkeit. Erst → Geoffrey von Monmouth schilderte Mordred (= M.) als treulosen Neffen Arthurs, der in Abwesenheit des Königs den Thron usurpierte und mit der Königin → Gwenhwyfar Ehebruch beging. In den → *Trioedd Ynys Prydein* gilt M. deshalb als einer der »drei schändlichen Männer der Insel Britannien«.

Lit.: P. Korrel, An Arthurian Triangle: A Study of the Origin, Development and Characterization of Arthur, Guinevere and Modred, Lei. 1984.

Melder (lat. Meldi) nennt die antike → Ethnographie einen keltischen Stamm an der unteren Marne. In seinem Gebiet wurden die Schiffe gebaut, mit denen → Caesar 54 v. Chr. die zweite Expedition nach Britannien unternahm. Der Name der M. lebt fort in dem der Stadt Meaux.

Menhire nennt man einen bestimmten Typus vorgeschichtlicher Steinmonumente. Dabei handelt es sich um einzelne, aufrechtstehende Steine von bis zu 20 m Höhe. Die Bezeichnung stammt aus dem Keltischen (aus bretonisch maen »Stein« und hir »lang«), doch wurden die damit bezeichneten Denkmäler bereits vor dem Auftreten der Kelten errichtet.

Menschenopfer → Opfer.

Mercurius heißt in der römischen Religion der Gott des Handels. Sein Name dient in lateinischen Inschriften und Literaturwerken auch zur Bezeichnung mehrerer keltischer Gottheiten, die nur teilweise zusätzlich ihren keltischen Namen tragen (sog. → Interpretatio Romana). Bereits → Caesar berichtet, daß die Gallier unter den Göttern am meisten den M. verehrten. Er werde am häufigsten bildlich dargestellt, und man halte ihn für den Erfinder aller Künste und einen Führer auf Wegen und Reisen. Man glaube, er habe in Geld- und Handelsangelegenheiten den größten Einfluß (Bell. Gall. 6,17). Die → Berner Scholien

Darstellung des gallo-römischen Mercurius mit Widderkopfschlange

zum Werk des römischen Dichters → Lucan identifizieren unter Berufung auf voneinander abweichende Quellen die gallischen Götter → Teutates und → Esus mit M. Von Menschenopfern für M. berichten die Kirchenschriftsteller Tertullian (Apologeticum 9,5) und Minucius Felix (Octavius 30,4). Inschriftlich bezeugte keltische Beinamen des M. sind → Adsmerius, → Artaius, → Arvernorix, → Arvernus, → Cissonius, → Dumiatis, → Iovantucarus, → Moccus und → Visucius. Züge des M. trägt in der inselkeltischen Überlieferung → Lug mac Ethnenn.

Lit.: F. Benoit, Mars et Mercure, Aix-en-Provence 1959; S. Boucher, L'image de Mercure en Gaule, in: La patrie gauloise d'Agrippa au 6e siècle (Ly. 1983) 57–69; J.-J. Hatt, Mythes et dieux de la Gaule I, P. 1989.

Merlin ist die englische, französische und deutsche Form des kymrischen Namens → Myrddin.

Mes Buachalla heißt in der Erzählung → *Togail Bruidne Da Derga* die Mutter des Königs Conaire Mór.

Mesca Ulad (ir. /ˈmʹeska ˈulað/ »Die Trunkenheit der Krieger von Ulster«) ist der Titel einer Erzählung aus dem → Ulster-Zyklus. Der Schluß ist in einer altirischen Fassung im »Buch der dunklen Kuh« (→ Lebor na hUidre), der Anfang in einer jüngeren mittelirischen Bearbeitung im »Buch von Leinster« (→ Lebor Laignech) überliefert. Eine Kombination beider Fassungen bewahrt eine schottische Handschrift aus dem 16. Jh.
Die Geschichte beginnt damit, daß König → Conchobar mac Nesa seine beiden Ziehsöhne Fintan und → Cú Chulainn dazu überredet, ihm für ein Jahr das jeweilige Drittel der Provinz Ulster zu überlassen, über das er sie ein Jahr zuvor zur Herrschaft eingesetzt hat. Nach Ablauf dieses Jahres richten sowohl Fintan als auch Cú Chulainn ein Fest für Conchobar aus. Um keinen seiner Ziehsöhne zu kränken, will Conchobar die erste Hälfte der Nacht bei Fintan, die zweite aber bei Cú Chulainn feiern. Um Mitternacht brechen die Zecher mit ihren Streitwagen in einer wilden Fahrt zur Burg Cú Chulainns auf. In ihrer Trunkenheit verirren sie sich jedoch und gelangen am frühen Morgen nach Temair Luachra, der Burg des ihnen feindlich gesonnenen Königs → Cú Roí. Der bewirtet die unerwarteten Gäste zum Schein in einem mit Holz verkleideten eisernen Haus, das er bei Einbruch der Dunkelheit mit Ketten umschließen und in Brand stecken läßt. Den Kriegern von Ulster gelingt es jedoch, mit Cú Chulainns Hilfe aus dem Haus zu entkommen und Temair Luachra zu zerstören.

Ausg.: J. C. Watson, M. U., Du. 1941 (MMIS 13); U. MacGearailt, The Edinburgh Text of M. U., Ériu 37 (1986) 133–180.
Übers.: J. C. Watson, M. U., SGS 5 (1942) 1–34; Ch.-J. Guyonvarc'h, L'ivresse des Ulates, Ogam 12 (1960) 487–506 und 13 (1961) 343–360; J. Gantz, Early Ir. Myths and Sagas, Harm. 1981.
Lit.: T. Ó Concheanainn, The Manuscript Tradition of M. U., Celtica 19 (1987) 13–30.

Mes Gegra (ir. /mʹes ˈgʹeɣra/) heißt in den Erzählungen des → Ulster-Zyklus ein König von Leinster. Die Geschichte → *Cath Étair* erzählt, wie der Krieger → Conall Cernach ihn im Zweikampf erschlägt und sein Gehirn als Trophäe nach Ulster bringt. In der Geschichte → *Aided Chonchobuir* verwendet der Connachter → Cet mac Mágach das mit Kalk vermischte Gehirn des toten Königs als Geschoß für seine Schleuder und verwundet damit König → Conchobar mac Nesa von Ulster tödlich.

Meyer, Kuno (1858–1919), Keltologe, war ein jüngerer Bruder des Althistorikers Eduard Meyer (1855–1930). In Hamburg geboren, lehrte er nach sprachwissenschaftlichen Studien u. a. bei Ernst → Windisch von 1884 bis 1911 Deutsche Sprache und Literatur an der Universität Liverpool. Sein wissenschaftliches Hauptinteresse galt der irischen Sprache und Literatur, die er durch Ausgaben und Übersetzungen (ins Englische) einem größeren Publikum zugänglich zu machen suchte. 1903 entstand auf seine Initiative hin in Dublin die → School of Irish Learning. Als Fachorgane der Keltologie gründete er in Deutschland zusammen mit Ludwig Christian → Stern die *Zeitschrift für celtische Philologie* und in Irland zusammen mit John → Strachan die Zeitschrift *Ériu*. 1911 wurde M. als Nachfolger von Heinrich → Zimmer auf den Lehrstuhl für Keltische Philologie in Berlin berufen, den er bis zu seinem Tode innehatte. Für seine Bemühungen um die irische Sprache und Kultur verliehen ihm die Städte Dublin und Cork 1912 die Ehrenbürgerwürde.

Lit.: S. Ó Lúing, K. M. 1858–1919, Du. 1991.

Miach (ir. /m′iax/) heißt in der Geschichte der Schlacht von Mag Tuired (→ *Cath Maige Tuired*) ein Sohn des Arztes → Dian Cécht. Als sein Vater dem ehemaligen König → Nuadu anstelle seiner abgehauenen rechten Hand eine Hand aus Silber ansetzt, bewirkt M. mit einem Zauberspruch, daß sich das künstliche Glied mit Haut überzieht. Voller Zorn über diese Einmischung erschlägt Dian Cécht seinen Sohn. Auf seinem Grab wachsen entsprechend der Zahl seiner Sehnen und Gelenke 365 Kräuter, welche die Schwester des Toten pflückt und nach ihren heilkräftigen Eigenschaften ordnet. Dian Cécht aber wirft aus Eifersucht die Kräuter durcheinander, so daß das Wissen um ihre Heilkräfte verlorengeht.

Midir (ir. /′m′ið′ir′/) heißt in den Erzählungen des → Mythologischen Zyklus ein Fürst aus dem Volk der → Tuatha Dé Danann. Eine Hauptrolle spielt er in der Geschichte → *Tochmarc Étaíne* als Ziehvater des Elfen → Oengus und Gatte der Titelheldin Étaín.

Míl (ir. /m′iːl′/) heißt im »Buch der Einnahme Irlands« (→ *Lebor Gabála Érenn*) der mythische Ahnherr der Iren. Seine Vorfahren sollen Nachkommen Japhets, eines der Söhne Noahs, gewesen sein. Nach der Schilderung des *Lebor Gabála* lebten sie zunächst im Lande der Skythen und später in Ägypten, wo sie verfolgt wurden. Nach mancherlei Abenteuern sollen sie mit Schiffen nach Spanien gelangt sein, wo M. geboren wurde. Wie es heißt, zeichnete er sich bei den Skythen und in Ägypten als Heerführer aus. Mit der Tochter des Königs der Skythen und der des Pharaohs von Ägypten soll er insgesamt acht Söhne gehabt haben, die nach dem Tode ihres Vaters Irland in Besitz genommen und die Insel unter sich aufgeteilt hätten.

Wie es scheint, entstand die Überlieferung um M. und seine Söhne im frühen Mittelalter in Anlehnung an Schriften des Alten Testaments und Werke der lateinischen Literatur. Die Sage von den skythischen und spanischen Ursprüngen der Iren beruht allem Anschein nach auf etymologischen Spekulationen über einen Zusammenhang zwischen den lateinischen Bezeichnungen Scythae »Skythen« und Scoti »Iren« bzw. (H)iberia »Spanien« und Hibernia »Irland«.

Minerva heißt in der römischen Religion die Göttin des Handwerks und der Kunst. Seit dem Ende des 3. Jhs. v. Chr. wurde sie mit der griechischen Göttin Athene gleichgesetzt. Als Bezeichnung einer keltischen Gottheit erscheint der Name M. bei → Caesar. Seinem Bericht zufolge glaubten die Gallier, daß M. die Grundlagen der Handwerke und Künste lehre (Bell. Gall. 6, 17). Eine gallische M. begegnet weiterhin bei dem römischen Autor Iustinus, der im 3. Jh. n. Chr. einen Auszug aus dem verlorenen Geschichtswerk des Historikers Pompeius Trogus erstellte. Nach seiner Schilderung erschien bei der Belagerung der Stadt Marseille dem Anführer des Belagerungsheeres im Traum eine Göttin. Diese Erscheinung erschreckte ihn so sehr, daß er die Belagerung abbrach. Später erkannte er in einem Standbild der M. in Marseille das Urbild der Traumerscheinung (Epitome 43,4 f.). Literarisch bezeugt ist der Kult der M. für Gallien ferner durch die christlichen Schriftsteller Salvianus von Marseille (De Gubernatione Dei 6,60) und Gregor von Tours (De miraculis Sancti Martini 17,5). Noch im 7. Jh. mahnt Bischof Eligius von Noyon, daß Frauen beim Weben, Färben oder einer anderen Arbeit nicht M. anrufen sollten (Vita Sancti Eligii 2,16). Welche keltische Göttin sich in diesen Fällen hinter dem Namen M. verbirgt, ist allerdings unklar.

Inschriftlich bezeugt ist die Identifikation der M. mit den Göttinnen → Belisama und → Sulis. Unter den bildlichen Darstellungen der gallischen M. ist der Kopf einer bronzenen Statue aus dem frühen 1. Jh. n. Chr. hervorzuheben, der 1913 bei Kerguilly in Dép. Finistère gefunden wurde (jetzt im Musée de Bretagne in Rennes).

Züge der M. trägt in der inselkeltischen Überlieferung vor allem → Brigit.

Lit.: R. Sanquer, La grande statuette de

bronze de Kerguilly en Dinéault (Finistère), Gallia 31 (1973) 61–80; J.-J. Hatt, La divinité féminine souveraine chez les Celtes continentaux d'après l'épigraphie gallo-romaine et l'art celtique, CRAI (1981) 12–20.

Mistel heißt ein immergrüner Strauch mit kurzem Stamm, der auf verschiedenen Laub- und Nadelhölzern schmarotzt. Seine Frucht wird von Vögeln gefressen und der Same dadurch weiterverbreitet. Nach → Plinius dem Älteren (Hist. Nat. 16, 249–251) war den → Druiden nichts heiliger als die M. und der Baum, auf dem sie wuchs – vorausgesetzt, es handelte sich dabei um eine → Eiche. Nach seinem Bericht fand man eine solche M. nur sehr selten und nahte sich ihr mit großer Ehrfurcht. Als günstiger Zeitpunkt dafür habe vor allem der sechste Tag nach Neumond gegolten, an dem der Mond schon genügend Kraft gesammelt, seine Fülle aber noch nicht erreicht habe. »Sie bezeichnen die Mistel mit einem Wort ihrer Sprache als ›Allheiler‹. Nachdem man gemäß dem Brauch unter dem Baum ein Opfer und ein Festmahl bereitet hat, führen sie zwei weiße Stiere herbei, deren Hörner dann zum ersten Mal bekränzt werden. Ein Priester in weißem Gewand steigt auf den Baum und schneidet die Mistel mit einer goldenen Sichel ab. Sie wird in einem weißen Umhang aufgefangen. Dann schlachten sie die Opfertiere. Dabei beten sie, der Gott möge sein Geschenk für die, denen er es gegeben habe, segnen. Sie glauben, daß jedem unfruchtbaren Lebewesen durch einen Trunk davon Fruchtbarkeit verliehen werde und halten es für ein Heilmittel gegen alle Gifte.«

Moccus heißt ein keltischer Gott, der in einer Weihinschrift aus Langres (CIL XIII 5676) nach der → Interpretatio Romana mit → Mercurius gleichgesetzt wird. Der Name hängt vermutlich mit ir. mucc und wal. mochyn »Schwein« zusammen.

Modron ferch Afallach (wal. /'modron verx a 'vaɬax/) heißt in der Erzählung → *Culhwch ac Olwen* die Mutter des Knaben → Mabon, der gleich nach seiner Geburt entführt und später von → Arthur und seinem Gefolge befreit wird. Eine der → *Trioedd Ynys Prydein* bezeichnet M. außerdem als Mutter der Geschwister → Owein fab Urien und → Morfudd ferch Urien. Die inschriftlich bezeugte ältere Form des Namens lautet → Matrona (lat. Plural → Matronae).

Mogetius heißt ein keltischer Gott, der nach der → Interpretatio Romana mit → Mars identifiziert wurde. Sein Name erscheint in zwei Weihinschriften aus Bourges (CIL XIII 1193) und Seggau in der Steiermark (CIL III 5320).

Mog Ruith (ir. /moɣ Ruθ'/) ist der Name eines zauberkundigen Druiden, der im ersten oder dritten Jh. n. Chr. gelebt haben soll. Nach einer Erzählung, die im → »Gelben Buch von Lecan« und im → »Buch von Ballymote« überliefert ist, war er der Sohn eines irischen Weisen (éces) und einer kriegsgefangenen britannischen Sklavin. Seine Lehrmeister in der Zauberkunst sollen nicht nur die Druiden Irlands, sondern auch der im Neuen Testament (Apostelgeschichte 8) erwähnte Zauberer Simon Magus gewesen sein. Den Namen M. erklärte man unter Rückgriff auf einen König namens Roth mac Riguill als »Diener des Roth«. Andere Autoren deuteten ihn als Magus Rotarum, d. h. »Rad-Zauberer« und schrieben seinem Träger die Fähigkeit zu, mit Hilfe von Rädern die Zukunft vorauszusagen. Wie es heißt, soll M. als einziger dazu bereit gewesen sein, Johannes dem Täufer das Haupt abzuschlagen. Diese Freveltat habe über alle Iren Kälte, Hungersnot und Krankheit gebracht.

Lit.: K. Müller-Lisowski, Texte zur M. R. Sage, ZCP 14 (1923) 145–163.

Moltinus heißt ein keltischer Gott. Man kennt ihn aus einer Weihinschrift aus Mâcon im Siedlungsgebiet der → Aeduer (CIL XIII 2585) und aus einem Fluchtäfelchen (vgl. → Defixio) aus Wilten-Veldidena bei Innsbruck. Etymologisch hängt der Name zusammen mit ir. molt und wal. mollt »Widder«. Die entsprechende gallische Bezeichnung hat sich bis heute erhalten in dem französischen Wort mouton »Schaf, Hammel«.

Mona (wal. Môn) heißt in der antiken → Ethnographie die Insel Anglesey vor der walisischen Nordwestküste. Nach → Tacitus (Ann. 14, 29–30) stießen die römischen Truppen unter ihrem Oberbefehlshaber Suetonius Paulinus bei der Eroberung der Insel 60 n. Chr. auf erbitterten Widerstand: Die am Strand aufgestellten keltischen Krieger wurden von fackeltragenden Frauen in schwarzen Gewändern mit aufgelösten Haaren unterstützt, während → Druiden mit erhobenen Händen den Fluch der Götter auf die Eindringlinge herabriefen. Nach wenigen Augenblicken überwanden die Legionäre ihre Erstarrung angesichts dieses Schauspiels, machten die Verteidiger nieder und zerstörten die heiligen Haine der Insel. Ausgehend von dieser Schilderung des römischen Historikers popularisierte der walisische Altertumsforscher Henry → Rowlands zu Beginn des 18. Jhs. die Vorstellung, daß M. ein Hauptstützpunkt der britannischen Druiden gewesen sei. Eine authentische keltische Kultstätte der vorrömischen Zeit entdeckte man 1942/43 am Ufer des Sees → Llyn Cerrig Bach an der Westküste der Insel.

Lit.: F. Lynch, Prehistoric Anglesey, Llangefni 1970.

Mond → Zeit.

Mongán (ir. /ˈmoŋgaːn/) war ein historischer König des 7. Jhs. n. Chr., um den sich in späterer Zeit zahlreiche Sagen rankten. So sah man in ihm einen Sohn des Meergottes → Manannán mac Lir, betonte seine engen Kontakte zur Welt der Elfen (→ síd) und schrieb ihm die Fähigkeit zu, sich nach Belieben in verschiedene Tiere zu verwandeln. Eine späte Ausgestaltung dieser Überlieferungen ist die Erzählung → *Compert Mongáin ocus serc Duibe Lacha do Mongán*.

Mont Lassois heißt eine Anhöhe unweit Châtillon-sur-Seine im Dép. Côte-d'Or. Sie trug im 6./5. Jh. v. Chr. einen der größten bislang bekannten frühkeltischen → Fürstensitze. In einer Entfernung von bis zu 5 km südlich des Bergs fand man insgesamt fünf → Fürstengräber, darunter das berühmte Grab von → Vix.

Lit.: R. Joffroy, L'oppidum de Vix et la civilisation hallstattienne finale, P. 1969; ders., Vix et ses trésors, P. 1979.

Morann (ir. /'moraN/) heißt ein sagenumwobener weiser Richter, der im 1. Jh. n. Chr. gelebt haben soll. Er galt als Verfasser des Fürstenspiegels → *Audacht Morainn* und einer der wenigen Menschen, die bereits vor der Christianisierung Irlands des Heils teilhaftig wurden. Wie es heißt, trug M. einen Kragen (id, sín), der sich immer dann um seinen Hals zusammenzog, wenn er ein ungerechtes Urteil zu fällen drohte. Nach einer anderen Überlieferung zeigte der Kragen Schuld oder Unschuld eines Angeklagten dadurch an, daß er sich um den Hals des Schuldigen zusammenzog.

Mordred (oder ähnlich) ist die englische, französische und deutsche Form des kymrischen Namens → Medrawd.

Morfran fab Tegid (ir. /'morvran vaːb 'tegid/) heißt in der Erzählung → *Hanes Taliesin* ein Sohn der Zauberin → Ceridwen. Seine Mutter braut für ihn einen Trank, durch den er die Gabe der Weissagung und Dichtkunst erlangen soll, doch kommt Ceridwens Diener → Gwion Bach ihm dabei zuvor. Als einer der Ratgeber → Arthurs wird M. in der Geschichte → *Breuddwyd Rhonabwy* erwähnt. In der Erzählung → *Culhwch ac Olwen* heißt es, M. sei in der Schlacht von → Camlan unverletzt geblieben, da jedermann ihn wegen seiner Häßlichkeit für einen Teufel gehalten habe.

Morfudd ferch Urien (wal. /'morvið verx 'irjen/) heißt in der Erzählung → *Culhwch ac Olwen* die Tochter des Königs → Urien von Rheged. Ihre Mutter war einer der → *Trioedd Ynys Prydein* zufolge → Modron ferch Afallach. Einer anderen Triade zufolge war M. die Geliebte von → Cynon fab Clydno. Auf diese Überlieferung spielt auch ein Dichter des 14. Jhs. an, doch ist keine diesbezügliche Sage auf uns gekommen.

Morganwg, Iolo → Williams, Edward.

Moritasgus heißt ein keltischer Gott, der in zwei Inschriften aus → Alesia (CIL XIII 11240 und 11241) mit → Apollo identifiziert wird. In einer weiteren Inschrift aus Alesia (AE 1965, 181) erscheint Apollo M. als Partner der Göttin → Damona.

Morrígain (ir. /'moRiːγin'/) oder (jünger) Morrígu / Mórrígu ist der Name einer Schlachtendämonin. Seine ursprüngliche Bedeutung war vermutlich »Mahrenkönigin« (vgl. mittelhochdeutsch mar »Nachtgespenst« und altir. rígain »Königin«). In späterer Zeit deutete man ihn als »große (ir. mór) Königin«. M. gilt als Schwester der Schlachtendämoninnen → Bodb und → Macha, mit denen sie gelegentlich auch gleichgesetzt wird. In der Geschichte der Schlacht von Mag Tuired (→ *Cath Maige Tuired*) vereinigt sich M. vor der entscheidenden Schlacht mit dem → Dagda und verspricht ihm und seinem Volk ihren Beistand im Kampf gegen die → Fomoire. In der Geschichte des Rinderraubs von Cuailnge (→ *Táin Bó Cuailnge*) nähert sich M. dem Helden → Cú Chulainn in der Gestalt einer schönen jungen Frau, eines Aals, eines Wolfs und einer Färse, um ihn am Kampf gegen das Heer des Königspaares → Ailill und → Medb zu hindern.

Lit.: J. Carey, Notes on the Irish War-Goddess, Éigse 19 (1982/83) 263–275; F. Le Roux u. C. Guyonvarc'h, M. – Bodb – Macha: La Souveraineté guerrière de l'Irlande, Rennes 1983; R. Clark, Aspects of the M. in Early Irish Poetry, Irish Univ. Review 17 (1987) 223–236.

Morris-Jones, John (1864–1929), Keltologe, wurde auf der Insel Anglesey geboren und studierte in Oxford Mathematik und Keltische Philologie. Seit 1889 lehrte er in Bangor Kymrische Sprache und Literatur. Zu seinen Hauptwerken zählen *A Welsh Grammar, Historical and Comparative* (1913) und *Cerdd Dafod*, eine kymrisch geschriebene Darstellung und Analyse der klassischen walisischen Metren. In dem Buch *The Welsh People* (1900) von John → Rhŷs und David Brynmor-Jones veröffentlichte M. einen Beitrag über »Pre-Aryan Syntax in Insular Celtic«. Darin untersuchte er den Einfluß vorkeltischer → Substrate auf das Irische und Kymrische und konnte als einer der ersten auf Übereinstimmungen in der Syntax der inselkeltischen Sprachen und der hamitischen Sprachen Nordafrikas hinweisen. Für seine Verdienste um die walisische Kultur wurde M. 1918 geadelt.

Lit.: A. James, J. M., Car. 1987.

Morte Arthure ist der Titel einer mittelenglischen Stabreimdichtung aus der Zeit um 1400. Der unbekannte Verfasser erzählt in 4346 Zeilen vom Konflikt → Arthurs mit dem römischen Kaiser, seinem siegreichen Zug nach Rom und seinem Untergang im Kampf gegen den Verräter Mordrede (→ Medrawd). Die Handlung des Gedichts folgt weitgehend den Werken des → Geoffrey von Monmouth und seiner Bearbeiter → Wace und → Layamon. Es beeinflußte seinerseits insbesondere Sir Thomas → Malory. Nicht zu verwechseln mit M. A. ist *Le Morte Arthur*, eine mittelenglische strophische Dichtung, die ebenfalls in der Zeit um 1400 entstand.

Lit.: K. H. Göller (Hrsg.), The Alliterative M. A., Wo. 1981.

Morven (aus schottisch-gälisch mór-bheinn »großer Berg«) heißt in den von James → Macpherson verfaßten »Werken Ossians« das Reich des Königs → Fingal im Westen des Schottischen Hochlands. Es ist eine Schöpfung Macphersons und in der älteren keltischen Überlieferung unbekannt.

Moytura → Mag Tuired.

Sandsteinkopf aus Mšecké Žehrovice (Rekonstruktionszeichnung)

Mšecké Žehrovice ist ein Ort ca. 30 km westlich von Prag, in dessen Nähe eine latènezeitliche keltische Siedlung und eine → Viereckschanze ausgegraben wurden. 1943 fand man dort einen Sandsteinkopf, der zu den ausdrucksvollsten Schöpfungen der keltischen → Kunst gehört. Er war vermutlich im späten 2. Jh. v. Chr. in mehrere Teile zerbrochen und anschließend zusammen mit einigen Scherben und Tierknochen vergraben worden. Heute ist er im Nationalmuseum in Prag zu sehen.

Lit.: R. u. V. Megaw, The Stone Head from M. Ž., Antiquity 62 (1988) 630–641.

Mündlichkeit → Literatur.

Münzen kamen bei den Kelten erstmals zu Beginn des 3. Jhs. v. Chr. in Gebrauch. Nach dem Zeugnis der archäologischen Funde kannte man eine Vielzahl unterschiedlicher Typen, deren Umlaufgebiet jedoch stets regional begrenzt war. Sehr wahrscheinlich wurden die M. in befestigten stadtähnlichen Siedlungen (→ Oppida) auf Veranlassung der jeweiligen Stammesführer in Umlauf gebracht. Die Zuweisung bestimmter Münztypen an namentlich bekannte keltische Stämme gestaltet sich jedoch vor allem außerhalb Galliens als schwierig.

Für die Prägung der M. wurde zunächst das Metall (zumeist → Gold, → Silber oder → Bronze) in vorbereiteten Formen aus ge-

branntem Ton (sog. Tüpfelplatten) in genau gleich schwere Stückchen gegossen. Diese sog. Schrötlinge wurden dann im Handbetrieb durch Hammerschlag zwischen zwei Stempeln geprägt.
Welche Bezeichnungen die Kelten für ihre Münzen hatten, ist unbekannt. Die heute üblichen Namen wie z. B. Tetradrachme oder Stater sind aus dem Griechischen entlehnt, da das keltische Münzwesen nachweislich vor allem griechischen Vorbildern folgte. Dies zeigt sich auch in den Münzbildern, wobei man die griechischen und römischen Vorlagen jedoch meist in eigenwilliger Weise umgestaltete. Wahrscheinlich hatten viele Münzbilder auch eine religiöse Bedeutung, die jedoch wegen des Fehlens entsprechender Münzlegenden oder ähnlicher Schriftquellen kaum zugänglich ist. In nachkeltischer Zeit gaben keltische M. daher vielfach Anlaß zu phantastischen Spekulationen (vgl. → Regenbogenschüsselchen).
In Irland wurden M. erst durch die Wikinger eingeführt.

Lit.: R. Forrer, Kelt. Numismatik d. Rhein- u. Donaulande, erg. Neuausg. in 2 Bden., Graz 1968; K. Pink, Einf. in die kelt. Münzkunde, W. 1974; D. F. Allen, The Coins of the Ancient Celts, E. 1980; B. Overbeck, Die Welt der Kelten im Spiegel der M., Mn. 1980; B. Cunliffe (Hrsg.), Coinage and Society in Britain and Gaul, Lo. 1981; P.-M. Duval, Monnaies gauloises et mythes celtiques, P. 1987; D. Nash, Coinage in the Celtic World, Lo. 1987; R. D. van Arsdell, Celtic Coinage of Britain, Lo. 1989; K. Gruel, La Monnaie chez les Gaulois, P. 1989; Celtic Coinage: Britain and beyond, O. 1992.

Mugain (ir. /'muγin'/) heißt in den Erzählungen des → Ulster-Zyklus die Frau des Königs → Conchobar mac Nesa von Ulster. Sie gilt als Tochter des Königs → Eochaid Fedlech und Schwester der Königin → Medb von Connacht.

Muirchertach mac Erca (ir. /'mur'çertax mak 'erka/) war ein historischer König des 6. Jhs. n. Chr. Um seine Person entstanden in späterer Zeit mehrere Sagen. Die bekannteste ist → *Aided Muirchertaig meic Erca.*

Muirchú (ir. /'mur'xuː/) war ein irischer Geistlicher des 7. Jhs. Er verfaßte um 670 eine lateinische Lebensbeschreibung des heiligen → Patrick.

Mullo heißt ein keltischer Gott, der nach der → Interpretatio Romana mit → Mars gleichgesetzt wurde. Über die Etymologie des Namens ist bisher keine Einigung erzielt worden. Neben lat. mulus »Maultier« hat man auch ir. mul »Hügel, Haufen« zum Vergleich herangezogen. Dabei dachte man an den von → Caesar (Bell. Gall. 6,17) erwähnten gallischen Brauch, die Kriegsbeute an einem Ort zusammenzutragen und zu einem Hügel (cumulus) aufzuschütten. Weihinschriften für M. fand man in Craon (CIL XIII 3096), Nantes (CIL XIII 3101 und 3102), Rennes (CIL XIII 3148 und 3149; AE 1969/70 405) und Allonnes (ILTG 343–345).

Lit.: Ch.-J. Guyonvarc'h, Le théonyme gaulois (Mars) M., Ogam 12 (1960) 452–458.

Murphy, Gerard (1901–1959), Keltologe, wurde in Nordirland geboren. Nach dem Studium der klassischen und irischen Philologie war er zunächst unter R. I. → Best an der Irischen Nationalbibliothek in Dublin tätig. Seit 1930 lehrte er am University College (Dublin) Keltische Philologie. Neben seiner Tätigkeit als Gründer und Herausgeber der Zeitschrift *Éigse* (1939ff.) veröffentlichte er grundlegende Arbeiten zum Finn-Zyklus (*Duanaire Finn* II–III, 1933–1954), eine kommentierte zweisprachige Auswahl alt- und mittelirischer Dichtung (*Early Irish Lyrics,* 1956) und zwei populär gehaltene Darstellungen der frühen irischen Literatur (*Saga and Myth in Ancient Ireland* und *The Ossianic Lore and Romantic Tales of Medieval Ireland,* beide 1955).

Murus Gallicus (lat. »Gallisches Mauerwerk«) nennt man eine typische Befestigungsweise spätkeltischer Stadtanlagen (→ Oppida). Sie bestand aus einem Kastenwerk von ausschließlich waagerecht gelegten Längs- und Querbalken, die durch Nägel miteinander verbunden waren. Das Innere des Kastenwerks wurde mit Erde und Steinschotter gefüllt, die Außenfront mit Steinblöcken verkleidet. Nach → Caesar (Bell. Gall. 7,23) war diese Konstruktion bei einer Belagerung gegen Feuer und Rammböcke gleichermaßen widerstandsfähig. Die Verbreitung des M. beschränkte sich im wesentlichen auf das linksrheinische Gebiet und einige Anlagen in Süddeutschland. Kennzeichnend für die ostkeltischen Oppida in Böhmen und Mähren ist dagegen die sog. Pfostenschlitzmauer. Bei ihrer Anlage errichtete man in regelmäßigen Abständen senkrechte Pfosten, die durch waagerechte Balken mit einer dahinterliegenden Erd- und Steinaufschüttung verbunden wurden. An der Außenfront verkleidete man die Zwischenräume zwischen den senkrechten Pfosten mit Steinblökken.

Musik. Über die M. der Kelten des Altertums ist nur wenig bekannt. Dies rührt vor allem daher, daß musikalische Aufzeichnungen der Kelten selbst nicht überliefert sind und griechische und römische Autoren diesem Gegenstand keine besondere Beachtung schenkten. Außerdem sind archäologische Funde und bildliche Darstellungen von Instrumenten gleichermaßen selten. Mehrfach erwähnen antike Autoren die keltische Kriegstrompete (→ Karnyx) sowie ein der Lyra ähnliches Saiteninstrument, mit dem die Barden ihre Gesänge begleiteten (vgl. → Diodoros von Sizilien 5,31,2). Mehr oder weniger stilisierte Abbildungen solcher Saiteninstrumente sind auf vielen keltischen → Münzen zu sehen.

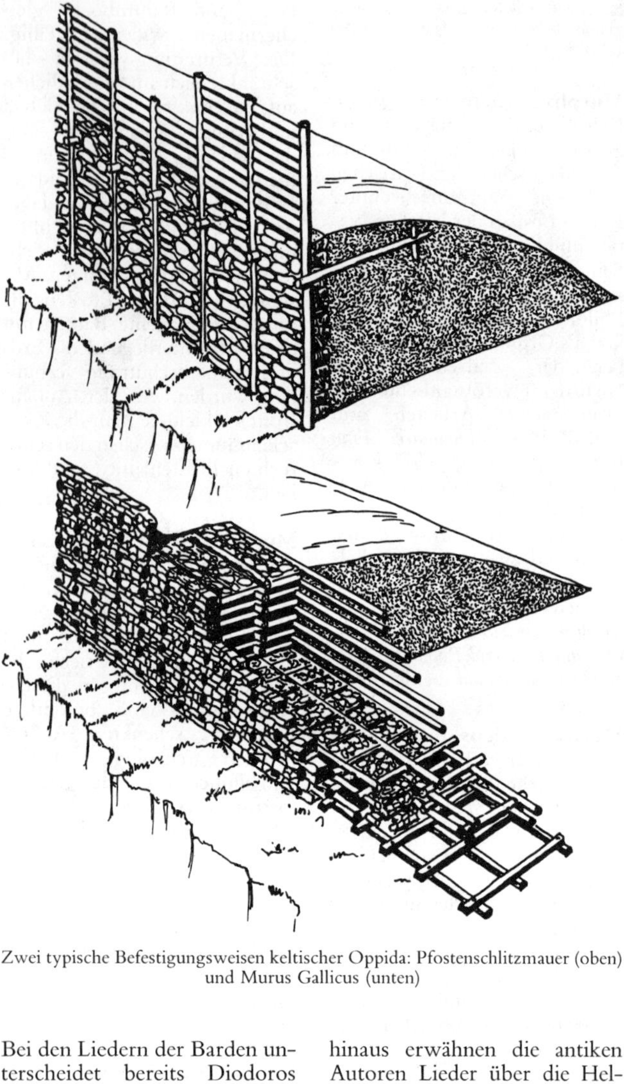

Zwei typische Befestigungsweisen keltischer Oppida: Pfostenschlitzmauer (oben) und Murus Gallicus (unten)

Bei den Liedern der Barden unterscheidet bereits Diodoros Spott- und Preislieder. Darüber hinaus erwähnen die antiken Autoren Lieder über die Heldentaten der Vergangenheit und

Schlachtgesänge, die vom rhythmischen Schlagen der Waffen begleitet waren (vgl. → Athenaios 4,37 und 46,49; → Lucan 1,447ff.; → Livius 10,26; 21,28; 23,24; 38,17; → Polybios 3,44 und → Diodoros 5,29,4). Sehr wahrscheinlich wurden auch manche Gebete und Beschwörungen mit erhobener Stimme vorgetragen.

Daß im Zusammenhang mit dem Kult auch Tänze eine Rolle spielten, zeigen Darstellungen von Tänzern auf der Bronzeliege von → Hochdorf sowie die Bronzestatuetten von → Neuvy-en-Sullias.

In den keltischen Literaturen des Mittelalters werden Lieder und andere musikalische Darbietungen häufig erwähnt. Sie sind besonders in Irland ein besonderes Kennzeichen der Welt der Elfen (→ síd) und der Inseln der Seligen. Unser Verständnis der musikalischen Praxis wird allerdings dadurch erschwert, daß solche Beschreibungen oft phantasievoll ausgestaltet sind und wir die genaue Bedeutung einzelner Wörter nicht kennen. Abbildungen in Handschriften und Steinskulpturen kann man nur mit Einschränkung zur Ergänzung heranziehen, da bildliche Darstellungen auch in früher Zeit häufig von ausländischen Vorbildern abhängig sind. Nur vereinzelt haben Außenstehende wie z. B. → Giraldus Cambrensis ihre Erfahrungen mit der M. der keltischen Länder schriftlich festgehalten.

M.instrumente, die seit der

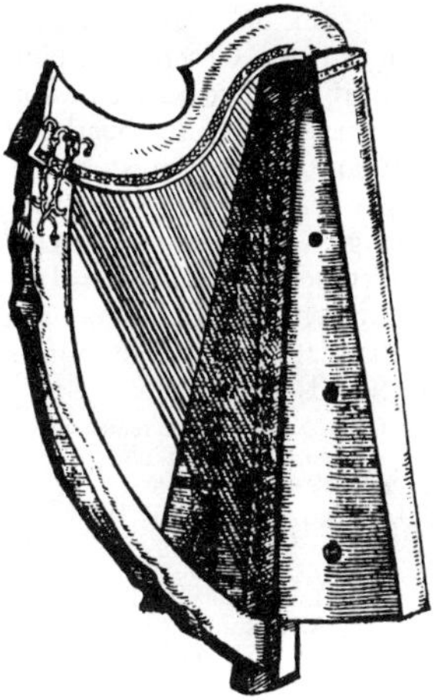

Darstellung einer irischen Harfe aus dem frühen 17. Jh.

Neuzeit als typisch keltisch gelten, haben sich aus dem Mittelalter kaum erhalten. Die älteste Harfe ist die sog. Harfe des Brian Boru (jetzt im Trinity College, Dublin) aus dem 15./16. Jh. Die Sackpfeife (der Dudelsack) ist in Irland und Schottland erst seit dem 16. Jh. bezeugt. Vermutlich gelangte sie aus dem östlichen Mittelmeerraum oder den Balkanländern nach Mitteleuropa, wo sie bereits im 12. Jh. begegnet.

Erst im 17. Jh. hat man damit begonnen, die M. der keltischen Länder in einer Notenschrift aufzuzeichnen. Dabei läßt es sich allerdings in vielen Fällen nicht mehr feststellen, ob diese Aufzeichnungen ein getreues Spiegelbild der musikalischen

Praxis sind, oder ob sie im Hinblick auf den Geschmack einer bestimmten Zeit oder eines bestimmten Publikums bearbeitet wurden. In der jüngsten Vergangenheit ist man dazu übergegangen, die musikalischen Traditionen der keltischen Länder durch Schallplatten- und Tonbandaufzeichnungen für die Nachwelt zu erhalten.

Lit.: O. Seewald, Die Lyrendarstellung der ostalpinen Hallstattkultur, in: FS A. Orel (W. u. Wi. 1960) 159–171; J.-M. Guilcher, La tradition de la danse populaire en Basse-Bretagne, P. 1963; F. Collinson, The Trad. and Nat. Music of Scotland, Lo. 1966; F. L. Harrison, Music in Medieval Britain, Lo. 1968; B. Breathnach, Folk Music and Dances of Ireland, Du. 1971; O. Ellis, The Story of the Harp in Wales, Car. 1980; F. Harrison, Celtic musics, in: K. H. Schmidt (Hrsg.), Gesch. u. Kultur der Kelten (Hei. 1986) 252–263; A. Bruford, Song and recitation in early Ireland, Celtica 21 (1990) 61–74; J. V. S. Megaw, Music Archaeology and the Ancient Celts, in: The Celts (Mi. 1991) 643–648.

Muttergöttinnen → Anu, → Matronae/Matres.

Myrddin (wal. /ˈmərðin/) heißt in der walisischen Überlieferung ein berühmter Dichter und Seher. Er soll zum Gefolge des Königs → Gwenddoleu fab Ceidiaw gehört und in der Schlacht von → Arfderydd den Verstand verloren haben. Aus Furcht vor Gwenddoleus Gegner → Rhydderch Hael habe er daraufhin in den Wäldern Schottlands Zuflucht gesucht und in der Einsamkeit die Gabe der Weissagung erlangt.

Weithin bekannt wurde M. unter dem Namen Merlin(us) durch die *Historia Regum Britanniae* des → Geoffrey von Monmouth. Der walisischen Überlieferung hat Geoffrey jedoch wenig mehr als den Namen und die Charakterisierung Merlins als eines berühmten Sehers entlehnt. Die Sage von M. als einem wilden Waldmenschen, die an die irische Erzählung → *Buile Suibne* erinnert, hat Geoffrey demgegenüber erst später in seinem Versepos *Vita Merlini* gestaltet. Diesem Werk war jedoch ganz im Gegensatz zu Geoffreys Geschichte der Könige Britanniens keine große Nachwirkung beschieden. – Überaus beliebt wurde die Gestalt Merlins in der Romantik. Erwähnt seien die *Geschichte des Zauberers Merlin* (1804) von Dorothea Schlegel (1763–1839), das Gedicht *Merlin der Wilde* (1831) von Ludwig Uhland (1787–1862) und die bedeutende Rolle des keltischen Dichters in den *Waldliedern* (1843–44) von Nikolaus Lenau (1802–1850). Die wohl bekannteste neuere Bearbeitung des Stoffs ist das Drama *Merlin oder das Wüste Land* (1981) von Tankred Dorst (*1925).

Lit.: A. O. H. Jarman, Early stages in the development of the M. legend, in: R. Bromwich u. R. B. Jones (Hrsg.), Astudiaethau ar yr Hengerdd (Car. 1978) 326–349; P. Goodrich (Hrsg.), The Romance of Merlin, Lo. 1990; A. A. Macdonald, The Figure of Merlin in Thirteenth Century French Romance, NY. 1990; A. O. H. Jarman, The Merlin legend and the Welsh tradition of prophecy, in: R. Bromwich u. a. (Hrsg.), The Arthur of the Welsh (Car. 1991) 117–145; S. Brugger-Hackett, Merlin in der europäischen Literatur des Mittelalters, St. 1991.

Mythologie bezeichnet im religionswissenschaftlichen Sprachgebrauch die Gesamtheit der religiösen Erzählungen einer Kultur, welche menschliche Erfahrungen sowie religiöse und soziale Institutionen in einem umfassenden Sinn deuten und zugleich bestätigen sollen. Da die keltischen Völker weder kulturell noch politisch eine Einheit bildeten, besaßen sie auch keine einheitliche M., sondern vielmehr eine Vielzahl unterschiedlicher Mythen, die vermutlich nur teilweise miteinander in Einklang standen. Unsere Kenntnis davon ist sehr lückenhaft, da die keltische M. in der ältesten Zeit ausschließlich mündlich überliefert wurde.
Nachrichten über → Götter und Göttinnen, → Jenseitsvorstellungen, Weltentstehung (→ Kosmogonie) und Weltende (→ Eschatologie) begegnen erst in den spärlichen und unsystematischen Hinweisen der antiken → Ethnographie, deren Verständnis infolge der durchgängigen Verwendung griechischer und römischer Begriffe sowie des vorherrschenden Prinzips der → Interpretatio Romana (bzw. Graeca) zusätzlich erschwert wird.
Ausführlicher berichten erst Erzählungen der irischen und walisischen → Literatur. Diese wurden jedoch nach der → Christianisierung aufgezeichnet und sind keine getreue Wiedergabe, sondern vielmehr eine kreative Interpretation der vorchristlichen Mythen von einem mittelalterlich-christlichen Standpunkt aus. Eine religionswissenschaftliche Auswertung dieser Quellen setzt daher eine gründliche Kenntnis der mittelalterlichen irischen bzw. walisischen Kultur voraus und muß ihre Ergebnisse beständig anhand eines möglichst umfangreichen Vergleichsmaterials überprüfen.

Lit.: P. MacCana, Celtic Mythology, Lo. 1983; K. McCone, Pagan Past and Christian Present in Early Ir. Lit., May. 1990; D. Bellingham, An Introduction to Celtic Mythology, Lo. 1990; M. Green, Kelt. Mythen, St. 1994.

Mythologischer Zyklus ist die moderne Bezeichnung einer Reihe alt- und mittelirischer Erzählungen, in denen nicht sterbliche Menschen, sondern Elfen und Feen im Mittelpunkt des Geschehens stehen. Im Irischen werden die Hauptfiguren dieser Geschichten zumeist als fir/mná/áes síde »Männer/Frauen/Leute des → síd« bezeichnet, da die natürlichen Hügel und Berge des Landes und die künstlich aufgeschütteten Grabhügel der vorkeltischen Bevölkerung Irlands als ihre Wohnungen galten. Viele Texte identifizieren die áes síde mit den → Tuatha Dé Danann, in denen die moderne Forschung euhemerisierte Gestalten der vorchristlichen irischen → Mythologie sieht (vgl. → Euhemerismus).
Die bedeutendste Erzählung des Zyklus ist die Geschichte der Schlacht von Mag Tuired (→ *Cath Maige Tuired*), die vom Kampf der Tuatha Dé Danann mit den dämonischen → Fo-

moire berichtet. Vergleichbar ist die Erzählung → *Tochmarc Étaíne*, während → *Aided Chlainne Tuirenn* aus einer späteren Zeit stammt und die beiden Erzählungen → *Aislinge Oenguso* und → *Serglige Con Culainn* trotz der Verarbeitung mythischer Elemente üblicherweise dem → Ulster-Zyklus zugerechnet werden. Stoffe und Motive der vorchristlichen Mythologie verarbeiten auch der → *Dindsenchas*, das → *Lebor Gabála Érenn* sowie die als → echtrae und → immram bezeichneten Geschichten.

Lit. → Literatur, → Mythologie.

Nabelcus heißt ein keltischer Gott, der nach der → Interpretatio Romana mit → Mars identifiziert wurde. Seine Verehrung bezeugen drei Weihinschriften aus Saint-Didier im Dép. Vaucluse (CIL XII 1169–1171).

Lit.: G. Barruol, Mars N. et Mars Albiorix, Ogam 15 (1963) 345–368.

Nahrung → Essen und Trinken.

Namen → Orts-, → Personen-, → Stammesnamen.

Namneter (lat. Namnetae) nennt die antike → Ethnographie einen keltischen Stamm im Gebiet nördlich der unteren Loire. Der Name lebt fort in dem der Stadt Nantes, die zuvor Condevincum hieß.

Nantosuelta heißt eine keltische Göttin, die auf Inschriften und bildlichen Darstellungen aus dem römischen Gallien teils alleine, teils als Partnerin des Gottes → Sucellus erscheint (vgl. → Götterpaare). Ihr typisches Attribut ist ein Zepter, das von einem kleinen Haus oder einer Hütte bekrönt ist und N. vielleicht als Schützerin des häuslichen Herdes kennzeichnen soll.

Nautae Parisiaci (»Schiffer der Stadt Paris«) nennen sich in einer lateinisch geschriebenen Weihinschrift (CIL XIII 3026 = ILTG 331) die Stifter eines Monuments für den Gott → Iupiter. Die Überreste wurden im März 1711 unter der Kathedrale von Notre-Dame in Paris gefunden. Vermutlich bestand das Denkmal ursprünglich aus acht übereinander gesetzten Steinquadern mit quadratischer Grundfläche. Davon gehörten jeweils zwei so zusammen, daß vier mal vier Bildfelder entstanden. Da drei dieser acht Steinquader fehlen, sind allerdings nur vier dieser Felder vollständig, während von den zwölf anderen nur der obere Teil erhalten ist. Auf einem dieser unvollständigen Felder befindet sich anstelle einer bildlichen Darstellung die Weihinschrift. Ihr zufolge wurde das Denkmal unter der Regierung des Kaisers Tiberius (14–37 n. Chr.) errichtet. Auf den übrigen fünfzehn Feldern sind neben Darstellungen unbekannter Götter und Göttinnen Abbildungen mehrerer griechisch-römischer Gottheiten zu

Darstellungen der Götter Iupiter und Esus auf dem Monument der Nautae Parisiaci

sehen. Anhand beigefügter Inschriften oder typischer Attribute erkennt man die → Dioskuren, Fortuna, → Iupiter, → Mars, → Mercurius, Venus und → Volcanus. Außerdem sind die keltischen Götter → Cernunnos, → Esus, → Tarvos Trigaranus und → Smertrius dargestellt und namentlich genannt (vgl. RIG II,1 *L–14). Für die Erforschung der keltischen Religion und der gallo-römischen Kunst ist das Denkmal deshalb von großer Bedeutung. Es ist heute im Musée de Cluny in Paris zu sehen.

Lit.: P.-M. Duval, Le groupe de bas-reliefs des ›N. P.‹, Monuments et mémoires de la Fondation Eugène Piot 48,2 (1956) 64–90 (= ders., Travaux sur la Gaule, R. 1989, I 433–462).

Navan Fort → Emain Macha.

Navigatio Sancti Brendani → Brendan.

Nechtan (ir. /'N'extan/) heißt in den Erzählungen des → Mythologischen Zyklus der Gatte der → Bóand. Als sein Wohnsitz gilt Síd Nechtain, der »Elfenhügel (→ síd) des N.« an der Quelle des Boyne-Flusses.

Neirin (wal. /'neirin/) gilt als einer der ersten namentlich bekannten Dichter der britannischen Kelten (→ Cynfeirdd). In der späteren Literatur lautet sein Name in aller Regel Aneirin, doch begegnet die ursprüngliche Form N. noch in der um 830 zusammengestellten → *Historia Brittonum.* Ihr zufolge lebte N. als Zeitgenosse des Dichters → Taliesin im ausgehenden 6. Jh. in Nordengland oder Südschottland. Seine Muttersprache dürfte demnach das nur unzureichend bekannte → Kumbrisch gewesen sein. Der Überlieferung nach soll er das Gedicht *Y* → *Gododdin* verfaßt haben.

Lit.: M. E. Owen, Hwn yw e Gododin. Aneirin ae Cant, in: R. Bromwich u. R. B. Jones (Hrsg.), Astudiaethau ar yr Hengerdd (Car. 1978) 123–150 (auf engl.); P. K. Ford, The Death of Aneirin, BBCS 34 (1987) 41–50.

Néit (ir. /N′e:d′/) war nach einem Eintrag im Glossar des Bischofs Cormac (→ *Sanas Chormaic*) der Name eines irischen Kriegsgottes. Als seine Gattin galt → Nemain.

Nemain (ir. /′N′evin′/) heißt einigen Texten zufolge die Gattin des Kriegsgottes → Néit. Man schrieb ihr die Fähigkeit zu, in der Schlacht die Sinne der Krieger zu verwirren. Vergleichbare Schlachtendämoninnen sind → Bodb, → Morrígain und → Macha.

Nemed (ir. /′N′ev′eð/) heißt im »Buch der Einnahme Irlands« (→ *Lebor Gabála Érenn*) der Anführer einer Gruppe von Siedlern, die nach dem Tod der Nachkommen des → Partholón Irland in Besitz genommen haben sollen. Wie es heißt, wurden N. und viele seiner Anhänger durch eine Seuche hinweggerafft. Die Überlebenden seien von den → Fomoire dazu gezwungen worden, alljährlich zwei Drittel ihres Getreides, ihrer Milch und ihrer Kinder als Tribut abzuliefern. Ein Großteil des Volkes soll daraufhin die Insel wieder verlassen haben. Von den Nachkommen dieser Auswanderer leitete man die → Fir Bolg und die → Tuatha Dé Danann ab.

nemeton ist ein mit griech. némos »Waldung« und lat. nemus »(heiliger) Hain« verwandtes keltisches Wort. Seine ursprüngliche Bedeutung war vermutlich »heiliger Hain«. Dies schließt man aus der Etymologie und aus einem Hinweis im Indiculus superstitionum et paganiarum, einer fränkischen Quelle aus dem 8. Jh. Dort erscheint das Wort nimidae (Pl.) als gleichbedeutend mit sacra silvarum »Waldheiligtümer«. Außerdem erwähnt → Strabon (Geogr. 12,5,1) einen drunémeton »Eichenhain« als Versammlungsort der kleinasiatischen → Galater. Daß die Kelten solche heiligen Haine besaßen, erwähnen auch Autoren wie → Lucan (Pharsalia 1,454), → Plinius der Ältere (Hist. Nat. 16,249) und → Tacitus (Ann. 14,30). Durch eine Erweiterung der Grundbedeutung bezeichnete n. in späterer Zeit dann auch das aus Stein erbaute Heiligtum oder den Tempel. Belegt ist dies bereits im Gallischen durch eine mit griechischen Buchstaben geschriebene Weihinschrift für die Göttin → Belisama (RIG I G-153). Auch im Altirischen konnte das aus n. entstandene Wort nemed ein Gebäude bezeichnen. Dies bezeugt der Gebrauch des Wortes als Glosse zu lat. sacellum »kleine Kapelle« in einer Handschrift aus St. Gallen. In Ableitungen und Zusammensetzungen findet man n. in zahlreichen → Götter-, → Orts- und → Personennamen. Sehr wahrscheinlich wurde das Wort bereits früh ins Etruskische entlehnt, wo der Genitiv eines Personennamens *Nemetios begegnet.

Lit.: K. H. Schmidt, Gallisch n. und Verwandtes, Münchener Studien zur Sprachwissenschaft 12 (1958) 49–60; Ch.-J. Guyonvarc'h, *nemos, nemetos, n.: les noms celtiques du ›ciel‹ et du ›sanctuaire‹, Ogam 12 (1960) 185–197; C. de Simone, Gallisch *Nemetios – etruskisch Nemetie, Zeitschr. f. vergl. Sprachforschung 94 (1980) 198–202; ders., Celtico nemeto ›bosco sacro‹ ed i suoi derivati onomastici, in: Navicula Tubingensis: studia in honorem A. Tovar (T. 1984) 349–351; Les Bois sacrés, Neapel 1993.

Nemetona heißt eine keltische Göttin. Ihr Name ist von dem keltischen Wort → nemeton abgeleitet und kennzeichnet sie als »die zum Heiligtum Gehörige«. Die Verehrung der N. bezeugen neben einer Weihung aus Bath in England (RIB 140) drei Weihinschriften aus Altrip (CIL XIII 6131), Klein-Winternheim bei Mainz (CIL XIII 7253) und Trier (Fi 324). In drei der vier Inschriften begegnet N. als Partnerin des Gottes → Mars, mit dem zusammen sie in Klein-Winternheim und Trier in einem Tempel verehrt wurde.

Nera (ir. /'N'era/) heißt der Titelheld der Erzählung → *Echtrae Nerai.*

Nes (ir. /N'es/) oder Nesa heißt in den Erzählungen des → Ulster-Zyklus die Mutter des Königs → Conchobar von Ulster. Wie sie zu ihrem Namen kam, erzählt die Geschichte von der Empfängnis Conchobars (→ *Compert Chonchobuir*).

Neuvy-en-Sullias ist ein Ort bei Orléans. Dort entdeckte man 1861 bei Steinbrucharbeiten auf dem linken Ufer der Loire mehrere Bronzestatuetten gallo-römischer Herkunft. Neben einem Pferd, einem Hirsch und drei Wildschweinen fand man neun individuell gestaltete menschliche Figuren. Die Haltung des Kopfs, der Arme und der Beine spricht dafür, daß Tänzerinnen und Tänzer dargestellt sind. Die Bedeutung bzw. Funktion dieser Figurengruppe bleibt jedoch wegen des Fehlens vergleichbarer Funde unklar. Auf-

Bronzene Hirschstatuette aus Neuvy-en-Sullias

fällig ist, daß die Proportionen der fünf männlichen und vier weiblichen Figuren von denen griechischer, römischer und etruskischer Bronzen deutlich abweichen. Der Sockel der Pferdestatuette tragt eine Weihinschrift für einen keltischen

Gott namens Rudiobus (CIL XIII 3071). Man vermutet, daß alle Figuren aus einem Heiligtum dieses Gottes stammen und an ihrem Fundort nur vorübergehend versteckt werden sollten. Die Statuetten sind jetzt im Musée historique et archéologique in Orléans zu sehen.

Lit.: S. Boucher, Recherches sur les Bronzes figurés de Gaule préromaine et romaine, R. 1976.

Newgrange → Brug na Bóinne.

Niederzier ist ein Ort bei Düren. In den Jahren zwischen 1977 und 1982 wurde dort eine latènezeitliche keltische Siedlung aus dem 2./1. Jh. v. Chr. archäologisch untersucht. Dabei entdeckte man in unmittelbarer Nähe eines Kultpfostens im Westteil der Anlage zwei goldene Halsringe, einen goldenen Armreif und 46 Goldmünzen aus der Zeit um 100 v. Chr. Die Gegenstände wurden vermutlich als Opfer- oder Votivgabe für eine Gottheit an ihrem Fundort verborgen. Sie sind jetzt im Rheinischen Landesmuseum in Bonn zu sehen.

Lit.: J. Göbel u. a., Der spätkeltische Goldschatz von N., BJb 191 (1991) 27–84.

Nisyen und **Efnisyen** (wal. /'nisjen/ und /ev'nisjen/) heißen in der Erzählung → *Branwen ferch Lŷr* zwei Halbbrüder mütterlicherseits des Königs → Brân Fendigeid. Nach den Worten des Erzählers pflegte N. auch zwischen zwei noch so feindlich gesinnten Parteien Frieden zu stiften, während E. selbst Brüder, die einander zugetan waren, zum Kampf gegeneinander aufhetzen konnte. In der Erzählung um Branwen tritt E. mehrfach als Unruhestifter hervor und provoziert durch die Ermordung des Königssohns Gwern den entscheidenden Kampf zwischen den Königen Brân und Matholwch.

Nitiobrogen (lat. Nitiobroges) nennt die antike → Ethnographie einen keltischen Stamm in der Gegend um Agen in Südwestfrankreich. Der Name kennzeichnet seine Träger als Leute, »die in eigenen Siedlungsgebieten leben« (vgl. → Allobrogen). Das Land der N. wurde 58–51 v. Chr. von → Caesar erobert und fiel 27 v. Chr. an die römische Provinz Aquitania.

Nodons oder Nodens heißt ein keltischer Gott. Seinen Namen hat man mit gotisch niutan »erreichen, erlangen« und nuta »Fänger, Fischer« verglichen. Er könnte demnach soviel wie »Fischer, Jäger, Fänger« bedeutet haben. In römischer Zeit wurde N. nach der → Interpretatio Romana mit → Mars identifiziert. Seine Verehrung bezeugen zwei inzwischen verschollene Weihinschriften aus Cockersand Moss in Lancashire (RIB 616 und 617) sowie drei weitere Inschriften aus einem Heiligtum des N. in Lydney Park in Gloucestershire (RIB 305–307). Unter den Gestalten der inselkeltischen Überlieferung bewahren möglicherweise → Lludd Llawereint und →

Weihung für den Gott Nodons aus seinem Heiligtum bei Lydney Park (RIB 307)

Nuadu Argatlám die Erinnerung an N.

Lit.: F. Le Roux, Le dieu-roi N./Nuada, Celticum 6 (1963) 425–454; J. Carey, N. in Britain and Ireland, ZCP 40 (1984) 1–22; H. Wagner, Zur Etymologie von keltisch N., Ir. Nuadu, Kymr. Nudd/Lludd, ZCP 41 (1986) 180–188.

Noínden Ulad (ir. /'Noin'd'en 'ulað/) oder *Ces Ulad* (»Der Schwächezustand der Bewohner von Ulster«) ist der Titel einer Erzählung aus dem → Ulster-Zyklus. Sie soll den zu Beginn der Geschichte des Rinderraubs von Cuailnge (→ *Táin Bó Cuailnge*) vorausgesetzten Schwächezustand (ces, noínden) der Bewohner von Ulster erklären. Überliefert ist die Geschichte in drei weitgehend übereinstimmenden Fassungen u. a. im → »Gelben Buch von Lecan« und im »Buch von Leinster« (→ Lebor Laignech). Zu Beginn wird erzählt, wie der reiche Bauer Crunnchú vor dem König von Ulster damit prahlt, seine Frau Macha sei schneller als die schnellsten Pferde des Königs. Darauf läßt der König ihn festnehmen und droht der hochschwangeren Macha damit, ihren Gatten hinzurichten, falls sie nicht sogleich mit den königlichen Pferden um die Wette laufe. Macha willigt notgedrungen ein, gewinnt den Wettlauf und gebiert am Ende unter großen Schmerzen Zwillinge. Deshalb heißt der Sitz der Könige von Ulster fortan → Emain Macha »Machas Zwillinge«. Den Bewohnern von Ulster prophezeit Macha, daß sie zur Strafe für diese Schmach immer dann, wenn sie in Not seien, der Schwächezustand einer Wöchnerin überkommen solle.

Ausg.: V. Hull, N. U.: The Debility of the Ulidians, Celtica 8 (1968) 1–42 (m. engl. Übers.).
Übers.: R. Thurneysen, Sagen aus dem alten Irland, B. 1901; J. Gantz, Early Ir. Myths and Sagas, Harm. 1981.
Lit.: B. K. Martin, ›Truth‹ and ›modesty‹: a reading of the Irish N. U., Leeds Studies in English 20 (1989) 99–117; E. M. Slotkin, Noínden: Its Semantic Range, in: A. T. E. Matonis u. F. Melia (Hrsg.), Celtic Languages, Celtic Culture (Van Nuys, Calif. 1990) 137–150.

Noísiu, Ardán und **Ainnle** (ir. /'Noiʃu, 'ardaːn, 'aN'l'e/) heißen die Titelhelden der Erzählung → *Longas mac nUislenn.*

Noreia heißt eine Göttin, die unter römischer Herrschaft in Kärnten, Steiermark und den angrenzenden Gebieten Sloweniens verehrt wurde (vgl. CIL III 4806, 4809, 4810, 5123, 5188, 5193 und 5300). Die Etymologie des Namens ist unbekannt. Es bleibt daher fraglich, ob N. ursprünglich eine Göttin der keltischen Bewohner oder aber der alteingesessenen illyrischen Bevölkerung jener Gegenden war.

Nuadu Argatlám (ir. /'nuaðu 'argadlaːv/ »Nuadu mit der silbernen Hand«) heißt in der Geschichte der Schlacht von Mag Tuired (→ *Cath Maige Tuired*) der König der → Tuatha Dé Danann. Er verlor im Kampf gegen die → Fir Bolg den rechten Arm und erhielt daraufhin von dem Arzt → Dian Cécht als Ersatz einen Arm aus Silber. Wegen seiner Verletzung trat er vorübergehend vom Königsamt zurück, wurde aber vor der entscheidenden Schlacht gegen die → Fomoire wieder als Herrscher eingesetzt. Er fiel im Kampf gegen den dämonischen → Balar. Man vermutet, daß N. ebenso wie die walisische Sagenfigur → Lludd Llawereint die Erinnerung an den inschriftlich bezeugten keltischen Gott → Nodons bewahrt.

Numantia ist der vermutlich keltische Name einer befestigten Siedlung auf der Kastilischen Hochebene wenige Kilometer nordöstlich von Soria. In den Jahren von 153 bis 133 v. Chr. konzentrierte sich dort der Widerstand der → Keltiberer gegen die Römer. 133 v. Chr. wurde N. nach mehrmonatiger Belagerung erobert und zerstört. An der Stätte des keltiberischen Ortes entstand unter Augustus eine römische Kleinstadt.

Numismatik → Münzen.

Nutt, Alfred (1856–1910), Volkskundler, wurde in London geboren. Sohn eines Buchhändlers und Verlegers, bemühte er sich als Herausgeber und Verleger volkskundlicher Studien um die Erforschung der vorchristlichen Religionen Europas. Zu seinen bedeutendsten Arbeiten auf keltologischem Gebiet zählen die *Studies on the Legend of the Holy Grail* (1888) und die kommentierte Ausgabe und Übersetzung der irischen Seefahrererzählung → *Immram Brain* (*The Voyage of Bran*, 2 Bde. 1895–1897, zusammen mit Kuno → Meyer).

ó (ir. /oː/, ältere Form: úa, óa) bedeutet »Enkel(in)/Nachkomme des ...« und ist ein häufiger Bestandteil irischer Namen (vgl. → mac). Der Pl. lautet Uí.

Ocelus heißt ein keltischer Gott, der nach der → Interpretatio Romana mit → Mars identifiziert wurde. Seine Verehrung bezeugen drei Weihinschriften aus Carlisle (RIB 949) und Caerwent in Südwales (RIB 309 und 310).

O'Curry, Eugene (1796–1862), Paläograph und Historiker, wurde in Südirland geboren. Von 1834 bis 1837 war er zusammen mit John → O'Donovan in der topographisch-historischen Abteilung des Ordnance Survey of Ireland tätig. Danach verdiente er sich mit dem Übersetzen, Kopieren und Katalogisieren irischer Handschriften in Dublin, Oxford und London seinen Lebensunterhalt. 1855 wurde er auf den Lehrstuhl für Irische Geschichte an der neugegründeten Katholischen Universität in Dublin berufen. Seine ersten Vorlesungen dort veröffentlichte er 1860 unter dem Titel *Lectures on the Manuscript Materials of Ancient Irish History*. Eine weitere Reihe von Vorlesungen aus den Jahren 1857 bis 1862 erschien nach seinem Tode unter dem Titel *Lectures on the manners and customs of the Ancient Irish* (3 Bände 1873).

Lit.: M. Tierney, E. O'C. and the Irish tradition, Studies 51 (1962) 449–462.

O'Donovan, John (1809–1861), Paläograph und Philologe, wurde in Südirland geboren. Eine Zeitlang war er zusammen mit Eugene → O'Curry in der topographisch-historischen Abteilung des Ordnance Survey of Ireland tätig. Seit 1840 erstellte er zahlreiche Ausgaben und Übersetzungen irischer Handschriften. Sein Hauptwerk ist die zweisprachige Ausgabe der sog. Annalen des Königreichs Irland oder Annalen der Vier Meister, einer umfangreichen Sammlung irischer Annalen aus dem 17. Jh. Sie erschien 1848–1851 in sieben Bänden unter dem Titel *The Annals of the Kingdom of Ireland by the Four Masters.*

Lit.: P. Boyne, J. O'D. (1806–1861): a biography, Kilkenny 1987.

Oengus (ir. /'oinɣus/) heißt in den Erzählungen des → Mythologischen Zyklus der Sohn des → Dagda und der → Bóand. Sein zweiter Name ist Mac ind Óc oder (jünger) in Mac Óc »der junge Knabe«. Von seiner Geburt und Jugend berichtet die Geschichte → *Tochmarc Étaíne.* Dort wird auch erzählt, wie O. sich durch eine List in den Besitz des Elfenhügels → Brug na Bóinne setzt und für seinen Ziehvater → Midir um die Hand Étaíns, der schönsten Frau Irlands, anhält. Die Geschichte → *Aislinge Oenguso* erzählt, wie O. selbst mit Hilfe des Königspaares → Ailill und → Medb eine Braut erringt. Als Beschützer des Liebespaares Diarmait und Gráinne erscheint O. in der Erzählung → *Tóraigheacht Dhiarmada agus Ghráinne.*

Oengus mac Oengobann (ir. /'oinɣus mak 'oinɣovaN/) mit dem Beinamen »der Kulde« (→ Céli Dé) war ein irischer Mönch und Hagiograph. Er war ein Schüler des Abtes Máel Ruain von Tallaght und lebte als Eremit bei der von ihm gegründeten Kirche Dísert Oengusa in der Grafschaft Leix. Um 830 verfaßte er in altirischer Sprache den versifizierten Heiligenkalender *Félire Oenguso* mit kurzen Charakteristiken der römischen und irischen Heiligen für jeden Tag des Jahres. Wegen der großen Seltenheit datierter altirischer Sprachzeugnisse hat das Werk neben seiner Bedeutung für Hagiographie und Kirchengeschichte auch für die Erforschung der irischen Sprache großen Wert.

Ogam (ir. /ˈoɣam/) heißt das früheste irische Schriftsystem. In seiner ältesten bekannten Form unterscheidet es 20 verschiedene Laute, die mit Hilfe von Punkten und Strichen auf einer fortlaufenden geraden Linie bezeichnet werden. Sehr wahrscheinlich entstand das O. unter dem Einfluß des lateinischen Alphabets im 3. oder 4. Jh. n. Chr. in Südirland. Die ältesten Zeugnisse für seine Verwendung sind etwa 300 kurze Inschriften auf Stein, die in verschiedenen Gegenden Irlands sowie in Wales, Devon, Cornwall und auf der Insel Man gefunden wurden. Aus sprachlichen Gründen ist zu vermuten, daß die meisten dieser Inschriften aus dem 5.–6. Jh. stammen. Sie enthalten die ältesten Zeugnisse der irischen Sprache, doch handelt es sich dabei in aller Regel nur um Personen- und Stammesnamen. Die Kenntnis des O. blieb in Irland bis in die Neuzeit hinein lebendig, doch war das Wissen um seinen Ursprung bereits im Mittelalter verlorengegangen. Als sein Erfinder gilt manchmal → Ogma mac Elathan. Zahlreiche irische Sagen berichten, daß man O. nicht nur für Inschriften auf Stein, sondern auch zur Aufzeichnung schriftlicher Mitteilungen auf Holz verwendete. Möglicherweise werden hier aber nur mittelalterliche Vorstellungen über den ursprünglichen Gebrauch des O. in eine ferne Vergangenheit projiziert. Ob man O. ähnlich wie die germanischen Runen auch für magische Praktiken verwendete, ist nach dem heutigen Stand der Forschung zweifelhaft.

Lit.: D. McManus, A Guide to O., May. 1991.

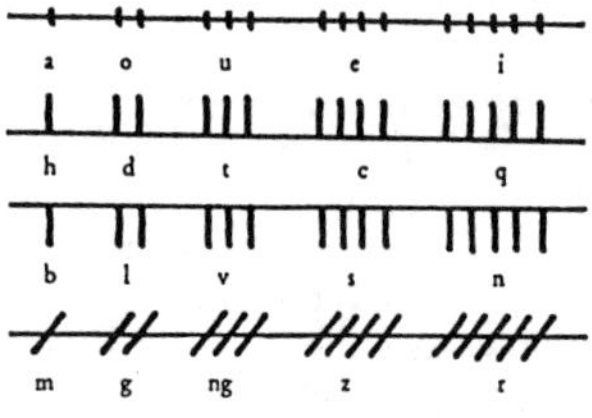

Das Ogam-Alphabet

Ogma (ir. /ˈoɣma/) heißt in der Geschichte der Schlacht von Mag Tuired (→ *Cath Maige Tuired*) ein Krieger aus dem Volk der → Tuatha Dé Danann. Er ist väterlicherseits ein Halbbruder des tyrannischen Königs → Bres, mütterlicherseits ein Halbbruder von dessen Gegenspieler → Lug. Solange Bres regierte, mußte O. ebenso wie der → Dagda niedere Arbeiten verrichten. Nach der Absetzung des Tyrannen kämpfte O. in der Schlacht von Mag Tuired auf der Seite der Tuatha Dé Danann gegen Bres und seine Verwandten aus dem Volk der → Fomoire. In einigen mittelalterlichen Texten gilt O. darüber hinaus als Erfinder des → Ogam, der frühesten irischen Schrift. Diese Überlieferung entstand jedoch möglicherweise erst im Mittelalter aufgrund seines Namens, der im übrigen ebenso wie die Bezeichnung Ogam etymologisch ungeklärt ist. Zusätzlich erschwert wird die Lösung des Problems durch antike Nachrichten über einen gallischen Gott der Beredsamkeit namens → Ogmios.

Ogmios heißt ein keltischer Gott. Weihinschriften für ihn sind nicht bekannt, doch begegnet sein Name auf zwei lateinisch geschriebenen bleiernen Fluchtäfelchen (→ Defixio) aus Bregenz in Vorarlberg (Wa 8 und 9). Da O. auf einer dieser beiden Tafeln zusammen mit → Dis Pater und → Aeracura angerufen wird, ist zu vermuten, daß es sich auch bei ihm um einen Unterweltsgott handelt.
Berühmt ist die Charakterisierung des O. durch den griechisch schreibenden Wanderredner und Satiriker Lukian von Samosata (2. Jh. n. Chr.). Er schreibt in einer unter dem Titel *Herakles* bekannten Prolalia (Vorrede oder Einleitung zu einer längeren Kunstrede), O. sei der keltische Name des Herakles. Er selbst habe in Gallien ein Bild gesehen, auf dem O. als dunkelhäutiger und kahlköpfiger Greis mit Löwenfell, Keule und Bogen dargestellt gewesen sei. Das Erstaunlichste an diesem Bild sei aber gewesen, daß jener alte Herakles an feinen Ketten aus Gold und Bernstein eine große Menge Menschen nach sich gezogen habe. Diese Ketten seien an der durchbohrten Zungenspitze des Herakles und an den Ohren der ihm folgenden Menschen befestigt gewesen. Ein Gallier habe ihm daraufhin erklärt, daß sich die Kelten die Kraft der Beredsamkeit nicht wie die Griechen durch Hermes, sondern – seiner größeren Stärke wegen – durch Herakles personifiziert vorstellten. Als Greis werde Herakles aber deswegen abgebildet, weil die Redekraft erst im Alter zur vollen Entfaltung gelange.
Die Interpretation dieser Nachricht des Lukian ist mit mehreren Schwierigkeiten verbunden. Unbekannt ist bereits, ob der griechische Autor in Gallien tatsächlich ein Bild gesehen hat, das seiner Beschreibung in allen wesentlichen Zügen entspricht. Vor allem aber können wir nicht wissen, ob er die Deutung des Bildes als Allegorie der Beredsamkeit tatsächlich von einem Gallier gehört oder nicht vielmehr selbst erfunden hat. Falls O. nämlich ein Gott der Unterwelt war, könnte ihn das Bild auch als einen Führer der Todgeweihten oder Verstorbenen dargestellt haben. Für die Deutung des O. als Gott der Beredsamkeit spricht jedoch

möglicherweise, daß in der irischen Überlieferung eine Sagengestalt namens → Ogma (älter: Ogmae) als Erfinder der Schrift gilt. Aus sprachgeschichtlichen Gründen müßte man dann aber annehmen, daß der Name O. vergleichsweise spät vom Gallischen ins Irische entlehnt wurde, da er ansonsten nicht Ogmae, sondern Óme lauten müßte. Dies erscheint allerdings im Hinblick auf das Fehlen vergleichbarer gallischer Lehnwörter im Irischen fraglich. Das Wesen und die Funktion des Gottes bleiben daher trotz aller Bemühungen der Forschung rätselhaft.

Lit.: F. Benoit, L'O. de Lucien et Hercule Psychopompe, in: FS für R. Egger (Klagenfurt 1952) 144–158; G. Hafner, Herakles – Geras – O., JRGZM 5 (1958) 139–153; F. Le Roux, Le dieu celtique aux liens, Ogam 12 (1960) 209–234; J. Loicq, O.-Varuna et l'organisation de la fonction de souveraineté dans le panthéon celtique, in: Orientalia J. Duchesne-Guillemin emerito oblata (Lei. 1984) 341–382.

O'Grady, Standish James (1846–1928), anglo-irischer Schriftsteller, wurde in Castletown Berehaven (Südirland) geboren. Nach Studien am Trinity College in Dublin war er zunächst als Jurist tätig. 1878–1880 veröffentlichte er sein erstes großes Werk *History of Ireland*, eine zweibändige Darstellung der frühen irischen Geschichte. In den darauffolgenden Jahren verfaßte er zahlreiche Nacherzählungen irischer Sagen in englischer Sprache, darunter *Finn and his Contemporaries* (1892), *The Coming of Cuculain* (1894), *In the Gates of the North* (1901) und *The Triumph and Passing of Cuculain* (1920). Mit diesen Werken wurde er zu einem der bedeutendsten Wegbereiter der → Irischen Renaissance.

Lit.: P. L. Marcus, S. J. O'G., Lewisburg (Penna.) 1971.

Oisín (ir. /ˈoʃiːnʹ/) heißt in den Erzählungen des → Finn-Zyklus der Sohn des → Finn mac Cumaill. Als seine Mutter gilt eine Fee, die zeitweise die Gestalt einer Hirschkuh annahm. Die Geschichte → *Acallam na Senórach* aus dem 12. Jh. erzählt, wie O. und sein Neffe → Caílte in hohem Alter dem heiligen → Patrick begegnen. Diese Episode gelangte in der Folgezeit zu solcher Popularität, daß sie bis in die jüngste Vergangenheit in Balladen immer wieder neu gestaltet wurde. Dabei stilisierte man O. von einem Krieger und Jäger zu einem weisen Dichter. Die volkstümliche Überlieferung des Schottischen Hochlands kannte O. unter dem Namen Oisean. In der englischen Schreibung → Ossian wurde er durch die von James → Macpherson verfaßten »Werke Ossians« weithin bekannt.

ollam (ir. /ˈoLav/) bezeichnet die höchste der sieben Rangstufen, die ein gelehrter Dichter (→ fili) erreichen konnte. Als o. flatha bezeichnete man den offiziellen Dichter eines Herrschers, der zu seinem Herrn in einem besonderen Vertrauensverhältnis stand. Im Neuirischen bezeichnet o. (ollamh) den (Universitäts-)Professor.

Lit.: P. A. Breatnach, The Chief's Poet, PRIA 83 (1983) 37–79.

Olloudius heißt ein keltischer Gott, der nach der → Interpretatio Romana mit → Mars identifiziert wurde. Seine Verehrung bezeugen zwei Weihinschriften aus Custom Scrubs in Gloucestershire (RIB 131) und Antibes in Südfrankreich (CIL XII 166).

Olwen (wal. /'olwen/) heißt die weibliche Hauptfigur der Erzählung → *Culhwch ac Olwen.*

Opfer spielten in allen antiken Religionen und so auch in der keltischen eine zentrale Rolle. Nach dem Zeugnis der archäologischen Funde und den Berichten der antiken → Ethnographie opferten die Kelten sowohl Gegenstände als auch Tiere und Menschen. Dabei wurden die Objekte vor ihrer Opferung häufig durch Zerbrechen oder Verbiegen unbrauchbar gemacht. Tiere verbrannte oder vergrub man nicht selten nach der Opferung als Ganzes, doch sind auch rituelle O.mahlzeiten archäologisch nachgewiesen.
Menschenopfer werden in der antiken Literatur über die Kelten häufig erwähnt und teilweise ausführlich kommentiert. Nach → Caesar (Bell. Gall. 6,16) brachten die → Druiden besonders in Kriegs- und Notzeiten solche O. dar. Sie seien nämlich der Meinung gewesen, man könne die Götter nur dazu bewegen, Leben zu retten, wenn man ihnen im Gegenzug ein Menschenleben darbringe. Berühmt ist die Notiz über Menschenopfer für die Götter → Esus, → Teutates und → Taranis, die der Dichter → Lucan überliefert (Pharsalia 1, 444–446). Menschenopfer zum Zwecke der → Weissagung erwähnen → Diodorus von Sizilien (5,31) und → Strabon (4,4). Das wohl eindrucksvollste archäologische Zeugnis keltischer O.bräuche ist die Moorleiche von → Lindow Moss.
In der mittelalterlichen irischen und walisischen Literatur werden O. – vermutlich infolge der → Christianisierung – kaum jemals erwähnt.

Mutmaßliche Darstellung eines Menschenopfers auf dem Kessel von Gundestrup

Lit.: T. Capelle, Eisenzeitl. Bauopfer, Frühmittelalt. Studien 21 (1987) 182–205; P. Meniel, Les sacrifices d'animaux chez les Gaulois, P. 1992.

Oppida (lat., Sg. Oppidum) nennt man in der angelsächsischen und deutschsprachigen Archäologie die stadtähnlichen Anlagen der späten Latènezeit (2.–1. Jh. v. Chr.). Ihre Erforschung stellt eine Hauptquelle für unsere Kenntnis der materiellen keltischen Kultur jener Zeit dar.
Ebenso wie die → Fürstensitze des 6.–5. Jhs. v. Chr. wurden O. zumeist auf Höhenzügen, in Flußschleifen oder in ähnlich geschützter Lage angelegt. Sie unterscheiden sich jedoch von Anlagen früherer und späterer Jahrhunderte durch ihre Ausdehnung, die in einigen Fällen mehrere hundert Hektar beträgt. Durch Mauern und Tore befestigt, dienten O. in Kriegszeiten als Fluchtburgen für die umliegende Bevölkerung und im Frieden als Zentren für → Handel und → Handwerk. Bei der Wahl des Standorts scheint daher neben einer strategisch günstigen Lage in vielen Fällen auch das Vorkommen von Bodenschätzen eine Rolle gespielt zu haben. Vorbilder für die Erbauung der O. waren vielleicht die stadtartigen Siedlungen des Mittelmeerraums, mit denen die Kelten auf ihren Wanderungen im 4.–3. Jh. bekannt wurden.
Zu den größten und bedeutendsten O. zählen in Frankreich → Alesia, → Bibracte und → Gergovia, in Deutschland der → Heidengraben und → Manching und im ostkeltischen Raum → Staré Hradisko und → Závist.

Lit.: J. Collis, O.: Earliest Towns North of the Alps, Sheffield 1984.

O'Rahilly, Thomas Francis (1883–1953), Keltologe, wurde in Listowel (Südirland) geboren. Nach Studien am Trinity College in Dublin lehrte er von 1919 bis 1940 Irische Philologie in Dublin und Cork. Von 1941 bis 1947 wirkte er als Nachfolger von Osborn → Bergin als Direktor der → School of Celtic Studies in Dublin. In seinen frühen Werken beschäftigte sich O'R. vor allem mit den neuirischen Dialekten und der neuirischen Literatur. Später richtete er sein Augenmerk auf die mittelirischen Darstellungen der irischen Vor- und Frühgeschichte. Eine umfassende Synthese seiner Anschauungen auf diesem Gebiet veröffentlichte O'R. 1946 unter dem Titel *Early Irish History and Mythology*. Das Werk beeindruckt durch die Vielfalt der behandelten Quellen, ist wegen seines spekulativen Charakters aber nur mit Vorsicht zu benutzen.

Orakel → Weissagung.

Ordoviken (lat. Ordovices) nennt die antike → Ethnographie einen keltischen Stamm in Nordwales. Der Name bedeutet soviel wie »Hammerkämpfer«, doch ist unklar, worauf er sich bezieht. Die O. leisteten dem Vordringen der Römer erbitterten Widerstand und wurden deswegen gegen Ende des 1. Jhs. n. Chr. fast völlig ausgerottet.

orgain (ir. /'orgin'/) bezeichnet die Ermordung von Menschen oder die Verwüstung eines Ortes. Das Wort dient in den → Sagenlisten zur Klassifikation von Erzählungen, die von einem solchen Geschehen berichten.

Orgain Denna Ríg (ir. /'orgin' 'd'eNa R'iːγ'/ »Das Morden von Dinn Ríg«) ist der Titel einer Erzählung aus dem → Historischen Zyklus. Sie wurde in der vorliegenden Form vermutlich im 9. Jh. aufgezeichnet und ist uns in drei Handschriften überliefert: im »Buch von Leinster« (→ Lebor Laignech), im → »Gelben Buch von Lecan« und in der Handschrift Rawlinson B 502 aus dem 12. Jh.

Der Held der Erzählung ist ein Sohn des Königs Ailill Áine von Leinster. Weil er als Kind lange nicht sprach, nannte man ihn Moen (»den Stummen«). Als er sich eines Tages beim Spielen verletzte, rief er plötzlich aus: »Ich habe mir wehgetan!«. »Der Stumme spricht (Labraid Moen)«, sagten da die anderen Kinder, und dies war von nun an sein Name. Nachdem Labraids Vater Ailill von seinem Onkel Cobthach Coel vergiftet worden war, mußte Labraid zusammen mit dem Harfner Craiftine und dem Dichter Ferchertne außer Landes gehen. Von da an trug er auch den Beinamen Loingsech (»der Verbannte«). In Munster fand Labraid gastliche Aufnahme und gewann die Hand der Königstochter Moriath. Mit Hilfe ihres Vaters konnte er schließlich Dinn Ríg, die Königsburg von Leinster, zurückerobern. Den Usurpator Cobthach und sein Gefolge lockte er in ein eisernes Haus, dessen Wände er durch Feuer zum Glühen brachte, so daß alle darin umkamen.

Ausg.: D. Greene, Fingal Rónáin and other stories, Du. 1955 (MMIS 16).
Übers.: J. Vendryes, La destruction de Dind Rig, EC 8 (1958/59) 7–40.

Orgetorix heißt bei → Caesar ein Adliger aus dem Stamm der → Helvetier (vgl. Bell. Gall. 1,2–5). Er bereitete 61 v. Chr. den Auszug der helvetischen Stämme aus ihren Wohngebieten im Schweizer Mittelland nach Südfrankreich vor. Nach Caesars Schilderung wurde er wegen seines Strebens nach der Alleinherrschaft von den Helvetiern gefangengesetzt, entzog sich aber mit Hilfe seiner Anhänger einer gerichtlichen Untersuchung. Wenig später soll er Selbstmord verübt haben. – Dramen um O. verfaßten Karl von Müller-Friedberg (1755–1836), Josef Viktor Widmann (1842–1911) und Edith Gräfin Salburg (1868–1942).

Ornamentik spielt eine beherrschende Rolle in der keltischen → Kunst, der die realistische Abbildung der Wirklichkeit oder die Darstellung von Handlungs- und Bewegungsabläufen im wesentlichen fremd sind. Am Anfang steht die streng geometrische O. der späten Hallstattzeit (6./5. Jh. v. Chr.). Es folgt die von griechischen und etruskischen Stilelementen beeinflußte O. der frühen Latènezeit (5./4. Jh. v. Chr.), die mit

weichen, fließenden Formen arbeitet. Zu ihren Kennzeichen gehören bereits die für keltische Kunst typische Abstraktion, Vieldeutigkeit und Rätselhaftigkeit. Jetzt werden auch erstmals Darstellungen von Tieren, Fabelwesen, menschlichen Gesichtern und pflanzliche Motive in die O. einbezogen. Die O. des Ranken- oder Waldalgesheimstils (4./3. Jh. v. Chr.; vgl. → Waldalgesheim) bevorzugt demgegenüber verschlungene Wellenranken und Spiralen, während der Späte oder Plastische Stil (3.–1. Jh. v. Chr.) sich durch eine stark abstrahierende dreidimensionale O. auszeichnet.
Zweifellos war die keltische O. – ebenso wie die keltische Kunst überhaupt – von magischen und religiösen Vorstellungen geprägt. Dies bezeugt z. B. die häufig wiederkehrende Dreizahl (vgl. → Zahlen), die noch in der → Literatur der Inselkelten eine wichtige Rolle spielt. Es ist jedoch bislang nicht gelungen, auf diesem Gebiet überzeugende Querverbindungen zwischen der archäologischen und literarischen Überlieferung herzustellen und so die Symbolik der keltischen O. zu entschlüsseln.

Ortsnamen. Wie die Ergebnisse der O.forschung zeigen, sind zahlreiche geographische Bezeichnungen besonders in Mittel- und Westeuropa keltischen Ursprungs. Ein großer Teil dieser Namen verrät seine keltische Herkunft allerdings nur dem Sprachwissenschaftler aufgrund typisch keltischer Lautentwicklungen oder Wortbildungssilben. Einige zusammengesetzte O. sind jedoch anhand charakteristischer Wortanfänge und -endungen auch für den Laien leicht als keltisch zu erkennen.
Zu den ältesten dieser keltischen Bezeichnungen zählt man die O. auf -briga, was vermutlich soviel wie »Hügel« bedeutete. Diese Namen findet man von Portugal (Setúbal aus Cetobriga) bis Frankreich (Avrolles aus Eburobriga). Sehr viel häufiger sind O. auf -dunum »Festung, Stadt« (vgl. ir. dún »Festung« und das sprachverwandte englische town »Stadt«). Ihre große Zahl und weite Verbreitung erklärt sich daraus, daß -dunum im Gegensatz zu -briga bis in die römische Zeit im Gebrauch blieb. Charakteristische Beispiele sind Autun (aus Augustodunum), Issoudun (aus Uxellodunum), Kempten (aus Cambodunum), Lyon (aus Lugdunum), Verdun (aus Virodunum) und Yverdon (aus Eburodunum). Ebenfalls bis in die römische Zeit hinein gebräuchlich blieben O. auf -magos »Feld, Ebene« (= ir. mag). Typische Beispiele sind Remagen (aus Rigomagus) sowie Neumagen, Nijmegen, Noyon und Nyons (aus Noviomagus). Nicht erhalten haben sich die in römischer Zeit entstandenen O. Iuliomagus (heute Angers) und Caesaromagus (heute Beauvais). Besonders häufig an Flußübergängen sind

O. auf -briva »Brücke« und -ritum »Furt« (= ir. rith und wal. rhyd). Bis zum Ende der Antike im Gebrauch waren Samarobriva (heute Amiens), Augustoritum (heute Limoges) und Darioritum (heute Vannes). Bis in die Gegenwart erhalten hat sich -ritum in Chambord (Camboritum).

Die religiöse Vorstellung der sakralen Mitte eines Gebietes vermutet man hinter dem überaus häufigen O. Mediolanum (vgl. ir. mide »Mittelpunkt«). In der Antike trugen u. a. Évreux und Saintes diesen Namen. Bis heute erhalten hat er sich in Mailand (ital. Milano). Ein weiteres namenbildendes Element mit religiöser Bedeutung ist → nemeton »heiliger Hain; Heiligtum«. Man findet es in den antiken O. Augustonemetum (heute Clermont-Ferrand), Nemetacum (heute Arras) und in dem modernen O. Nanterre (aus Nemetodurum).

Das häufigste Bildungselement überhaupt ist -(i)acum, mit dem von → Personennamen O. abgeleitet wurden. Bekannte Beispiele sind Andernach (Antunnacum), Jülich (Iuliacum), Nancy (Nanciacum), Orly (Aureliacum) und Tournai (Turniacum).

Gegen Ende der Antike kamen besonders in Gallien zahlreiche keltische und römische O. außer Gebrauch und wurden durch die Namen der dort ansässigen Völkerschaften ersetzt. Die Namen von etwa 30 französischen Großstädten gehen daher auf keltische → Stammesnamen zurück.

Lit.: W. F. H. Nicolaisen, Scottish Place-Names, Lo. 1976; A. Dauzat u. C. Rostaing, Dict. étymologique des noms de lieux en France, P. [2]1979; A. L. F. Rivet u. C. Smith, The Place-Names of Roman Britain, Lo. 1979; O. J. Padel, Cornish Place-Name Elements, C. 1985; ders., A Popular Dict. of Cornish Place-Names, Newmill, Penzance 1988; J.-M. Plonéis, La toponymie celtique: L'origine des noms de lieux en Bretagne, P. 1989.

Oscar (ir. /'oskar/) heißt in den Erzählungen des → Finn-Zyklus einer der bedeutendsten Krieger der → Fianna. Sein Vater ist → Oisín, sein Großvater → Finn mac Cumaill. In den von James → Macpherson verfaßten »Werken Ossians« ist O. dementsprechend der Sohn des greisen Dichters → Ossian und Enkel des schottischen Königs → Fingal. Er ist verlobt mit Malvina, die sich nach seiner Ermordung durch den Usurpator Cairbar (→ Cairbre Lifechar) seines greisen Vaters annimmt. Durch die Popularität der »Werke Ossians« wurde O. im 19. Jh. auch außerhalb der keltischen Länder ein beliebter Vorname.

Ossian heißt der (fiktive) Autor der 1760–1765 von James → Macpherson veröffentlichten »Werke Ossians«. Der Darstellung Macphersons zufolge lebte er als Sohn des schottischen Königs → Fingal im 3. Jh. n. Chr. im Westen des Schottischen Hochlands. Begleitet von Malvina, der Verlobten seines ermordeten Sohnes → Oscar, verfaßte er – so Macpherson – als greiser und blinder Sänger seine Lieder um die Heldentaten Fingals und seiner Krieger. Das Vorbild für die Gestalt des O. war der – ursprünglich irische – Sagenheld → Oisín. – Von den Schilderungen Macphersons inspiriert sind die Gemälde *O. zur Harfe singend* (Statens Museum for Kunst Kopenhagen) von Nicolai Abraham Abildgaard (1743–1809), *Der Traum des O.* (Musée Ingres Montauban) von Jean Auguste Dominique Ingres (1780–1867), *O. am Ufer des Lora beschwört die Geister beim Klang der Harfe* (Kunsthalle Hamburg) von Baron François Gérard (1770–1837), *O., einsam und blind, singt von vergangenen Zeiten* (Bibliothèque Nationale Paris) von Jean-Baptiste Isabey (1767–1855) und *Der Tod des O.* (Musée Girodet Montargis) von Anne-Louis Girodet de Roussy Trioson (1767–1824). Ein weiteres Bild von Girodet (jetzt im Musée National du Château Malmaison) entstand im Auftrag Napoleons I. Es zeigt die Geister gefallener französischer Soldaten, die von der Siegesgöttin in ein luftiges Elysium geführt und dort von den Geistern des O. und seiner Krieger empfangen werden. In der Musik inspirierten die Werke Macphersons den dänischen Komponisten Niels Wilhelm Gade (1817–1890) zur Ouvertüre *Efterklang af O.* (1840).

Lit. → Macpherson, James.

Ossianischer Zyklus → Finn-Zyklus.

Owein fab Urien (wal. /ˈowein vaːb ˈirjen/) war ein Sohn des Königs → Urien von Rheged. Ihm gilt die älteste erhaltene Elegie in kymrischer Sprache, die unter dem Namen des Dichters → Taliesin überliefert ist. Als eine Gestalt des Sagenkreises um → Arthur erscheint O. in den mittelkymrischen Erzählungen → *Breuddwyd Rhonabwy* und → *Iarlles y Ffynnawn.*

Parisier (lat. Parisii) nennt die antike → Ethnographie einen keltischen Stamm an der mittleren Seine. Der Name lebt fort in dem der Stadt Paris, die zuvor Lutetia hieß. Von dort stammt als eines der bedeutendsten Zeugnisse der keltischen Religion das Monument der → Nautae Parisiaci.

Partholón (ir. /ˈparθoloːn/) heißt im »Buch der Einnahme Irlands« (→ *Lebor Gabála Érenn*) der Anführer einer Gruppe von Siedlern. Sie sollen dreihundert Jahre nach der Sintflut Irland in Besitz genommen und gegen die dämonischen → Fomoire die erste Schlacht auf irischem Boden geschlagen haben. Der Überlieferung zufolge kamen alle Nachkommen des P. und seiner Anhänger bis auf → Tuan mac Cairill durch eine Seuche ums Leben.

Parzival ist die deutsche Entsprechung des kymrischen Namens → Peredur. Dem gleichnamigen Versepos von → Wolfram von Eschenbach entspricht auf keltischer Seite die mittelkymrische Prosaerzählung → *Peredur fab Efrawg*.

Patrick (lat. Patricius) heißt der bedeutendste Heilige und Schutzpatron Irlands. Die neuirische Form des Namens ist Pádraig (ältere Schreibung: Pátraic), während man in den ältesten Quellen noch die Form Cothr(a)ige findet.
Die frühesten Nachrichten über das Leben des Heiligen enthalten zwei von ihm selbst verfaßte Schriften, die unter den lateinischen Titeln *Confessio* (Bekenntnis) und *Epistula ad Coroticum* (Brief an Coroticus) überliefert sind. Die *Confessio* ist eine autobiographische Schrift mit apologetischer Tendenz, die P. vermutlich in fortgeschrittenem Alter verfaßte. Die *Epistula* ist ein offener Brief, in dem P. in seiner Eigenschaft als Bischof der Iren den britannischen Fürsten Coroticus wegen der Verschleppung irischer Christen in die Sklaverei zur Rechenschaft zieht. Darüber hinaus besitzen wir aus der Zeit um 670 zwei lateinische Schriften über P. aus der Feder der irischen Geistlichen Muirchú und Tírechán. Aus der Zeit um 900 stammt die großtenteils in irischer Sprache geschriebene Biographie *Bethu Phátraic* (Das Leben des P.). Sie wird wegen ihres dreiteiligen Aufbaus auch *Vita Tripartita* genannt.
Nach dem Zeugnis der *Confessio* stammte P. aus einer Familie romanisierter britannischer Kelten und wurde im Alter von 16 Jahren von irischen Seeräubern verschleppt. Sechs Jahre verbrachte er als Sklave in Irland, bis ihm von der Küste aus mit einem Schiff die Flucht auf das europäische Festland gelang. Aufgrund einer Vision kehrte er jedoch nach Irland zurück, um dort das Christentum zu verbreiten. Von diesen spärlichen Informationen abgesehen, ist uns nur wenig über P. bekannt. Einigkeit besteht darüber, daß er im 5. Jh. lebte, doch kennt man weder sein Geburts- noch sein Todesjahr. Unbekannt sind auch der Ort seiner Gefangenschaft in Irland, die Dauer seines Aufenthalts auf dem Festland und die Größe seines späteren Missionsgebietes.
Bereits im frühen Mittelalter galt das Jahr seiner Ankunft in Irland den Iren als Wendepunkt ihrer Geschichte. In diesem Zusammenhang begegnet bereits in der mittelirischen Literatur das Motiv, daß P. noch den großen Gestalten der irischen Sage begegnet sei (vgl. → *Acallam na Senórach*). Zahlreiche volkstümliche Erzählungen bewahren das Andenken an den Heiligen, dessen Festtag am 17.3. seit dem 19. Jh. in vielen Städten mit festlichen Umzügen gefeiert wird.

Lit.: D. A. Binchy, P. and His Biographers Ancient and Modern, StHib 2 (1962) 7–173; R. P. C. Hanson, The Life and Writings of the Historical St. Patrick, NY. 1983; P. K. Ford, Aspects of the Patrician Legend, in: P. K. Ford (Hrsg.), Celtic Folklore and Christianity (Los Angeles 1983) 29–49.

Pa ŵr yw'r porthor? (wal. /pa uːr iur ˈporθor/ »Wer ist der Torwächter?«) nennt man nach seiner ersten Zeile ein unvollständig erhaltenes Gedicht im »Schwarzen Buch von Carmarthen« (→ Llyfr Du Caerfyrddin). Es besteht aus einem Dialog zwischen → Arthur und dem Torwächter → Glewlwyd Gafaelfawr, der von Arthur die Namen seiner Gefolgsleute zu wissen begehrt. Arthur nennt u. a. → Bedwyr, → Cei und → Manawydan und beschreibt jeweils mit wenigen Worten ihre Heldentaten. Das Gedicht entstand vermutlich vor 1100 und zählt daher zu den ältesten Zeugnissen der → Artus-Literatur.

Ausg.: B. F. Roberts, Rhai o Gerddi Ymddiddan Llyfr Du Caerfyrddin, in: R. Bromwich u. R. B. Jones (Hrsg.), Astudiaethau ar yr Hengerdd (Car. 1978) 281–325.
Übers.: H. Birkhan, Kelt. Erzählungen vom Kaiser Arthur, Kettwig 1989.
Lit.: P. Sims-Williams, The early Welsh Arthurian poems, in: R. Bromwich u. a. (Hrsg.), The Arthur of the Welsh (Car. 1991) 33–71.

Pedeir Ceinc y Mabinogi (wal. /ˈpedeir keiŋk ə mabiˈnogi/ »Die Vier Zweige des Mabinogi«) heißen bereits in der handschriftlichen Überlieferung die vier mittelkymrischen Prosaerzählungen → *Pwyll Pendefig Dyfed,* → *Branwen ferch Lŷr,* → *Manawydan fab Llŷr* und → *Math fab Mathonwy.* Sie sind vollständig im »Weißen Buch von Rhydderch« (→ Llyfr Gwyn Rhydderch) und im »Roten Buch von Hergest« (→ Llyfr Coch Hergest) überliefert. Zwei Bruchstücke sind in einer älteren Handschrift aus der ersten Hälfte des 13. Jhs. enthalten. Alle vier Erzählungen entstanden als das Werk ein und desselben Verfassers vermutlich im 11. Jh. Sie verarbeiten jedoch Stoffe und Motive aus Märchen, Sagen und vorchristlichen Mythen, die zuvor mündlich überliefert worden waren. In der uns vorliegenden Gestalt erscheinen die Erzählungen als Geschichten zur Unterhaltung eines mittelalterlichen adligen Publikums. Sie spielen in einer nicht näher bezeichneten Vergangenheit und schildern die Abenteuer und wunderbaren Erlebnisse einer großen Zahl von Personen, deren Schicksale vielfach nur lose miteinander verknüpft sind (vgl. → mabinogi).

Lit.: P. MacCana, The Mabinogi, Car. 1977; J. K. Bollard, The Role of Myth and Tradition in The Four Branches of the Mabinogi, CMCSt 6 (1983) 67–86; A. Welsh, The Traditional Narrative Motifs of The Four Branches of the Mabinogi, CMCSt 15 (1988) 51–62.

Peñalba de Villastar ist ein Ort in der spanischen Provinz Teruel. In seiner Nähe entdeckte man 1908 mehrere Felsinschriften. Die längste und bedeutendste dieser Inschriften wurde im 1./2. Jh. n. Chr. mit lateinischen Buchstaben in keltiberischer Sprache aufgezeichnet. Obschon die Deutungen im einzelnen auseinandergehen, handelt es sich allem Anschein nach um eine Weihinschrift für den keltischen Gott Lugus (vgl. → Lug).

Lit.: H. Schwerteck, Zur Deutung der großen Felsinschrift von P., in: Actas del II coloquio sobre lenguas y culturas prerromanas de la Península Ibérica (Sal. 1979) 185–196; R. Ködderitzsch, Die große Felsinschrift von P., in: H. M. Ölberg und G. Schmidt (Hrsg.), Sprachwissenschaftliche Forschungen (I. 1985) 211–222; F. Marco Simón, El dios céltico Lug y el santuario de P., in: Estudios en homenaje a A. Beltrán Martínez (Zaragoza 1986) 731–753; J. F. Eska, Syntactic notes on the great inscription of P., BBCS 37 (1990) 104–107.

Penarddun (wal. /pe'narðin/) heißt in der Erzählung → *Branwen ferch Lŷr* die Mutter der Titelheldin Branwen. Sie gilt als Tochter oder – nach anderer Überlieferung – Schwester des Königs → Beli Mawr.

Perceval ist die französische Entsprechung des kymrischen Namens Peredur. Dem gleichnamigen Versroman von → Chrétien de Troyes entspricht auf keltischer Seite die mittelkymrische Prosaerzählung → *Peredur fab Efrawg*.

Peredur fab Efrawg (wal. /pe'redir va:b 'evraug/) ist der Titel einer der »drei Romanzen« (→ Tair Rhamant). Die Geschichte erzählt die Wandlung des Ritters P. von einem unwissenden Jüngling zu einem geachteten Mitglied des Artus-Hofes, wobei zahlreiche Einzelepisoden nur lose miteinander verbunden sind. Das Werk entspricht in vielen Zügen dem Versroman *Perceval* von → Chrétien de Troyes und dem Versepos *Parzival* von → Wolfram von Eschenbach. Die Frage nach den Quellen der drei Werke und ihrer gegenseitigen Abhängigkeit beschäftigt bis heute die Forschung.

Ausg.: B. Jones, Y Tair Rhamant, Aberystwyth 1960.
Übers.: G. Jones u. T. Jones, The Mabinogion, rev. ed. Lo. 1974; J. Gantz, The Mabinogion, Harm. 1976; H. Birkhan, Kelt. Erzählungen vom Kaiser Arthur, Kettwig 1989.
Lit.: G. Goetinck, P., Car. 1975; C. Lloyd-Morgan, Narrative Structure in ›P.‹, ZCP 38 (1981) 187–231; G. Goetinck, P. ... upon reflection, EC 25 (1988) 221–232; I. Lovecy, Historia P., in: R. Bromwich u. a. (Hrsg.), The Arthur of the Welsh (Car. 1991) 171–182.

Personennamen sind uns aus frühkeltischer Zeit durch griechische und römische Autoren sowie Inschriften überliefert. Die Deutung von P. bereitet dem Keltologen allerdings erhebliche Schwierigkeiten, weil man sehr oft die Etymologie eines Namens nicht sicher bestimmen kann oder aber trotz eindeutiger Etymologie den Sinn der Namengebung nicht versteht. In vielen Fällen bleibt die Interpretation daher auf Vermutungen angewiesen.
Ein Hinweis auf die Stellung des Kindes in der Familie verbirgt sich allem Anschein nach in P. wie Cintugenus und Cintugena »Erstgeborene(r)« (vgl. wal. cyntaf »erster« und geni »gebären«). Auf körperliche und geistige Eigenschaften beziehen sich vermutlich P. wie Nerto-

maros »Starker« (vgl. wal. nerthfawr »kraftvoll«) und Exobnus »Kühner« (vgl. wal. eofn »furchtlos«). Bekannt sind die keltischen P. auf -rix »König« (vgl. ir. → rí »König«) wie z. B. → Ambiorix, → Orgetorix und → Vercingetorix. Einige Namen wie Camulogenus, Esugenus und Totatigenus sind vielleicht so zu verstehen, daß man ihre Träger im mythischen Sinn als Nachkommen der Götter → Camulus, → Esus und → Teutates betrachtete.

Stele von Pfalzfeld

Lit.: K. H. Schmidt, Die Komposition in gallischen P., ZCP 26 (1957) 33–301; D. E. Evans, Gaulish Personal Names, O. 1967; D. Ó Corráin u. F. Maguire, Gaelic Personal Names, Du. 1981; T. J. Morgan u. P. Morgan, Welsh Surnames, Car. 1985.

Petrukorier (lat. Petrucorii) nennt die antike → Ethnographie einen keltischen Stamm in der Dordogne. Der Name bedeutet etymologisch soviel wie »die Vierstämmigen« und lebt fort in dem der Stadt Périgueux, die zuvor Vesunna hieß.

Pfalzfeld ist ein Ort ca. 30 km südlich von Koblenz. Im 17./18. Jh. stand dort unweit der Kirche eine keltische Stele aus der Zeit um 400 v. Chr. Der ursprüngliche Standort des aus Quarzsandstein gefertigten Monuments ist unbekannt, doch schmückte es vermutlich einen Grabhügel in der Umgebung von P. 1938 gelangte die Stele nach mehrfachem Standortwechsel ins Rheinische Landesmuseum in Bonn, wo sie noch heute zu sehen ist. Von dem obeliskförmigen Schaft ist nur der untere Teil erhalten. Er ruht auf einem halbkugeligen Fußteil und weist auf allen vier Seiten spiralförmige Ornamente und Darstellungen maskenartiger Köpfe auf. Die heutige Höhe der Stele beträgt 1,48 m, doch war sie einer zeitgenössischen Abbildung zufolge zu Beginn des 17. Jhs. noch in einer Höhe von ca. 2,20 m erhalten und besaß unterhalb des Fußteils einen kreisrunden Sockel. Nach Zeugenaussagen aus dem Jahr 1690 soll der Schaft ursprünglich die steinerne Skulptur eines menschlichen Kopfes getragen haben.

Lit.: H.-E. Joachim, Eine Rekonstruktion der keltischen ›Säule‹ von P., BJb 189 (1989) 1–14.

Pferde spielten in der keltischen Kultur und Religion eine wichtige Rolle. Man benutzte sie zum Reiten wie auch als Zugtiere, wobei sie stets paarweise vor die Wagen gespannt wurden. Dies bezeugen neben einheimischen bildlichen Darstellungen vor allem Funde von Zaumzeugen und P.geschirren sowie Hinweise aus der antiken → Ethnographie. Knochenfunde haben gezeigt, daß die keltischen P. merklich größer waren als die bronzezeitlichen, was auf eine gezielte Zuchtwahl und sorgfältige Pflege schließen läßt. Keltische P. waren dementsprechend noch in römischer Zeit sehr geschätzt.
Die Bedeutung der P. für den Kult bezeugt bereits die überaus häufige Verwendung als Opfertier. Vereinzelt ist auch die Sitte belegt, P. zu bestatten oder einem vornehmen Toten mit ins Grab zu geben. Besonders häufig sind P. auf keltischen → Münzen abgebildet. Als eine Schützerin der P. wurde in der Kaiserzeit die ursprünglich keltische Göttin → Epona in weiten Teilen des Römischen Reiches verehrt.

Lit.: F. Le Roux, Le cheval divin et le zoomorphisme chez les Celtes, Ogam 7 (1955) 101–122; J. Marek, Das helvetisch-gallische Pferd, Abh. d. Schweizer. Paläontolog. Ges. 25 (1988) 1–62; U. A. Müller, Das Pferd in der griechisch-keltischen Frühgeschichte, Helvetia Archaeologica 21 (1990) 153–166.

Pikten (lat. Picti) nennt die antike → Ethnographie eine Reihe von Volksstämmen im nördlichen Schottland. Es ist unklar, ob der Name lateinischen Ursprungs ist und sich auf die Sitte der Tätowierung bezieht (Picti = die Bemalten), oder ob ein sprachgeschichtlicher Zusammenhang mit den gallischen → Stammesnamen Pictavi und Pictones (in der Nähe von Poitiers) besteht. Die P. heißen in irischen Texten Cruithin, in walisischen Prydyn (vgl. → Prydein). Erstmals erwähnt werden die P. gegen Ende des 3. Jhs. n. Chr., als sie zusammen mit keltischen Stämmen den Hadrianswall in Nordengland zu durchbrechen versuchen. Die P. selbst waren vermutlich vorkeltischer Herkunft und sprachen ursprünglich eine nichtindogermanische Sprache. Sie bildeten nördlich des Firth of Forth ein Königreich, das in der zweiten Hälfte des 6. Jhs. vom heiligen Columba (→ Colum Cille) mit der Erlaubnis des Herrschers missioniert wurde. Um 850 vereinigte König Kenneth mac Alpin das Reich der Pikten und Skoten zu einem einzigen schottischen Königreich. Die Sprache der P. scheint bald darauf ausgestorben zu sein.

Lit.: F. T. Wainwright (Hrsg.), The Problem of the Picts, E. 1956; I. Henderson, The Picts, Lo. 1967; J. G. P. Friell u. W. G. Watson, Pictish Studies, O. 1984; A. Small (Hrsg.), The Picts: a new look at old problems, Dundee 1987; Ll. u. J. Laing, Celtic Britain and Ireland, Du. 1990.

Piktonen (lat. Pictones und Pictavi) nennt die antike → Ethnographie einen keltischen Stamm im Gebiet südlich der unteren Loire. Der Name lebt fort in dem der Stadt Poitiers, die zuvor Lemonum oder Limonum hieß.

p-Keltisch → q-Keltisch.

Plinius (Gaius P. Secundus / P. der Ältere) war ein römischer Offizier, Naturforscher und Schriftsteller des 1. Jhs. n. Chr. Von seinen zahlreichen Werken ist nur die 102 Bücher zählende *Historia Naturalis* (Naturkunde) erhalten geblieben. In ihr gibt P. gestützt auf zahlreiche Fachbücher einen enzyklopädischen Überblick über das naturkundliche Wissen seiner Zeit. Das Werk ist dank der Reichhaltigkeit seiner Angaben für viele Teilbereiche der Altertumswissenschaft eine wertvolle Quelle. Berühmt ist die Notiz des P. über die → Druiden und ihre Wertschätzung der → Mistel.

Pokorny, Julius (1887–1970), Sprachwissenschaftler und Keltologe, wurde in Prag geboren. Nach juristischen und sprachwissenschaftlichen Studien wurde er 1920 auf den keltologischen Lehrstuhl der Universität Berlin berufen, den zuvor Kuno → Meyer innegehabt hatte. Wegen seiner jüdischen Herkunft vom Dienst suspendiert und verfolgt, floh P. 1943 in die Schweiz und lebte bis zu seinem Tod als Privatdozent in Zürich. Bekannt geworden ist P. vor allem durch sein *Indogermanisches etymologisches Wörterbuch* (2 Bde. 1959–1970). Daneben verfaßte er zahlreiche Ausgaben und Übersetzungen irischer Texte, sprachliche Hilfsmittel zum Studium des Irischen und Arbeiten zur europäischen Vorgeschichte. Seine Forschungen über den Einfluß vorkeltischer → Substrate auf die inselkeltischen Sprachen wurden insbesondere von seinem Schüler Heinrich → Wagner weitergeführt. – Als Erforscher der keltischen Mythologie begegnet »Professor P. of Vienna« im zehnten Kapitel des Romans *Ulysses* von James Joyce (1882–1941).

Polybios war ein griechischer Historiker des 2. Jhs. v. Chr. Er wurde in Megalopolis (Griechenland) geboren, gelangte 168 als Geisel nach Rom und unternahm mehrere Reisen im westlichen Mittelmeerraum. Sein nur teilweise erhaltenes Hauptwerk ist eine 40 Bücher zählende Universalgeschichte der Zeit von 264 bis 144 v. Chr., in der er Roms Aufstieg zur Weltmacht darstellen und analysieren wollte. In den Kapiteln 27–31 des zweiten Buchs überliefert P. anläßlich seiner Schilderung der Schlacht von Telamon (225 v. Chr.) wertvolle Nachrichten über das keltische → Kriegswesen.

Lit.: R. Urban, Die Kelten in Italien und in Gallien bei P., in: Hellenistische Studien (Mn. 1991) 135–157.

Pomponius Mela verfaßte in den Jahren 43/44 n. Chr. unter dem Titel *De Chorographia* die früheste erhaltene Geographie in lateinischer Sprache. Berühmt sind die Nachrichten des P. über die → Druiden (3,2,18 ff.) und über das Heiligtum einer gallischen Gottheit auf der Insel Sena (heute Sein) vor der Westküste der Bretagne (3,6,8). Nach der Beschreibung des römischen Geographen wurde dieses Heiligtum von neun Jungfrauen gehütet, die man Gallizenae nannte. Man schrieb ihnen die Fähigkeit zu, durch Zaubergesänge Stürme hervorzurufen, sich in alle beliebigen Tiere zu verwandeln, unheilbare Krankheiten zu heilen und die Zukunft vorherzusagen. Eine inselkeltische Entsprechung zu dieser Überlieferung vermutet man in der bei → Geoffrey von Monmouth erhaltenen Sage von der Insel → Avalon.

Poseidonios war ein griechischer Philosoph, Geograph und Historiker des 2./1. Jhs. v. Chr. In Apameia (Syrien) geboren, wirkte er nach ausgedehnten Reisen im gesamten Mittelmeerraum als Lehrer der stoischen Philosophie auf Rhodos. Er verfaßte zahlreiche Schriften, von denen über 20 dem Titel und dem Inhalt nach bekannt sind. Sein historisches Hauptwerk ist eine 52 Bände zählende Fortsetzung der Universalgeschichte des → Polybios, von der allerdings nur Fragmente erhalten geblieben sind. Sie enthielt im 23. Buch eine ausführliche Schilderung Galliens und seiner Bewohner, die sich aus Zitaten und Entlehnungen bei → Athenaios, → Diodoros von Sizilien und → Strabon teilweise rekonstruieren läßt. Die Schilderungen des P. nehmen dank ihrer Genauigkeit und Farbigkeit unter den Zeugnissen der griechischen und römischen → Ethnographie eine herausragende Stellung ein. Sie bestimmten für lange Zeit die antike Sicht der keltischen Kultur und übten auch auf das moderne Keltenbild einen großen Einfluß aus (vgl. → Keltenideologie).

Lit.: M. Truscelli, I ›Keltika‹ di Posidonio e loro influsso sulla posteriore etnografia, Rendiconti della Reale Accademia Nazionale dei Lincei 11 (1935) 609–730; J. J. Tierney, The Celtic Ethnography of P., PRIA 60 (1960) 189–275; D. Nash, Reconstructing P.'s Celtic Ethnography: some considerations, Britannia 7 (1976) 111–126; J. E. C. Williams, P.'s Celtic Parasites, StC 14/15 (1979/80) 313–342; J. Malitz, Die Historien des P., Mn. 1983; W. Meid, Remarks on the Celtic Ethnography of P. in the Light of Insular Celtic Traditions, Anzeiger der Österr. Akad. d. Wiss. 123,4 (1986) 60–74.

Powys (wal. /'powis/) ist eine Region im mittleren Wales. Dort entstand nach dem Abzug der römischen Truppen zu Beginn des 5. Jhs. n. Chr. ein selbständiges keltisches Königreich, das in unterschiedlicher Ausdehnung bis zu seiner Aufteilung in der zweiten Hälfte des 12. Jhs. Bestand hatte. Die heutige County P. wurde 1974 aus den Grafschaften Brecon, Radnor und Montgomery neu geschaffen und erstreckt sich damit sehr viel weiter nach Süden als das mittelalterliche Powys.

Preiddeu Annwfn (wal. /'preiðei 'annuvn/) ist der Titel eines Gedichts aus dem »Buch Taliesins« (→ Llyfr Taliesin). Es erzählt, wie → Arthur mit seinem Gefolge in dem Schiff → Prydwen nach → Annwfn übersetzte. Dort wollte er einen mit Edelsteinen verzierten magischen Kessel erbeuten, der dem Herrscher von Annwfn gehörte und sich in einer viereckigen Festung aus Glas befand. Das Feuer unter dem Kessel wurde durch den Atem von neun Jungfrauen am Brennen gehalten. Wie es heißt, konnte nur ein mutiger Krieger seine Speise in diesem Kessel kochen. Offenbar schlug die Expedition jedoch fehl, denn in dem Refrain am Ende jeder Strophe klagt der Dichter, daß nur sieben Krieger von diesem Zug zurückkehrten.

Ausg.: M. Haycock, P. A. and the figure of Taliesin, StC 18/19 (1983/84) 52–78 (m. engl. Übers.).
Übers.: H. Birkhan, Kelt. Geschichten vom Kaiser Arthur, Kettwig 1989; F. Lautenbach, D. kelt. Kessel, St. 1991.
Lit.: P. Sims-Williams, The early Welsh Arthurian poems, in: R. Bromwich u. a. (Hrsg.), The Arthur of the Welsh (Car. 1991) 33–71.

Priester → Druiden.

Prydein (wal. /'prədein/) oder (jünger) Prydain ist die keltische Form des Namens Britannien (lat. Britannia). Das Wort hängt zusammen mit dem kymrischen Namen Prydyn und seiner irischen Entsprechung Cruithin. Damit bezeichneten die Kelten Britanniens bzw. Irlands das Volk der → Pikten. Die vergleichende Sprachwissenschaft führt sowohl Prydyn als auch Cruithin auf eine ältere Form *Qritenī zurück. Dabei handelt es sich vielleicht um die Ableitung von einem Wort für »schneiden, ritzen«. Die ursprüngliche Bedeutung des Namens könnte deshalb »die Tätowierten« (= lat. Picti »die Bemalten«?) gewesen sein. Die ältesten griechischen Autoren übernehmen den Namen noch mit anlautendem P-. Erst später setzt sich aus uns unbekannten Gründen die Schreibung mit anlautendem B- durch.

Pryderi (wal. /prə'deri/) heißt in den »Vier Zweigen des Mabinogi« (→ Pedeir Ceinc y Mabinogi) der Sohn des Fürsten → Pwyll von Dyfed und seiner Ehefrau → Rhiannon. Die erste der vier Geschichten erzählt von den geheimnisvollen Umständen bei seiner Geburt und von seinem Heranwachsen bis zu seiner Heirat. Die zweite Geschichte erwähnt P. als einen der sieben Überlebenden des Feldzugs, den der britannische König Brân gegen den irischen König Matholwch führte. Eine Hauptrolle spielt P. in der dritten Geschichte. Sie berichtet von der Unbill, die P. und seine Familie durch die zauberischen Machenschaften eines Feindes seines Vaters zu erleiden haben. Die vierte Geschichte schließlich erzählt, wie P. – wiederum durch Zauberei – den Tod findet. Nach einer Theorie des Keltologen Edward → Anwyl bildete das Leben des P. ursprünglich das einigende Band und zentrale Thema der Pedeir Ceinc. In der heute vorliegenden Gestalt dieser Überlieferungen tritt P. jedoch über weite Strecken zugunsten anderer Personen in den Hintergrund.

Prydwen (wal. /'prədwen/) heißt in der walisischen Überlieferung das Schiff → Arthurs. Die Erzählung → *Culhwch ac Olwen* schildert, wie Arthur und seine Gefährten in ihm nach Irland übersetzen, um den Kessel eines Mannes namens Diwrnach zu rauben. Ein ähnliches Motiv begegnet in dem Gedicht → *Preiddeu Annwfn*. Dort ist jedoch nicht Irland, sondern → Annwfn das Ziel der Expedition, und der Kessel gehört dem Herrscher von Annwfn. Bei → Geoffrey von Monmouth bezeichnet P. demgegenüber den mit einem Bild der Muttergottes geschmückten Schild Arthurs.

Pwyll Pendefig Dyfed (wal. /puiɬ pen'devig 'dəved/ »Pwyll, Fürst von Dyfed«) heißt die erste Geschichte der »Vier Zweige des Mabinogi« (→ Pedeir Ceinc y Mabinogi). Sie beginnt damit, daß Pwyll während einer Jagd Arawn, dem König von → Annwfn, begegnet. Auf den Vorschlag Arawns hin tauschen beide für ein Jahr ihre Gestalt. In dieser Zeit besiegt Pwyll in Annwfn Arawns Widersacher Hafgan im Zweikampf, während Arawn in Dyfed auf vorbildliche Weise die Regierungsgeschäfte wahrnimmt. Durch den Dienst, den Pwyll und Arawn einander damit erweisen, werden beide zu Freunden. Wieder zurück in Dyfed, begegnet Pwyll der mit zauberischen Fähigkeiten begabten → Rhiannon und heiratet sie. Drei Jahre später wird ihr gemeinsamer Sohn → Pryderi kurz nach seiner Geburt entführt, worauf Rhiannons Dienerinnen ihre Herrin des Kindsmordes bezichtigen. In Wirklichkeit ist das Neugeborene jedoch auf geheimnisvolle Weise zum Anwesen des Adligen Teyrnon Twrf Liant gelangt. Als dieser erfährt, wer die rechtmäßigen Eltern des Kindes sind, gibt er es ihnen zurück. Daraufhin wird Rhiannon rehabilitiert. Als Pwyll viele Jahre später stirbt, tritt Pryderi als sein Nachfolger die Herrschaft über Dyfed an, das er lange Zeit mit glücklicher Hand regiert.

Ausg.: I. Williams, Pedeir Keinc y Mabinogi, Car. 1930; R. L. Thomson, P. P. D., Du. 1957 (MMWS 1).
Übers.: G. Jones u. T. Jones, The Mabinogion, rev. ed. Lo. 1974; J. Gantz, The Mabinogion, Harm. 1976.
Lit.: C. M. McKenna, The Theme of Sovereignty in P., BBCS 29 (1980–82) 35–52; E. Hanson-Smith, P. P. D.: The Narrative Structure, StC 16/17 (1981/82) 126–134; A. Welsh, Traditional Tales and the Harmonizing of Story in P. P. D., CMCSt 17 (1989) 15–41.

q-Keltisch nennt man diejenigen keltischen → Sprachen, in denen der aus vorkeltischer Zeit ererbte Laut k^w entweder bewahrt oder zu k geworden ist. Das sog. p-Keltisch zeigt demgegenüber an entsprechender Stelle ein p. Von den antik überlieferten festlandkeltischen Sprachen zeigt → Keltiberisch k^w, → Lepontisch aber p. Im → Gallischen findet man überwiegend p, daneben aber auch vereinzelte Wörter mit k^w (geschrieben qu). Von den besser bekannten inselkeltischen Sprachen zeigen → Irisch, →Schottisch-Gälisch und → Manx die Entwicklung von k^w zu k (geschrieben c), während → Kymrisch, → Kornisch und → Bretonisch den alten Laut k^w durch p ersetzt haben.

Quellen / Quellheiligtümer → Chamalières, → Glanum, → Hochscheid, → Medizin, → Sequana, → Sirona.

ráth (ir. /Raːθ/) ist die Bezeichnung einer kreisförmigen Einfriedung, die durch einen oder mehrere Erdwälle mit vorgelagerten Gräben von der Außenwelt abgegrenzt ist. Die meisten Anlagen dieser Art stammen aus dem ersten Jahrtausend n. Chr. und waren ursprünglich landwirtschaftliche Anwesen.

Rathcroghan → Cruachain.

Recht. Ebenso wie die → Mythologie wurde auch das R. der Kelten in der ältesten Zeit ausschließlich mündlich überliefert. Die frühesten Nachrichten darüber verdanken wir daher der antiken → Ethnographie, die jedoch nur wenige verstreute und zumeist unsystematische Beobachtungen enthält. Dazu gehören z. B. die Bemerkungen → Caesars über die Richterfunktion der → Druiden und ihre alljährlichen Gerichtssitzungen an einem geweihten Ort im Land der → Karnuten (Bell. Gall. 6,13) oder seine Notizen über die rechtliche Stellung der → Frauen und → Kinder (Bell. Gall. 6,19). Aufgezeichnet wurden Rechtstexte und gesetzliche Bestimmungen dagegen erst in der Zeit nach der → Christianisierung. Dabei stammen die ältesten Texte aus Irland (7./8. Jh.), während die walisischen Rechtsbestimmungen in den Gesetzen selbst auf das R. des Königs Hywel Dda (10. Jh.) zurückgeführt werden, teilweise aber noch jüngeren Ursprungs sind.
Das irische R. wurde erst in den vergangenen Jahrzehnten in größerem Umfang erschlossen, wobei die Forschung zu Anfang die altertümlichen Züge besonders akzentuierte. In neuerer Zeit wird demgegenüber in zunehmendem Maße der Einfluß des Christentums und der mittelalterlichen gesellschaftlichen Verhältnisse in Rechnung gestellt (vgl. auch → Brehon Laws, → brithem).

Lit.: D. A. Binchy (Hrsg.), Corpus iuris

Hibernici, 6 Bde., Du. 1978; F. Kelly, A Guide to Early Irish Law, Du. 1988; W. D. H. Sellar, Celtic law and Scots law, Scottish Studies 29 (1989) 1–27; T. M. Charles-Edwards, The Welsh Laws, Car. 1989.

rechts → deisel.

Redonen (lat. Redones) nennt die antike → Ethnographie einen keltischen Stamm in der östlichen Bretagne. Der Name lebt fort in dem der Stadt Rennes, die zuvor Condate hieß.

Regenbogenschüsselchen nennt man einen bestimmten Typus schüsselförmiger keltischer → Münzen, die vor allem

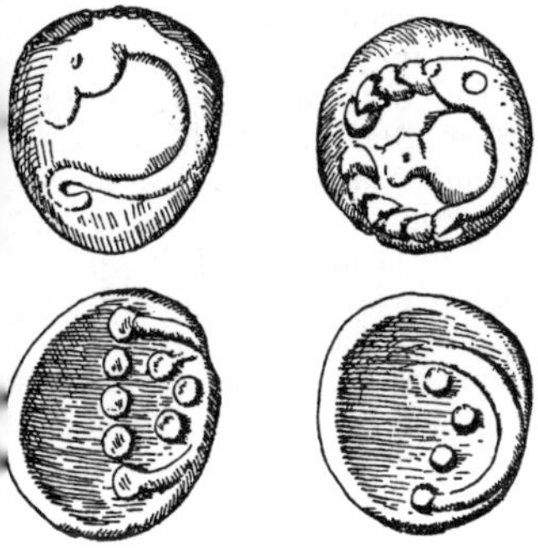

Zwei Regenbogenschüsselchen aus Böhmen (jeweils Vorder- und Rückseite)

in Süddeutschland und Böhmen verbreitet waren. Der Name bezieht sich auf den Volksglauben, daß der Regenbogen dort, wo er den Boden berührt, eine Goldspur in Gestalt dieser Münzen zurücklasse. R. sind meist aus → Gold, seltener aus → Silber oder einer Silberlegierung geprägt und weisen auf Vorder- und Rückseite Bildmotive wie Vogelköpfe, → Torques, Kugeln oder abstrakte Ornamente auf. In der Volksmedizin schrieb man ihnen eine heilende und glückbringende Wirkung zu.

Reinheim ist ein Ort an der deutsch-französischen Grenze ca. 20 km südöstlich von Saarbrücken. In einer Sand- und Kiesgrube südlich von R. entdeckte man im Februar 1954 ein keltisches → Fürstengrab aus der Zeit um 400 v. Chr. Von dem Skelett der dort beigesetzten Person ist in dem kalkverzehrenden Boden nichts erhalten geblieben. Die Art der Grabbeigaben läßt jedoch darauf schließen, daß es sich bei ihr um eine Frau der oberen Gesellschaftsschicht gehandelt hat. Die Tote trug einen Halsreif, mehrere goldene Arm- und Fingerringe sowie zwei Armreife aus Glas bzw. Ölschiefer. Zu ihrer Rechten lag ein Handspiegel aus Bronze, der ursprünglich in einer fein gewebten Tasche aus Stoff steckte. Zu ihrer Linken fand man dicht nebeneinander mehrere Schmuckgegenstände aus Bernstein, Glas und Metall. Wahrscheinlich hatten sie sich in einem Behälter aus organischem Material befunden, von dem jedoch nichts erhalten geblieben ist. Darüber hinaus enthielt das Grab ein Eß- und Trinkservice, das aus einer vergoldeten Bronzekanne, zwei Bronzetellern und Resten von zwei Trinkgefäßen bestand. Die Funde sind jetzt im Landesmuseum für Vor- und Frühgeschichte in Saarbrücken zu sehen.

Lit.: F. J. Keller, Das keltische Fürstengrab von R., Mz. 1965.

Religion. Unter keltischer R. versteht man die Mythen, Kulte und Riten der keltischsprachigen Bewohner Alteuropas vor der → Christianisierung. Unsere Kenntnis des Gegenstands beruht im wesentlichen auf Bodenfunden der vorrömischen und römischen Zeit, Nachrichten der antiken → Ethnographie, Hinweisen in der irischen und kymrischen → Literatur des Mittelalters und volkskundlichen Aufzeichnungen der Neuzeit. Die Erforschung der keltischen R. fußt dementsprechend auf Ergebnissen der Vor- und Frühgeschichte, Archäologie, Vergleichenden Sprachwissenschaft und → Keltologie.

Es gehört zu den Besonderheiten der keltischen R., daß direkte Quellen wie etwa Gebete, Hymnen oder heilige Schriften weitgehend fehlen und die indirekten Zeugnisse nur sehr begrenzte Aussagemöglichkeiten bieten. Über viele Bereiche, die in Darstellungen besser dokumentierter R.en breiten Raum einnehmen, kann man daher im Falle der keltischen R. nur wenige gesicherte Aussagen treffen. Auch scheint eine Trennung von Magie und Religion häufig kaum durchführbar.

Die keltische R. war – wie fast alle R.en – polytheistisch. Die meisten → Götter und Göttinnen kennen wir jedoch nur dem Namen nach, wobei sich eine Mythologie nur ansatzweise rekonstruieren läßt. Aus diesem Grunde liegen auch die Mythen der Kelten von der Weltschöpfung (→ Kosmogonie), vom Weltende (→ Eschatologie) sowie ihre → Jenseitsvorstellungen weitgehend im dunkeln. Durch archäologische Funde kennt man zahlreiche → Kultstätten und erhält zumindest Einblick in die dort vollzogenen → Opfer. Andere Aspekte des Kults wie z. B. die → Weissagung oder das Ritual der → Heiligen Hochzeit werden demgegenüber fast nur durch Äußerungen antiker Autoren oder Hinweise in mittelalterlichen Quellen erhellt. Ebenso kennt man auch die → Druiden als Priester der Kelten nur aus Schriftquellen. Die keltische → Kunst schuf ursprünglich keine Götterbilder, sondern diese wurden erst im Gefolge mediterraner, vor allem griechisch-römischer Einflüsse gebräuchlich. Dabei herrschte auf dem Gebiet der Kunst wie auch weithin im Kult das Prinzip der → Interpretatio Romana vor.

Besondere Beachtung verdient der Umstand, daß der Zusammenhang der zeitlich und räumlich weit verstreuten Quellen weder auf einer ethnischen noch auf einer kulturellen Einheitlichkeit beruht (vgl. → Geschichte). Die Berechtigung, von »der« keltischen R. zu sprechen, ergibt sich vielmehr in erster Linie aus dem nachweisbaren Zusammenhang der keltischen → Sprachen, durch welche religiöse Vorstellungen ausgedrückt, Mythen tradiert und kultische Handlungen bezeichnet oder beschrieben wurden.

Gesamtdarstellungen: J. Vendryes, La R. des Celtes, in: A. Grenier (Hrsg.), Mana III (P. 1948) 239–320; J. de Vries, Kelt. Rel., St. 1961; F. Le Roux, La R. des Celtes, in: H. C. Puech (Hrsg.), Histoire des Religions (P. 1970) I 781–840; M. Green, The Gods of the Celts, Gloucester 1986.
Gallien u. römisches Germanien: G. Drioux, Cultes indigènes des Lingons, P. 1934; P. Lambrechts, Contributions à l'étude des divinités celtiques, Brugge 1942; C. B. Pascal, The Cults of Cisalpine Gaul, Bru. 1964; S. Deyts, Divinités indigènes en Bourgogne à l'époque gallo-romaine, Dijon 1967; E. Thevenot, Divinités et sanctuaires de la Gaule, P. 1968; F. Benoit, Art et dieux de la Gaule, P. 1969; ders., Le Symbolisme dans les sanctuaires de la Gaule, Bru. 1970; J. J. Hatt, Les dieux gaulois en Alsace, RAE 22 (1971) 187–276; P.-M. Duval, Les Dieux de la Gaule, P. 1976; H. Lavagne, Les Dieux de la Gaule Narbonnaise, Journal des savants (1979) 155–197; P. M. M. Leunissen, Römische Götternamen und einheimische Religion in der Provinz Germania Superior, FBW 10 (1985) 155–195; E. M. Wightman, Pagan Cults in the Province of Belgica, ANRW II 18.1 (1986) 542–589; J. L. Brunaux, Les Gaulois: sanctuaires et rites, P. 1986; M. Green, Symbol and Image in Celtic Religious Art, Lo. 1989; Aspects de la religion celtique et gallo-romaine dans le nord-est de la Gaule à la lumière des découvertes récentes, Saint-Dié-des-Vosges 1989; S. Deyts, Images des dieux de la Gaule, P. 1992; C. Landes (Hrsg.), Dieux Guérisseurs en Gaule romaine, Lattes 1992.
Österreich, Schweiz u. Alpenraum: R. Frei-Stolba, Götterkulte in der Schweiz zur römischen Zeit, Bull. des antiquités luxembourgoises 15 (1984) 75–126; H. Kenner, Die Götterwelt der Austria Romana, ANRW II 18.2 (1989) 875–974 u. 1652–1655.
Britannien: A. Ross, Pagan Celtic Britain, Lo. 1967; M. Henig, R. in Roman Britain, Lo. 1984; G. A. Wait, Ritual and R. in Iron Age Britain, Lo. 1985; G. Webster, The British Celts and their Gods under Rome, Lo. 1986; E. Birley, The Deities of Roman Britain, ANRW II 18.1 (1986) 3–112; M. Green, The Iconography and Archaeology of Romano-British R., ANRW II 18.1 (1986) 113–162.

Remer (lat. Remi) nennt die antike → Ethnographie einen keltischen Stamm im Gebiet zwischen Marne und Aisne. Er verbündete sich bereits 57 v. Chr. mit den Römern und gewann dadurch an Einfluß und Bedeutung. Nach → Caesar (Bell. Gall. 6,12) waren die R. zu seiner Zeit nach den → Aeduern der angesehenste Stamm Galliens. Ihr Name lebt fort in dem der Stadt Reims, die zuvor Durocortorum hieß.

remscéla (ir. /'R'ev'ʃk'eːla/ »Vorerzählungen«) heißen im »Buch von Leinster« (→ Lebor Laignech), im → »Gelben Buch von Lecan« und in einer weiteren Handschrift mehrere Erzählungen aus dem → Ulster-Zyklus. Ihre einzige Gemeinsamkeit besteht darin, daß alle Geschichten der Handlung der → *Táin Bó Cuailnge* mittelbar oder unmittelbar vorausgehen. Zu den wichtigsten r. gehören → *Aislinge Oenguso,* → *Compert Chon Culainn,* → *Compert Chonchobuir,* → *De chophur in da muccida,* → *Echtrae Nerai,* → *Longas mac nUislenn,* → *Táin Bó Froích* und → *Tochmarc Emire.*

Lit.: R. Thurneysen, Die irische Helden- und Königsage, Hl. 1921; N. Backhaus, The Structure of the List of Remscéla Tána Bó Cualngi in the Book of Leinster, CMCSt 19 (1990) 19–26.

Renan, Ernest (1823–1892), Religionswissenschaftler und Orientalist, wurde in Tréguier in der Bretagne geboren. Bekannt wurde er durch sein Buch *La Vie de Jésus* (1863), eine romanhafte Darstellung des Lebens Jesu. Bereits 1854 hatte R. für die Zeitschrift *La Revue des Deux Mondes* den Aufsatz »Essai sur la poésie des races celtiques« geschrieben, der 1859 in einer überarbeiteten Fassung in Buchform erschien. Darin charakterisierte R. die keltischen Völker und ihre Literaturen als spontan, unverbildet und gefühlsbetont. Zugleich hob er die (vorgebliche) Abneigung der Kelten gegen Disziplin, politische Organisation und gesunden Pragmatismus hervor. Charakteristisch für die derzeitigen Bewohner der keltischen Länder seien ihre Verliebtheit in die Vergangenheit und eine passive, introvertierte Lebenshaltung. Dieses Urteil gründete sich jedoch nur zum kleineren Teil auf eine persönliche Kenntnis der keltischen Völker, Sprachen und Literaturen. Geprägt war es vielmehr von den Ideen der Romantik und den Erinnerungen des Autors an seine Kindheit. Tatsächlich kannte R. nur sehr wenige keltische Literaturwerke in englischen und französischen Übersetzungen. Viele seiner Gedanken wurden von seinem Freund Matthew → Arnold aufgegriffen und übten dadurch auf das populäre Bild der Kelten einen weitreichenden Einfluß aus (vgl. → Keltenideologie).

Lit.: R. M. Galand, L'Ame celtique de R., P. 1959.

retoiric → roscada.

Rhenus heißt in der antiken → Ethnographie der Rhein. Als ursprüngliche Bezeichnung rekonstruiert die Vergleichende Sprachwissenschaft eine Form *reinos, die soviel wie »Fluß« bedeutete. Sie entwickelte sich im Keltischen zu *rēnos und wurde in dieser Form von den Römern übernommen. Im Germanischen dagegen wurde *reinos zu *rīnaz. Daraus entstand althochdeutsch Rīn und neuhochdeutsch Rhein.
Mehrere antike Autoren berichten, daß die Kelten die eheliche Abkunft ihrer neugeborenen Kinder durch eine Wasserprobe im Rhein festzustellen suchten. Darüber hinaus erwähnt der römische Dichter Propertius (Elegiae 4,10,41), daß sich der keltische Fürst Vir(i)domarus (3. Jh. v. Chr.) als Abkömmling des Rh. betrachtet habe. In galloromischer Zeit begegnet die Vorstellung vom »Vater Rhein« auf einem Weihaltar mit der Inschrift RHENO PATRI (AE 1969/70, 434). Er wurde 1970 in Strasbourg gefunden und ist jetzt im Archäologischen Museum der Stadt zu sehen.

Rhiannon (wal. /r̥i'annon/) heißt eine Hauptfigur der ersten und dritten Geschichte der »Vier Zweige des Mabinogi« (→ Pedeir Ceinc y Mabinogi). Im ersten Zweig wird erzählt, wie Rh. dem Fürsten → Pwyll von

Dyfed begegnet, ihn heiratet und einen Sohn zur Welt bringt (vgl. → *Pwyll Pendefig Dyfed*). Die Handlung des dritten Zweigs (→ *Manawydan fab Llŷr*) spielt viele Jahre nach diesen Ereignissen. Nach dem Tod ihres Mannes hat Rh. Manawydan, einen Kampfgefährten ihres Sohnes → Pryderi, geheiratet. Durch die zauberischen Machenschaften eines Feindes der Familie erleiden alle drei große Unbill, bis Manawydan den Urheber des Zaubers ausfindig machen und bestrafen kann. Rh. trägt vor allem in der ersten dieser beiden Erzählungen deutlich mythologische Züge: So reitet sie bei ihrer Begegnung mit Pwyll auf einem Zauberpferd und die Geburt ihres Sohnes hängt auf unerklärliche Weise mit der Geburt eines Fohlens zusammen. Viele Autoren vermuten daher einen Zusammenhang zwischen Rh. und der keltischen Göttin → Epona.

Rhydderch Hael (wal. /ˈr̥əðerx hail/) herrschte um 600 n. Chr. über ein Königreich im Norden des keltischen Britannien. Erwähnt wird er bereits im 7. Jh. von → Adamnán in seiner Biographie des heiligen Columba (→ Colum Cille). Nach dieser Quelle umfaßte sein Herrschaftsgebiet die heutige Landschaft Strathclyde in Südschottland. Die → *Historia Brittonum* erwähnt Rh. als einen von vier Königen, die gegen Ende des 6. Jhs. gegen die Angeln kämpften. Anspielungen auf Rh. begegnen auch in mehreren Gedichten, die vom Schicksal des Dichters → Myrddin handeln. Aus ihnen ist zu entnehmen, daß Myrddins königlicher Gönner Gwenddoleu im Kampf gegen Rh. fiel und Myrddin selbst daraufhin aus Furcht vor der Rache seines Feindes in den Wäldern Schottlands Zuflucht suchte. In den → *Trioedd Ynys Prydein* erscheint Rh. als einer der »drei Großzügigen (hael) der Insel Britannien«. Den → *Englynion y Beddeu* zufolge befindet sich sein Grab in Abererch auf der Halbinsel Llŷn in Nordwestwales.

Rhydderch, Weißes Buch von → Llyfr Gwyn Rhydderch.

Rhŷs, John (1840–1915), Keltologe, wurde in der Nähe von Ponterwyd in Südwales geboren. Nach philologischen Studien in Bangor, Oxford, Paris und Leipzig war er zunächst als Schulinspektor in Wales tätig. 1877 wurde er auf den neugegründeten Lehrstuhl für Keltologie an der Universität Oxford berufen. Fortan galt sein Hauptinteresse Fragen der keltischen Sprachgeschichte und Philologie. Daneben veröffentlichte er die für breitere Kreise bestimmte Darstellung *The Welsh People* (1900, zusammen mit D. Brynmor-Jones) und die volkskundliche Studie *Celtic Folklore, Welsh and Manx* (2 Bde., 1901). Probleme der keltischen Religion und Mythologie behandelte er in den Werken *Studies in the Arthurian Legend* (1881) und *On the Origin* *and Growth of Religion as Illustrated by Celtic Heathendom* (1888). Rh. erhielt die Ehrendoktorwürden der Universitäten von Edinburgh und Wales und wurde 1907 geadelt. Zu seinen bedeutendsten Schülern zählen John → Morris-Jones und John Gwenogvryn → Evans.

Lit.: J. Parry-Williams, J. Rh. 1840–1915, Car. 1954.

rí (ir. /R'iː/) ist die Bezeichnung des Königs. Dabei unterscheiden Rechtstexte zwischen dem König eines Stammesverbandes (rí tuaithe; vgl. → tuath), dem höhergestellten König mehrerer Stammesverbände (rí tuath oder ruiri) und dem wiederum übergeordneten König einer der irischen »Provinzen« (rí cóicid; vgl. → cóiced). Der Titel des Hochkönigs (ard-rí) oder Königs von Irland (rí Érenn) war demgegenüber bis ins hohe Mittelalter ohne praktische Bedeutung und spielte nur in der Literatur eine größere Rolle. Zu den Hauptaufgaben des Königs zählten im Krieg die Führung des Heeraufgebots (slógad) und im Frieden die Wahrung des Rechts. Von zentraler Bedeutung war dabei der Begriff der »Gerechtigkeit des Herrschers« (→ fír flathemon), von deren Verwirklichung man das Wohl und Wehe des Königs und seiner Untertanen abhängig glaubte. Zahlreiche Sagen und Preisgedichte schildern die Übernahme des Königsamtes als eine Vermählung des Herrschers mit seinem Land oder der personifizierten »Herrschaft« (flathius). Sehr wahrscheinlich bewahren diese Texte vorchristliche Vorstellungen von einer → Heiligen Hochzeit zwischen dem König und einer Göttin der Königsherrschaft.

Lit.: D. A. Binchy, Celtic and Anglo-Saxon Kingship, O. 1970; F. J. Byrne, Irish Kings and High-Kings, Lo. 1973; D. Ó Corráin, Nationality and Kingship in pre-Norman Ireland, in: T. W. Moody (Hrsg.), Nationality and the Pursuit of National Independence (Belfast 1978) 1–35; P. Wormald, Celtic and Anglo-Saxon Kingship: some further thoughts, in: P. E. Szarmach (Hrsg.), Sources of Anglo-Saxon Culture (Kalamazoo, Mich. 1986) 151–183; M. Gerriets, Kingship and exchange in pre-Viking Ireland, CMCSt 13 (1987) 39–72; dies., The King as Judge in Early Ireland, Celtica 20 (1988) 1–24.

Richter → brithem.

Rigani ist das gallische Wort für »Königin«. Es entspricht etymologisch dem gleichbedeutenden irischen Wort rígain (vgl. → Morrígain). Möglicherweise als Name einer Göttin erscheint R. in einer gallisch abgefaßten Weihinschrift, die bei Ausgrabungen in Lezoux im Dép. Puy-de-Dôme zutage kam. Die Inschrift stammt aus der ersten Hälfte des ersten Jhs. n. Chr. und lautet e ... ieuririgani rosmertiac. Eine mögliche Übersetzung ist: »Dies weihte ich der R. und der Rosmerta«. Denkbar ist aber auch, daß die Weihung nur einer einzigen Gottheit galt. In diesem Fall wäre R. als Beiname oder Ehrentitel der Göttin → Rosmerta zu verstehen. Die Versuche des Archäologen Jean-Jacques Hatt (*1913), eine Göttin R. in bildlichen Darstellungen der vorrömischen Zeit wiederzufinden, sind mit Vorsicht zu beurteilen.

Lit.: M. Lejeune u. R. Marichal, Textes gaulois et gallo-romains en cursive latine I Lezoux, EC 15 (1976/77) 151–156; J.-J. Hatt, La divinité féminine souveraine chez les Celtes continentaux, d'après l'épigraphie gallo-romaine et l'art celtique, CRAI (1981) 12–20.

Rind → Viehzucht.

rix (rīg-s) ist das gallische Wort für »König«. Bezeugt ist es in zahlreichen Personennamen wie → Ambiorix, → Orgetorix und → Vercingetorix. Die irische Form des Wortes ist → rí. Im Kymrischen dagegen wurde es bereits früh durch → brenin ersetzt. Das keltische *rīg-s entspricht etymologisch dem lateinischen rēx und dem altindischen rājā. Im Deutschen erscheint es als Lehnwort in der zweiten Silbe von Namen wie Friedrich oder Heinrich.

Rodenbach ist ein Ort ca. 10 km nordwestlich von Kaiserslautern. In seiner Nähe entdeckte man 1874 ein keltisches → Fürstengrab aus dem 5. Jh. v. Chr. Bei der Ausgrabung fand man u. a. ein Schwert, ein Messer, drei große Lanzenspitzen und mehrere Bronzegefäße. Als Schmuckgegenstände hatte man dem Toten je einen goldenen Arm- und Fingerring mitgegeben. Die Funde sind jetzt im Historischen Museum der Pfalz in Speyer zu sehen.

Lit.: H.-J. Engels, Der Fürstengrabhügel von R., Bonner Hefte zur Vorgeschichte 3 (1972) 25–52.

Roquepertuse ist der heutige Name einer vorgeschichtlichen Siedlung, die sich auf einer felsigen Anhöhe im Tal der Arc ca. 15 km westlich von Aix-en-Provence befand. Archäologische Funde bezeugen die Anwesenheit des Menschen von der späten Jungsteinzeit bis zum Ende des 2. Jhs. v. Chr., als der Ort durch ein Feuer zerstört und aufgegeben wurde. Bereits um 1860 wurden in R. zwei bruchstückhaft erhaltene Steinskulpturen zutage gefördert, die vermutlich keltische Krieger in der sog. → Buddha-Haltung darstellen. Bei weiteren Ausgrabun-

Darstellung einer sitzenden männlichen Figur aus Roquepertuse

gen in den Jahren 1919–1927 fand man neben den Bruchstükken einer oder mehrerer ähnlicher Statuen ein mit Pferdeköpfen verziertes Fries, die Steinplastik einer zweiköpfigen Gottheit, die Statue eines Raubvogels und drei Steinsäulen mit Vertiefungen, in die ursprünglich menschliche Schädel eingelassen waren. Bislang waren diese Funde in einer teilweise irreführenden Rekonstruktion im Château Borély in Marseille ausgestellt. Nach einer umfassenden archäologischen Untersuchung werden sie künftig im neu eingerichteten Musée de la Vieille Charité ebenfalls in Marseille zu sehen sein.

Lit.: Voyage en Massalie: 100 ans d'archéologie en Gaule du Sud, Marseille 1990; R. et les Celto-Ligures, Marseille 1992.

roscada (ir. /'Roskaða/) heißen im mittelalterlichen Irland Texte, die zwischen den literarischen Gattungen der Prosa und der reimenden, silbenzählenden und strophischen Dichtung stehen. Sie sind in einer absichtlich dunklen Sprache abgefaßt, die sich durch eine knappe, anspielungsreiche Ausdrucksweise, ungewöhnliche Wortstellung, Alliteration und eine Vorliebe für altertümliche oder seltene Wörter auszeichnet. Dieselben Merkmale zeigen Texte, die in den Prosaerzählungen als Monologe vorgetragen und als retoiric bezeichnet werden. Viele dieser Texte sind wegen ihrer Schwierigkeit nur unzureichend erforscht. Daß r. in jedem Fall auf vorchristliche mündliche Dichtung zurückgehen, ist unwahrscheinlich.

Lit.: P. MacCana, On the use of the term retoiric, Celtica 7 (1966) 65–90; D. A. Binchy, The so-called ›rhetorics‹ of Irish Saga, in: H. Pilch u. J. Thurow (Hrsg.), Indo-Celtica (Mn. 1972) 29–38; L. Breatnach, Zur Frage der r. im Irischen, in: H. L. C. Tristram (Hrsg.), Metrik und Medienwechsel (T. 1991) 197–205.

Rosmerta heißt eine keltische Göttin, die vor allem im nordöstlichen Gallien teils allein, teils als Partnerin des Gottes → Mercurius verehrt wurde. Zu ihren Attributen zählen Patera (Opferschale) und Füllhorn, doch wird sie wegen ihrer engen Beziehung zu Mercurius gelegentlich auch mit dessen Heroldsstab dargestellt. Ihr Name enthält dieselbe Wurzel wie der des Gottes → Smertrios und weist vermutlich auf die Funktion der schützenden Fürsorge hin, die man ihr zuschrieb.

Rowlands, Henry (1655–1723), Altertumsforscher, wurde auf der Insel Anglesey (vgl. → Mona) geboren und verbrachte sein ganzes Leben dort. Sein Amt als Geistlicher der Anglikanischen Kirche erlaubte es ihm, sich nebenher historischen Studien zu widmen. In seinem Buch *Mona Antiqua Restaurata* (1723) behandelte er die vor- und frühgeschichtlichen Denkmäler Angleseys, deren Errichtung er völlig willkürlich den keltischen → Druiden zuschrieb. Zusammen mit John → Aubrey und William → Stukeley übte er damit auf das populäre Bild der keltischen Religion und ihrer Priester einen nachhaltigen Einfluß aus (vgl. → Keltenideologie).

Ruad Ro-fesa (ir. /'Ruað 'Ro-esa/) ist ein Beiname des → Dagda. Er bedeutet »der Mächtige des großen Wissens«.

Rudianus heißt ein keltischer Gott, dessen Verehrung durch vier Weihinschriften bezeugt wird. Zwei davon stammen aus St. Etienne und St. Génis im Dép. Drôme (CIL XII 1566 und 2204), die beiden anderen aus St. Michel de Valbonne im Dép. Var (CIL XII 381 und 382). In letzteren wird R. nach der → Interpretatio Romana mit → Mars identifiziert.

Rudiobus heißt ein keltischer Gott. Den einzigen Hinweis für seine Verehrung bietet die Weihinschrift (CIL XIII 3071) auf dem Sockel einer Pferdestatuette aus → Neuvy-en-Sullias.

Dem Gott Rudiobus geweihte bronzene Pferdestatuette

Rutener (lat. Ruteni) nennt die antike → Ethnographie einen keltischen Stamm im Gebiet des französischen Départements Aveyron. Der Name lebt fort in dem der Stadt Rodez, die zuvor Segodunum hieß.

Sänger → Barde.

Sagenlisten. Die moderne Forschung teilt die erzählende Literatur des mittelalterlichen Irland im allgemeinen nach inhaltlichen Gesichtspunkten in »Zyklen« ein. Meist unterscheidet man dabei einen → Finn-, →Ulster-, → Historischen und → Mythologischen Zyklus. Dagegen scheinen die mittelalterlichen Erzähler selbst das traditionelle Sagengut ähnlich wie die moderne Märchenforschung nach Typen geordnet zu haben. Eine Hauptquelle für unsere Kenntnis dieser Klassifikation sind zwei mittelalterliche S. Die eine (A) ist im »Buch von Leinster« (→ Lebor Laignech) und einer Handschrift aus dem 16. Jh. enthalten. Die andere (B) findet man eingebettet in die mittelirische Erzählung *Airec menman Uraird maic Coise*, deren handschriftliche Überlieferung bis ins 14. Jh. zurückreicht. Die wichtigsten Typenbezeichnungen dieser S. sind die → aided, der → aithed, der oder die → baile, der → cath, die → compert, die →

echtrae, die → immram, die → orgain, die → táin, der → tochmarc und die → togail.

Lit.: P. MacCana, The Learned Tales of Medieval Ireland, Du. 1980; N. Ní Chonghaile und H. L. C. Tristram, Die mittelirischen S. zwischen Mündlichkeit und Schriftlichkeit, in: H. L. C. Tristram (Hrsg.), Deutsche, Kelten und Iren (H. 1990) 249–268.

Sakralkönigtum → Heilige Hochzeit, → Könige.

Salluvier (griech. Salyes oder Sallyes, lat. Sallui oder Salluvii) nennt die antike → Ethnographie ein aus Kelten und Ligurern bestehendes Volk im Gebiet zwischen der Rhône und den Meeralpen. Um 600 v. Chr. gründeten die griechischen Phokaier auf ihrem Gebiet die Kolonie Massalia, das heutige Marseille. 122 v. Chr. wurden die S. von den Römern besiegt, ihr Hauptort → Entremont zerstört und ihr Land in die neugeschaffene Provinz Gallia Narbonensis eingegliedert.

Salz wurde in vorgeschichtlicher Zeit vor allem zur Fleischkonservierung gebraucht. In Mitteleuropa macht sich seit dem Beginn des ersten Jahrtausends v. Chr. ein erhöhter Bedarf bemerkbar, der möglicherweise mit veränderten klimatischen Bedingungen zusammenhängt. Zentren der S.gewinnung waren → Hallstatt und der Dürrnberg bei → Hallein, wo sich aus den Umschlagplätzen wohlhabende Siedlungen entwickelten.

Samain (ir. /'savin'/) bezeichnet im irischen Kalender den Winteranfang (1. November). Der Tag wurde als Beginn des neuen Jahres festlich begangen, wobei bereits der Abend des 31. Oktober in die Festlichkeiten miteinbezogen wurde. Die Nacht vom 31. Oktober auf den 1. November spielt in Sagen und Bräuchen eine große Rolle, da man glaubte, daß die Menschen in diesen Stunden Zugang zur Welt der Geister finden könnten.

Lit.: K. Danaher, The Year in Ireland, Du. 1972.

Samildánach (ir. /'sav'ilda:nax/ »aller Künste kundig«) ist in der Geschichte der Schlacht von Mag Tuired (→ *Cath Maige Tuired*) ein Beiname des → Lug mac Ethnenn, da er in seiner Person die Gaben und Fähigkeiten aller nur denkbaren Handwerker und Künstler vereinigt.

Sanas Chormaic (ir. /'sanas 'xormik'/ »Cormacs Flüstern«) heißt ein etymologisches Glossar aus der Zeit um 900, das veraltete oder ungebräuchliche Wörter der irischen Rechts- und Dichtersprache sowie eine Reihe von Orts- und Personennamen zu erklären versucht. Benannt ist es nach seinem Autor, dem südirischen Bischof und König von Munster Cormac mac Cuilennáin. Die etymologischen Bemerkungen Cormacs sind von den *Etymologien* des Isidor von Sevilla abhängig und deswegen vom

Standpunkt der modernen Sprachwissenschaft aus zu einem großen Teil verfehlt. Für die irische Literaturgeschichte ist das Glossar aber deswegen wertvoll, weil aus den darin angeführten literarischen Zitaten hervorgeht, welche der uns erst aus späterer Zeit überlieferten Literaturwerke bereits zur Zeit Cormacs schriftlich vorlagen. Darüber hinaus geben einige Eintragungen interessante Aufschlüsse darüber, welche Vorstellungen ein lateinisch gebildeter geistlicher Autor des 9./10. Jhs. von der vorchristlichen irischen Religion und Mythologie hatte.

Ausg. u. Übers.: J. Ó Donovan u. W. Stokes, Cormac's Glossary (S. Ch.), Calcutta 1868.

Lit.: R. Thurneysen, Zu Cormacs Glossar, in: FS Ernst Windisch (L. 1914) 8–37; P. Russell, The Sounds of a Silence: The Growth of Cormac's Glossary, CMCSt 15 (1988) 1–30.

Santonen (lat. Santones) nennt die antike → Ethnographie einen keltischen Stamm an der unteren Charente. Der Name lebt fort in dem der Stadt Saintes, die zuvor Mediolanum hieß.

Saône → Souconna.

Scáthach (ir. /'ska:θax/) heißt in den Erzählungen des → Ulster-Zyklus eine gefürchtete Kriegerin. Bei ihr soll → Cú Chulainn den Gebrauch der Waffen erlernt haben. Ausführlich erzählt wird dies in der Geschichte → *Tochmarc Emire*. Unter dem Titel *Verba Scáthaige* (»Worte der S.«) ist dort auch ein Gedicht überliefert, in dem S. ihrem Schüler in dunklen Worten den Verlauf und Ausgang des Rinderraubs von Cuailnge (→ *Táin Bó Cuailnge*) prophezeit. Dieses Gedicht stand vermutlich bereits in der verschollenen Handschrift → Cín Dromma Snechta, die in die erste Hälfte des 8. Jhs. datiert wird. Man nimmt daher an, daß eine frühe Fassung der Geschichte des Rinderraubs von Cuailnge bereits zu dieser Zeit im Umlauf war.

Lit.: P. L. Henry, Verba Scáthaige, Celtica 21 (1990) 191–207 (m. Ausg. u. engl. Übers.).

Scéla Cano meic Gartnáin (ir. /'ʃk'e:la 'kano vik' 'γaRtna:n'/ »Die Geschichte von Cano, dem Sohn Gartnáns«) ist der Titel einer Erzählung aus dem → Historischen Zyklus. Sie stammt in der uns vorliegenden Fassung vermutlich aus dem frühen 11. Jh. und ist im → »Gelben Buch von Lecan« überliefert.

Die Geschichte erzählt, wie der Titelheld Cano mac Gartnáin von seinem Großvater Aedán mac Gabráin verfolgt wird und deswegen von Schottland nach Irland fliehen muß. Bei den Königen Diarmait und Bláthmac von Ulster findet er gastliche Aufnahme und kann mit Hilfe einer Tochter Diarmaits einem neuerlichen Anschlag seines Großvaters mit knapper Not entgehen. Von Ulster begibt Cano sich daraufhin nach Connacht. Dort verliebt er sich in Créd, eine Tochter des Königs

Guaire und Frau des Kriegers Marcán. Bei einem Gastmahl gibt Créd allen außer sich selbst und Cano ein Schlafmittel. Cano will aber erst dann ihr Geliebter werden, wenn er den Königsthron von Schottland errungen hat. Er verläßt Connacht, schenkt Créd jedoch als Zeichen seiner Liebe einen magischen Stein, von dessen Unversehrtheit sein Leben abhängt. Nachdem Cano tatsächlich König von Schottland geworden ist, versucht er, sich erneut mit Créd zu treffen. Marcáns Sohn Colcu vereitelt jedoch diesen Versuch und verwundet Cano schwer. Als Créd ihren Geliebten verloren glaubt, zerschmettert sie ihren Kopf an einem Felsen. Dabei zerbricht der magische Stein, und Cano stirbt wenige Tage später.

Ausg.: D. A. Binchy, S. C. m. G., Du. 1963 (MMIS 18).
Übers.: R. Thurneysen, Eine irische Parallele zur Tristan-Sage, Zeitschr. f. Roman. Philologie 43 (1924) 385–402.
Lit.: T. Ó Cathasaigh, The Theme of Ainmne in S. C. m. G., Celtica 15 (1983) 78–87; ders., The Rhetoric of S. C. m. G., in: D. Ó Corráin u. a. (Hrsg.), Sages, Saints, and Storytellers (May. 1989) 233–250.

Scéla mucce Meic Dathó (ir. /ˈʃkʹeːla ˈmukʹe mikʹ ˈdaθoː/ »Die Geschichte vom Schwein des Mac Dathó«) ist der Titel einer Erzählung aus dem → Ulster-Zyklus, deren älteste Fassung im »Buch von Leinster« (→ Lebor Laignech) überliefert ist. Die Geschichte beginnt damit, daß die Könige → Conchobar von Ulster und → Ailill von Connacht gleichzeitig Gesandtschaften an Mac Dathó entsenden, um seinen Hund Ailbe von ihm zu erbitten. Da Mac Dathó keine der beiden Gesandtschaften abzuweisen wagt, verspricht er den Hund sowohl Conchobar als auch Ailill und lädt beide Parteien zu einem Gastmahl, bei dem ein riesenhaftes Schwein aufgetragen wird. In einem wilden Wortgefecht machen sich nun die Helden Ulsters und Connachts gegenseitig die Ehre streitig, das Schwein zerlegen zu dürfen (vgl. → curad-mír). Als → Conall Cernach dabei den Sieg davonträgt und den Connachtern nur die Vorderfüße des Tiers zugestehen will, kommt es zum Kampf, in dessen Verlauf die Helden von Ulster ihre Gegner in die Flucht schlagen. Bei der Verfolgung der Connachter wird der Hund Ailbe von Ailills Wagenlenker getötet.

Ausg.: R. Thurneysen, S. M. M. D., Du. 1935 (MMIS 6).
Übers.: R. Thurneysen, Sagen aus dem alten Irland, B. 1901; J. Gantz, Early Ir. Myths and Sagas, Harm. 1981.
Lit.: N. K. Chadwick, The Story of MacDathó's Pig, SGS 8 (1958) 130–145; C. G. Buttimer, S. M. M. D.: a reappraisal, PHCC 2 (1982) 61–73.

Scél Tuain meic Chairill (ir. /ʃkʹeːl ˈtuːinʹ vikʹ ˈxarʹiLʹ/ »Die Geschichte Tuans, des Sohnes Cairells«) ist der Titel einer Erzählung aus dem → Mythologischen Zyklus. Sie ist im »Buch der dunklen Kuh« (→ Lebor na hUidre) und drei Handschriften aus dem 14.–16. Jh. überliefert. Ihr Thema ist die Geschichte der Besiedlung Irlands von der Sintflut bis ins frühe Mittelalter. Dieser historische Abriß wird dem Titelhelden Tuan in den Mund gelegt, der zusammen mit den ersten Siedlern nach der Sintflut auf die Insel gelangt sein soll (vgl. → *Lebor Gabála Érenn*). In der Gestalt eines Hirsches, eines Ebers, eines Adlers und eines Lachses soll Tuan Zeuge der weiteren Geschichte des Landes geworden sein. Im 5. Jh. n. Chr. als Sohn des Königs Cairell wiedergeboren, habe er im hohen Alter dem heiligen Finnian von Mag Bile sein Schicksal erzählt. – Neu gestaltet hat diese Geschichte James → Stephens in seinem Buch *Irish Fairy Tales*.

Ausg.: J. Carey, S. T. m. C., Ériu 35 (1984) 93–111 (m. engl. Übers.).
Übers.: F. Lautenbach, D. kelt. Kessel, St. 1991.
Lit.: J. Carey, Suibne Geilt and Túan mac Cairill, Éigse 20 (1984) 93–105.

Schmiede dürften wegen der großen Bedeutung des → Eisens für → Ackerbau, → Handwerk und → Kriegswesen eine wichtige Rolle in der keltischen Gesellschaft gespielt haben. Dabei ist wegen der erforderlichen Spezialkenntnisse bereits für die Hallstattzeit mit einer Aufgliederung in Waffen-, Grob- und Fein- bzw. Kunstschmiede zu rechnen. In der Zeit der → Oppida sind anhand archäologischer Funde über 200 verschiedene eiserne Geräte nachweisbar, davon über 20 verschiedene Geräte zur Metallbearbeitung allein im Oppidum von → Manching. Daß S. auch in der keltischen → Religion und → Mythologie eine Rolle spielten, bezeugen die Verehrung des Gottes → Volcanus im römischen Gallien sowie die Überlieferungen um → Gofannon und → Goibniu in der kymrischen bzw. irischen Literatur.

Schmuck wurde bei den Kelten sowohl von Männern als auch von Frauen gern getragen. Dies bezeugen neben Hinweisen der antiken → Ethnographie (vgl. → Strabon 4,4,5 und → Diodoros von Sizilien 5,27) vor allem Funde aus Gräbern. Keltischer S. wurde demzufolge vor allem aus → Bronze, seltener aus → Gold oder → Eisen und nur vereinzelt aus → Silber verfertigt. Darüber hinaus fanden zu seiner Herstellung vor allem → Glas, Koralle und die fossilen Stoffe → Bernstein, Gagat und Sapropelit Verwendung. In den Gräbern der vorrömischen Zeit sind Fuß- und Halsringe den Frauen vorbehalten, während man Arm- und Fingerringe bei Personen beiderlei Geschlechts findet. Den gedrehten Halsring (→ Torques) des keltischen Kriegers kennen wir nicht aus Grab-, sondern nur aus Hortfunden sowie aus bildlichen Darstellungen und Beschreibungen antiker Autoren. Die Häufigkeit von S. in Kindergräbern läßt vermuten, daß manche der heute als S. aufgefaßten Gegenstände auch als → Amulette galten.

Lit. → Kunst.

School of Celtic Studies, The (ir. Scoil an Léinn Cheiltigh) ist der Name einer 1940 gegründeten Einrichtung zur Förderung der keltischen Studien in Irland. Sie dient vor allem der Ausbildung fortgeschrittener Studenten und der Organisation von Seminaren, Kursen und Konferenzen. Weitere Schwerpunkte ihrer Arbeit sind die Publikation keltologischer Studien sowie irischer, kymrischer und hiberno-lateinischer Textausgaben. Ihr Organ ist die Zeitschrift *Celtica* (1946 ff.).

Lit.: S. of C. S.: Fiftieth Anniversary Report 1940–1990, Du. 1990.

School of Irish Learning, The ist der Name einer 1903 von Kuno → Meyer gegründeten Forschungs- und Ausbildungsstätte für irische Keltologen. Sie bestand bis 1926, als sie aus finanziellen Gründen mit der Royal Irish Academy zusammengelegt wurde. Ihr Organ, die Zeitschrift *Ériu* (1904 ff.), wird seitdem ebenfalls von der Royal Irish Academy herausgegeben.

Schottisch-Gälisch nennt man die keltische Sprache Schottlands. Sie bildet zusammen mit → Irisch und → Manx den gälischen Zweig der inselkeltischen → Sprachen. Im 5. Jh. n. Chr. durch irische Siedler eingeführt, scheint sie sich bis zum 12./13. Jh. nur wenig von ihren Schwestersprachen unterschieden zu haben. Dies belegen als früheste Zeugnisse des Gälischen in Schottland die Notizen im → Buch von Deer. Bereits im 11.–13. Jh. gewann Englisch als Sprache des Hofs, der Verwaltung und der handeltreibenden Städte zunehmende Bedeutung vor allem im Süden des Landes. Allgemein verbreitet war S.-G. spätestens seit dem 17. Jh. nur noch im Hochland und auf den Hebriden. Auch dort suchte man aber seinen Gebrauch durch eine Reihe restriktiver Maßnahmen zu beschränken. Nach der Niederschlagung eines vom Hochland aus geführten jakobitischen Aufstands begann die englische Regierung 1782 mit einer großangelegten Deportation gälischsprachiger Bevölkerungsteile nach Übersee. Danach wurde S.-G. fast nur noch an der nördlichen und westlichen Küste sowie auf den vorgelagerten Inseln gesprochen. Trotz zunehmender staatlicher Förderung in den letzten Jahrzehnten ging sein Gebrauch auch dort immer mehr zurück. Als Sprache des Alltags findet man S.-G. heute fast nur noch auf den Hebriden.

Lit.: G. Price, The Languages of Britain, Lo. 1984; Ch. W. J. Withers, Gaelic in Scotland 1698–1981, E. 1984; W. Gillies (Hrsg.), Gaelic and Scotland, E. 1989; D. S. Thomson (Hrsg.), Gaelic and Scots in Harmony, Glasgow 1990; K. MacKinnon, Gaelic: a past and future prospect, E. 1991.

Schrift → Literatur.

Schwarzenbach ist ein Ort bei Idar-Oberstein. In seiner Nähe entdeckte man 1849 zwei keltische → Fürstengräber aus dem 5./4. Jh. v. Chr. An Grabbeigaben fand man neben → Schmuck u. a. den durchbrochenen goldenen Beschlag einer Schale und einige aus Goldplättchen gearbeitete kleine Masken. Einige weitere Gegenstände aus den Gräbern, darunter eine bronzene Schnabelkanne und mehrere eiserne Waffen, gingen bald nach ihrer Auffindung unter ungeklärten Umständen wieder verloren. Andere Funde sind seit 1945 in Berlin verschollen.

Lit.: O.-H. Frey, Die Goldschale von S., HBA 1 (1971) 85–100; A. Haffner, Die westl. Hunsrück-Eifel-Kultur, B. 1976.

Schwarzwald → Abnoba.

Schweine waren nach den Rindern die am weitesten verbreiteten Haustiere bereits der frühen Kelten (vgl. → Viehzucht). Die S. der Kelten waren deutlich kleiner als ihre Wildform oder auch heutige Züchtungen und zeichneten sich nach dem Zeugnis des Geographen → Strabon (4,4,3) durch Stärke und Behendigkeit aus. Im Herbst trieb man sie zur Eichel- und Bucheckernmast in die Wälder.

Für die religiöse Bedeutung der Tiere spricht bereits die frühkeltische Sitte, Angehörigen des Adels ganze S. oder Teile davon mit ins Grab zu geben. Aus der unmittelbar vorrömischen und römischen Zeit kennt man zahlreiche Darstellungen mit teilweise eindeutig kultischem Charakter, darunter kleine Bronzefiguren, die Abbildung eines Kriegers mit einem Wildschwein als Helmzier auf dem Kessel von → Gundestrup, die Zeichnung eines Wildschweins auf der Sandsteinplastik eines Gottes mit → Torques von → Euffigneix sowie die nahezu lebensgroße Bronzefigur eines Wildschweins aus → Neuvy-en-Sullias.

Bronzestatuette eines Ebers aus dem 2.–1. Jh. v. Chr.

In den inselkeltischen Literaturen spielen S. ebenfalls eine wichtige Rolle. Der Erzählung → *Math fab Mathonwy* zufolge besaß der Fürst → Pryderi eine S.herde, die sein Vater einst von → Arawn, dem König der Jenseitswelt → Annwfn erhalten hatte. In der Merkspruchsammlung → *Trioedd Ynys Prydein* gilt → Drystan (Tristan) als »einer der drei berühmten S.hirten Britanniens«. Eine wichtige Rolle spielt das Zerlegen eines riesigen Schweines als Höhepunkt eines Gastmahls (vgl. → curad-mír) in der Erzählung → *Scéla mucce Meic Dathó*.

Die Jagd auf Wilds. ist bereits für die frühen Kelten belegt, doch deckte sie keineswegs – wie dies die Lektüre der → Asterix-Comics vermuten lassen könnte – einen Großteil des

Fleischbedarfs. Verschiedene inselkeltische Erzählungen unterstreichen die Gefährlichkeit solcher Unternehmungen, in deren Verlauf der Jäger auch den Tod finden konnte (vgl. → *Culhwch ac Olwen*, → *Tóraigheacht Dhiarmada agus Ghráinne*).

Lit.: P. Meniel, Chasse et élevage chez les Gaulois, P. 1987.

Seelenwanderung → Wiedergeburt.

Segomo heißt ein keltischer Gott, der nach der → Interpretatio Romana mit → Mars identifiziert wurde. Seine Verehrung bezeugen fünf Weihinschriften aus dem Siedlungsgebiet der → Sequaner und ihrer Nachbarn im südöstlichen Frankreich (CIL XIII 1675, 2532, 2846 und 5340 sowie CIL V 7868).

Weihegabe für den Gott Segomo aus Bolards (Côte-d'Or)

Seine → Sequana.

Selma (schottisch-gälisch sealladh math »gute Sicht«, d. h. »Belvedere«) heißt in den von James → Macpherson verfaßten »Werken Ossians« die Burg des schottischen Königs Fingal. Der Name ist eine Schöpfung Macphersons und kommt in der keltischen Überlieferung selbst nicht vor. Die *Songs of S.* (Lieder von S.) gehören aufgrund ihres lyrischen und elegischen Charakters zu den berühmtesten Gedichten Macphersons. Goethe übersetzte sie 1771 für Friederike Brion in deutsche Prosa und verwendete diese Übersetzung drei Jahre später in seinem Roman *Die Leiden des jungen Werthers.*

Sencha mac Ailella (ir. /'ʃenxa mak 'al'eLa/) heißt in den Erzählungen des → Ulster-Zyklus ein Dichter (→ fili) des Königs → Conchobar mac Nesa. Stets um Ausgleich bemüht, bildet er ein Gegengewicht zu Gestalten wie → Bricriu Nemthenga oder → Dubthach Dael Ulad.

Senchas Már (ir. /'ʃenxas maːr/ »Große Überlieferung«) heißt die bedeutendste Sammlung altirischer Rechtstexte. Sie entstand vermutlich in der ersten Hälfte des 8. Jhs. in der nördlichen Hälfte der Insel und umfaßt etwa 30 Abhandlungen zu den verschiedensten Bereichen des irischen Rechts.

Lit.: F. Kelly, A Guide to Early Ir. Law, Du. 1988; N. W. Patterson, Gaelic Law and the Tudor Conquest of Ireland, Ir. Hist. Studies 27 (1991) 1–23.

Senonen (lat. Senones) nennt die antike → Ethnographie einen keltischen Stamm, der in Oberitalien und im mittleren Gallien siedelte. In Oberitalien lag das Gebiet der S. an der Ostküste nördlich des Flusses Esino. In Gallien waren die S. im Gebiet zwischen der mittleren Loire und der Seine ansässig. 57 v. Chr. verbündeten sie sich mit → Caesar in seinem Krieg gegen die → Belger (vgl. Bell. Gall. 2,2). Drei Jahre später fielen sie jedoch von den Römern ab und schlossen sich 52 v. Chr. dem Aufstand des → Vercingetorix an. Der Name der S. lebt fort in dem der Stadt Sens, die zuvor Agedincum hieß.

Mutmaßliche Darstellung der Göttin Sequana aus ihrem Heiligtum an den Quellen der Seine

Sequana ist der keltische Name der Seine. Als geographischen Begriff erwähnt ihn u. a. → Caesar (Bell. Gall. 1,1 und öfter). Die Verehrung einer gleichnamigen Göttin bezeugen zahlreiche archäologische Funde aus römischer und vorrömischer Zeit sowie mehrere Inschriften (CIL XIII 2858–2865). Bereits 1836–1842 wurde im Quellgebiet der Seine ca. 30 km nordwestlich von Dijon ein bedeutendes Heiligtum der S. ausgegraben. Dabei fand man neben → Votivgaben aus Holz und Bronze eine Vase mit 836 Münzen, die der Göttin geweiht worden waren. Bei weiteren Ausgrabungen entdeckte man 1933 die ca. 60 cm hohe Bronzestatue einer weiblichen Gestalt, die mit leicht erhobenen Armen aufrecht in einem Boot steht. Vermutlich handelt es sich dabei um eine Darstellung der Göttin. 1963–1967 kamen bei archäologischen Untersuchungen ca. 200 ungewöhnlich gut erhaltene Votivgaben aus Holz zutage. Sie sind heute ebenso wie die bronzene Statue der Göttin im Archäologischen Museum in Dijon zu sehen.

Lit.: S. Deyts, Les Bois sculptés des Sources de la Seine, P. 1983; dies., Le Sanctuaire des Sources de la Seine, Dijon 1985.

Sequaner (lat. Sequani) nennt die antike → Ethnographie einen keltischen Stamm im Gebiet zwischen dem Jura, der Rhône und der Saône. Sein wichtigster Ort war Vesontio, das heutige Besançon. Nach → Caesar (Bell. Gall. 6,12) hatten die S. bei seiner Ankunft in Gallien mit germanischer Hilfe die Vorherrschaft über die mit ihnen rivalisierenden → Aeduer errungen und waren so zu einem der mächtigsten Stämme Galliens geworden. Durch das Eingreifen Caesars verloren die S. jedoch in der Folgezeit gegenüber den Aeduern und → Remern stark an Bedeutung.

Serglige Con Culainn ocus oenét Emire (ir. /'ʃergl'iɣ'e kon 'kuliN' ogus 'oineːd 'ev'ir'e/ »Cú Chulainns Krankenlager und die einzige Eifersucht Emers«) ist der Titel einer Erzählung aus dem → Ulster-Zyklus. Überliefert ist sie im »Buch der dunklen Kuh« (→ Lebor na hUidre) und einer Handschrift aus dem 15./16. Jh.

Die Geschichte erzählt von der Liebe der Fee Fann zu dem sterblichen Helden → Cú Chulainn. Ihr Titel bezieht sich auf eine unerklärliche Krankheit, in die Cú Chulainn eines Tages verfällt und von der ihn erst die Nachricht von Fanns Liebe zu ihm genesen läßt. Auf Einladung der Fee Lí Ban, einer Schwester Fanns, begeben sich Cú Chulainn und sein Wagenlenker Loeg mac Riangabra zur »Ebene der Wonnen«, der Heimat der Feen und Elfen. Dort kämpft Cú Chulainn erfolgreich gegen die Feinde des Elfen Labraid Luath-lám-ar-chlaideb, der mit Lí Ban verheiratet ist. Zur Belohnung dafür darf er einen Monat lang mit Fann das Lager teilen. Als er sich danach mit seiner Geliebten in Irland verabredet, erfährt seine Frau Emer davon und kommt mit fünfzig Dienerinnen zu dem Treffpunkt, um Fann zu ermorden. Diese aber wird überraschend von ihrem Gatten → Manannán mac Lir zurück in ihre Heimat gebracht. Druiden reichen Cú Chulainn und Emer einen Zaubertrank, worauf er seinen Schmerz über den Verlust der Geliebten und sie ihre Eifersucht gegenüber dem Gatten vergißt. – Neu gestaltet hat die Erzählung Lady Augusta → Gregory im 14. Kapitel ihres Buchs *Cuchulain of Muirthemne*. Von der Erzählung inspiriert ist die sinfonische Dichtung *The Garden of Fand* (1916) von Arnold Bax (1883–1953).

Ausg.: M. Dillon, The Trinity College Text of S. C. C., SGS 6 (1949) 139–175; ders., S. C. C., Du 1953 (Text nach LU; MMIS 14).
Übers.: M. Dillon, The Wasting Sickness of Cú Chulainn, SGS 7 (1953) 47–88; Ch.-J. Guyonvarc'h, La maladie de Cuchulainn et l'unique jalousie d'Emer, Ogam 10 (1958) 285–310; J. Gantz, Early Ir. Myths and Sagas, Harm. 1981.

Sétanta (ir. /'ʃeːdaNta/) ist der eigentliche Name des Helden → Cú Chulainn. Der Geschichte seiner Empfängnis und Geburt zufolge (→ *Compert Chon Culainn*) erhielt er diesen Namen von seinem Vater → Lug mac Ethnenn. Wie S. zu seinem späteren Namen »Hund des Culann« kam, erzählt die Geschichte von den Jugendtaten Cú Chulainns (→ *Macgnímrada Con Culainn*).

Sgilti Ysgafndroed (wal. /'sgilti əs'gavndroid/ »S. der Leichtfüßige«) heißt in der Erzählung → *Culhwch ac Olwen* einer der Gefolgsleute → Arthurs. Als Besonderheit gilt seine Eigenart, bei einem Botengang für seinen Herrn nie die Wege zu benutzen. Man schrieb ihm die Fähigkeit zu, in bewaldeten Gegenden auf den Wipfeln der Bäume und über die Berge auf den Spitzen des Riedgrases zu laufen, wobei sich wegen seiner Leichtfüßigkeit kein Halm bog. Vermutlich wurden der Name und die Gestalt des S. aus der irischen Überlieferung entlehnt. Dort entspricht ihm in den Erzählungen des → Finn-Zyklus der wegen seiner Schnelligkeit berühmte Krieger → Caílte mac Rónáin.

síd (ir. /ʃiːð/) heißen in den Erzählungen des → Mythologischen Zyklus die unterirdischen Wohnsitze der Wesen, die in mythischer Vorzeit Irland bevölkert haben sollen. Man vermutete sie sowohl in den natürlichen Bergen und Hügeln des Landes als auch in den künstlich aufgeschütteten Hügelgräbern der vorkeltischen Bevölkerung Irlands. Die Bewohner eines s. nannte man síde (Pl.) oder Fir/mná/aes s. »Männer/Frauen/Leute des s.«. Im Deutschen hat sich dafür die Bezeichnung »Elfen« bzw. »Feen« eingebürgert. Vielfach werden die síde mit den → Tuatha Dé Danann gleichgesetzt, die sich vor den neueingewanderten keltischen Stämmen in diese unterirdischen Behausungen geflüchtet haben sollen.

Lit.: Ch.-J. Guyonvarc'h, Irlandais s., gaulois *sedos ›siège, demeure des dieux‹, Ogam 14 (1962) 329–340; T. Ó Cathasaigh, The Semantics of S., Éigse 17 (1978) 137–155.

Siedlungen sind bislang in den keltischen Gebieten vergleichsweise selten und vielfach nur unvollständig archäologisch erforscht worden. Dabei konzentrierten sich die Bemühungen auf die frühkeltischen → Fürstensitze der späten Hallstattzeit sowie auf die spätkeltischen → Oppida der mittleren und späten Latènezeit. Die Mehrzahl der Kelten lebte jedoch zweifellos in kleinen, offenen Dörfern, die häufig eine ausgeprägte Kontinuität erkennen lassen. Diese S. liegen meist inmitten der bebauten Felder (vgl. → Akkerbau) in der Nähe von Bächen oder Flüssen. Die Häuser waren in der Regel aus Holz und lehmbestrichenem Flechtwerk errichtet und mit Stroh oder Schilf gedeckt.

Lit.: H. Härke, Settlement Types and Settlement Patterns in the West Hallstatt Province, O. 1979; O. H. Frey u. H. Roth (Hrsg.), Studien zu Siedlungsfragen der Latènezeit, Marburg 1984; F. Audouze u. O. Buchsenschutz, Villes, villages et campagnes de l'Europe celtique, P. 1989.

Silber spielte im Gegensatz zum → Gold nur eine untergeordnete Rolle innerhalb der keltischen Kultur. Es war zwar bekannt, wurde jedoch nur selten kunsthandwerklich verarbeitet und erfreute sich allem Anschein nach keiner außergewöhnlichen Wertschätzung. Die bedeutendsten Zeugnisse der Silberschmiedekunst, der Ring von → Trichtingen und die Bildplatten des Kessels von → Gundestrup, entstanden sehr wahrscheinlich in einer Randzone der keltischen Welt. Eine nennenswerte wirtschaftliche Bedeutung gewann S. erst mit dem Aufkommen keltischer → Münzen im 4./3. Jh. v. Chr.

Statue der Göttin Sirona aus Hochscheid

Sirona heißt eine keltische Göttin. Ihr Name erscheint inschriftlich auch als Sirona/Đirona und ist vermutlich von einem keltischen Wort für »Stern« abgeleitet. Weihinschriften für S. fand man in der Nähe von Trier (CIL XIII 3662), Wiesbaden (CIL XIII 7570), Mainz (CIL XIII 6753), Merlenbach in Lothringen (CIL XIII 4498), Corseul bei Dinan (CIL XIII 3143) und Bordeaux (CIL XIII 582 und vielleicht 586). Als Begleiterin des Gottes Apollo → Grannus erscheint S. in Inschriften aus → Hochscheid (NeLi 9), Bitburg (CIL XIII 4129), Alzey (Ne 85 und 86), Nierstein bei Mainz (CIL XIII 6272), Großbottwar bei Ludwigsburg (CIL XIII 6458), Hausen bei Dillingen (CIL III 11903), Kloster Baumburg in Bayern (CIL III 5588), Wien, Augst bei Basel (NeLi 97), Luxeuil-les-Bains (CIL XIII 5424), Graux im Dép. Vosges (CIL XIII 4661), Flavigny im Dép. Cher (ILTG 169), Rom (CIL VI 36), dem römischen Aquincum in Ungarn und Bretea Romîna in Rumänien (CIL III 74*; die Echtheit dieser Inschrift ist umstritten). Dargestellt wird S. als weibliche Gestalt ohne spezifische Attribute, als langgewandete stehende Frau mit Traube und Ähre oder nach dem Vorbild der griechischen Hygieia (Gesundheit) mit einer Schlange. Ihre Verehrung ist vor allem im Zusammenhang mit Heilquellen bezeugt.

Lit.: G. Weisgerber, Das Pilgerheiligtum des Apollo und der S. von Hochscheid im Hunsrück, Bo. 1975.

Sjoestedt, Marie-Louise (1900–1940), Keltologin, war eine Schülerin von Joseph → Vendryes. Ihre ersten Arbeiten waren sprachwissenschaftliche Studien zum irischen Verbalsystem und zur irischen Dialektgeographie. Berühmt ist ihr Buch *Dieux et Héros des Celtes,* das wenige Wochen nach ihrem Tod in Paris veröffentlicht wurde. In ihm suchte die Autorin durch eine Synthese irischer literarischer und festlandkeltischer archäologischer Zeugnisse die wesentlichen Züge der keltischen Religion und Mythologie zu erfassen. Das Werk erschien 1949 unter dem Titel *Gods and Heroes of the Celts* in einer englischen Übersetzung von Myles → Dillon und übte auf die weitere Erforschung der keltischen Religion einen nachhaltigen Einfluß aus. Es ist jedoch in weiten Teilen spekulativ und wegen seiner Verknüpfung zeitlich und räumlich weit auseinanderliegender Quellenzeugnisse nicht unproblematisch.

Skene, William Forbes (1809–1892), schottischer Jurist und Historiker, war nach Studien in Edinburgh und Hanau/Hessen als Notar tätig. Durch die enge Freundschaft seines Vaters mit dem Schriftsteller Sir Walter Scott (1771–1832) wurde bereits früh sein Interesse an der Geschichte seiner Heimat geweckt. 1867 gab er unter dem Titel *Chronicles of the Picts and Scots* die ältesten Quellen der schottischen Geschichte heraus. Ein Jahr später veröffentlichte er mit den → *Four Ancient Books of Wales* einige der frühesten Zeugnisse der kymrischen Literatur. 1876–1880 erschien in drei Bänden sein Hauptwerk *Celtic Scotland: A History of Ancient Alban.* In ihm wandte S. als einer der ersten die historisch-kritische Methode auf die frühen Phasen der schottischen Geschichte an.

Sklaven und Sklavinnen bildeten in allen Teilen der keltischen Welt die unterste Schicht der Gesellschaft. Dabei handelte es sich teils um Kriegsgefangene, teils um zahlungsunfähig gewordene Schuldner, teils um die Opfer von S.jägern (das prominenteste Beispiel ist der heilige → Patrick). Die Häufigkeit der Erwähnungen von S. in den Rechtstexten und der Gebrauch des Wortes für »Sklavin« (→ cumal) als Währungseinheit lassen darauf schließen, daß S. noch im frühmittelalterlichen Irland einen Großteil der Arbeit leisteten.

Smertrius heißt ein keltischer Gott. Seinen Namen leitet man von einer Wurzel *smer- ab, die mit dem Begriff der schützenden Vorsorge und Vorsehung zu verbinden ist. Sie ist in keltischen Ortsnamen nicht belegt, begegnet aber in mehreren Personen- und Götternamen wie z. B. → Rosmerta. Name und Bild des S. erscheinen auf dem Monument der → Nautae Parisiaci aus der Zeit des Kaisers Tiberius (14–37 n. Chr.). Der Name ist dort zwar teilweise zerstört, kann jedoch anhand der erhaltenen Buchstabenreste als SMERTRIOS rekonstruiert werden. Das unvollständig erhaltene Relief zeigt Kopf, Brust und Schultern eines bärtigen Mannes und den geringelten Schwanz einer Schlange. In der hoch erhobenen rechten Hand hält der Mann eine Keule, mit der er zum Schlag gegen die Schlange ausholt. Vermutlich bezieht sich die Darstellung auf einen Mythos, der von einem Kampf zwischen S. und einer Schlange erzählte. Literarisch ist der Gott nicht bezeugt. Durch Inschriften aus der Nähe von Trier kennt man jedoch einen → Mars S. (CIL XIII 4119 und 11975). Eine weitere Inschrift aus Großbuch in Kärnten ist vielleicht (D)iti Smer(trio) Au-g(usto) zu ergänzen. Dies wäre der bislang einzige Beleg für eine Gleichsetzung des S. mit → Dis Pater.

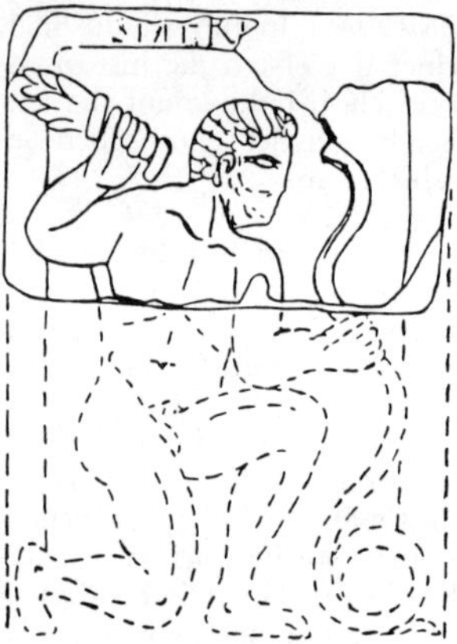

Darstellung des Gottes Smertrius aus Paris

Lit.: P. M. Duval, Le Dieu S. et ses Avatars gallo-romains, EC 6 (1953/54) 219–238 (= ders., Travaux sur la Gaule, P. 1989, I 289–302.

Snettisham ist ein Ort ca. 60 km westlich von Norwich in Ostengland. 1948 und 1950 fand man dort einen goldenen Armreif und einen reich verzierten Halsring (→ Torques) aus Elektrum, die ins 1. Jh. v. Chr. datiert werden. Beide Fundstücke sind heute im Britischen Museum in London zu sehen.

Lit.: J. Brailsford, Early Celtic Masterpieces from Britain in the British Museum, Lo. 1975.

Sonne. Über die Funktion der S. innerhalb der keltischen Religion kann man wegen der Spärlichkeit der Quellen nur Vermutungen anstellen. Im allgemeinen nimmt man an, daß sie vor allem wegen ihrer Bedeutung für den → Ackerbau verehrt wurde. Die ältesten Hinweise darauf sieht man in bildlichen Darstellungen der S. als Hakenkreuz (Swastika), Rad mit Speichen oder runde Scheibe. In vielen Fällen ist es allerdings unklar, ob die betreffenden Denkmäler keltischen oder vorkeltischen Ursprungs sind.

Daß die S. bereits im Kult der Bronzezeit eine bedeutende Rolle spielte, ist durch zahlreiche archäologische Funde gesichert. Verschiedentlich hat man Hinweise bei griechischen und römischen Autoren als Belege dafür angeführt, daß die Kelten die S. selbst als Gottheit verehrten. Möglicherweise handelt es sich dabei jedoch nur um ein Klischee der antiken → Ethnographie, in der die Verehrung der Gestirne als Kennzeichen unverbildeter Religiosität galt. Einen späten Nachhall dieser Auffassung findet man im 18. Jh. bei James → Macpherson, der in seinen »Werken Ossians« die keltische Religion ebenfalls mit solchen pantheistischen Zügen versah.
Seit dem 19. Jh. begegnet in der Religionswissenschaft die Vorstellung, die Völker des Altertums hätten in ihren Sagen und Mythen in verschlüsselter Form immer wieder nur den täglichen Lauf der S. beschrieben. Insbesondere der deutsche Religionswissenschaftler Max Müller (1823–1900) hat diese Auffassung populär gemacht. Auf dem Gebiet der keltischen Mythologie wurden entsprechende Deutungen walisischer und irischer Literaturwerke besonders von John → Rhŷs und Thomas Francis → O'Rahilly vertreten. In populär gehaltenen Darstellungen der keltischen Religion begegnen sie auch heute noch, obwohl die Vergleichende Religionswissenschaft sie seit langem als verfehlt aufgegeben hat.

Souconna begegnet seit dem 4. Jh. n. Chr. als Bezeichnung der Saône. In älterer Zeit hieß der Fluß dagegen Arar (vgl. → Ambarrer).
Die Verehrung einer Göttin S. bezeugt eine Weihinschrift (ILTG 314), die 1912 in Chalon-sur-Saône zutage kam. Eine weitere Inschrift aus der Nähe von Sagonne im Dép. Cher (CIL XIII 11162) trägt ebenfalls den Namen S. Im Hinblick auf die große Entfernung zwischen den beiden Fundorten ist jedoch zu vermuten, daß sich die Inschriften auf zwei verschiedene Gottheiten beziehen.

Sozialstruktur → Gesellschaft.

Sprachen, keltische. Die keltischen S. bilden ebenso wie die germanischen oder slawischen einen eigenständigen Zweig der indogermanischen Sprachfamilie. Zu ihren typischen Kennzeichen gehören der Schwund des p im Anlaut und vor Vokal (vgl. ir. athair und lat. pater »Vater«) sowie der Übergang von ē zu ī (vgl. gallisch rīx und lat. rēx »König«). Üblicherweise teilt man die keltischen S. in eine festlandkeltische und eine inselkeltische Sprachgruppe. Diese Unterscheidung beruht allerdings weniger auf linguistischen als vielmehr auf geographischen, chronologischen und überlieferungsgeschichtlichen Gesichtspunkten.
Die festlandkeltische Sprachgruppe kennen wir aus Inschriften, Namen bei antiken Autoren und Substratwörtern vor al-

lem in romanischen Sprachen. Dabei unterscheidet man die S. → Gallisch (vor allem in Frankreich und Belgien), → Keltiberisch (in Spanien und Portugal), → Lepontisch (in Oberitalien) und → Galatisch (in Kleinasien). Alle diese Sprachen waren spätestens gegen Ende der Völkerwanderungszeit ausgestorben.

Seit dem Mittelalter durch Literaturwerke bezeugt und teilweise noch heute lebendig ist dagegen die inselkeltische Sprachgruppe. Sie umfaßt → Bretonisch (in der Bretagne), → Irisch, → Kornisch (in Cornwall), → Kumbrisch (in Nordengland), → Kymrisch (in Wales), → Manx (auf der Insel Man) und → Schottisch-Gälisch (im Schottischen Hochland und auf den Hebriden). Gelegentlich findet man für Irisch, Schottisch-Gälisch und Manx auch die Bezeichnung → Gälisch oder → q-Keltisch. Bretonisch, Kornisch, Kumbrisch und Kymrisch gelten demgegenüber als britannische S. (→ Britannisch) oder p-Keltisch. Durch Englisch und Französisch immer mehr zurückgedrängt, werden keltische S. heute nur noch im Westen Irlands, auf den Hebriden sowie in manchen Gegenden von Wales und der Bretagne gesprochen.

Lit.: H. Lewis u. H. Pedersen, A Concise Comparative Celtic Grammar, Gö. ²1961; K. H. Schmidt, The Celtic Languages in their European Context, Procs. of the 7th Int. Congress of Celtic Studies, O. 1986, 199–221; D. MacAulay (Hrsg.), The Celtic Languages, C. 1992; M. J. Ball u. G. E. Jones (Hrsg.), Celtic Languages, Lo. 1993.

Stammesnamen. Die älteste und ergiebigste Quelle für unsere Kenntnis keltischer S. sind die Werke der griechischen und römischen → Ethnographie. Die Deutung des dort überlieferten Namenguts bereitet dem Keltologen allerdings in vielen Fällen erhebliche Schwierigkeiten. Zunächst ist es bei vielen Völkerschaften am Rand der von Kelten besiedelten Länder unklar, ob sie tatsächlich einen keltischen Namen haben. In anderen Fällen bleibt die Etymologie unbefriedigend, weil sie mangels genauer Entsprechungen von einer hypothetisch erschlossenen Wurzel mit unscharfer Grundbedeutung ausgehen muß. So leitet man z. B. den Namen der → Belger von einer Wurzel *belg- »schwellen« ab und vermutet eine Bedeutung wie etwa »die Stolzgeschwellten«. Den Namen der → Kelten hat man mit dem lateinischen Wort celsus »hoch« verglichen und von einer Wurzel *kel- »erheben« abgeleitet. Die Annahme einer ursprünglichen Bedeutung »die Erhabenen« bleibt jedoch nur eine Vermutung. Andere S. wiederum haben zwar eine klare Etymologie, sind uns aber wegen unserer unzulänglichen Kenntnis der keltischen Kultur unverständlich. So sind z. B. die Namen der Carvetii und Caereni in Britannien aller Wahrscheinlichkeit nach von den keltischen Wörtern für »Hirsch« (wal. carw) und »Schaf« (ir. caera) abgeleitet, doch bleibt uns der Sinn einer solchen Namengebung unklar. Nur wenige S. haben

eine so klare und aufschlußreiche Etymologie wie die Ambidravoi, Ambisontes und Ambilici, deren Träger sich durch ihre Namen als Anwohner der Drau, des Isonzo und des Lech zu erkennen geben.
Bis heute erhalten haben sich keltische S. vor allem in Frankreich, wo am Ende der Antike zahlreiche bedeutende Städte den Namen der dort ansässigen Völkerschaften angenommen haben. Zu den bekanntesten Beispielen zählen Amiens (→ Ambianer), Angers (→ Andekaver), Arras (→ Atrebaten), Bayeux (→ Bodiokassen), Beauvais (→ Bellovaker), Bourges (→ Biturigen), Cahors (→ Kadurker), Chartres (→ Karnuten), Chorges (→ Katurigen), Évreux (→ Eburoviken), Jublains (→ Diablinten), Langres (→ Lingonen), Limoges (→ Lemoviken), Lisieux (→ Lexovier), Le Mans (→ Kenomaner), Meaux (→ Melder), Nantes (→ Namneter), Paris (→ Parisier), Périgueux (→ Petrukorier), Poitiers (→ Piktonen), Reims (→ Remer), Rennes (→ Redonen), Rodez (→ Rutener), Saintes (→ Santonen), Sens (→ Senonen), Soissons (→ Suessionen), Tours (→ Turoner), Troyes (→ Trikassen) und Vannes (→ Veneter).

Lit.: A. Holder, Alt-celtischer Sprachschatz, 3 Bde., L. 1891–1913; K. H. Schmidt, Die Komposition in gallischen Personennamen, ZCP 26 (1957) 33–301.

Staré Hradisko ist der heutige Name eines der bedeutendsten ostkeltischen → Oppida ca. 18 km östlich der Stadt Prostějov in Mähren. Die Anlage erstreckte sich über eine Fläche von nahezu 40 ha und war von einem 2,8 km langen Befestigungsgürtel umgeben. Seit dem 16. Jh. bekannt, wird S. erst seit 1934 planmäßig archäologisch erforscht.

Lit.: J. Meduna, Das keltische Oppidum S. H. in Mähren, Germania 48 (1970) 34–59; M. Čižmář, Erforschung des keltischen Oppidums S. H. in den Jahren 1983–1988, AKorrBl 19 (1989) 265–268.

Starno heißt in den von James → Macpherson verfaßten »Werken Ossians« der heimtückische König von Lochlin (Skandinavien) und Gegenspieler des schottischen Königs → Fingal. Seine Kinder sind → Swaran und → Agandecca, die Jugendliebe Fingals. In dem Gedicht *Cath-Loda* versucht S., den an seiner Küste gestrandeten Fingal zu ermorden, wird dabei aber von seinem Gegner im Zweikampf besiegt und gefangengenommen. Um der Liebe zu Agandecca willen schenkt Fingal seinem Erzfeind das Leben und die Freiheit.

Steinenbronn ist ein Ort im Kreis Böblingen. In seiner Nähe fand man 1864 bei Waldarbeiten zwei zusammengehörige Bruchstücke einer keltischen Sandsteinstele. (In der Erstpublikation sowie in einigen älteren Werken ist als Fundort irrtümlicherweise der nahegelegene Ort Waldenbuch angegeben.) Der erhaltene Teil der vierkantigen Stele ist 1,25 m hoch, wobei 25 cm auf den Sok-

Stele von Steinenbronn

kel entfallen. Im unteren Teil ist der Stein mit Ranken verziert. Darüber ist auf einer Seite ein menschlicher Unterarm mit Hand und Fingern zu erkennen, der in seinem oberen Verlauf abgebrochen ist. Die Stele entstand vermutlich im 5. Jh. v. Chr. und ist heute im Württembergischen Landesmuseum in Stuttgart zu sehen.

Lit.: K. Bittel, W. Kimmig, S. Schiek (Hrsg.), Die Kelten in Baden-Württemberg, St. 1981.

Stephens, James (um 1880–1950), anglo-irischer Schriftsteller, wurde in Dublin geboren. Von 1896 bis 1913 war er als Büroangestellter tätig. 1913 siedelte er nach Paris über, kehrte aber bereits 1915 wieder nach Dublin zurück. Von 1915 bis 1924 arbeitete er als Archivar an der National Gallery in Dublin. Von 1925 bis zu seinem Tod lebte er als freier Schriftsteller, Literaturkritiker und Rundfunkreporter in London. In dreien seiner Bücher erzählte S. Werke der alt- und mittelirischen Literatur für ein modernes Publikum. Als Vorlage für den Band *Irish Fairy Tales* (1920) dienten ihm die Erzählungen → *Scél Tuain meic Chairill,* → *Tochmarc Becfola,* → *Compert Mongáin* und mehrere Geschichten aus dem Sagenkreis um → Finn mac Cumaill. Der Roman *Deirdre* (1923) knüpft an die Erzählung → *Longas mac nUislenn* und spätere Bearbeitungen dieser Sage an. 1924 erschien als letztes Werk dieser Schaffensperiode *In the Land of Youth.* In ihm verbindet S. die Erzählungen → *Echtrae Nerai,* → *Aislinge Oenguso,* → *De chophur in da muccida* und → *Tochmarc Étaíne* auf kunstvolle Weise zu einem Ganzen.

Lit.: A. Martin, J. S., Du. 1977; P. McFate, The Writings of J. S., Lo. 1979; J. Flynn, The Route to the Táin: J. S.' preparation for his unfinished epic, PHCC 1 (1981) 125–143.

Stern, Ludwig Christian (1846–1911), Ägyptologe und Keltologe, gab zusammen mit Kuno → Meyer von 1896 bis zu seinem Tod die *Zeitschrift für celtische Philologie* heraus.

Stiere spielten wegen der großen Bedeutung der → Viehzucht eine wichtige Rolle innerhalb der keltischen Kultur. Sie wurden bereits in der späten Hallstattzeit bildlich dargestellt und fanden häufig als Opfertiere Verwendung. Berühmt ist die Schilderung des → Plinius

über die Rolle der → Mistel bei der Opferung zweier weißer S. durch die → Druiden.
Aus dem römischen Gallien kennt man ca. 40 Darstellungen dreihörniger Stiere, die meisten von ihnen aus → Bronze. Sehr

Bronzestatuette eines Stiers

wahrscheinlich fanden diese Figuren als → Votivgaben Verwendung. Das ikonographische Vorbild für sie vermutet man in der mediterranen Kunst, wo S. gelegentlich mit einem Vogel zwischen den Hörnern dargestellt wurden. Ebenfalls aus dem römischen Gallien stammt das Relief mit dem Bild einer Gottheit und der Inschrift »der Stier mit den drei Kranichen« (→ Tarvos Trigaranus). Die berühmtesten S. der inselkeltischen Überlieferung sind → Donn Cuailnge und → Findbennach, die beiden Protagonisten der Geschichte des Rinderraubs von Cuailnge (→ *Táin Bó Cuailnge*).

Stokes, Whitley (1830–1909), Sprachwissenschaftler und Keltologe, wurde in Dublin geboren. Nach Studien am Trinity College war er zunächst in London und später in Madras und Calcutta als Jurist tätig. Durch die Bekanntschaft mit Eugene → O'Curry und John → O'Donovan wurde sein Interesse auf das Gebiet der irischen Philologie gelenkt. Von 1859 bis zu seinem Tod veröffentlichte er zahlreiche Ausgaben und Übersetzungen irischer Literaturwerke sowie grammatikalische und lexikalische Untersuchungen. Zusammen mit John → Strachan gab er 1901–1903 den zweibändigen *Thesaurus Palaeohibernicus* heraus, eine Ausgabe der ältesten irischen Sprachzeugnisse mit englischen Übersetzungen. Zusammen mit Kuno → Meyer begründete er das *Archiv für Celtische Lexikographie* (3 Bände, 1900–1907) und zusammen mit Ernst → Windisch die fünfbändige Reihe *Irische Texte mit Übersetzungen und Wörterbuch* (1880–1905).

Stonehenge (»Hängende Steine«) ist der Name einer jungsteinzeitlichen Kultstätte in der Nähe des südenglischen Ortes Salisbury. Bei ihrer Errichtung orientierten sich die Erbauer an astronomischen Beobachtungen, doch war der ursprüngliche Zweck der Anlage spätestens im Mittelalter in Vergessenheit geraten. So berichtet in der ersten Hälfte des 12. Jhs. → Geoffrey von Monmouth in seinem Werk *Historia Regum Bri-*

tanniae, der Zauberer Merlin (→ Myrddin) habe S. als Nationaldenkmal im Auftrag des Königs Aurelius Ambrosius (→ Emrys Wledig) errichtet. Noch im 17. Jh. waren Altertumsforscher uneins darüber, ob die Britannier, die Römer, die Phönizier oder die Dänen S. erbaut hätten. Die Auffassung, S. sei eine Kultstätte der keltischen → Druiden gewesen, begegnet erstmals bei dem Altertumsforscher John → Aubrey und gewann im 18. Jh. durch die Schriften von William → Stukeley weite Verbreitung. Tatsächlich gibt es jedoch keinerlei Hinweise für einen Zusammenhang zwischen den Kelten und S. (→ Keltenideologie).

Lit.: S. Piggott, Ancient Britons and the Antiquarian Imagination, Lo. 1989.

Strabon (um 64 v. Chr. – um 20 n. Chr.) wurde in Amaseia (Kleinasien) geboren. Nach philosophischen Studien unternahm er ausgedehnte Reisen. Er verfaßte ein fragmentarisch überliefertes Geschichtswerk (*Historika Hypomnemata*) und eine weitgehend erhaltene Erdkunde (*Geographika*). Diese beruht allerdings weniger auf eigenen Beobachtungen als auf den Arbeiten älterer Autoren. Die Schilderung der keltischen Gebiete nördlich der Alpen (im vierten Buch der *Geographika*) ist insbesondere wegen ihrer Zitate aus dem verlorenen Werk des → Poseidonios von hohem Wert.

Lit.: A. Dirkzwager, S. über Gallia Narbonensis, Lei. 1975; P. Thollard, Barbarie et civilisation chez S.: ét. crit. des livres III et IV de la Géographie, P. 1987.

Strachan, John (1862–1907), Sprachwissenschaftler und Keltologe, wurde in Keith (Schottland) geboren. Nach Studien in Cambridge und Jena lehrte er an der Universität Manchester Klassische Philologie und Vergleichende Sprachwissenschaft. Er war maßgeblich beteiligt am Aufbau der → School of Irish Learning und zusammen mit Kuno → Meyer Gründer und Herausgeber ihrer Zeitschrift *Ériu*. Neben sprachlichen Hilfsmitteln und Übungsbüchern für das Studium des Altirischen veröffentlichte er 1901–1903 zusammen mit Whitley → Stokes den zweibändigen *Thesaurus Palaeohibernicus*, eine Ausgabe der ältesten irischen Sprachzeugnisse mit englischen Übersetzungen.

Stukeley, William (1687–1765), Altertumsforscher, wurde in Holbeach (Lincolnshire) geboren. Nach Studien in Cambridge und London war er von 1710 bis 1729 als praktischer Arzt in London und Lincolnshire tätig. Von 1730 bis zu seinem Tod wirkte er als Geistlicher der Anglikanischen Kirche in Stamford und London. Durch ausgedehnte Feldforschungen war S. mit den damals bekannten vor- und frühgeschichtlichen Denkmälern Englands wohlvertraut. Sein besonderes Interesse galt dabei den stein- und bronzezeitlichen Steinsetzungen. In seinen 1740 und 1743 veröffentlichten Werken *Stonehenge* und *Abury* (Avebury) schreibt er sie – wie zuvor John → Aubrey – den keltischen → Druiden zu. Diese Vorstellung wurde rasch populär und beeinflußte nachhaltig das neuzeitliche Bild der keltischen Religion und ihrer Priester (→ Keltenideologie, → Stonehenge). Tatsächlich wurden die betreffenden Denkmäler jedoch vor dem Auftreten der Kelten errichtet. Es gibt keinerlei Hinweise dafür, daß sie in der keltischen Religion eine Rolle gespielt haben.

Lit.: S. Piggott, W. S.: An Eighteenth-Century Antiquary, rev. ed. Lo. 1985.

Sualtaim mac Roich (ir. /'su-aLtiv' mak Roiç/) heißt in den Erzählungen des → Ulster-Zyklus der menschliche Ziehvater des Helden Cú Chulainn. In jüngeren Handschriften lautet der Name auch Su(b)altach. Die Erzählung → *Compert Chon Culainn* berichtet, wie König Conchobar von Ulster seine Tochter Deichtine mit S. verlobt, nachdem diese von dem Elfen Lug mac Ethnenn schwanger geworden ist. Die Geschichte des Rinderraubs von Cuailnge (→ *Táin Bó Cuailnge*) erzählt, wie S. zu Tode kommt, als er am Königssitz Emain Macha die Bewohner von Ulster vor dem anrückenden Heer der Connachter warnen will.

Substrat nennt man in der Sprachwissenschaft die Sprache der alteingesessenen Bevölkerung eines Sprachraums, die durch die Sprache einer Schicht von Einwanderern oder Eroberern verdrängt wird, in manchen Wörtern, geographischen Namen und Sprechgewohnheiten aber noch greifbar ist. Besondere Beachtung fand im Bereich der keltischen Philologie die Annahme, daß manche Eigentümlichkeiten der inselkeltischen Sprachen wie z. B. die Stellung des Verbs am Satzanfang durch die Sprechgewohnheiten der vorkeltischen Bewohner Westeuropas zu erklären seien. Forschungen zur näheren Bestimmung des Einflusses vorkeltischer Sprachen auf das Keltische unternahmen insbesondere John → Morris-Jones, Julius → Pokorny und Heinrich → Wagner. Ihre Arbeiten auf diesem Gebiet blieben jedoch umstritten, da von den vorkeltischen Sprachen Westeuropas kaum etwas bekannt ist.

Lit.: D. E. Evans, The Celts in Britain, in: K. H. Schmidt (Hrsg.), Gesch. u. Kultur d. Kelten (Hei. 1986) 102–115; H. Wagner, The Celtic Invasions of Ireland and Great Britain: Facts and Theories, ZCP 42 (1987) 1–40; K. H. Schmidt, The Postulated Pre-Indo-European Substrates in Insular Celtic and Tocharian, in: T. L. Markey u. J. A. C. Greppin (Hrsg.), When Worlds Collide: Indo-Europeans and Pre-Indo-Europeans (Ann Arbor, Mich. 1990) 179–202.

Sucellus heißt ein keltischer Gott. Seinen Namen stellt man etymologisch zu einer Wurzel *kel- »schlagen« und deutet ihn als den »guten Schläger«. Inschriftlich bezeugt ist der Name S. (auch Sucelus und Sucaelus) in zehn Weihinschriften aus Südgallien, der Schweiz, dem

römischen Germanien, der Provinz Gallia Belgica und dem römischen Britannien (vgl. CIL XII 1836; CIL XIII 4542, 5057, 6224 und 6730; Fi 87 und 134; ILTG 497 und 565).
Als Partnerin des Gottes erscheint auf einem 1895 in Sarrebourg gefundenen Altar (CIL XIII 4542) die Göttin → Nantosuelta. Unterhalb der Inschrift DEO SUCELLO NANTOSVELTE befindet sich eine bildliche Darstellung des Götterpaares. Sie zeigt S. als stehende bärtige Gestalt. Er ist mit einem gegürteten kurzen Rock und Stiefeln bekleidet. In seiner erhobenen Linken hält der Gott einen auf dem Boden aufstehenden Herrscherstab, der oben in

Darstellung des Sucellus und der Nantosuelta aus Sarrebourg

einen Schlägel ausläuft, in der Rechten einen rundbauchigen henkellosen Topf.
Weitere Darstellungen des S. vermutet man in weit über 100 Steinbildwerken und Bronzestatuetten, die zum überwiegenden Teil in den Tälern der Saône und der Rhône gefunden wurden. Sie zeigen meist ebenso wie der Altar aus Sarrebourg einen Gott, der in der einen Hand einen Hammerstab und in der anderen ein Gefäß hält. In einigen Darstellungen trägt der Gott statt eines Gefäßes auch ein Messer, ein Schwert, eine Keule oder einen Geldbeutel. Meist ist S. allein dargestellt. Nur wenige Bildwerke zeigen ihn zusammen mit einer Göttin. Vergleichsweise häufig findet man neben dem Gott die Darstellung eines Hundes. Da der etruskische Totengott Charon ebenfalls mit einem Schlägel dargestellt wurde, hat man in S. einen Gott der Unterwelt gesehen und ihn mit → Dis Pater gleichgesetzt. Der Schlägel erscheint jedoch als Symbol auch auf mehreren Weihungen für den Waldgott Silvanus, während Haar- und Barttracht des S. ihre nächste Entsprechung in Darstellungen des → Iupiter finden.

Lit.: E. Linckenheld, S. et Nantosuelta, RHR 99 (1929) 40–92; J. de Vries, Kelt. Rel., St. 1961; P.-M. Duval, Les Dieux de la Gaule, P. 1976; S. Boucher, L'image et les fonctions du dieu S., Caes 23 (1988) 77–86.

Suessionen (lat. Suessiones) nennt die antike → Ethnographie einen keltischen Stamm im Gebiet zwischen der Marne und der Oise. Nach → Caesar (Bell. Gall. 2,3) bildete er ursprünglich einen Stammesverband mit den benachbarten → Remern. Im Gegensatz zu diesen leisteten die S. jedoch erbitterten Widerstand gegen das Vordringen der Römer. 57 v. Chr. wurden sie zusammen mit anderen Stämmen unterworfen. Ihr Name lebt fort in dem der Stadt Soissons.

Suibne mac Colmáin (ir. /'suv'n'e mak 'kolmaːn'/) heißt der Titelheld der Erzählung → *Buile Suibne.* Der Erzählung zufolge war er ein König aus dem Geschlecht der Dál nAraide und lebte in der ersten Hälfte des 7. Jhs. n. Chr. Tatsächlich handelt es sich bei ihm jedoch um eine erfundene Gestalt, die historisch nicht nachweisbar ist.

Suleviae heißt eine Gruppe keltischer Göttinnen. Der Name ist der Form nach ein Plural und hängt vermutlich mit dem Namen der Göttin → Sulis und dem irischen Wort súil »Auge« zusammen. Die Verehrung der S. bezeugen ca. 40 Weihinschriften, von denen die meisten aus Rom, Ober- und Untergermanien sowie Britannien stammen. Der vergleichsweise hohe Anteil stadtrömischer Inschriften erklärt sich daraus, daß im 2./3. Jh. n. Chr. zahlreiche Kelten und Germanen in der Hauptstadt des Römischen Reichs militärischen Dienst taten. Über die Bedeutung der S. für den einzelnen Gläubigen lassen uns die erhaltenen Denkmäler weitgehend im dunkeln, doch zeigt eine Inschrift aus Ladenburg (CIL XIII 11740), daß sie als eine Gruppe von Schwestern verehrt wurden. Aus einer stadtrömischen Inschrift (CIL VI 31161) geht hervor, daß man die S. von den ebenfalls in der Mehrzahl verehrten → Matronae/Matres klar unterschied. Die Wendungen MEISQVE SULEVIS (CIL VI 31161), SVLEIS SVIS (CIL XIII 5027) und SVLEVIS DOMESTICIS SVIS (CIL XIII 12056) lassen vermuten, daß es sich bei den S. um persönliche Schutzgottheiten handelte.

Sulis heißt eine keltische Göttin, die nach der → Interpretatio Romana mit → Minerva gleichgesetzt wurde. Ihr Hauptkultort war das nach ihr benannte Heilbad Aquae S., das heutige Bath. Dort war ihr ein ausgedehnter Tempelbezirk geweiht. Inschriftlich bezeugt ist die Verehrung der S. durch mehrere Altäre (RIB 143–150) und den

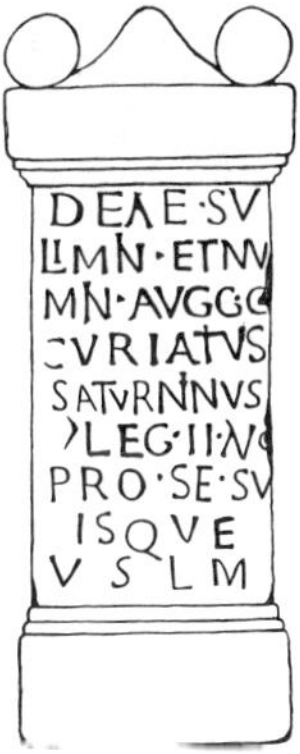

Altar für die Göttin Sulis Minerva aus Bath (RIB 146)

Grabstein eines ihrer Priester (RIB 155). Außerdem erscheint der Name der Göttin auf einigen Fluchtäfelchen (AE 1982, 658a, 660, 661, 666 und AE 1983, 636). Außerhalb von Bath begegnet der Name der Göttin nur noch in einer einzigen Weihung aus Alzey (CIL XIII 6266).

Lit.: B. Cunliffe u. P. Davenport, The Temple of S. Minerva at Bath, 2 voll., O. 1985–1988.

Sutugius heißt ein Gott, der nach dem Zeugnis der Weihinschriften (CIL XIII 164 und ILTG 45–48) im Gebiet um die heutige Stadt Saint-Plancard im Dép. Haute-Garonne verehrt wurde. Er ist vermutlich vorkeltischen Ursprungs und wurde nach der römischen Eroberung Galliens mit → Mars gleichgesetzt.

Lit.: E. Thevenot, Sur les traces des Mars celtiques, Bruges 1955; J.-J. Hatt, Mythes et Dieux de la Gaule, P. 1989.

Swaran heißt in den von James → Macpherson verfaßten »Werken Ossians« der Sohn des Königs Starno von Lochlin (Skandinavien). Seine Schwester ist → Agandecca, die Jugendliebe des schottischen Königs → Fingal. In dem Epos *Fingal* fällt S. mit einem gewaltigen Heer in Irland ein und besiegt die Truppen des irischen Heerführers → Cuthullin. Bald darauf unterliegt er jedoch im Kampf gegen das Entsatzheer Fingals und wird von diesem zum Friedensschluß und zur Rückkehr in seine Heimat bewegt.

Symbole → Ornamentik.

Synkretismus nennt man die Vermischung weltanschaulicher oder religiöser Ideen unterschiedlicher Herkunft.

In der Geschichte der keltischen → Religion dürften bereits in vorrömischer Zeit die Vorstellungen der keltischen Eroberer mit denen der alteingesessenen Bevölkerung Mittel- und Westeuropas verschmolzen sein. Welchen Anteil die Kelten an diesem Verschmelzungsprozeß hatten, kann man durch einen Vergleich mit den religiösen Vorstellungen anderer Völker indogermanischer Sprache teilweise rekonstruieren.

Neben den vorkeltischen Bewohnern Alteuropas dürften seit der Mitte des ersten Jahrtausends v. Chr. auch die Kulturen des Mittelmeerraums ihren Einfluß auf die keltische Religion ausgeübt haben. Greifbar ist dies vor allem in Randzonen wie Südfrankreich, Oberitalien und dem Balkan, wo griechische Kolonisten, Etrusker und Thraker mit ihren keltischen Nachbarn in einen regen kulturellen Austausch traten. In welchem Ausmaß Händler und Reisende fremde religiöse Vorstellungen auch in den weiter nördlich liegenden Gegenden bekannt machten, läßt sich kaum abschätzen.

Ein ausgeprägter und vergleichsweise gut bezeugter religiöser S. begegnet seit dem ersten Jh. n. Chr. im römischen Gallien, wo einheimische, römische und orientalische Kulte nebeneinander bestanden und sich gegenseitig beeinflußten (vgl. → Interpretatio Romana). Nach der → Christianisierung der Kelten ist vor allem in ländlichen Gegenden ein S. vorchristlicher und christlicher Vorstellungen und Praktiken anzutreffen.

Tacitus (Publius Cornelius T.) war ein römischer Historiker des 1./2. Jhs. n. Chr. Sein Hauptwerk ist eine unvollständig erhaltene Geschichte des römischen Staates in der Zeit zwischen 14 und 96 n. Chr. Bekannt ist sie unter dem Titel *Annales* (»Jahrbücher«: 14–68 n. Chr.) und *Historiae* (»Zeitgeschichte«: 69–96 n. Chr.). Darüber hinaus schrieb T. einen Dialog über die Redner (*Dialogus de oratoribus*), ein Buch über Ursprung und Wohngebiete der Germanen (*De origine et situ Germanorum*, kurz *Germania*) sowie eine Biographie seines Schwiegervaters, des Feldherrn Gnaeus Iulius Agricola (*De Vita Iulii Agricolae Liber*, kurz *Agricola*). Das zuletzt genannte Werk ist eine wichtige Quelle für unsere Kenntnis der römischen Eroberung Britanniens.

Lit.: W. S. Hanson, Agricola and the Conquest of the North, Lo. 1987; G. Maxwell, A Battle Lost: Romans and Caledonians at Mons Graupius, E. 1990; W. S. Hanson, T.' ›Agricola‹: An Archaeological and Historical Study, ANRW II.33.3 (1991) 1741–1784.

Tailtiu (ir. /'tal't'u/) ist ein Ort in der Grafschaft Meath nordwestlich von Tara (→ Temair). Er soll in vorchristlicher Zeit alljährlich zu Beginn des Herbstes (→ Lugnasad) der Schauplatz eines großen Festes gewesen sein.
Der Überlieferung nach war T. die Gattin des letzten Königs der → Fir Bolg und Stiefmutter des → Lug. Sie soll in dem nach ihr benannten Ort begraben sein.

táin (ir. /taːn'/) bezeichnet das Wegtreiben (von Vieh). Das Wort dient in den → Sagenlisten zur Klassifikation von Erzählungen, in deren Mittelpunkt der Raub von Rindern steht.

Táin Bó Cuailnge (ir. /taːn' voː 'gual'n'g'e/ »Das Wegtreiben der Rinder von Cuailnge«) heißt die bedeutendste und längste Erzählung des → Ulster-Zyklus. Sie schildert, wie das Königspaar → Ailill und → Medb mit einem großen Heeresaufgebot von der Residenz Cruachain in der Provinz Connacht nach Cuailnge in der Provinz Ulster zieht. Das Ziel der Connachter ist es, den berühmten Stier Donn Cuailnge zu erbeuten. Da die erwachsenen Männer von Ulster sich gerade in einem periodisch wiederkehrenden Schwächezustand befinden, kann allein der Knabe → Cú Chulainn den Feinden entgegentreten. In zahllosen Gefechten hält er den Vormarsch des Heeres immer wieder auf, kann jedoch den Raub des Stieres nicht verhindern. Durch seinen erbitterten Widerstand hat sich der Feldzug aber so lange hingezogen, daß die Krieger von Ulster nun doch noch in den Kampf eingreifen können. Auf dem Rückzug bringen sie den Eindringlingen eine vernichtende Niederlage bei, so daß nur wenige Überlebende mit dem erbeuteten Stier nach Connacht zurückkehren. Dort trifft Donn Cuailnge auf Findbennach, den berühmtesten Stier von Connacht. In einem wilden Kampf, der zwischen ihnen entbrennt, finden beide Tiere den Tod.

Die älteste erhaltene Fassung dieser Geschichte ist im »Buch der dunklen Kuh« (→ Lebor na hUidre), im → »Gelben Buch von Lecan« und in zwei weiteren Handschriften aus dem 16. Jh. überliefert. Sie verarbeitet ältere Quellen unterschiedlicher Herkunft und enthält daher zahlreiche Wiederholungen und Widersprüche. In einer jüngeren Fassung im »Buch von Leinster« (→ Lebor Laignech) und weiteren Handschriften aus dem 17./18. Jh. sind diese Ungereimtheiten beseitigt. Eine erneute Bearbeitung dieser zweiten Fassung ist bruchstückhaft in zwei Handschriften aus dem 15./16. Jh. überliefert.

Ausg. u. Übers.: E. Windisch, T. B. C. nach dem Buch von Leinster, L. 1905 (ir.-dt.); J. Strachan u. J. G. O'Keeffe, The T. B. C. from the Yellow Book of Lecan, with Variant Readings from the Lebor na hUidre, Du. 1912 (ohne Übers.); C. O'Rahilly, The Stowe Version of T. B. C., Du. 1961 (ir.-engl.); P. Ó Fiannachta, T. B. C., Du. 1966 (ohne Übers.); C. O'Rahilly, T. B. C. from the Book of Leinster, Du. 1967 (ir.-engl.); dies., T. B. C. Recension I, Du. 1976 (ir.-engl.).

Lit.: R. Thurneysen, Die ir. Helden- u. Königsage, Hl. 1921; K. H. Jackson, The Oldest Irish Tradition: A Window on the Iron Age, C. 1964; N. B. Aitchison, The Ulster Cycle: heroic image and historical reality, Journal of Medieval History 13 (1987) 87–116; H. Tristram, Aspects of Tradition and innovation in the T. B. C., in: Papers on language and mediaeval studies presented to A. Schopf (F. 1988) 19–38.

Táin Bó Froích (ir. /taːnʹ voː vroiç/ »Das Wegtreiben der Rinder Froechs«) ist der Titel einer »Vorerzählung« (→ remscéla) zur Geschichte des Rinderraubs von Cuailnge (→ *Táin Bó Cuailnge*). Überliefert ist sie im »Buch von Leinster« (→ Lebor Laignech), im → »Gelben Buch von Lecan« und in zwei weiteren Handschriften aus dem 15./16. Jh. In der uns vorliegenden Gestalt zerfällt die Geschichte in zwei nur lose miteinander verbundene Teile. Der erste Teil erzählt von der Werbung des Titelhelden Froech um Findabair, die Tochter des Königspaares Ailill und Medb. Diese Episode endet damit, daß Froech als Gegenleistung für seine Verlobung mit Findabair verspricht, auf der Seite Ailills und Medbs am Kriegszug der Connachter gegen die Provinz Ulster teilzunehmen. Der zweite Teil der Geschichte handelt davon, wie Froech mit Hilfe des Kriegers Conall Cernach seine Frau (hier nicht Findabair!), seine drei Söhne und sein Vieh aus der

Gewalt von Plünderern befreit.
Als Ballade findet man die Geschichte der Werbung Froechs um Findabair im → Buch des Dekans von Lismore. Sie erschien bereits 1756 in einer englischen Übertragung und beeinflußte insbesondere James → Macpherson. Neu erzählt hat die Geschichte Lady Augusta → Gregory im neunten Kapitel ihres Buchs *Cuchulain of Muirthemne.*

Ausg. u. Übers.: W. Meid, Die Romanze von Froech und Findabair, I. 1970.
Lit.: R. Thurneysen, Die ir. Helden- und Königsage, Hl. 1921; J. Carney, Studies in Irish Literature and History, Du. 1955; D. E. Meek, T. B. F. and Other ›Fraech‹ Texts, CMCSt 7 (1984) 1–37 u. 8 (1984) 65–85.

Tair Rhamant, Y (wal. /ə tair ˈr̥amant/ »Die drei Romanzen«) ist die im Kymrischen übliche Sammelbezeichnung der drei Erzählungen → *Iarlles y Ffynnawn*, → *Peredur fab Efrawg* und → *Gereint fab Erbin*. Diese Geschichten gehören ebenso wie → *Culhwch ac Olwen* und → *Breuddwyd Rhonabwy* zum Sagenkreis um → Arthur. Sie nehmen aber aufgrund ihrer Nähe zu französischen und anglonormannischen höfischen Romanen innerhalb der walisischen Überlieferung eine gewisse Sonderstellung ein. In erster Linie betrifft dies die materielle und geistige Kultur, die in den Geschichten geschildert bzw. vorausgesetzt wird. Alle Beschreibungen der Kleider, Waffen und Burgen sind ebenso wie die Darstellungen der Kämpfe und gesellschaftlichen Umgangsformen dem höfischen Ideal des 12. Jhs. verpflichtet. Dementsprechend erscheint Arthur auch nicht mehr (wie in *Culhwch ac Olwen*) als Anführer einer Schar von Kriegern mit magischen Eigenschaften und Fähigkeiten, sondern als oberster Lehnsherr einer Gemeinschaft vorbildlicher Ritter. Im Gegensatz zu *Culhwch ac Olwen* und *Breuddwyd Rhonabwy* spielt die Handlung der T. Rh. nicht an Orten in Wales und Cornwall, sondern in einer Märchenwelt.
Ungeachtet dieser Gemeinsamkeiten bestehen zwischen den drei Erzählungen aber auch deutliche Unterschiede hinsichtlich des Stils, des Aufbaus und der Handlungsführung. Man vermutet daher, daß sie von verschiedenen Verfassern stammen. Deutliche Übereinstimmungen bestehen zwischen den T. Rh. und den Versromanen *Yvain*, *Perceval* und *Erec* von → Chrétien de Troyes. Vermutlich kannten die walisischen Autoren Erzählungen, die diesen französischen Romanen inhaltlich weitgehend entsprachen. Den damit vorgegebenen Stoff haben sie aber durchweg selbständig gestaltet.

Taliesin gilt als einer der ersten namentlich bekannten Dichter der britannischen Kelten (→ Cynfeirdd). Nach dem Zeugnis der → *Historia Brittonum* lebte er in der zweiten Hälfte des sechsten Jhs. n. Chr. in Nordengland. Seine Muttersprache dürfte demnach das nur wenig bekannte → Kumbrisch gewesen sein. Im mittelalterlichen Wales galt T. als Verfasser zahlreicher Gedichte, die in mittelkymrischer Sprache in dem nach ihm benannten »Buch Taliesins« (→ Llyfr Taliesin) überliefert sind. Aus inhaltlichen und sprachlichen Gründen kann man jedoch allenfalls zwölf dieser Gedichte dem historischen T. zuschreiben. Die übrigen stammen aus späterer Zeit, als der Dichter zu einer Gestalt der Sage geworden war.

Ebenso wie der Dichter → Myrddin wurde auch T. zu einem großen Seher und Weisen stilisiert. Die Geschichte → *Branwen ferch Lŷr* nennt ihn als einen der Überlebenden des Feldzugs gegen den irischen König Matholwch. Als Gefolgsmann → Arthurs erscheint er in der Erzählung → *Culhwch ac Olwen*. Die älteste zusammenhängende Erzählung um T. stammt erst aus dem 16. Jh. (→ *Hanes Taliesin*). – T. heißt auch die Literaturzeitschrift des 1959 gegründeten walisischen Schriftstellerverbandes Yr Academi Gymreig.

Lit.: I. Williams und J. E. C. Williams, The Poems of T., Du. 1968 (MMWS 3); A. O. H. Jarman, The Cynfeirdd, Car. 1981.

Tanz → Musik.

Tara → Temair.

Taranis heißt bei → Lucan (Pharsalia 1,444–446) ein keltischer Gott. Sein Name ist von dem keltischen Wort für »Donner« (ir. torann, wal. taran) abgeleitet. Nach dem Zeugnis des römischen Dichters → Lucan brachten die Gallier dem T. Menschenopfer dar. Die → Berner Scholien zu Lucan teilen dazu mit, man habe diese Opfer in einer hölzernen Wanne verbrannt. Inschriftlich ist die Form T. nicht als Götter-, sondern nur als Personenname bezeugt (CIL III 7437, 6150 und 12346). Man kennt jedoch Weihinschriften für Gottheiten namens Taranucus (CIL III 2804: Iovi Taranuco) und Taranucnus (CIL XIII 6094: deo Taranucno). Der mit griechischen Buchstaben geschriebene Genitiv Taranou in einer gallischen Inschrift (RIG I G-27) legt die Rekonstruktion eines Nominativs *Taranus nahe. Bei dem inschriftlich bezeugten Namen Tanarus (RIB 452: Iovi Optimo Maximo Tanaro) handelt es sich möglicherweise um eine Verschreibung für *Taranus. Im Hinblick auf die Etymologie ist zu vermuten, daß man T. als Himmels- oder Donnergott auffaßte. Dazu paßt die für Taranucus und Tanarus bezeugte Gleichsetzung mit dem römischen → Iupiter. Auch die Berner Scholien identifizieren T. mit Iupiter.

Lit.: F. Le Roux, T.: Dieu celtique du ciel et de l'orage, Ogam 10 (1958) 30–39; D. Gricourt u. D. Hollard, T.: Le Dieu celtique à la roue, Dialogues d'histoire ancienne 16 (1990) 275–315; dies., T.: caelestium deorum maximus, Dialogues d'histoire ancienne 17 (1991) 343–400.

tarbfeis (ir. /'tarveʃ/ »Stierschlafen«) heißt in den Erzählungen → *Togail Bruidne Da Derga* und → *Serglige Con Culainn* ein Ritual, das zur Bestimmung der Nachfolge eines Königs diente. Der Beschreibung nach aß ein Mann sich am Fleisch und an der Fleischbrühe eines geschlachteten weißen Stieres satt und legte sich anschließend schlafen, während Druiden Zaubersprüche über ihm sangen. Im Traum sollte der Schlafende dann den künftigen König schauen.

Tarvos Trigaranus ist der Name eines keltischen Gottes. Die Bezeichnung ist gebildet aus dem keltischen Wort für »Stier« (altir. tarb, wal. tarw) und einem Adjektiv mit der Bedeutung »welcher drei Kraniche hat« (vgl. wal. tri »drei« und garan »Kranich«). Name und Bild des T. T. sind auf dem Monument der → Nautae Parisiaci aus Paris überliefert. Das Relief zeigt einen Stier, der hinter einem Baum steht und auf seinem Kopf und Rücken drei Kraniche trägt. Hinter dem Stier sind Zweige zu sehen, die möglicherweise einen zweiten Baum, vielleicht auch einen ganzen Wald andeuten sollen. Der Name T. T. ist inschriftlich oder literarisch ansonsten nicht belegt. Theorien über einen Zusammenhang des Adjektivs trigaranus mit den griechischen Wörtern trikárēnos (»dreiköpfig«) oder trygéranos (Name eines Tiers in einer Komödie des Dichters Philemon) haben keine allgemeine Zustimmung gefunden (vgl. RIG II,1 *L-14). Die bildliche Darstellung des T. T. hat demgegenüber eine Parallele in dem Relief einer Stele aus Trier. Es zeigt im dichten Laub einer Baumkrone den Kopf eines Stiers und drei Vögel (allem Anschein nach keine Kraniche). Im unteren Teil des Bildes geht ein Mann in der Kleidung eines Handwerkers mit einer Axt daran, den Baum zu fällen. Möglicherweise handelt es sich dabei um den Gott → Esus, der auf dem Monument der Nautae Parisiaci unmittelbar neben T. T. in einem eigenen Bildfeld in ähnlicher Weise dargestellt ist. Vielleicht beziehen sich also das Relief aus Trier ebenso wie die beiden Darstellungen aus Paris auf einen uns unbekannten

Darstellung des Tarvos Trigaranus aus Paris

Mythos, in dem sowohl Esus als auch T. T. eine Rolle spielten.

Lit. → Esus, → Nautae Parisiaci.

Tauriner (lat. Taurini) nennt die antike → Ethnographie einen keltischen Stamm, der am Fuß der Alpen im Gebiet des heutigen Piemont siedelte. Der Name lebt fort in dem der Stadt Turin (lat. Augusta Taurinorum).

Tech Duinn (ir. /t'ex duN'/ »das Haus des Donn«) ist der alte Name eines der Insel Dursey südwestlich von Irland vorgelagerten Felsens (heute Bull Rock). Aus Hinweisen in Texten des 8.–10. Jhs. hat man geschlossen, daß er in vorchristlicher Zeit als Sitz eines Totengottes namens → Donn und Versammlungsort der Abgeschiedenen galt.

Tecosca Cormaic (ir. /'t'egoska 'kormik' »Die Lehren Cormacs«) ist der Titel einer anonymen Sammlung von Lehrsprüchen. Sie ist im »Buch von Leinster« (→ Lebor Laignech) und weiteren Handschriften aus jüngerer Zeit überliefert. In der uns erhaltenen Fassung hat das Werk die Form eines Dialogs zwischen König → Cormac mac Airt und seinem Sohn. Nach irischer Überlieferung sollen beide im 3. Jh. n. Chr. gelebt haben. Aus sprachlichen Gründen wird das Werk jedoch ins 8.–9. Jh. datiert. Es enthält eine Aufzählung der Rechte und Pflichten eines Herrschers sowie zahlreiche Lehrsprüche allgemeinen Charakters.

Ausg. u. Übers.: K. Meyer, The Instructions of King Cormac mac Airt, Du. 1909. *Lit.:* R. M. Smith, The Speculum Principum in Early Ir. Lit., Speculum 2 (1927) 411–445.

teinm laeda (ir. /t'en'm' 'Laiða/) heißt eine bestimmte Art der Weissagung, deren Beherrschung man dem Dichter (→ fili) zuschrieb. Nach einer Angabe im Glossar des Bischofs Cormac (→ *Sanas Chormaic*) wurde sie bereits durch den heiligen → Patrick verboten, da sie mit Götzenopfern verbunden gewesen sei.

Tektosagen (lat. Tectosages) nennt die antike → Ethnographie einen Teilstamm der keltischen → Volker. Ein Teil der T. siedelte in dem Gebiet zwischen Narbonne und Toulouse und wurde dort 121–118 v. Chr. von den Römern unterworfen und in die neugeschaffene Provinz Gallia Narbonensis eingegliedert. Ein anderer Teil wanderte bald nach 278 v. Chr. über den Balkan nach Kleinasien ein und bildete dort zusammen mit den Tolisto(b)agiern und Trokmern das Volk der → Galater.

Teltown → Tailtiu.

Temair (ir. /'t'evir'/) heißt in der irischen Überlieferung der Sitz der irischen Hochkönige (vgl. → rí). Er ist identisch mit der archäologischen Stätte Tara in der Grafschaft Meath, die nach dem Zeugnis der Ausgrabungsfunde von der Jungsteinzeit bis zum Beginn der Christianisierung Irlands besiedelt war.

Berühmt war das »Fest von T.« (feis Temro), das als vorchristliche Kultfeier anläßlich der Inauguration eines neuen Königs vermutlich noch im 6. Jh. n. Chr. begangen wurde (vgl. → Diarmait mac Cerbaill). In der irischen Überlieferung seit dem frühen Mittelalter wurden die heute noch sichtbaren Überreste von T. der Bautätigkeit des sagenumwobenen Königs → Cormac mac Airt zugeschrieben. Als Sinnbild der Königsherrschaft von T. gilt der Stein → Fál, der von den → Tuatha Dé Danann nach Irland gebracht worden sein soll.

Temora heißt in den von James → Macpherson verfaßten »Werken Ossians« ein irischer Königssitz. Die ursprüngliche irische Form des Namens ist → Temair.

Tempel. Der Begriff bezeichnet im religionswissenschaftlichen Sprachgebrauch üblicherweise aus Stein und/oder Holz errichtete Kultbauten, die im Gegensatz zur christlichen Kirche, islamischen Moschee oder jüdischen Synagoge nicht als Versammlungsort einer Kultgemeinschaft, sondern als Wohnsitz einer Gottheit galten. T. in diesem Sinne waren den Kelten ursprünglich unbekannt und entwickelten sich in den keltisch besiedelten Gebieten erst unter mediterranem, vor allem romischem Einfluß. Gelegentlich lassen sich an Standorten gallo-römischer T. bereits vorrömische keltische → Kultstätten nachweisen. Die T. wiederum wurden später nicht selten durch christliche Kirchen ersetzt.

Lit.: D. R. Wilson, Romano-Celtic Temple Architecture, Journal of the British Archeological Association 38 (1975) 3–27; P. D. Horne u. H. C. King, Romano-Celtic temples in Continental Europe, in: W. Rodwell (Hrsg.), Temples, Churches and Religion (O. 1980) 369–555.

tête coupée (frz. »abgeschnittener Kopf«) ist in der keltischen → Kunst die (irreführende) Bezeichnung jeder Darstellung eines menschlichen → Kopfes ohne den dazugehörigen Körper.

Tethra (ir. /ˈtʹeθra/) heißt in den Erzählungen des → Mythologischen Zyklus ein König der → Fomoire. Als seine Wohnung gilt die See, weshalb das Meer als sein »Feld« und die Fische als sein »Vieh« bezeichnet werden können. In der Geschichte der Schlacht von Mag Tuired (→ *Cath Maige Tuired*) findet → Ogma auf dem Schlachtfeld T.s Schwert Orna. Als er es aus der Scheide zieht und reinigt, erzählt es von den Taten, die mit ihm vollbracht worden sind.

Teutates (jüngere Form: Toutates) heißt ein keltischer Gott. Der Name könnte aus einer älteren Form *teuto-tatis erklärt werden und soviel wie »Stammvater« bedeuten. Sicher ist diese Etymologie aber nicht, denn sie setzt voraus, daß das Wort durch Haplologie um die zweite Silbe gekürzt wurde.

Auch müßte man annehmen, daß das erhaltene a ursprünglich kurz war, was keineswegs sicher ist. Erwähnt wird T. von den römischen Autoren → Lucan (Pharsalia 1,444–446) und Lactantius (Divinae Institutiones 1,21,3). Nach dem Zeugnis Lucans brachten die Gallier ihm Menschenopfer dar. Die → Berner Scholien zu Lucan teilen dazu mit, man habe diese Opfer mit dem Kopf voran in einen gefüllten Bottich gelassen und so erstickt. Inschriftlich bezeugt ist T. in mehreren Weihungen aus Britannien (RIB 219 und 1017), der Steiermark (CIL III 5320) und Rom (CIL VI 31182). Die zuletzt genannte Inschrift setzt ihn mit einem Gott Meduris gleich, während die drei zuerst genannten ihn nach der → Interpretatio Romana mit dem römischen → Mars identifizieren. Dies könnte in Verbindung mit den Nachrichten über Menschenopfer für den kriegerischen Charakter des Gottes sprechen. Verschiedentlich hat man daher in Abbildungen bewaffneter Gottheiten Darstellungen des T. vermutet. Dies bleibt jedoch wegen des Fehlens entsprechender Inschriften unsicher.

Lit.: P.-M. Duval, T. – Esus – Taranis, EC 8 (1958–59) 41–58 (= ders., Travaux sur la Gaule, R. 1989, I 275–287).

Textilien sind uns aus dem keltischen Altertum nur in Ausnahmefällen erhalten geblieben. Die ergiebigsten Funde lieferten bislang die Salzbergwerke von → Hallein und → Hallstatt sowie die Grabhügel von → Hochdorf und → Hohmichele. Nach diesen Funden zu urteilen, besaßen bereits die frühen Kelten eine hochentwickelte Webkunst. Verarbeitet wurden hauptsächlich Leinen und Wolle, doch kennt man z. B. aus dem Grab von Hochdorf auch Gewebe aus Rindenbast und aus Dachshaar. Ihre Muster erhielten die gewebten Stoffe vielfach bereits dadurch, daß das Woll- und Leinengarn in zwei Drehrichtungen gesponnen wurde. Auch verwendete man verschiedenfarbige Garne oder färbte die Stoffe nach dem Weben ein. Vereinzelt fand man sogar golddurchwirkte Stoffe (Hohmichele, → Grafenbühl) und Seidenstickerei (Hohmichele, Hochdorf).

Lit.: H.-J. Hundt, Vorgesch. Gewebe aus dem Hallstätter Salzberg, JRGZM 6 (1959) 66–100, 7 (1960) 126–150 und 14 (1967) 38–67; L. Schwinden, Gallo-röm. Textilgewerbe, Trierer Zeitschr. 52 (1989) 279–318; G. Roche-Bernard, Costumes et textiles en Gaule romaine, P. 1993.

Teyrnon Twrf Liant (wal. /'teirnon turv liant/) heißt in der Erzählung → *Pwyll Pendefig Dyfed* ein Gefolgsmann des Fürsten Pwyll von Dyfed. Er findet eines Nachts den auf geheimnisvolle Weise entführten Sohn Pwylls und zieht ihn bei sich auf.

Thomas, William Jenkyn (1870–1959), Volkskundler und Sammler mündlicher Überlieferungen, wurde in Nordwales geboren. Nach Studien in Cambridge war er zunächst Dozent an der Universität Bangor, später Schuldirektor in Aberdare (Südwales) und London. Seine Sammlung walisischer Märchen veröffentlichte er in den beiden Bänden *The Welsh Fairy Book* (1907) und *More Welsh Fairy and Folk Tales* (1958).

Thurneysen, Rudolf (1857–1940), einer der bedeutendsten Keltologen, wurde in Basel geboren. Nach Studien u. a. bei Jacob Burckhardt und Friedrich Nietzsche lehrte er zunächst an der Universität Jena, bis er 1887 ordentlicher Professor für Vergleichende Sprachwissenschaft an der Universität Freiburg i. Br. wurde. 1913 erhielt er einen Ruf nach Bonn, wo er bis zu seiner Emeritierung noch zehn Jahre lehrte. T. war einer der besten Kenner des Alt- und Mittelirischen und verfaßte auf diesem Gebiet zahlreiche grundlegende Arbeiten. Bis heute maßgeblich ist sein *Handbuch des Altirischen* (1909). Es wurde seit 1946 unter dem Titel *A Grammar of Old Irish* in einer Bearbeitung von D. A. → Binchy und O. → Bergin mehrfach neu aufgelegt. Unvollendet blieb das großangelegte Werk *Die irische Helden- und Königsage bis zum siebzehnten Jahrhundert.* Der 1921 erschienene erste Band behandelt nach einer allgemeinen Einleitung die Erzählungen des → Ulster-Zyklus und ist auch heute noch ein Standardwerk.

Tiere spielten in der keltischen Kultur und dementsprechend auch in der → Religion und → Mythologie eine wichtige Rolle. Sie wurden sehr viel häufiger als Menschen bildlich dargestellt (vgl. → Kunst) und waren als → Opfer von großer Bedeutung für den Kult. Die enge Beziehung verschiedener T. zu → Göttern und Göttinnen veranschaulichen in römischer Zeit Darstellungen von Mischwesen wie die des Gottes von → Bouray sowie Götterbilder, denen T. als Attribute beigegeben sind (vgl. → Bär, → Hahn, → Hase, → Hirsch, → Hunde, → Pferde, → Stiere, → Schweine, → Widder).

Lit.: M. Green, Animals in Celtic Life and Art, Lo. 1992.

Tigernmas (ir. /ˈtʹiɣʹernvas/) heißt im »Buch der Einnahme Irlands« (→ *Lebor Gabála Érenn*) ein Nachkomme des Königs → Éremón. Unter seiner Herrschaft soll in Irland erstmals Gold gefunden und zu Schmuck verarbeitet worden sein. Auch soll er als erster für seine Untertanen das Tragen verschiedenfarbiger Gewänder entsprechend ihrer gesellschaftlichen Stellung vorgeschrieben haben. Der Überlieferung zufolge fand T. bei einer Zeremonie zu Ehren des steinernen Götzen Crom Cruach am Fest von → Samain den Tod.

Tírechán (ir. /ˈtʹiːrʹexaːn/) war ein irischer Geistlicher des 7. Jhs. Er verfaßte um 670 eine lateinische Lebensbeschreibung des heiligen → Patrick.

Tír na n-Óg (ir. /t′iːr′ na noːg/ »Das Land der Jungen«) ist die Bezeichnung einer paradiesischen Welt jenseits der von Menschen bewohnten Gegenden (vgl. → Tír Tairngiri, → Jenseitsvorstellungen), deren Bewohner weder Krankheit noch Alter noch Tod kennen.

Tír Tairngiri (ir. /t′iːr′ ′tar′n′-γ′ir′i/ »Land der Verheißung«) ist die Bezeichnung einer paradiesischen Welt jenseits der von Menschen bewohnten Gegenden. Vermutlich sind die damit verbundenen Vorstellungen zumindest teilweise vorchristlichen Ursprungs. Der Ausdruck selbst ist jedoch eine wörtliche Übersetzung aus dem Kirchenlatein. Dort bedeutet terra repromissionis das gelobte Land (Israel) oder das (christliche) Paradies.

Tlachtga (ir. /′tlaxtγa/) ist der Name eines Hügels in der Grafschaft Meath ca. 30 km nordwestlich von Tara (→ Temair). Geoffrey → Keating vermutete in T. den Schauplatz vorchristlicher religiöser Zeremonien: Alljährlich sollen dort am Fest von → Samain die → Druiden ein Feuer entzündet haben, mit dem alle Herdfeuer in ganz Irland entfacht werden mußten.
Nach dem → *Dindsenchas* war T. ursprünglich der Name der zauberkundigen Tochter des Druiden → Mog Ruith. Sie soll unter dem nach ihr benannten Hügel begraben sein.

tochmarc (ir. /′toxmark/) bezeichnet die Brautwerbung. Das Wort dient in den → Sagenlisten zur Klassifikation von Geschichten, die von einer solchen Werbung und den damit verbundenen Abenteuern des Helden erzählen.

Tochmarc Becfola (ir. /′toxmark ′b′egola/ »Das Werben um Becfola«) ist der Titel einer Erzählung aus dem → Historischen Zyklus, deren älteste Fassung im → »Gelben Buch von Lecan« und in einer Handschrift aus dem 16. Jh. überliefert ist. Die Geschichte erzählt von der Liebe des irischen Königs → Diarmait mac Aeda Slaíne zu der Titelheldin Becfola, die sich aus dem Land der Feen an den Königssitz Tara (→ Temair) begibt und dort Diarmaits Frau wird, später aber ihren Gatten um eines anderen willen wieder verläßt. – Neu gestaltet haben diesen Stoff Austin → Clarke in seinem Gedicht *The Wooing of Becfola* und James → Stephens in seinem Buch *Irish Fairy Tales*.
Ausg. u. Übers.: S. H. O'Grady, Silva Gadelica, Lo. 1892; M. Bhreathnach, A new ed. of T. B., Ériu 35 (1984) 59–91.

Tochmarc Emire (ir. /′toxmark ′ev′ir′e/ »Das Werben um Emer«) heißt eine der »Vorerzählungen« (→ remscéla) der Geschichte des Rinderraubs von Cuailnge (→ *Táin Bó Cuailnge*). Sie ist bruchstückhaft in einer älteren Fassung aus dem 10. Jh. und vollständig in einer stark erweiterten Überarbeitung aus dem 12. Jh. überliefert. Die Geschichte erzählt, wie der jugendliche → Cú Chulainn eine Braut gewinnt und bei der gefürchteten Kriegerin → Scáthach den Gebrauch der Waffen erlernt (vgl. → *Aided Oenfir Aífe* und → *Serglige Con Culainn*). – Neu gestaltet hat die Erzählung Lady → Gregory im dritten Kapitel ihres Buches *Cuchulain of Muirthemne*.

Ausg.: A. G. van Hamel, Compert Con Culainn and Other Stories, Du. 1933 (MMIS 3).
Lit.: D. Edel, Helden auf Freiersfüßen, A. 1980.

Tochmarc Étaíne (ir. /'toxmark 'eːdain'e/ »Das Werben um Étaín«) ist der Titel einer Erzählung aus dem → Mythologischen Zyklus. Im Mittelpunkt der Geschichte steht Étaín, die Tochter eines Königs aus dem Volk der Elfen (vgl. → síd). Zu Beginn wird erzählt, wie der Elfenfürst Midir sie mit der Hilfe seines Ziehsohns → Oengus zur Frau gewinnt. Midirs frühere Frau Fuamnach verwandelt die Rivalin jedoch aus Eifersucht in eine Fliege und erzeugt durch Zauber einen Sturm, durch den Étaín fernab von Midirs Wohnsitz Brí Leíth zum Haus des Kriegers Étar gelangt. Dort verschluckt Étars Frau die Fliege und wird dadurch schwanger. 1012 Jahre nach ihrer ersten Geburt wird Étaín auf diese Weise ein zweites Mal geboren, wächst heran und wird schließlich die Frau des Königs → Eochaid Airem. Dreimal versucht Midir vergeblich, seine ehemalige Frau in der Gestalt von Eochaids Bruder Ailill Anguba zu verführen. Schließlich gelingt es ihm, Étaín aus Eochaids Burg zu entführen und ihren Gatten dadurch zu täuschen, daß er ihm eine genau gleich aussehende und gleich gekleidete Frau unterschiebt. Diese ist in Wahrheit aber Eochaids eigene Tochter, die Étaín nach der Trennung von ihrem Mann geboren hat. Mit ihr zeugt Eochaid die Mutter des berühmten Königs → Conaire Mór. – Neu gestaltet hat diese Erzählung James → Stephens in seinem Buch *In the Land of Youth* (dt. *Maeves Fest*).

Ausg.: O. Bergin u. R. I. Best, T. É., Ériu 12 (1938) 137–196 (m. engl. Übers.).
Übers.: J. Gantz, Early Irish Myths and Sagas, Harm. 1981.

Tod und Bestattung waren nach dem Zeugnis archäologischer Funde und den Berichten der antiken → Ethnographie von besonderen und teilweise überaus aufwendigen religiösen Riten begleitet. Allgemein war der Glaube an ein Weiterleben nach dem Tode (vgl. → Jenseitsvorstellungen), doch lassen sich im Totenbrauchtum zahlreiche regionale sowie zeitlich und gesellschaftlich bedingte Unterschiede nachweisen. Nach dem äußeren Erscheinungsbild kann man für die vorrömische Zeit ältere Hügel- und jüngere Flachgräber unterscheiden, wobei sich der Übergang in den einzelnen Regionen unterschiedlich schnell vollzieht. Grabhügel wurden teils für eine einzige Bestattung, teils aber auch für ein Zentralgrab und mehrere Nachbestattungen angelegt (vgl. → Totenfolge). In der späten Hallstatt- und frühen Latènezeit herrschte die Sitte der Körperbestattung vor, wobei der oder die Verstorbene in der natürlichen Ruhelage beigesetzt wurde. Zu Beginn der mittleren Latènezeit setzte sich dann allmählich die Sitte der Leichenverbrennung durch, wie sie auch von → Caesar (Bell. Gall. 6,19) beschrieben wird. Weit verbreitet war der Brauch, die Toten mit Grabbeigaben zu versehen, die im Falle der frühkeltischen → Fürstengräber überaus kostbar und aufwendig ausfallen konnten. Die Auswertung der Grabbeigaben gestattet daher wertvolle Rückschlüsse auf die materielle und geistige Kultur der Zeit (vgl. → Amulette).

togail (ir. /ˈtoɣalʹ/) bezeichnet die Belagerung oder Zerstörung (einer Festung). Das Wort dient in den → Sagenlisten zur Klassifikation von Geschichten, die von derartigen Unternehmungen erzählen.

Togail Bruidne Da Derga (ir. /ˈtoɣalʹ ˈvruðʹnʹe da ˈdʹerga/ »Die Zerstörung der Halle Da Dergas«) ist der Titel einer Erzählung aus dem → Ulster-Zyklus. Sie ist vollständig im → »Gelben Buch von Lecan« und einer weiteren Handschrift aus der Zeit um 1300, bruchstückhaft im »Buch der dunklen Kuh« (→ Lebor na hUidre) und einigen jüngeren Handschriften überliefert. Vermutlich wurde sie im 11. Jh. aus zwei verschiedenen Versionen des 9. Jhs. zusammengestellt.

Der Held der Erzählung ist der junge Conaire Mór. Seine Mutter ist Mes Buachalla, die Frau des Königs Etarscél, sein Vater ein Unbekannter, der sich Mes Buachalla vor ihrer Heirat mit Etarscél in Vogelgestalt genähert hatte. Nach dem Tod Etarscéls wird Conaire durch den Brauch des »Stierschlafens« (→ tarbfeis) zum neuen König bestimmt. Seine Herrschaft ist zunächst reich gesegnet, doch seine Ziehbrüder treiben als Plünderer ohne Rücksicht auf ihn ihr Unwesen im Land. Indem Conaire es versäumt, sie angemessen zu bestrafen, verletzt er das Gebot der »Gerechtigkeit des Herrschers« (→ fír flathemon) und führt dadurch seinen eigenen Untergang herbei. Tragische Umstände zwingen ihn zu Handlungen, die »Tabu« (→ geis) für ihn sind. In der Halle seines Freundes Da Derga wird er von seinen Ziehbrüdern überfallen und nach erbitterter Gegenwehr erschlagen. – Neu erzählt hat die Geschichte Lady Augusta → Gregory im sechsten Kapitel ihres Buchs *Cuchulain of Muirthemne*.

Ausg.: E. Knott, T. B. D. D., Du. 1936 (MMIS 8).

Übers.: J. Gantz, Early Ir. Myths and Sagas, Harm. 1981.

Lit.: R. Thurneysen, Die irische Helden- und Königsage, Hl. 1921; T. Ó Concheanainn, Notes on T. B. D. D., Celtica 17 (1985) 73–90; M. West, Leabhar na hUidhre's Portion in the Manuscript History of T. B. D. D. and Orgain Brudne Uí Dergae, CMCSt 20 (1990) 61–98.

Tolisto(b)agier (lat. Tolistobogii und Tolistobagi, griech. Tolostobogioi und Tolistoagioi) nennt die antike → Ethnographie einen der drei keltischen Stämme, die 278 v. Chr. nach Kleinasien einwanderten. Dort bildeten sie zusammen mit den Trokmern und Tektosagen das Volk der → Galater.

Tóraigheacht Dhiarmada agus Ghráinne (ir. /'to:rijaxt 'jiarmada 'agus 'γra:N'e/ »Die Verfolgung des Diarmaid und der Gráinne«) heißt eine der bekanntesten Erzählungen des → Finn-Zyklus. Anspielungen und Verweise in verschiedenen Werken der frühen irischen Literatur machen es wahrscheinlich, daß sie bereits im 9./10. Jh. im Umlauf war. Die älteste erhaltene Fassung stammt jedoch erst aus dem 15. Jh.
Die Geschichte erzählt von der tragischen Liebe Gráinnes, der jungen Gattin des alternden → Finn mac Cumaill, zu dem wegen seiner Schönheit berühmten Krieger Diarmaid Ua Duibne. Durch Zauber zwingt Gráinne Diarmaid dazu, sie zu entführen und lädt dadurch den Zorn Finns auf ihr Haupt. Mit Hilfe des Elfenfürsten → Oengus, des Ziehvaters Diarmaids, gelingt es den beiden Liebenden im Verlauf einer abenteuerlichen Flucht, sich der Verfolgung durch Finn und seine Krieger immer wieder zu entziehen. Schließlich erreicht Oengus eine Aussöhnung zwischen Diarmaid, Gráinne und Finn, wodurch den Liebenden ein langjähriges glückliches Zusammenleben ermöglicht wird. Finn sinnt jedoch heimlich auf Rache und erinnert sich daran, daß es Diarmaid vorherbestimmt ist, durch den wilden Eber von Beann Ghulban zu sterben. So verwickelt er Diarmaid eines Tages in die Jagd auf den Eber, in deren Verlauf Diarmaid tatsächlich den Tod findet. – Die Geschichte von Diarmaid und Gráinne blieb in Irland und Schottland in vielen mündlichen Fassungen bis in die jüngste Vergangenheit hinein lebendig. Von ihr inspiriert ist das Gedicht *The Vengeance of Fionn* (1917) von Austin → Clarke.

Ausg. u. Übers.: N. Ní Shéaghdha, T. D. A. G.: The Pursuit of Diarmaid and Gráinne, Du. 1967 (ITS 48).
Lit.: D. E. Meek, The Death of Diarmaid in Scottish and Irish Tradition, Celtica 21 (1990) 335–361.

Torques (lat.) nennt man schraubenförmig gewundene metallene Halsringe, wie sie seit der Bronzezeit bei verschiedenen Völkern als Schmuck und Rangabzeichen im Gebrauch waren. Für den Bereich der keltischen Kultur kennen wir sie sowohl durch archäologische Funde und Abbildungen als auch aus Berichten der antiken → Ethnographie.
Bereits um 360 v. Chr. erhielt der römische Feldherr Titus Manlius den Beinamen Torquatus, nachdem er im Zweikampf einen gallischen Fürsten erschlagen und seinen T. erbeutet hatte. Eine Schilderung dieser Episode aus den Gallierkriegen verdanken wir dem Historiker

Livius (Ab urbe condita 7,9–11). Wie der Historiker → Polybios berichtet, trugen auch in der Schlacht von Telamon 222 v. Chr. viele keltische Krieger goldene T. und Armreife (Hist. 2,29). Zu dieser Beschreibung passen keltische Abbildungen wie die des Kriegers von → Hirschlanden oder hellenistische wie die des »Sterbenden Galliers«. Wie Polybios weiter erzählt (Hist. 2,31), wurden die T. nach der Schlacht zusammen mit den erbeuteten gallischen Feldzeichen als Trophäen am Kapitol aufgehängt. Vermutlich handelte es sich bei ihnen weniger um Schmuckstücke als vielmehr um gesellschaftliche Rangabzeichen.

Daß man auch Götterbilder mit T. schmückte, zeigt ein Bericht des aus Gallien gebürtigen Historikers Pompeius Trogus, der in dem Auszug des Iustinus (3. Jh. n. Chr.) erhalten ist. Ihm zufolge weihte der gallische Fürst Catamandus nach seinem Friedensschluß mit der Stadt Massilia (Marseille) einer als → Minerva bezeichneten keltischen Göttin einen goldenen T. (Epit. 43,4). Zu den bekanntesten Darstellungen keltischer Gottheiten mit T. gehören die Abbildungen eines gehörnten Gottes auf dem Kessel von → Gundestrup, die Darstellung des → Cernunnos auf dem Monument der → Nautae Parisiaci, die Bronzeplastik des Gottes von → Bouray sowie die Sandsteinplastiken von → Euffigneix und → Mšecké Žehrovice.

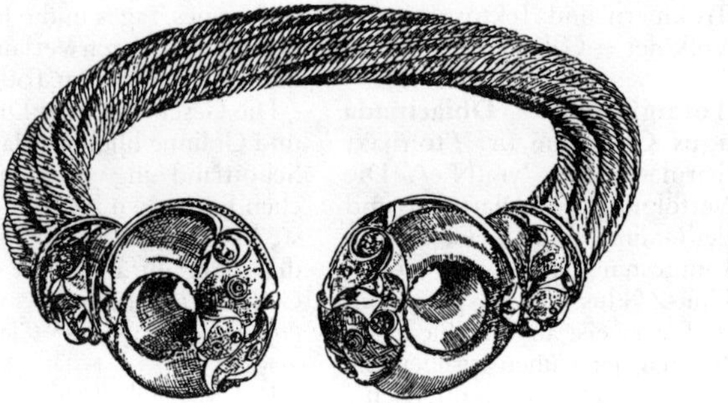

Torques aus Snettisham in Norfolk

Den Römern galt der gedrehte Halsreif als so typisch keltisch, daß der Dichter Claudian um 400 n. Chr. in seiner Festdichtung zum Konsulat des Stilicho das personifizierte Gallien einen T. tragen läßt (Laud. Stilich. 2,240).

Lit. → Kunst.

Totemismus nennt die Vergleichende Religionswissenschaft den Glauben an die Verwandtschaft eines Menschen bzw. seiner Sippe oder seines

Stammes mit einem sog. Totem. Dabei handelt es sich zumeist um eine bestimmte Tier- oder Pflanzenart, vereinzelt auch um einen leblosen Gegenstand oder um eine Himmelserscheinung. Als typische Kennzeichen des T. gelten die Benennung der Sippe oder des Stammes nach dem Totem sowie dessen kultische Verehrung. Die Diskussion um den T. spielte zu Beginn des 20. Jhs. eine große Rolle, da Gelehrte wie Émile Durkheim (1858–1917) und Sigmund Freud (1856–1939) im T. den Ursprung der Religion gefunden zu haben glaubten. Seither hat sich jedoch herausgestellt, daß sich hinter dem Begriff T. ganz unterschiedliche religiöse und soziale Erscheinungen verbergen können, die man nicht miteinander verwechseln oder auf einen einzigen gemeinsamen Ursprung zurückführen darf. Hinweise auf einen T. innerhalb der keltischen Religion (z. B. Tier- und Pflanzenbezeichnungen in → Personen- und → Stammesnamen) sind spärlich und letztlich ohne Beweiskraft.

Totenfolge nennt man die freiwillige oder erzwungene Selbsttötung einer oder mehrerer Personen am Grab von Verstorbenen. Sie ist bzw. war bei vielen Völkern verbreitet und betraf häufig Verwandte, Angehörige der Dienerschaft oder Menschen, denen man eine Schuld am Tod der Verstorbenen zuschrieb. Für den Bereich der keltischen Kultur besitzen wir das Zeugnis → Caesars, demzufolge die Gallier noch kurz vor Ankunft der Römer im Land bei der Beisetzung vornehmer Verstorbener neben Sachen und Tieren auch Sklaven und Klienten, die dem Toten teuer waren, mitverbrannten (Bell. Gall. 6, 19). Von archäologischer Seite sind einige Doppel- und Mehrfachbestattungen im Umkreis der frühkeltischen → Fürstengräber in diesem Sinne gedeutet worden.

Lit.: J. Maringer, Menschenopfer im Bestattungsbrauch Alteuropas, Anthropos 37/38 (1942/43) 1–112; K. Spindler, T. bei Skythen, Thrakern und Kelten, Abhandl. d. Naturhist. Gesellschaft Nürnberg 39 (1982) 197–214; C. Oeftiger, Mehrfachbestattungen im Westhallstattkreis: Zum Problem der T., Bo. 1984.

Toutiorix heißt ein keltischer Gott. Sein Name bedeutet vielleicht soviel wie »König der Stammesangehörigen« (vgl. ir. → túath »Stammesverband« und → rí »König«). Die Verehrung des T. bezeugt eine Weihinschrift aus Wiesbaden (CIL XIII 7564), in der er nach der → Interpretatio Romana mit → Apollo identifiziert wird.

Tracht → Kleidung.

Treverer (lat. Treveri) nennt die antike → Ethnographie eine keltisch-germanische Völkerschaft an der unteren Mosel. Ihr Hauptort war Augusta Treverorum, das heutige Trier.

Trichtingen ist ein Ort im Kreis Rottweil. In seiner unmittelbaren Nähe fand man 1928 bei Drainagearbeiten einen 4 cm starken ovalen Silberring mit einer Weite von 25–29,4 cm, dessen Enden in Stierköpfen auslaufen. Da der Ring einen Kern aus geschmiedetem Weicheisen besitzt, beträgt sein Gewicht über 6,7 kg. Dies läßt vermuten, daß es sich bei ihm nicht um einen gewöhnlichen Halsring, sondern um die Weihegabe für eine Gottheit handelt. Die Herkunft und das Alter des Rings sind in der Forschung umstritten, doch ist er allem Anschein nach keine einheimische Arbeit. Der Ring befindet sich jetzt im Württembergischen Landesmuseum in Stuttgart.

Lit.: F. Fischer u. a., Studien zum Silberring von T., FBW 12 (1987) 205–250.

Trikassen (lat. Tricasses) nennt die antike → Ethnographie einen keltischen Stamm an der oberen Seine und Aube. Der Name lebt fort in dem der Stadt Troyes, die zuvor nach Kaiser Augustus Augustobona hieß.

Trinkhörner → Essen und Trinken.

Trioedd Ynys Prydein (wal. /'trioið 'ənis 'brədein/ »Die Triaden der Insel Britannien«) ist der Titel einer Sammlung von Merksprüchen historischen und sagenhaften Inhalts. Sie sind in unterschiedlicher Auswahl und Anordnung in über einem Dutzend Handschriften des 13.–17. Jhs. überliefert. Jede Triade faßt drei berühmte Namen unter einem gemeinsamen Oberbegriff zusammen. So nennt z. B. eine Triade die »drei berühmten Schweinehirten der Insel Britannien«: → Coll fab Collfrewi, → Drystan fab Tallwch und → Pryderi fab Pwyll Pen Annwfn. In einigen Fällen – so auch im hier genannten – wird im Anschluß daran die Überlieferung, die sich an die einzelnen Namen knüpft, mit wenigen Worten erläutert. Die Sammlung als Ganzes läßt u. a. den Einfluß der höfischen → Artus-Literatur erkennen und ist also vergleichsweise spät überarbeitet worden. In ihrem Grundbestand geht sie jedoch auf wesentlich ältere, z. T. mündliche Überlieferungen zurück. Wegen ihrer zahlreichen Hinweise auf verlorene Erzählungen der britannischen Kelten sind die T. für die Erforschung der keltischen Literaturen eine Quelle von hohem Wert.

Ausg. u. Übers.: R. Bromwich, T. Y. P.: The Welsh Triads, Car. [2]1978.

Tristan ist die englische, französische und deutsche Form des kymrischen Namens → Drystan.

Trokmer (griech. Trokmoi) nennt die antike → Ethnographie einen der drei keltischen Stämme, die 278 v. Chr. nach Kleinasien einwanderten. Dort bildeten die T. zusammen mit den → Tolisto(b)agiern und den → Tektosagen das Volk der → Galater.

Tuan mac Cairill (ir. /tuan mak 'kar'iL'/) heißt im »Buch der Einnahme Irlands« (→ *Lebor Gabála Érenn*) einer der ersten Siedler, die nach der Sintflut Irland in Besitz genommen haben sollen (→ *Scél Tuain meic Chairill*).

tuath (ir. /tuaθ/) heißt der von einem König (→ rí) regierte Stammesverband. Man hat vermutet, daß es im Irland des frühen und hohen Mittelalters mindestens 150 solcher Stammesverbände gab. Die durchschnittliche Zahl der Personen, die eine t. umfaßte, schätzt man auf 3000. Das Wort t. geht auf eine ältere Form *teutā zurück, die in der Bedeutung »Volk« in mehreren westindogermanischen Sprachen begegnet. Sie erscheint im Gallischen u. a. im Götternamen → Teutates. Von der althochdeutschen Form diot ist das Adjektiv diutisc abgeleitet, das in späterer Zeit die Bedeutung »deutsch« annimmt.

Lit.: F. J. Byrne, Tribes and Tribalism in Early Ireland, Ériu 22 (1971) 128–163; F. Kelly, A Guide to Early Ir. Law, Du. 1988.

Tuatha Dé Danann (ir. /'tuaθa d'e: 'danaN/) heißt in den Erzählungen des → Mythologischen Zyklus eine Gruppe zauberkundiger Wesen der Vorzeit. Nach dem »Buch der Einnahme Irlands« (→ *Lebor Gabála Érenn*) stellten die T. die vierte Welle von Einwanderern dar, die nach der Sintflut Irland in Besitz nahmen. Zu den Dingen, die sie mit sich geführt haben sollen, gehören der Speer des → Lug, der nie sein Ziel verfehlte, das Schwert des → Nuadu, dem niemand zu widerstehen vermochte, der Kessel des → Dagda, der unerschöpfliche Speise bot, sowie der Stein → Fál, der immer dann einen Schrei ausstieß, wenn der rechtmäßige König Irlands auf ihn trat. In den beiden Schlachten von Mag Tuired (→ *Cath Maige Tuired*) sollen die T. zunächst die → Fir Bolg und danach die → Fomoire besiegt haben. Wie es heißt, wurden sie ihrerseits in der Schlacht von Tailtiu von den Söhnen des → Míl besiegt. Man glaubte, daß die T. nach dieser Niederlage in unterirdischen Behausungen (→ síd) ein geisterhaftes Dasein führten.

Lit.: J. Carey, The Name ›T. D. D.‹, Éigse 18 (1980/81) 291–294.

Tuathal Techtmar (ir. /'tuaθal 't'extvar/) heißt in den Erzählungen des → Historischen Zyklus der Großvater des Königs → Conn Cétchathach. Er soll im ersten Jh. n. Chr. über ganz Irland geherrscht und erstmals von der Provinz Leinster den als → Bórama bekannten Tribut erhoben haben. Der Überlieferung nach schuf T. aus je einem Stück der vier Provinzen Ulster, Leinster, Connacht und Munster im Herzen Irlands als fünfte Provinz Mide (Meath).

Turoner (lat. Turoni) nennt die antike → Ethnographie einen keltischen Stamm an der mittleren Loire. Der Name lebt fort in dem der Stadt Tours, die zuvor Caesarodunum hieß.

Twrch Trwyth (wal. /turx truiθ/) heißt in der Erzählung → *Culhwch ac Olwen* ein König, der von Gott zur Strafe für seine Sünden in ein Wildschwein verwandelt wurde. Dem Titelhelden Culhwch stellt der Riese Ysbaddaden die Aufgabe, ihm den Kamm und die Schere zu bringen, die sich zwischen den Ohren des Wildschweins befinden. Nach einer wilden Jagd quer durch Irland, Wales und Cornwall gelingt es Culhwch und seinen Gefährten, sich in den Besitz dieser Gegenstände zu bringen. T. aber schwimmt von der Küste Cornwalls aus ins Meer hinaus und bleibt von da an verschwunden.

Uathach (ir. /ˈuaθax/ »die Schreckliche«) heißt in der Geschichte von der Werbung Cú Chulainns um Emer (→ *Tochmarc Emire*) eine Tochter der Kriegerin →Scáthach. Sie bewirtet Cú Chulainn bei seiner Ankunft in Scáthachs Burg und teilt auf das Geheiß ihrer Mutter des Nachts mit ihm das Lager.

Ucuetis heißt ein keltischer Gott. Seine Verehrung bezeugt eine Weihinschrift in gallischer Sprache (RIG II L-13), die 1839 auf dem Mont Auxois an der Stätte des antiken → Alesia gefunden wurde. Eine weitere Inschrift in lateinischer Sprache (CIL XIII 11247) kam 1908 auf dem Mont Auxois zutage. In ihr wird als Partnerin des U. eine Göttin namens Bergusia genannt.

Lit.: R. Martin u. P. Varène, Le monument d'U. à Alésia, P. 1973.

Üetliberg ist der Name einer Anhöhe an der Nordwestspitze des Zürichsees. Seit 1980 sind bei Ausgrabungen auf seinem Gipfel Wallanlagen aus dem 5. Jh. v. Chr. und Reste griechischer Importkeramik ans Licht gekommen. Vermutlich trug der Ü. um die Mitte des ersten Jahrtausends v. Chr. einen frühkeltischen → Fürstensitz, zu dem auch einige in der Nähe entdeckte Gräber aus dem 5. Jh. v. Chr. gehörten.

Lit.: W. Drack u. H. Schneider, Der Ü.: die archäologischen Denkmäler, Z. 1979; W. Drack, Der frühlatènezeitliche Fürstengrabhügel auf dem Ü., Zeitschr. f. schweiz. Arch. u. Kunstgesch. 38 (1981) 1–28; W. Kimmig, Frühe Kelten in der Schweiz im Spiegel der Ausgrabungen auf dem Ü., Z. 1983.

Uisnech (ir. /ˈuʃnʹex/) heißt ein Hügel in der Provinz Mide (Meath). Der Überlieferung nach bezeichnete ein Stein auf der Kuppe des Hügels den Mittelpunkt Irlands. Nach dem → *Dindsenchas* entfachte Mide, der oberste Druide des → Nemed, auf dem Hügel von U. das erste Feuer in Irland. Der Sage nach brannte es sieben Jahre lang, und von ihm sollen alle anderen Feuer des Landes entzündet worden sein. Wie es heißt, gaben die alteingesessenen Priester der Insel ihrem Unwillen darüber Ausdruck, worauf Mide ihnen die Zunge herausschneiden und sie unter dem Hügel vergraben ließ. Nach verschiedenen anderen mittelalterlichen Texten war U. alljährlich zu Beginn des Sommers der Ort einer bedeutenden Volksversammlung, der sog. mórdáil Uisnig. Nach → Keating handelte es sich dabei um eine Art Jahrmarkt, der in vorchristlicher Zeit auch religiösen Charakter getragen habe. Das Fehlen jeglicher Hinweise auf diese Versammlungen in den irischen Annalen macht es jedoch unwahrscheinlich, daß Keatings Beschreibung auf einer alten Überlieferung beruht. Inwieweit U. tatsächlich ein Versammlungs- und Kultplatz gewesen ist, läßt sich nicht mehr mit Sicherheit feststellen. In der Literatur gilt die Esche von U. als einer der bedeutendsten heiligen → Bäume Irlands.

Ulrich von Zatzikhoven war ein mittelhochdeutscher Dichter aus der Zeit um 1200. Sein einziges erhaltenes Werk ist der Versroman *Lanzelet*, die erste deutsche Bearbeitung der Sage von → Lancelot. Als Vorlage benutzte U. nach eigener Aussage einen anglonormannischen Roman, den der englische Adlige Hugo von Morville 1194 nach Deutschland gebracht hatte. Der Schwerpunkt des *Lanzelet* liegt auf der Schilderung der höfischen Kultur und der Abenteuer seines Titelhelden. Auf eine glaubhafte psychologische Motivierung der Figuren und auf einen klar strukturierten Gesamtaufbau legte der Verfasser offenbar keinen großen Wert. Dies läßt sein Werk gegenüber den Romanen der Zeitgenossen → Hartmann von Aue und → Wolfram von Eschenbach altertümlich erscheinen.

Ulster-Zyklus ist die moderne Bezeichnung einer Gruppe alt- und mittelirischer Erzählungen, deren Handlung sich nach irischer Überlieferung in der Zeit um Christi Geburt zugetragen haben soll. Der Name verdankt seinen Ursprung den Protagonisten der Geschichten: den Kriegern der »Provinz« (→ cóiced) Ulster mit ihrem König → Conchobar mac Nesa und ihrem Haupthelden → Cú Chulainn. Die längste und bedeutendste Erzählung des Zyklus ist die Geschichte des Rinderraubs von Cuailnge (→ *Táin Bó Cuailnge*). Ihr sind einige weitere Geschichten als »Vorerzählungen« (→ remscéla) zugeordnet. Andere bedeutende Erzählungen sind → *Aided Oenfir Aífe*, → *Fled Bricrenn*, → *Scéla mucce Meic Dathó* und → *Togail Bruidne Da Derga*.

Lange Zeit glaubte man, daß die Geschichten dieses Zyklus ein getreues Bild der irischen Kultur vor der Christianisierung zeichneten. In neuerer Zeit hat sich demgegenüber herausgestellt, daß die Erzählungen realistische und mythische Elemente miteinander verbinden. Auch sind viele Schilderungen des Alltagslebens nicht als überlieferte Geschichte der vorchristlichen Zeit zu verstehen, sondern beruhen auf den Erfahrungen der mittelalterlichen Klosterkultur, der die Erzählungen ihre Aufzeichnung verdanken.

Lit.: R. Thurneysen, Die irische Helden- und Königsage bis zum 17. Jh., Hl. 1921; K. H. Jackson, The Oldest Irish Tradition: a Window on the Iron Age, C. 1964; N. B. Aitchison, The Ulster Cycle: heroic image and historical reality, Journal of Medieval History 13 (1987) 87–116; K. McCone, Pagan Past and Christian Present in Early Ir. Lit., May. 1990.

Urien (wal. /'irjen/) herrschte in der zweiten Hälfte des 6. Jhs. über das keltische Königreich Rheged in Nordwestengland. Die → *Historia Brittonum* berichtet, daß er zusammen mit drei weiteren Königen gegen die von Osten vordringenden Angeln kämpfte. Während der Belagerung der Insel Medgawdd (heute Lindisfarne) sei er dem Anschlag eines Rivalen namens Morgant zum Opfer gefallen.

Das »Buch Taliesins« (→ Llyfr Taliesin) enthält acht Preisgedichte für U., die möglicherweise noch zu seinen Lebzeiten von dem Dichter → Taliesin verfaßt wurden. Vermutlich aus dem 9./10. Jh. stammen einige Gedichte, die im »Roten Buch von Hergest« (→ Llyfr Coch Hergest) und einigen weiteren Handschriften überliefert sind. Möglicherweise schildern sie die dramatischen Höhepunkte von Sagen um U., deren eigentliche Handlung in Prosa erzählt oder als bekannt vorausgesetzt wurde. *Pen U.* (»Das Haupt des U.«) ist mit 14 dreizeiligen Strophen das längste dieser Gedichte. In ihm erzählt der Verfasser voll Trauer und düsterer Vorahnungen, wie er das abgeschlagene Haupt des toten Königs vom Schlachtfeld trägt. In *Celein U.* (»Der Leichnam des U.«) beschreibt der Dichter, der sich selbst als Vetter des Toten bezeichnet, wie der Leichnam des Königs beigesetzt wird. *Aelwyd Rheged* (»Das Herdfeuer Rhegeds«) schließlich schildert den trostlosen und verfallenen Zustand des Hauses, in dem zu Lebzeiten des toten Königs Gäste freigiebig bewirtet worden waren. Die ältere Forschung betrachtete diese und einige weitere Gedichte als Bestandteile der Sage um → Llywarch Hen. Diese Auffassung ist jedoch in neuerer Zeit wohl zu Recht angezweifelt worden. Als einer der »drei Schlachtenlenker der Insel Britannien« gilt U. in den → *Trioedd Ynys Prydein.* Der Name seines Mörders wird dort mit Llofan Llaw Ddifo angegeben.

Lit.: R. Bromwich, Trioedd Ynys Prydein, Car. [2]1978; J. Rowland, Early Welsh Saga Poetry, C. 1990.

Urnenfelder-Kultur nennt man die Kultur der späten europäischen Bronzezeit (13.–8. Jh. v. Chr.). Der Name bezieht sich auf die vorherrschende Bestattungssitte, bei der die Toten verbrannt und die Asche in tönernen Urnen auf großen Friedhöfen beigesetzt wurde. Ethnisch oder sprachlich kann man die Träger dieser Kultur weder mit den Kelten noch mit einer anderen namentlich bekannten Volksgruppe Alteuropas identifizieren.

Lit.: L. Pauli, Die Herkunft der Kelten, in:

Die Kelten in Mitteleuropa (Sa. 1980) 16–24.

Uthyr Bendragon (wal. /'iθir ben'dragon/) heißt bei → Geoffrey von Monmouth der jüngste Bruder des britannischen Königs Constans. Er wird nach Constans' Ermordung von Freunden außer Landes gebracht, kehrt später jedoch nach Britannien zurück und entmachtet zusammen mit seinem Bruder Aurelius Ambrosius den Usurpator Vortigern (→ Gwrtheyrn). Nach dem Tod des Aurelius wird U. König von Britannien. Mit Hilfe des Zauberers Merlin (→ Myrddin) nimmt er die Gestalt des Herzogs von Cornwall an und verführt in Abwesenheit des Herzogs dessen Gattin Ygerna (→ Eigr). Ihr Sohn ist → Arthur, der nach der Ermordung seines Vaters dessen Nachfolge antritt. »Pendragon« bedeutet Geoffrey zufolge »Drachenkopf.« Dieser Beiname sei U. gegeben worden, weil Merlin ihn beim Erscheinen eines drachenköpfigen Meteors als künftigen König Britanniens begrüßt habe. Tatsächlich dürfte P. jedoch ursprünglich nicht »Drachenkopf«, sondern »(Haupt =) Anführer der Krieger (= Drachen)« bedeutet haben. Daß U. bereits vor Geoffrey in den Sagen um Arthur eine Rolle spielte, bezeugt seine Erwähnung in dem Gedicht → *Pa ŵr yw'r porthor?* Alle Erzählungen darüber sind jedoch verlorengegangen.

Val Camonica ist eine Tallandschaft in den italienischen Alpen nördlich von Brescia. In der Nähe des Ortes Capo di Ponte entdeckte man mehrere hundert Felszeichnungen aus der Stein-, Bronze- und Eisenzeit. Berühmt ist die

Felszeichnung eines gehörnten Gottes (sog. Cernunnos) aus der Val Camonica (4. Jh. v. Chr.)

60 × 90 cm große Abbildung einer aufrecht stehenden gehörnten Gestalt (sog. → Cernunnos), die vermutlich aus dem 5. Jh. v. Chr. stammt.

Lit.: E. Anati, I Camuni: alle radici della civiltà europea, Mi. 1984; ders., Felsbilder: Wiege der Kunst und des Geistes, Z. 1991.

Vates (griech. Pl. Οὐάτεις) nannten die Kelten nach dem Zeugnis des Geographen → Strabon die Mitglieder des Standes, der neben den → Barden und → Druiden das höchste Ansehen genoß und sich mit der Deutung der Natur und der Durchführung der → Opfer befaßte (Geogr. 4,4,4). Eine ähnliche Beschreibung findet man bei dem Historiker Ammianus Marcellinus (Res Gestae 15,9). Das Wort geht zurück auf altkeltisch *wātis (Sg.) und dürfte ursprünglich den inspirierten Seher bezeichnet haben. Sprachgeschichtlich verwandt sind gotisch wods »Besessen« und altnordisch óðr »Dichtung«. Das lateinische Wort vates »Seher, Dichter« ist möglicherweise ebenfalls urverwandt, könnte aber auch aus dem Keltischen entlehnt sein. Die irische Entsprechung des Wortes ist fáith. Damit bezeichnen mittelalterliche Texte sowohl den vorchristlichen Seher und Wahrsager als auch den biblischen Propheten.

Lit.: T. Köves-Zulauf, Les V. des Celtes, Acta Ethnographica (Budapest) 4 (1955) 171–275; H. Wagner, Ir. fáith, Welsh gwawd, Old Icelandic óðr ›poetry‹ and the Germanic god Wotan/Óðinn, ZCP 31 (1970) 46–57.

Vendryes, Joseph (1875–1960), Keltologe und Sprachwissenschaftler, wurde in Paris geboren. Er studierte u. a. bei → d'Arbois de Jubainville, → Gaidoz und → Thurneysen und lehrte danach in Clermont-Ferrand und Caen Klassische Philologie. Seit 1907 war er in Paris Professor für Keltische Philologie und Vergleichende indogermanische Sprachwissenschaft. Einflußreich war er als Gründer und Herausgeber der Zeitschrift *Études celtiques* (1936 ff.), der Nachfolgerin der von Gaidoz gegründeten *Revue celtique.* Darüber hinaus begründete V. das altirische etymologische Wörterbuch (*Lexique étymologique de l'Irlandais Ancien* 1959 ff.) und veröffentlichte zahlreiche Studien zur keltischen Sprach-, Literatur- und Religionsgeschichte. Ein Teil davon wurde 1952 von der Société de Linguistique de Paris unter dem Titel *Choix d'études linguistiques et celtiques* neu herausgegeben.

Veneter (lat. Veneti) heißt ein keltischer Stamm in der südwestlichen Bretagne. Nach → Caesar (Bell. Gall. 3,8) genoß er wegen der großen Zahl seiner Häfen und Schiffe unter allen Bewohnern der bretonischen Küste das größte Ansehen. 56 v. Chr. wurden die V. nach der Vernichtung ihrer Flotte von den Römern unterworfen. Ihr Name lebt fort in dem der Stadt Vannes, die zuvor Darioritum hieß.

Verba Scáthaige → Scáthach.

Verbeia heißt eine keltische Göttin, deren Name in dem des Flusses Wharfe in Yorkshire weiterlebt. Ihre Verehrung bezeugt ein Altar aus Sandstein (RIB 635), der bereits im 16. Jh. in der römischen Festung von Ilkley in Yorkshire gefunden wurde. Eine bildliche Darstellung der Göttin vermutet man in dem ebenfalls in Ilkley gefundenen Relief einer stehenden weiblichen Gestalt, die in jeder Hand eine Schlange hält. Diese Deutung des Bildes bleibt freilich wegen des Fehlens einer entsprechenden Inschrift unsicher.

Vercingetorix war der Anführer des letzten großen Aufstands der Gallier gegen → Caesar. Sohn eines Fürsten aus dem Stamm der → Arverner, setzte sich V. 52 v. Chr. gegen die romfreundliche Partei seines Stammes durch und wurde von seinen Anhängern zum König ausgerufen. Ein Bündnis gallischer Stämme übertrug ihm den Oberbefehl über die vereinten gallischen Truppen, welche die römische Besatzungsmacht durch eine Strategie der verbrannten Erde aufzureiben suchten. Nach der Eroberung der Stadt Avaricum durch die Römer gelang es V., Caesar bei der Belagerung seiner Heimatstadt → Gergovia zum Rückzug zu zwingen. Bald darauf wurde er jedoch mit seinen Streitkräften in → Alesia eingeschlossen und mußte sich den Römern ergeben. 46 v. Chr. wurde er von Caesar im Triumph durch Rom geführt und vermutlich wenig später hingerichtet.
Das Interesse an V. als tragischer Gestalt und Vorkämpfer eines geeinten Gallien kam in der ersten Hälfte des 19. Jhs. auf und erhielt besonders durch die von Napoleon III. veranlaßten Grabungen in Alesia neue Nahrung. Im Auftrag Napoleons schuf der Bildhauer Aimé Millet (1819–1891) eine in Kupfer getriebene Kolossalstatue des gallischen Fürsten, die an der Stätte des antiken Alesia auf dem Mont Auxois aufgestellt wurde. Ein bronzenes Reiterstandbild des V. von Frédéric-Auguste Bartholdi (1834–1904) wurde 1903 in Clermont-Ferrand, der Nachfolgerin des antiken Gergovia, eingeweiht. Weitere Statuen des V. von Emile-François Chatrousse (1829–1896), Eugène-Ernest Chrétien (1840–1909) und Max Claudet (1840–1893) befinden sich im Musée Bargoin in Clermont-Ferrand bzw. im Musée des Beaux-Arts in Besançon. Drei Bronzestandbilder des V. von Jules Bertin (1826–1892), François Mouly (1846–1886) und Victor-Joseph Ségoffin (1867–1925) wurden während der deutschen Besatzung in Saint-Denis, Bordeaux und Rodez eingeschmolzen. Zwei bildliche Darstellungen der Kapitulation des V. von Henri Motte (1846–1922) und Lionel Royer (1852–1926) befinden sich im Musée Crozatier in Le Puy. Vom Schicksal des V. inspiriert ist auch die Ballade »Das Geisterroß« von Conrad Ferdinand Meyer (1825–1898).

Lit.: F. Graus, V. und die Franzosen als Nachkommen der Gallier, in: ders., Lebendige Vergangenheit (Kö. / W. 1975) 254–267; J. Harmand, V., P. 1984.

Vergobretus heißt bei → Caesar (Bell. Gall. 1,16) der Vorsteher im Rat (lat.: magistratus) der → Aeduer. Er wurde nach dem Bericht Caesars auf ein Jahr vom Adel gewählt und hatte während seiner Amtszeit Gewalt über Leben und Tod der Stammesmitglieder. Inschriftlich bezeugt ist das Wort V. auf einer Vase aus dem 1. Jh. n. Chr., die bei Ausgrabungen in der gallo-römischen Siedlung Argentomagus im Stammesgebiet der → Biturigen zutage kam.

Lit.: J. Allain, L. Fleuriot u. L. Chaix, Le Vergobret des Bituriges à Argentomagus, RAE 32 (1981) 11–32.

Veteris heißt eine keltische Gottheit. Ihr Name erscheint in unterschiedlichen Schreibungen in über 50 Inschriften aus Nordengland. Dabei begegnet V./Vitiris/Hveteris usw. sowohl im Singular als auch im Plural. In den meisten Fällen geht aus dem Zusatz DEO »dem Gott« bzw. DIBUS »den Göttern« hervor, daß man sich die betreffende(n) Gottheit(en) männlich dachte. Zweimal (RIB 1047 und 1048) dient der Name jedoch auch zur Bezeichnung weiblicher Gottheiten.

Viehzucht spielte neben dem → Ackerbau eine entscheidende Rolle für die keltische Wirtschaft. Unsere Kenntnis davon beruht vor allem auf Funden von Tierknochen bei der archäologischen Untersuchung von Siedlungsabfällen. Das häufigste Haustier war demnach das Rind, welches auch als Zugtier und bei der Feldarbeit eingesetzt wurde, wobei Kühe zusätzlich als Milchlieferanten dienten. An zweiter Stelle standen → Schweine, die auch in den Berichten der antiken → Ethnographie mehrfach erwähnt werden. Ziegen und Schafe, die hauptsächlich der Wolle wegen gehalten wurden, spielten im Vergleich dazu nur eine untergeordnete Rolle. An Hausgeflügel kannte man Hühner und Gänse. Anders als die → Pferde waren die keltischen Rinder und Schweine erheblich kleiner als ihre Wildformen, was vermutlich mit der ungenügenden Versorgung des Viehs über den Winter hinweg zusammenhängt.

In Irland war Viehbesitz bis weit ins Mittelalter hinein ein Indikator für den Reichtum und die gesellschaftliche Stellung eines Mannes und seiner Familie. Daher spielt dieser Faktor auch in den Sagen eine wichtige Rolle (vgl. → táin).

Lit.: P. Meniel, Chasse et élevage chez les Gaulois, P. 1987; A. T. Lucas, Cattle in Ancient Ireland, Kilkenny 1989.

Viereckschanzen nennt man einen bestimmten Typus keltischer Kultstätten, die durch Wall und Graben von der Außenwelt abgegrenzt waren. Die Bezeichnung ist traditionell, aber irreführend, da es sich bei den V. entgegen früheren Annahmen nicht um Befestigungsanlagen handelt.

V. begegnen in einer breiten bandförmigen Zone, die von der französischen Atlantikküste bis nach Böhmen reicht. Besonders häufig sind sie im süddeutschen Raum zwischen Rhein, Main und Inn. Die Lage der V. im Gelände variiert sehr stark, doch findet man sie nur selten an

ausgesprochen exponierter Stelle. Ob die immer wieder beobachtete Nähe von Quellen oder Wasserläufen die Wahl des Geländes beeinflußte, ist umstritten.
Typisch für das Erscheinungsbild der V. ist eine ungefähr quadratische oder schwach rechteckige Form mit unregelmäßigen Seitenlängen. Von den knapp 200 vermessenen Anlagen in Baden-Württemberg und Bayern nehmen die größten mehr als 1,7 und die kleinsten weniger als 0,2 ha ein. In der Regel haben V. nur ein Tor. Es liegt bei den süddeutschen V. häufig im Osten, seltener im Süden und Westen, nie aber im Norden. Aus drei Anlagen kennt man insgesamt neun Grundrisse von Innenbauten, die möglicherweise kultischen Zwecken dienten. Außerdem hat man durch Ausgrabungen oder Luftbildaufnahmen am inneren Rand mehrerer V. Schächte festgestellt. Ob es sich dabei um Opferschächte oder Brunnen handelt, ist nicht immer klar zu erkennen.
In vielen Fällen fand man bei Ausgrabungen Reste handgearbeiteter Gebrauchskeramik aus dem 2.–1. Jh. v. Chr. Funde römischer Keramik lassen vermuten, daß manche V. noch in römischer Zeit – vielleicht zu anderen Zwecken – genutzt wurden.

Lit.: K. Bittel u. a., Die keltischen V., St. 1990; O. Buchsenschutz u. I. Olivier (Hrsg.), Les V. et les enceintes quadrilatérales en Europe celtique, P. 1990; H. Zürn u. F. Fischer, Die kelt. Viereckschanze von Tomerdingen, St. 1992.

Vindonnus heißt ein keltischer Gott. Seine Verehrung bezeugen drei Weihinschriften aus Essarois im Dép. Côte-d'Or (CIL XIII 5644–5646). In zweien von ihnen wird V. nach der → Interpretatio Romana mit → Apollo identifiziert.

Visucius heißt ein keltischer Gott, dessen Verehrung durch insgesamt sieben Inschriften bezeugt wird. Neben einer Weihung aus Bordeaux (CIL XIII 577) kennt man drei aus dem Gebiet der → Treverer und → Mediomatriker in der römischen Provinz Gallia Belgica (CIL XIII 3660, 4257 und 4478) sowie drei aus der Provinz Germania Superior (CIL XIII 5991, 6347 und 6404). In dreien dieser Inschriften wird V. nach der → Interpretatio Romana mit → Mercurius gleichgesetzt.

Vita Tripartita nennt man wegen ihres dreiteiligen Aufbaus die älteste irische Biographie des heiligen → Patrick.

Vix ist ein Ort bei Châtillon-sur-Seine im Dép. Côte-d'Or. Im Januar 1953 entdeckte man dort in unmittelbarer Nähe des Seine-Ufers ein unversehrtes keltisches → Fürstengrab aus dem 5. Jh. v. Chr. Es enthielt das schlecht erhaltene Skelett einer vermutlich weiblichen Leiche, einige Schmuckgegenstände, die Reste eines vierrädrigen Wagens sowie ein umfangreiches Trinkgeschirr. Zu den eindrucksvollsten Funden zählen ein 480 g schwerer goldener Halsreif und ein 1,64 m hoher und 208,6 kg schwerer bronzener Mischkrug (Krater). Der borgenen Grabbeigaben sind allerdings – entsprechend den damals üblichen Ausgrabungsmethoden – nur unzureichend do-

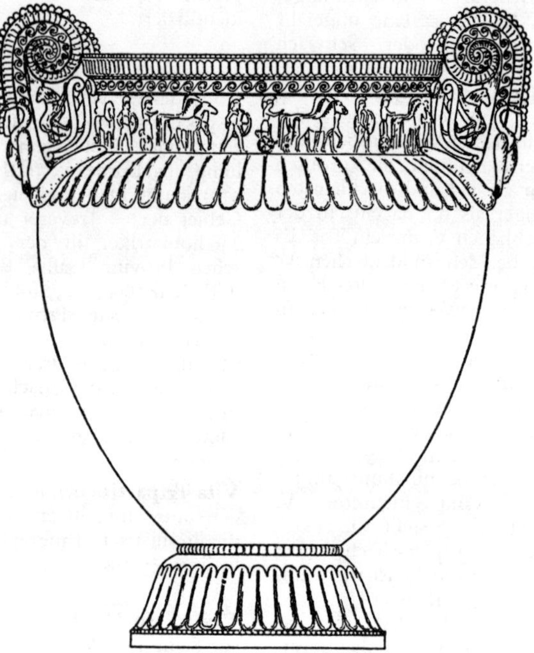

164 cm hoher Mischkrug (Krater) aus dem Grab von Vix

aus dem Mittelmeerraum importierte Krug hat ein Fassungsvermögen von 1100 l und ist damit das größte Gefäß dieser Art, das aus dem Altertum erhalten geblieben ist.

Bereits im 19. Jh. waren in der näheren Umgebung von V. vier weitere keltische Fürstengräber entdeckt worden. Die dabei gekumentiert. Nach allgemeiner Auffassung gehören alle fünf Grabanlagen zu einem frühkeltischen → Fürstensitz, dessen Spuren auf dem nahegelegenen → Mont Lassois entdeckt wurden. Die Funde aus dem Grab von V. sind jetzt im Stadtmuseum von Châtillon-sur-Seine zu sehen.

Lit.: R. Joffroy, V. et ses trésors, P. 1979; W. H. Gross, Zu Problemen des »Fürstengrabes« von V., HBA 7 (1980) 69–76; J. Driehaus, Zum Krater von V., HBA 8 (1981) 103–113; M. Egg u. A. France-Lanord, Le char de V., Bo. 1987.

Vögel → Tiere.

Vokontier (lat. Vocontii) nennt die antike → Ethnographie einen keltischen Stamm in dem Gebiet zwischen der Rhône, der Isère, den Alpen und der Durance. Seine bedeutendsten Nachbarn waren im Norden die → Allobrogen und im Süden die → Salluvier. 125/124 v. Chr. wurden die V. von den Römern unterworfen. Ihre Hauptorte waren in römischer Zeit Vasio (heute Vaison) und Dea Augusta Vocontiorum (heute Die). Die Göttin (lat. Dea), die der Stadt Die ihren Namen gab, war vermutlich → Andarta.

Volcanus heißt in der römischen Religion der Gott des Feuers, der Blitze und der Schmiedekunst. Als Bezeichnung einer keltischen Gottheit begegnet der Name V. bei dem römischen Historiker Jordanes (6. Jh. n. Chr.). Ihm zufolge versprach der gallische König Viridomarus beim Einfall der Gallier in Norditalien 222 v. Chr. im Falle eines Sieges die römischen Waffen dem V. (Romana 179). Auffällig ist, daß → Caesar (Bell. Gall. 6,21) die Verehrung des V. nur den Germanen, nicht aber den Kelten zuschreibt. Sehr wahrscheinlich kannte man jedoch auch in Gallien einen dem V. vergleichbaren einheimischen Gott. Dies schließt man aus den zahlreichen Weihinschriften für V., die in Gallien sehr viel häufiger sind als in anderen Teilen des Römischen Reichs. Auch sind aus dem römischen Gallien eine Vielzahl bildlicher Darstellungen des V. als → Schmied auf uns gekommen. Den keltischen

Darstellung des Volcanus mit Schmiedewerkzeugen auf dem Altar der Nautae Parisiaci

Namen des als V. verehrten Gottes kennen wir nicht. Vielleicht war er von *gobann-, dem gallischen Wort für den Schmied abgeleitet. Dafür sprechen vor allem die Namen der mythologischen Gestalten → Goibniu und → Gofannon in der irischen bzw. walisischen Überlieferung. Aus Gallien selbst kennt man den von *gobann- abgeleiteten Personennamen Gobannitio. So hieß nach Caesar (Bell. Gall. 7,4) ein Onkel des → Vercingetorix.

Lit.: P.-M. Duval, Vulcain et les métiers du métal, Gallia 10 (1952) 43–57 (= ders., Travaux sur la Gaule, R. 1989, I 303–321).

Volker (lat. Volcae) nennt die antike → Ethnographie einen keltischen Stamm in dem Gebiet zwischen der Rhône, den Cevennen, der Garonne und den Pyrenäen. Lateinische Autoren unterscheiden die beiden Stammesteile der Arecomici mit ihrem Hauptort Nemausus (heute Nîmes) und der Tectosages (→ Tektosagen) mit ihrem Hauptort Tolosa (heute Toulouse). 121 v. Chr. wurden die V. von den Römern unterworfen und in die neugeschaffene Provinz Gallia Narbonensis eingegliedert. Ihr Name lebt fort in dem deutschen Adjektiv welsch, mit dem die Germanen anfänglich die V., dann die romanisierten Kelten Galliens und schließlich ganz allgemein die romanischen Völker bezeichneten. Die ursprünglich im Mittelmeerraum heimische Walnuß wurde deswegen als »Welsche Nuß« bezeichnet, weil sie besonders häufig in Gallien angebaut wurde und von dort nach Deutschland gelangte. Im Englischen dient das Adjektiv Welsh zur Bezeichnung der Bewohner von Wales und ihrer keltischen Sprache, die von den Walisern selbst → Kymrisch genannt wird.

Vorocius heißt ein keltischer Gott, der in einer Weihinschrift aus Vichy (CIL XIII 1497) nach der → Interpretatio Romana mit → Mars identifiziert wurde. Der Name steht vermutlich in Verbindung mit dem des Ortes Vouroux, eines Vorortes von Varennes-sur-Allier ca. 20 km nördlich von Vichy.

Lit.: R. Thevenot, Sur les traces des Mars celtiques, Bruges 1955; J.-J. Hatt, Mythes et dieux de la Gaule I, P. 1989.

Vortigern → Gwrtheyrn.

Vortimer → Gwerthefyr.

Vosegus oder (jünger) Vosagus heißt in der antiken → Ethnographie ein langgestrecktes Waldgebirge im östlichen Gallien. Es erstreckte sich von den Tälern der Saône und der Mosel bis zum Rheintal und umfaßte die nach ihm so genannten Vogesen und den Pfälzer Wald. In der Kaiserzeit bildete der V. die Grenze zwischen den römischen Provinzen Gallia Belgica und Germania Superior.
Die Verehrung eines Gottes V. bezeugen mehrere Weihinschriften (CIL XIII 6029, 6059 und 6080 sowie Ne 73).

Votivgaben nennt man Weihegeschenke, die der Gläubige in Erfüllung eines Gelübdes (lat.: ex voto) an einer Kultstätte darbringt. Der Anlaß dafür ist meistens eine glücklich überstandene Gefahr wie Krankheit, Hungersnot oder Krieg. Im Zusammenhang mit Krankenheilungen findet man als V. häufig plastische Darstellungen des Kranken oder des erkrankten Körperteils. Zu den bedeutendsten Fundorten keltischer V. zählen eine Kultstätte an den Quellen der Seine (→ Sequana)

Hölzerne Statuette (Votivgabe) von den Quellen der Seine

und ein Heiligtum bei → Chamalières. Dort kamen mehrere tausend ungewöhnlich gut erhaltene Holzskulpturen zutage. Sie stellen in der Mehrzahl Personen, aber auch Gliedmaßen und innere Organe dar.

Lit.: M. u. P. Vauthey, Les Ex-Voto anatomiques de la Gaule romaine: essai sur les maladies et infirmités de nos ancêtres, in: La Médecine en Gaule (P. 1985) 111–117; A.-M. Romeuf, Exvoto en bois de Chamalières (Puy-de-Dôme) et des Sources de la Seine: essai de comparaison, Gallia 44 (1986) 65–89.

Wace war ein anglonormannischer Dichter des 12. Jhs. Um 1155 vollendete er mit seinem *Roman de Brut* eine der ersten volkssprachigen Bearbeitungen der *Historia Regum Britanniae* des →Geoffrey von Monmouth. Das ca. 1500 Verse umfassende Werk enthält die erste Erwähnung der Tafelrunde und beeinflußte neben dem mittelenglischen Dichter → Layamon besonders die französische → Artus-Literatur.

Waffen → Kriegswesen.

Wagen sind in Mitteleuropa schon in der späten Jungsteinzeit archäologisch nachgewiesen. Bereits in Gräbern der frühen → Urnenfelder-Kultur begegnen vierrädrige Zeremonial-W. mit Speichenrädern, wie sie für die frühkeltischen → Fürstengräber der Späthallstattzeit typisch sind. Viele dieser W. sind reich mit Metallbeschlägen versehen, einige sogar vollständig mit Eisen- oder Bronzeblech verkleidet. Ein bekanntes Beispiel dafür ist der W. aus dem berühmten Grab von → Hochdorf. Seit der frühen Latènezeit begegnen in den Gräbern leichte zweirädrige Streitw., deren Verwendung im Kampf vermutlich auf Vorbilder aus dem Mittelmeerraum zurückgeht und die in der Regel mit einem Wagenlenker und einem Krieger besetzt waren. Auf dem europäischen Festland kamen Streitw. spätestens im Verlauf des 1. Jhs. v. Chr. außer Gebrauch, doch begegnete → Cae-

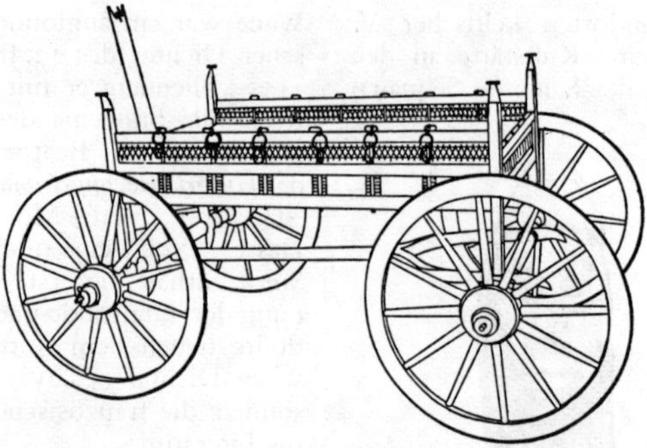

Vierrädriger Wagen aus einem Grab der späten Hallstattzeit (Rekonstruktionszeichnung)

sar ihnen noch bei seiner Expedition nach Britannien (vgl. Bell. Gall. 4,33). In Irland hielt sich die Tradition der Streitw. möglicherweise bis in die zweite Hälfte des 1. Jt. n. Chr.

Lit.: D. van Endert, Die W.bestattungen der späten Hallstattzeit u. der Latènezeit im Gebiet westl. des Rheins, O. 1987; U. Schaaff u. a., Vierrädrige W. der Hallstattzeit, Mz. 1987; C. F. E. Pare, Wagons and Wagon-Graves of the Early Iron Age in Central Europe, O. 1992.

Wagner, Heinrich (1923–1988), Sprachwissenschaftler und Keltologe, wurde in Zürich geboren. Nach Studien u. a. bei Julius → Pokorny lehrte er zunächst in Utrecht und später in Basel Altgermanistik. Von 1958 bis 1979 war er an der Universität von Belfast Professor für Keltische Philologie und Vergleichende Sprachwissenschaft. Danach wurde er an die → School of Celtic Studies in Dublin berufen. Seine Hauptwerke sind die sprachgeographische Studie *Das Verbum in den Sprachen der Britischen Inseln* (1956) und der vierbändige *Linguistic Atlas and Survey of Irish Dialects* (1958–1969). Daneben verfaßte W. zahlreiche Aufsätze zur keltischen Religions- und Kulturgeschichte. In ihnen beschäftigte er sich vor allem mit dem Einfluß vorkeltischer → Substrate und dem Problem vorgeschichtlicher Kulturkontakte zwischen den Kelten und anderen Völkern Alteuropas.

Waldalgesheim ist ein Ort ca. 5 km westlich von Bingen. 1869 entdeckte man dort ein keltisches → Fürstengrab aus der Zeit um die Mitte des 4. Jhs. v. Chr. An Grabbeigaben enthielt es u. a. einen goldenen Halsring, zwei goldene Armringe, eine Bronzeröhrenkanne und die metallenen Reste eines zweirädrigen Wagens mit dazugehörigem Pferdegeschirr. Nach diesen Funden, die jetzt im Rheinischen Landesmuseum in Bonn zu sehen sind, bezeichnete Paul → Jacobsthal die zweite Phase in der Geschichte der keltischen Kunst als »Stil von W.«.

Lit.: J. Driehaus, Zum Grabfund von W., HBA 1 (1971) 101–111; G. Zahlhaas, Der Bronzeeimer von W., HBA 1 (1971) 115–129; W. Schiering, Zeitstellung und Herkunft der Bronzesitula von W., HBA 5 (1975) 77–97; H. E. Joachim, Die Verzierung auf der keltischen Röhrenkanne von W., AKorrBl 8 (1978) 119–125.

Waldenbuch → Steinenbronn.

Walisisch → Kymrisch.

Wanderungen → Geschichte.

Wein → Essen und Trinken.

Weisgerber, Leo (1899–1985), Sprachwissenschaftler und Keltologe, wurde in Metz geboren. Nach Studien in Bonn und München war er von 1927 bis 1938 Professor für Vergleichende Sprachwissenschaft und Sanskrit in Rostock. Danach wurde er als Professor für Allgemeine und Indogermanische Sprachwissenschaft nach Marburg berufen. Von 1942 bis 1967 lehrte er in Bonn Allgemeine Sprachwissenschaft und Keltologie. Als Keltologe beschäftigte sich W. vor allem mit dem Festlandkeltischen. Besondere Aufmerksamkeit schenkte er dabei den römerzeitlichen Personennamen des Rheinlands und der Erforschung keltisch-germanischer Sprachkontakte. Ein Teil dieser Studien wurde 1969 unter dem Titel *Rhenania Germano-Celtica* neu herausgegeben.

Weiskirchen ist ein Ort im Kreis Merzig-Wadern im Saarland. In seiner Nähe wurden 1851 und 1866 zwei keltische → Fürstengräber aus dem 5./4. Jh. v. Chr. ausgegraben. Die dabei entdeckten Grabbeigaben sind heute im Rheinischen Landesmuseum in Bonn und im Rheinischen Landesmuseum in Trier zu sehen.

Lit.: A. Haffner, Die westl. Hunsrück-Eifel-Kultur, B. 1976.

Weissagung wird in antiken Berichten über die Kelten des öfteren erwähnt. Nach → Diodoros von Sizilien (5,31) und → Strabon (4,4) bestand eine Methode der Weissagung darin, einem Menschen einen Dolch in den Körper zu stoßen und aus der Richtung seines Falls und dem Zucken seiner Glieder die Zukunft vorauszusagen. Erwähnt werden auch W.en aus dem Vogelflug oder durch Beschauung der Opfertiere (vgl. → Opfer). Zu den verschiedenen Arten der W., die in der mittelalterlichen → Literatur Erwähnung finden, zählen → imbas forosna, → teinm láeda und → tarbfeis.

Lit.: F. Le Roux, La Divination chez les Celtes, in: A. Caquot u. M. Leibovici (Hrsg.), La Divination (P. 1968) 233–256.

Bronzener Gürtelhaken aus dem Fürstengrab von Weiskirchen

Weltschöpfung → Kosmogonie.

Weltuntergang, Weltende → Eschatologie.

Widder galten als Symbol der Fruchtbarkeit und wurden häufig bildlich dargestellt. Ein typisch keltisches Mischwesen ist die → Widderkopfschlange (vgl. noch → Moltinus).

Widderkopfschlange ist die Bezeichnung eines keltischen Fabelwesens, das den Leib einer Schlange, aber den Kopf und die Hörner eines Widders sowie – gelegentlich – den Schwanz eines Fisches aufweist. Die W. begegnet in der keltischen und gallo-römischen Kunst teils allein (z. B. auf dem Wangenschutz des Helms von → Agris oder auf → Münzen), teils als Attribut verschiedener Gottheiten (z. B. auf dem Kessel von → Gundestrup oder auf dem Altar von → Mavilly). Über die Bedeutung der W. innerhalb der keltischen Religion kann man wegen des Fehlens schriftlicher Quellen nur Vermutungen anstellen.

Lit.: P. Lambrechts, Contributions à l'étude des divinités celtiques, Brugge 1942; J. de Vries, Kelt. Rel., St. 1961.

Wiedergeburt (lat. Reinkarnation) oder Seelenwanderung (griech. Metempsychose) nennt die Vergleichende Religionswissenschaft verschiedene Vorstellungen von einem neuen Leben nach dem Tode. Nach → Caesar (Bell. Gall. 6,14) glaubten die → Druiden an die Unsterblichkeit der Seele, die nach dem Tod von einem Körper in einen anderen übergehe. Ganz ähnlich äußert sich → Diodoros von Sizilien (5,28), der die keltischen Vorstellungen mit der Seelenwanderungslehre des Pythagoras in Verbindung bringt. Möglicherweise glaubten die

Kelten aber nicht an eine W. im Sinne der pythagoräischen oder der indischen Philosophie. Die antiken Berichte könnten sich nämlich auch darauf beziehen, daß sich die Kelten das Leben im Totenreich als eine Fortsetzung des irdischen Lebens vorstellten (vgl. → Jenseitsvorstellungen). Inselkeltische Erzählungen von einer Wiederverkörperung bestimmter Menschen in Tiergestalt (vgl. → *De chophur in da muccida* und → *Scél Tuain meic Chairill*) tragen deutlich märchenhafte Züge und sind nicht als Zeugnisse eines keltischen Glaubens an die W. zu werten.

Lit.: C. Dröge, Betrachtungen zur Frage der ›keltischen Seelenwanderungslehre‹, ZCP 39 (1982) 261–268.

Williams, Edward (1747–1826), Dichter, Handschriftensammler und Altertumsforscher, wurde in Llancarfan in Südwales geboren. Hauptberuflich war er als Steinmetz in England und Wales tätig. Im Zuge der romantischen Rückbesinnung auf die keltische Kultur suchte er unter dem Pseudonym Iolo Morganwg die Kontinuität der walisischen Dichtung seiner Zeit mit der Tradition der keltischen → Barden und → Druiden nachzuweisen. Zu diesem Zweck bediente er sich auch literarischer Fälschungen, die erst lange nach seinem Tod als solche erkannt wurden. 1792 gründete W. zusammen mit einigen Gleichgesinnten in London den Gorsedd Beirdd Ynys Prydein (»Versammlung der Barden der Insel Britannien«). Dabei handelte es sich um eine Vereinigung walisischer Dichter und Musiker, die in veränderter Form noch heute besteht.

Lit.: P. Morgan, Iolo Morganwg, Car. 1975.

Williams, Ifor (1881–1965), einer der bedeutendsten walisischen Keltologen, wurde in Tre-garth bei Bethesda in Nordwales geboren. Nach Studien bei John → Morris-Jones war er von 1907 bis 1947 zunächst Dozent und später Professor für Kymrische Sprache und Literatur an der Universität Bangor. Meilensteine in der Geschichte der kymrischen Philologie waren seine Ausgaben der → Pedeir Ceinc y Mabinogi (1930) und der ältesten kymrischen Dichtung (→ Cynfeirdd).

Windisch, Ernst (1844–1918), Sprachwissenschaftler und Keltologe, wurde in Dresden geboren. An den Universitäten von Heidelberg, Straßburg und Leipzig lehrte er Sanskrit und Vergleichende Sprachwissenschaft. Durch die Beschäftigung mit dem Werk des Schotten James → Macpherson wurde seine Aufmerksamkeit auf das Gebiet der keltischen Sprachen und Literaturen gelenkt. In der Folgezeit beschäftigte er sich neben seinen zahlreichen Studien auf dem Gebiet des Alt- und Mittelindischen immer wieder mit der Literatur des mittelalterlichen Irland. Zusammen mit Whitley → Stokes gab W. von 1880 bis 1905 die fünfbändige Sammlung *Irische Texte mit Übersetzungen und Wörterbuch* heraus. Sein bedeutendster Schüler war Kuno → Meyer.

Wirtschaft → Ackerbau, → Viehzucht.

Wolfram von Eschenbach war ein mittelhochdeutscher Dichter aus der Zeit um 1200. Sein Hauptwerk ist das knapp 25 000 Verse zählende Epos *Parzival*, mit dem er die Sage vom → Gral in die deutsche Literatur einführte. Eine Hauptquelle des Dichters war der altfranzösische Versroman *Perceval ou Li contes del graal*, den → Chrétien de Troyes in der Zeit um 1190 verfaßt hatte. Die Frage, welche anderen Vorlagen und Vorbilder W. für seine Gestaltung des Stoffs zur Verfügung standen, ist in der Forschung bis heute umstritten. Auf keltischer Seite entspricht dem *Parzival* die mittelkymrische Prosaerzählung → *Peredur fab Efrawg*.

Yeats, William Butler (1865–1939), anglo-irischer Lyriker und Dramatiker, wurde in Sandymount bei Dublin geboren und verlebte seine Kindheit in London und Sligo an der irischen Westküste. Nach kunstwissenschaftlichen Studien in Dublin und London ließ er sich 1896 auf Dauer in Irland nieder und bemühte sich zusammen mit Lady Augusta → Gregory um die Schaffung eines nationalen irischen Theaters.
Y. verarbeitete in seinen Werken eine Vielzahl europäischer und außereuropäischer literarischer Traditionen. Von den keltischen Stoffen seiner irischen Heimat beeinflußten ihn am nachhaltigsten die Erzählungen um → Cú Chulainn. Er gestaltete sie in den Dramen *On Baile's Strand* (1904), *The Green Helmet* (1910), *At the Hawk's Well* (1917), *The Only Jealousy of Emer* (1919) und *The Death of Cuchulain* (1939). Die Erzählung → *Longas mac nUislenn* verarbeitete er in seinem Drama *Deirdre* (1907).
In seiner Lyrik griff Y. vor allem in der frühen Phase seines Schaffens auf die mittelalterliche Literatur Irlands zurück. Hier inspirierte ihn die Erzählung → *Acallam na Senórach* bereits zu seinem ersten bedeutenden Gedicht *The Wanderings of Oisin* (1889). Die Erzählungen → *Aided Oenfir Aífe* und → *Baile Binnbérlach mac Buain* gestaltete er in *Cuchulain's Fight with the Sea* (1891/92) und *Baile and Ailinn* (1903). Das Gedicht *Fergus and the Druid* (1892) geht demgegenüber nur indirekt auf irische Quellen zurück. Die unmittelbare Vorlage des Dichters war in diesem Fall das Gedicht *The Abdication of Fergus Mac Roy* von Samuel → Ferguson.
Y. gilt als einer der bedeutendsten englischsprachigen Dichter des frühen 20. Jhs. Er war der

führende Autor der → Irischen Renaissance, die vor allem aufgrund seiner Werke internationale Beachtung fand.

Lit.: D. M. Hoare, The Works of Morris and Y. in Relation to Early Saga Literature, C. 1937; P. L. Marcus, Y. and the Beginning of the Irish Renaissance, Ithaca, N. Y. 1970; R. Skene, The Cuchulain Plays of W. B. Y., Lo. 1974; M. H. Thuente, W. B. Y. and Ir. Folklore, Du. 1980; J. J. Blake, Y., Oisin and Ir. Gaelic Lit., in: B. Bramsbäck u. M. Croghan (Hrsg.), Anglo-Ir. and Ir. Lit. (Up. 1988) 39–48.

Ygerna heißt in der *Historia Regum Britanniae* des → Geoffrey von Monmouth die Mutter → Arthurs. Die kymrische Form des Namens ist → Eigr.

Yonne → Icauna.

Ysbaddaden Bencawr (wal. /əsba'ðaden 'benkaur/ »Y., der oberste der Riesen«) heißt in der Erzählung → *Culhwch ac Olwen* der Vater der Titelheldin Olwen. Einer Weissagung zufolge kann er nur so lange leben, wie seine Tochter unverheiratet bleibt. Deshalb sucht er Culhwchs Werbung um Olwen dadurch zu vereiteln, daß er seine Zustimmung zu der Verbindung von der Erfüllung einer Reihe schier unlösbarer Aufgaben abhängig macht. Nachdem Culhwch mit Hilfe seines Vetters → Arthur alle Aufgaben gelöst hat, wird Y. von Arthurs Gefolgsmann → Goreu fab Custennin erschlagen.

Yvain ist die französische Entsprechung des kymrischen Namens → Owein. Dem gleichnamigen Versroman von → Chrétien de Troyes entspricht auf keltischer Seite die mittelkymrische Prosaerzählung → *Iarlles y Ffynnawn*.

Zahlen spielten in der keltischen → Religion, der → Kunst und wohl auch im → Zauber eine gewisse Rolle, über die man allerdings nur Vermutungen anstellen kann. Besonderer Wertschätzung erfreuten sich allem Anschein nach die Drei (vgl. → *Trioedd Ynys Prydein*), die Fünf (vgl. → cóiced), die (3 × 3 =) Neun und die Dreißig (vgl. → Zeit).

Zangentor nennt man eine Torkonstruktion, die für die spätkeltischen befestigten Siedlungen (→ Oppida) vor allem rechts des Rheins charakteristisch ist. Bei ihr biegen die Befestigungsmauern zu beiden Seiten des Tores nahezu rechtwinklig nach innen um, so daß sich das Tor von außen gesehen am Ende einer langen Gasse befindet. Im Verteidigungsfall konnten dadurch nur wenige Krieger das Tor angreifen, wobei sie sich gleichzeitig gegen die Verteidiger auf den Mauern zu beiden Seiten der Torgasse zur Wehr setzen mußten.

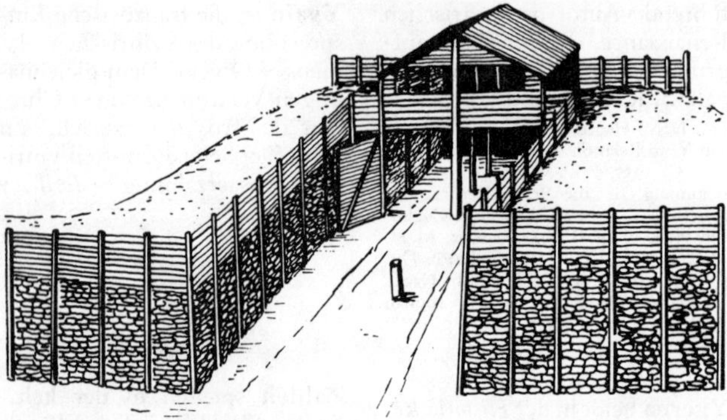

Rekonstruktion des Osttors von Manching

Zauber oder Magie bezeichnet nach heutigem Sprachgebrauch die Fähigkeit, nach Belieben zum eigenen Nutzen oder zum Schaden anderer über das Wirken außermenschlicher Mächte oder Wesen zu verfügen. Dabei gilt es als charakteristisch für den Z. – im Gegensatz zur → Religion –, daß dieses Wirken nicht gemeinschaftlich oder doch mit Billigung der Gemeinschaft im Gebet erfleht, sondern vielmehr von einem einzelnen durch bestimmte Handlungen oder Worte erzwungen wird.

Im → Kymrischen lautet das Wort für Z. hud, das etymologisch und in seiner Bedeutung dem altnordischen Wort seiðr entspricht (vgl. → keltisch-germanische Kulturbeziehungen). Das → Irische kennt das Wort bricht »Z.spruch«, das ganz ähnlich bereits im → Gallischen (in der Inschrift von → Larzac) belegt ist.

Eine Form von Z., die bereits bei den Kelten der Hallstatt- und Latènezeit begegnet, ist der Gebrauch von → Amuletten, die der Abwehr von Schaden dienen sollten. Eine Form von Schaden-Z. ist dagegen der Gebrauch von Fluchtäfelchen (vgl. → defixio), wie er unter dem Einfluß der klassischen Antike bei den romanisierten Kelten Galliens und Britanniens bezeugt ist. In mittelalterlichen irischen Texten findet man zahlreiche Hinweise z. B. auf die magische Kraft von Verwünschungen (vgl. → áer), auf den Zwang magischer Ge- oder Verbote (vgl. → geis) oder auf verschiedene Formen der → Weissagung. Dabei ist es jedoch häufig unklar, welche Schilderungen der erzählerischen Phantasie entspringen (vgl. die Zauberin → Ceridwen in der Erzählung → *Hanes Taliesin*), und welche tatsächlich auf der Erinnerung an vorchristlichen Z. beruhen. Die Interpretation wird dadurch zusätzlich erschwert, daß christliche Autoren auch religiöse Handlungen (etwa der → Druiden) häufig als Z. auffaßten.

Lit. → geis, → Religion.

Závist ist der moderne Name einer keltischen Siedlung auf einem steil abfallenden Hügel am Zusammenfluß von Beraun und Moldau südlich von Prag. Bereits aus dem 6.–5. Jh. stammen ein keltisches Heiligtum und ein durch Erdwälle und Palisaden befestigter Platz. Im 2. Jh. v. Chr. entwickelte sich Z. zu einer der bedeutendsten ostkeltischen Stadtanlagen (→ Oppida), die zur Zeit ihrer größten Ausdehnung eine Fläche von ca. 170 ha einnahm. In den letzten Jahrzehnten v. Chr. wurde Z. durch Feuer zerstört und in späterer Zeit vom Wald überwachsen. Seit 1963 wird der Ort von Archäologen systematisch erforscht.

Lit.: K. Motyková u. a., Z.: ein keltischer Burgwall in Mittelböhmen, Prag 1978; K. Motyková u. a., Die bauliche Gestalt der Akropolis auf dem Burgwall Z. in der Späthallstatt- und Frühlatènezeit, Germania 66 (1988) 391–436; K. Motyková u. a., Die Siedlungsstruktur des Oppidums Z., AKorrBl 20 (1990) 415–426.

Zeit. Über die Zeitvorstellung der Kelten können wir uns durch Hinweise der antiken → Ethnographie, den sog. Kalender von → Coligny und einige Angaben in irischen und walisischen Quellen ein ungefähres Bild machen. Demnach orientierten sich die Kelten bei der Einteilung der Z. nicht an Tagen, sondern an Nächten. So berichtet bereits → Caesar von den Galliern: »Geburtstage, Monats- und Jahresanfänge berechnen sie so, daß der Tag der Nacht folgt« (Bell. Gall. 6,18). Auf diese Art der Zeiteinteilung verweisen noch heute die kymrischen Wörter wythnos »Woche« (eigentlich »acht Nächte«) und pythefnos »zwei Wochen« (eigentlich »15 Nächte«). Daher berechneten die Kelten auch das Jahr nicht nach Sonnen-, sondern nach Mondumläufen. Einen entsprechenden Hinweis findet man bei → Plinius dem Älteren in seiner berühmten Notiz über die Heiligkeit der → Mistel. Ihm zufolge bildete der Neumond für die Kelten den Beginn der Monate und Jahre sowie – nach Ablauf von 30 Jahren – eines Zeitalters (Hist. Nat. 16,249–251).

Mit »Zeitalter« meint Plinius sehr wahrscheinlich das keltische Wort *saitlom, das mit dem lateinischen Begriff saeculum sprachgeschichtlich verwandt ist. Es lebt fort in dem kymrischen Wort hoedl »Lebenszeit« und dürfte ursprünglich (ebenso wie saeculum) soviel wie »Generation« bedeutet haben. Neben der Periode von 30 Jahren scheint auch der Zeitraum von fünf Jahren eine besondere Rolle gespielt zu haben. Dies zeigt der fünf Jahre umfassende Kalender von Coligny. In ihm gleichen zwei 30tägige Schaltmonate nach jeweils 2½ Mondjahren die Abweichung vom Sonnenjahr über den gesamten Zeitraum hinweg aus.

Das Jahr teilten die Kelten zunächst nach Winter und Sommer in zwei Hälften. Erst mittelalterliche irische Quellen unterscheiden vier Jahreszeiten, deren Beginn durch besondere → Feste gefeiert wurde. Die einzelnen Monate teilt der Kalender von Coligny in zwei ganz oder annähernd gleiche Hälften. Die siebentägige Woche wurde demgegenüber erst mit der Christianisierung eingeführt. Das irische Wort für »Woche« sowie die irischen und kymrischen Bezeichnungen der einzelnen Wochentage gehen daher auf das Lateinische zurück.

Lit. → Coligny, → Feste.

Zeuss, Johann Kaspar (1806–1856), der Begründer der modernen → Keltologie, wurde in Vogtendorf (Oberfranken) geboren. Nach Studien in Bamberg und München war er von 1832 bis 1839 Gymnasiallehrer für Hebräisch in München. Von 1839 bis kurz vor seinem Tod wirkte er als Professor für Geschichte in Speyer, München und Bamberg. Sein erstes bedeutendes Werk war die ethnographisch-historische Studie *Die Deutschen und die Nachbarstämme* (1837), eine umfassende Sammlung und Interpretation der antiken Nachrichten über die Völker Mitteleuropas. Nach ausgedehnten Handschriftenstudien in Bibliotheken des In- und Auslands veröffentlichte Z. 1853 als zweites Hauptwerk die *Grammatica Celtica*. Dabei handelt es sich um die erste Gesamtdarstellung der keltischen Sprachen, die nach wissenschaftlichen Gesichtspunkten auf den ältesten erreichbaren Sprachdenkmälern aufgebaut ist. Das Werk wurde 1871 von dem Indogermanisten Hermann Ebel (1820–1875) neu herausgegeben und blieb über ein halbes Jahrhundert lang die maßgebliche Darstellung der altkeltischen Sprachen.

Lit.: F. Shaw, The Background to ›Grammatica Celtica‹, Celtica 3 (1956) 1–16; H. Hablitzel, Prof. Dr. J. K. Z., Kronach 1987; B. Forssmann (Hrsg.), Erlanger Gedenkfeier für J. K. Z., Erlangen 1989.

Ziehkinder werden sowohl im irischen → Recht als auch in den Sagentexten oft erwähnt. Dabei entsprechen die altirischen Bezeichnungen der Zieheltern den Namen, die in verwandten Sprachen als vertraute Anrede der Kinder gegenüber ihren Eltern gebraucht werden (vgl. altir. muimme »Ziehmutter« mit dt. Mama und engl. Mummy sowie altir. aite »Ziehvater« mit gotisch atta »lieber Vater«). Dieser Sprachgebrauch bezeugt sowohl die Häufigkeit der Pflegekindschaft als auch die enge Bindung, die zwischen Pflegeeltern und Pflegekindern bestand. Entsprechend vertraut war die Beziehung zwischen zwei Ziehkindern (vgl. in den Erzählungen des → Ulster-Zyklus das Verhältnis → Cú Chulainns zu seinem Ziehvater → Fergus mac Roich und zu seinem Ziehbruder → Fer Diad). Das Ziel dieses Systems bestand darin, daß es die freundschaftlichen Beziehungen zwischen zwei Familien stärken bzw. Feindseligkeiten ausschalten sollte. Es gab außerdem die Möglichkeit, Pflegschaften gegen vertraglich vereinbarte Bezahlung zu übernehmen.

Lit.: F. Kelly, A Guide to Early Ir. Law, Du. 1988.

Zimmer, Heinrich (1851–1910), Keltologe und Sprachwissenschaftler, wurde in Kastellaun im Hunsrück geboren. Nach Studien in Straßburg, Tübingen und Berlin lehrte er zunächst in Greifswald Sprachwissenschaft und Sanskrit. 1901 wurde er auf den ersten deutschen Lehrstuhl für Keltische Philologie an der Humboldt-Universität in Berlin berufen. Z. beschäftigte sich mit fast allen Teilgebieten seiner Wissenschaft. Er widmete sich nicht nur dem Studium historischer Quellen, sondern erlernte auf Reisen in Irland und Wales auch die modernen keltischen Sprachen.
Sein Sohn gleichen Vornamens (1890–1943) wurde vor allem durch seine Forschungen auf dem Gebiet der indischen Religionsgeschichte und seine Zusammenarbeit mit dem Tiefenpsychologen C. G. Jung (1875–1961) bekannt. Mit keltischen Sagen und Mythen beschäftigte er sich in seinem 1948 aus dem Nachlaß herausgegebenen Werk *The King and the Corpse* (dt. *Abenteuer und Fahrten der Seele*).

Zinn wurde im Altertum vor allem zur Verarbeitung von → Bronze gebraucht, die gewöhnlich aus einer Mischung von neun Teilen Kupfer und einem Teil Z. bestand. Die bedeutendsten Vorkommen des Metalls lagen in Cornwall und Südwestengland, von wo es teils auf dem See-, teils auf dem Landweg zu den Kelten des europäischen Festlands und weiter zu den Völkern des Mittelmeerraums gelangte. Griechischen Schiffen war die Fahrt durch die Meerenge von Gibraltar seit dem Seesieg der Karthager in der Schlacht vor Alalia um 535 v. Chr. versperrt. Daher gewann der Landweg von der griechischen Kolonie Massalia (Marseille) aus in der Folgezeit erhöhte Bedeutung. Man vermutet, daß die frühkeltische Siedlung vom → Mont Lassois ein erster Umschlagplatz für den Landtransport von Z. aus Britannien war. In der überreichen Ausstattung des Grabes von → Vix sieht man nicht zuletzt eine Folge des Handels mit Z.

Zürich-Altstetten → Altstetten.

Zwillingsgötter → Dioskuren.

Anhang

MUSEEN MIT SAMMLUNGEN KELTISCHER UND/ODER GALLO-RÖMISCHER FUNDE

Die folgende, nach Ländern und Städten alphabetisch geordnete Liste enthält eine Auswahl der wichtigsten überregionalen Sammlungen sowie einige Spezialmuseen, die für die Geschichte und Kultur der Kelten von besonderem Interesse sind. Selbstverständlich gibt es auch in kleineren regionalen Museen vieles zu entdecken, was hier der Kürze halber nicht verzeichnet werden konnte. Allen Lesern sei nachdrücklich empfohlen, vor einem Besuch – vor allem bei längerer Anfahrt – telefonisch die aktuellen Öffnungszeiten zu erfragen.

Belgien:

Brüssel: Musées Royaux d'Art et d'Histoire
Tongern: Provinciaal Gallo-Romeins Museum

Bulgarien:

Sofia: Narodnija Archeologiceski Muzej

Bundesrepublik Deutschland:

Berlin: Museum für Vor- und Frühgeschichte, Schloß Charlottenburg (→Matzhausen)

Bonn: Rheinisches Landesmuseum, Colmantstr. 16 (→Niederzier, →Pfalzfeld, →Waldalgesheim)

Eberdingen-Hochdorf: Keltenmuseum Hochdorf/Enz, Keltenstr. 2 (→Hochdorf)

Freiburg i. Br.: Museum für Ur- und Frühgeschichte, Colombischlößle, Rotteckring 5

Herbertingen-Hundersingen: Heuneburgmuseum in der ehemaligen Zehntscheuer, Binzwanger Straße (→Heuneburg)

Ingolstadt: Stadtmuseum, Auf der Schanz 45 (→Manching)

Karlsruhe: Badisches Landesmuseum, ehem. Großherzogliches Schloß (→Heidelberg)

Mainz: Landesmuseum, Große Bleiche 49–51; Römisch-Germanisches Zentralmuseum, Ernst-Ludwig-Platz 2

Manching: Museum Manching, Rathaus (→Manching)

Mannheim: Städtisches Reiss-Museum, Zeughaus

München: Prähistorische Staatssammlung, Lerchenfeldstr. 2 (→Manching)

Saarbrücken: Landesmuseum für Vor- und Frühgeschichte, Am Ludwigsplatz 15 (→Reinheim)

Speyer: Historisches Museum der Pfalz, Große Pfaffengasse 7 (→Rodenbach)

Stuttgart: Württembergisches Landesmuseum, Schillerplatz 6, im Alten Schloß (→Fellbach-Schmieden, →Grafenbühl, →Heuneburg, →Hirschlanden, →Hochdorf, →Hohmichele, →Kleinaspergle, →Steinenbronn, →Trichtingen)

Trier: Rheinisches Landesmuseum, Ostallee 44 (→Hochscheid, →Weiskirchen)

Villingen-Schwenningen: Franziskaner-Museum, Rietstr. 39, Villingen (→Magdalenenberg)

Dänemark:

Kopenhagen: Nationalmuseet (→Gundestrup)

Frankreich:

Aix-en-Provence: Musée Granet (→Entremont)
Aix-les-Bains: Musée Archéologique et Lapidaire
Alise-Sainte-Reine: Musée Alesia (→Alesia)
Angoulême: Musée des Beaux-Arts (→Agris)
Argenton-sur-Creuse: Musée Archéologique d'Argentomagus
Autun: Musée Rolin
Auxerre: Musée Archéologique (Musée d'Art et d'Histoire)
Avignon: Musée Calvet
Bordeaux: Musée d'Aquitaine
Carnac: Musée de Préhistoire
Châlons-sur-Marne: Musée Municipal
Chalon-sur-Saône: Musée Denon
Châtillon-sur-Seine: Musée Archéologique (→Mont Lassois, →Vix)
Clermont-Ferrand: Musée Bargoin (→Chamalières)
Compiègne: Musée Vivenel (→Gournay-sur-Aronde)
Dijon: Musée Archéologique (→Sequana)
Épernay: Musée Municipal
Guiry-en-Vexin: Musée Archéologique Départemental du Val d'Oise
Lyon: Musée de la Civilisation Gallo-Romaine (→Coligny)
Marseille: Musée d'Archéologie Méditerranéenne (→Roquepertuse)
Morlaix: Musée Municipal
Nancy: Musée Historique Lorrain
Nantes: Musée Dobrée
Nîmes: Musée Archéologique
Orléans: Musée Historique et Archéologique (→Neuvy-en-Sullias)
Paris: Bibliothèque Nationale, Cabinet des Médailles; Musée de Cluny (→Nautae Parisiaci)
Quimper: Musée Départemental Breton

Reims: Musée Saint-Rémi
Rennes: Musée de Bretagne
Roanne: Musée Déchelette
Rouen: Musée des Antiquités de la Seine-Maritime
Saint-Germain-en-Laye: Musée des Antiquités Nationales (→Amfreville, →Bouray, →Euffigneix)
Saint-Rémy-de-Provence: Hôtel de Sade (→Glanum)
Strasbourg: Musée Archéologique
Toulouse: Musée Saint-Raymond
Tours: Musée Archéologique de Touraine
Troyes: Musée des Beaux-Arts et d'Archéologie
Vienne: Musée des Beaux-Arts et d'Archéologie

Großbritannien und Nordirland:

Belfast: Ulster Museum
Cardiff: National Museum of Wales (→Llyn Cerrig Bach)
Edinburgh: National Museum of Antiquities
London: British Museum (→Aylesford, →Basse-Yutz, →Battersea, →Ipswich, →Lindow Moss, →Snettisham)

Irland:

Dublin: National Museum of Ireland (→Broighter)

Italien:

Ancona: Museo Nazionale Archeologico delle Marche
Bologna: Museo Civico Archeologico
Brescia: Museo Civico Romano
Como: Museo Civico Archeologico
Mailand: Civiche Raccolte Archeologiche del Castello Sforzesco
Padua: Museo Civico Archeologico
Rom: Musei Capitolini
Turin: Museo di Antichità

Staaten auf dem Gebiet des früheren Jugoslawien:

Belgrad: Narodni Muzej
Ljubljana: Narodni Muzej
Sarajewo: Zemaljski Muzej
Zagreb: Arheološki Muzej

Österreich:

Hallein: Keltenmuseum, Pflegerplatz 5 (→Hallein)
Hallstatt: Prähistorisches Museum, Seestr. 56 (→Hallstatt)
Salzburg: Museum Carolino Augusteum, Museumsplatz
Wien: Naturhistorisches Museum, Prähistorische Abteilung

Rumänien:

Bukarest: Muzeul National de Istorie
(→Ciumeşti)

Schweiz:

Basel: Historisches Museum, Barfüßerplatz
Bern: Historisches Museum, Helvetiaplatz 5
Biel/Bienne: Museum Schwab, Seevorstadt 50
Genf: Musée d'Art et d'Histoire, Rue Charles-Galland 2
Lausanne: Musée Cantonal d'Archéologie et d'Histoire, Palais de Rumine
Martigny: Fondation Pierre Gianadda, Rue du Forum
Neuchâtel: Musée Cantonal d'Archéologie, Avenue Du Peyrou (→La Tène)
Zürich: Schweizerisches Landesmuseum, Museumstr. 2 (→Altstetten, →Erstfeld)

Slowakische Republik:

Bratislava: Slovenské Národné Muzeum

Spanien:
Madrid: Museo Arqueológico Nacional
Soria: Museo Numantino (→Numantia)

Tschechische Republik:

Brno: Moravské Muzeum (→Staré Hradisko)
Prag: Národní Muzeum (→Duchcov, →Mšecké Žehrovice, →Závist)

Ungarn:

Budapest: Magyar Nemzeti Múzeum

AUSWAHLBIBLIOGRAPHIE

1. Bibliographien

a) Alte Geschichte, Archäologie

L'Année philologique, Paris 1924ff.
Archäologische Bibliographie, Berlin 1913ff.

b) Sprache, Literatur, Folklore

Bibliotheca Celtica: A Register of Publications relating to Wales and the Celtic Peoples and Languages. Aberystwyth 1912ff.

Bromwich, R., Medieval Celtic Literature: A Select Bibliography. Toronto 1974.

Lapidge, M. und R. Sharpe, A Bibliography of Celtic-Latin Literature 400–1200, Dublin 1985.

Best, R. I., Bibliography of Irish Philology and of Printed Irish Literature, Dublin 1913 (repr. with augm. indexes Dublin 1992).

–, Bibliography of Irish Philology and Manuscript Literature. Publications 1913–1941, Dublin 1942.

Baumgarten, R., Bibliography of Irish Linguistics and Literature 1942–1971, Dublin 1986.

Parry, T. und M. Morgan, Llyfryddiaeth Llenyddiaeth Gymraeg: Bibliography of Welsh Literature, Cardiff 1976.

Williams, J. E. C. und M. B. Hughes, Llyfryddiaeth yr Iaith Gymraeg: Bibliography of the Welsh Language, Cardiff 1988.

c) Nachleben (Artus-Literatur, Ossian)

Bulletin bibliographique de la Société internationale arthurienne, Paris 1949ff.

Pickford, C. E. und R. Last, The Arthurian Bibliography. 2 Bde., Cambridge 1981–1983.

Reiss, E. u. a., Arthurian Legend and Literature. Annotated Bibliography, 1: The Middle Ages, New York 1984.

Black, G. F., Macpherson's Ossian and the Ossianic Controversy. A Contribution towards a Bibliography, in: Bulletin of the New York Public Library 30 (1926) 424–439 und 508–524.

Dunn, J. J., Macpherson's Ossian and the Ossianic Controversy: A Supplementary Bibliography, in: Bulletin of the New York Public Library 75 (1971) 465–473.

2. Nachschlagewerke

a) Allgemeine Nachschlagewerke

Dictionary of the Middle Ages, 13 Bde., New York 1982–1989.
Kindlers Neues Literaturlexikon, 20 Bde., München 1988–1992.
Lexicon Iconographicum Mythologiae Classicae, München 1981 ff.
Lexikon des Mittelalters, München 1977 ff.
Realencyclopädie der classischen Altertumswissenschaft, Stuttgart/München 1894–1980.
Reallexikon der germanischen Altertumskunde, Berlin 1973 ff.
Sachwörterbuch der Mediävistik (KTA 477), Stuttgart 1992.

b) Speziallexika

Green, M. J., Dictionary of Celtic Myth and Legend, London 1992.
Lacy, N. J. (Hrsg.), The New Arthurian Encyclopaedia, London 1991.
Ó hÓgáin, D., Myth, Legend and Romance: An Encyclopaedia of the Irish Folk Tradition, London 1990.
Stephens, M. (Hrsg.), The Oxford Companion to the Literature of Wales, Oxford 1986.
Thomson, D. (Hrsg.), The Companion to Gaelic Scotland. Oxford 1983.

3. Textausgaben und Übersetzungen

a) Antike Autoren

Duval, P.-M., Sources écrites de l'histoire de la Gaule, 2 Bde., Paris 1971.
Herrmann, J. (Hrsg.), Griechische und lateinische Quellen zur Frühgeschichte Mitteleuropas, 4 Bde., Berlin 1988–1992.
Tierney, J. J., The Celtic Ethnography of Posidonius, in: PRIA 60 (1960) 189–275.
Zwicker, J., Fontes historiae religionis Celticae, Berlin 1934–1936.

b) Irische, kymrische und mittellateinische Texte

Ahlqvist, A., The Early Irish Linguist. An Edition of the Canonical Part of the Auraicept na nÉces, Helsinki 1983.
–, Le Testament de Morann, in: EC 21 (1984) 151–170 und EC 24 (1987) 325.
Anderson, M. O., Adomnán's Life of Columba. Rev. ed. Oxford 1991.
d'Arbois de Jubainville, H., Cours de littérature celtique, 12 Bde., Paris 1883–1902.
Atkinson, R., The Book of Leinster, Dublin 1880.
–, The Book of Ballymote, Dublin 1887.

–, The Yellow Book of Lecan, Dublin 1896.
Bergin, O. und R. I. Best, Tochmarc Étaíne, in: Ériu 12 (1938) 137–196.
Best, R. I. und O. Bergin, Lebor na hUidre: The Book of the Dun Cow, Dublin 1929.
Best, R. I., O. Bergin, M. A. O'Brien und A. O'Sullivan, The Book of Leinster, formerly Lebar na Núachongbála, 6 Bde., Dublin 1954–1983.
Bhreathnach, M., A new edition of Tochmarc Becfhola, in: Ériu 35 (1984) 59–91.
Binchy, D. A., Críth Gablach, Dublin 1941 (MMIS 11).
–, Scéla Cano meic Gartnáin. Dublin 1963 (MMIS 18).
–, Corpus iuris hibernici, 6 Bde., Dublin 1978.
Birkhan, H., Keltische Erzählungen vom Kaiser Arthur, 2 Bde., Kettwig 1989.
Bromwich, R., Trioedd Ynys Prydein: The Welsh Triads, Cardiff [2]1978.
–, The ›Tristan‹ Poems in the Black Book of Carmarthen, in: StC 14/15 (1979/80) 54–65.
Bromwich, R. und D. S. Evans, Culhwch ac Olwen: an edition and study of the oldest Arthurian tale, Cardiff 1992.
Calder, G., Auraicept na n-Éces: The Scholar's Primer, Edinburgh 1917.
Carey, J., Scél Túain meic Chairill, in: Ériu 35 (1984) 93–111.
Carney, J., The Poems of Blathmac, Son of Cú Brettan, together with The Irish Gospel of Thomas and A Poem on the Virgin Mary, Dublin 1964 (ITS 47).
Clarke, B., Geoffrey of Monmouth: Vita Merlini, Cardiff 1973.
Comyn, D. S. und P. S. Dinneen, Foras Feas ar Éirinn: Elements of the History of Ireland, 4 Bde., London 1902–1914 (ITS 4,8,9,15).
Connolly, S. und J.-M. Picard, Cogitosus: Life of Saint Brigit, in: JRSAI 117 (1987) 5–27.
Cross, T. P. und A. C. L. Brown, Fingen's Night-watch, in: Romanic Review 9 (1918) 29–47.
Cross, T. P. und C. H. Slover, Ancient Irish Tales, London 1936.
Dillon, M., The Trinity College Text of Serglige Con Culainn, in: SGS 6 (1949) 139–175.
–, The Wasting Sickness of Cú Chulainn, in: SGS 7 (1953) 47–88.
–, Serglige Con Culainn, Dublin 1953 (MMIS 14).
–, Stories from the Acallam, Dublin 1970 (MMIS 23).
Dobbs, M., The Ban-Shenchas, in: RC 47 (1930) 283–339, RC 48 (1931) 163–234 und RC 49 (1932) 437–489.
Evans, J. G. und J. Rhŷs, The Text of the Mabinogion from the Red Book of Hergest, Oxford 1887.
–, The Text of the Bruts from the Red Book of Hergest, Oxford 1890.
Evans, J. G., The Black Book of Carmarthen, Pwllheli 1906.
–, The White Book Mabinogion, Pwllheli 1907.

–, Facsimile and Text of the Book of Aneirin, 2 Bde., Pwllheli 1908.
–, Facsimile of the Black Book of Carmarthen, Oxford 1908.
–, Facsimile and Text of the Book of Taliesin, Llanbedrog 1910.
–, The Poetry in the Red Book of Hergest, Llanbedrog 1911.
Ford, P. K., The Mabinogi and other Medieval Welsh Tales, Berkeley (Calif.) 1977.
–, Ystoria Taliesin, Cardiff 1992.
Gantz, J., The Mabinogion, Harmondsworth 1976.
–, Early Irish Myths and Sagas, Harmondsworth 1981.
Gray, E. A., Cath Maige Tuired: The Second Battle of Mag Tuired, Dublin 1982 (ITS 52).
Greene, D., Fingal Rónáin and other stories, Dublin 1955 (MMIS 16).
Guyonvarc'h, Ch.-J., La Mort du fils unique d'Aife, in: Ogam 9 (1957) 115–121.
–, Le Meurtre de Conchobar, in: Ogam 10 (1958) 129–138.
–, La Maladie de Cuchulainn et l'unique jalousie d'Emer, in: Ogam 10 (1958) 285–310.
–, La Mort violente de Celtchar fils d'Uthechar, in: Ogam 10 (1958) 371–380.
–, La Mort violente de Loegaire Victorieux, in: Ogam 11 (1959) 423–424.
–, La Naissance de Conchobar, in: Ogam 11 (1959) 56–65 und 335–336, Ogam 12 (1960) 235–240.
–, La Conception des deux porchers, in: Ogam 12 (1960) 73–90.
–, L'Ivresse des Ulates, in: Ogam 12 (1960) 487–506 und Ogam 13 (1961) 343–360.
–, La Mort tragique des enfants de Tuireann, in: Ogam 16 (1964) 231–256 und Ogam 17 (1965) 189–192.
Guyonvarc'h, Ch.-J. und F. Le Roux, La Conception de Cúchulainn, in: Ogam 17 (1965) 363–410.
–, Le Rêve d'Óengus, in: Ogam 18 (1966) 117–150.
–, La Courtise d'Étain, in: Celticum 15 (1966) 283 ff.
–, La Mort de Cúchulainn. Version A, in: Ogam 18 (1966) 343–399.
Gwynn, E. J., The metrical Dindshenchas, 5 Bde., Dublin 1903–1935.
Gwynn, J., Liber Ardmachanus: The Book of Armagh, Dublin 1913.
Hamel, A. G. van, Compert Con Culainn and other stories, Dublin 1933 (MMIS 3).
Haycock, M., Preiddeu Annwn and the figure of Taliesin, in: StC 18/19 (1983/84) 52–78.
Henderson, G., Fled Bricrenn: The Feast of Bricriu, London 1899 (ITS 2).
Henry, P. L., Verba Scáthaige, in: Celtica 21 (1990) 191–207.
Hull, V., Longes mac nUislenn: The Exile of the Sons of Uisliu, London 1949.
–, Noínden Ulad: The Debility of the Ulidians, in: Celtica 8 (1968) 1–42.

Jackson, K. H., The Gododdin: The Oldest Scottish Poem, Edinburgh 1970.
–, A Celtic Miscellany: Translations from the Celtic Literatures, Harmondsworth 1971.
–, Aislinge Meic Con Glinne, Dublin 1990.
Jarman, A. O. H. und E. O. Jones, Llyfr Du Caerfyrddin gyda rhagymadrodd, nodiadau testunol a geirfa, Cardiff 1982.
Jarman, A. O. H., Aneirin: Y Gododdin, Llandysul 1988.
Jones, G. und T. Jones, The Mabinogion, Rev. ed. London 1974.
Jones, B., Y Tair Rhamant, Aberystwyth 1960.
Jones, T., The Black Book of Carmarthen ›Stanzas of the Graves‹, in: PBA 53 (1967) 97–137.
Kelly, F., Audacht Morainn, Dublin 1976.
Knott, E., Togail Bruidne Da Derga, Dublin 1936 (MMIS 8).
Lautenbach, F., Der keltische Kessel. Wandlung und Wiedergeburt in der Mythologie der Kelten. Irische, walisische und arthurianische Texte, Stuttgart 1991.
Lehmann, R., Fled Dúin na nGéd, Dublin 1964 (MMIS 21).
–, The Banquet of the Fort of the Geese, in: Lochlann 4 (1969) 131–159.
Macalister, R. A. S., Lebor Gabála Érenn: The Book of the Taking of Ireland, Dublin 1938–1941 (ITS 34, 35, 39, 41).
MacGearailt, U., The Edinburgh Text of Mesca Ulad, in: Ériu 37 (1986) 133–180.
MacMathúna, S., Immram Brain: Bran's Journey to the Land of the Women, Tübingen 1985.
MacNeill, E. und G. Murphy, Duanaire Finn: The Book of the Lays of Fionn, London/Dublin 1908–1953 (ITS 7,28 und 43).
MacNeill, E., Ancient Irish Law: The Law of Status or Franchise, in: PRIA 36 (1923) 265–316.
MacQueen, W. und J. MacQueen, Vita Merlini Silvestris, in: Scottish Studies 29 (1989) 77–93.
Marstrander, C., A new version of the Battle of Mag Rath, in: Ériu 6 (1911) 226–247.
Meid, W., Die Romanze von Froech und Findabair: Táin Bó Froích, Innsbruck 1970.
Meyer, K., Compert Conchobuir, ›The Conception of Conchobar‹, in: RC 6 (1884) 173–182.
–, The ›Cath Finntrága‹ or Battle of Ventry, Oxford 1885.
–, The Adventures of Nera, in: RC 10 (1889) 212–228.
–, Scél Baili Binnbérlaig, in: RC 13 (1892) 220–228.
Meyer, K. und A. Nutt, The Voyage of Bran, Son of Febal, to the Land of the Living, 2 Bde., London 1895–1897.
Meyer, K., Baile in Scáil, in: ZCP 3 (1901) 457–466, ZCP 12 (1918) 232–238, ZCP 13 (1921) 371–382.
–, The Death-Tales of the Ulster Heroes, Dublin 1906 (RIA Todd Lecture Series 14).

–, The Instructions of King Cormac mac Airt, Dublin 1909 (RIA Todd Lecture Series 15).
Mulchrone, K., Caithréim Cellaig, Dublin 1971 (MMIS 24).
Nic Dhonnchadha, L., Aided Muirchertaig meic Erca, Dublin 1964 (MMIS 19).
Ní Shéaghdha, N., Agallamh na Seanórach, 3 Bde., Dublin 1942–1945.
–, Tóruigheacht Dhiarmada agus Ghráinne: The Pursuit of Diarmaid and Gráinne, Dublin 1967 (ITS 48).
O'Curry, E., The Fate of the Children of Tuireann, in: Atlantis 4 (London 1863) 157–227.
Ó Cuív, B., Cath Muighe Tuireadh: The Second Battle of Magh Tuireadh, Dublin 1945.
O'Daly, M., Cath Maige Mucraime: The Battle of Mag Mucraime, Dublin 1975 (ITS 50).
Ó Donovan, J. und W. Stokes, Cormac's Glossary (Sanas Chormaic), Calcutta 1868.
O'Duffy, R., Oidhe Chloinne Tuireann, in: Society for the Preservation of the Irish Language Vol. 8 (Dublin 1901) 1–64.
Ó Fiannachta, P., Táin Bó Cuailnge, Dublin 1966.
O'Grady, S. H., Silva Gadelica: A Collection of Tales in Irish, 2 Bde., London 1892.
Ó hAodha, D., Bethu Brigte, Dublin 1978.
–, The Lament of the Old Woman of Beare, in: D. Ó Corráin u. a. (Hrsg.), Sages, Saints, and Storytellers: Celtic Studies in Honour of Prof. J. Carney (Maynooth 1989) 308–331.
O'Keeffe, J. G., Buile Shuibhne, Dublin 1932 (MMIS 1).
O'Mara, R., König der Bäume: Das altirische Epos von der »Ekstase des Suibhne«, München 1985.
O'Rahilly, C., The Stowe Version of Táin Bó Cuailnge, Dublin 1961.
–, Cath Finntrágha, Dublin 1962 (MMIS 1962).
–, Táin Bó Cuailnge from the Book of Leinster, Dublin 1967.
–, Táin Bó Cuailnge: Recension I, Dublin 1976.
Ó Riain, P. und M. Herbert, Betha Adamnáin: the Irish Life of Adamnán, London 1988 (ITS 54).
Oskamp, H. P. A., The Voyage of Máel Dúin. Groningen 1970.
–, Echtra Condla, in: EC 14 (1974) 207–228.
Pokorny, J., Conle's abenteuerliche Fahrt, in: ZCP 17 (1927) 193–205.
–, Altkeltische Dichtungen, Bern 1944.
Quiggin, E. C., Poems from the Book of the Dean of Lismore, Cambridge 1937.
Richards, M., Breudwyt Ronabwy allan o'r Llyfr Coch o Hergest, Cardiff 1948.
Roberts, B. F., Cyfranc Lludd a Llefelys, Dublin 1976 (MMWS 7).
–, Rhai o Gerddi Ymddiddan Llyfr Du Caerfyrddin, in: R. Bromwich und R. B. Jones (Hrsg.), Astudiaethau ar yr Hengerdd (Cardiff 1978) 281–325.

Roider, U., Wie die beiden Schweinehirten den Kreislauf der Existenzen durchwanderten: De chophur in da muccida, Innsbruck 1979.
Ross, N., Heroic Poetry from the Book of the Dean of Lismore, Edinburgh 1939.
Rowland, J., Early Welsh Saga Poetry: A Study and Edition of the ›Englynion‹, Cambridge 1990.
Shaw, F., The Dream of Oengus (Aislinge Óenguso), Dublin 1934.
Stern, L. C., Fled Bricrenn nach dem Codex Vossianus, in: ZCP 4 (1903) 143–177.
Stokes, W. und E. Windisch, Irische Texte mit Übersetzungen und Wörterbuch, 5 Bde., Leipzig 1880–1905.
Stokes, W., The Bórama, in: RC 13 (1892) 32–124.
–, The Bodleian Dindshenchas, in: Folk-Lore 3 (1892) 467–516.
–, The Edinburgh Dindshenchas, in: Folk-Lore 4 (1893) 471–497.
–, The Prose Tales of the Rennes Dindshenchas, in: RC 15 (1894) 272–336 und 418–484, RC 16 (1895) 31–83, 135–167 und 269–313.
–, The Bodleian Amra Choluim Chille, in: RC 20 (1899) 30–55, 132–183, 248–289, 400–437 und RC 21 (1900) 133–136.
Stokes, W. und J. Strachan, Thesaurus palaeohibernicus: a collection of Old Irish glosses, scholia, prose, and verse, Cambridge 1901–1903.
Stokes, W., The Colloquy of the Two Sages, in: RC 26 (1905) 4–64.
Strachan, J. und J. G. O'Keeffe, The Táin Bó Cuailnge from the Yellow Book of Lecan, with Variant Readings from the Lebor na hUidre, Dublin 1912.
Thomson, D. S., Branwen uerch Lyr, Dublin 1961 (MMWS 2).
Thomson, R. L., Pwyll Pendeuic Dyuet, Dublin 1957 (MMWS 1).
–, Owein, or Chwedyl Iarlles y Ffynnawn, Dublin 1968 (MMWS 4).
Thorpe, L., Geoffrey of Monmouth: The History of the Kings of Britain, Harmondsworth 1966.
Thurneysen, R., Sagen aus dem alten Irland, Berlin 1901.
–, Eine irische Parallele zur Tristan-Sage, in: Zeitschrift für romanische Philologie 43 (1924) 385–402.
–, Scéla Mucce Meic Dathó, Dublin 1935 (MMIS 6).
–, Baile in Scáil, in: ZCP 20 (1936) 213–227.
Vendryes, J., Airne Fíngein, Dublin 1953 (MMIS 15).
–, La Destruction de Dind Rig, in: EC 8 (1958/59) 7–40.
Vielhauer, I., Geoffrey of Monmouth: Vita Merlini. Das Leben des Zauberers Merlin, Amsterdam 1964.
Watson, J. C., Mesca Ulad, Dublin 1941 (MMIS 13).
–, Mesca Ulad, in: SGS 5 (1942) 1–34.
Watson, W. J., Scottish Verse from the Book of the Dean of Lismore, Edinburgh 1937.
Williams, I., Pedeir Keinc y Mabinogi, Cardiff 1930.
–, Canu Aneirin, Cardiff 1938.
Williams, I. und J. E. C. Williams, The Poems of Taliesin, Dublin 1968 (MMWS 3).

Williams, I. und R. Bromwich, Armes Prydein, Dublin 1972 (MMWS 6).
Windisch, E., Táin Bó Cualnge nach dem Buch von Leinster, Leipzig 1905.
Winterbottom, M., Gildas: The Ruin of Britain and other works, London 1978.
Wright, N., The Historia Regum Britanniae of Geoffrey of Monmouth I Bern, Burgerbibliothek MS. 568, Cambridge 1985.
–, The Historia Regum Britanniae of Geoffrey of Monmouth II The First Variant Version, Cambridge 1988.

4. Archäologie, Religions- und Kulturgeschichte bis zum Ausgang der Antike

Alcock, L., Arthur's Britain, Harmondsworth 1971.
–, Camelot. Die Festung des König Artus? Ausgrabungen in Cadbury Castle 1966–1970, Bergisch Gladbach 1974.
Allain, J., L. Fleuriot und L. Chaix, Le Vergobret des Bituriges à Argentomagus. Essai d'interprétation d'une fosse cultuelle, in: RAE 32 (1981) 11–32.
Allason-Jones, L. und B. McKay, Coventina's Well, Chesters 1985.
Allason-Jones, L., Women in Roman Britain, London 1989.
Allen, D. F., The Coins of the Ancient Celts, Edinburgh 1980.
Almagro Gorbea, M. u. a., Les fouilles du Mont-Beuvray, Nièvre, Saône-et-Loire. Rapport biennal 1988–1989, in: RAE 42 (1991) 271–298.
Anati, E., I Camuni: alle radici della civiltà europea, Milano 1984.
–, Felsbilder: Wiege der Kunst und des Geistes. Zürich 1991.
Archéologie d'Entremont au Musée Granet. Aix-en-Provence 1987.
Arsdell, R. D. van, Celtic Coinage of Britain, London 1989.
Aspects de la religion celtique et gallo-romaine dans le nord-est de la Gaule à la lumière des découvertes récentes, Saint-Dié-des-Vosges 1989.
P. Audin, Césaire d'Arles et le maintien de pratiques païennes dans la Provence du 6e siècle, in: La patrie gauloise d'Agrippa au 6e siècle (Lyon 1983) 327–338.
–, Les Eaux chez les Arvernes et les Bituriges, in: La Médecine en Gaule (Paris 1985) 121–144.
Audouze, F. und O. Buchsenschutz, Villes, villages et campagnes de l'Europe celtique. Du début du IIe millénaire à la fin du Ier siècle avant JC, Paris 1989.
Bammesberger, A. und A. Wollmann (Hrsg.), Britain 400–600: Language and History, Heidelberg 1990.
Barker, G., Prehistoric Farming in Europe, Cambridge 1985.
Barruol, G., Mars Nabelcus et Mars Albiorix, in: Ogam 15 (1963) 345–368.

Bauchhenss, G., Jupitergigantensäulen, Stuttgart 1976.

Bauchhenss, G. und P. Noelke, Die Iupitersäulen in den germanischen Provinzen, Köln 1981.

Bauchhenss, G. und G. Neumann (Hrsg.), Matronen und verwandte Gottheiten, Bonn 1987.

Beck, A., Der hallstattzeitliche Grabhügel von Tübingen-Kilchberg, in: FBW 1 (1974) 251–281.

Beck, C. und S. Shennan, Amber in Prehistoric Britain, Oxford 1991.

Beeser, J., Der Kouro-Keltos von Hirschlanden, in: FBW 8 (1983) 21–46.

Bémont, C., Rosmerta, in: EC 9 (1960) 29–43.

–, A propos d'un nouveau monument de Rosmerta, in: Gallia 27 (1969) 23–44.

–, A propos des couples mixtes gallo-romains, in: L. Kahil u. a. (Hrsg.), Iconographie classique et identité régionales (Paris 1986) 131–153.

Benoit, F., Les Mythes de l'Outre-Tombe. Le Cavalier à l'anguipède et l'écuyère Epona, Bruxelles 1950 (Coll. Latomus 3).

–, L'Ogmius de Lucien et Hercule Psychopompe, in: Beiträge zur älteren europäischen Kulturgeschichte. FS für Rudolf Egger I (Klagenfurt 1952) 144–158.

–, Mars et Mercure. Nouvelles recherches sur l'interprétation gauloise des divinités romaines, Aix-en-Provence 1959.

–, Art et dieux de la Gaule, Paris 1969.

–, Entremont: capitale celto-ligure des Salyens de Provence. Paris 1969.

–, Le Symbolisme dans les sanctuaires de la Gaule, Bruxelles 1970 (Coll. Latomus 105).

Berchem, D. van, Les Routes et l'Histoire. Études sur les Hélvètes et leurs voisins, Genf 1982.

Bergquist, A. und T. Taylor, The Origin of the Gundestrup Cauldron, in: Antiquity 61 (1987) 10–24.

Bertin, D. und J.-P. Guillaumont, Bibracte (Saône-et-Loire): une ville gauloise sur le Mont Beuvray, Paris 1987 (Guides archéologiques de la France 13).

Biel, J., Der Keltenfürst von Hochdorf, Stuttgart 1985.

Bieńkowski, P., Die Darstellung der Gallier in der hellenistischen Kunst, Wien 1908.

–, Les Celtes dans les arts mineurs gréco-romains, Kráków 1928.

Birkhan, H., Germanen und Kelten bis zum Ausgang der Römerzeit, Wien 1970.

Birley, R., The Deities of Roman Britain, in: ANRW II 18.1 (1986) 3–112.

Bittel, K., W. Kimmig und S. Schiek (Hrsg.), Die Kelten in Baden-Württemberg, Stuttgart 1981.

Bittel, K., S. Schiek und D. Müller, Die keltischen Viereckschanzen, Stuttgart 1990.

Bober, Ph. P., Cernunnos: Origin and Transformation of a Celtic Divinity, in: American Journal of Archaeology 55 (1951) 13–51.

Les Bois sacrés. Actes du colloque international Naples, 23–25 nov. 1989, Neapel 1993.
Botheroyd, P. und S. Botheroyd, Deutschland – Auf den Spuren der Kelten, München 1989.
Boucher, S., Recherches sur les bronzes figurés de Gaule préromaine et romaine, Roma 1976.
–, L'image de Mercure en Gaule, in: La patrie gauloise d'Agrippa au 6e siècle (Lyon 1983) 57–69.
–, L'image et les fonctions du dieu Sucellus, in: Caes 23 (1988) 77–86.
Bourgeois, C., Divona. 1. Divinités et ex-voto du culte gallo-romain de l'eau. 2. Monuments et sanctuaires gallo-romains de l'eau, Paris 1991–1992.
Brailsford, J. W. und J. E. Stapley, The Ipswich Torcs, in: Proceedings of the Prehistoric Society 38 (1972) 219–234.
Brailsford, J., Early Celtic Masterpieces from Britain in the British Museum, London 1978.
Brun, P., Princes et princesses da la Celtique. Le premier âge du fer en Europe 850–450 av. J.-C., Paris 1987.
Brunaux, J. L. und P. Meniel, Das Oppidum von Gournay-sur-Aronde, in: Antike Welt 14,1 (1983) 41–45.
Brunaux, J. L. u. a., Gournay I. Les fouilles sur le sanctuaire et l'oppidum (1975–1984), Amiens 1985.
Brunaux, J. L., Les Gaulois: sanctuaires et rites, Paris 1986.
Brunaux, J. L. und A. Rapin, Gournay II. Boucliers et lances; dépôts et trophées, Paris 1988.
Brunaux, J. L. und B. Lambot, Guerre et armement chez les Gaulois 450–52 av. J.-C., Paris 1988.
Büchsenschütz, O., Neue Ausgrabungen im Oppidum Bibracte, in: Germania 67 (1989) 541–550.
Buchsenschutz, O. und L. Olivier (Hrsg.), Les Viereckschanzen et les enceintes quadrilatérales en Europe celtique, Paris 1990.
Cahen-Delhaye, A. u. a. (Hrsg.), Les Celtes en Belgique et dans le Nord de la France, Lille 1984.
Campanile, E. (Hrsg.), I Celti d'Italia, Pisa 1981.
Capelle, T., Eisenzeitliche Bauopfer, in: Frühmittelalterliche Studien 21 (1987) 182–205.
Les Celtes en Champagne. Cinq siècles d'histoire, Epernay 1991.
Celtíberos, Zaragoza 1988.
Celtic Coinage: Britain and beyond. The 11th Oxford Symposium on Coinage and Monetary History, Oxford 1992.
The Celts, Milano 1991.
Chadwick, N. K., The Druids, Cardiff 1966.
Champion, T. C., Written sources and the study of the European Iron Age, in: T. C. Champion und J. V. S. Megaw (Hrsg.), Settlement and Society (Leicester 1985) 9–22.

Charles-Edwards, T. M., Native Political Organization in Roman Britain and the Origin of MW brenin, in: M. Mayrhofer u. a. (Hrsg.), Antiquitates Indogermanicae: Gedenkschrift für H. Güntert (Innsbruck 1974) 35–45.

Chevallier, R., Des dieux gaulois et gallo-romains aux saints du christianisme. Recherches sur la christianisation des cultes de la Gaule, in: La patrie gauloise d'Agrippa au 6e siècle (Lyon 1983) 283–326.

–, La Romanisation de la Celtique du Pô. Essai d'histoire provinciale, Roma 1983.

La Civilisation de Hallstatt. Bilan d'une rencontre, Liège 1989.

Čižmář, M., Erforschung des keltischen Oppidums Staré Hradisko in den Jahren 1983–1988, in: AKorrBl 19 (1989) 265–268.

Collis, J., Oppida: Earliest Towns north of the Alps, Sheffield 1984.

Coulon, G., Les Gallo-Romains. Au carrefour de deux civilisations, 2 Bde., Paris 1990.

Cunliffe, B. (Hrsg.), Coinage and Society in Britain and Gaul, London 1981.

Cunliffe, B. und P. Davenport, The Temple of Sulis Minerva at Bath, 2 Bde., Oxford 1985–1988.

Cunliffe, B., Die Kelten und ihre Geschichte, Bergisch Gladbach 1988.

–, Iron Age Communities in Britain, London [3]1991.

Dannheimer, H. und R. Gebhard (Hrsg.), Das keltische Jahrtausend, Mainz 1993.

Dauzat, A. und C. Rostaing, Dictionnaire étymologique des noms de lieux en France, Paris [2]1979.

Dayet, M., Recherches archéologiques au ›Camp du Château‹ (1955–1959), in: RAE 18 (1967) 52–106.

Deonna, W., Télesphore et le ›genius cucullatus‹ celtique, in: Latomus 14 (1959) 43–74.

Deyts, S., Divinités indigènes en Bourgogne à l'époque gallo-romaine, Dijon 1967.

–, Les Bois sculptés des Sources de la Seine, Paris 1983.

–, Les Sanctuaires des Sources de la Seine, Dijon 1985.

–, Images des dieux de la Gaule, Paris 1992.

Dillon, M. und N. K. Chadwick, Die Kelten von der Vorgeschichte bis zum Normanneneinfall, Zürich 1966.

Dirkzwager, A., Strabo über Gallia Narbonensis, Leiden 1975.

Dobesch, G., Die Kelten in Österreich nach den ältesten Berichten der Antike, Wien 1980.

–, Caesar als Ethnograph, in: Wiener humanistische Blätter 31 (1989) 18–51.

–, Ancient Literary Sources, in: The Celts (Milano 1991) 35–41.

Dottin, G., La langue gauloise, Paris 1920.

Drack, W. und H. Schneider, Der Üetliberg – die archäologischen Denkmäler, Zürich 1979 (Archäologische Führer der Schweiz 10).

Drack, W., Der frühlatènezeitliche Fürstengrabhügel auf dem Üetliberg, in: Zeitschrift für Schweizerische Archäologie und Kunstgeschichte 38 (1981) 1–28.

Dressler, W., Galatisches, in: W. Meid (Hrsg.), Beiträge zur Indogermanistik und Keltologie, Julius Pokorny zum 80. Geburtstag gewidmet (Innsbruck 1967) 147–154.

Driehaus, J., Zum Grabfund von Waldalgesheim, in: HBA 1 (1971) 101–113.

–, Zum Krater von Vix. Fragen an die klassische Archäologie, in: HBA 8 (1981) 103–113.

Drinkwater, J. F., Roman Gaul, Ithaca (New York) 1983.

Drioux, G., Cultes indigènes des Lingons, Paris 1934.

Duval, A., L'art celtique de la Gaule au Musée des antiquités nationales, Paris 1989.

Duval, P.-M., Vulcain et les métiers du métal, in: Gallia 10 (1952) 43–57.

–, Le dieu Smertrios et ses avatars gallo-romains, in: EC 6 (1953/54) 219–238.

–, Le groupe de bas-reliefs des ›Nautae Parisiaci‹, Monuments et mémoires de la Fondation Eugène Piot 48,2 (1956) 64–90.

–, Teutates – Esus – Taranis, in: EC 8 (1958/59) 41–58.

–, Esus und seine Werkzeuge auf Denkmälern in Trier und Paris, in: Trierer Zeitschrift 36 (1973) 81–88.

–, Les Dieux de la Gaule, Paris 1976.

–, Die Kelten, München 1978 (Universum der Kunst).

–, Problèmes des rapports entre la religion gauloise et la religion romaine, in: P. MacCana und M. Meslin (Hrsg.), Rencontres de religions (Paris 1986) 39–56.

–, Monnaies gauloises et mythes celtiques, Paris 1987.

–, La vie quotidienne en Gaule pendant la paix romaine (Ier–IIIe siècle ap. J. C.), Paris [3]1988.

–, Travaux sur la Gaule. Textes revus et mis à jour, 2 Bde., Roma 1989.

Ebel, C., Transalpine Gaul: the emergence of a Roman province, Leiden 1976.

Echt, R., Technologische Untersuchungen an frühlatènezeitlichem Goldschmuck aus Bad Dürkheim (Rheinland-Pfalz), in: AKorrBl 18 (1988) 183–195.

Egg, M. und A. France-Lanord, Le char de Vix, Bonn 1987.

Egger, R., Genius cucullatus, in: Wiener Praehistorische Zeitschrift 19 (1932) 311–323.

Eggert, M. K. H., Die »Fürstensitze« der Späthallstattzeit: Bemerkungen zu einem archäologischen Konstrukt, in: Hammaburg N. F. 9 (1989) 53–66.

Eluère, C., J. Gomez de Soto und A. Duval, Un chef-d'œuvre de l'orfèvrerie celtique, le casque d'Agris, in: Bulletin de la Société Préhistorique Française 84 (1987) 8–21.

Eluère, C., Das Gold der Kelten, München 1987.

Endert, D. van, Die Wagenbestattungen der späten Hallstattzeit und der Latènezeit im Gebiet westlich des Rheins, Oxford 1987.

–, Die Bronzefunde aus dem Oppidum von Manching, Stuttgart 1991 (Die Ausgrabungen in Manching 13).

Engels, H.-J., Der Fürstengrabhügel von Rodenbach, in: Bonner Hefte zur Vorgeschichte 3 (1972) 25–52.

Eska, J. F., Towards an Interpretation of the Hispano-Celtic Inscription of Botorrita, Innsbruck 1989.

–, Syntactic notes on the great inscription of Peñalba de Villastar, in: BBCS 37 (1990) 104–107.

Evans, D. E., Gaulish Personal Names, Oxford 1967.

–, Celts and Germans, in: BBCS 29 (1980/82) 230–255.

–, The Celts in Britain (up to the formation of the Brittonic languages): history, culture, linguistic remains, substrata, in: K. H. Schmidt (Hrsg.), Geschichte und Kultur der Kelten (Heidelberg 1986) 102–115.

Fasce, S., Le guerre galliche di Livio e l'epopea mitologica celtica, in: Maia 37 (1985) 27–43.

Fellendorf-Boerner, G., Die bildlichen Darstellungen der Epona auf den Denkmälern Baden-Württembergs, in: FBW 10 (1985) 77–141.

Feugère, M. (Hrsg.), Le verre préromain en Europe occidentale, Montagnac 1989.

Filip, J., Keltische Kultplätze und Heiligtümer in Böhmen, in: H. Jankuhn (Hrsg.), Vorgeschichtliche Heiligtümer und Opferplätze in Mittel- und Nordeuropa (Göttingen 1970) 55–77.

–, Celtic Civilization and its Heritage, Rev. ed. Praha 1976.

Filtzinger, P. u. a. (Hrsg.), Die Römer in Baden-Württemberg, Stuttgart [3]1986.

Finlay, I., Celtic Art: An Introduction, London 1973.

Fischer, F., Die Kelten bei Herodot: Bemerkungen zu einigen geographischen und ethnographischen Problemen, in: Madrider Mitteilungen 13 (1972) 109–124.

–, ΚΕΙΜΗΛΙΑ. Bemerkungen zur kulturgeschichtlichen Interpretation des sogenannten Südimports in der späten Hallstatt- und frühen Latène-Kultur des westlichen Mitteleuropa, in: Germania 51 (1973) 436–459.

–, Der Heidengraben bei Grabenstetten. Ein keltisches Oppidum auf der Schwäbischen Alb bei Urach, Stuttgart [2]1979.

Fischer, F., D. Müller und H. Schäfer, Neue Beobachtungen am Heidengraben bei Grabenstetten, Kreis Reutlingen, in: FBW 6 (1981) 333–349.

Fischer, F. und J. Biel, Frühkeltische Fürstengräber in Mitteleuropa, in: Antike Welt 13, Sondernummer (1982).

Fischer, F., Das Handwerk bei den Kelten zur Zeit der Oppida, in: Das Handwerk in vor- und frühgeschichtlicher Zeit II (Göttingen 1983) 39–49.

–, Der Handel der Mittel- und Spätlatènezeit in Mitteleuropa aufgrund archäologischer Zeugnisse, in: Untersuchungen zu Handel und Verkehr der vor- und frühgeschichtlichen Zeit in Mittel- und Nordeuropa I (Göttingen 1985) 285–298.

–, Caesar und die Helvetier. Neue Überlegungen zu einem alten Thema, in: BJb 185 (1985) 1–26.

Fischer, F. u. a., Studien zum Silberring von Trichtingen, in: FBW 12 (1987) 205–250.

Fleuriot, L., Le vocabulaire de l'inscription gauloise de Chamalières, in: EC 15 (1976/77) 173–190.

Focke, F., Das Dreigötterrelief von der Brigachquelle, in: Badische Fundberichte 20 (1956) 123–126.

Forrer, R., Keltische Numismatik der Rhein- und Donaulande, Ergänzte Neuausgabe in 2 Bänden, Graz 1968.

Foster, J., Bronze Boar Figurines in Iron Age and Roman Britain, Oxford 1977.

Fox, C., A Find of the Early Iron Age from Llyn Cerrig Bach, Anglesey, Cardiff 1947.

–, Pattern and Purpose. A Survey of Early Celtic Art in Britain. Cardiff 1958.

Frei-Stolba, R., Götterkulte in der Schweiz zur römischen Zeit unter besonderer Berücksichtigung der epigraphischen Zeugnisse, in: Bulletin des antiquités luxembourgoises 15 (1984) 75–126.

Frey, O.-H., Die Goldschale von Schwarzenbach, in: HBA 1 (1971) 85–100.

Frey, O.-H. und H. Roth (Hrsg.), Studien zu Siedlungsfragen der Latènezeit, Marburg 1984.

Frey, O.-H., Zum Handel und Verkehr während der Frühlatènezeit in Mitteleuropa, in: Untersuchungen zu Handel und Verkehr der vor- und frühgeschichtlichen Zeit in Mittel- und Nordeuropa I (Göttingen 1985) 231–257.

–, Einige Überlegungen zu den Beziehungen zwischen Kelten und Germanen in der Spätlatènezeit, in: Gedenkschrift für G. v. Merhart (Marburg 1986) 45–79.

Friell, J. G. P. und W. G. Watson, Pictish Studies. Settlement, Burial and Art in Dark Age Northern Britain, Oxford 1984.

Furger-Gunti, A., Die Helvetier. Kulturgeschichte eines Keltenvolkes, Zürich 1984.

Gager, J. G., Curse Tablets and Binding Spells from the Ancient World, New York 1992.

Gauthier, N., L'évangélisation des pays de la Moselle. La province romaine de Première Belgique entre antiquité et moyen âge (IIIe–VIIIe siècle), Paris 1980.

Gebhard, R., Der Glasschmuck aus dem Oppidum von Manching, Stuttgart 1989 (Die Ausgrabungen in Manching 11).

–, Die Fibeln aus dem Oppidum von Manching, Stuttgart 1991 (Die Ausgrabungen in Manching 14).

Göbel, J. u. a., Der spätkeltische Goldschatz von Niederzier, in: BJb 191 (1991) 27–84.
Gold der Helvetier, Zürich 1991.
Gose, E., Der Tempelbezirk des Lenus Mars in Trier. Berlin 1955.
Goudineau, C., César et la Gaule, Paris 1990.
Goudineau, C. und C. Peyre, Bibracte et les Eduens, Paris 1993.
Gräber – Spiegel des Lebens: zum Totenbrauchtum der Kelten und Römer am Beispiel des Treverer-Gräberfeldes Wederath-Belginum, Mainz 1989.
Graf, F., Menschenopfer in der Burgerbibliothek. Anmerkungen zum Götterkatalog der »Commenta Bernensia« zu Lucan 1,445, in: ASchw 14 (1991) 136–143.
Grassi, M. T., I Celti in Italia, Milano 1991.
Green, M., The Iconography and Archaeology of Romano-British Religion, in: ANRW II 18.1 (1986) 113–162.
–, The Gods of the Celts, Gloucester 1986.
–, Symbol and Image in Celtic Religious Art, London 1989.
–, Animals in Celtic Life and Art, London 1992.
–, Keltische Mythen, Stuttgart 1994.
Gricourt, D. und D. Hollard, Taranis, le dieu celtique à la roue, in: Dialogues d'histoire ancienne 16 (1900) 275–315.
–, Taranis, caelestium deorum maximus, in: Dialogues d'histoire ancienne 17 (1991) 343–400.
Grilli, A., La migrazione dei Galli in Livio, in: Studi in onore di F. R. Vonwiller II (Como 1980) 183–192.
Gross, W. H., Zu Problemen des »Fürstengrabes« von Vix, in: HBA 7 (1980) 69–76.
Gruel, K., La Monnaie chez les Gaulois, Paris 1989.
Gutenbrunner, S., Mars Cnabetius, in: ZCP 20 (1936) 278–283.
–, Mercurius Gebrinius, in: ZCP 20 (1936) 391–394.
Guyonvarc'h, Ch.-J., *nemos, nemetos, nemeton; les noms celtiques du ›ciel‹ et du ›sanctuaire‹, in: Ogam 12 (1960) 185–197.
–, Le théonyme gaulois (Mars) Mullo ›aux tas (de butin)‹, irlandais mul, mullach ›sommet arrondi, colline‹, in: Ogam 12 (1960) 452–458.
–, Le théonyme gaulois BELISAMA ›la très brillante‹, in: Ogam 14 (1962) 161–173.
Hachmann, R., Gundestrup-Studien, in: BRGK 71 (1990) 565–904.
Härke, H., Settlement Types and Settlement Patterns in the West Hallstatt Province, Oxford 1979.
Haffner, A., Die westliche Hunsrück-Eifel-Kultur, Berlin 1976.
Hafner, G., Herakles – Geras – Ogmios, in: JRGZM 5 (1958) 139–153.
Die Hallstattkultur. Bericht über das Symposium in Steyr 1980 aus Anlaß der Internationalen Ausstellung des Landes Oberösterreich, Linz 1981.
Hanoteau, M. T., Epona, déesse des chevaux. Figurations découvertes en Suisse, in: Helvetia archaeologica 11 (1980) 2–20.

Hanson, W. S., Agricola and the Conquest of the North, London 1987.
–, Tacitus' ›Agricola‹: An Archaeological and Historical Study, in: ANRW II 33.3 (1991) 1741–1784.
Harmand, J., Le portrait de la Gaule dans le ›De Bello Gallico‹ I–VII, in: ANRW I 3 (1973) 523–595.
–, Vercingétorix, Paris 1984.
Harrison, F., Celtic musics: characteristics and chronology, in: K. H. Schmidt (Hrsg.), Geschichte und Kultur der Kelten (Heidelberg 1986) 252–263.
Hatt, J.-J., Les croyances funéraires des Gallo-Romains d'après les tombes, in: RAE 21 (1970) 7–97.
–, Les dieux gaulois en Alsace, in: RAE 22 (1971) 187–276.
–, La divinité féminine souveraine chez les Celtes continentaux, d'après l'épigraphie gallo-romaine et l'art celtique, in: CRAI 1981 12–20.
–, Apollon Guérisseur en Gaule, in: C. Pelletier (Hrsg.), La Médecine en Gaule (Paris 1985) 205–238.
–, La Tombe gallo-romaine, Paris ²1986.
–, Mythes et dieux de la Gaule. 1. Les grandes divinités masculines, Paris 1989.
Hawkes, C. F. C., Britain and Julius Caesar, in: PBA 63 (1977) 125–192.
Heichelheim, F. M., Genii cucullati, in: Archaeologia Aeliana (4) 12 (1935) 187–194.
Heinz, W., Der Diana Abnoba-Altar in Badenweiler, in: Antike Welt 13,4 (1982) 37–41.
Henderson, I., The Picts, London 1967.
Henig, M., Religion in Roman Britain, London 1984.
Henry, P. L., Interpreting the Gaulish Inscription of Chamalières, in: EC 21 (1984) 141–150.
Heuneburg-Studien, Berlin 1962 ff.
Holder, A., Alt-celtischer Sprachschatz, 3 Bde., Leipzig 1891–1913.
Homeyer, H., Zum Keltenexkurs in Livius' 5. Buch (33,4–35,3), in: Historia 9 (1960) 345–361.
Horne, P. D. und H. C. King, Romano-Celtic Temples in Continental Europe: a gazetteer of those with known plans, in: W. Rodwell (Hrsg.), Temples, Churches and Religion: recent research in Roman Britain (Oxford 1980) 369–555.
Hoz, J. de, La epigrafía celtibérica, in: Reunión sobre epigrafía hispánica de época romana-republicana (Zaragoza 1986) 43–102.
–, Hispano-Celtic and Celtiberian, in: G. W. MacLennan (Hrsg.), Proceedings of the First North American Congress of Celtic Studies (Ottawa 1988) 191–207.
–, The Celts of the Iberian Peninsula, in: ZCP 45 (1990) 1–37.
Hundert Meisterwerke keltischer Kunst, Trier 1992.
Hundt, H.-J., Vorgeschichtliche Gewebe aus dem Hallstätter Salzberg, in: JRGZM 6 (1959) 66–100, 7 (1960) 126–150 und 14 (1967) 38–67.

–, Neunzehn Textilreste aus dem Dürrnberg bei Hallein, in: JRGZM 8 (1961) 7–25.

Jackson, K. H., Language and History in Early Britain, Edinburgh 1953.

Jacobi, G., Werkzeug und Gerät aus dem Oppidum von Manching, Stuttgart 1974 (Die Ausgrabungen in Manching 5).

Jacobsthal, P., Early Celtic Art, 2 Bde., Oxford 1944.

Joachim, H.-E., Die Verzierung auf der keltischen Röhrenkanne von Waldalgesheim, in: AKorrBl 8 (1978) 119–125.

–, Eine Rekonstruktion der keltischen ›Säule‹ von Pfalzfeld, in: BJb 189 (1989) 1–14.

Joffroy, R., L'Oppidum de Vix et la civilisation hallstattienne finale, Paris 1960.

–, Vix et ses trésors, Paris 1979.

Jolliffe, N., Dea Brigantia, in: Archaeological Journal 98 (1942) 36–61.

Kappel, I., Die Graphittonkeramik von Manching, Wiesbaden 1969 (Die Ausgrabungen in Manching 2).

Keller, F. J., Das keltische Fürstengrab von Reinheim I, Mainz 1965.

Die Kelten in Mitteleuropa: Kultur, Kunst, Wirtschaft, Hallein 1980.

Der Keltenfürst von Hochdorf. Methoden und Ergebnisse der Landesarchäologie, Stuttgart 1985.

Kenner, H., Zu namenlosen Göttern der Austria Romana II: Genius cucullatus, in: Römisches Österreich 4 (1976) 147–161.

–, Die Götterwelt der Austria Romana, in: ANRW II 18.2 (1989) 875–974 und 1652–1655.

Kimmig, W., Die Heuneburg an der oberen Donau, Stuttgart ²1983.

–, Die Goldschale von Zürich-Altstetten, in: Homenaje a Martin Almagro (Madrid 1983) 101–118.

–, Frühe Kelten in der Schweiz im Spiegel der Ausgrabungen auf dem Üetliberg, Zürich 1983.

–, Der Handel in der Hallstattzeit, in: Untersuchungen zu Handel und Verkehr der vor- und frühgeschichtlichen Zeit in Mittel- und Nordeuropa I (Göttingen 1985) 214–230.

–, Eisenzeitliche Grabstelen in Mitteleuropa. Versuch eines Überblicks, in: FBW 12 (1987) 251–297.

Kimmig, W. u. a., Das Kleinaspergle. Studien zu einem Fürstengrabhügel der frühen Latènezeit bei Stuttgart, Stuttgart 1988.

King, A., Roman Gaul and Germany, London 1990.

Ködderitzsch, R., Die große Felsinschrift von Peñalba de Villastar, in: H. M. Ölberg und G. Schmidt (Hrsg.), Sprachwissenschaftliche Forschungen: FS für J. Knobloch (Innsbruck 1985) 211–222.

Köves-Zulauf, T., Les Vates des Celtes, in: Acta Ethnographica, Budapest 4 (1955) 171–275.

–, Helico, Führer der gallischen Wanderung, in: Latomus 36 (1977) 40–92.

Kromer, R., Das Gräberfeld von Hallstatt. Firenze 1959.

Krüger, E., Die gallischen und die germanischen Dioskuren, in: Trierer Zeitschrift (1940) 8–27 und (1941/42) 1–66.
Kruta, V., Remarques sur les fibules de la trouvaille de Duchcov (Dux), Bohème, in: P.-M. Duval u. a. (Hrsg.), Recherches d'archéologie celtique et gallo-romaine (Paris 1973) 1–33.
–, Le casque d'Amfreville-sous-les-Monts (Eure) et quelques problèmes de l'art celtique du IVe siècle avant notre ère, in: EC 15 (1978) 405–424.
–, Les Celtes, Paris [2]1979 (Coll. Que sais-je?).
–, Die Kelten, Luzern 1986.
Künzl, E., Die Kelten des Epigonos von Pergamon, Würzburg 1971.
Kurz, S., Figürliche Fibeln der Frühlatènezeit in Mitteleuropa, in: FBW 9 (1984) 249–278.
Kyll, N., Zum Fortleben der vorchristlichen Quellenverehrung in der Trierer Landschaft, in: Festschrift Matthias Zender (Bonn 1972) 497–510.
Laet, S. de, La Belgique d'avant les Romains, Wetteren 1982.
Laing, Ll. und J. Laing, Celtic Britain and Ireland, AD 200–800, Dublin 1990.
Lambert, P.-Y., La tablette gauloise de Chamalières, in: EC 16 (1979) 141–169.
–, A restatement on the Gaulish tablet from Chamalières, in: BBCS 34 (1987) 10–17.
P. Lambrechts, Contributions à l'étude des divinités celtiques, Brugge 1942.
–, L'exaltation de la tête dans la pensée et dans l'art des Celtes, Brugge 1954.
Landes, C. (Hrsg.), Dieux Guérisseurs en Gaule Romaine, Lattes 1992.
Lantier, R., Le dieu celtique de Bouray, in: Monuments et mémoires de la Fondation Eugène Piot 34 (1934) 35–58.
Lavagne, H., Les dieux de la Gaule Narbonnaise: ›romanité‹ et romanisation, in: Journal des Savants 1979, 155–197.
Le Gall, J., Alésia. Paris 1985 (Guides arch. de la France).
–, Fouilles d'Alise-Sainte-Reine 1861–1865, 2 Bde., Paris 1989.
–, Alesia. Archéologie et Histoire. Nouv. éd. rev. et augm., Paris 1990.
Lehmann, A., Le rôle de la femme dans l'histoire de la Gaule, Paris 1944.
Lejeune, M., Lepontica, in: EC 12 (1968/71) 337–500.
Lejeune, M. und R. Marichal, Textes gaulois et gallo-romains en cursive latine I Lezoux, in: EC 15 (1976/77) 151–156.
–, Textes gaulois et gallo-romains en cursive latine II Chamalières, in: EC 15 (1976/77) 156–168.
Lejeune, M. u. a., Textes gaulois et gallo-romains en cursive latine III Le plomb du Larzac, in: EC 22 (1985) 95–177.
Lejeune, M., Les premiers pas de la déesse Bibracte, in: Journal des savants 1990, 69–96.
Lenerz-de Wilde, M., Iberia Celtica: Archäologische Zeugnisse keltischer Kultur auf der Pyrenäenhalbinsel, 2 Bde., Wiesbaden 1991.

Le Roux, F., Des chaudrons celtiques à l'arbre d'Esus. Lucain et les Scholies Bernoises, in: Ogam 7 (1955) 33–58.
–, Le cheval divin et le zoomorphisme chez les Celtes, in: Ogam 7 (1955) 101–122.
–, Taranis: dieu celtique du ciel et de l'orage, in: Ogam 10 (1958) 30–39.
–, Le dieu celtique aux liens: De l'Ogmios de Lucain à l'Ogmios de Dürer, in: Ogam 12 (1960) 209–234.
–, La Divination chez les Celtes, in: A. Caquot und M. Leibovici (Hrsg.), La Divination (Paris 1968) 233–256.
–, La Religion des Celtes, in: H. C. Puech (Hrsg.), Histoire des Religions (Paris 1970) I 781–840.
Le Roux, F. und Ch.-J. Guyonvarc'h, Les Druides, Rennes 1986.
Lessing, E., Die Kelten. Entwicklung und Geschichte einer europäischen Kultur. Mit Texten von V. Kruta, Freiburg 1979.
–, Hallstatt: Bilder aus der Frühzeit Europas, Wien 1980.
Leunissen, P. M. M., Römische Götternamen und einheimische Religion in der Provinz Germania Superior, in: FBW 10 (1985) 155–195.
Linckenheld, E., Sucellos et Nantosuelta, in: RHR 99 (1929) 40–92.
Linduff, K. M., Epona. A Celt among the Romans, in: Latomus 38 (1979) 817–837.
Loicq, J., Ogmios-Varuṇa et l'organisation de la fonction de souveraineté dans le panthéon celtique, in: Orientalia Jacques Duchesne-Guillemin emerito oblata (Leiden 1984) 341–382.
Lorenz, H., Totenbrauchtum und Tracht. Untersuchungen zur regionalen Gliederung in der frühen Latènezeit, in: BRGK 59 (1978) 1 ff.
Lynch, F., Prehistoric Anglesey, Llangefni 1970.
McManus, D., A Guide to Ogam, Maynooth 1991.
Macready, S. und F. H. Thompson (Hrsg.), Cross-Channel Trade between Gaul and Britain in the pre-Roman Iron Age, London 1984.
Magnen, R. und E. Thevenot, Epona. Déesse gauloise des chevaux, protectrice des cavaliers, Bordeaux 1953.
Maier, F., Die bemalte Spätlatène-Keramik von Manching, Stuttgart 1970 (Die Ausgrabungen in Manching 3).
Malitz, J., Die Historien des Poseidonios, München 1983.
Mansfeld, G., Die Fibeln der Heuneburg 1950–1970: Ein Beitrag zur Geschichte der Späthallstattfibel, Berlin 1973 (Heuneburgstudien 2).
Marco Simón, F., El dios céltico Lug y el santuario de Peñalba de Villastar, in: Estudios en homenaje a A. Beltrán Martínez (Zaragoza 1986) 731–753.
Marek, J., Das helvetisch-gallische Pferd und seine Beziehung zu den prähistorischen und zu den rezenten Pferden, in: Abhandlungen der Schweizerischen Paläontologischen Gesellschaft 25 (1988) 1–62.
Marichal, R., Les graffites de La Graufesenque, Paris 1988.
Maringer, J., Menschenopfer im Bestattungsbrauch Alteuropas, in: Anthropos 37/38 (1942/43) 1–112.

Marinis, R. C. de, Golasecca Culture and its Links with Celts beyond the Alps, in: The Celts (Milano 1991) 93–102.
Martin, R. und P. Varène, Le monument d'Ucuetis à Alésia, Paris 1973.
Maxwell, G., A Battle Lost. Romans and Caledonians at Mons Graupius, Edinburgh 1990.
Meduna, J., Das keltische Oppidum Staré Hradisko in Mähren, in: Germania 48 (1970) 34–59.
Megaw, R. und V. Megaw, The stone head from Mšecké Žehrovice: a reappraisal, in: Antiquity 62 (1988) 630–641.
–, Early Celtic Art, London 1989.
–, The Basse-Yutz find, London 1990.
Megaw, J. V. S., Music Archaeology and the Ancient Celts, in: The Celts (Milano 1991) 643–648.
Meid, W., Remarks on the Celtic Ethnography of Posidonius in the Light of Insular Celtic Traditions, in: Abhandlungen der Österreichischen Akademie der Wissenschaften 123,4 (1986) 60–74.
–, Zur Lesung und Deutung gallischer Inschriften, Innsbruck 1989.
Meniel, P., Chasse et élevage chez les Gaulois (450–52 av. J.-C.), Paris 1987.
–, Les sacrifices d'animaux chez les Gaulois. Paris 1992.
Merten, H., Der Kult des Mars im Trevererraum, in: Trierer Zeitschrift 48 (1985) 7–113.
Moosleitner, F., L. Pauli und E. Penninger, Der Dürrnberg bei Hallein, 3 Bde., München 1972–1978.
Moosleitner, F., Die Schnabelkanne vom Dürrnberg, Salzburg 1985.
Moreau, J., Die Welt der Kelten, Stuttgart 1958.
Motyková, K. u. a., Závist: ein keltischer Burgwall in Mittelböhmen, Praha 1978.
–, Die bauliche Gestalt der Akropolis auf dem Burgwall Závist in der Späthallstatt- und Frühlatènezeit, in: Germania 66 (1988) 391–436.
–, Die Siedlungsstruktur des Oppidums Závist, in: AKorrBl 20 (1990) 415–426.
Müller, F., Der zwanzigste Brief des Gregor von Nyssa, in: Hermes 74 (1939) 66–91.
Müller, F., Zur Datierung des Goldschatzes von Erstfeld UR, in: Jahrbuch der Schweizerischen Gesellschaft für Ur- und Frühgeschichte 73 (1990) 83–94.
Müller, K. E., Geschichte der antiken Ethnographie und ethnologischen Theoriebildung, 2 Bde., Wiesbaden 1972–1980.
Müller, U. A., Das Pferd in der griechisch-keltischen Frühgeschichte, in: Helvetia archaeologica 21 (1990) 153–166.
Nash, D., Reconstructing Posidonius' Celtic Ethnography: some considerations, in: Britannia 7 (1976) 111–126.
–, Coinage in the Celtic World, London 1987.
Navarro, J. M. de, A Doctor's Grave of the Middle La Tène Period from Bavaria, in: Proceedings of the Prehistoric Society 21 (1955) 231–248.

Nerzic, C., La Sculpture en Gaule Romaine, Paris 1989.

Nicolaisen, W. F. H., Scottish Place-Names. Their Study and Significance, London 1976.

Nierhaus, R., Zu den ethnographischen Angaben in Lukans Gallien-Exkurs, in: BJb 153 (1953) 46–62.

Nortmann, H., Die Altburg bei Bundenbach: ein Führer zur keltischen Burg, Bundenbach 1990.

Oeftiger, C., Mehrfachbestattungen im Westhallstattkreis: Zum Problem der Totenfolge, Bonn 1984.

Olmsted, G., The Gundestrup Cauldron, Bruxelles 1979 (Coll. Latomus 162).

–, The Meter of the Gaulish Inscription from Larzac, in: The Journal of Indo-European Studies 17 (1989) 155–163.

–, The Gaulish Calendar. A Reconstruction from the Bronze Fragments from Coligny, Bonn 1992.

Overbeck, B., Die Welt der Kelten im Spiegel der Münzen, München 1980.

Padel, O. J., Cornish Place-Name Elements, Cambridge 1985.

–, A Popular Dictionary of Cornish Place-Names, Newmill, Penzance 1988.

Pare, C. F. E., Fürstensitze: Celts and the Mediterranean World. Developments in the West Hallstatt Culture in the 6th and 5th Centuries BC, in: Proceedings of the Prehistoric Society 57 (1991) 183–202.

–, Wagons and Wagon-Graves of the Early Iron Age in Central Europe, Oxford 1992.

Parzinger, H., Zur Belegungsabfolge auf dem Magdalenenberg bei Villingen, in: Germania 64 (1986) 391–407.

Pascal, C. B., The Cults of Cisalpine Gaul, Bruxelles 1964 (Coll. Latomus 75).

Pauli, L., Die Gräber vom Salzberg zu Hallstatt, Mainz 1975.

–, Keltischer Volksglaube. Amulette und Sonderbestattungen am Dürrnberg bei Hallein und im eisenzeitlichen Mitteleuropa, München 1976.

–, Die Herkunft der Kelten: Sinn und Unsinn einer alten Frage, in: Die Kelten in Mitteleuropa (Hallein 1980) 16–24.

–, Heilige Plätze und Opferbräuche bei den Helvetiern und ihren Nachbarn, in: ASchw 14 (1991) 124–135.

Pelletier, C. (Hrsg.), La Médecine en Gaule, Paris 1985.

Peschel, K., Kelten und nordwestalpine Hallstattkultur. Ethnographische Bemerkungen zu einer archäologischen Karte, in: Ethnographisch-archäologische Zeitschrift 29 (1988) 259–300.

Petres, E. F., On Celtic Animal and Human Sacrifices, in: Acta Archaeologica Academiae Scientiarum Hungaricae 24 (1972) 365–383.

Piboule, A. und M., Le Culte des sources rurales en Bourbonnais, in: La Médecine en Gaule (Paris 1985) 145–156.

Piggott, S., The Carnyx in Early Iron Age Britain, in: The Antiquaries Journal 39 (1959) 19–32.

–, Nemeton, Temenos, Bothros. Sanctuaries of the Ancient Celts, in: I Celti e la loro cultura nell'epoca preromana e romana nella Britannia (Roma 1978) 37–54.

–, The Druids, London 1985.

Pingel, V., Die glatte Drehscheiben-Keramik von Manching, Stuttgart 1971 (Die Ausgrabungen in Manching 4).

Pink, K., Einführung in die keltische Münzkunde mit besonderer Berücksichtigung des österreichischen Raumes, Wien 1974.

Planck, D. u. a., Eine neuentdeckte keltische Viereckschanze in Fellbach-Schmieden, Rems-Murr-Kreis. Vorbericht der Grabungen 1977–1980, in: Germania 60 (1982) 105–172.

Planck, D., Die Viereckschanze von Fellbach-Schmieden. in: Der Keltenfürst von Hochdorf. Methoden und Ergebnisse der Landesarchäologie (Stuttgart 1985) 341–354.

Plonéis, J.-M., La toponymie celtique. L'origine des noms de lieux en Bretagne, Paris 1989.

Powell, T. G. E., Die Kelten, Köln 1959.

Prosdocimi, A. L., Note sul celtico in Italia, in: Studi etruschi 57 (1991) 139–177.

Raftery, B. (Hrsg.), L'art celtique, Paris 1990.

Rambaud, M., L'Art de la déformation historique dans les Commentaires de César, Paris [2]1966.

Ramseyer, D., Châtillon-sur-Glâne (FR) – Un habitat de hauteur du Hallstatt final. Synthèse de huit années de fouilles (1974–1981), in: Jahrbuch der Schweizerischen Gesellschaft für Ur- und Frühgeschichte 66 (1983) 161–188.

Rankin, H. D., Celts and the Classical World, London 1987.

Reddé, M., Les scènes de métier dans la sculpture funéraire gallo-romaine, in: Gallia 36 (1978) 43–63.

Reichenberger, A., Temenos – Templum – Nemeton – Viereckschanze: Bemerkungen zu Namen und Bedeutung, in: JRGZM 35 (1988) 285–298.

Rémy, B., Les inscriptions de médecins en Gaule, in: Gallia 42 (1984) 115–152.

Riek, G. und H.-J. Hundt, Der Hohmichele: Ein Fürstengrabhügel der späten Hallstattzeit bei der Heuneburg, Berlin 1962 (Heuneburg-Studien 1).

Rivet, A. L. F. und C. Smith, The Place Names of Roman Britain, London 1979.

Rivet, A. L. F., Gallia Narbonensis. Southern Gaul in Roman Times, London 1988.

Roche-Bernard, G., Costumes et textiles en Gaule romaine, Paris 1993.

Romeuf, A.-M., Ex-voto en bois de Chamalières (Puy-de-Dôme) et des Sources de la Seine: essai de comparaison, in: Gallia 44 (1986) 65–89.

Roquepertuse et les Celto-Ligures, Marseille 1992.
Ross, A., Esus et les trois ›grues‹, in: EC 9 (1960) 405–438.
–, Pagan Celtic Britain, London 1967.
–, The Pagan Celts, London 1986.
Rozoy, J. G. u. a. (Hrsg.), Les Celtes en Champagne. Les Ardennes au second âge du fer, Charleville-Mézières 1987.
Rusu, M., Das keltische Fürstengrab von Ciumeşti in Rumänien, in: BRGK 50 (1969) 267–300.
Salviat, F., Entremont antique, Aix-en-Provence 1973.
–, Glanum, Paris 1979.
Les sanctuaires celtiques et leurs rapports avec le monde méditerranéen, Paris 1991.
Sanquer, R., La grande statuette de bronze de Kerguilly en Dineault (Finistère), in: Gallia 31 (1973) 61–80.
Schaaff, U. u. a., Vierrädrige Wagen der Hallstattzeit. Untersuchungen zu Geschichte und Technik, Mainz 1987.
Schiering, W., Zeitstellung und Herkunft der Bronzesitula von Waldalgesheim, in: HBA 5 (1975) 77–97.
Schindler, R., Die Altburg bei Bundenbach. Eine befestigte Höhensiedlung des 2./1. Jhs. v. Chr. im Hunsrück, Mainz 1977.
Schlette, F., Kelten zwischen Alesia und Pergamon, Leipzig 1976.
Schmidt, K. H., Die Komposition in gallischen Personennamen, in: ZCP 26 (1957) 33–301.
–, Gallisch nemeton und Verwandtes, in: Münchener Studien zur Sprachwissenschaft 12 (1958) 49–60.
–, The Gaulish Inscription of Chamalières, in: BBCS 29 (1980/82) 256–268.
–, Handwerk und Handwerker in altkeltischen Sprachdenkmälern, in: Das Handwerk in vor- und frühgeschichtlicher Zeit II (Göttingen 1983) 751–763.
–, Keltisch-germanische Isoglossen und ihre sprachgeschichtlichen Implikationen, in: H. Beck (Hrsg.), Germanenprobleme in heutiger Sicht (Berlin 1986) 231–247.
Schmidt, K. H. (Hrsg.), Geschichte und Kultur der Kelten, Heidelberg 1986.
Schmidt, K. H., The Postulated Pre-Indo-European Substrates in Insular Celtic and Tocharian, in: T. L. Markey und J. A. C. Greppin (Hrsg.), When Worlds Collide: Indo-Europeans and Pre-Indo-Europeans (Ann Arbor 1990) 179–202.
–, Zum plomb du Larzac, in: A. T. E. Matonis und F. Melia (Hrsg.), Celtic Languages, Celtic Culture: A FS for E. P. Hamp (Van Nuys, Calif. 1990) 16–25.
Schwerteck, H., Zur Deutung der großen Felsinschrift von Peñalba de Villastar, in: Actas del II coloquio sobre lenguas y culturas prerromanas de la Península Ibérica (Salamanca 1979) 185–196.
Schwinden, L., Gallo-römisches Textilgewerbe nach Denkmälern aus

Trier und dem Trevererland, in: Trierer Zeitschrift 52 (1989) 279–318.
Seewald, O., Die Lyrendarstellung der ostalpinen Hallstattkultur, in: Festschrift A. Orel (Wien 1960) 159–171.
Simone, C. de, Gallisch *Nemetios – etruskisch Nemetie, in: Zeitschrift für vergl. Sprachforschung 94 (1980) 198–202.
–, Celtico nemeto- ›bosco sacro‹ ed i suoi derivati onomastici, in: Navicula Tubingensis: studia in honorem A. Tovar (Tübingen 1984) 349–351.
Sjoestedt, M.-L., Dieux et Héros des Celtes, Paris 1940.
Small, A. (Hrsg.), The Picts. A new look at old problems. Dundee 1987.
Spindler, K., Magdalenenberg I–VI, Villingen-Schwenningen 1971–1980.
–, Der Magdalenenberg bei Villingen, Stuttgart 1976.
–, Totenfolge bei Skythen, Thrakern und Kelten, in: Abhandlungen der Naturhistorischen Gesellschaft Nürnberg 39 (1982) 197–214.
–, Die frühen Kelten, Stuttgart ^{2}1991.
Stähelin, F., Geschichte der kleinasiatischen Galater, Basel 1907.
Stead, I. M., Celtic Art, London 1985.
–, The Battersea Shield, London 1985.
Stead, I. M. u. a., Lindow Man: the Body in the Bog. London 1986.
Sterckx, C., Elements de cosmogonie celtique, Bruxelles 1986.
Stöckli, W., Die Grob- und Importkeramik von Manching, Stuttgart 1979 (Die Ausgrabungen in Manching 8).
Stöllner, T., Neue Grabungen in der latènezeitlichen Gewerbesiedlung im Ramsautal am Dürrnberg bei Hallein. Ein Vorbericht, in: AKorrBl 21 (1991) 255–269.
Strobel, K., Die Galater im hellenistischen Kleinasien. Historische Aspekte einer keltischen Staatenbildung, in: Hellenistische Studien. Gedenkschrift für H. Bengtson (München 1991) 101–134.
Szabó, M., Auf den Spuren der Kelten in Ungarn, Budapest 1971.
Szabó, M. u. a., Les Celtes en Pannonie. Contribution à l'histoire de la civilisation celtique dans la cuvette des Karpates, Paris 1988.
Taylor, J. J., Lunulae reconsidered, in: Proceedings of the Prehistoric Society 36 (1970) 38–81.
–, Bronze Age Goldwork of the British Isles, Cambridge 1980.
Thevenot, E., Le monument de Mavilly, in: Latomus 14 (1955) 75–99.
–, Sur les traces des Mars celtiques, Bruges 1955.
–, Divinités et sanctuaires de la Gaule, Paris 1968.
–, Les Gallo-Romains, Paris ^{6}1983 (Coll. Que sais-je?).
–, Histoire des Gaulois, Paris ^{8}1987 (Coll. Que sais-je?).
Thollard, P., Barbarie et civilisation chez Strabon. Étude critique des livres III et IV de la Géographie, Paris 1987.
Thomas, C., Christianity in Roman Britain to AD 500, London 1981.
–, Celtic Britain, London 1986.

Tibiletti Bruno, M. G., Ligure, leponzio e gallico, in: A. L. Prosdocimi (Hrsg.), Ligure e dialetti dell'Italia antica (Roma 1978) 129–208.
Timpe, D., Der keltische Handel nach historischen Quellen, in: Untersuchungen zu Handel und Verkehr der vor- und frühgeschichtlichen Zeit in Mittel- und Nordeuropa I (Göttingen 1985) 258–284.
Tovar, A., The Celts in the Iberian Peninsula: archaeology, history, language, in: K. H. Schmidt (Hrsg.), Geschichte und Kultur der Kelten (Heidelberg 1986) 68–101.
Toynbee, J. M. C., Genii cucullati in Roman Britain, in: Hommages à Waldemar Deonna (Bruxelles 1957) 456–469.
Trésors des princes celtes, Paris 1987.
Troisgros, H., Borvo et Damona. Divinités gallo-romaines des eaux thermales, Bourbonne-les-Bains 1975.
Truscelli, M., I ›Keltika‹ di Posidonio e loro influsso sulla posteriore etnografia, in: Rendiconti della Reale Accademia Nazionale dei Lincei 11 (1935) 609–730.
Urban, R., Die Kelten in Italien und in Gallien bei Polybios, in: Hellenistische Studien. Gedenkschrift für H. Bengtson (München 1991) 135–157.
Vauthey, M. und P. Vauthey, Les Ex-voto anatomiques de la Gaule romaine (Essai sur les maladies et infirmités de nos ancêtres), in: C. Pelletier (Hrsg.), La Médecine en Gaule (Paris 1985) 111–117.
Vendryes, J., La religion des Celtes, in: A Grenier (Hrsg.), Mana: Introduction à l'histoire des religions III: Les religions de l'Europe ancienne (Paris 1948) 239–320.
Vertet, H., Observations sur le dieu Cernunnos de l'autel de Paris, in: Bulletin des Antiquaires de France 1985 163–175.
Villar Liébana, F., La linea inicial del bronze de Botorrita, in: F. Villar (Hrsg.), Studia indogermanica et palaeohispanica in honorem A. Tovar et L. Michelena (Salamanca 1990) 375–392.
Vitali, D. (Hrsg.), Celti ed Etruschi nell'Italia centrosettentrionale dal V secolo a. C. alle romanizzazione. Bologna 1987.
Voyage en Massalie: 100 ans d'archéologie en Gaule du Sud, Marseille 1990.
Vries, J. de, Die Interpretatio Romana der gallischen Götter, in: Indogermanica. FS W. Krause (Heidelberg 1960) 204–213.
–, Keltische Religion, Stuttgart 1961.
Wagner, H., Irish fáith, Welsh gwawd, Old Icelandic óðr ›poetry‹, and the Germanic god Wotan/Óðinn, in: ZCP 31 (1970) 46–57.
–, The Celtic Invasions of Ireland and Great Britain: Facts and Theories, in: ZCP 42 (1987) 1–40.
Wailes, B., The Irish Royal Sites in History and Archaeology, in: CMCSt 3 (1982) 1–29.
Wainwright, F. T. (Hrsg.), The Problem of the Picts, Edinburgh 1956.
Wait, G. A., Ritual and Religion in Iron Age Britain, London 1985.
Warner, R. B., The Broighter Hoard, in: B. G. Scott (Hrsg.), Studies on

Early Ireland: Essays in Honour of M. V. Duignan (Belfast 1982) 29–38.
Watts, D., Christians and Pagans in Roman Britain, London 1991.
Webster, G., Boudicca. The British revolt against Rome A. D. 60, London 1978.
–, The British Celts and their Gods under Rome, London 1986.
Weisgerber, G., Das Pilgerheiligtum des Apollo und der Sirona von Hochscheid im Hunsrück, Bonn 1975.
Weisgerber, L., Die Sprache der Festlandkelten, in: BRGK 20 (1930) 147–226.
–, Galatische Sprachreste, in: Natalicium. Johannes Geffcken zum 70. Geburtstag (Heidelberg 1931) 151–175.
Wernicke, I., Die Kelten in Italien, Stuttgart 1991.
Whatmough, J., The Dialects of Ancient Gaul, Cambridge (Mass.) 1970.
Wiegels, R., Die Inschrift auf dem Diana Abnoba-Altar aus Badenweiler, in: Antike Welt 13,4 (1982) 41–43.
Wightman, E. M., Gallia Belgica, London 1985.
–, Pagan Cults in the Province of Belgica, in: ANRW II 18.1 (1986) 542–589.
Williams, J. E. C., Posidonius's Celtic Parasites, in: StC 14/15 (1979/80) 313–342.
Wilson, D. R., Romano-Celtic temple architecture, in: The Journal of the British Archaeological Association 38 (1975) 3–27.
Wissowa, G., Interpretatio Romana: Römische Götter im Barbarenlande, in: Archiv für Religionswissenschaft 19 (1918) 1–49.
Wyss, R., Der Schatzfund von Erstfeld. Frühkeltischer Goldschmuck aus den Zentralalpen, Zürich 1975.
Zachar, L., Keltische Kunst in der Slowakei, Bratislava 1987.
Zahlhaas, G., Der Bronzeeimer von Waldalgesheim, in: HBA 1 (1971) 115–129.
Zecchini, G., I Druidi e l'opposizione dei Celti a Roma, Milano 1984.
Zürn, H., Eine hallstattzeitliche Stele von Hirschlanden, Kr. Leonberg, in: Germania 42 (1964) 27–36.
Zürn, H. und F. Fischer, Die keltische Viereckschanze von Tomerdingen, Stuttgart 1992.

5. Sprach-, Literatur- und Kulturgeschichte vom frühen Mittelalter bis zum Beginn der Neuzeit

Aguirre, M., The Hero's Voyage in Immram Curaig Mailduin, in: EC 27 (1990) 203–220.
Ahlqvist, A., Two notes on Audacht Morainn, in: Celtica 21 (1990) 1–2.
Aitchison, N. B., The Ulster Cycle: heroic image and historical reality, in: Journal of Medieval History 13 (1987) 87–116.
Almqvist, B. u. a. (Hrsg.), The Heroic Process, Dun Laoghaire 1987.

Alphandéry, P., L'Evhémérisme et les débuts de l'histoire des religions au moyen âge, in: RHR 109 (1934) 5–27.
Anton, H. H., Pseudo-Cyprian De duodecim abusivis saeculi und sein Einfluß auf den Kontinent, insbesondere auf die karolingischen Fürstenspiegel, in: H. Löwe (Hrsg.), Die Iren und Europa im früheren Mittelalter (Stuttgart 1982) 568–617.
Backhaus, N., The Structure of the List of Remscéla Tána Bó Cualngi in the Book of Leinster, in: CMCSt 19 (1990) 19–26.
Ball, M. J. und G. E. Jones (Hrsg.), Celtic Languages. London 1993.
Bartlett, R., Gerald of Wales, 1146–1223, Oxford 1982.
Bellingham, D., An Introduction to Celtic Mythology, London 1990.
Beneš, B., Spuren von Schamanismus in der Sage Buile Suibhne, in: ZCP 28 (1960/61) 309–334.
Binchy, D. A., Patrick and his Biographers Ancient and Modern, in: StHib 2 (1962) 7–173.
–, Celtic and Anglo-Saxon Kingship, Oxford 1970.
–, Varia Hibernica 1. The so-called ›rhetorics‹ of Irish Saga, in: H. Pilch und J. Thurow (Hrsg.), Indo-Celtica. Gedächtnisschrift für Alf Sommerfelt (München 1972) 29–38.
Bollard, J. K., The Role of Myth and Tradition in The Four Branches of the Mabinogi, in: CMCSt 6 (1983) 67–86.
–, Sovereignty and the Loathly Lady in English, Welsh and Irish, in: Leeds Studies in English 17 (1986) 41–59.
Bolle, K. W., In Defense of Euhemerism, in: J. Puhvel (Hrsg.), Myth and Law among the Indo-Europeans (Berkeley, Calif. 1970) 19–38.
Bowen, C., A Historical Inventory of the Dindshenchas, in: StC 10/11 (1975/76) 113–137.
Breatnach, L., Canon Law and Secular Law in Early Ireland: The Significance of Bretha Nemed, in: Peritia 3 (1984) 439–459.
–, Zur Frage der roscada im Irischen, in: H. L. C. Tristram (Hrsg.), Metrik und Medienwechsel (Tübingen 1991) 197–205.
Breatnach, P. A., The Chief's Poet, in: PRIA 83 (1983) 37–79.
Breatnach, R. A., The Lady and the King: A Theme of Irish Literature, in: Studies 42 (1953) 321–336.
Breen, A., The Evidence of Antique Irish Exegesis in Pseudo-Cyprian ›De Duodecim Abusivis Saeculi‹, in: PRIA 87 (1987) 71–101.
Broderick, G., A Handbook of Late Spoken Manx, 3 Bde., Tübingen 1984–1986.
Bromwich, R., Celtic Dynastic Themes and the Breton Lays, in: EC 9 (1961) 439–474.
–, Concepts of Arthur, in: StC 10/11 (1975/76) 163–181.
–, Cynon fab Clydno, in: R. Bromwich und R. B. Jones (Hrsg.), Astudiaethau ar yr Hengerdd (Cardiff 1978) 150–164.
Bromwich, R. und R. B. Jones (Hrsg.), Astudiaethau ar yr Hengerdd: Studies in Old Welsh Poetry, Cardiff 1978.

Bromwich, R., The Tristan of the Welsh, in: R. Bromwich u. a. (Hrsg.), The Arthur of the Welsh (Cardiff 1991) 209–228.
Bromwich, R. u. a. (Hrsg.), The Arthur of the Welsh. The Arthurian Legend in Medieval Welsh Literature, Cardiff 1991.
Bruford, A., Song and recitation in early Ireland, in: Celtica 21 (1990) 61–74.
Buttimer, C. G., Scéla Muicce Meic Dathó: a reappraisal, in: PHCC 2 (1982) 61–73.
Byrne, F. J., Tribes and Tribalism in Early Ireland, in: Ériu 22 (1971) 128–168.
–, Irish Kings and High-Kings, London 1973.
Carey, J., The Name ›Tuatha Dé Danann‹, in: Éigse 18 (1980/81) 291–294.
–, Coll son of Collfrewi, in: StC 16/17 (1981/82) 168–174.
–, Notes on the Irish War-Goddess, in: Éigse 19 (1982/83) 263–275.
–, Nodons in Britain and Ireland, in: ZCP 40 (1984) 1–22.
–, Suibne Geilt and Túan mac Cairill, in: Éigse 20 (1984) 93–105.
–, Origin and development of the Cesair Legend, in: Éigse 22 (1987) 37–48.
–, Sequence and Causation in Echtra Nerai, in: Ériu 39 (1988) 67–74.
–, Fir Bolg: A Native Etymology Revisited, in: CMCSt 16 (1988) 77–83.
–, Myth and Mythography in Cath Maige Tuired, in: StC 24/25 (1989/90) 53–69.
Carney, J., Studies in Irish Literature and History, Dublin 1955.
Carson, J. A., The Structure and Meaning of ›The Dream of Rhonabwy‹, in: Philological Quarterly 53 (1974) 289–303.
Celtic Law Papers, Aberystwyth 1971.
Chadwick, N. K., Imbas forosnai, in: SGS 4 (1935) 97–135.
–, The Story of Mac Dathó's Pig, in: SGS 8 (1958) 130–145.
Charles-Edwards, G., The Scribes of the Red Book of Hergest, in: Journal of the National Library of Wales 21 (1980) 246–256.
Charles-Edwards, T. M., The Authenticity of the Gododdin: An Historian's View, in: R. Bromwich und R. B. Jones (Hrsg.), Astudiaethau ar yr Hengerdd (Cardiff 1978) 44–71.
–, Críth Gablach and the Law of Status, in: Peritia 5 (1986) 53–73.
Charles-Edwards, T. M., The Welsh Laws, Cardiff 1989.
–, The Arthur of History, in: R. Bromwich u. a. (Hrsg.), The Arthur of the Welsh (Cardiff 1991) 15–32.
Chotzen, Th. M. Th., Emain Ablach – Ynys Afallach – Insula Avallonis – Ile d'Avalon, in: EC 4 (1948) 255–274.
Clark, R., Aspects of the Morrígan in Early Irish Poetry, in: Irish University Review 17 (1987) 223–236.
Cohen, D. J., Suibhne Geilt, in: Celtica 12 (1977) 113–124.
Cooke, J. D., Euhemerism: A Mediaeval Interpretation of Classical Paganism, in: Speculum 2 (1927) 396–410.

Cormier, R. J., Remarks on ›The Tale of Deirdriu and Noisiu‹ and the Tristan Legend, in: EC 15 (1976/77) 303–315.
Corthals, J., The Retoiric in Aided Conchobuir, in: Ériu 40 (1989) 41–59.
Cronin, A., Sources of Keating's Forus Feasa ar Érinn, in: Celtica 4 (1943/44) 235–279 und Celtica 5 (1945/47) 122–135.
Cunningham, B., Seventeenth-century interpretations of the past: the case of Geoffrey Keating, in: Irish Historical Studies 25 (1986) 116–128.
Davidson, H. E., Myths and Symbols in pagan Europe. Early Scandinavian and Celtic religions, Manchester 1988.
Davies, W., The place of healing in early Irish society, in: D. Ó Corráin u. a. (Hrsg.), Sages, Saints, and Storytellers. Celtic Studies in Honour of Prof. J. Carney (Maynooth 1989) 43–55.
–, Celtic Women in the Early Middle Ages, in: A. Cameron u. A. Kuhrt (Hrsg.), Images of Women in Antiquity, rev. ed. (London 1993) 145–166 und 307.
Dillon, M., The Cycles of the Kings, London 1946.
–, Early Irish Literature, Chicago 1948.
Dillon, M. (Hrsg.), Irish Sagas. Dublin 1959.
Diverres, A. H., Iarlles y Ffynnawn and Le chevalier au lion: Adaptation or Common Source?, in: StC 16/17 (1981/82) 144–162.
Doherty, C., Exchange and Trade in Early Medieval Ireland, in: JRSAI 110 (1980) 67–89.
Dröge, C., Ein irischer saṃsāra? Betrachtungen zur Frage der ›keltischen Seelenwanderungslehre‹, in: ZCP 39 (1982) 261–268.
Dumézil, G., La quatrième branche du Mabinogi et la théologie des trois fonctions, in: P. MacCana und M. Meslin (Hrsg.), Rencontres de religions (Paris 1986) 25–38.
Dumville, D. N., Echtrae and Immram: some problems of definition, in: Ériu 27 (1976) 73–94.
–, Brittany and ›Armes Prydein Vawr‹, in: EC 20 (1983) 145–159.
–, The Historical Value of the Historia Brittonum, in: AL 6 (1986) 1–26.
Edel, D., Helden auf Freiersfüßen. »Tochmarc Emire« und »Mal y Kavas Kulhwch Olwen«. Studien zur inselkeltischen Erzähltradition, Amsterdam 1980.
–, The Arthur of Culhwch ac Olwen as a Figure of Epic-Heroic Tradition, in: Reading Medieval Studies 9 (1983) 3–15.
Evans, D. S., A Grammar of Middle Welsh, Dublin 1964.
Falaky Nagy, J., The Wisdom of the Outlaw. The Boyhood Deeds of Finn in Gaelic Narrative Tradition, Berkeley (Calif.) 1985.
–, Compositional Concerns in the Acallam na Senórach, in: D. Ó Corráin u. a. (Hrsg.), Sages, Saints, and Storytellers: Celtic Studies in Honour of Prof. J. Carney (Maynooth 1989) 149–158.
Ford, P. K., Prolegomena to a Reading of the Mabinogi: ›Pwyll‹ and ›Manawydan‹, in: StC 16/17 (1981/82) 110–125.

–, Aspects of the Patrician Legend, in: P. K. Ford (Hrsg.), Celtic Folklore and Christianity. Studies in Memory of W. W. Heist (Los Angeles, Calif. 1983) 29–49.
–, The Death of Aneirin, in: BBCS 34 (1987) 41–50.
–, Branwen: A Study of the Celtic Affinities, in: StC 22/23 (1987/88) 29–41.
–, Celtic Women: The Opposing Sex, in: Viator: Medieval and Renaissance Studies (Berkeley, Calif.) 19 (1988) 417–438.
Gerriets, M., Kingship and exchange in pre-Viking Ireland, in: CMCSt 13 (1987) 39–72.
–, The King as Judge in Early Ireland, in: Celtica 20 (1988) 1–24.
Gillies, W. (Hrsg.), Gaelic and Scotland: Alba agus a'Ghaidhlig, Edinburgh 1989.
Goetinck, G., Peredur: A Study of Welsh Tradition in the Grail Legends, Cardiff 1975.
–, Peredur ... upon reflection, in: EC 25 (1988) 221–232.
Gourvil, F., Langue et littérature bretonnes, Paris 1952.
Gray, E. A., Cath Maige Tuired: Myth and Structure, in: Éigse 18 (1981) 183–209 und Éigse 19 (1982/83) 1–35, 230–262.
Greene, D., Tabu in early Irish narrative, in: H. Bekker-Nielsen u. a. (Hrsg.), Medieval Narrative: A Symposium (Odense 1979) 9–19.
Griffiths, J. G., Giraldus Cambrensis Descriptio Kambriae, in: BBCS 31 (1984) 1–16.
Gruffydd, R. G., Canu Cadwallawn ap Cadfan, in: R. Bromwich und R. B. Jones (Hrsg.), Astudiaethau ar yr Hengerdd (Cardiff 1978) 25–43.
–, From Gododdin to Gwynedd: reflections on the story of Cunedda, in: StC 24/25 (1989/90) 1–14.
Gruffydd, W. J., Math fab Mathonwy: An Enquiry into the Origins and Development of the Fourth Branch of the Mabinogi, Cardiff 1928.
Guyonvarc'h, Ch.-J., Irlandais síd, gaulois *sedos ›siège, demeure des dieux‹, in: Ogam 14 (1962) 329–340.
Gwara, S., Gluttony, lust and penance in the B-text of Aislinge Meic Conglinne, in: Celtica 20 (1988) 53–72.
Hamp, E., imbolc, óimelc, in: StC 14/15 (1979/80) 106–113.
Hanson, R. P. C., The Life and Writings of the Historical St. Patrick, New York 1983.
Hanson-Smith, E., Pwyll Prince of Dyfed: The Narrative Structure, in: StC 16/17 (1981/82) 126–134.
Harbison, P., The High Crosses of Ireland. An iconographic and photographic survey, 3 Bde., Bonn 1992 (Monographien des Römisch-Germanischen Zentralmuseums Mainz 17).
Harrison, F. L., Music in Medieval Britain, London 1968.
Hemon, R., A Historical Morphology and Syntax of Breton, Dublin 1975.
Henderson, G., From Durrow to Kells: the Insular Gospel-Books 650–800, London 1987.

Henken, E. R., Traditions of the Welsh Saints, Cambridge 1987.
Henry, F., Irish High Crosses, Dublin 1964.
–, The Book of Kells, London 1974.
Henry, P. L., Interpreting Críth Gablach, in: ZCP 36 (1978) 54–62.
–, Saoithiúlacht na Sean-Ghaeilge, Dublin 1978.
–, The Cruces of Audacht Morainn, in: ZCP 39 (1982) 33–53.
Herbert, M., Iona, Kells, and Derry. The History and Hagiography of the Monastic Family of Columba, Oxford 1988.
–, The preface to Amra Coluim Cille, in: D. Ó Corráin u. a. (Hrsg.), Sages, Saints, and Storytellers: Celtic Studies in Honour of Prof. J. Carney (Maynooth 1989) 67–75.
–, Fled Dúin na nGéd: a reappraisal, in: CMCSt 18 (1989) 75–87.
Hull, V., On Amra Choluim Chille, in: ZCP 28 (1961) 242–252.
Hunt, T., The Art of Iarlles y Ffynnawn and the European Volksmärchen, in: StC 8/9 (1973/74) 107–120.
–, Some Observations on the Textual Relationship of Li Chevaliers au Lion and Iarlles y Ffynnawn, in: ZCP 33 (1974) 93–113.
Huws, D., Llyfr Gwyn Rhydderch, in: CMCSt 21 (1991) 1–37.
Jackson, K. H., Common Gaelic. The Evolution of the Goedelic Languages, in: PBA 37 (1951) 71–97.
–, The International Popular Tale and Early Welsh Tradition, Cardiff 1961.
–, The Oldest Irish Tradition: A Window on the Iron Age, Cambridge 1964.
–, A Historical Phonology of Breton, Dublin 1967.
–, The Gaelic Notes in the Book of Deer, Cambridge 1972.
Jarman, A. O. H. und G. R. Hughes, A Guide to Welsh Literature, 2 Bde., Swansea 1976–1979.
Jarman, A. O. H., Early stages in the development of the Myrddin legend, in: R. Bromwich und R. B. Jones (Hrsg.), Astudiaethau ar yr Hengerdd (Cardiff 1978) 326–349.
–, The Delineation of Arthur in Early Welsh Verse, in: K. Varty (Hrsg.), An Arthurian Tapestry: Essays in Memory of Lewis Thorpe (Glasgow 1981) 1–21.
–, The Cynfeirdd, Cardiff 1981.
–, Llyfr Du Caerfyrddin, The Black Book of Carmarthen, in: PBA 71 (1985) 333–356.
–, The Merlin legend and the Welsh tradition of prophecy. in: R. Bromwich u. a. (Hrsg.), The Arthur of the Welsh (Cardiff 1991) 117–145.
Jenkins, D. und M. E. Owen (Hrsg.), The Welsh Law of Women, Cardiff 1980.
Jones, T., The Early Evolution of the Legend of Arthur, in: Nottingham Medieval Studies 8 (1964) 3–21.
Keefer, S. L., The Lost Tale of Dylan in the Fourth Branch of the Mabinogi, in: StC 24/25 (1989/90) 26–37.

Kelly, F., A Guide to Early Irish Law, Dublin 1988.
Kerlouégan, F., Le De Excidio Britanniae de Gildas. Les destinées de la culture latine dans l'île de Bretagne au VIe siècle, Paris 1987.
Klar, K. u. a., Welsh poetics in the Indo-European tradition. The case of the Book of Aneirin, in: StC 18/19 (1983/84) 30–51.
Lambert, P.-Y., Les Littératures celtiques, Paris 1981.
Lambkin, B., The Structure of the Blathmac Poems, in: StC 20/21 (1985/86) 67–77.
Lapidge, M. und D. Dumville (Hrsg.), Gildas: New Approaches. Woodbridge 1984.
Lehmann, R. P., A study of the Buile Shuibhne, in: EC 6 (1953/54) 289–311 und EC 7 (1955/56) 115–138.
Le Roux, F., Etudes sur le festiaire celtique, in: Ogam 13 (1961) 481–506, Ogam 14 (1962) 174–184 und 343–372.
–, Le dieu-roi Nodons/Nuada, in: Celticum 6 (1963) 425–454.
Le Roux, F. und Ch.-J. Guyonvarc'h, Mórrígan-Bodb-Macha: La Souveraineté guerrière de l'Irlande, Rennes 1983.
Lewis, H. und H. Pedersen, A Concise Comparative Celtic Grammar, Göttingen [2]1961.
Lewis, H., Die kymrische Sprache. Grundzüge ihrer Entwicklung (Deutsche Bearbeitung von W. Meid), Innsbruck 1989.
–, Handbuch des Mittelkornischen (Übersetzung von S. Zimmer), Innsbruck 1990.
Lewis, H. und J. R. F. Piette, Handbuch des Mittelbretonischen, Innsbruck 1990.
Lloyd-Morgan, C., Narrative Structure in Peredur, in: ZCP 38 (1981) 187–231.
–, Breuddwyd Rhonabwy and later Arthurian Literature, in: R. Bromwich u. a. (Hrsg.), The Arthur of the Welsh (Cardiff 1991) 183–208.
Löffler, C. M., The Voyage to the Otherworld Island in Early Irish Literature, 2 Bde., Salzburg 1983.
Loth, J., Le Mabinogi de Math vab Mathonwy d'après W. J. Gruffydd et la méthode en celto-mythologie, in: RC 46 (1929) 272–300.
Lovecy, I., Historia Peredur ab Efrawg, in: R. Bromwich u. a. (Hrsg.), The Arthur of the Welsh (Cardiff 1991) 171–182.
Lucas, A. T., Cattle in Ancient Ireland, Kilkenny 1989.
MacAulay, D. (Hrsg.), The Celtic Languages, Cambridge 1992.
MacCana, P., Aspects of the Theme of King and Goddess in Irish Literature, in: EC 7 (1955) 76–114, 356–413 und EC 8 (1959) 59–65.
–, Branwen Daughter of Llŷr: A Study of the Irish Affinities and of the Composition of the Second Branch of the Mabinogi, Cardiff 1958.
–, On the use of the term retoiric, in: Celtica 7 (1966) 65–90.
–, The Sinless Otherworld of Immram Brain, in: Ériu 27 (1976) 95–115.
–, The Mabinogi, Cardiff 1977.
–, The Learned Tales of Medieval Ireland, Dublin 1980.

–, Celtic Mythology, London 1983.
–, Early Irish Ideology and the Concept of Unity, in: R. Kearney (Hrsg.), The Irish Mind (Dublin 1985) 56–78.
–, On the early development of written narrative prose in Irish and Welsh, in: EC 29 (1992) 51–67.
McCone, K., Brigit in the seventh century: a saint with three lives?, in: Peritia 1 (1982) 107–145.
–, Aided Cheltchair Maic Uthechair: Hounds, Heroes and Hospitallers in Early Irish Myth and Story, in: Ériu 35 (1984) 1–30.
–, The Würzburg and Milan Glosses: Our Earliest Sources of ›Middle Irish‹, in: Ériu 36 (1985) 85–106.
–, A tale of two ditties: poet and satirist in Cath Maige Tuired, in: D. Ó Corráin u. a. (Hrsg.), Sages, Saints, and Storytellers: Celtic Studies in Honour of Prof. J. Carney (Maynooth 1989) 122–143.
–, Pagan Past and Christian Present in Early Irish Literature, Maynooth 1990.
McKenna, C. M., The Theme of Sovereignty in Pwyll, in: BBCS 29 (1980/82) 35–52.
McKenna, M., The Breton Literary Tradition, in: Celtica 16 (1984) 35–51.
Mackey, J. P. (Hrsg.), An Introduction to Celtic Christianity, Edinburgh 1989.
MacKinnon, K., Gaelic: a past and future prospect, Edinburgh 1991.
MacQueen, J., Maponus in Mediaeval Tradition, in: Transactions of the Dumfriesshire and Galloway Natural History and Antiquarian Society 31 (1954) 43–57.
Maier, B., Die keltische Auffassung des Königtums und ihre orientalischen Parallelen, Phil. Diss. Bonn 1991.
Martin, B. K., The Old Woman of Beare: A Critical Evaluation, in: Medium Aevum 38 (1969) 245–261.
–, Medieval Irish aitheda and Todorov's ›Narratologie‹, in: StC 10/11 (1975/76) 138–151.
–, ›Truth‹ and ›modesty‹: a reading of the Irish Noínden Ulad, in: Leeds Studies in English 20 (1989) 99–117.
Meek, D. E., Táin Bó Fraích and other ›Fraech‹ Texts: A Study in Thematic Relationships, in: CMCSt 7 (1984) 1–37, CMCSt 8 (1984) 65–85.
–, The Gaelic ballads of Mediaeval Scotland, in: Transactions of the Gaelic Society of Inverness 55 (1989) 47–72.
–, The death of Diarmaid in Scottish and Irish Tradition, in: Celtica 21 (1990) 335–361.
Meid, W., Dichtkunst, Rechtspflege und Medizin im alten Irland. Zur Struktur der altirischen Gesellschaft, in: M. Mayrhofer u. a. (Hrsg.), Antiquitates Indogermanicae: Gedenkschrift für H. Güntert (Innsbruck 1974) 21–34.
–, Aspekte der germanischen und keltischen Religion im Zeugnis der Sprache, Innsbruck 1991.

Melia, D. F., Remarks on the structure and composition of the Ulster death tales, in: StHib 17/18 (1978) 36–57.

Meyer, K., Der irische Totengott und die Toteninsel, in: Sitzungsberichte der Königlich Preußischen Akademie der Wissenschaften, Phil.-hist. Klasse 1919, 537–546.

Middleton, R., Chwedl Gereint ab Erbin, in: R. Bromwich u. a. (Hrsg.), The Arthur of the Welsh (Cardiff 1991) 147–157.

Morgan, T. J. und P. Morgan, Welsh Surnames, Cardiff 1985.

Müller-Lisowski, K., Texte zur Mog Ruith Sage, in: ZCP 14 (1923) 145–163.

Murdoch, B., In pursuit of the Cailleach Bérre: an Early Irish poem and the medievalist at large, in: ZCP 44 (1991) 80–127.

Murphy, G., Saga and Myth in Ancient Ireland, Dublin 1955.

–, The Ossianic Lore and Romantic Tales of Medieval Ireland. Dublin 1955.

Mytum, H., The Origins of Early Christian Ireland, London 1992.

Ní Chatháin, P. und M. Richter (Hrsg.), Irland und Europa. Die Kirche im Frühmittelalter, Stuttgart 1984.

–, Irland und die Christenheit. Bibelstudien und Mission, Stuttgart 1987.

Ní Chonghaile, N. und H. L. C. Tristram, Die mittelirischen Sagenlisten zwischen Mündlichkeit und Schriftlichkeit, in: H. L. C. Tristram (Hrsg.), Deutsche, Kelten und Iren (Hamburg 1990) 249–268.

Ó Broin, T., Lia Fáil: fact and fiction in the tradition, in: Celtica 21 (1990) 393–401.

Ó Cathasaigh, T., The Heroic Biography of Cormac Mac Airt, Dublin 1977.

–, The Semantics of síd, in: Éigse 17 (1978) 137–155.

–, The Theme of Lommrad in Cath Maige Mucrama, in: Éigse 18 (1980/81) 211–224.

–, The Theme of Ainmne in Scéla Cano Meic Gartnáin, in: Celtica 15 (1983) 78–87.

–, Cath Maige Tuired as Exemplary Myth, in: P. de Brún u. a. (Hrsg.), Folia Gadelica (Cork 1983) 1–19.

–, The Rhetoric of Fingal Rónáin, in: Celtica 17 (1985) 123–144.

–, The Rhetoric of Scéla Cano Meic Gartnáin, in: D. Ó Corráin u. a. (Hrsg.), Sages, Saints, and Storytellers: Celtic Studies in Honour of Prof. J. Carney (Maynooth 1989) 233–250.

Ó Coileáin, S., Echtrae Nerai and its analogues, in: Celtica 21 (1990) 427–440.

Ó Concheanainn, T., Notes on Togail Bruidne Da Derga, in: Celtica 17 (1985) 73–90.

–, The Manuscript Tradition of Mesca Ulad, in: Celtica 19 (1987) 13–30.

–, A Connacht Medieval Literary Heritage: Texts Derived from Cín Dromma Snechtai through Leabhar na hUidhre, in: CMCSt 16 (1988) 1–40.

–, The textual tradition of Compert Con Culainn, in: Celtica 21 (1990) 441–455.

Ó Corráin, D., Nationality and Kingship in pre-Norman Ireland, in: T. W. Moody (Hrsg.), Nationality and the Pursuit of National Independence (Belfast 1978) 1–35.

–, Women in Early Irish Society, in: M. MacCurtain und D. Ó Corráin (Hrsg.), Women in Irish Society – the historical dimension (Dublin 1978) 1–13.

Ó Corráin, D. und F. Maguire, Gaelic Personal Names, Dublin 1981.

Ó Corráin, D., Irish origin legends and genealogy: recurring genealogies, in: T. Nyberg u. a. (Hrsg.), History and Heroic Tale (Odense 1985) 51–96.

Ó Crualaoich, G., Continuity and Adaptation in Legends of Cailleach Bhéarra, in: Béaloideas 56 (1988) 153–178.

Ó Cuív, B. (Hrsg.), A View of the Irish Language, Dublin 1969.

Ó Cuív, B., Is tre fír flathemon: An Addendum, in: Celtica 13 (1980) 146–149.

–, Dindshenchas: the literary exploitation of Irish placenames, in: Ériu 41 (1990) 90–107.

O'Dwyer, P., Céli Dé: Spiritual Reform in Ireland, 750–900, Dublin 1981.

Ó Flaithearta, M., Echtra Nerai, Táin Bó Regamna und ihr Verhältnis zu Táin Bó Cuailnge, in: H. L. C. Tristram (Hrsg.), Deutsche, Kelten und Iren (Hamburg 1990) 155–176.

Ó hÓgáin, D., Fionn mac Cumhaill. Images of the Gaelic Hero, Dublin 1988.

O'Leary, P., Contention at Feasts in Early Irish Literature, in: Éigse 20 (1984) 115–127.

–, Honour-bound: the social context of early Irish heroic geis, in: Celtica 20 (1988) 85–107.

–, The honour of women in early Irish literature, in: Ériu 37 (1986) 27–44.

O'Rahilly, T. F., Early Irish History and Mythology, Dublin 1946.

Orel, V. E., OIr. áer, in: BBCS 32 (1985) 164–166.

Ó Riain, P., A Study of the Irish Legend of the Wild Man, in: Éigse 14 (1971/72) 179–206.

Oskamp, H. P. A., The Yellow Book of Lecan proper, in: Ériu 26 (1975) 102–119.

Owen, M. E., ›Hwn yw e Gododin. Aneirin ae Cant‹, in: R. Bromwich und R. B. Jones (Hrsg.), Astudiaethau ar yr Hengerdd (Cardiff 1978) 123–150.

Padel, O. J., The Cornish background of the Tristan stories, in: CMCSt 1 (1981) 53–81.

–, Geoffrey of Monmouth and Cornwall, in: CMCSt 8 (1984) 1–27.

Parry, T., A History of Welsh Literature. Translated from the Welsh by H. Idris Bell, Oxford 1955.

Patterson, N. W., Gaelic Law and the Tudor Conquest of Ireland: the social background to the last recensions of the Prologue to the Senchas Már, in: Irish Historical Studies 27 (1991) 1–23.

–, Cattle-Lords and Clansmen: Kingship and Rank in Early Ireland, London 1991.

Power, R., Geasa and Álög: Magic Formulae and Perilous Quests in Gaelic and Norse, in: Scottish Studies 28 (1987) 69–89.

Price, G., The Languages of Britain, London 1984.

Price, G. (Hrsg.), The Celtic Connection, Gerrards Cross 1992.

Quin, E. G., The Irish glosses, in: P. Ní Chatháin und M. Richter (Hrsg.), Irland und Europa (Stuttgart 1984) 210–217.

Radner, J. N., Interpreting Irony in Medieval Celtic Narrative: the case of Culhwch ac Olwen, in: CMCSt 16 (1988) 41–59.

Rees, A. D. und B. Rees, Celtic Heritage: Ancient Tradition in Ireland and Wales, London 1961.

Roberts, B. F., Gerald of Wales, Cardiff 1982.

–, The Welsh Romance of the Lady of the Fountain (Owein), in: P. B. Grout u. a. (Hrsg.), The Legend of Arthur in the Middle Ages (Cambridge 1983) 170–182.

–, Early Welsh Poetry: Studies in the Book of Aneirin. Aberystwyth 1988.

–, Geoffrey of Monmouth, Historia Regum Britanniae and Brut y Brenhinedd, in: R. Bromwich u. a. (Hrsg.), The Arthur of the Welsh (Cardiff 1991) 97–116.

Robinson, N. F., Satirists and Enchanters in Early Irish Literature, in: D. G. Lyon und G. F. Moore (Hrsg.), Studies in the History of Religions presented to C. H. Toy (New York 1912) 95–130.

Rockel, M., Fiktion und Wirklichkeit im Breuddwyd Macsen. in: H. L. C. Tristram (Hrsg.), Medialität und mittelalterliche insulare Literatur (Tübingen 1992) 170–182.

Russell, P., The Sounds of a Silence: The Growth of Cormac's Glossary, in: CMCSt 15 (1988) 1–30.

Ryan, M. (Hrsg.), Ireland and Insular Art A. D. 500–1200, Dublin 1987.

Sayers, W., ›Mani maidi an nem ...‹: Ringing changes on a cosmic motif, in: Ériu 37 (1986) 99–116.

–, Bargaining for the life of Bres in ›Cath Maige Tuired‹, in: BBCS 34 (1987) 26–40.

Schmidt, K. H., Die Würzburger Glossen, in: ZCP 39 (1982) 54–77.

–, The Celtic Languages in their European Context, in: Proceedings of the Seventh International Congress of Celtic Studies (Oxford 1986) 199–221.

Scowcroft, R. M., Leabhar Gabhála, in: Ériu 38 (1987) 80–142, Ériu 39 (1988) 1–66.

Sellar, W. D. H., Celtic law and Scots law: survival and integration, in: Scottish Studies 29 (1989) 1–27.

Sharpe, R., Vitae S. Brigitae: the oldest texts, in: Peritia 1 (1982) 81–106.

–, Medieval Irish Saints' Lives. An Introduction to Vitae Sanctorum Hiberniae, Oxford 1991.
Sigurðsson, G., Gaelic Influence in Iceland, Reykjavík 1988 (Studia Islandica 46).
Simms, K., Guesting and Feasting in Gaelic Ireland, in: JRSAI 108 (1978) 67–100.
Sims-Williams, P., The Significance of the Irish Personal Names in Culhwch ac Olwen, in: BBCS 29 (1980/82) 600–620.
–, Gildas and the Anglo-Saxons, in: CMCSt 6 (1983) 1–30.
–, Some Functions of Origin Stories in Early Medieval Wales, in: T. Nyberg u. a. (Hrsg.), History and Heroic Tale (Odense 1985) 97–131.
–, Some Celtic Otherworld Terms, in: A. T. E. Matonis und F. Melia (Hrsg.), Celtic Languages, Celtic Culture: A FS for E. P. Hamp (Van Nuys, Calif. 1990) 57–81.
–, The early Welsh Arthurian poems, in: R. Bromwich u. a. (Hrsg.), The Arthur of the Welsh (Cardiff 1991) 33–71.
Slotkin, E. M., The Structure of Fled Bricrenn before and after the Lebor na hUidre Interpolations, in: Ériu 29 (1978) 64–77.
–, The Fabula, Story, and Text of Breuddwyd Rhonabwy, in: CMCSt 18 (1989) 89–111.
–, Noínden: Its Semantic Range, in: A. T. E. Matonis und F. Melia (Hrsg.), Celtic Languages, Celtic Culture: A FS for E. P. Hamp (Van Nuys, Calif. 1990) 137–150.
Smith, R. M., The Speculum Principum in Early Irish Literature, in: Speculum 2 (1927) 411–445.
Spaan, D. B., The Place of Mannanán mac Lir in Irish Mythology, in: Folklore 76 (1965) 176–195.
Stewart, J., Topographia Hiberniae, in: Celtica 21 (1990) 642–657.
Thomas, N., ›Geraint‹ and ›Erec‹: a Welsh Heroic Text and its Continental Successors, in: Trivium 22 (1987) 37–48.
Thomson, D., An Introduction to Gaelic Poetry, Edinburgh [2]1989.
Thomson, D. S. (Hrsg.), Gaelic and Scots in Harmony, Glasgow 1990.
Thomson, R. L., The Manx traditionary ballad, in: EC 9 (1960/61) 521–548 und EC 10 (1962/63) 60–87.
–, The Study of Manx Gaelic, in: PBA 55 (1969) 177–210.
–, Owain: Chwedl Iarlles y Ffynnon, in: R. Bromwich u. a. (Hrsg.), The Arthur of the Welsh (Cardiff 1991) 159–169.
Thurneysen, R., Zu Cormacs Glossar, in: Festschrift Ernst Windisch (Leipzig 1914) 8–37.
–, Die irische Helden- und Königsage bis zum siebzehnten Jahrhundert, Halle 1921.
–, A Grammar of Old Irish, Rev. ed. Dublin 1975.
Tranter, S. N. und H. L. C. Tristram (Hrsg.), Early Irish Literature – Media and Communication. Mündlichkeit und Schriftlichkeit in der frühen irischen Literatur, Tübingen 1989.

Trindade, W. A., The Celtic Connections of the Tristan Story, in: Reading Mediaeval Studies 12 (1986) 93–107 und 13 (1987) 71–80.
Tristram, H. L. C., Aspects of tradition and innovation in the Táin Bó Cuailnge, in: Papers on language and mediaeval studies presented to A. Schopf (Frankfurt 1988) 19–38.
Tristram, H. L. C. (Hrsg.), Deutsche, Kelten und Iren. 150 Jahre deutsche Keltologie. Gearóid MacEoin zum 60. Geburtstag gewidmet, Hamburg 1990.
Tristram, H. L. C., Feis und fled: Wirklichkeit und Darstellung in mittelalterlichen irischen Gastmahlerzählungen, in: H. L. C. Tristram (Hrsg.), Medialität und mittelalterliche insulare Literatur (Tübingen 1992) 183–220.
Tristram, H. L. C. (Hrsg.), Medialität und mittelalterliche insulare Literatur, Tübingen 1992.
Tymoczko, M., Animal Imagery in Loinges mac nUislenn, in: StC 20/21 (1985/86) 145–166.
Vendryes, J., Manannán mac Lir, in: EC 6 (1952) 239–254.
Vries, J. de, Le conte irlandais Aided óenfir Aífe et le thème du combat du père et du fils dans quelques traditions indo-européennes, in: Ogam 9 (1957) 122–138.
Wagner, H., Old Irish fír ›truth, oath‹, in: ZCP 31 (1970) 1–45, 57–58 und 146.
–, Zur Etymologie von keltisch Nodons, Ir. Nuadu, Kymr. Nudd/Lludd, in: ZCP 41 (1986) 180–188.
Wakelin, M. F., Language and History in Cornwall, Leicester 1975.
Watkins, C., Is tre fír flathemon. Marginalia to Audacht Morainn, in: Ériu 30 (1979) 181–198.
Watkins, T. A., Kurze Beschreibung des Kymrischen, Innsbruck 1992.
Watson, A., A structural analysis of Echtra Nerai, in: EC 23 (1986) 129–142.
Watson, J. C., ›Mesca Ulad‹: the redactor's contribution to the later version, in: Ériu 13 (1942) 95–112.
Weisweiler, J., Heimat und Herrschaft. Wirkung und Ursprung eines irischen Mythos, Halle 1943.
Welsh, A., The traditional narrative motifs of The Four Branches of the Mabinogi, in: CMCSt 15 (1988) 51–62.
–, Traditional tales and the harmonizing of story in Pwyll Pendeuic Dyuet, in: CMCSt 17 (1989) 15–41.
West, M., Leabhar na hUidhre's Portion in the Manuscript History of Togail Bruidne Da Derga and Orgain Brudne Uí Dergae, in: CMCSt 20 (1990) 61–98.
Williams, G., An Introduction to Welsh Literature, Cardiff ²1992.
Williams, J. E. C., The Court Poet in Medieval Ireland, in: PBA 57 (1971) 1–51.
–, The Irish Literary Tradition. Transl. P. K. Ford, Cardiff 1992.
Withers, C. W. J., Gaelic in Scotland 1698–1981, Edinburgh 1984.

Wood, J., The Folklore Background of the Gwion Bach Section of Hanes Taliesin, in: BBCS 29 (1980/82) 621–634.
–, The Elphin Section of Hanes Taliesin, in: EC 18 (1981) 229–244.
–, Maelgwn Gwynedd: A Forgotten Welsh Hero, in: Trivium 19 (1984) 103–117.
Wormald, P., Celtic and Anglo-Saxon kingship: some further thoughts, in: Paul E. Szarmach (Hrsg.), Sources of Anglo-Saxon Culture (Kalamazoo, Michigan 1986) 151–183.
Wright, N., Geoffrey of Monmouth and Gildas, in: AL 2 (1982) 1–40.
–, Gildas's Reading: a survey, in: Sacris Erudiri 32 (1991) 121–162.

6. Nachleben, Forschungsgeschichte, Keltenideologie

a) Neuzeitlicher Volksglaube und -brauch, Märchen

Aitken, H. und R. Michaelis-Jena, Märchen aus Schottland, Köln 1965.
Batany, P., Luzel, poète et folkloriste breton, 1821–1895, Rennes 1941.
Breathnach, B., Folk music and dances of Ireland, Dublin 1971.
Bruford, A., Gaelic Folktales and Mediaeval Romances, Dublin 1969.
–, ›Deirdre‹ and Alexander Carmichael's Treatment of Oral Sources, in: SGS 14 (1983) 1–24.
Campbell, J. L., Notes on H. Robertson's ›Studies in Carmichael's Carmina Gadelica‹, in: SGS 13 (1978) 1–17.
–, Carmina Gadelica: G. Henderson's Corrections and Suggestions, in: SGS 13 (1978) 183–218.
Clemen, U. (Hrsg.), Irische Märchen, München 1971.
Collinson, F., The traditional and national music of Scotland, London 1966.
Cross, T. P., Motif Index of Early Irish Literature, Bloomington (Indiana) 1952.
Danaher, K., The Year in Ireland, Dublin 1972.
Delargy, J. J., The Gaelic Story-Teller, in: PBA 31 (1967) 177–221.
Dunleavy, J. und G. Dunleavy, Jeremiah Curtin's Working Methods: The Evidence from the Manuscripts, in: Éigse 18 (1981/82) 67–86.
Ellis, O., The Story of the Harp in Wales, Cardiff 1980.
Guilcher, J.-M., La tradition de la danse populaire en Basse-Bretagne, Paris 1963.
Hennig, J., The Brothers Grimm and Th. C. Croker, in: Modern Language Review 41 (1946) 44–54.
Irische Elfenmärchen, Frankfurt 1987.
Irische Land- und Seemärchen, Frankfurt 1988.
Lysaght, P., The Banshee, Dublin 1986.
MacCarthy, B. G., Thomas Crofton Croker 1798–1854, in: Studies 32 (1943) 539–556.

MacNéill, M., The Festival of Lughnasa. A Study of the Survival of the Celtic Festival of the Beginning of Harvest, Dublin [2]1982.
Moritz, W. u. a. (Hrsg.), Irische Land- und Seemärchen. Marburg 1986.
Mühlhausen, L., Diarmuid mit dem roten Bart: Irische Zaubermärchen, Kassel 1956.
Müller-Lisowski, K., Contributions to a study in Irish folklore: traditions about Donn, in: Béaloideas 18 (1948) 142–199.
–, Irische Volksmärchen, Köln 1962.
Ó Briain, M., Cluasa Capaill ar an Rí – AT 782 i dTraidisiún na hÉireann, in: Béaloideas 53 (1985) 11–74.
Ó Giolláin, D., The Leipreachán and Fairies, Dwarfs and the Household Familiar: A Comparative Study, in: Béaloideas 52 (1984) 75–150.
Ó Súilleabháin, S. und R. T. Christiansen, The Types of the Irish Folktale. Helsinki 1963.
Patton, L., Alexander Carmichael, Carmina Gadelica, and the Nature of Ethnographic Representation, in: PHCC 8 (1988) 58–84.
Robertson, H., Studies in Carmichael's Carmina Gadelica, in: SGS 12 (1976) 220–265.
Sorlin, É., Cris de vie, cris de mort: Les fées du destin dans les pays celtiques, Helsinki 1991 (FFC 248).
Soupault, R., Bretonische Märchen, Köln 1959.
Thompson, F. G., The Folklore Elements in Carmina Gadelica, in: Transactions of the Gaelic Society of Inverness 44 (1966) 226–255.

b) Keltische Stoffe und Motive in außerkeltischen Literaturen

Barber, R., King Arthur: Hero and Legend, Woodbridge 1986.
Blake, J. J., Yeats, Oisín and Irish Gaelic Literature, in: B. Bramsbäck und M. Croghan (Hrsg.), Anglo-Irish and Irish Literature (Uppsala 1988) 39–48.
Bromwich, R., Celtic Elements in Arthurian Romance: A General Survey, in: The Legend of Arthur in the Middle Ages (Woodbridge 1983) 41–55 und 230–233.
Brown, M., Sir Samuel Ferguson, Lewisburg (Penna.) 1973.
Brown, T. und B. Hayley, Samuel Ferguson: a centenary tribute, Dublin 1987.
Brugger-Hackett, S., Merlin in der europäischen Literatur des Mittelalters, Stuttgart 1991.
Bysveen, J., Epic Tradition and Innovation in James Macpherson's ›Fingal‹, Uppsala 1982.
Crick, J. C., The ›Historia Regum Britanniae‹ of Geoffrey of Monmouth III. A Summary Catalogue of the Manuscripts, Cambridge 1989.
–, The ›Historia Regum Britanniae‹ of Geoffrey of Monmouth IV. Dissemination and Reception in the later Middle Ages, Cambridge 1991.

Denman, P., Samuel Ferguson: the literary achievement, Gerards Cross 1990.

Eisner, S., The Tristan Legend. A Study in Sources, Evanston (Ill.) 1969.

Fackler, H. V., That Tragic Queen: The Deirdre Legend in Anglo-Irish Literature, Salzburg 1978.

Fallis, R., The Irish Renaissance, Syracuse (New York) 1977.

Flynn, J., The Route to the Táin: James Stephens' preparation for his unfinished epic, in: PHCC 1 (1981) 125–143.

Foster, J. W., Fictions of the Irish Literary Revival: A Changeling Art, Dublin 1987.

Frappier, J., La Matière de Bretagne: ses origines et son développement, in: Grundriß der romanischen Literaturen des Mittelalters 4 (Heidelberg 1978) 183–211.

Gaskill, H., ›Ossian‹ Macpherson: towards a rehabilitation, in: Comparative Criticism 8 (1986) 113–146.

–, What did James Macpherson really leave on display at his publisher's shop in 1762?, in: SGS 16 (1990) 67–89.

Gaskill, H. (Hrsg.), Ossian revisited, Edinburgh 1991.

Gategno, P. J. de, James Macpherson, Boston 1989.

Gilardino, S. M., La scuola romantica: la tradizione ossianica nella poesia dell'Alfieri, del Foscolo e del Leopardi, Ravenna 1982.

Göller, K. H. (Hrsg.), The Alliterative Morte Arthure: a reassessment of the poem, Woodbridge 1981.

Goodrich, P. (Hrsg.), The Romance of Merlin: an Anthology, London 1990.

Gottzmann, C. L., Artus-Dichtung, Stuttgart 1989.

Gowans, L., Cei and the Arthurian Legend, Cambridge 1988.

Grewe, A., Ossian und seine europäische Wirkung, in: K. Heitmann (Hrsg.), Europäische Romantik II (Neues Handbuch der Literaturwissenschaft 15, Wiesbaden 1982) 171–188.

Harmon, M., Austin Clarke 1894–1974: A Critical Introduction, Dublin 1989.

Hill, J. (Hrsg.), The Tristan Legend, Leeds 1977.

Hoare, D. M., The Works of Morris and Yeats in Relation to Early Saga Literature, Cambridge 1937.

Jackson, K. H., Les sources celtiques du Roman du Graal, in: Les Romans du Graal au XIIe et XIIIe siècles (Paris 1956) 213–227.

Kelly, D. (Hrsg.), The Romances of Chrétien de Troyes: A Symposium, Lexington (Kentucky) 1985.

Kohfeldt, M. L., Lady Gregory. The Woman behind the Irish Renaissance, New York 1985.

Korrel, P., An Arthurian Triangle: A Study of the Origin, Development and Characterization of Arthur, Guinevere and Modred, Leiden 1984.

Kosok, H., Geschichte der anglo-irischen Literatur, Berlin 1990.

Lacy, N. J., The Craft of Chrétien de Troyes, Leiden 1980.
Lange, W.-D., Keltisch-romanische Literaturbeziehungen im Mittelalter, in: Grundriß der romanischen Literaturen des Mittelalters 1 (Heidelberg 1972) 163–205.
Levin, I. D., Ossian v russkoj literature, Leningrad 1980.
Loomis, R. S. (Hrsg.), Arthurian Literature in the Middle Ages, Oxford 1959.
Macdonald, A. A., The Figure of Merlin in Thirteenth Century French Romance, New York 1990.
McFate, P., The Writings of James Stephens, London 1979.
McKillop, J., Fionn mac Cumhaill: Celtic Myth in English Literature, Syracuse (New York) 1986.
Maddox, D., The Arthurian Romances of Chrétien de Troyes: Once and Future Fictions, Cambridge 1991.
Manning, S., Ossian, Scott, and Nineteenth-century Scottish Literary Nationalism, in: Studies in Scottish Literature 17 (1982) 39–54.
Marcus, P. L., Yeats and the Beginning of the Irish Renaissance, Ithaca (New York) 1970.
–, Standish James O'Grady, Lewisburg (Penna.) 1971.
Martin, A., James Stephens, Dublin 1977.
Merriman, J. D., The Flower of Kings: A Study of the Arthurian Legend in England between 1485 and 1835, Lawrence 1973.
Noble, P., The heroic tradition of Kei, in: Reading Medieval Studies 14 (1988) 125–137.
Okun, H., Ossian in Painting, in: Journal of the Warburg and Courtauld Institute 30 (1967) 327–356.
Ossian und die Kunst um 1800, Hamburg 1974.
Pilch, H., Layamons ›Brut‹, Heidelberg 1960.
Riddy, F., Sir Thomas Malory, Leiden 1987.
Rubel, M. M., Savage and Barbarian: Historical Attitudes in the Criticism of Homer and Ossian in Britain, 1760–1800, Amsterdam 1978.
Saddlemyer, A. und C. Smythe (Hrsg.), Lady Gregory: Fifty Years After, Gerards Cross 1987.
Saulx, F. H. M., Layamon's Brut. The Poem and its Sources, Cambridge 1989.
Schirmer, W., Die frühen Darstellungen des Arthurstoffes, Köln 1958.
Sheehy, J., The Rediscovery of Ireland's Past: The Celtic Revival 1830–1930, London 1980.
Skene, R., The Cuchulain Plays of W. B. Yeats: A Study, London 1974.
Spisak, J. W. (Hrsg.), Studies in Malory, Kalamazoo (Mich.) 1985.
Stafford, F., The Sublime Savage: James Macpherson and the Poems of Ossian, Edinburgh 1988.
Stern, L. C., Die ossianischen Heldenlieder, in: Zeitschrift für vergleichende Literaturgeschichte 8 (1895) 51–86, 143–174.
Takamiya, T. und D. Brewer (Hrsg.), Aspects of Malory. Woodbridge 1981.

Taylor, B. und E. Brewer, The Return of King Arthur: British and American Arthurian Literature since 1800, Woodbridge 1983.
Thompson, R. H., The Return from Avalon: A Study of the Arthurian Legend in Modern Fiction, Westport (Conn.) 1985.
Thomson, D. S., The Gaelic Sources of Macpherson's ›Ossian‹, Edinburgh 1952.
–, Macpherson's Ossian: ballads to epics, in: Béaloideas 54/55 (1986/87) 243–264.
Thuente, M. H., W. B. Yeats and Irish Folklore, Dublin 1980.
Tieghem, P. van, Ossian en France, 2 Bde., Paris 1917.
–, Ossian et l'Ossianisme dans la littérature européenne au XVIIIe siècle, Groningen 1920.
Tombo, R., Ossian in Germany, New York 1901.
Topsfield, L. T., Chrétien de Troyes: A Study of the Arthurian Romances, Cambridge 1981.
Webster, K. G. T., Guinevere: A Study of Her Abductions, Milton (Mass.) 1951.
Weisweiler, J., Hintergrund und Herkunft der ossianischen Dichtung, in: Literaturwissenschaftliches Jahrbuch der Görres-Gesellschaft 4 (1963) 21–42.
Whitaker, M., The Legends of King Arthur in Art, Woodbridge 1990.
Zaenker, K. A., Sankt Brandans Meerfahrt. Ein lateinischer Text und seine drei deutschen Übertragungen aus dem 15. Jh., Stuttgart 1987.

c) Forschungsgeschichte und Keltenideologie

Belier, W. W., Decayed Gods: Origin and Development of George Dumézil's ›Idéologie tripartite‹, Leiden 1991.
Bonfante, G., Some Renaissance Texts on the Celtic Languages and their Kinship, in: EC 7 (1955/56) 414–427.
–, A Contribution to the History of Celtology, in: Celtica 3 (1956) 17–34.
Boyne, P., John O'Donovan (1806–1861): a biography, Kilkenny 1987.
Bromwich, R., Matthew Arnold and Celtic Literature: a Retrospect 1865–1965, Oxford 1965.
–, The Mabinogion and Lady Charlotte Guest, in: Transactions of the Honourable Society of Cymmrodorion 1986 127–141.
Camille Jullian, l'histoire de la Gaule et le nationalisme français. Colloque organisé à Lyon, 6 déc. 1988, Lyon 1991.
Chapman, M., The Gaelic Vision in Scottish Culture, London 1978.
–, The Celts: the construction of a myth, London 1992.
Curtis, L. P., Anglo-Saxons and Celts: A Study of Anti-Irish Prejudice in Victorian England, Bridgeport (Conn.) 1968.
Daly, D., The Young Douglas Hyde, Dublin 1974.
Dubois, C.-G., Celtes et Gaulois au XVIe siècle. Le développement littéraire d'un mythe nationaliste, Paris 1972.

Dunleavy, J. E. und G. W. Dunleavy, Douglas Hyde: A Maker of Modern Ireland, Berkeley (Calif.) 1991.
Emery, F., Edward Lhuyd F. R. S. 1660–1709, Cardiff 1971.
Faverty, F. E., Matthew Arnold the Ethnologist, Evanston (Ill.) 1951.
Forssmann, B. (Hrsg.), Erlanger Gedenkfeier für Johann Kaspar Zeuss, Erlangen 1989.
Freitag, B., Keltische Identität als Fiktion. Eine Untersuchung zu den sozio-kulturellen Bedingungen der anglo-irischen Literatur, Heidelberg 1989.
Galand, R. M., L'Ame celtique de Renan, Paris 1959.
Genty, P., Études sur le Celtisme, Paris 1968.
Graus, F., Vercingetorix und die Franzosen als Nachkommen der Gallier, in: F. Graus, Lebendige Vergangenheit (Köln 1975) 254–267.
Hablitzel, H., Prof. Dr. Johann Kaspar Zeuss. Begründer der Keltologie und Historiker aus Vogtendorf/Oberfranken 1806–1856, Kronach 1987.
Hunter, M., John Aubrey and the Realm of Learning, London 1975.
James, A., John Morris-Jones, Cardiff 1987.
Leerssen, J. T., Mere Irish and Fíor-Ghael. Studies in the idea of Irish nationality, its development and literary expression prior to the 19th century, Amsterdam 1986.
Littleton, C. S., The New Comparative Mythology. An Anthropological Assessment of the Theories of Georges Dumézil, Berkeley (Calif.) [3]1982.
Morgan, P., Iolo Morganwg, Cardiff 1975.
Motte, O., Camille Jullian: Les années de formation, Roma 1990.
Ó Glaisne, R., Dúbhglas de h-Íde (1860–1949): Ceannródaí Cultúrtha, 1860–1910, Dublin 1991.
Ó Lúing, S., Kuno Meyer 1858–1919, Dublin 1991.
Orr, L., The mid-nineteenth-century Irish context of Arnold's Essay on Celtic Literature, in: C. Machann und F. D. Burt (Hrsg.), Matthew Arnold in His Time and Ours (Charlottesville 1988) 135–155.
Ó Tuama, S. (Hrsg.), The Gaelic League Idea, Cork 1972.
Owen, A. L., The Famous Druids. A survey of three centuries of English literature on the Druids, Oxford 1962.
Parry-Williams, J., John Rhŷs, 1840–1915, Cardiff 1954.
Phillips, D. Rh., Lady Charlotte Guest and the Mabinogion, Swansea 1921.
Piggott, S., William Stukeley: An Eighteenth-century Antiquary, London 1985.
–, Ancient Britons and the Antiquarian Imagination, London 1989.
Pokorny, J., Keltologie, in: K. Hönn (Hrsg.), Wissenschaftliche Forschungsberichte, Geisteswissenschaftliche Reihe Bd. 2 (Bern 1953) 95–186.
Roberts, B. F., Edward Lhuyd: The Making of a Scientist, Cardiff 1980.

–, Edward Lhuyd and Celtic Linguistics, in: Proceedings of the seventh international congress of Celtic Studies (Oxford 1986) 1–9.

School of Celtic Studies: Fiftieth Anniversary Report 1940–1990, Dublin 1990.

Shaw, F., The Background to Grammatica Celtica, in: Celtica 3 (1956) 1–16.

Sims-Williams, P., The Visionary Celt: The Construction of an Ethnic Preconception, in: CMCSt 11 (1986) 71–96.

Sommerfelt, A., Edward Lhuyd and the comparative method in linguistics, in: Norsk Tidsskrift for Sprogvidenskap 16 (1952) 370–374.

Stoll, A., Asterix: das Trivialepos Frankreichs, Köln 1974.

Tierney, M., Eugene O'Curry and the Irish tradition, Studies 51 (1962) 449–462.

Tourneur, V., Esquisse d'une histoire des études celtiques, Liège 1905.

Viallaneix, P. und J. Ehrard (Hrsg.), Nos ancêtres les Gaulois, Clermont-Ferrand 1982.

Williams, G. J., The History of Welsh Scholarship, in: StC 8/9 (1973/74) 195–219.

ABBILDUNGSNACHWEISE DER REKONSTRUKTIONSZEICHNUNGEN

Altburg: Herbert Lorenz, Rundgang durch eine keltische Stadt, Pfaffenhofen 1986, S. 40
Cernunnos: Paul-Marie Duval, Travaux sur la Gaule, Rom 1989, S. 449
Fürstengräber: Ausstellungskatalog I Celti, Mailand 1991, S. 86
Hallein: Die Eisenzeit beginnt – die Kelten in Mitteleuropa. Hg. vom Museum für Vor- und Frühgeschichte und Pädagogischer Dienst, Berlin 1989, S. 12
Heuneburg: Friedrich Schlette, Kelten zwischen Alesia und Pergamon, Leipzig 1976, S. 24
Hohmichele: Schlette, S. 29
Murus Gallicus: Schlette, S. 79
Smertrius: Duval, S. 449
Zangentor: Schlette, S. 81

AUS DEM VERLAGSPROGRAMM

Rudolf Simek, Hermann Pálsson
Lexikon der altnordischen Literatur

1987. XI, 400 Seiten. Leinen

ISBN 3-520-49001-3 (KTA 490)

Zum ersten Mal wird hier der Gesamtbereich der altnordischen Literatur von den Anfängen bis ca. 1600 n.Chr. mit Artikeln über Autoren (Skalden), Werke, Sammlungen (Edda), Begriffe (Strophenformen) usw. mit ausführlichen Literaturangaben erfaßt.

Rudolf Simek
Lexikon der germanischen Mythologie

1984. 539 Seiten. Leinen

ISBN 3-520-36801-3 (KTA 368)

Dieses Lexikon erschließt in über 1700 Artikeln die germanische Mythologie und Religionsgeschichte, wobei die reiche skandinavische Überlieferung einen Schwerpunkt bildet. Sämtliche Namen aus der nordischen Götterdichtung wurden ebenso berücksichtigt wie die römerzeitlichen Inschriften des Rheinlandes; eigene Artikel behandeln zahlreiche Begriffe und Probleme der archäologischen und volkskundlichen Quellen.

Manfred Lurker
Lexikon der Götter und Dämonen

Namen, Funktionen, Symbole/Attribute. 2. erw. Aufl. 1989. XII, 604 Seiten. Leinen

ISBN 3-520-46302-4 (KTA 463)

Dieses Nachschlagewerk bietet in über 2200 Artikeln mit Literaturangaben Zugang zur Welt der Götter und Göttinnen, Dämonen und Geister. So findet man Artikel über Allah, Buddha, Ischtar, Jahwe, Osiris, Quetzalcoatl, Shiva, Thor, Venus oder Zeus. Durch ausführliche Register lassen sich z.B. Feuer-, Liebes- oder Unterweltsgottheiten, Zauberdämonen und Teufel rasch ermitteln. Eine Fundgrube für alle an Religion und Mythos interessierten Leser!

Manfred Lurker (Hg.)
Wörterbuch der Symbolik

5., erweiterte Aufl. 1991. XVI, 871 Seiten. Leinen
ISBN 3-520-46405-5 (KTA 464)

Dieses Wörterbuch eröffnet den Zugang zu den vielfältigen Formen der Symbolik in Kunst, Musik, Dichtung, Religion, Volksbrauch, alten Geheimlehren und öffentlichem Leben. – Die von kompetenten Fachwissenschaftlern ausgearbeiteten Artikel wenden sich an alle geistig Aufgeschlossenen, die sich nicht mit der Oberfläche der Erscheinungen begnügen, sondern nach Sinn und Bedeutung fragen.

Erich Bayer
Wörterbuch zur Geschichte

Begriffe und Fachausdrücke. 4., überarb. Aufl. 1980. XI, 561 Seiten. Leinen
ISBN 3-520-28904-0 (KTA 289)

In diesem bewährten Nachschlagewerk werden ca. 2000 historische Begriffe sowie Fachausdrücke der Geschichtswissenschaft und ihrer Nebengebiete erläutert und nach Herkunft, erstem Auftreten, Sinnwandel und Bedeutung definiert.

Alfred Bertholet
Wörterbuch der Religionen

in Verbindung mit Hans Freiherr von Campenhausen. Neubearb., erweitert und herausgegeben von Prof. Dr. Kurt Goldammer. 4. Aufl. 1985. XI, 679 Seiten. Leinen
ISBN 3-520-12504-8 (KTA 125)

Dieses Wörterbuch dient dem Verständnis und der zuverlässigen Orientierung über die gesamte Religionsgeschichte sowie über die Kirchen- und Dogmengeschichte. Es bringt alles Wissenswerte über die verschiedenen Religionen und religiösen Sekten, ihre Götter, Lehrer und Propheten, ihre Mythen, heiligen Schriften, Kultformen und Mysterien, aber auch über Aberglauben, Magie und verwandte Gebiete.

Herodot
Historien

Deutsche Gesamtausgabe. Übersetzt von Dr. A. Horneffer. Neu herausgegeben und erläutert von Prof. Dr. H.-W. Haussig. Mit einer Einleitung von W.F. Otto. 4. Aufl. 1971. XXVIII, 792 Seiten, 2 Karten. Leinen
ISBN 3-520-22404-6 (KTA 224)

Dieses Meisterwerk der Erzählkunst ist das älteste Vermächtnis der historischen Weltliteratur über die erste große Auseinandersetzung Europas mit den orientalischen Hochkulturen.

Tacitus
Agricola, Germania, Dialogus

Die historischen Versuche. Übers. und hrsg. v. Prof. Dr. Karl Büchner. 3. Aufl. 1985, bearb. von Prof. Dr. Reinhard Häußler. 357 Seiten, 2 Karten. Leinen
ISBN 3-520-22503-4 (KTA 225)

Die international anerkannte Übersetzung und Erläuterung der Taciteischen Kleinen Schriften aus der Feder des 1981 verstorbenen Freiburger Latinisten Karl Büchner wird hier in revidierter Fassung vorgelegt, wobei die Anmerkungen auf den aktuellen Forschungsstand gebracht sind.

Handbuch der historischen Stätten

Band I: **Schleswig-Holstein und Hamburg**

Hrsg. von Prof. Dr. Olaf Klose. 3. verbesserte Aufl. 1976. XLVII, 313 S., 11 Abb., 5 Karten. Leinen
ISBN 3-520-27103-6 (KTA 271)

Band II: **Niedersachsen und Bremen**

Hrsg. von Prof. Dr. Kurt Brüning † und Prof. Dr. Heinrich Schmidt. 5. Aufl. 1986. XCI, 608 Seiten, 26 Stadtpläne, 14 Karten. Leinen
ISBN 3-520-27205-9 (KTA 272)

Band III: **Nordrhein-Westfalen**

Hrsg. von Prof. Dr. Franz Petri, Prof. Dr. Georg Droege, Dr. Klaus Flink, Prof. Dr. Friedrich von Klocke † und Prof. Dr. Johannes Bauermann. 2., neubearb. Aufl. 1970. CLX, 888 Seiten, 12 Stadtpläne, 8 Karten, 2 Burgenpläne. Leinen
ISBN 3-520-27302-0 (KTA 273)

Band IV: **Hessen**

Hrsg. von Prof. Dr. Georg Wilhelm Sante. Neudruck der 3. Auflage (1976) 1993. LVII, 540 Seiten. Leinen
ISBN 3-520-27403-5 (KTA 274)

Band V: **Rheinland-Pfalz und Saarland**

Hrsg. von Prof. Dr. Ludwig Petry. 3., erw. Aufl. 1988. XLIII, 523 Seiten. Leinen
ISBN 3-520-27503-1 (KTA 275)

Band VI: **Baden-Württemberg**

Hrsg. von Prof. Dr. Max Miller † und Dr. Gerhard Taddey. 2., überarb. Aufl. 1980. LXIV, 1029 Seiten, 12 Karten, 12 Stadtpläne, 12 Stammtafeln. Leinen
ISBN 3-520-27602-X (KTA 276)

Band VII: **Bayern**

Hrsg. von Prof. Dr. Karl Bosl. 3. Aufl. 1981. LXXI, 961 Seiten, 10 Karten, 15 Stadtpläne, 4 Stammtafeln. Leinen
ISBN 3-520-27703-4 (KTA 277)

Band VIII: **Sachsen**

Hrsg. von Prof. Dr. W. Schlesinger. Neudruck der 1. Aufl. (1965) 1990. LXX, 448 Seiten. Leinen
ISBN 3-520-31201-8 (KTA 312)

Band IX: **Thüringen**

Hrsg. von Prof. Dr. H. Patze in Verbindung mit Dr. Peter Aufgebauer. 2. Aufl. 1989. LXXV, 592 Seiten. Leinen
ISBN 3-520-31302-2 (KTA 313)

Band X: **Berlin und Brandenburg**

Hrsg. von Prof. Dr. G. Heinrich. 3. Aufl.
ISBN 3-520-31103-8 (KTA 311)

Band XI: **Provinz Sachsen-Anhalt**

Hrsg. von Prof. Dr. B. Schwineköper. 2., überarb. Aufl. 1987. XCIV, 644 Seiten. Leinen
ISBN 3-520-31402-9 (KTA 314)

Band XII: **Mecklenburg/Pommern**

In Vorbereitung

Ost- und Westpreußen

Hrsg. von Prof. Dr. Erich Weise †. Unveränd. Nachdr. d. 1. Aufl. 1981. LXIX, 284 Seiten, 7 Karten, 12 Stadtpläne. Leinen
ISBN 3-520-31701-X (KTA 317)

Schlesien

Hrsg. von Dr. Hugo Weczerka. 1977. XCIII, 699 Seiten. Leinen
ISBN 3-520-31601-3 (KTA 316)

Handbuch der historischen Stätten Dänemark

Hrsg. von Prof. Dr. Olaf Klose. 1982. XLIV, 257 Seiten, 4 Stadtpläne, 5 Stammtafeln, 6 Karten. Leinen
ISBN 3-520-32701-5 (KTA 327)

Handbuch der historischen Stätten Österreich

Band I: **Donauländer und Burgenland**

Hrsg. von Prof. Dr. Karl Lechner. Neudruck d. 1. Aufl. 1985. 933 Seiten, 4 Karten, 15 Stadtpläne. Leinen
ISBN 3-520-27801-4 (KTA 278)

Band II: **Alpenländer mit Südtirol**

Hrsg. von Prof. Dr. Franz Huter. 2. erw. Aufl. 1978. XVII, 752 Seiten, 7 Karten, 11 Stadtpläne, 11 Fürsten- und Bischofslisten. Leinen
ISBN 3-520-27902-9 (KTA 279)

Stand Sommer 1994.

Verlangen Sie unser Gesamtverzeichnis.